LANDSCHAFTSARCHITEKTEN II
LANDSCAPE ARCHITECTURE IN GERMANY II

Peter Ohrens
Berlin. 2001.

Gefördert von GARPA Garten & Parkeinrichtungen GmbH, Escheburg bei Hamburg

Umschlagmotiv: Himmelsgarten Berlin, TOPOTEK 1 · Foto: Hanns Joosten

Die Deutsche Bibliothek - CIP-Einheitsaufnahme

Landschaftsarchitekten II = Landscape Architecture in Germany /
[Grafik und Gestaltung: Anna Stratenwerth-Nelte]. - Wiesbaden: Nelte
2. Arbeiten von Landschaftsarchitekten aus:
Berlin/Brandenburg; Hamburg, Niedersachsen/Bremen, Schleswig-Holstein; Mecklenburg-
Vorpommern, Sachsen, Sachsen-Anhalt, Thüringen; Nordrhein-Westfalen. - 1998

[Arbeiten von Landschaftsarchitekten aus:
Berlin/Brandenburg; Hamburg, Niedersachsen/Bremen, Schleswig-Holstein; Meck-
lenburg-Vorpommern, Sachsen, Sachsen-Anhalt, Thüringen; Nordrhein-Westfalen]
(Grafik und Gestaltung: Anna Stratenwerth-Nelte). -
Wiesbaden: Nelte, 1998
   (Landschaftsarchitekten; 2)
   ISBN   3-932509-02-1

Grafik + Gestaltung: Anna Stratenwerth-Nelte, Wiesbaden
Bearbeitung: Silke Fuß, Kajsa-Lena Mögelin, Felix Weihnacht, Bernd Wylicil
Scans: Index, Wiesbaden
Lithos: DeSoto, Hochheim
Druck: Messedruck Leipzig GmbH, Leipzig
Übersetzung: Annette Wiethüchter, Berlin

Wir danken allen Landschaftsarchitekten für die Mithilfe bei der Gestaltung des Buches.

LANDSCHAFTSARCHITEKTEN II
LANDSCAPE ARCHITECTURE IN GERMANY II

Arbeiten von Landschaftsarchitekten aus:
Examples and Designs of Landscape Architects from:
Berlin/Brandenburg · Hamburg Niedersachsen/Bremen Schleswig-Holstein
· Mecklenburg-Vorpommern Sachsen Sachsen-Anhalt Thüringen · Nordrhein-Westfalen

VORWORTE

PARKGEFLÜSTER

PARK RUMORS

Seit zwei Jahrzehnten schon scheint die Renaissance von Gartenkunst und Landschaftsarchitektur in Deutschland unmittelbar bevorzustehen, nicht unbedingt aus eigener Kraft und öffentlicher Einsicht, sondern vielmehr getragen von zwei politisch opportunen Zauberworten: Partizipation und Ökologie, unabweisbar sympathische Anliegen, die Widerspruch eigentlich nur um den Preis der Selbstausgrenzung dulden. Konnte diese große Chance genutzt werden? Hat sich die Profession neue Berufsfelder erschließen können, ohne die klassischen Inhalte und Gestaltungsregeln zu verflüssigen oder gar aufzuheben? Oder droht auch der Gartenbaukunst angesichts zunehmender gesellschaftlicher Unverbindlichkeit der Verlust ihrer Autonomie als künstlerische Disziplin? Es kann auf diese großen Fragen keine großen, abschließender Antworten geben, ich möchte mich auf kritische Anmerkungen zu jenen Aspekten beschränken, die den kollektiven Charakter und die öffentliche Wirksamkeit der Gartenbaukunst betreffen: auf Parks, Landschaftsgärten und den Städtebau.

Bei allen Umfragen und Untersuchungen, die die Wünsche der Bürger an die Stadt notieren, steht der Park, der Bereich Nicht-Stadt inmitten der Stadt, immer ganz oben - gleichgültig, welche Altersgruppe oder Bevölkerungsschicht man befragt. Jeder wünscht sich einen Park, und jeder denkt dabei an etwas anderes. Mütter wünschen sich einen Kinderspielplatz ohne Zäune und Mauern, Rentner wollen ihre Ruhe, Jugendliche denken an ein Fußballfeld, Ausländerfamilien haben ihren Kohlgarten und den Grillplatz am Sonntag im Sinn, die grünen Alternativen stellen sich Kinderbauernhof, Kräutergarten, Ökotope und große friedliche Liegewiesen vor. Penner und Fixer suchen ihren Schlafplatz im Park; und die Gartenkünstler denken an Gartenkunst. Das Programm für den großen Volkspark wird immer größer, die Nutzungsansprüche widersprüchlicher, der Flächenbedarf wächst.

Der Park ist Natur, aber er ist gestaltete Natur und repräsentiert den Gestaltungsanspruch einer Zeit ebenso wie die gebaute Architektur. Immer noch schauen wir ein wenig neidisch nach Frankreich, wo im vergangenen Jahrzehnt eindrucksvolle zeitgenössische "Grands Projets" der Gar-

For two decades now, the revival of garden architecture and the art of gardening has seemed an immediately imminent event, not necessarily on its own strength and the strength of public recognition, but rather carried forward by two politically opportune magic words: 'participation' and 'ecology' – irrefutably highly acceptable concerns which tolerate contradiction essentially only for the price of self-exclusion. Was this great chance taken? Were the members of the profession able to open up new areas of work for themselves, without watering down, or even abolishing the classic contents and design standards of landscape architecture? Or is landscape architecture, faced with the increasing non-commitment attitude in society, also in danger of losing its autonomy as an artistic discipline? There can be no final patent answers to these important questions, and I would therefore like to confine myself to critical comments on those aspects which relate to the collective character and public effect of landscape architecture: i.e. to public parks, landscape gardens and urban design. In opinion polls and surveys which register citizens' wishes for the city the park – i.e. the non-urban area inside the city – is always at the top of the list, irrespective of the age group or social background of those questioned. Everyone longs for a park, and everyone has something different in mind. Mothers want to have a children's playground without fences or walls; pensioners wish for some peace and quiet; youngsters think of a football field and guest worker families of a cabbage garden and barbecue on the lawn on Sundays, while the green-minded visualize children's farms, herb gardens, ecotopes and large quiet meadowy sunbathing places, and tramps and drug addicts are looking for a sleeping place in the park. And garden designers are thinking of works of art. The agenda for the large public park gets longer and longer, expectations of diverse uses become ever more inconsistent, and

tenbaukunst unabhängig von Regierungsmehrheit und Haushaltsdefizit entstanden sind: der Parc de la Villette, der Parc André Citroën und der Parc de Bercy. Staatsarchitekturen ähnlich, werden diese Parks zu großen Inszenierungen, geben sie dem Kunst- und Repräsentationsanspruch von Eliten Raum, zeigen sich selbst vor, werden zur Ausstellungssensation und verherrlichen die Bezähmung der Natur. Auch in Barcelona sind seit Mitte der achtziger Jahre im Zuge von Stadterneuerung und Olympiavorbereitung Parkanlagen und Plätze, nutzbare und ästhetisch anspruchsvolle und vor allem urbane Räume entstanden, insbesonders in den Stadtteilen Gracia und Sants. Mittlerweile schon eine Ikone ist die minimalistische Platzarchitektur vor dem Bahnhof von Sants.

Es gibt wenig Vergleichbares jenseits des Rheins, in der Bundesrepublik, und wenn, eher konzeptionelle Projekte als Realisierungen. Was aber zählt für den Kritiker, ist das, was sichtbar ist: der Bürgerpark Hafeninsel in Saarbrücken, der Landschaftspark Duisburg Meiderich, ein bißchen Ferropolis, Gartenschauen in Hamm, Cottbus und Gelsenkirchen. Alle diese Projekte sind neu arrangierte Landschaften auf Grundstücken, die voller Geschichte stecken, auf alten Fabrikanlagen, Bahngeländen, an der Stelle ehemaliger Schlachthöfe und Markthallen, an bedeutungslos gewordenen Kanälen und Häfen.

Also wieder die großen historischen Muster der Gartenkunst? Der französische Barockgarten mit der kunstvoll gezähmten Natur zwischen Sichtachsen, Blickpunkten und großer und kleiner Neugierde steckt in der Idee für die Parks von Paris, der englische Landschaftsgarten wird in den Entwürfen für die Parks in den alten Industrieregionen in Deutschland beschworen. Natürlich gibt es lobenswerte Ausnahmen, doch in den meisten Fällen geben Landschaftsarchitekten der Geschichte der Orte nicht nach, behalten sie allenfalls als vereinzeltes Museumsstück, verfremden sie durch Kunst, meist inszenieren sie eine längst nicht mehr vorhandene romantische Natur, allzuoft geht ihr Ehrgeiz sogar dahin, alles das zu verdecken, was die Industriegeschichte hervorgebracht und hinterlassen hat. Dazu bedient man sich dann ausgesprochen einfacher Chiffren: grün eingefärbte

the area need grows ever larger. The park is nature, but a designed nature, and thus represents the design sensibility of an era just as much as its built architecture. We still, with some envy, look to France where impressive contemporary 'Grands Projets' of landscape architecture were created in the past decade independently of goverment majorities and household deficits: the Parc de la Villette, the Parc André Citroën, and the Parc de Bercy. Similar to public buildings these parks are staged as dramatic scenarios, they satisfy elitist demands for art and ceremonial representation, exhibit themselves in developing into sensational showpieces, and celebrate the taming of nature. In the course of urban renewal and building in preparation for the Olympic Summer Games of 1994, the city of Barcelona also saw the creation of parks and public squares, usable and aesthetically high-quality urban spaces, especially in the areas of Gracia and Sants, with the minimalist design of the railway station square of Sants ending up as a landscape-architectural icon. There is little to match these projects on the other side of the Rhine, in the Federal Republic of Germany, where we have rather more conceptual work than implemented designs. What counts for the critic are those that can be visited: the Bürgerpark Hafeninsel [civic park harbour island] in Saarbrücken; the parkland of Duisburg Meiderich – something of Ferropolis; the garden shows at Hamm, Cottbus and Gelsenkirchen. All these projects are newly laid-out landscapes on sites steeped in history, i.e. old industrial complexes, railway land, the premises of former slaughter houses and market halls, and along waterways and harbours that have lost their former significance. Back then to the great historic patterns of garden design? The French Baroque garden with its artfully conditioned nature between sight axes, viewing points, great and small gazebo was the model for the parks and gardens of Paris. The

Flächen, Pfeile "Wegbeziehungen" oder Kringel "Ökotop". Eine gestalterische Antwort in der Sprache der Gartenkunst bleibt aus. Dabei gibt es durchaus ein gartenarchitektonisches Vokabular, klare Formen und Gestaltungsregeln, ob wir sie nun in den Gärten der italienischen Renaissance oder Landschaftsparks des viktorianischen England finden. Aber dem Bürger sind Buntstiftchiffren lieb und teuer, weil ihm scheinbar ein kleines Stück öffentlicher Fürsorge gewährt wird, das er ansonsten im Alltag vermißt; dem Architekten sind sie vertraut aus den 60er Jahren, als Diagramme die Stadtbaukunst durch Ausnutzungsziffern ersetzen sollten. Heute wissen wir, welche Folgen das für die Städte und die Stadtkultur hatte. Umgekehrt wird Landnahme auch nicht besser dadurch, daß sie im Namen einer "ökologischen Reform" und des "ökologischen Stadtumbaus" vollzogen werden soll, weil es der Mehrheit heute gerade so gefällt. Ich wünsche mir statt dessen: Ziehen wir Atmosphäre, wie die Romantik, aus den Ruinen des Fortschritts, geben wir dem nach, was ist, bevor die Globalisierung alles verschlingt. Bewahren wir Erinnerung, aber benutzen wir Verfremdung nur, um Geschichte sichtbarer zu machen!

Kein normaler Mensch kommt auf die Idee, die Champs-Elysées in Paris, die Straße des 17. Juni in Berlin oder die Leopoldstraße in München in ihrer doppelten Funktion als Verkehrsstraße und Blickachse in Frage zu stellen. Diese Magistralen sind selbstverständlich und stiften städtischen Zusammenhang. Sie stellen gesamtstädtische Beziehungen überhaupt erst her, sind als Kontrast und Bindeglied unverzichtbar. Grünplanung, die sich auf die besten Beispiele der Disziplin berufen will, kann auf Form, auch auf formale Konsequenz und auf Abstraktion nicht verzichten. Sie muß beharren auf dem Prinzip der Schönheit, darf sich nicht dem Konformismus hingeben und sich nicht einmal im Detail verwässern lassen. Gartenbaukunst ist Stadtbaukunst, die nur als Ganzes akzeptiert oder verworfen werden kann. Partizipation, Ökologie, Nutzung sind Hilfsworte, Hilfswissenschaften, Krücken.

Jeden Landschaftsarchitekten sollte nachdenklich machen, daß die heftigen, artifiziellen, elaborierten Konzeptionen in Paris, so, wie sie

English parkland garden inspired the park designs for the old industrial regions of Germany. Of course, there are always laudable exceptions, but in most cases landscape architects do not study the history of a place, or at best preserve it as an individual museum piece. They 'beautify nature' through art and mostly stage a romanticized version of nature, as it no longer exists. All too often their ambition even prompts them to cover up all that industrial history has left behind, using decidedly simple codes: green-coated surfaces, arrows for 'route' or squiggles for 'ecotope'. A design solution in the language of garden architecture makes default of appearance, despite the fact that a garden-architectural vocabulary, clear forms and design principles are available – either in the Italian Renaissance gardens or in English Victorian landscape parks. Yet people generally love and value the colour pencil codes, because they apparently grant them a small piece of public care, which they miss in their everyday routines. The architect is familiar with these codes from the 1960s when efficiency diagrams were meant to take the place of urban design and architecture. Today we know which consequences this had for our cities and urban culture. Covering the countryside with settlements, on the other hand, is not redeemed by doing it in the name of 'ecological reform', or 'ecological urban redevelopment', just because it happens to please the majority at this moment. Instead, I wish we would draw atmospheric quality, as Romanticism did, from the ruins of progress, and deal sensitively with existing structures, before globalization devours everything. We should preserve memories, but apply adaptive measures only in order to make history even more visible. Nobody in his right mind would think of putting in doubt the Champs-Elysées in Paris, the Strasse des 17. Juni in Berlin, or Munich's Leopoldstrasse in their double function as traffic and sight axes. These thoroughfares are naturally

erdacht wurden, auch ausgeführt worden sind, während die wenigen intellektuellen Planungen in Deutschland sich gegen Richtwertdominanz und Verwaltungsroutine nicht durchsetzen konnten. Realisiert wird hier ein Irgendwas, ein Irgendwie, mit anderen Worten, eine Bundesgartenschau mit überdüngten Rabatten, Abpflanzungen, Lärmschutzwänden, Corporate Design.

Was bedeutet das alles für den Bürger mit seinen vielen verschiedenen Wünschen? Gelingt es in Frankreich, daß dem Bürger seine Wünsche unwichtiger erscheinen, weil er für sich ein Stück Kultur zubereitet sieht - oder fühlt er sich fremd in all dem unverständlichen, nicht nutzbaren und deshalb im wortwörtlichen Sinn luxuriösen Architekturen? Oder sollte man ihm besser von vornherein nur Mittelmäßiges anbieten, weil man den Bürger hierzulande für ein mittelmäßiges Geschöpf hält? Es geht um die Lesbarkeit von Symbolen, die man andernorts als selbstverständlich voraussetzt und in Deutschland als Überforderung abweist. Es hat noch nie eine Gesellschaft gegeben, die ohne Symbole ausgekommen ist. Wenn die alten Symbole nicht mehr gelten, müssen neue gefunden werden, der Verzicht auf neue Symbole wird nur alte, überkommene, falsche am Leben erhalten. Das gilt nicht nur für die Architektur, das gilt vielleicht noch mehr für die Gartenkunst. Der Bürger kann gebaute Architektur, die ihm fremd erscheint, übersehen; Parks dagegen, Landschaftsgärten, repräsentatives Stadtgrün, auf die sich seine Erwartungen richten, weil sie das Versailles des Stadtbürgers sind, müssen mehr sein als Grillplatz und Kräutergarten und Liegewiese und Ökotop, sie brauchen eine Magie, sie brauchen, bekennen wir uns dazu, neue Symbole.

Felix Zwoch *1952
Studium Architektur + Städtebau RWTH Aachen,
seit 1981 Redakteur der Bauwelt/Stadtbauwelt

accepted and provide urban context and correlations. Green planning which claims to model itself on the best accomplishments of the profession cannot do without forms and formal consistency, nor without abstraction. It must insist on the principle of beauty; it should neither give in to conformism nor allow its designs to be 'watered down' even in the smallest details. Garden-architectural design means urban design which can be accepted or rejected only as a whole. Participation, ecology, utilization – all these represent auxiliary terms, inaccurate sciences, crutches. Every landscape architect should start thinking hard when considering that the aggressive, artificial, highly elaborate designs for Paris were actually implemented as projected, while the few 'rational' projects for Germany failed to win through against dictatorial guidelines and administrative routines. Here things get implemented somehow or other. The result is a Federal Garden Show with over-fertilized flower beds, noise breakers and corporate design. What does all this mean for the citizens with all their different wants and wishes? Does the French citizen feel that his wishes are not all that important when he sees a public piece of culture being prepared for him, or does he feel a stranger in all these incomprehensible, non-utilitarian and therefore literally luxury architectures? Or is it preferable from the outset to offer our people just the mediocre, because we consider them to be only ordinary? The point is the readability of symbols which is taken for granted elsewhere, but rejected as asking too much in Germany. No society has ever done without symbols. If the old symbols are obsolete, new ones must be found. Doing without new symbols will only keep the old, false ones, alive. This is not only valid for architecture, but perhaps even more so for garden architecture. People can overlook built architecture, if they don't understand it. Yet the parks, i.e. the landscape gardens and official urban green areas, constitute the focus of people's expectations because they are the Versailles of the urban dweller and must therefore be more than barbecue spot and herb garden, meadowy sunbathing place and ecotope – they need a certain magic, they need – let's admit it – new symbols.

Rüdiger Kirsten

LANDSCHAFTSARCHITEKTUR IM WANDEL

LANDSCAPE ARCHITECTURE IN THE PROCESS OF CHANGE

Seit Jahrtausenden gestaltet der Mensch seine natürliche Umwelt. Diese Leistungen sind immer Spiegel der jeweiligen gesellschaftlichen Bedingungen und des kulturellen Standes der Zeit. Im Wandel der Epochen entstanden so die verschiedenartigsten Kunstwerke, zu deren festem Bestandteil sich zunehmend die Gartenkunst entwickelte. Die frühen Beispiele aus Asien und Vorderasien sowie später aus Südeuropa prägten über lange Zeit das Schaffen der Gartenkünstler und -gestalter in Deutschland.

Die Tätigkeit des Landschaftsarchitekten im heutigen Sinne begann in Deutschland erst mit dem preußisch königlichen Generalgartendirektor Peter Josef Lenné (1789-1863), der mit der Vereinigung der Gartenplaner und -techniker den Gärtnerberuf professionalisierte und erstmals versuchte, ein allgemeingültiges Berufsbild zu formulieren. Um 1900 entfaltete sich parallel zu den ökonomischen Entwicklungen und dem damit zusammen-hängenden Wachsen der Städte ein besonders durch die preußische Städ-tebaugesetzgebung geförderter Berufsstand innerhalb des Architektenbe-rufes. Dieser sah seine Aufgaben zunehmend in der Planung der Sied-lungsentwicklung, der Gestaltung des Umfeldes von Wohn- und Arbeits-stätten sowie der Schaffung von Anlagen für Freizeit und Erholung.

In der Zeit nach dem 2. Weltkrieg und einer sich anschließenden Kon-solidierungsphase konnte sowohl in West- als auch in Ostdeutschland die Etablierung des Berufsstandes als Architektenberuf gesichert werden. Neue Aufgaben entstanden bei der Ausprägung und Organisation der kommunalen Grünplanung und den Vorläufern einer mehrstufigen Land-schaftsplanung in Deutschland. In den 70er Jahren traten, bedingt durch die Erfahrungen und Auswirkungen der auf Zuwachs orientierten Ent-wicklung von Produktionsstätten und Siedlungsanlagen, verstärkt die Aspekte des Naturschutzes in den Mittelpunkt der fachplanerischen Arbeit der Landschaftsarchitekten. Danach begann eine, durch den deutschen Vereinigungsprozeß nur kurzzeitig abgeschwächte Phase der Stagnation, verbunden mit der Suche nach einer Neubestimmung des Berufsstandes der Landschaftsarchitekten in Deutschland. Hierbei ist wichtig zu wissen,

For millennia man has formed and fashioned his own environment. Such achievements have always mirrored the respective societal conditions and state of cultural development of the times. Successive historic periods thus produced the most diverse works of art and architecture which increasingly included the art of garden architecture. Early examples in Asia and the Near East, and later in southern Europe, exercised a lasting influence on German garden designers. Peter Josef Lenné (1789–1863), director of the royal Prussian gardens, pioneered the development of the landscape architect's profession as we know it today. He 'professionalized' the gardener's work through the 'Association of Garden Planners and Technicians' and was the first to try and formulate the garden planner's 'job description'. The years before and after 1900 saw the development of the new profession, specifically promoted by the Prussian urban planning laws and parallel to economic developments and the connected urban growth. Members of the new profession increasingly saw their task in planning settlement layouts, in designing residential and working en-vironments and areas for leisure and recreation. Immediately after World War II and in the succeeding period of economic consolidation, the work of the landscape and garden designer was established as an 'architectural' profession. New tasks developed in the course of communal green planning and the institution of multi-stage region-al planning procedures in Germany. During the 1970s, due to the experience and effects of a growth-oriented development of production facilities and housing complexes, various aspects of nature protection came to form the focus of German landscape architecture. This period was followed by years of a stagnating professional development, only briefly relieved by German reunification, in conjunction with the search for a redefinition of what landscape architecture actually

daß sich der Landschaftsarchitekt als selbständiges Berufsbild im Ensemble des Architektenberufes sowie der gesamten planenden und künstlerisch Tätigen heute nur in Großbritannien, Holland und Deutschland behauptet.

Die heutigen Aufgabenfelder für Landschaftsarchitekten sind aufgrund der unterschiedlichen Wirkungsbereiche und der Breite der Fragestellungen, insbesondere auch angesichts der schnellen Weiterentwicklung planungs- und naturschutzfachlicher Regelungen, nur schwer einzugrenzen. Die planerische Herausforderung ist jedoch in ihren Kerngedanken mit der Gestaltung einer leistungsfähigen Kulturlandschaft, zu deren Bestandteil auch die Städte zählen, erhalten geblieben. Die Diskussionen um eine Erneuerung und einen Wandel der berufständigen Aufgaben sind eng mit dem Berufsbild der Landschaftsarchitekten verknüpft. Der Bund Deutscher Landschaftsarchitekten (BDLA) beschreibt die wesentlichen Aufgaben des Berufsstandes wie folgt:

· Die Lösung der aktuellen Fragen einer zukünftigen Entwicklung erfordert eine qualitätvolle Mitarbeit der Landschaftsarchitekten bei der Umweltvorsorge in der Raumordnung und Landesplanung.

· Die Aussagen aus dem gesamten Spektrum der landschaftspflegerischen Beiträge zur Bauleitplanung, aber auch zu allen anderen raumbeanspruchenden Fachplanungen, müssen vertieft werden. Dies betrifft insbesondere die spezifischen Obliegenheiten im Rahmen der Naturschutzfachplanungen und Umweltverträglichkeitsprüfungen. Dazu ergänzend bieten Strukturstudien für Entwicklungsprogramme ein wichtiges themenbezogenes Tätigkeitsfeld.

· In enger Zusammenarbeit mit Architekten und Stadtplanern stellen sich die Aufgaben innerhalb der Siedlungsplanung und Ortsgestaltung. Der öffentliche Verkehrsraum bietet neue anspruchsvolle Anforderungen an die Freiraumgestaltung.

· Der eigentlich größte Anteil liegt auch heute noch im traditionellen Spek-

means and entails. Important in this context is the knowledge that landscape architecture is a separate professional field in the overall framework of urban planning and architecture only in Great Britain, the Netherlands, and Germany. On account of the many different areas of application and the diversity of problems, especially in relation to the accelerated creation of new planning and environmental regulations, the current tasks for landscape architects are rather difficult to define. However, the basic challenge has remained: i.e. to create vigorous cultivated landscapes, including cityscapes. The debate about the renewal and change of landscaping tasks is closely linked with the 'job description' of the landscape architect. The Bund Deutscher Landschaftsarchitekten BDLA (association of German landscape architects) has formulated it as follows:

· The solution to the currently pressing problems of preparing for future developments requires an active part of landscape architects in working towards a quality environment through landscape and regional planning.

· Statements on the entire range of countryside preservatory contributions to planning guidelines for buildings and all other area-covering construction must be developed further. This in particular concerns our duties to nature protection and involves environmental compatibility studies. Structural surveys with a view to new urban development programmes represent a complementary field of activity.

· Tasks relating to urban design and development have to be implemented in close teamwork with architects and urban planners. Public traffic areas offer new challenges for designing open spaces.

· The majority of commissions even today consists of the traditional range of individual garden designs and implementations, with special reference to urban and countryside renewal and park and garden landscaping. The preservation

trum der Objektplanungen und Ausführungsprojekte. Dabei spielen Fragen der Stadt- und Landschaftserneuerung sowie der Park- und Gartengestaltung eine besondere Rolle. Die Gartendenkmalpflege erlebt eine immer stärkere Berücksichtigung.

· Es zeichnet sich ab, daß die Bereiche Projektsteuerung und Realisierungsbetreuung in den nächsten Jahren an Bedeutung gewinnen werden. Hierzu wird auch der Landschaftsarchitekt immer stärker als Mitarbeiter im Planungsteam gefragt sein.

· Der gesamte Bereich der externen Dienstleistungen, Sachverständigentätigkeit und Projektbegleitung wird als ein neues Tätigkeitsfeld den Architekten zugeordnet.

Im Verlauf der sich stärker öffnenden Planungsprozesse wird die Aufgabe der Architekten im Bereich der Landschaftsarchitektur stärker als bisher zum Verbindungsglied zwischen den verschiedenen Planungsdisziplinen werden. Wenn es den Landschaftsarchitekten gelingt, ihre historischen Wurzeln zu bewahren und die oben erwähnten Aufgabenschwerpunkte zu bearbeiten, wird der Berufsstand für die Zukunftsaufgaben gut gewappnet sein.

Eine Besonderheit der zwei vorliegenden Bände ist, daß erstmalig nach der deutschen Wiedervereinigung eine Zusammenschau der gesamtdeutschen landschaftsarchitektonischen Leistungen gegeben wird. Es ist erst wenige Jahre her, daß in den neuen Bundesländern Brandenburg, Mecklenburg-Vorpommern, Sachsen, Sachsen-Anhalt und Thüringen die Architekten wieder im freiberuflichen Bereich tätig werden können. Trotzdem sind in den hier dokumentierten aktuellen Beispielen aus den alten und neuen Bundesländern die Unterschiede aus 40 Jahren getrennter Entwicklung nicht mehr zu erkennen.

Worin bestand der Alltag, die berufspolitische Wirklichkeit der Landschaftsarchitekten in der DDR?

and restoration of historic gardens is being taken into account with increasing frequency.
· The project and on-site management of new developments will certainly be more important in years to come, with the landscape architect an increasingly sought-after member of the team of planners and architects.
· The entire external services, expert consultancy and project management will be the new professional fields of the architect.
In the wake of more open, interdisciplinary planning procedures, the designer working in the field of landscape architecture will become – to a larger extent than up until now – the connecting link between the different professionals involved in any given project. If and when landscape architects succeed in holding fast to the historic roots of their profession, and in dealing with the above-mentioned essential problems, they will be well prepared for the tasks of the future.
One of the special features of this two-volume publication is that it presents, for the first time since reunification, German landscape architecture from both sides of the former inner-German border. Architects in the new federal regions of Brandenburg, Mecklenburg-Vorpommern, Saxony, Saxony-Anhalt and Thuringia have been able to establish independent firms only in the past few years. In spite of this, their projects and those by landscape architects from West Germany show no signs of the past forty years of separate development in two German states. What was it like to work as a landscape architect in the GDR? State-ordained planning uniformity emphasized collective, not individual performance. As all other professionals, landscape architects had to adapt to societal requirements and subordinate themselves to the socialist principles of collective achievement and mutual assistance. It was impossible to develop a free profession under the circustances. Faced with the apparent general hopelessness

Die staatlich verordnete Uniformität innerhalb der Planungen stellte die kollektiven, meist aber anonymen Leistungen der Architekten in den Hintergrund. Die Landschaftsarchitekten mußten sich wie alle anderen Berufsgruppen den gesellschaftlichen Erfordernissen anpassen und sich den für den Sozialismus typischen Prinzipien der Gemeinschaftsarbeit und gegenseitigen Hilfe unterordnen. Ein freier Berufsstand konnte sich unter diesen Bedingungen nicht etablieren. Viele Planer resignierten in Anbetracht der scheinbaren Ausweglosigkeit, andere arrangierten sich auf unterschiedliche Weise mit dem System.

So ist es heute auch verständlich, daß nur wenige Spuren der vorangegangenen Epoche im Bereich der Landschaftsarchitektur verfolgt werden können. Neben einigen Namen herausragender Persönlichkeiten des Fachgebietes bilden die Ausbildungseinrichtungen in Berlin und Dresden die wichtigste Quelle für die heutigen Leistungen der Landschaftsarchitektinnen und Landschaftsarchitekten in den fünf neuen Bundesländern.

Mit den hier vorgestellten Beiträgen wird eine schon lang erwartete und notwendige Dokumentation geliefert, die für die Positionsbestimmung eines ganzen Berufsstandes außerordentlich wichtig ist. Die hier aufgeführten Beispiele zeigen einen repräsentativen Querschnitt aus dem Schaffen der Landschaftsarchitekten in Deutschland. Sie belegen in ihrer Auswahl das Spektrum der derzeitig intensiven Bemühungen um die Bewahrung eines auf gegenseitige Akzeptanz beruhenden Verhältnisses zwischen Mensch und Natur und um dessen Weiterentwicklung unter den heutigen gesellschaftlichen und wirtschaftlichen Rahmenbedingungen. Nur vermittels dieser Breite und Fülle der Themenstellungen können tragfähige Konzepte für eine zukünftige Entwicklung der Landschaftsarchitektur gesichert werden.

many planners just resigned themselves to the situation, others adjusted to the system in various ways. It is therefore understandable that only a small number of landscaping projects can be found which were implemented during the now historic period of the GDR. Apart from the examples of a few outstanding personalities, the training institutions in Berlin and Dresden constitute the most important source of information on recent accomplishments of both men and women landscape architects working in the five new federal regions. The examples presented here provide a long expected and necessary documentation which will have great significance for defining the position of the entire profession. They show a cross-section of works by German landscape architects, and the selection documents the scope of present efforts to preserve a balanced relationship between man and nature, based on mutual acceptance, and to consolidate this balance under the present societal and economic conditions. It is only through the breadth and width of these tasks that sustainable concepts for the future development of landscape architecture can be secured.

Rüdiger Kirsten
geb. 1958 in Erfurt; Studium an der Hochschule für Architektur und Bauwesen in Weimar; 1985 Diplom-Stadtplaner; Zusatzstudium an der TU Dresden; 1990 - Abschluß Dr.-Ing. der Landschaftsarchitektur an der Hochschule für Architektur und Bauwesen Weimar, anschließend Assistent an der heutigen Bauhaus-Universität Weimar; 1989 Leitung der Planungsabteilung des Erfurter Garten- und Friedhofsamtes; seit 1995 Vizepräsident des Bundes Deutscher Landschaftsarchitekten (BDLA); mehrere Veröffentlichungen über die historische Entwicklung der Landschaftsarchitektur in der DDR.

LANDSCHAFTSARCHITEKTEN II

·

BERLIN/BRANDENBURG

Atelier LOIDL

Hans LOIDL, Univ. Prof., Dipl.-Ing.

MitarbeiterInnen aus Deutschland,
Frankreich, Österreich, Schweiz.

Wettbewerbe

4. Preis	München, Mollgelände, 1979
3. Preis	München, Sichtungsgärten/Eingangszone (IGA 83), 1980
Ankauf	Berlin, Wutzkyallee - Gropiusstadt, 1988
1. Preis	Berlin, Rückbau der Hohenstaufenstraße, 1990
1. Preis	Berlin, Sommerstraße, 1990
2. Preis	Berlin, Block 56, Oranienstraße, 1990
1. Preis	Berlin, Kronprinzessinnendamm, 1990
1. Preis	Berlin, Bildhauerwettbewerb Fußgänger- brücke, 1990
1. Preis	Berlin, Wohnbebauung Tegel-Süd, 1990
3. Preis	Frankfurt/Oder, Platz der Republik, 1991
3. Preis	Berlin, Siedlungszentrum Westerwaldstraße, 1991
1. Preis	Berlin, Schöneberger Südgelände, 1991
3. Preis	Berlin, Stadtrand Tegel, 1991
1. Preis	Berlin, World Trade Center, 1991
2. Preis	Potsdam, Siedlungsprojekt Werder, 1991
3. Preis	Ehemaliger Leninerplatz - Platz der Vereinten Nationen, 1992
2. Preis	Berlin, Lehrterstraße, 1992
1. Preis	Hamburg, Neu-Allermöhe West, westliche Fleetinsel/Stadtkante, 1993
1. Ankauf	Berlin, Rotaprint-Gelände, Außenanlagen, 1993
2. Preis	Berlin, Ideenwettbewerb Lustgarten, 1994
5. Preis	Berlin, Hellersdorfer Graben, Ideen- und Realisierungswettbewerb, 1994
2. Preis	Konkurrierendes Gutachterverfahren zum Lustgarten in Berlin-Mitte, 1996
4. Preis	Pavillon EXPO 2000 Hannover, Außenanla- gen, 1997
1. Preis	Halle/Saale, Erweiterung und Umbau des Universitätsklinikums Kröllwitz, städtebau- licher und landschaftsplanerischer Realisie- rungswettbewerb in Zusammenarbeit mit Hascher + Jehle, Architekten, 1998

Realisierte Projekte

1982	Parkanlage Wirtschaftsuniversität Wien (auf Überbauung Franz-Josephs-Bahnhof)
1984	Freiräume des Zoologischen Instituts der Universität Wien
1980 - 85	diverse weitere Freianlagen an öffentlichen und halböffentlichen Gebäuden sowie Pri- vatgärten in Wien und Niederösterreich
1986	Blockinnenhof Dessauer Straße/Bernburger Straße (IBA-Objekt) in Berlin
1988	Freiraum Wilhelmstraße 2 in Berlin
1992	Block-Park Sebastianstraße/Stallschreiber- straße in Berlin
1992	Außenanlagen Ökokultureller Gewerbehof, Kasseler Straße in Frankfurt/Main

1992 Außenanlagen Kindertagesstätte Werra-
straße in Frankfurt/Main

1993 Wohnumfeldverbesserung Marzahn West

1994 Außenanlagen Wohn- und Geschäftshaus
Schlesische Straße/Taborstraße in Berlin

1994 Außenspielbereich der Kindertagesstätte
Oranienstr. 4 in Berlin

1995 Wohnumfeldverbesserung Marienfelde-
Süd in Berlin

1995 Fertigstellung der Großsiedlung Hellersdorf,
Modellfläche "Schweriner Hof" in Berlin
Hellersdorf

1995 Außenanlagen Schloß Eyba in Thüringen

1995 Außenanlagen Wohnhäuser Weichsel-
straße 42-43 & Weichselstraße/Pflügerstras-
se in Berlin

1995 Außenanlagen Wohn- und Geschäftshaus
Lietzenburger Straße/Fasanenstraße in Berlin

1995 Außenanlagen Wohnanlage Marienfelder
Allee 212 - 220 in Berlin

1996 Neugestaltung des Villengartens Bismarck-
allee 10 in Berlin

1996 Freiraum Wohnbebauung Tegel-Süd, I. Bauabschnitt in Berlin

1996 Außenanlage Hausburgstraße 15 in Berlin

1997 Freiraum Wohnbebauung Tegel-Süd, II. Bauabschnitt, Haus C

1997 Wohnpark Luckenwalde Volltuchgelände
BA. I, II, III, V und VI, Brandenburgischer
Architekturpreis

1997 Freiraum EVP Energieversorgungszentrum
Potsdam Steinstraße

1997 Außenanlagen Wohnbebauung und Kindertagesstätte Sommerstraße in Berlin

1997 Außenanlagen Kleiner Weisbachhof der
WBF in Berlin

1997 Schaugarten Neu Döberitz in Brandenburg

Objekte in Ausführung

· Außenanlagen Lehrter Straße/Ecke Perle-
berger Straße in Berlin

· Außenanlagen Verwaltungsakademie Frie-
drichsfelde in Berlin

· Freiraumplanung Wohnanlage Volltuchgelände, Bauabschnitt IV in Luckenwalde,
Brandenburg

· Außenanlagen Wohnanlage Buschmühlen-
weg in Frankfurt/Oder

· Außenanlagen Seniorenheim Sommerstras-
se in Berlin

· Außenanlagen Kindertagesstätte Bernauer
Straße in Berlin

· Außenanlagen Wohnanlage Schnellerstraße
in Berlin

· Freiraum Wohnbebauung Tegel-Süd, II. Bauabschnitt, Haus A + B, in Berlin

· Außenanlagen Reinhardtstraße 29 in Berlin

· Außenanlagen Großer Weisbachhof der
WBF in Berlin

· Außenanlagen Huttenstraße in Berlin

· Außenanlagen Wohnbebauung Halbinsel
Stralau, Bauabschnitt I - VIII, in Berlin

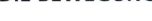

DIE BEWEGUNG

"Dich im Unendlichen zu finden
mußt unterscheiden und dann verbinden."
JOHANN WOLFGANG VON GOETHE

Wege und Pfade sind nicht nur "eben da", weil
mensch darauf besser gehen / radfahren / inlinesca-
ten kann. Sie sind noch:
richtungsgebend · raumbildend · aufmerksam
machend · eventuell sogar naturschonend.
Die Wege sind die bewegten "Lesezeichen" des
Raumes (so wie die Bänke seine beruhigten sind);
wenn der Raum gut ist, verändern sie Dich gleich
"im Gehen" mit.
Wege sind Zeit- und Stimmungsmaschinen.

Objekte in Planung

- Öffentliche Parkanlagen Halbinsel Stralau, Bauabschnitt I + II, in Berlin
- Freiraumplanung Wohnbebauung Brau + Brunnen in Berlin-Stralau
- Außenanlagen Brunnerstr./Bellevuestraße in Petershagen/Brandenburg
- Grünordnung und Freiraumplanung Wohnungsbau Beelitz-Heilstätten in Brandenburg
- Außenanlagen Wohnbebauung Alte Jakobstraße 87/88 in Berlin
- Außenanlagen Wohn- und Geschäftshaus Große Seestraße 3 in Berlin
- Außenanlagen Gemeindezentrum Dalgow in Brandenburg
- Außenanlagen Neu Döberitz in Brandenburg, Kaiserliches Postamt
- Außenanlagen Wohngebiet Halstenbek in Hamburg
- Gestaltung Entlastungsstraße Potsdam (ISES) in Potsdam
- Freiraumplanung Packhofgelände Stadt Brandenburg in Brandenburg
- Siedlungsplanung ökologische Ferienanlage "The Hill" in Phuket/Thailand
- Planung "Natur- und Erlebniswelt" Schmölln in Mecklenburg-Vorpommern

Projekte mit städtebaulichem Schwerpunkt

1990	Berlin, Gleisdreieck morgen - sechs Ideen für einen Park
1991	Berlin, Blücherplatz in Zusammenarbeit mit Leon + Wohlhage, Architekten BDA
1991	Halle an der Saale, "Die Stadt vor der Stadt" in Zusammenarbeit mit einer Projektgruppe der Akademie der Künste, Berlin
1991	Berlin, Wohnbebauung Tegel-Süd, in Zusammenarbeit mit H.-C. Müller + M. Müller
1992	Berlin, Lehrterstraße - Alt Moabit, in Zusammenarbeit mit B. Strecker und P.U.B.
1993	Hamburg, Neu-Allermöhe West, Westliche Fleetinsel/Stadtkante, in Zusammenarbeit mit P.U.B./Architekten + Städtebau
1994	Berlin, Hellersdorfer Graben
1994	Berlin, Fertigstellung der Großsiedlung Hellersdorf unter ökolog. Gesichtspunkten (Ökolog. Aspekte zur Außen- und Freiraumgestaltung, Modellvorhaben im Auftrag des Bundesministeriums für Bau- und Wohnungswesen)
1994	Hamburg, Funktionsplan Allermöhe-West
1994	Luckenwalde, Neubebauung des ehem. Volltuchgeländes
1995	Berlin, Lichterfelde-Süd, Gutachten über die Bebaubarkeit des Geländes in Zusammenarbeit mit D. Libeskind und P. Brinkert, Architekten
1996	Entwicklungsgebiet Rummelsburger Bucht, Bereich Halbinsel Stralau in Berlin, landschaftsgestalterische Gesamtkonzeption, Freiraumplanung und Gestaltungsrahmen zum Bebauungsplan in Zusammenarbeit mit H. Hertzberger

Bode · Williams + Partner

Udo Bode
*1964
1990 Diplom FH Osnabrück · seit 1993 freischaffender Landschaftsarchitekt, BDLA, Mitglied der AK Berlin · seit 1993 Büro mit Frederick Williams in Berlin

Frederick Williams
*1954
1982 Bachelor of Science, Landscape Architecture, California Poly. State University, San Luis Obispo, California, U.S.A. seit 1988 freischaffender Landschaftsarchitekt, Mitglied ASLA, New York, U.S.A., Mitglied der AK Berlin · seit 1993 Büro mit Udo Bode in Berlin

Peter Braun
*1962
1991 Diplom an der Universität für Bodenkultur Wien · seit 1995 freischaffender Landschaftsarchitekt, BDLA, Mitglied der AK Berlin · seit 1996 Projektpartner

Die beiden Landschaftsarchitekten Udo Bode (Osnabrück) und Frederick Williams (New York) haben sich 1993 in einer Fabriketage im Berliner Bezirk Prenzlauer Berg niedergelassen. 1996 kam Peter Braun (Wien) als Projektpartner zum Team. Gerade in Berlin wartet eine Fülle von Aufgaben auf das kreative internationale Team.
Ihr Anspruch: Gemeinsam mit den Auftraggebern die Beziehung zwischen Architektur und Freiraum zu einem ganzheitlichen Ergebnis zu bringen. Zu ihren Stärken zählen technisch und konstruktiv ausgereifte Projektplanungen, fundierte Bauabwicklungen sowie übergreifende Projektsteuerungen.

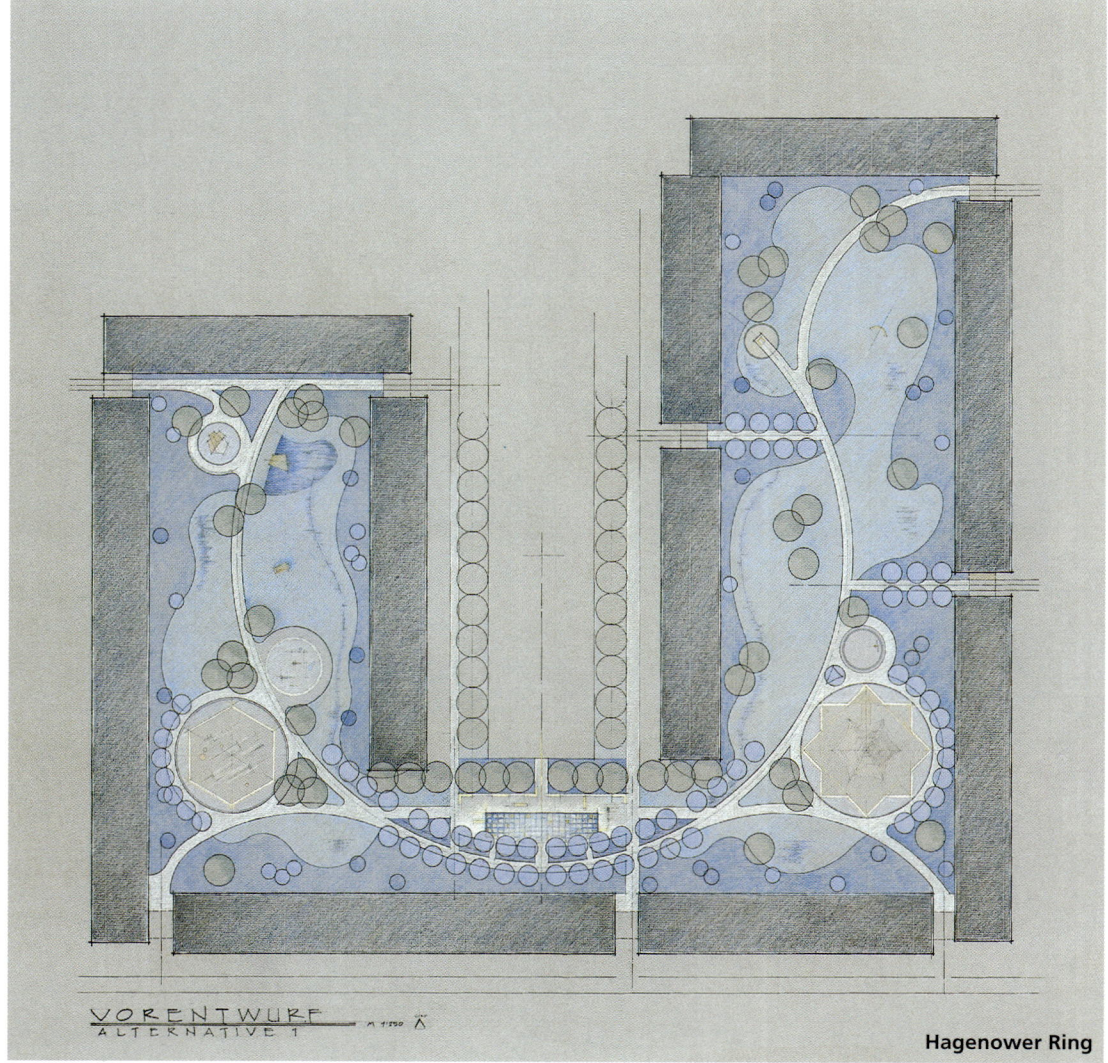

VORENTWURF
ALTERNATIVE 1

Hagenower Ring

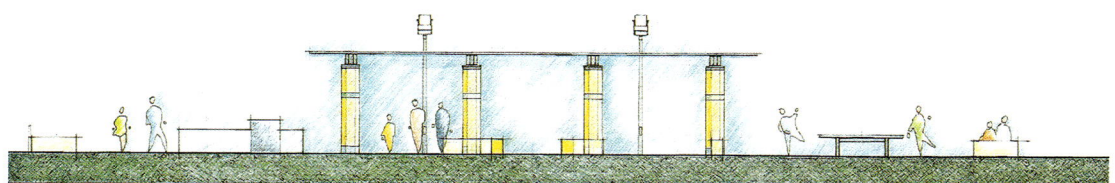

Wohnen am Hagenower Ring (1996 - 97)

Bei der integralen Gestaltung wurde Vorhandenes berücksichtigt und mit neuen Akzenten gekoppelt.
Die Beteiligung der Anwohner an der Planung und eine Kunstaktion mit Kindern bei der Ausführung tragen zur Identifikation der Bewohner mit ihrer Wohnanlage bei.
Zentrum der Wohnanlage bildet ein zum Platz aufgewerteter Treffpunkt für alle Anwohner.
Kleinteilige Sitz-, Spiel- und Aufenthaltsbereiche ergänzen das Angebot.

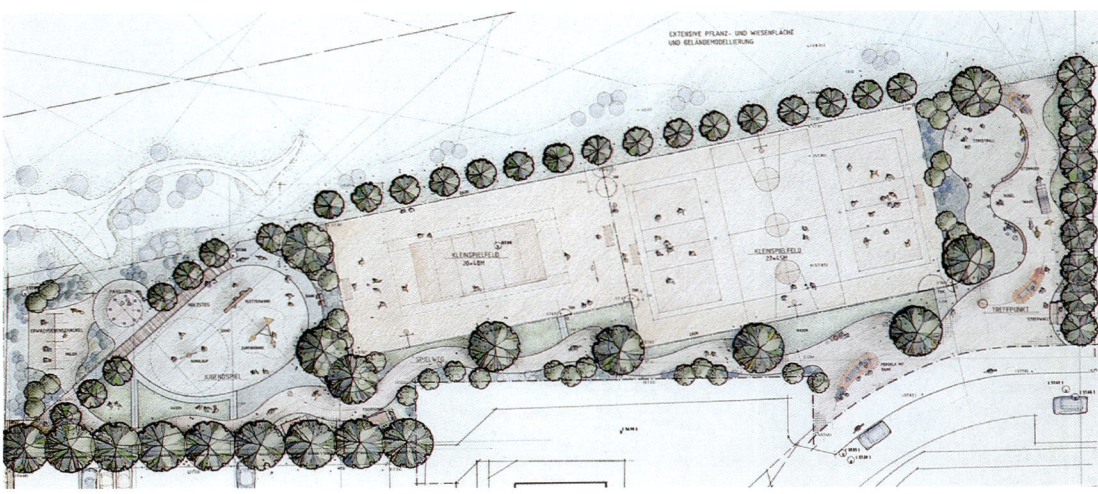

Spiel- und Sportplatz Oschatzer Ring (1994 - 95)

In der Freizeiteinrichtung entstanden vielfältige Nutzungsbereiche zum aktiven und passiven Spiel. Zur Objektgestaltung und Ausstattung wurden individuell gestaltete Spielelemente und Ideen verwirklicht.
Aufgrund des hohen Defizits an öffentlich nutzbaren Sportanlagen wurden zwei Allwetter-Sportflächen integriert.
Die Anlage wird ganztägig, zunächst zum Schulsport, später durch Kinder und Jugendliche genutzt.

Am Markt Falkenberger Chaussee (1996 - 98)

Ein Beispiel zur temporären Zwischennutzung einer städtischen Brache:
Der gestalterische Schwerpunkt liegt in der Aufwertung und Nutzungsveränderung der vorhandenen Brachfläche. Die Anlage einer Wasserfläche mit querenden Holzstegen, das differenzierte Wegesystem sowie extensive Grünflächen ermöglichen eine aktive und kontemplative Erholungs- und Freizeitnutzung.
Die Gestalt und Ausbildung einzelner Elemente und Bereiche bezieht sich auf den Wandel. Objekte, Ausstattung und Aktionen sind temporär.

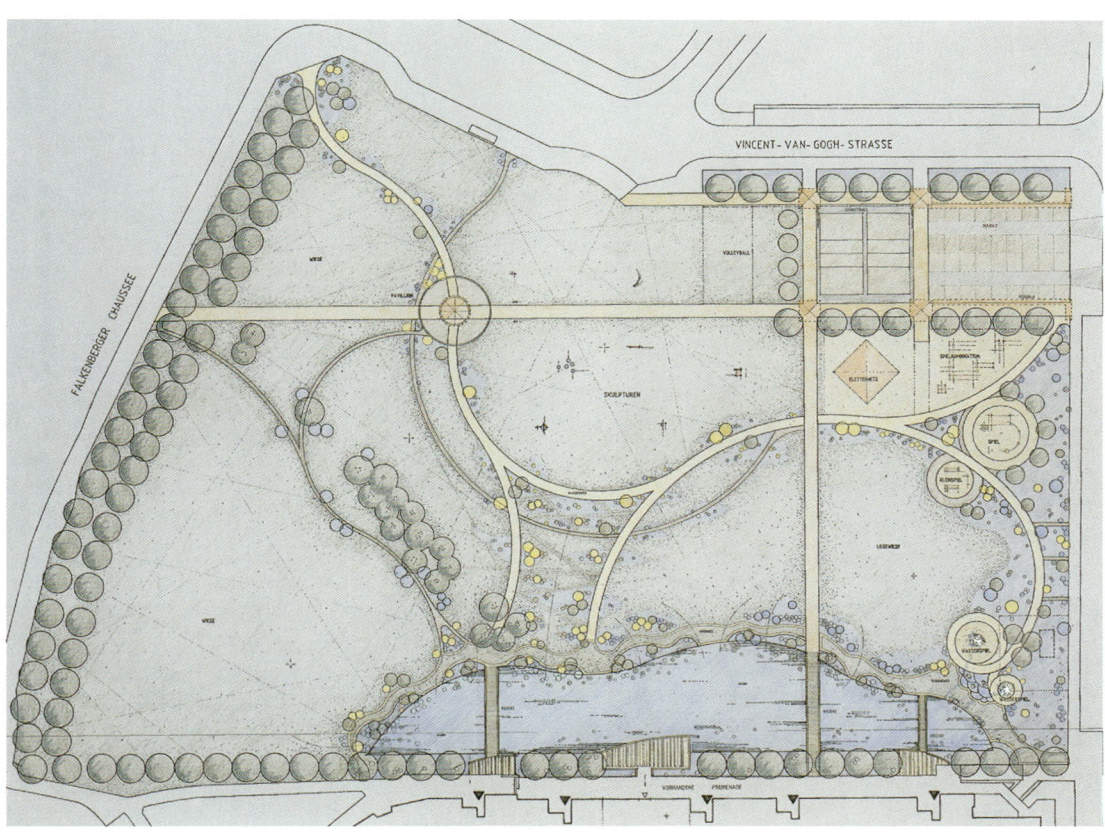

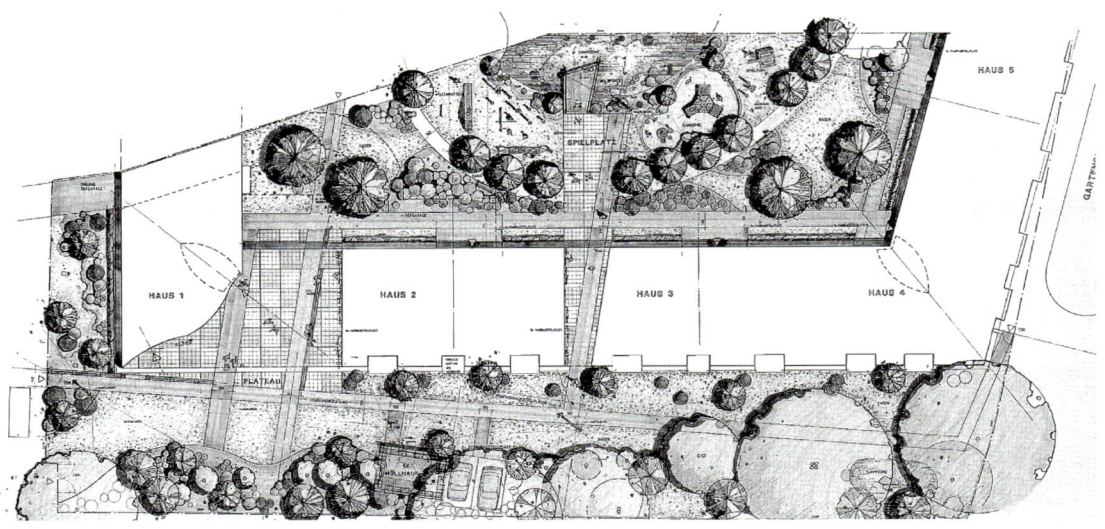

Wohnen in Berlin-Weißensee (1994 - 97)

Der viergeschossige Neubau steht unmittelbar neben einer denkmalgeschützten Dorfkirche und dichtem, alten Baumbestand sowie in Nachbarschaft zu ebenfalls denkmalgeschützten Taut-Gebäuden.
Der kompakt gestaltete Gartenhof bietet mit seinen attraktiven Aufenthaltsbereichen viele Möglichkeiten für Spiel, Entspannung und Begegnungen.

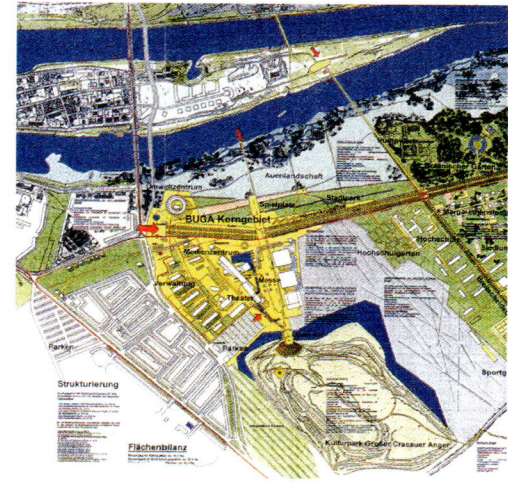

Bundesgartenschau 1999 in Magdeburg (Wettbewerb 1993)

Die Bundesgartenschau wird aus dem vorgefundenen Landschaftsraum gebietsspezifisch entwickelt. Örtlich vorhandene, den Magdeburger Raum prägende städtische und landschaftliche Elemente werden integriert.
Der Dialog unterschiedlicher Bau- und Raumstrukturen, der Kontrast zwischen Natur-, Landschafts- und Flußraum, zwischen Dichte und Offenheit, Ruhe und Bewegung, Nähe und Ferne, zwischen Ordnung und Chaos macht die dem Gebiet inne-wohnende Geschichte und Dynamik entlang der Stadteinfahrt und der Herrenkrugallee erlebbar.

Östliche Themengärten (1997), Auswahl:

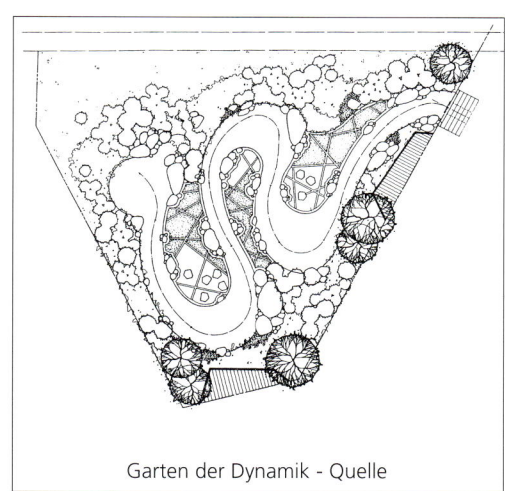

Garten der Dynamik - Quelle

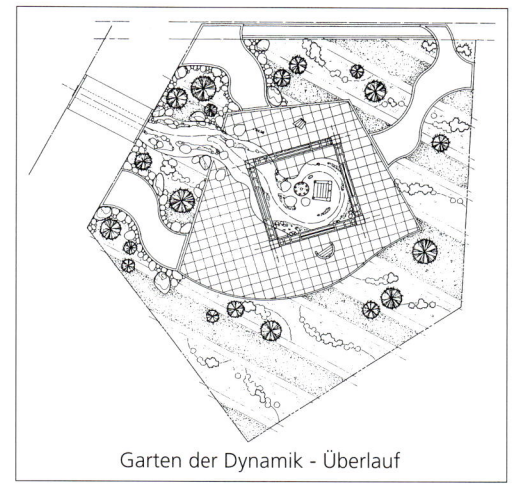

Garten der Dynamik - Überlauf

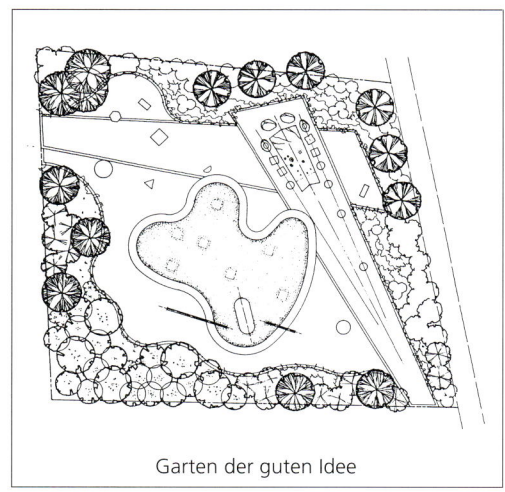

Garten der guten Idee

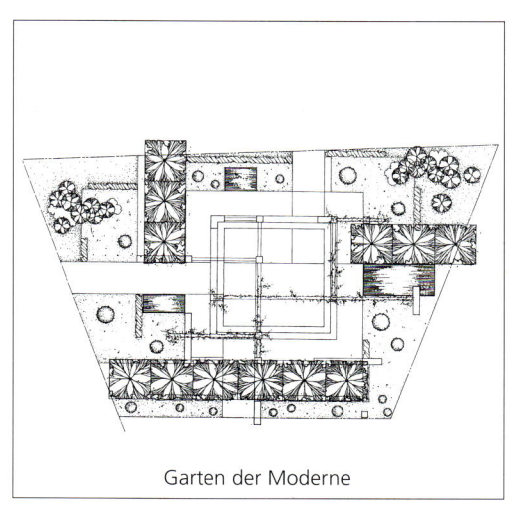

Garten der Moderne

Norbert Müggenburg
*1954

1975 - 80 Studium der Landschaftsplanung an der
Technischen Universität Berlin
seit 1985 selbständig in partnerschaftlichem und
eigenem Büro in Berlin
1990 - 95 Wissenschaftlicher Mitarbeiter an der Hochschule der Künste Berlin, FB Architektur
seit 1983 Lehraufträge an der Technischen Universität
Berlin, FB Landschaftsplanung

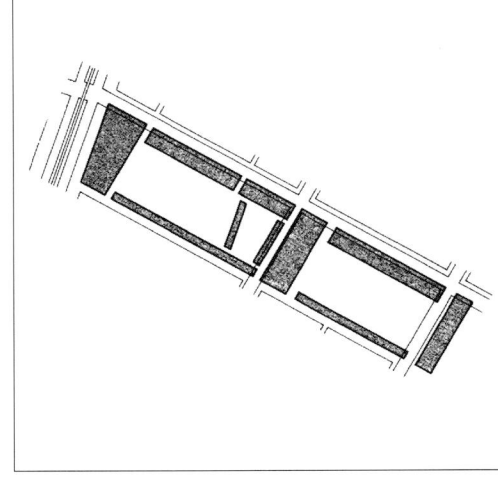

Nicht realisierte Projekte, Wettbewerbsentwürfe wie
hier gezeigt, sind Skizzen des Arbeitsprozesses.
In ihnen leben die Möglichkeiten der Landschaftsarchitektur weiter, auch wenn sie in der Mappe der
Unvollendeten mehr oder weniger vergilben.
Daß sie dennoch wert sind veröffentlicht zu werden,
liegt am verführerischen Funkeln einzelner Gedanken,
an denen es sich lohnt, die spätere Arbeit zu orientieren, zu überdenken, abzurunden oder aber beiseite zu
legen.

Wettbewerbsentwurf für den Fröbelplatz in Berlin-
Prenzlauer Berg

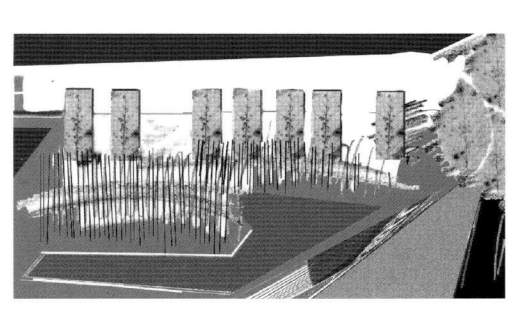

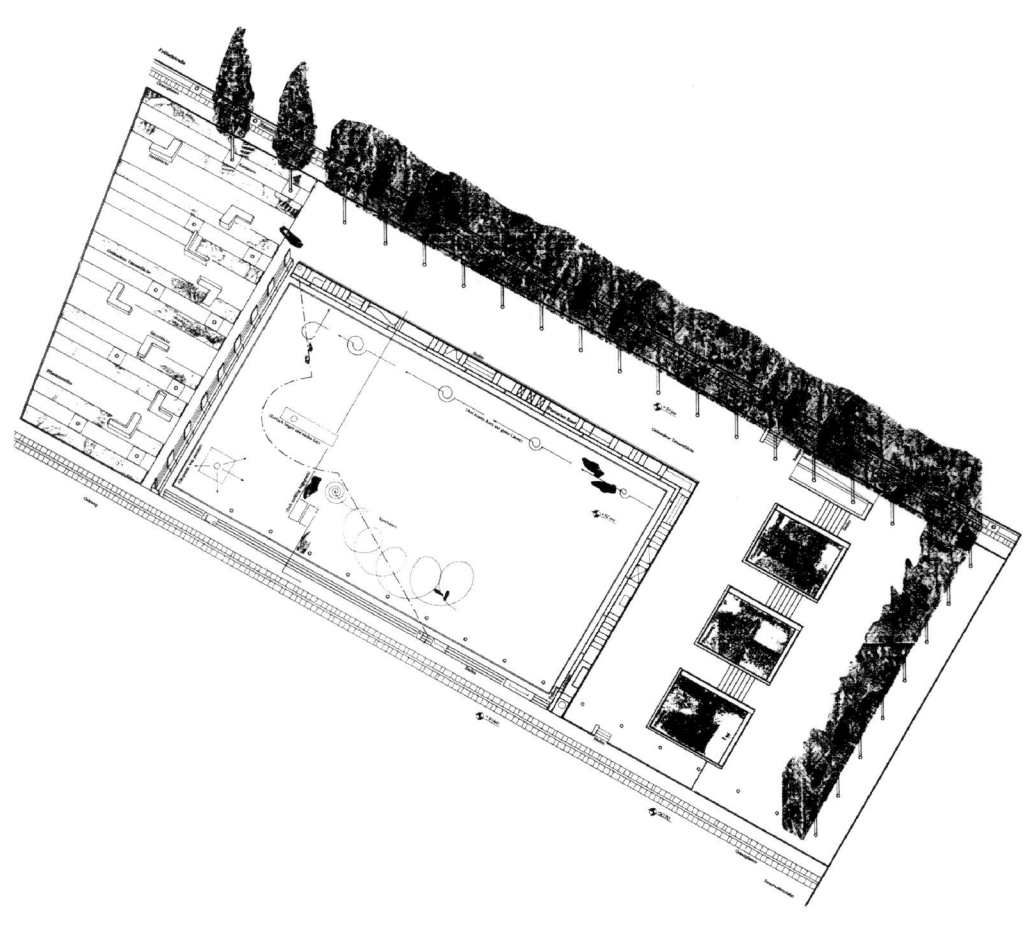

Kunst am Bau - Wettbewerb für den Neubau des Zoologischen Institutes der Universität Freiburg (mit Martin Schneider)

Im Bereich des Haupteinganges, vor einer gläsernen Rotunde, sollten in lockerer Anordnung 18 eingefärbte Betonsockel stehen, auf denen sich Tierskulpturen befinden. Diese Tiere sollten so gearbeitet sein, daß sie die Vorübergehenden zu küssen scheinen.

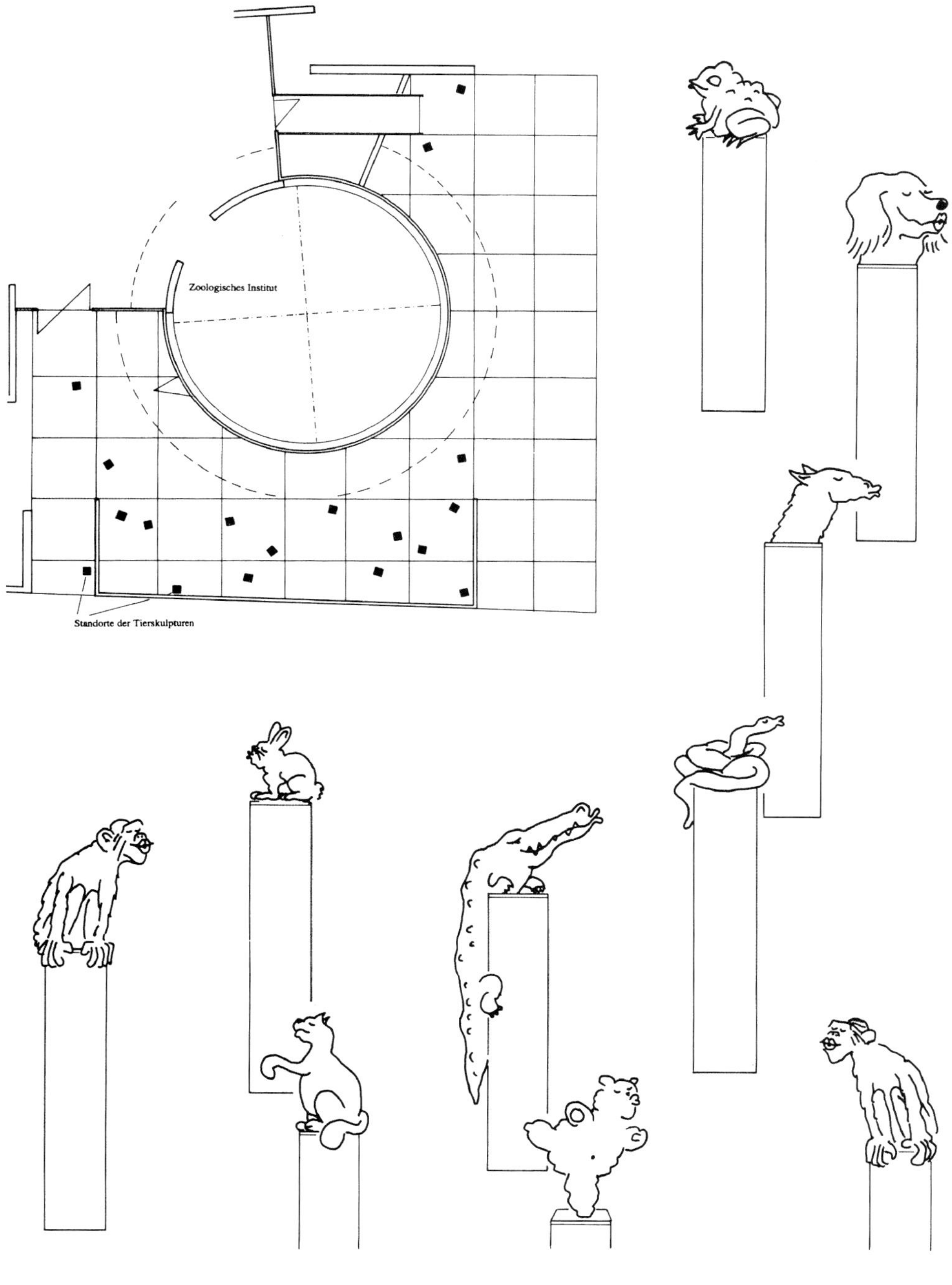

Zoologisches Institut

Standorte der Tierskulpturen

**Du küßt mich, ich küß dich nicht;
ich küß dich, du küßt mich nicht;
küßt du mich, küß ich dich...**

Entwurf für ein konkurrierendes Gutachterverfahren, Stadtplatz in Berlin-Buch IV

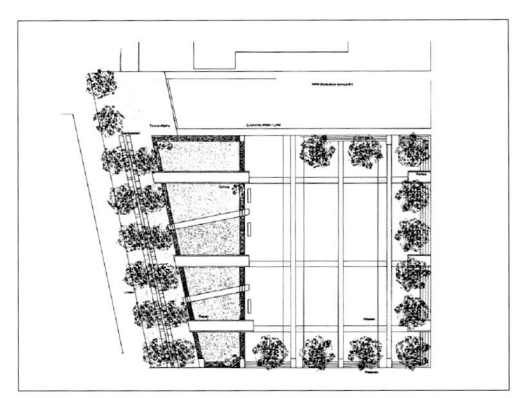

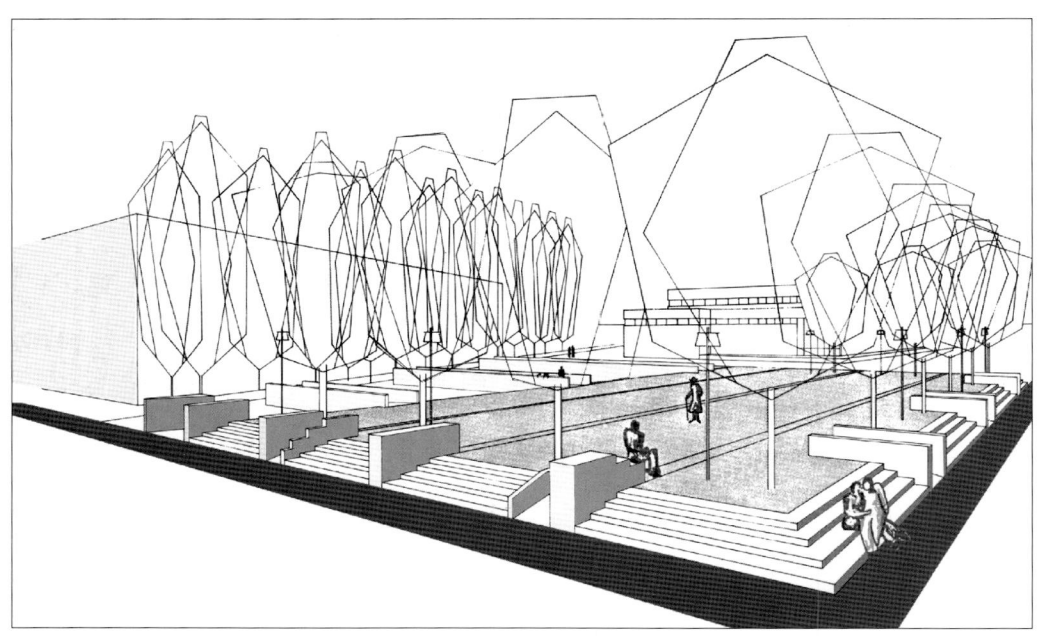

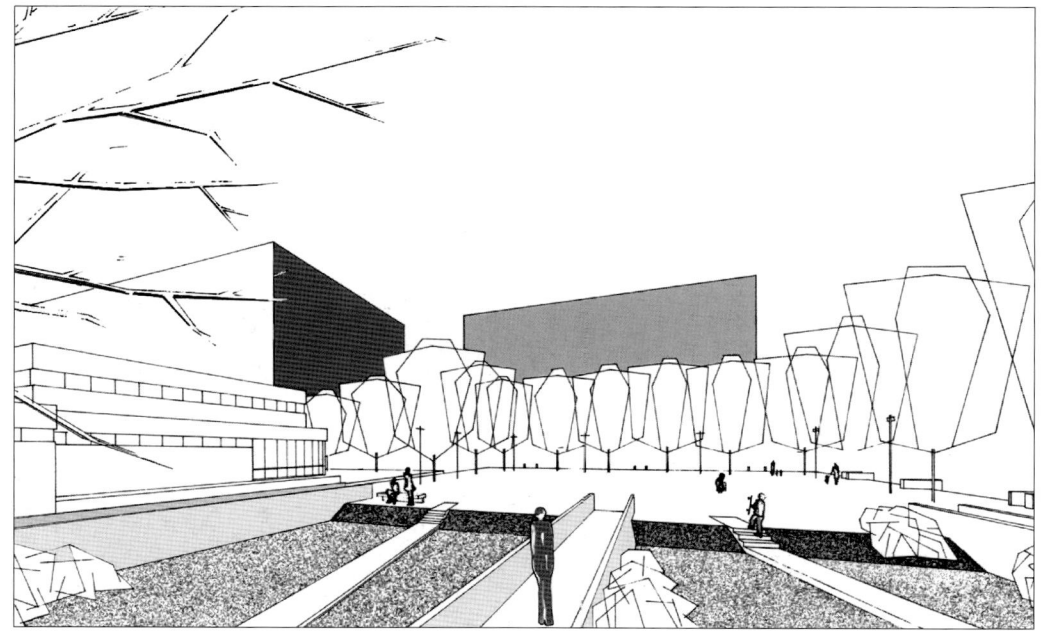

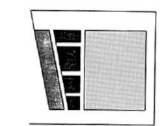

Räumliche Gliederung

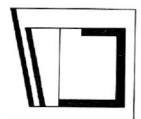

Kantenbildung

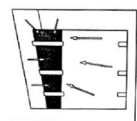

Entwässerung

Die alltägliche Geschichte eines Mannes, der seinen Hut verliert

(Story-board des Wettbewerbsentwurfes für den Monbijou-Park in Berlin-Mitte)

Stürmisches Wetter. An der Spree geht ein Mann spazieren. Er trägt einen Hut. Alltägliches.

Der Sturm reißt ihm den Hut vom Kopf und läßt ihn durch die Luft tanzen. Um ihn wiederzubekommen, läuft der Mann hinterher.

Mit allerlei Irritationen und Hindernissen schreibt die Verfolgung eine sonderbare Bewegungslinie in das Gelände.

Zu seinem Unglück tritt der Mann in flaches Wasser, muß durch einen engen Baumhain, wird durch eine stattliche Anzahl von Drehkreuzen behindert, balanciert durch ein Steinfeld und wird von riesigen Stehaufmännchen geschubst.

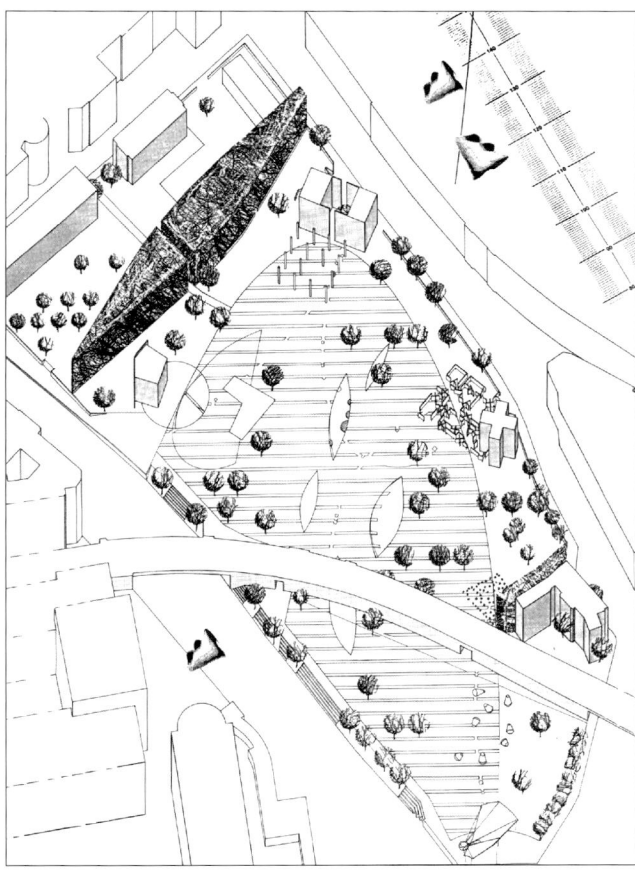

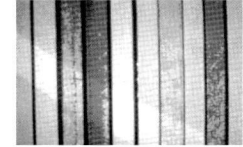

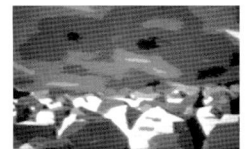

Am Ende hat der Mann zwar seinen Hut nicht wieder; er steht jedoch unter einer Dachkonstruktion, die ihn stark an seinen verlorenen Hut erinnert.

Burger + Tischer
Landschaftsarchitekten Berlin - München

Susanne Burger
*1961

1985 - 91 Studium an der TU München
1991 - 95 Mitarbeit bei Valentien+Valentien
seit 1995 Partnerschaft mit Stefan Tischer
Planungsbüro in München
seit 1996 Mitarbeit in der Lehre an der TUM

Stefan Tischer
*1965

1985 - 91 Studium an der TU München und
ENSP Versailles
1991 - 96 Mitarbeit in der Lehre an der TUM
seit 1992 Planungsbüro in München
seit 1995 Partnerschaft mit Susanne Burger
Planungsbüro in Berlin
seit 1998 Lehrauftrag an der Kunsthochschule
Weißensee; Lehrtätigkeit im Ausland:
Università degli Studi di Firenze

Wettbewerb IGS Steiermark 2000, Graz 1997

Architekten:

[1] Otto Steidle
[2] Ortner + Ortner
[3] Jo Stahr
[4] Klein+Sänger/Dömges+Partner
[5] Max Dudler
[6] Kurt Ackermann
[7] CET-0
[8] Hille Machleidt/Walter Stepp
[9] Grüntuch + Ernst
[10] Phillip Oswalt
[11] Paola Cannavò
[12] Bothe, Richter, Teherani

Projekte
(Auswahl)

1993 · Parcelle N° 28
Garten für das 2. Festival International
du Jardin, Chaumont sur Loire
· Gutachterverfahren Gesamtkonzept
Wissenschaftsstadt Adlershof, Berlin [1]

1994 · Gutachterverfahren Gesamtkonzept
Pankow-Buchholz Nord, Berlin [1]

1995 · Außenanlagen Raiffeisenbank
Feldkirchen bei München [3]
· Gutachterverfahren Gesamtkonzept
Hamburg Allermöhe [1]
· Gutachterverfahren FS - Tiburtina
Rom [1]

1996 · Außenanlagen TU Dresden
"Grüne Mitte" (Fertigstellung 1998) [4]
· Außenanlagen TU Dresden Chemie
(Fertigstellung 2000) [4]
· Außenanlagen Bundesministerium für
Verkehr, Berlin (Fertigstellung 1999) [5]

1997 · Außenanlagen Schloß Fürstlich Drehna
(Fertigstellung 2003)
· Außenanlagen Sächsische Staats-,
Landes- und Universitätsbibliothek
Dresden (Fertigstellung 2000) [2]
· Gesamtkonzept Außenanlagen TU
Dresden
· Außenanlagen Kindertagesstätte II und
Wohnanlage Stadibau, München-Riem
(Fertigstellung 1999)

1998 · Außenanlagen Landbauamt München
(Fertigstellung 1999)

Wettbewerbserfolge
(Auswahl)

1993 · Büropark Clemensänger
Freising, 2. Preis [2]

1994 · Zeughausplatz-Gertäckerstraße
Hamburg, 1. Preis [1]
· Erweiterung Technische Universität
Dresden, 1. Preis [4]

1995 · Umwelttechnologiezentrum
Berlin, 2. Preis [6]
· Gartenstadt Rietzschketal
Rötha/Leipzig, 1. Preis [7]
· Botschaftszentrum Klingelhöfer Dreieck
Berlin, 1. Preis [8]
· Industriestandort Böhlen-Lippendorf
Leipzig, 3. Preis [7]

1996 · Außenanlagen EXPO 2000
Hannover, 4. Preis
· Erweiterung Hellerau
Dresden, 3. Preis [1]
· Südfuge Adlershof
Berlin, 1. Preis [9]

1997 · Nachnutzung Theresienhöhe
München, 3. Preis [2]
· Spreebogenpark - Platz der Republik
Berlin, 4. Preis

1998 · Ehemaliges Frauenkonzentrationslager
Ravensbrück/Fürstenberg, 1. Preis [10]
· Festspielgelände Hellerau
Dresden, 1. Preis [11]
· Neue Zentralverwaltung Bayerische
Rückversicherung Oberföhring
München, 1. Preis [12]

   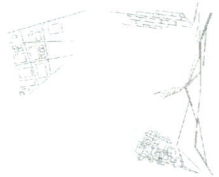  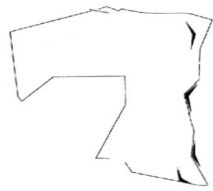

Pinienhain  "Agro Romano" Parcours Funktionsbereiche Denkmäler Bauten + Mauer

Parco Centocelle
Ideenwettbewerb 1997

Der ehemalige Militärflughafen in der südöstlichen Peripherie von Rom wird von einem Pinienhain gerahmt, der die zentrale Wiesenfläche ("Agro Romano") mit den Resten antiker römischer Villen zu den Bergen von Tivoli öffnet.

In diesen Hain werden alle intensiven Parkeinrichtungen integriert (Sport, Markt, Campingplatz, Spielplätze). Ein Parcours verbindet die einzelnen Bereiche und umspielt die Kante des Hains, so daß sich intensive Raumerlebnisse ergeben.

Die topographisch markante Abbruchkante eines Tuffsteinbruchs wird teilweise künstlich mit Rampen, Wegen und Parkgebäuden überformt und bildet so die Parkfassade zur Ringstraße.

Spreebogen - Forum - Platz der Republik
Ideenwettbewerb 1997, 4. Preis

Die großen Freiflächen im Spreebogen werden als drei unterschiedliche Räume gestaltet.

Der Spreebogenpark zeichnet sich als schräge Ebene aus, in die die Brückenrampen, die Schweizer Botschaft und die Bundeskindertagesstätte integriert sind. Ein Panoramasteg führt zum neuen Lehrter Bahnhof.
Das Forum ist das gefaßte „Schmuckstück" im Band des Bundes. Wie in einem großen japanischen Garten liegen zwei organische Volumen mit Funktionen für die Öffentlichkeit in einer gerahmten Kiesfläche.
Der Platz der Republik bleibt eine offene Wiese; eine Fontänenreihe bildet den transparenten Abschluß nach Westen, der Reichstag erhält eine umlaufende, einheitliche Belagsplattform ohne funktionale Gliederung.

Forum

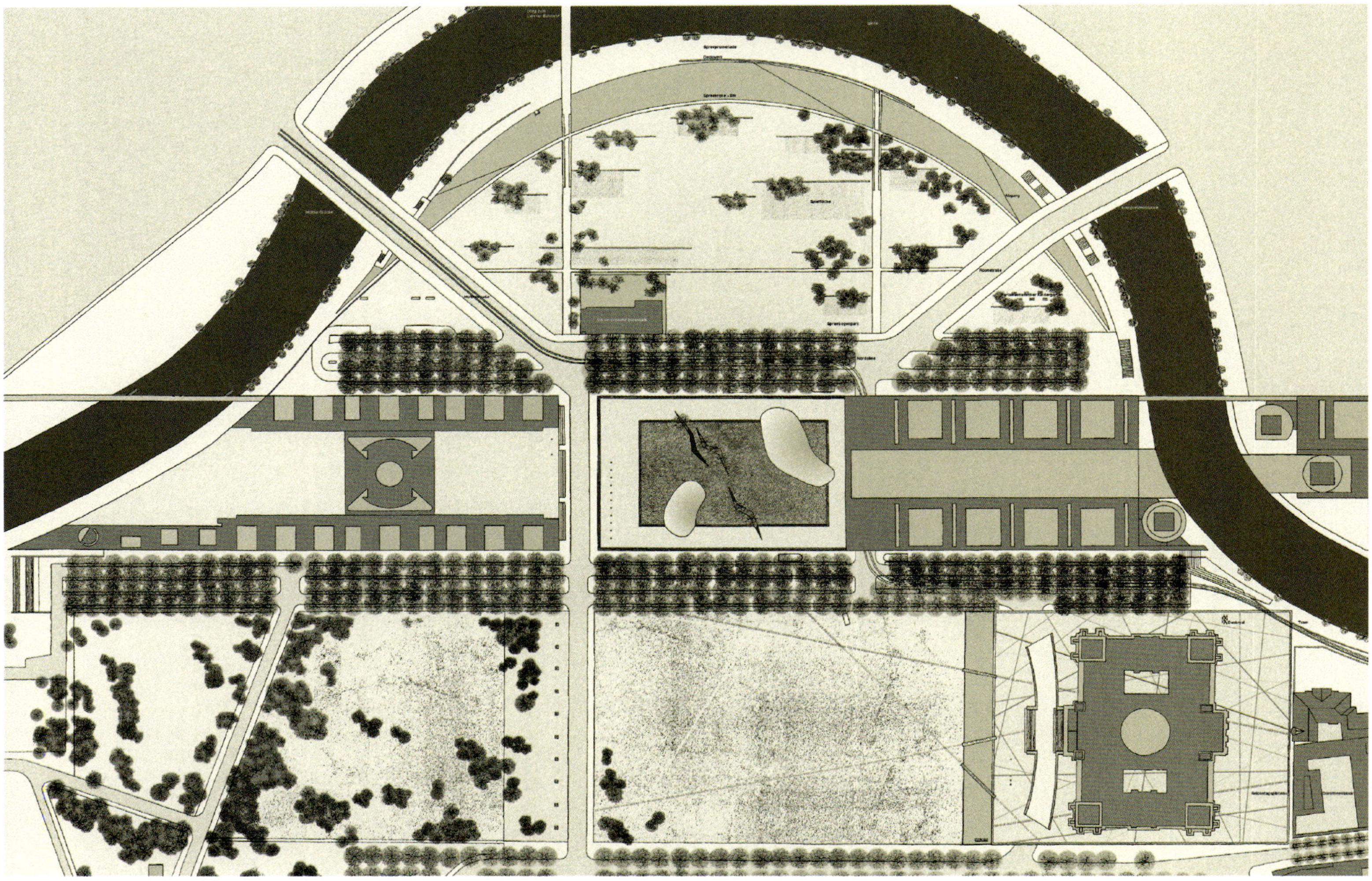

Schnitt N-S

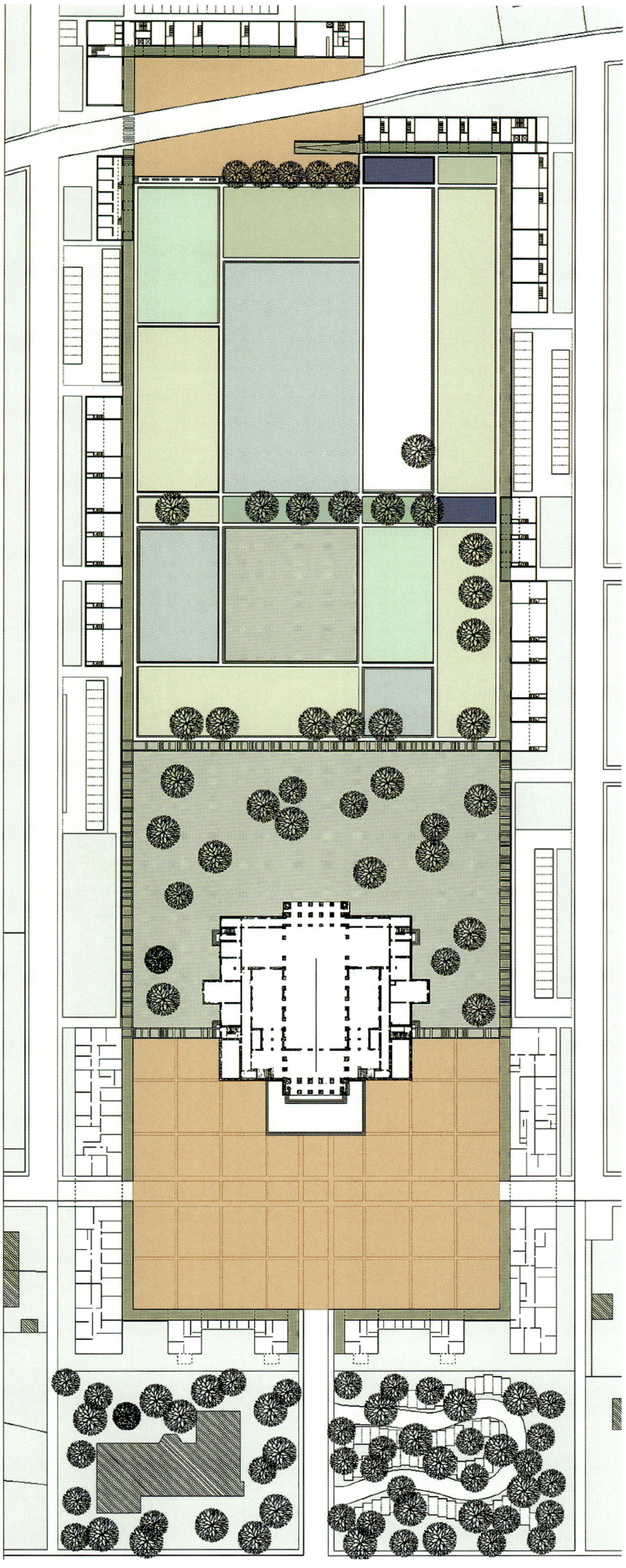

Festspielgelände Hellerau
Ideenwettbewerb 1997, 1. Preis

Die historische Insellage des Festspielgeländes erfährt eine neue Interpretation.

Weil eine Einbettung in die angrenzende Landschaft nur noch bedingt herstellbar ist, wird ein klar introvertiertes Ensemble geschaffen.

Das gesamte Festspielgelände erhält einen umlaufenden Rahmen aus einer 3 m hohen Mauer und einem Ortbetonweg. An diese Mauer lagern sich Gebäude (seitlich Ateliers für Stipendiaten, Läden und Hotel im Norden) an, die in ihrer Kubatur niemals das Festspielgebäude überragen.

So werden drei unterschiedlich charakterisierte Freiräume definiert, ein Platz, ein Hain, ein Garten.

Letzterer erhält eine geometrische Wegegliederung, die nur im Frühjahr durch eine intensive Geophytenpflanzung temporär gebrochen wird.

Hellgrau/Schwarzplan

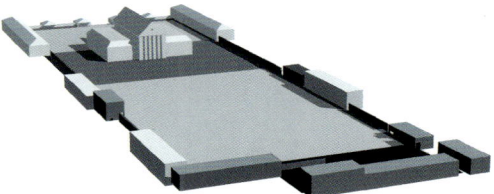

Räumliches Konzept

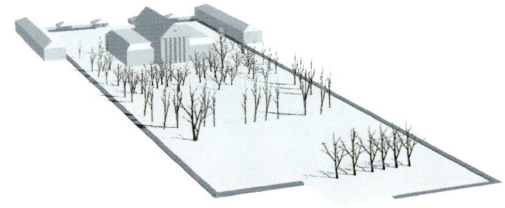

Bäume

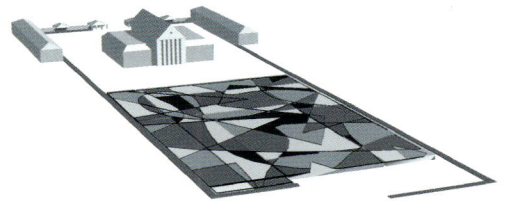

Frühjahrsaspekt

Außenanlagen Raiffeisenbank Feldkirchen
Realisierung 1995 - 1996

Um den Neubau entstehen auf für Tiefgaragen unterbauten Flächen unterschiedliche Dachgärten.
Zum Dorfplatz hin öffnet sich ein Weißdornhain in
elliptischen Bauminseln, über der Einfahrtsrampe bilden repräsentative, nicht begehbare Terrassengärten
das tägliche Blickfeld für die Mitarbeiter und enden in
einem durch eine geschlossene Pergola umgebenen
Hof.
Durchgängiges Element bilden die Kiesbänder als
Kennzeichnung für die Versickerung und ursprüng-
lichem Untergrundsmaterial der Münchener Schotter-
ebene.

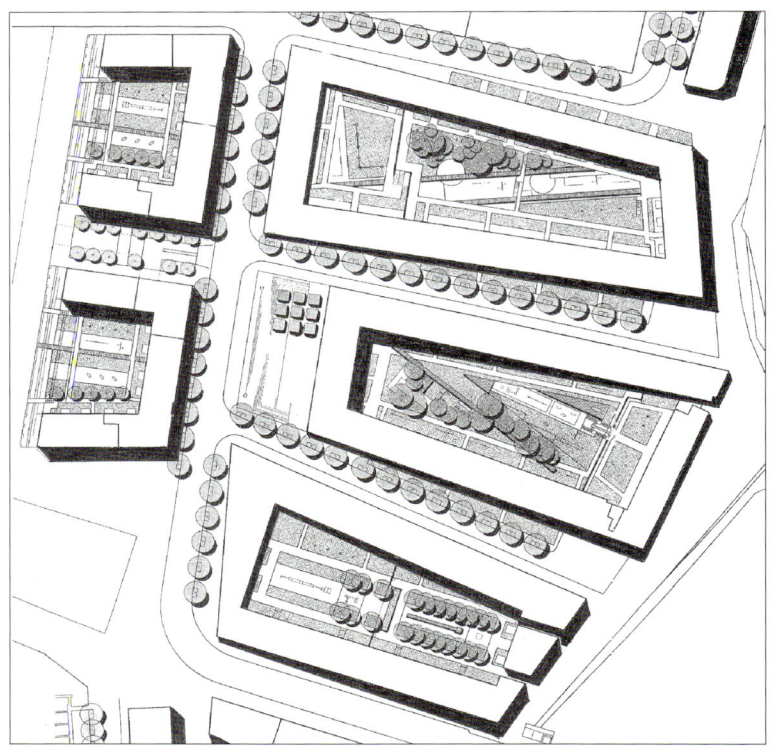

Thomas Masaharu Dietrich
*1950

1971 - 74	FH Berlin
1977 - 80	Büro Gerdes, Worpswede
1980 - 83	Büro Miller, Stuttgart
seit 1983	Büro Thomas M. Dietrich in Berlin
	Freier Landschaftsarchitekt BDLA, AIV
seit 1984	Lehrtätigkeit Fachhochschule Berlin
	Freiraumgestaltung und Bautechnik

Mitarbeiter: Birgit Haase, Ralf Hartmann
Andreas Lude, Katja Richter

Wettbewerbserfolge

· 1. Preis Lohmühleninsel 1984
  mit Architekt Stephan Dietrich
· 1. Preis S-Bahnhof Teltower Damm 1991
  mit Stephan Dietrich
· 3. Preis Branitzer Platz in Berlin 1992
  mit Architekten Casa Nova
· Ankauf S-Bahnhof Kolonnenstraße 1992
  mit Stephan Dietrich
· 1. Preis Krankenhaus Marzahn 1993
  mit Architekten Heinle, Wischer & Partner
· 1. Preis Max-Reinhardt-Gymnasium 1994
  mit Architekten Casa Nova

Fotos: Jens Schulz

Wasserstadt Berlin-Oberhavel, Quartier Siemens, WA 1-4

Das Konzept der Wasserstadt zitiert die traditionelle Berliner Blockrandbebauung und verbindet Wohnen, Arbeiten und Natur. Gebäude, Straßenraum, Innenhöfe, Vorgärten und eine Plaza bilden ein Raumgefüge, das mit Mitteln der Landschaftsarchitektur gefaßt und in die Umgebung der Havel eingebunden wird.
Die Bebauung erhält schon aus der Vogelperspektive mittels durchgehend extensiv begrünter Dächer mit übergreifender Bänderung ein markantes Signet. Die einzelnen von verschiedenen Architekten entworfenen Gebäude werden im Freiraum mit Hilfe wiederkehrender prägnanter Gestaltungselemente miteinander verbunden. Lineare Wegeachsen, Holzstege, Schotterflächen sowie Rasen- und Sandspielflächen charakterisieren mit ihrer Material- und Farbwahl die Erscheinung des Quartiers. Ein System variabler Kombinationen von Spielgeräten findet in den privaten Spielbereichen sowie einer Kindertagesstätte Verwendung und setzt durch seine farbenfrohe Erscheinung Akzente.

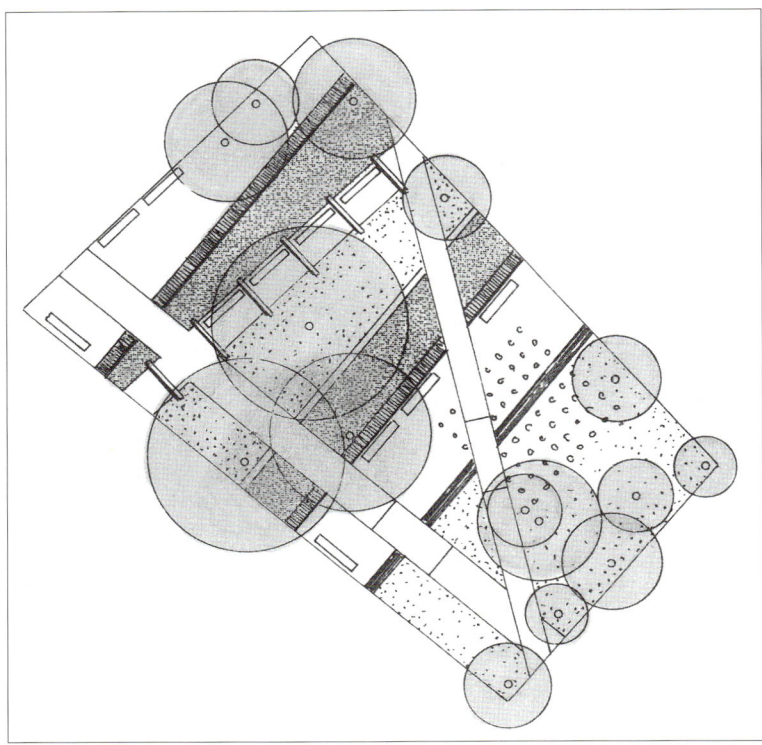

Stadtplatz Stargarder Straße 26-27/Dunckerstraße 71

Die Anlage des Stadtplatzes auf dem ca. 1 450 m² großen Eckgrundstück Stargarder Straße/Dunckerstraße im dicht bebauten Berliner Bezirk Prenzlauer Berg schafft für die Anwohner ein Angebot vielfältiger Nutzungsmöglichkeiten.

Der Platz dient dem Quartier mit seiner identitätsstiftenden Gestaltung der Kommunikation, dem wohnungsnahen Spiel sowie der kurzweiligen Erholung.

Unter Berücksichtigung des Altbaumbestandes erschließen Wegeachsen den Platz und bieten dem Passanten die Möglichkeit zügiger Querung. Linear angeordnete Rasen- und Pflanzflächen werden von Hecken und Streifen wassergebundener Decke gegliedert. Klassische Elemente der Gartengestaltung wie Pergolen, eine Wasserrinne mit monolithischer Brücke und eine Steinsetzung aus Findlingen ergänzen den Park und bilden Sitz- und Spielbereiche.

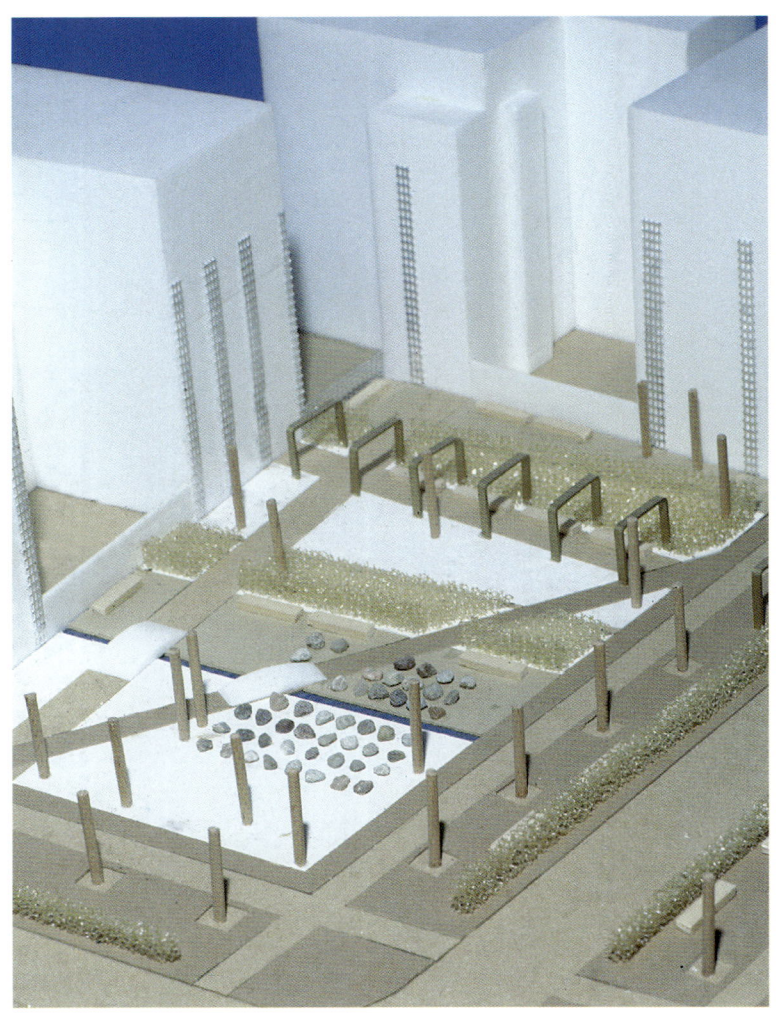

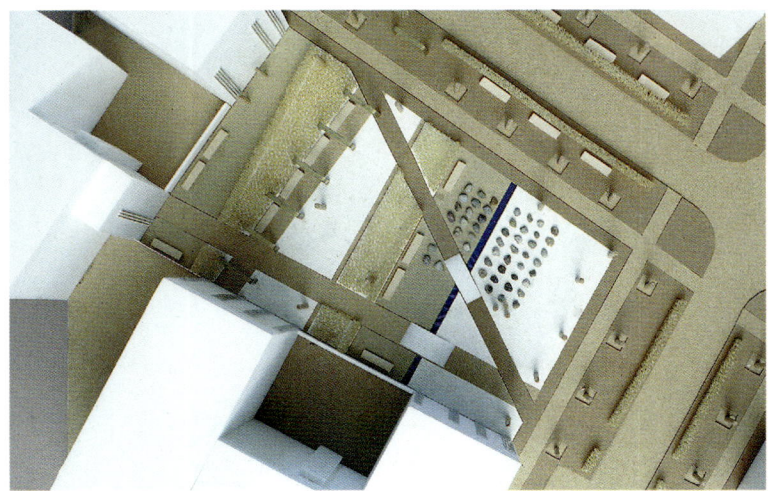

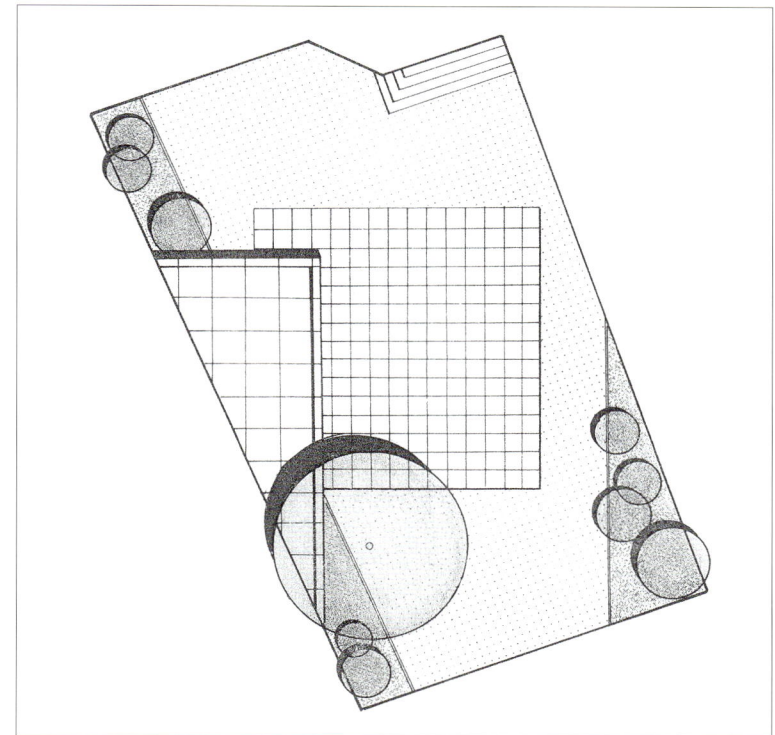

Gymnasium der Jüdischen Gemeinde zu Berlin, Große Hamburger Straße

Im Zuge des Umbaus des Gymnasiums wurde der Innenhof zum Pausenhof für Schüler umgestaltet.

Aufgrund der geringen Größe des Hofes ist die Fläche zum überwiegenden Teil gepflastert. Randbereiche sind mit Bodendeckern und einzelnen Solitärgehölzen begrünt. Ein Podest mit Fahnenmasten dient der Durchführung offizieller Feierlichkeiten. Granit findet in Form von Mosaikpflaster, Platten und geschliffenen Blöcken Verwendung.

Tho-Mi Bauermeister
*1963

Nikolai Koehler
*1965

Gabriele Pütz
*1964

Gruppe F

Büro für Landschafts- und Freiraumplanung - bearbeitet als Team von Landschaftsarchitekten, -planern und Ingenieuren alle Aufgabenfelder der Landschafts-, Grünordnungs- und Objektplanung.

Besondere Schwerpunkte sind die Projektsteuerung komplexer Planungsverfahren, die Durchführung von Wettbewerbsverfahren und die digitale Projektbearbeitung (CAD/GIS). Dabei legen wir großen Wert auf selbstbewußte landschaftsarchitektonische Positionen im städtischen und ländlichen Raum durch die Entwicklung kraftvoller Ideen.

Gruppe F wurde 1992 in Berlin gegründet und hat einen weiteren Bürostandort in Mecklenburg-Vorpommern.

Fotos (5) : Andreas Muhs, Berlin

Kosmos Kino

Das Kosmos Kino, 1962 an der Karl-Marx-Allee entstanden und heute Baudenkmal, wurde 1997 zum ersten Multiplex-Kino in Berlin umgebaut. Aus Achtung vor der eindrucksvollen baulichen Figur des alten Kino-Ovals legten die Architekten die neun zusätzlichen Kinosäle unter die Erde. Auf den Kinos entstehen intensiv begrünte Dachgärten auf mehreren Ebenen.

Die Höhenentwicklung der Dachlandschaft, die sich aus der unterschiedlichen Dimensionierung der Säle ergibt, wird durch Mauerkanten und Rasenflächen betont. Dies entspricht der Architekturidee, Konstruktion wie Material nicht zu verstecken. Hinter dem zentralen Kino-Oval entstehen Terrassen als einladende Aufenthaltsorte für Kinobesucher wie Anwohner.

Die Funktion des Gebäudes wird in der Gestaltung des Außenraumes aufgegriffen: tagsüber symbolisieren Staudenbänder den Lichtstrahl der Kinoprojektoren, nachts unterstreicht das Lichtkonzept auf den Dachgärten das Thema des Ortes - Kino, Licht, Lichtspielhaus.

Projektauswahl

- Park an der Spree - Hauptverwaltung Oder-Spree-Energieversorgung in Fürstenwalde
- Spielplatz - am Weidenweg in Berlin-Friedrichshain
- Schulhof - Hans-Zoschke-Schule, Berlin-Lichtenberg
- Hof- und Gartenanlagen - Parkhotel in Prenzlau
- Garten und Vorplatz - Ärztehaus, Berlin-Friedrichshain
- Realisierung einer "Düne" - zur Konversion eines Munitionsdepots im Grunewald, Berlin
- Freiraumstrukturkonzept Quartier Lehrter Bahnhof
- Landschaftspläne Gemeinden Wandlitz und Gransee
- Durchführung der Wettbewerbsverfahren: "BUGA Potsdam 2001 - Park Bornstedter Feld" "Neue Wiesen - Stadtrand-Erholungslandschaft" Realisierungswettbewerbe:
- Gesamtschule Buchholz, 1. Preis (A.: Riccius/Sterf)
- Wuhlepark Landsberger Tor, 1. Preis

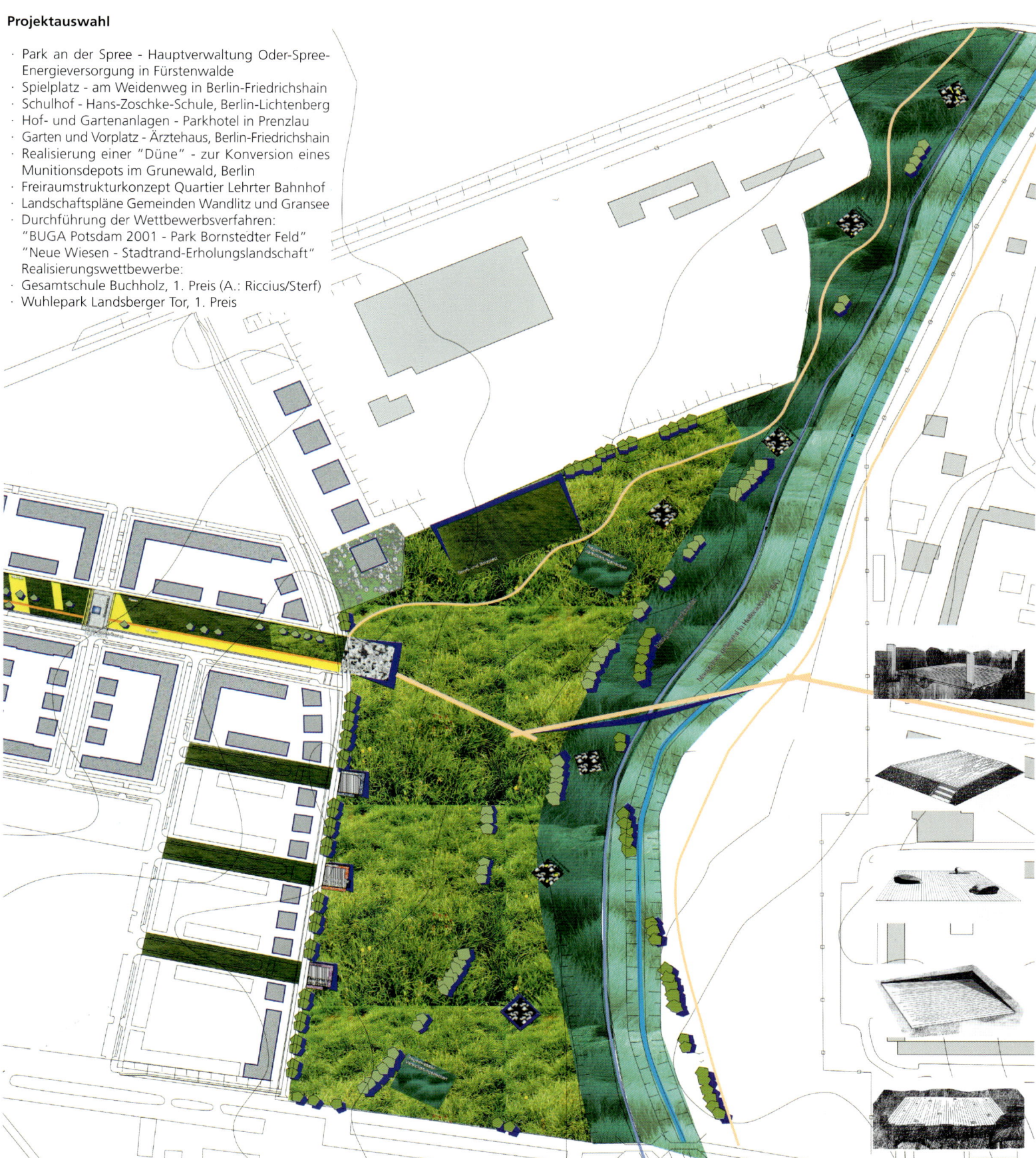

Wuhlepark
Ein Park an der Peripherie

"Nicht klassischer Park, nicht einfach Wiese"
Ziel ist die Gestaltung des Stadtrandes durch die Entwicklung starker landschaftlicher Strukturen, die das Zwitterstadium des nicht mehr ländlichen, aber noch nicht städtischen Raumes bewußt inszenieren.
Das "blaugrüne Gräsertal" bildet als weitläufiger Wiesenraum die neue landschaftliche Basis.

"Rostrote Balkone" akzentuieren die Nahtstellen der Stadtkante mit Ausblick über den Landschaftsraum. Das Gräsertal wird geprägt durch Baumgruppen, sparsame Wegeführung und "loci spectabile", besondere Orte, die zur Aneignung des Raumes einladen.
Diese Kristallisationspunkte verweisen als weithin sichtbare Landmarken oder als versteckte Orte auf die

Inszenierung des Übergangs. So entsteht im Wuhlepark die spannungsreiche Mischung aus "naturnaher Landschaft" und städtischen Elementen.
Mit seiner großzügigen Weite bildet er die wichtige Ergänzung für das in hoher Dichte realisierte neue Stadtquartier am Landsberger Tor.

Henningsen und Partner

Jens Henningsen, *1960 · 1979 - 83 Gärtnerlehre, Gärtnergehilfe · 1983 - 87 Landespflegestudium an der TFH Berlin · 1987 - 91 Tätigkeit im Naturschutz- und Grün-flächenamt Berlin-Neukölln · 1987 - 91 Wirtschaftsingenieurstudium, TFH Berlin · 1991 - 92 Mitarbeiter bei Bogisch Büro für Landschaftsarchitektur · seit 1992 eigenes Büro in Berlin · seit 1994 gemeinsames Büro mit Joachim Schirmer in Berlin und Dresden · seit 1995 Mitglied des erweiterten Vorstandes des BDLA Berlin-Brandenburg · seit 1996 Mitglied der Vertreterversammlung der Architektenkammer Berlin · seit 1997 Lehrbeauftragter an der TFH in Berlin und der FH Neubrandenburg

Joachim Schirmer, *1956 · 1973 - 75 Gärtnerlehre · 1979 - 82 Landespflegestudium an der FH Osnabrück · 1982 - 85 Mitarbeiter im Büro Främke, Landschaftsarchitekt Bielefeld · 1985 - 86 Bauleiter im GalaBau-Betrieb Erl, Bayern · 1986 - 94 Leiter Garten- und Landschaftsbau des Freizeitparks Bad Rothenfelde · seit 1994 gemeinsames Büro mit Jens Henningsen in Berlin und Dresden

Schulsportanlage in Prenzlau

Am Ortsrand der Stadt Prenzlau liegt die Gesamt-schule mit gymnasialer Oberstufe Carl-Friedrich-Gra-bow. Neben dem Neubau einer Sporthalle war die Neugestaltung der Freisportanlagen vorgesehen. Für den Schul- und Vereinssport war ein entsprechendes Angebot vorgesehen:

· Leichtathletik-Kampfbahn Typ B
· zwei Kleinspielfelder, eins mit Tribüne
· Kugelstoßanlage
· Trimm-Dich-Parcours

Die besondere Aufgabenstellung bestand in der An-bindung der sportlichen Funktionsräume an die Sport-halle und in der Integration der Gesamtanlage in den Landschaftsraum.
Durch die Verbindung von Formensprachen und Farben der Architektur und der Freiraumgestaltung wurde eine charakteristische Einheit erzielt.
Die Gesamtanlage und die Teilräume der einzelnen Sportbereiche werden durch Bodenformationen, Baum- und Gehölzpflanzungen definiert.
Den strengen DIN-gerechten Sportanlagen stehen lockere Vegetationsstrukturen gegenüber. Der Trimm-Dich-Parcours am Hang mit seinen amorphen Formen schafft hier ein besonderes Spannungsfeld.
Die Gesamtanlage wird durch Baumreihen in Ergän-zung des Bestandes gefaßt.
Fertigstellung 1. BA 1996, 2. BA voraussichtlich 1998.

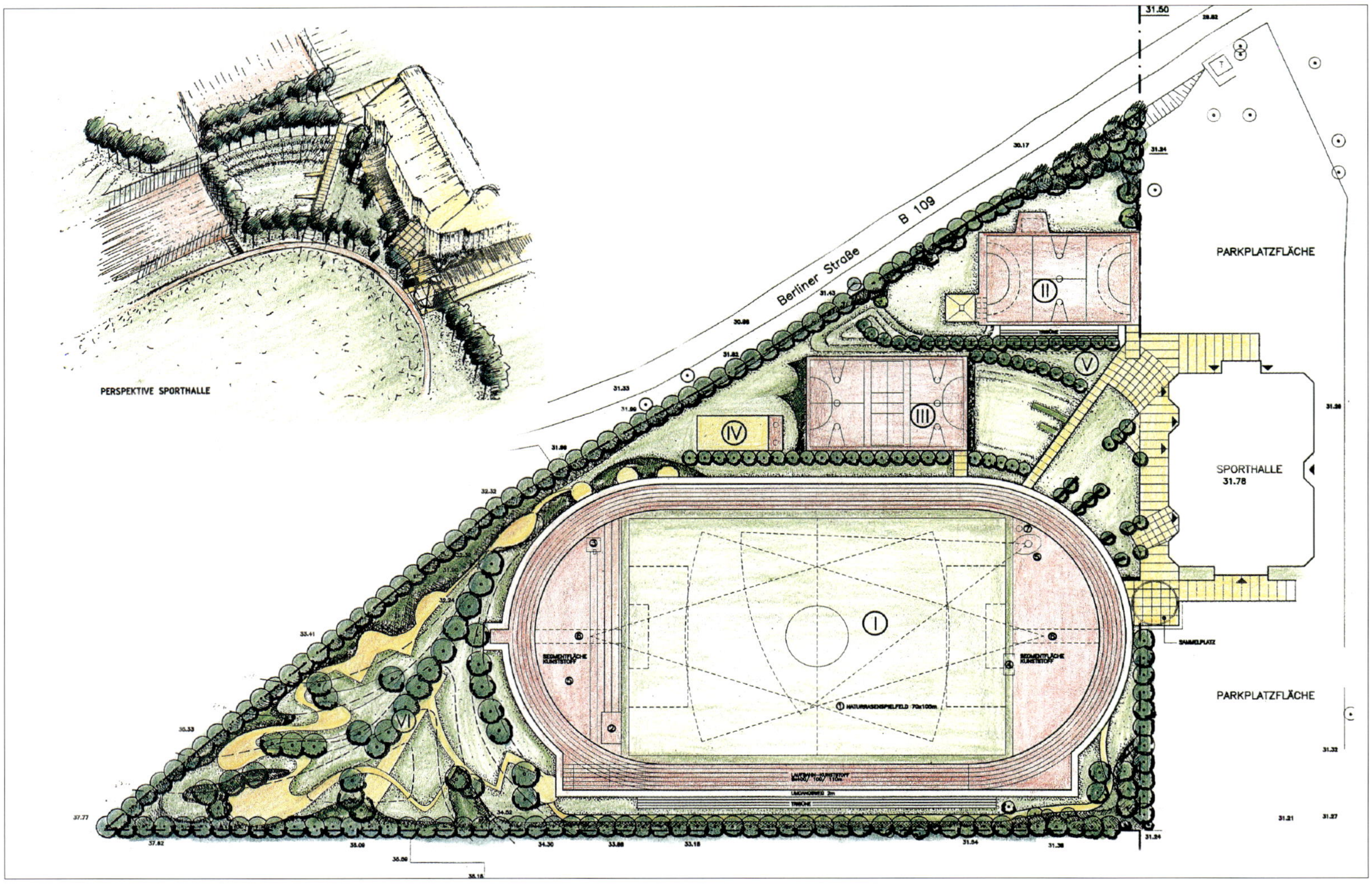

PERSPEKTIVE SPORTHALLE

Wohnhof Berlin-Hohenschönhausen

Die typischen städtebaulichen und architektonischen Großsiedlungsstrukturen in Berlin-Hohenschönhausen werden hier durch angrenzende und stellenweise in die Siedlung hineinreichende Landschaftselemente wie Pfuhle und Gehölzbestände charakterisiert.

Der zu bearbeitende Wohnhof der Wohnungsbaugesellschaft Hohenschönhausen wird durch elfgeschossige Bauten gerahmt und geprägt. Einzelne Pappeln lockern dieses Bild auf. Die L-Struktur des Hofes wird durch eine zweigeschossige Kindertagesstätte und eine Anliegerstraße zerschnitten.

Bei der Neugestaltung wurde Bezug auf den städtebaulichen Rahmen genommen und Wert auf die Betonung der Großzügigkeit des Hofraumes gelegt. Durch einen Birkenrahmen entsteht ein Hof im Hof und die Optik der dominierenden Fassaden wird gebrochen. Punktuelle Spiel- und Aufenthaltsbereiche sind hier eingelagert.

Jeder der drei Hofteile erhält zum Rahmen eine eigene Thematik. Im südlichen Bereich liegt eine Rasensenke, welche durch nutzbare Mauern aus Betonfertigelementen gefaßt wird. Die Birken stehen hier auf einer umlaufenden Tennenfläche. Der östliche Hofbereich am öffentlichen Durchquerungsweg enthält große Rasenflächen und einen im vorhandenen Baumbestand integrierten Bolzplatz.

Ein blauer Weg verbindet die exponierten Hofteile. Carpinus-Hecken führen von den öffentlichen Wegen in die Hof-Freiräume und schaffen eigene Rückzugsbereiche.

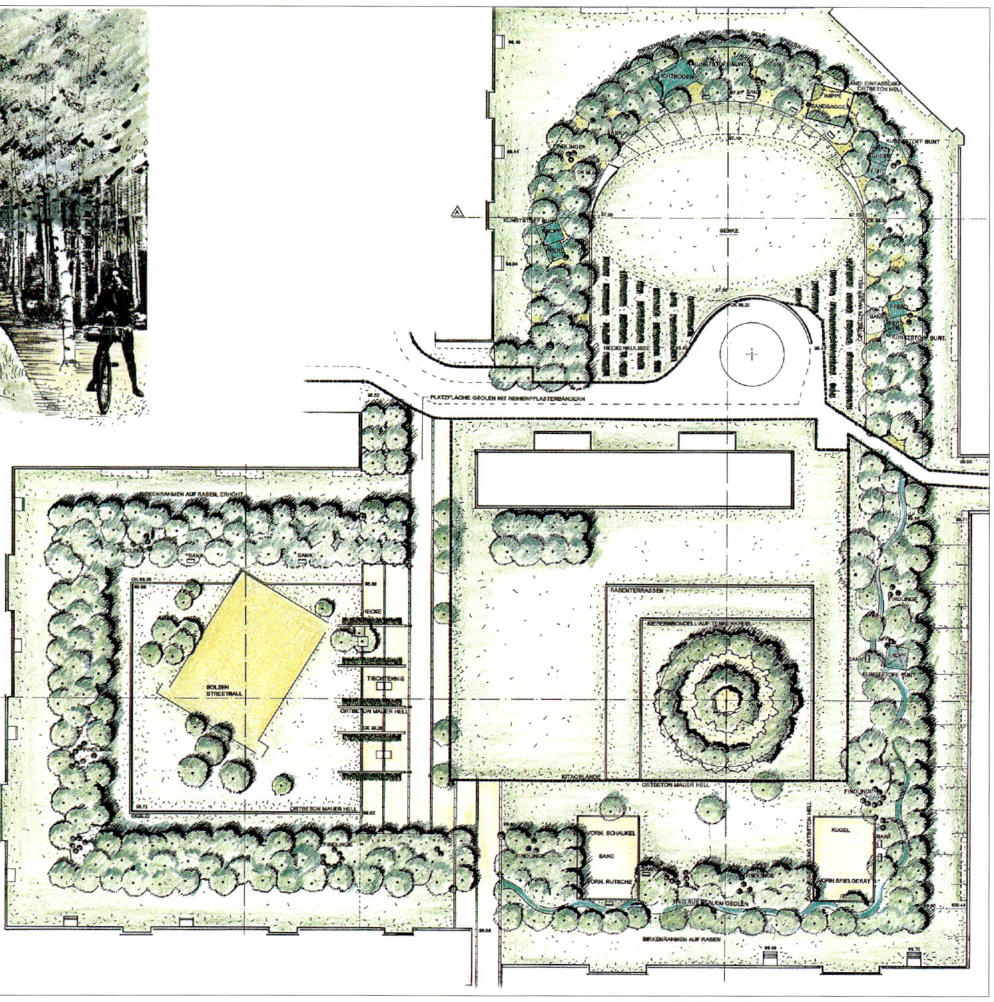

**Landschaftsplanerisch-städtebaulicher Wettbewerb
Park auf dem Bornstedter Feld -
Bundesgartenschau 2001 in Potsdam, 2. Preis**

in Zusammenarbeit mit: ASP Gerwin Engel - Atelier Stern und Partner Landschaftsarchitekten und Umweltplaner, Berlin und Zürich; Frank Dörken und Dr. Volker Heise Architekten, Berlin

Eine klare, ordnende Ausrichtung von Bebauungs- und Parkstruktur durchzieht das "Bornstedter Feld". Sie bezieht sich auf den Ruinenberg als vermittelnder Bezugspunkt zwischen der Potsdamer Kulturlandschaft. Das Herzstück des Parks, ein markantes, sich perspektivisch verjüngendes Dreieck, erhält eine Abfolge von geneigten Terrassenfeldern. Die Struktur der östlich anschließenden Quartiere und der zentrale Parkteil bilden eine gemeinsame dominante städtebauliche Ordnung. Die Faltentäler vermitteln Durchlässigkeit aus den angrenzenden Quartieren und ermöglichen ebene Zugänglichkeit. Sie bilden eine Abfolge von "arkadischen Tälern", die von den Stimmungen der säulen- und kugelförmigen Baumhaine, Bosketts und Heckenräumen sowie den geometrischen, offenen Feldern geprägt werden.
Der nördliche Parkteil wird durch das Viereck-Remisen-Wäldchen beherrscht. Vor dem historischen Vegetationselement stellt ein großzügiger Landschaftsraum eine ausreichende Distanz zum Siedlungsrand her, so daß das Gesamtbild aus allen Richtungen erfaßbar ist. Remise und abgewinkelte Alleebäume bilden das Foyer zum Park wie auch zur Flurlandschaft.
Alle grundlegenden Elemente und Strukturen der zukünftigen Quartiere und des Parks sind dauerhaft, so daß sich die BUGA dieser Thematik widmet: Die BUGA im Stadtgrundriß. Die markante Form der Terrassierung vermag auch schon zur BUGA-Zeit (ohne fertige Baustruktur) das Zentrum des Parks durch seine Prägnanz und seine Bezüge zum historischen Umfeld hervorzuheben.

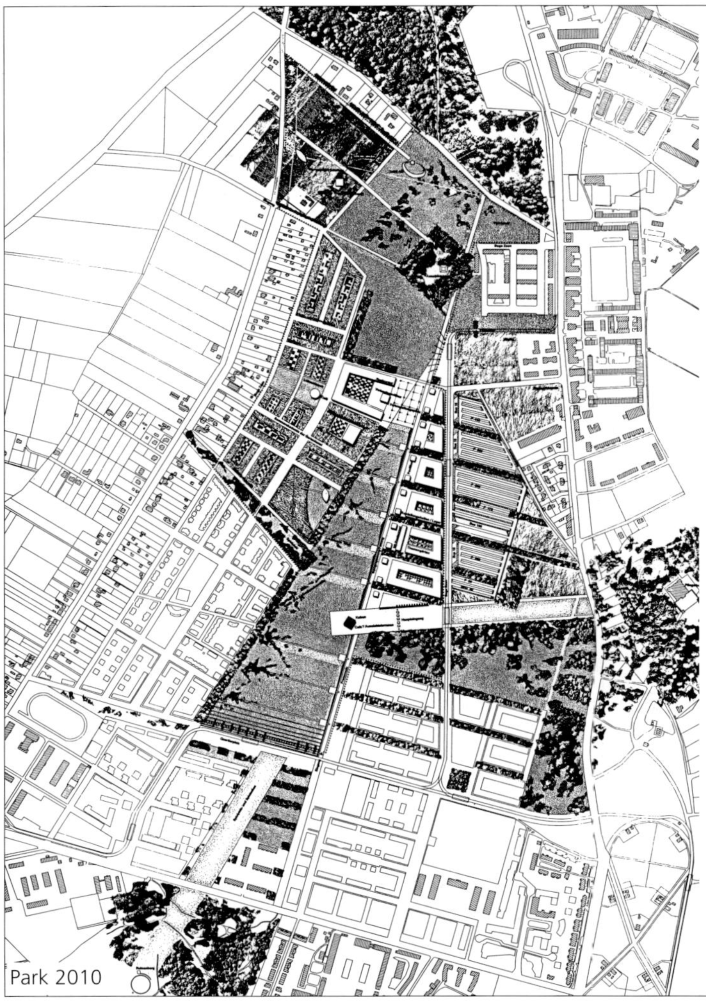

Park 2010

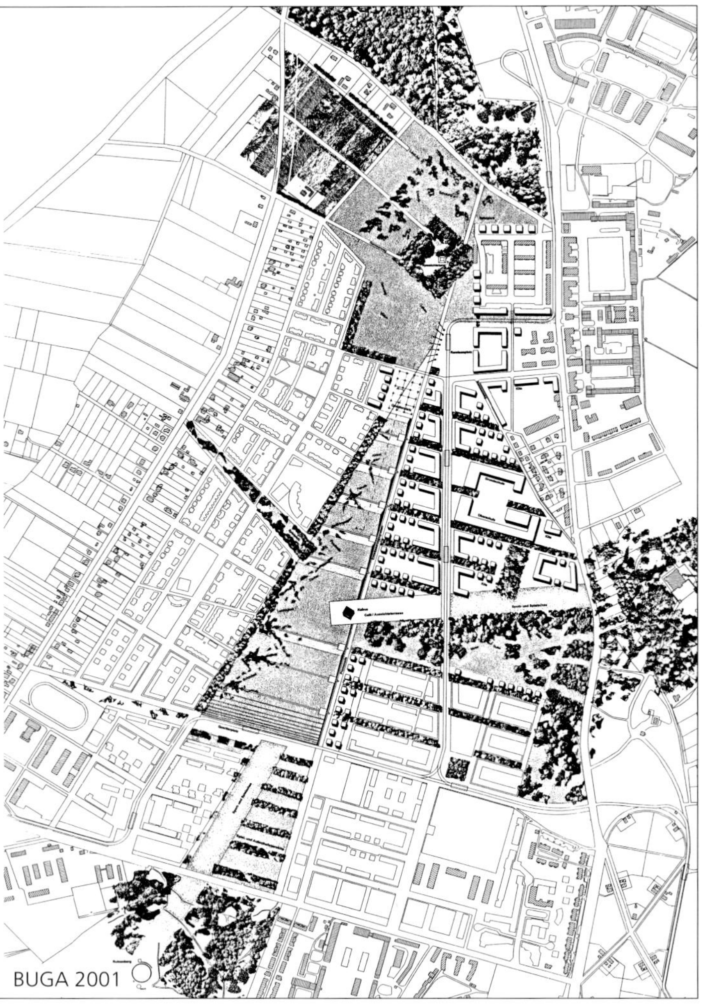

BUGA 2001

Landschaftsplanerischer Realisierungswettbewerb mit Ideenteil
Freiflächen Havelspitze am Spandauer See in der Wasserstadt Berlin-Oberhavel, 3. Preis

in Zusammenarbeit mit: ASP Gerwin Engel - Atelier Stern und Partner Landschaftsarchitekten und Umweltplaner, Berlin und Zürich

Der Havelplatz verbindet die beiden südlichen Gebäudeköpfe und weist die davor liegende Fläche als einen sich zum See hin öffnenden großzügigen Raum aus. Über die "Havelstufen" kann die Seeatmosphäre über die gesamte Breite "einfliessen" bzw. ist das Wasser unmittelbar erlebbar.

Die Havelplatzfläche unterstreicht den großzügigen städtischen Aspekt dieses Ortes und läßt vielfältige Nutzungen und Ereignisse zu.

Eine Sandfläche bildet den Kontrast zum Hartplatz in Farbe, Nutzbarkeit und Nutzungsintensität. Steinerne Havelstufen ermöglichen das Sitzen in unmittelbarer Nähe des Wassers. Die Ausdehnung der Stufen gestattet den gruppenweisen Aufenthalt, läßt aber auch ein "Für sich sein" zu.

Die Höhendifferenz des östlichen Naturufers wird zur Promenade mit einer Steinkorbmauer überbrückt. Aussichtskanzeln im Schatten der Uferbäume bieten Aussichtsmöglichkeiten.

Die westliche Hafenpromenade hat einen offenen, luftigen Charakter. Eine Mauerkonsole auf Sitzhöhe bildet das verbindende Element zum Havelplatz. Der Baumbestand wird aufgeastet, so daß Offenheit zum See entsteht.

Im Hof bilden Wegesysteme eine verbindende "Naht" zwischen den Gebäuden.

Begleitende Heckensegmente stellen an der schmalsten Stelle des Hofes eine Barriere mit Durchlässen dar, eine Filterzone zwischen dem öffentlichen Platz und dem Hofbereich. Die Hecken bilden Gartenräume und akzentuieren die Neigung zur erhöhten baumüberstandenen Tiefgarage.

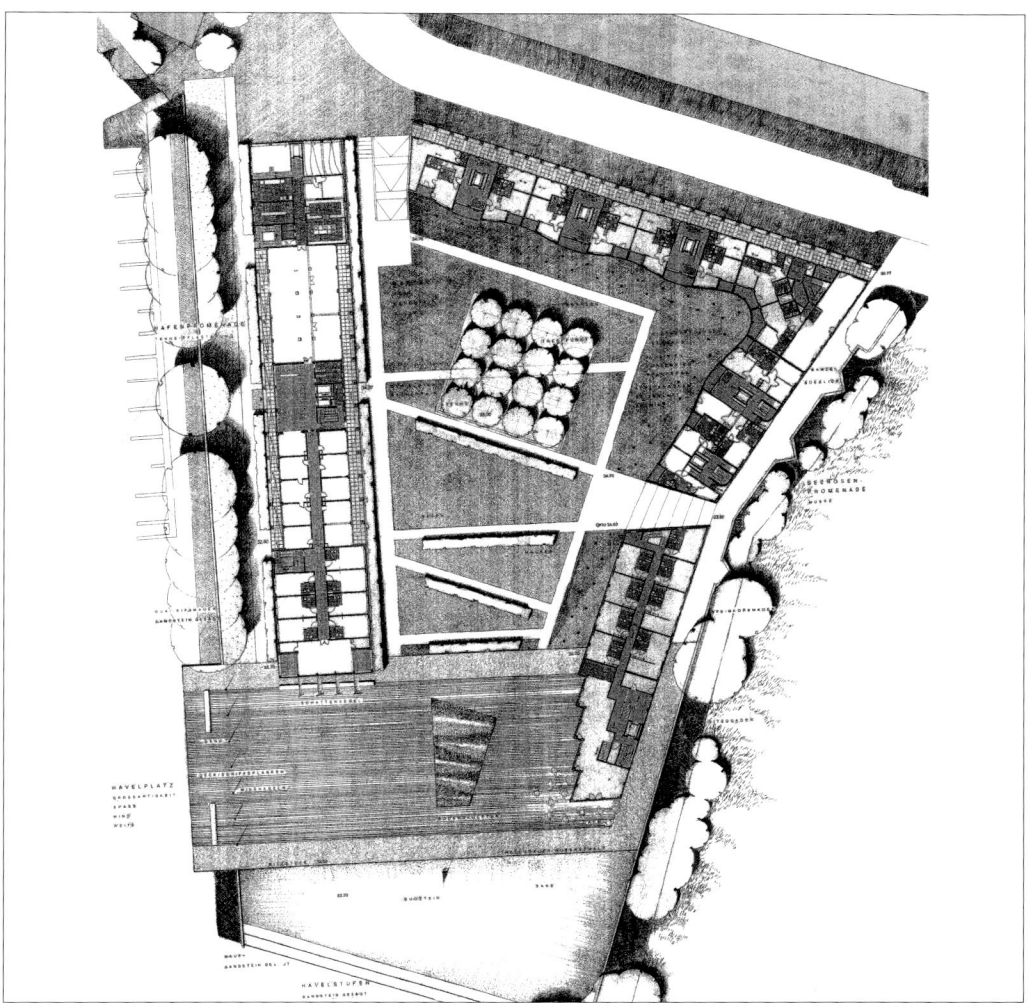

ANSICHT AUSSICHTSKANZEL

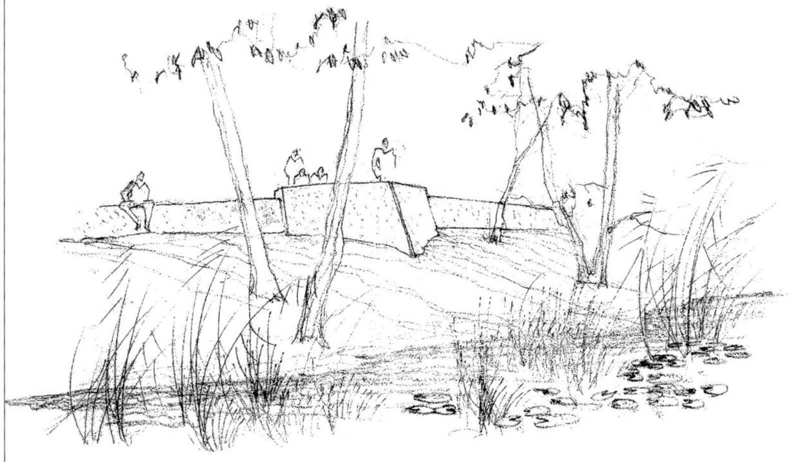

HAFENPROMENADE SCHNITT M 1 : 50

SEEROSENPROMENADE SCHNITT M 1 : 50

DECK SCHNITT M 1 : 50

Sabine Kirk
*1962   in Schwelm

1981 - 83 Ausbildung Baumschule
1983 - 84 Praktikum Büro
1984 - 89 Studium Landespflege Universität-GHS-Essen
1989   Diplom
1989 - 90 Mitarbeit bei LA Menke, Dortmund
1990 - 91 Mitarbeit bei Prof. Gerber+Partner,
              Architekten, Dortmund
1991 - 93 Büroleitung LA BW&P, Neuruppin
seit 1993 gemeinsames Büro mit Michael Specht in Berlin

Michael Specht
*1965   in Karlsruhe

1988 - 93 Studium Landespflege Universität-GHS-Essen
1993   Diplom
seit 1993 gemeinsames Büro mit Sabine Kirk in Berlin

Projekte (Auswahl)

– Spielplatz Feldberger Ring, Berlin-Kaulsdorf
– Wohnhof 129 John-Heartfield-Straße/
  Etkar-André-Straße, Berlin-Hellersdorf
– Wohnhof 147 Ohser Ring/Werner Straße
  Kirchendreieck, Berlin-Hellersdorf
– Wohnhof 148 Ohser Ring/Werner Straße
  Kirchendreieck, Berlin-Hellersdorf
– Gartenhofsiedlung Martin-Luther-Straße
  Fredersdorf
– Wohnbebauung/Gewerbe Landsberger Allee/
  Petersburger Straße, Berlin-Friedrichshain
– Rehabilitationsklinik für Herz- und Kreislaufer-
  krankungen Seehof der BfA, Teltow
– Wohnbebauung am Heinersdorfer Steigeweg, Teltow
– Lutherkirche, Berlin-Spandau
– Evangelisches Kirchenzentrum Berlin-Brandenburg
  Berlin-Friedrichshain

Wettbewerbe (Auswahl)

1991 Peter-Joseph-Lenné-Preis		1. Preis
Wohnumfeldverbesserung Berlin-Hellersdorf		
1991 Städtebaul. Ideen- und Realisierungswettbewerb		
Innenstadt Dinslaken [1]		3. Preis
1992 Schinkelpreis Landschaftsarchitektur		1. Preis
Olympia 2000		
Olympiastadion/Glockenturmplatz, Berlin		
1992 Sporthalle im Friedrich-Ludwig-Jahn-Sportpark/		
Mauerpark		
Olympia 2000, Berlin [2] Paralympicsauszeichnung		
1993 Universitätsviertel Hof Hallau, Bielefeld [3]		3. Preis
1993 Gestaltung Marktplatz und Kurköllner Platz		
Olpe [3]		3. Preis
1993 Landesgartenschau Oberhausen		
Bürgerpark Zeche Osterfeld 1999 [4]		1. Preis
1993 Grünplanerisches Gutachten		
Kirchendreieck, Berlin-Hellersdorf		1. Preis
1993 Landschaftspl. Ideen- und Realisierungswettbewerb		
Lenbachplatz/Ostkreuz, Berlin		2. Preis
1993 Realisierungswettbewerb Freiraumgestaltung		
Helmholtzplatz, Prenzlauer Berg, Berlin Ankauf		
1993 Realisierungswettbewerb Freianlagen		
Monbijoupark, Berlin		Ankauf
1994 Umfeld S-Bahnhof Tiergarten/		4. Rang
Königl. Porzellan-Manufaktur, Berlin-Tiergarten [3]		
1994 Rehabilitationsklinik für Herz- und Kreislaufer-		
krankungen Seehof der BfA, Freianlagen [5] 1. Preis		
1995 Städtebaul. Realisierungswettbewerb		
Landsberger Straße, Berlin-Mahlsdorf [2]		2. Preis
1995 Dienstleistungs- u. Verwaltungszentrum Gemeinde		
Nuthe-Urstromtal, Woltersdorf [6]		2. Preis
1996 Ideen- u. Realisierungswettbewerb Wohnumfeld-		
verbesserung Wohnkomplex 3, Neuruppin 3. Preis		

[1] mit K. Specht, Architekt Wuppertal
[2] mit Hundertmark Architekten, Berlin
[3] mit d+h Architekten, Dortmund
[4] mit H. Riese und K. Specht
[5] mit BPHL Architekten, Hamburg
[6] mit A. Bauer, Architekt

Wohnhof Werner Straße, Berlin-Hellersdorf
Bauherr: Wohnungsbaugesellschaft Hellersdorf, Berlin
Wettbewerb: 1993
Ausführung: 1994/95

Die Hoffläche der vorhandenen Wohnbebauung und des geplanten Neubaus ist nord-
exponiert und sehr schmal. Aufgrund seiner schlechten Besonnung und seines Zu-
schnittes kann dieser Hof nur in geringem Umfang die Funktion eines Wohnhofes
erfüllen. Er lebt von seiner außergewöhnlichen Formensprache.
Zum Kitabereich befinden sich in unterschiedlichen Winkeln angeordnete Blüten-
gehölzpflanzungen, die das ungebundene Spielen in "Zwischenräumen" ermöglichen.
Ein südexponierter Sandspielbereich deckt den Bedarf an Spielplatzflächen und bildet einen gestalterischen Schwerpunkt. Neuformulierung des Fußgängerbereiches und
der Hauseingänge durch unterschiedlich gestaltete Vorgartenbereiche und geschützte
Sitzplätze.

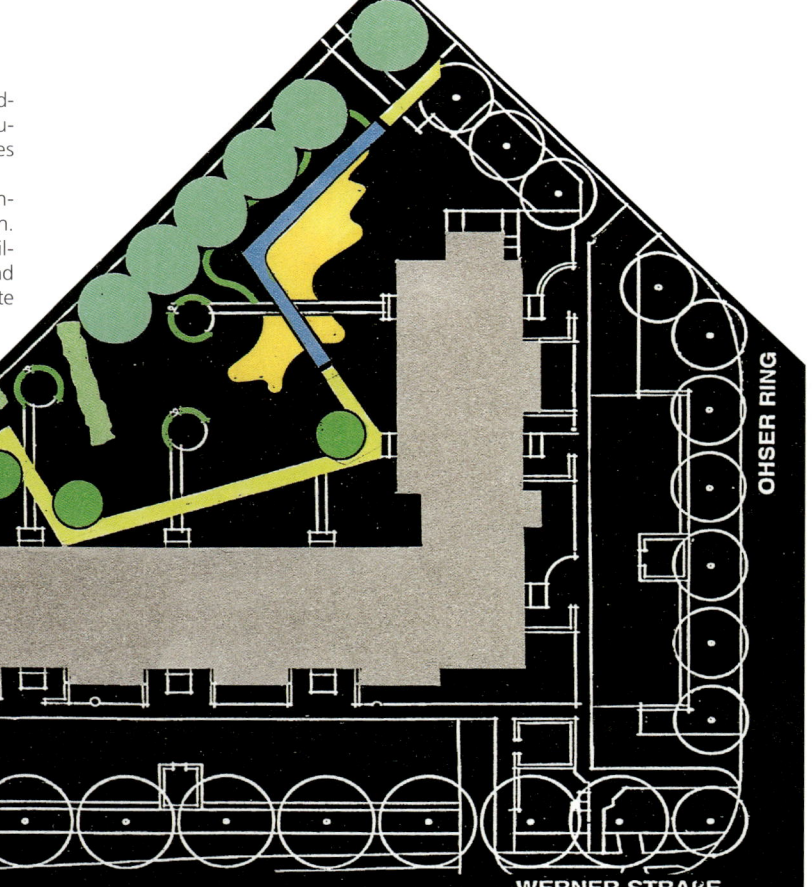

Wohnhof Kirchendreieck, Berlin-Hellersdorf

Bauherr: Wohnungsbaugesellschaft Hellersdorf, Berlin
Wettbewerb: 1993
Ausführung: 1994/95

Der Wohnhof besitzt - bedingt durch die Gebäudestellung - keine klare Raumkante. An diesem Manko setzt das zentrale Gestaltungskonzept für den Innenhof an. Die zahlreichen "Bruchstellen" werden durch "Baumnähte" zusammengefügt.

Diese Baumgruppierungen orientieren sich jeweils an markant verlaufenden Wegen, die dem direkten Durchqueren des Hofes dienen und die Bruchstellen des Hofes in Gestalt setzen.

Die innere Erschließung des Hofes erfolgt über peripher verlaufende Wege, welche die Eingänge in den Hof sowie die drei Schwerpunkte des Hofes miteinander verbinden.

Diese Höhepunkte werden zum einen jeweils von einem Spielbereich in den Endpunkten des Hofes gebildet, zum anderen durch einen Aufenthaltsbereich, dessen Durchgang durch das Gebäude eine wichtige Verbindung zur nördlich anschließenden Fläche des Kirchendreiecks bildet.

Die Spielbereiche haben unterschiedliche Gestaltungsthemen. Während der östliche Spielbereich mehr dem Kleinkinderspiel gewidmet ist und an schon vorhandene Hofflächen anbindet, ist die westlich gelegene "Spielgalaxy" als Überformung eines noch aus den Hochbaumaßnahmen vorhandenen Erdkörpers den älteren Kindern und ihrem Bewegungsdrang gewidmet.

Die Gestaltungselemente der "Vorgartenzone" sind als Pendant zu der strengen Baukörperform raumbildende Hecken und unterschiedliche Wegebreiten mit platzartigen Erweiterungen - in Kombination mit den Feuerwehrflächen - im Wechselspiel mit den Vorgärten und einer strengeren Grünbegrenzung zum Straßenraum.

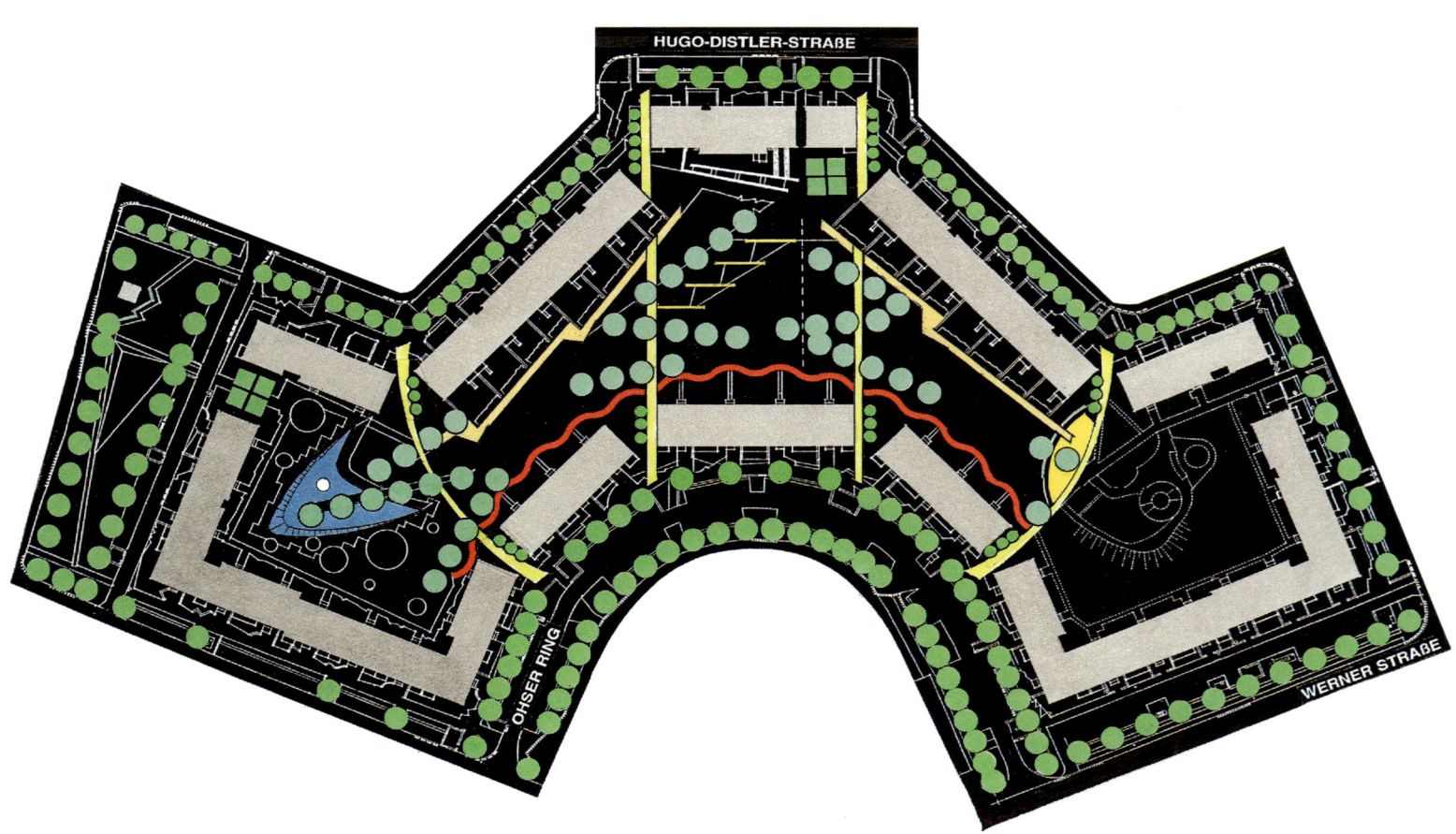

**Rehabilitationsklinik für Herz- und Kreislauferkrankungen
Seehof der BfA, Teltow**
Architekten: v. Bassewitz, Patschan, Huppertz, Limbrock/BPHL, Hamburg
Mulden/Rigolen: Wolfsdorf+Wipplinger, Berlin
Bauherr: GAGFAH, ZN Berlin
Projektsteuerung: WIBERA, Düsseldorf
Wettbewerb: 1994
Ausführung: 1996/97

Direkt am Landschaftsschutzgebiet Zehnruthengraben gelegen, ist ein zur Landschaft
sich öffnendes Gebäude entstanden, das durch seine räumliche Gestalt und seine Lage
inmitten des Grundstückes die unterschiedlichsten Ein- und Ausblicke in den umgebenden Grünraum gewährt.
Die Verknüpfung von Innen und Außen, die Formulierung von Freiräumen mit unterschiedlicher Nutzungs- und Aufenthaltsintensität sowie die Anbindung an den Landschaftsraum waren sowohl für die Architektur als auch für die Landschaftsarchitektur
wichtige Entwurfsprämissen.
Die auf den jeweiligen Ort abgestimmten Wege sind dabei ein wichtiges Gestaltungselement, das zudem zum "Bewußt-etwas-tun" des Rehabilitationsprogramms
der Klinik beiträgt.
Für die Klinik war ein freiraumplanerisches und verkehrstechnisches Funktionsprogramm
zu erfüllen. Die Art der Bepflanzung und das Mulden-Rigolensystem sind die gestaltete
Integration der ökologischen Auflagen des B-Planes in die sonstigen Nutzungsansprüche.

Wohnbebauung am Heinersdorfer Steigeweg, Teltow
Architekten: Hundertmark, Berlin
Mulden/Rigolen: Klingenberg, Berlin
Bauherr: GAGFAH, ZN Berlin
Ausführung: 1996/97

Als erste Bebauung in einem bisher unbebauten landwirtschaftlich genutzten Landschaftsraum ist die Wohnanlage aus 119 Wohnungen in drei u-förmigen Baublöcken entstanden, die südlich und westlich zukünftig durch weitere Baumaßnahmen städtebaulich und infrastrukturell an das Zentrum von Teltow - den Ruhlsdorfer Platz - angeschlossen werden sollen.
Die zwischen den Häusern liegenden "Grünen Finger" sind nach der geplanten Arrondierung prägendes Gestaltungselement (hier auch Feuerwehrerschließung) des neuentstandenen Gesamt-Siedlungsbereiches. Ein nördlich der Häuser gelegener Weg verbindet die einzelnen Gebäude über ihre Eingangshöfe mit anderen Gestaltungsschwerpunkten.
In den schattigen Innenhöfen werden die vermieteten Parkplätze durch geschnittene Hecken und ein Baumdach den Blicken entzogen und als wiederkehrendes Gestaltungselement ausgegrenzt.
Die Art der Bepflanzung und das Mulden-Rigolensystem sind die gestaltete Integration der ökologischen Auflagen des B-Planes in die sonstigen Nutzungsansprüche.

HEINERSDORFER STEIGEWEG

KLEISTSTRASSE

Wohnbebauung/Gewerbe Landsberger Allee/ Petersburger Straße, Berlin-Friedrichshain

Architekten: Harm+Krüger, Hamburg/Berlin
Mulden/Rigolen: Kraft, Berlin
Ausführung: 1997 - 99
Bauherr: Wohnungsbaugesellschaft/Wohnungsbau-
genossenschaft Berlin-Friedrichshain

Die ehemals freistehenden 8-geschossigen Plattenbauten werden zur Landsberger Allee durch einen sieben- bzw. acht-geschossigen Neubau ergänzt.
Aus den den Immissionen der Landsberger Allee ausgesetzten offenen Freibereichen zwischen den freiste-

henden Plattenbauten entstehen dreiseitig geschlossene Wohnhöfe mit neuer Raumqualität, die den vielfachen Nutzungsansprüchen gerecht werden müssen.
Dadurch ist eine Überlagerung verschiedener Nutzungen notwendig. Der Entwurf sieht für jeden Hof einen individuellen Charakter vor, der zum Gesamttypus des Komplexes beiträgt.
Von den Mietern der Plattenbauten über zugeschütteten Kellern gepflanzte Bäume wurden in die Planung integriert. Die nachzuweisenden Stellplätze werden durch eine geschnittene, nicht dem Parkplatz folgende Hecke

aus dem Hof konsequent ausgegrenzt. Der Verlauf der Hecke bildet interessante Innen- und Außenräume.
Am Knotenpunkt Petersburger Straße/Landsberger Allee entsteht ein neuer Stadtplatz.

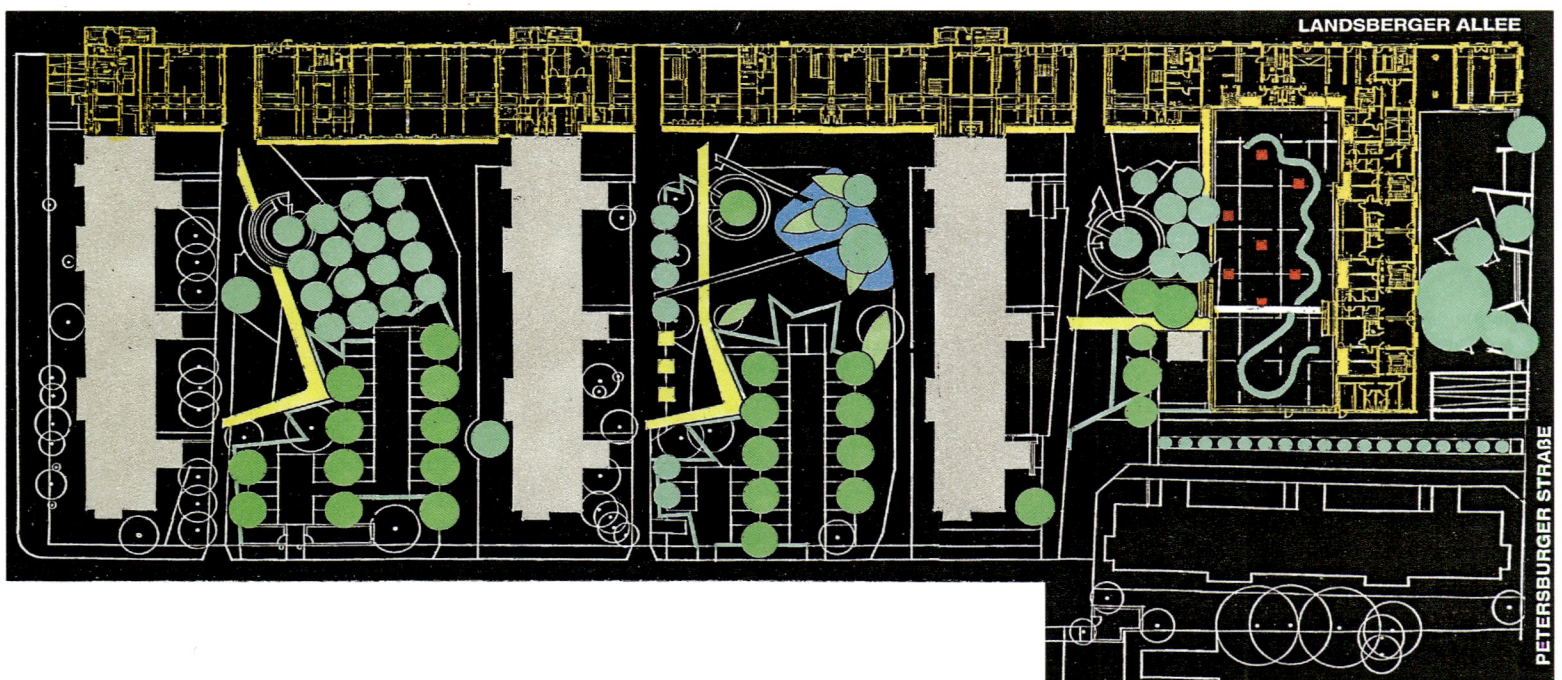

Knippschild + Simons

Elmar Knippschild

*1948   in Ostwig/Westfalen

        Lehre als Stahlformenbauer

1978   Diplom an der TU Berlin

1979 - 97 freier Landschaftsarchitekt im
        Büro Müller Knippschild Wehberg (MKW)

1997   Büro Knippschild & Simons in Berlin

Paul Simons

*1964

1983 - 85 Lehre als Landschaftsgärtner

1986 - 90 Studium in Berlin

1990 - 97 Mitarbeiter im Büro
        Müller Knippschild Wehberg (MKW)

1997   Bürogründung Knippschild & Simons
        in Berlin

Mitarbeiterteam (1998)

Ursula Bresch
Jürgen Dahlmanns
Peter Dannenberg
Kerstin Erdbrink
Thorsten Hinze
Georg Klümpen
Oliver Seiling
Jo Smeets
Christoph Schmidt

Projektauswahl: Realisierung

Hotel Inruh am Peetzigsee	1998
Stadtpalais, Berlin-Lichtenberg	1998
Wohnbebauung Kaiserin-Augusta-Straße, Berlin-Tempelhof	1998
Bundesministerium für Wirtschaft, 2. BA, Berlin Mitte	1998 - 00
Arbeiten im Spannungsfeld Objekt und freie Landschaft	

folgende Projekte in Müller Knippschild Wehberg (MKW)

Tegeler Hafen, Berlin Tegel	1986
DIN Institut, Berlin-Tiergarten	1992
Wohnbebauung Hansastraße, Berlin-Weißensee	1993 - 95
Landesversicherungsanstalt, Berlin-Charlottenburg	1994 - 95
Bundesministerium für Wirtschaft, 1. BA Innenhöfe, Berlin-Mitte	1995
Stadtteil Kirchsteigfeld, Potsdam	1995 - 97
Auepark mit Regenrückhaltebecken, Berlin-Karow	1995 - 98
Nelly-Sachs-Park, Berlin-Schöneberg	4/97 - 98
Berlin Museum mit Abt. Jüdisches Museum, Berlin-Kreuzberg	4/97 - 98
Büropark Sanssouci, Potsdam	9/97 - 98

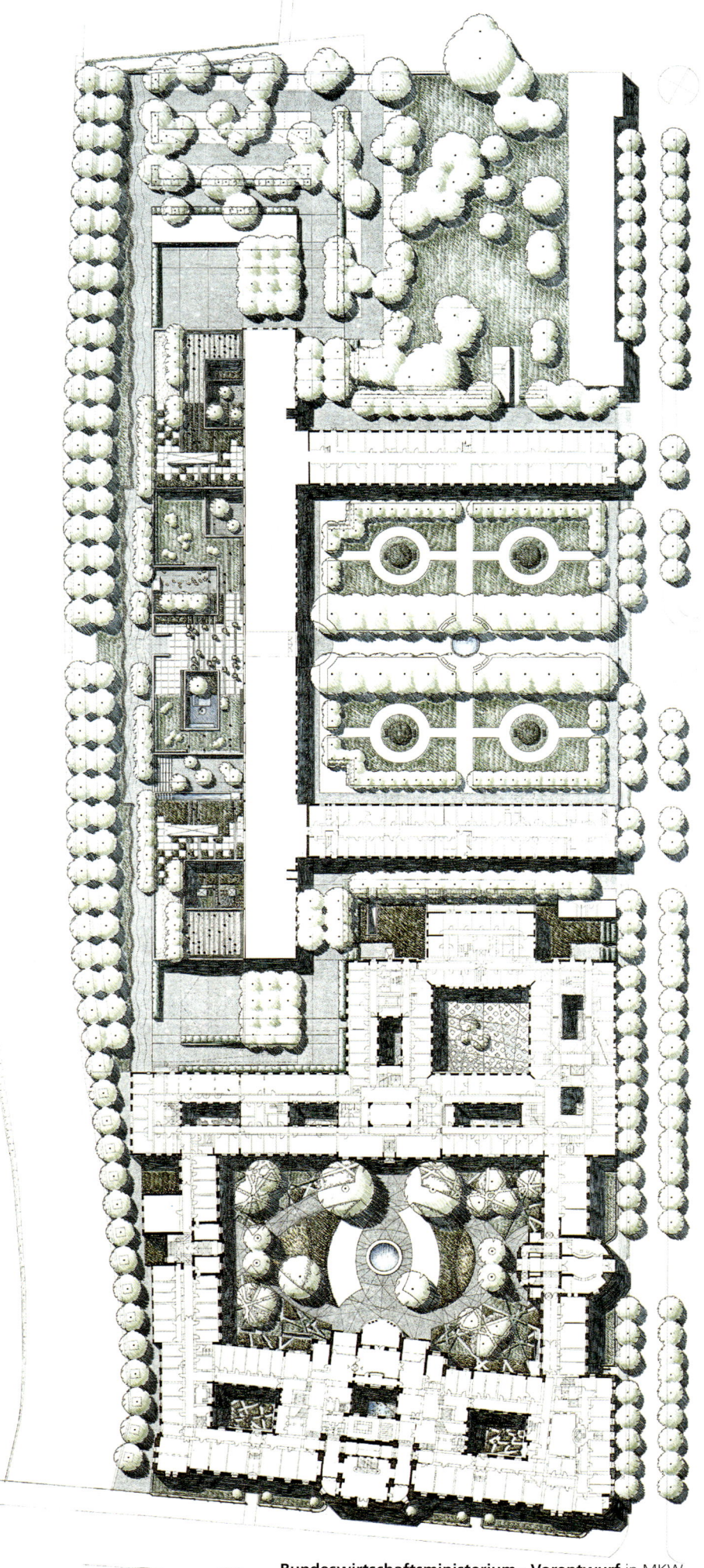

Bundeswirtschaftsministerium - Vorentwurf in MKW

Cotheniushof

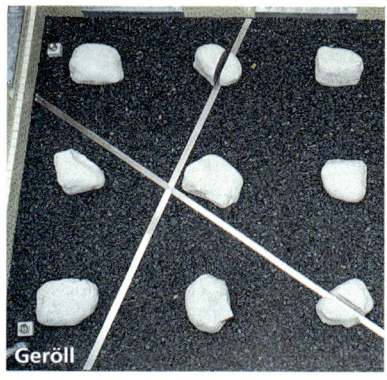

Bundeswirtschaftsministerium - Berlin-Mitte
in MKW

Zur Jahrtausendwende zieht das Bundeswirtschaftsministerium in die Gebäude der ehemaligen Kaiser-Wilhelm-Akademie in Berlin-Mitte. Der äußere Rahmen wird durch denkmalpflegerisch geschützte Gärten bestimmt. Den Gegensatz dazu bilden zeitgenössisch gestaltete Höfe als introvertierte Räume hinter der historischen Fassade. Öffentlicher und intimer Bereich sind formal strikt voneinander getrennt.

Eine Methapher für die Verbindungen, Linien und Ströme der Witschaft wird in den ersten realisierten Höfen durch ein System sich durchdringender Achsen aufgebaut. Es ist mit landschaftlichen Themen illustriert: Sumpf, Stein/Geröll, Wasser, Wiese, Wald/Sukzession.

Im zweiten Bauabschnitt werden neben weiteren Höfen im Altbau die Außenanlagen und Dachgärten des Neubaukomplexes gestaltet.
Die Dachgärten sind eine Reminiszenz an alte Offiziersgärten. Sie sind mit einem orthogonalen Muster, das sich aus den Gebäudefluchten erklärt, überzogen. In dieser Fläche ruhen bildhaft gestaltete Innenhöfe, die die zeitliche Entwicklung des Zahlungsverkehrs aufzeigen.

Stadtpalais - Berlin-Lichtenberg

Das Stadtpalais bildet den städtebaulichen Auftakt des Quartiers Rummelsburg-West.
Der Entwurf der Außenanlagen entwickelt sich aus den städtebaulichen Vorgaben. Die formalen gestalterischen
Prinzipien sind Liniearität und Überlagerung.

Der Bearbeitungsbereich gliedert sich bedingt durch Form und Ausrichtung des Baukörpers in zwei Bereiche:
Im Nordwesten wird das lineare Thema der Promenade aufgenommen. Sie verbindet die nördlichen Wohnbereiche
mit der Uferpromenade der Rummelsburger Bucht.
Die Konzeption des Innenhofes nimmt die Liniearität auf und verbindet sie mit dem Thema der Überlagerung. Ein
befestigter Platz und ein terrassierter Garten liegen streng-formal nebeneinander. Der Aktivitätsbereich überlagert die Flächen. Die Verbindung schaffen wolkenartig gepflanzte Baumgruppen sowie eine Stahlrampe, die sich
als Spange ohne fixierten Anfangs- und Endpunkt vom Platz über den Aktivitätsbereich zum Garten erstreckt.
Mietergärten am Haus und eine straßenseitige Baumreihe rahmen den Garten.

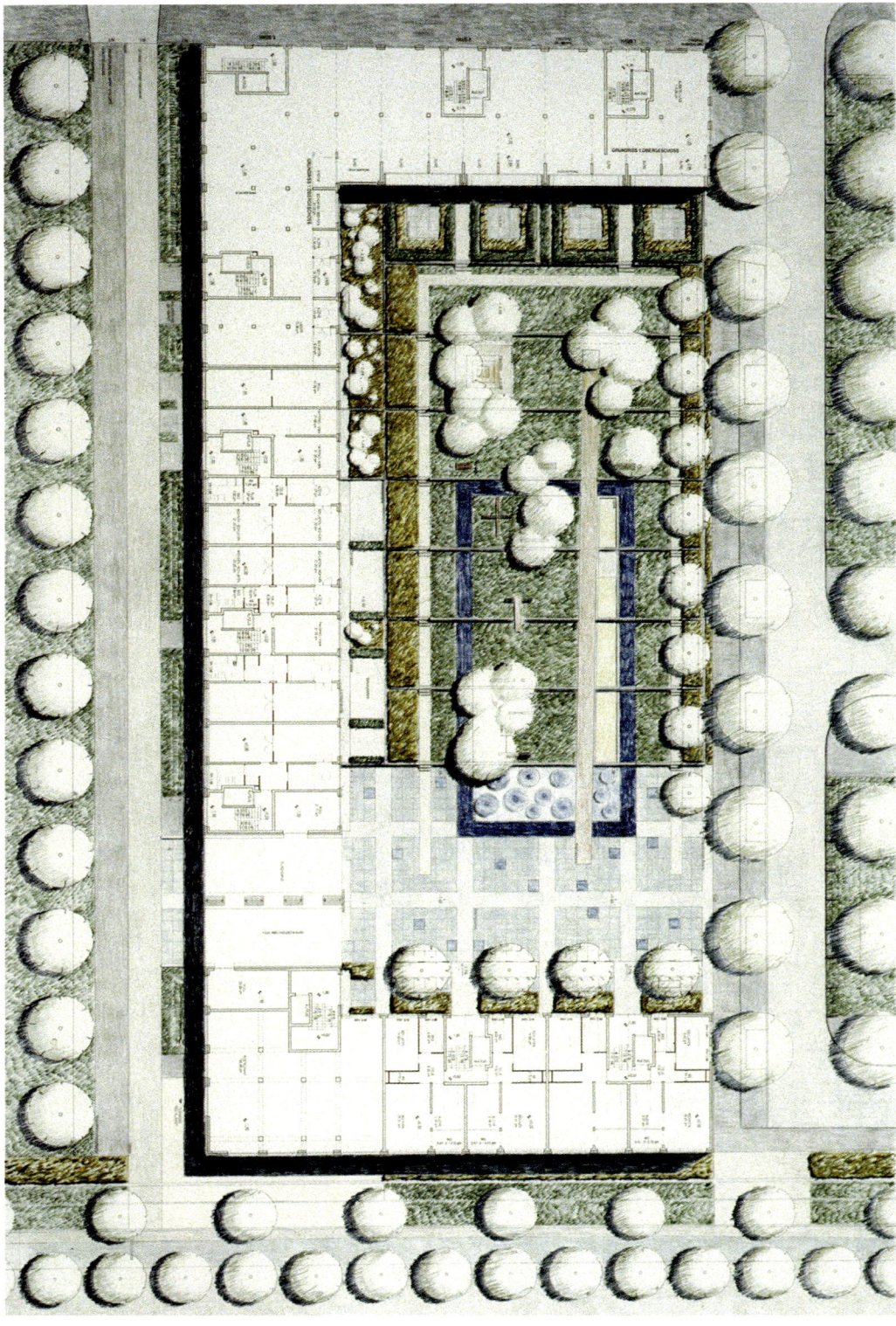

Stein und Landschaft

Kossel

Hannelore Kossel

*1941

Gärtnerlehre · bis 1970 Studium Garten- und Landschaftsarchitektur TU Berlin bei Hermann Mattern
bis 1976 Mitarbeit im Büro Günter Nagel, Berlin · Ende 1976 eigenes Planungsbüro in Berlin

Arbeitsschwerpunkte: Objektplanung, Stadtplätze, Dachgärten, Schulen, städtebauliche Projekte

Lehraufträge TU Berlin, Kunsthochschule Weißensee, Gastprofessur Hochschule der Künste

Realisierungswettbewerbe

BAHNHOFSUMFELD OBERHAUSEN WILLY-BRANDT-PLATZ - 1. PREIS (A)

mit den Architekten Susanne Quick, Michael Bäckmann, Klaus Quick
Fertigstellung 1997 Gesamtanlage

BAHNHOFSVORPLATZ BREMEN - 1. PREIS (B)

mit den Architekten Susanne Quick, Michael Bäckmann, Klaus Quick
Baubeginn März 1998

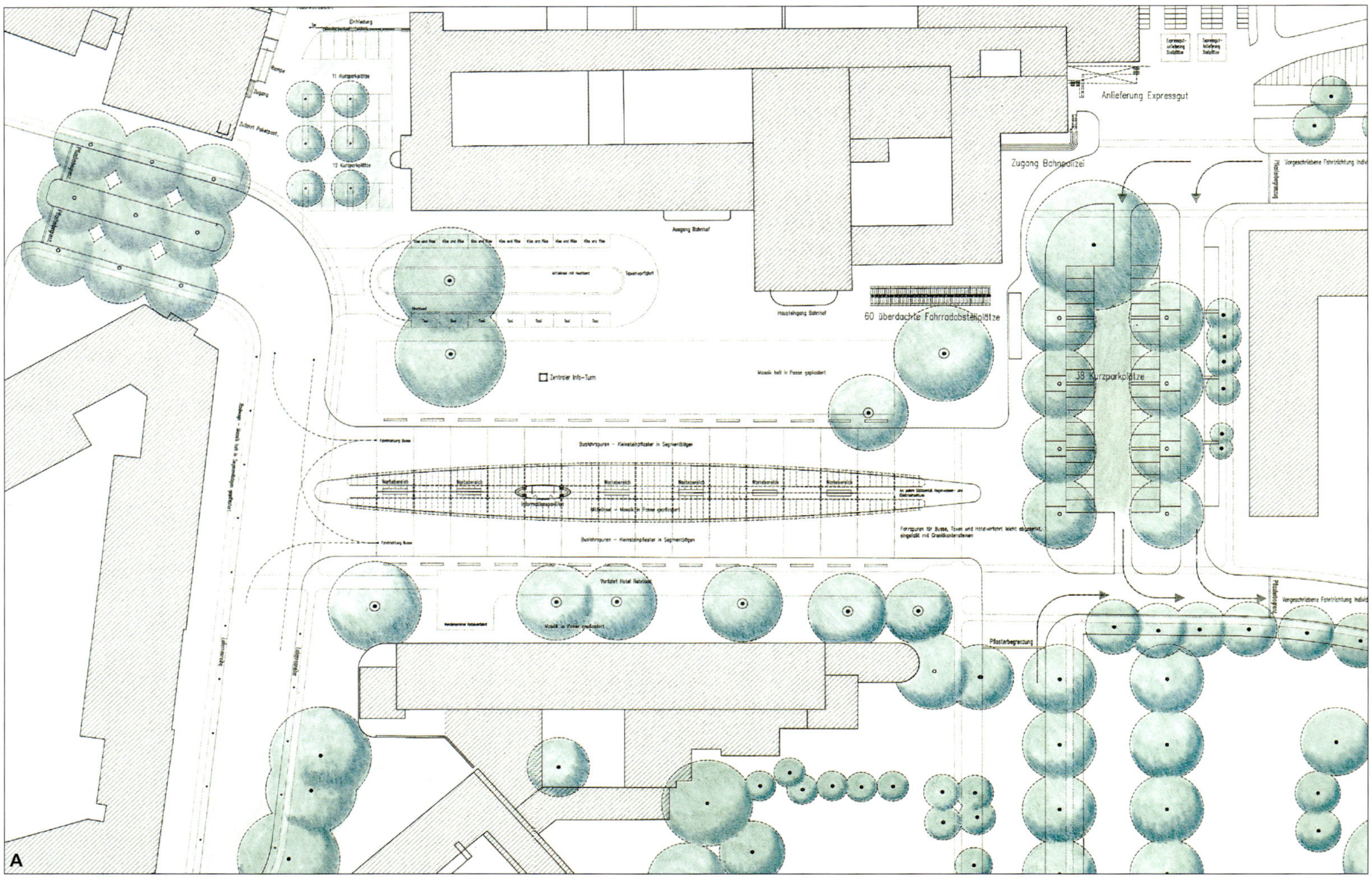

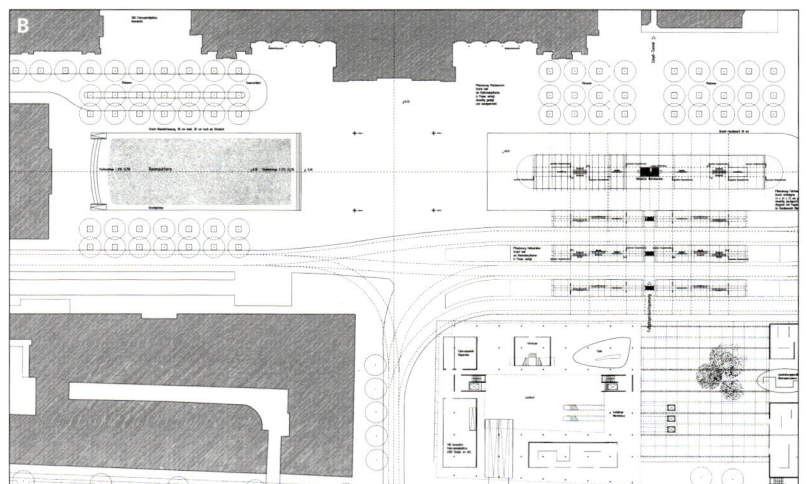

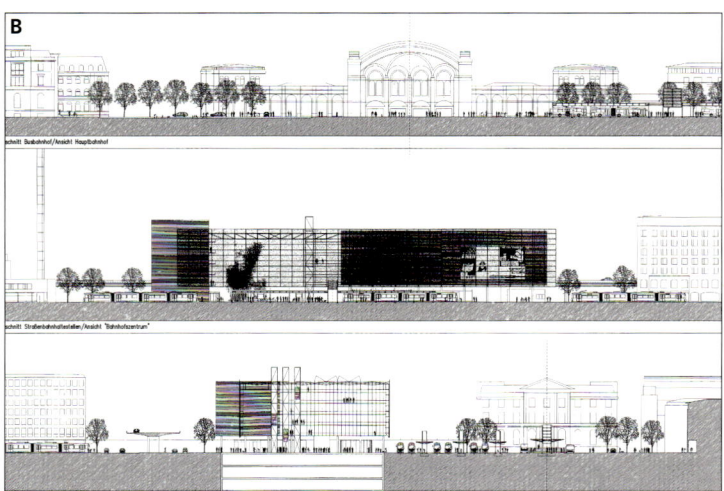

Gartenhof Dovestraße/Salzufer, Berlin-Charlottenburg
Architekten Steinebach und Weber · Fertigstellung 1994

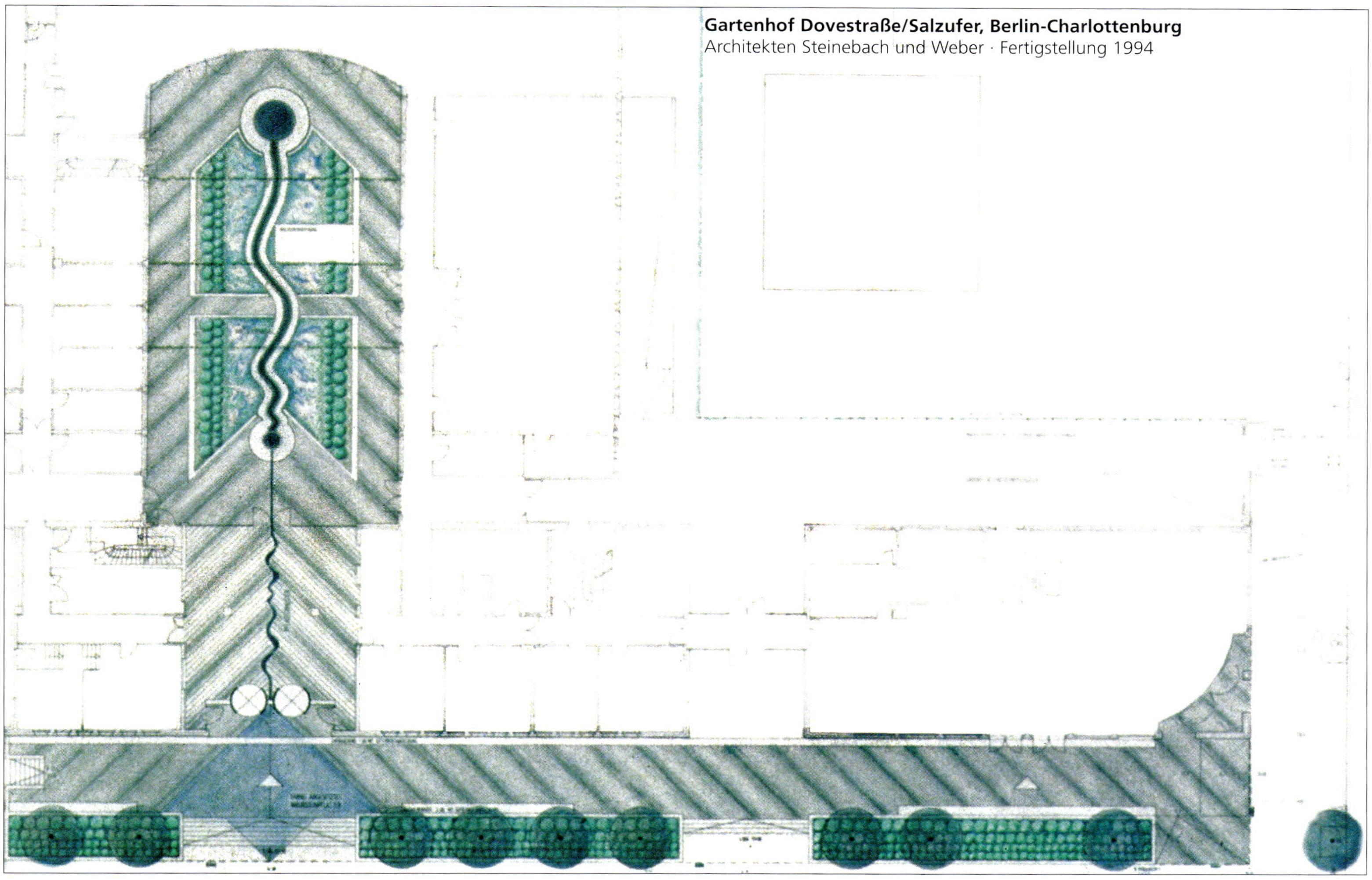

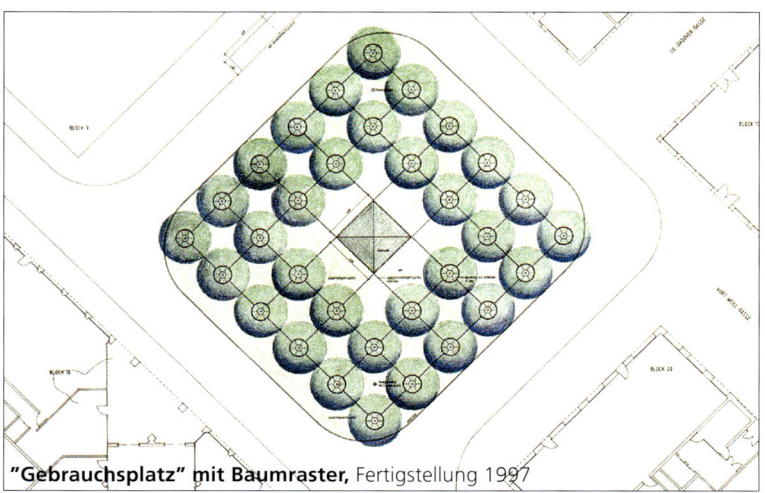

"Gebrauchsplatz" mit Baumraster, Fertigstellung 1997

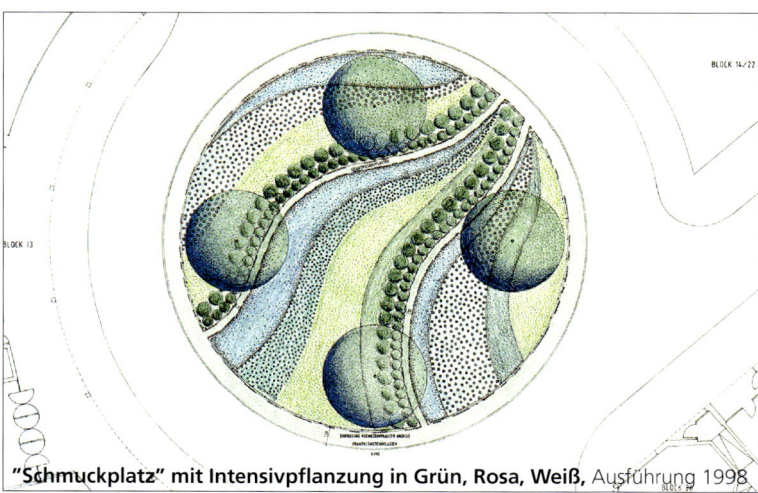

"Schmuckplatz" mit Intensivpflanzung in Grün, Rosa, Weiß, Ausführung 1998

Klärwerk Waßmannsdorf
in Bau, Fertigstellung 1999 · Architekt: Gerhard Spangenberg · Bauherr: Berliner Wasser Betriebe

Einbindung der großflächigen Anlage in die vorhandene, durch ehemalige Rieselfelder geprägte Kulturlandschaft durch Baumreihen, Pyramidenpappeln, Eschen, prägnante Rasen- und Kleeböschungen, Holunder, Hasel und Wildrosen - Regenwassersee als Lebensraum für gefährdete Tier- und Pflanzenarten.

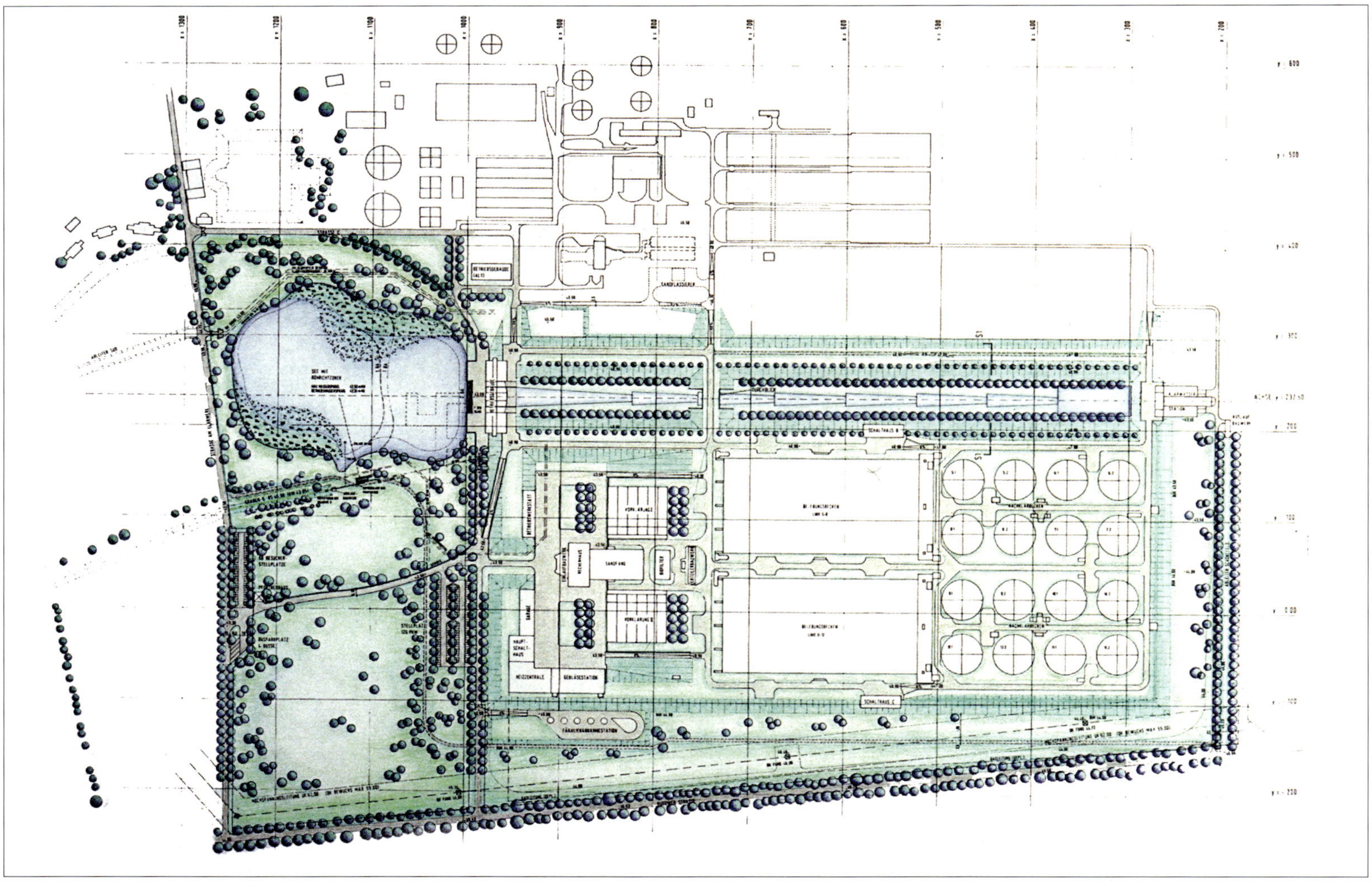

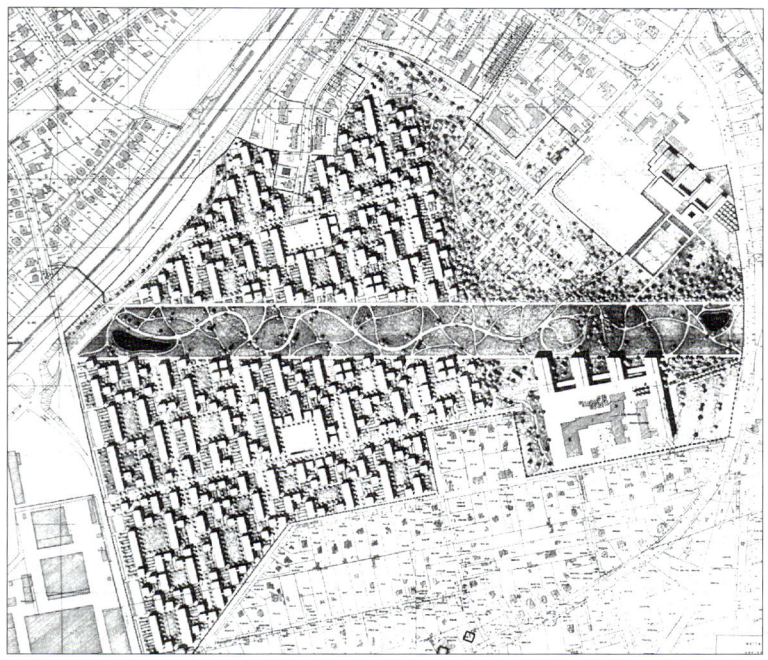 

Gartenstadt Falkenberg, Berlin-Treptow - 1. Preis 1993
mit den Architekten Susanne Quick, Michael Bäckmann, Klaus Quick

Städtisches Wohnen am Stadtrand, Elisabethaue - 1. Preis 1998
Architekt: Helge Syperek - Städtebau: Spath + Nagel

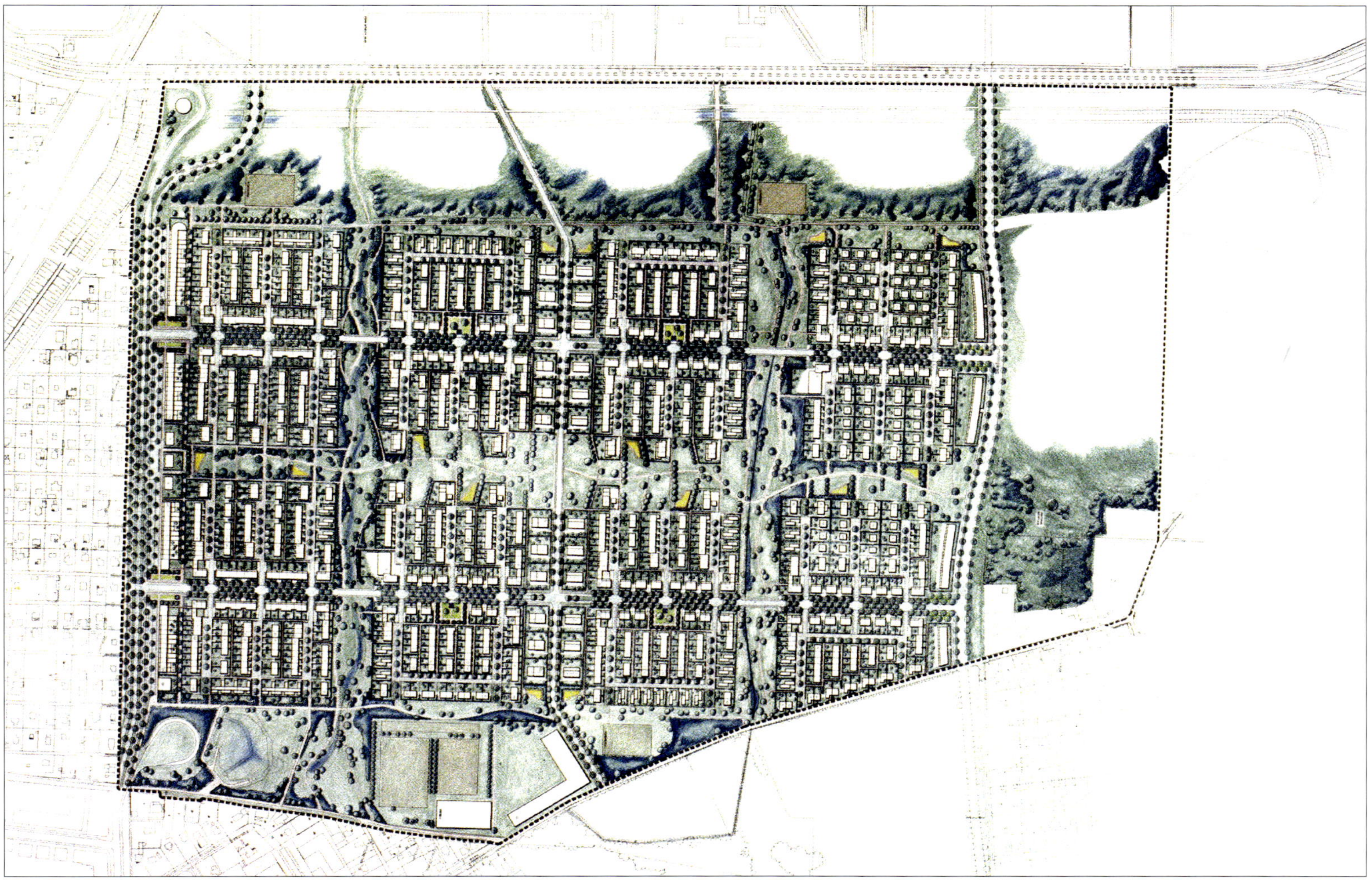

Gartenstadt Falkenhöh

Planung seit 1992

Fertigstellung 1. - 6. Bauabschnitt 1997

Geschoßbauten Spandauer Straße, Rotunde, Zeilen am Park · Mehrfamilienhäuser an der Berliner Straße als Promenade, Reihenhäuser · Kindertagesstätte, zentrale Läden und Gaststätten · städtebauliches Konzept und wesentliche Bauten: Architekt Helge Syperek · Deutscher Städtebaupreis 1996 · Bauherr: Herlitz Falkenhöh
Rotunde mit Gartenrestaurants und Rasenfläche für Veranstaltungen · Parkanlage mit Regenwassersammelmulden, Anbindung an wiederbelebte Teiche

Krüger + Möhrle

Bernd Krüger

1949 in Eden geboren, DDR-Studium in Erfurt, Plätze, Straßen und Wege, Sport-, Spiel- und Erholungsanlagen. Gärten und Wohnquartiere, Konstruktionen, Objekte und Design.

"Der Garten ist immer ein Kunstwerk"

Hubert Möhrle

1952 in Bad Waldsee geboren, Studium in Nürtingen. Gartenhöfe und Parks, Dachgärten und Innenräume Wasser, Landschaft und Struktur. Baukosten und neue Technologien.

"Gärten entstehen, wachsen und vergehen"

Büropark in Leipzig - Innenstadtrevitalisierung

Nach-Wende-Projekt mit Gründerzeitenthusiamus. Arbeitsplätze in der Stadt ansiedeln mit ferienhaftem Ambiente. Park, lange Wasserachse, thematisierte Höfe, Lochstreifenrennstrecke. Großer Platz mit Wasserschleierwand, Kunst und Künstliches, Stimmungen erzeugen.

Rolf Geray und Leja Vonnak für die Architektur.
Bauleitung von Hubert Kögel
Prädikat: vielfältig

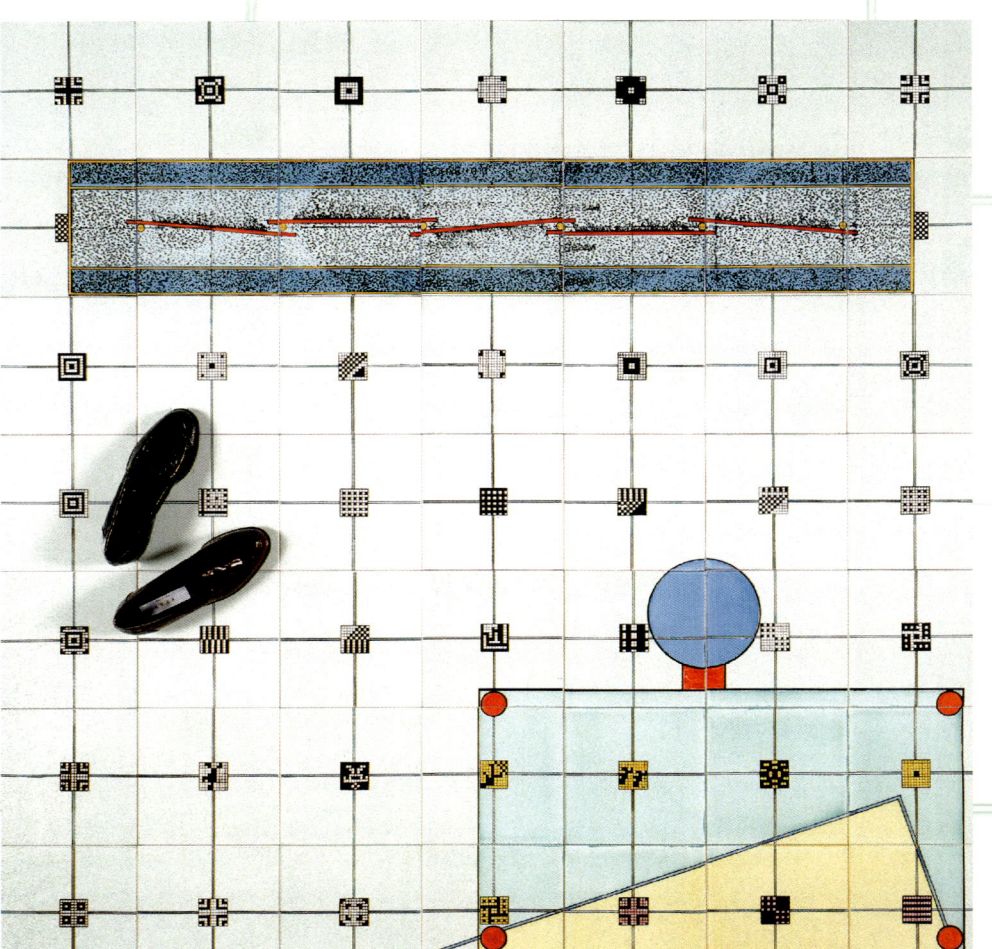

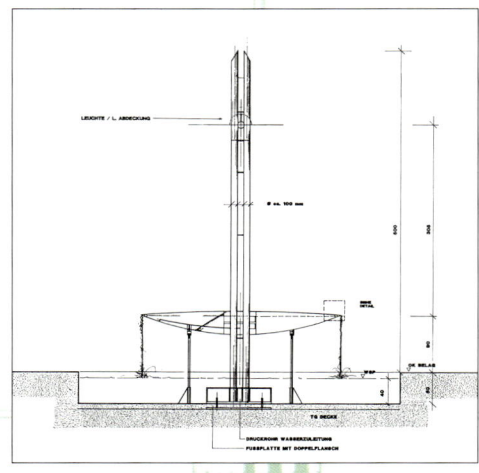
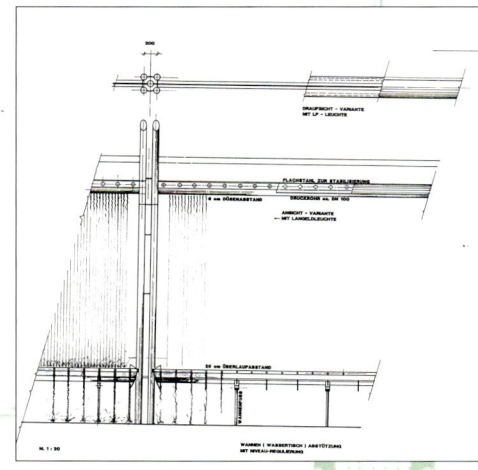

Daten Potsdamer Platz

Größe des Areals: 68 000m²

Bruttogeschoßfläche: 340 000m²

Nutzung: Büroflächen, Wohnungen,
            Einzelhandel, Restauration,
            Hotel, Kindertagesstätte,
            Musical-, Varieté-Theater,
            Kinocenter, Spielbank

Fertigstellung des Gesamtprojekts: 1998

Potsdamer Platz

Große Baustelle, höchster Anspruch und viele Stars,
Erwartungshaltung, Kosten- und Termindruck, grüne
Dächer und viele subtile, artifizelle Höfe.
DEBIS, DS-Plan, Piano, Kohlbecker, Rogers, Isozaki,
Moneo. Kollhoff, Lauber+Wöhr.

Prädikat: abwarten

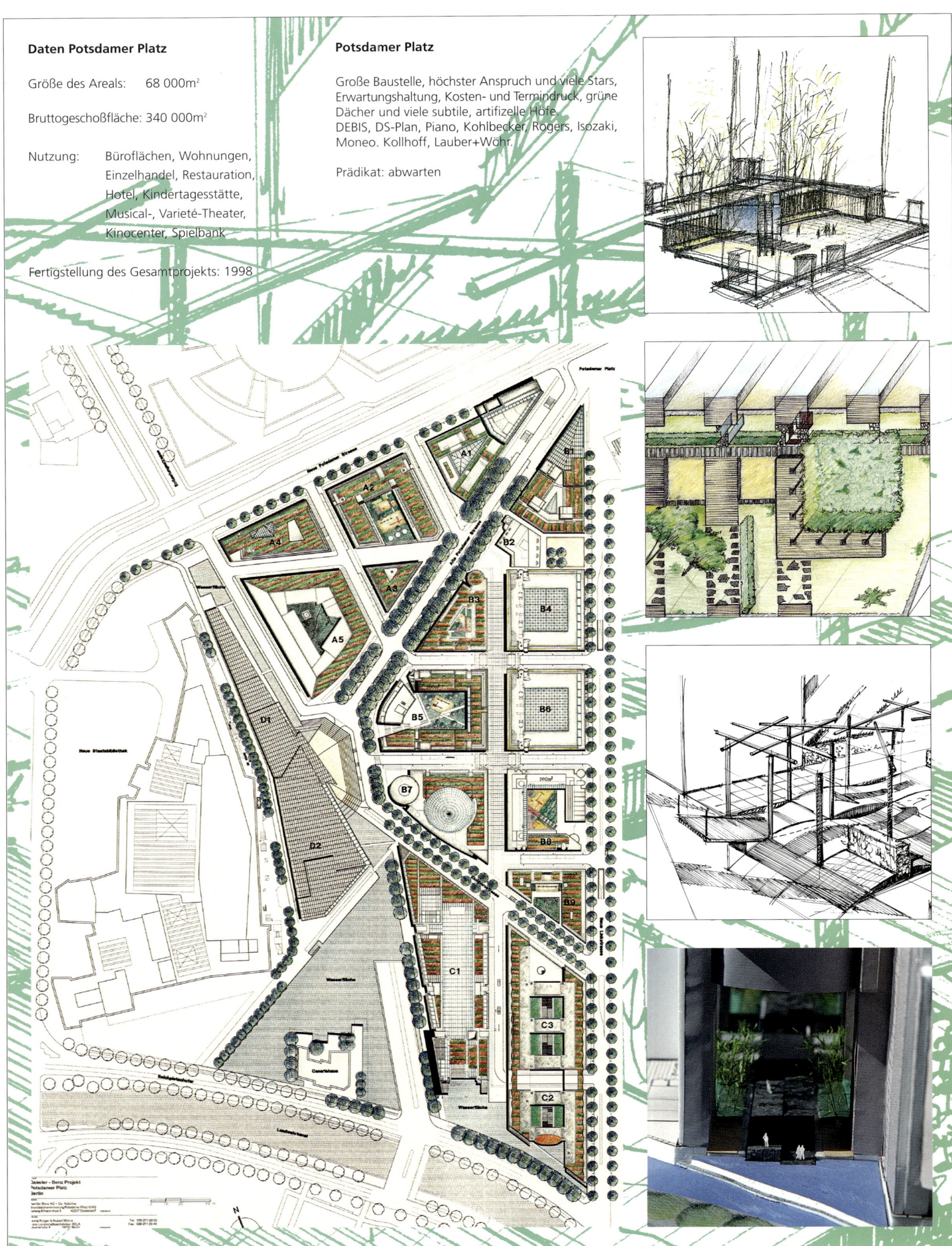

Grünzug Berlin - Alt-Glienicke

Plattensiedlung, von Honnecker übernommen und weitergemacht. Zentraler Grünzug mit gestreiften Parkbaumreihen als Licht- und Farbenspiel von oben, unten und auch horizontal. Kreuzende, überschneidende Wege und eingestreute artifizielle Elemente.

Hochgezoomte Puppenstube als Spielzimmer. Leichte Schutzdächer und abgehängte Lamellen-Pergolen. Wasserzimmer, Langschwinger und schwebender Goldnugget.
Konstruktive Freeks im Gartenamt Treptow.
Statik Schaubele.

Prädikat: experimentell

Quartierpark in Hellersdorf

Berliner Platten und kollegiale Amtsbienen im NGA. Aus dem Acker am Schulzentrum wurde Grün, prächtige Bäume in vielen weiten Wiesen. Eine flexible Spielachse, eine Strandlinse für Beach Volley, Steinacker, Erdkrater, Sportfeld, Sicht- und Gehachsen, geschlängelte Wege, kleiner stählerner Aussichtsturm.

Prädikat: sparsam

Johannes Grothaus

*1963 · 1983 - 86 Ausbildung und Berufsjahre als Landschaftsgärtner · 1986 - 92 Studium in Kaiserslautern
seit 1991 Gründungsmitglied und geschäftsführender Gesellschafter von L.A.U.B. - Potsdam · seit 1997 Umfirmierung
in L.A.U.B. - Potsdam Johannes Grothaus GmbH

Revitalisierung des "Sumpfwaldes Süd"

Mitarbeiter: Ekkehard Fuchs, Siegfried Bacher, Christof Staiger, Michael Höf, Carsten Rother
Realisierung: Herbst 1996 bis Sommer 1997

Im Zusammenhang mit dem Bau der Raffinerie 2000 in der Gemeinde Spergau (Sachsen-Anhalt) wurden
umfangreiche Ersatzmaßnahmen zur Kompensation der Eingriffe in Natur und Landschaft festgesetzt.

In einem umfangreichen Ersatzmaßnahmenkonzept, basierend auf einer zuvor erarbeiteten siedlungsstrukturellen
und landschaftsökologischen Rahmenstudie, wurden umfangreiche Untersuchungen zur Fauna und Flora und zu

den Schutzgütern Boden, Wasser, Klima, Mensch mit Landschaftsbild und Erholung durchgeführt. Weiterhin wurden in dem Ersatzmaßnahmenkonzept mögliche Maßnahmen definiert.

Eine der zentralen Maßnahmen war hierbei auf den Flächen des sogenannten "Sumpfwaldes" sowie der Flächen "östlich und südlich" davon durchzuführen. Die Maßnahme beinhaltet dabei folgende Schwerpunkte:

· Entschlammung eines verlandeten Sees sowie der vorhandenen Gräben
· Neuordnung der Spiel-, Sport- und Freizeitflächen
· Aus- und Neubau des Wegenetzes
· Rückbau von Aufschüttungen
· Teilweises Entfernen standortfremder Gehölze und Neupflanzung einheimischer Arten

Die aufgeführten Maßnahmen dienen einer Aufwertung der gesamten, am süd-östlichen Ortsrand von Spergau gelegenen Fläche. Die Konzentration der Sport- und Freizeiteinrichtungen auf die Fläche eines schon bestehenden Sportplatzes bietet Schutz und Entlastung für den ökologisch sensiblen Teil des Sumpfwaldes, der bisher durch starken Erholungsdruck gefährdet war. Die Lenkung der Erholungssuchenden geschieht auch über aufgeständerte Holzbohlenwege, die gleichzeitig als Naturlehrpfad ausgebaut wurden. Der Ortsrand von Spergau wird durch die naturnahe Bepflanzung in die Umgebung eingebunden.

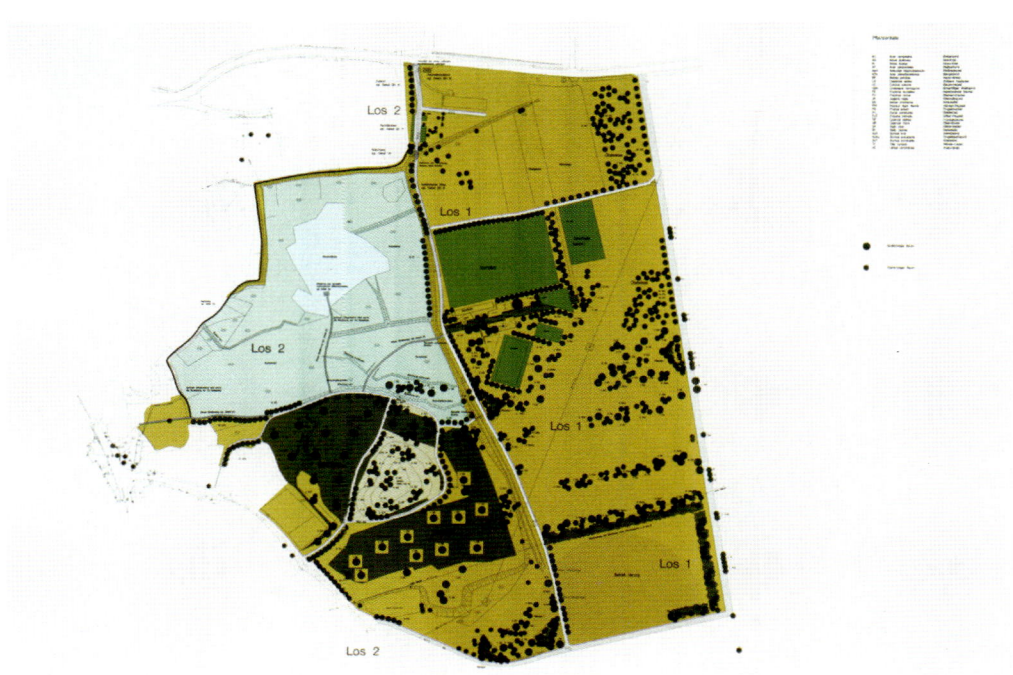

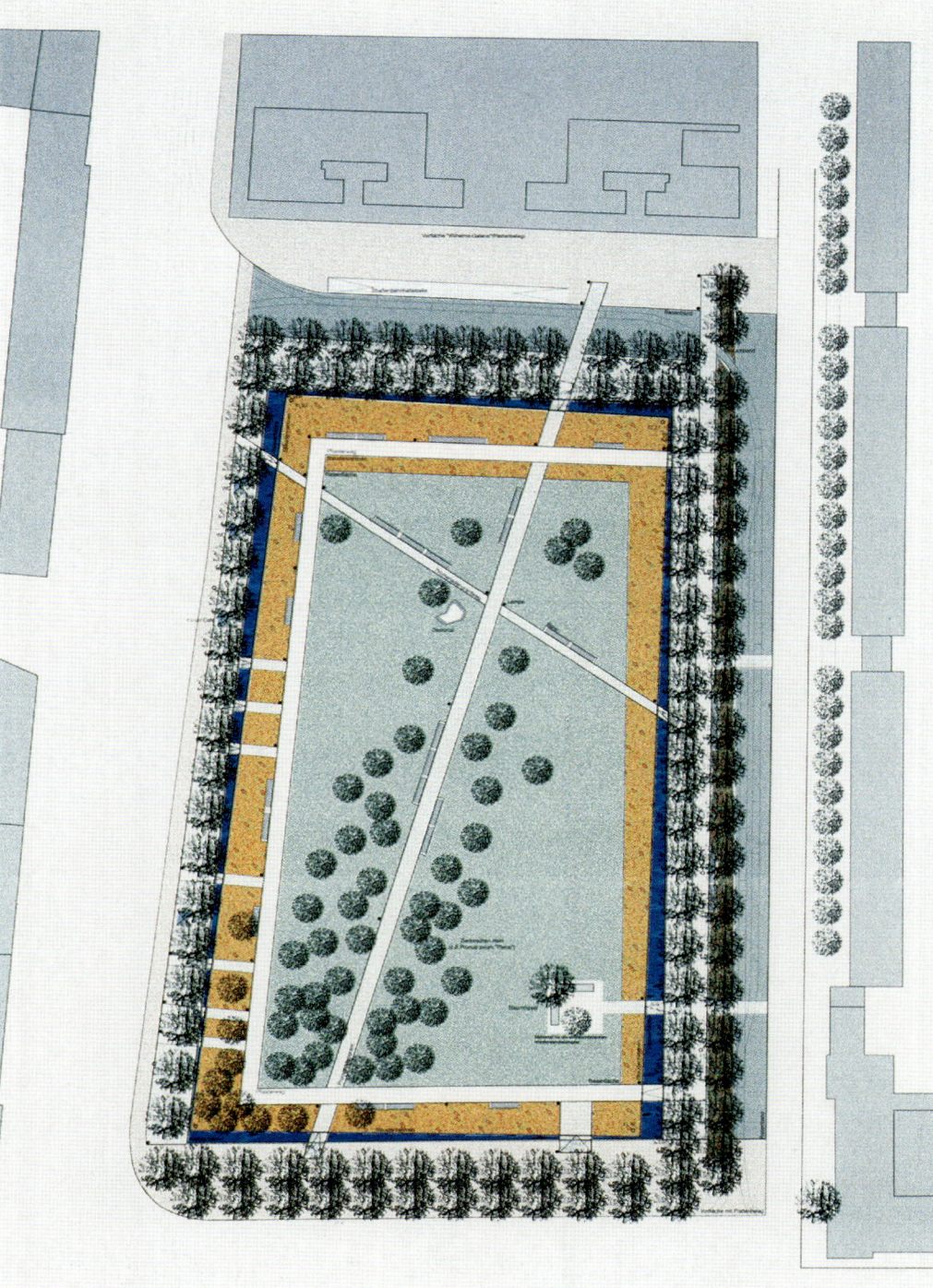

Eingeladener internationaler Ideen- und Realisierungswettbewerb "Platz der Einheit" in Potsdam

Die Idee
Eine Rasenplatte schwimmt auf dem morastigen Untergrund und auf einer flachen Wasserfläche. Aufgrund unterschiedlich variierender Untergrundverhältnisse hebt bzw. neigt sich die Platte.

Stege und Wege verankern sie mit der umgebenden Platzfläche bzw. den Platzrändern.

Es entsteht ein Ort mit einer ihm eigenen Identität, ohne daß die vorgefundenen Strukturen, Beziehungen und historischen Vernetzungslinien negiert werden. Der "Grüne Stadtplatz" erscheint nach außen hin abgeschlossen, ist er aber nicht, weil die umgebenden Baumreihen dem Platz lediglich einen Rahmen geben und ihn nicht abschließen. Die Baumreihen stellen sich als transparente, durchlässige und durchwandelbare Freiräume dar.

Die schräge Rasenplatte macht neugierig, den inneren Bereich zu betreten, von hier aus den Platz zu erfahren und die historischen Vernetzungslinien zu erleben (Sichtbeziehung Nikolai-Kirche). Blühende Zierkirschen und ein feurig blühendes Staudenband geben diesem Platz einen unverwechselbaren Charakter. Es ist ein "Schmuckplatz" in der Tradition der Lennéschen Planung und gleichzeitig auch ein "Gebrauchsplatz".

Die Umsetzung
Die Rasenplatte und die Wasserfläche werden durch eine 20 cm breite Mauer eingefaßt. Passend wäre eine helle geschalte Betonmauer. Eine Schattenfuge kurz über der Wasseroberfläche verstärkt den schwebenden Charakter der Rasenplatte. Der höchste Punkt der Platte befindet sich in der nordöstlichen Ecke. An dieser Stelle erhebt sich die Rasenplatte ca. 90 cm über das ursprüngliche Niveau.
Im Bereich der Wasserfläche wird die Mauer als Trog ausgebildet. Unterhalb der Wasserfläche, am Grund des Troges, werden Lichtstrahler installiert. Somit wird der Platz auch nach Sonnenuntergang ein attraktiver Anziehungspunkt in der Stadt. Die Wasserfläche wird zur Leuchtskulptur.

Ein umlaufender Staudenrahmen bildet den inneren Abschluß der Rasenplatte. Ganz im Sinne der Försterschen Staudenkultur wird hier ein über das Jahr hindurch blühender Staudenrahmen entwickelt. Die Staudenpflanzungen korrespondieren mit den als lockerer Hain angeordneten Zierkirschen (Prunus avium "Plena"). Der Blühteitpunkt der Zierkirschen bildet quasi den Auftakt für den Blütenzauber des Staudenbandes.

Neugestaltung der Freianlagen der Schule und der Kindertagesstätte in der Gemeinde Spergau
Mitarbeiter: Johannes Schwarzkopf, Ekkehard Fuchs,
Michael Höf, Carsten Rother
Realisierung: Herbst 1996 bis Sommer 1997

Ökologische Gesichtspunkte wie eine minimale Versiegelung, dezentrale Versickerung der Niederschläge und naturnahe Bepflanzungen waren die zentralen Leitideen für die Umgestaltung der Schulhofflächen und der Freibereiche der Kindertagesstätte.

Die abschirmende Bepflanzung mit standortgerechten Gehölzen, die auch wildere, gärtnerisch nicht gestaltete Bereiche entstehen läßt, soll den Kindern, die in einer industriell geprägten Landschaft aufwachsen, Naturerlebnisse und den Umgang mit Pflanzen vermitteln. Folgende Maßnahmen wurden durchgeführt:

· Zentrale, gepflasterte Fläche als Schulhoffläche
· Spielnischen
· Heckengefaßte Rasenbereiche für intensive spielerische Nutzung, in denen Spielgeräte Aufstellung finden
· Wiesenbereiche, die als Freilandlabore dienen können, in denen freies Wachstum von Pflanzen unter verschiedenen Bedingungen beobachtet werden kann
· Mieter- und Schülergärten, die durch Hecken neu gefaßt sowie durch wassergebundene Wege erschlossen werden
· Errichtung von Einfriedungen und Spielgeräten
· Konstruktion einer überdachten, kombinierten Pausenhalle und Bühne mit Dachbegrünung
· Fassadenbegrünung an den vorhandenen Gebäuden.

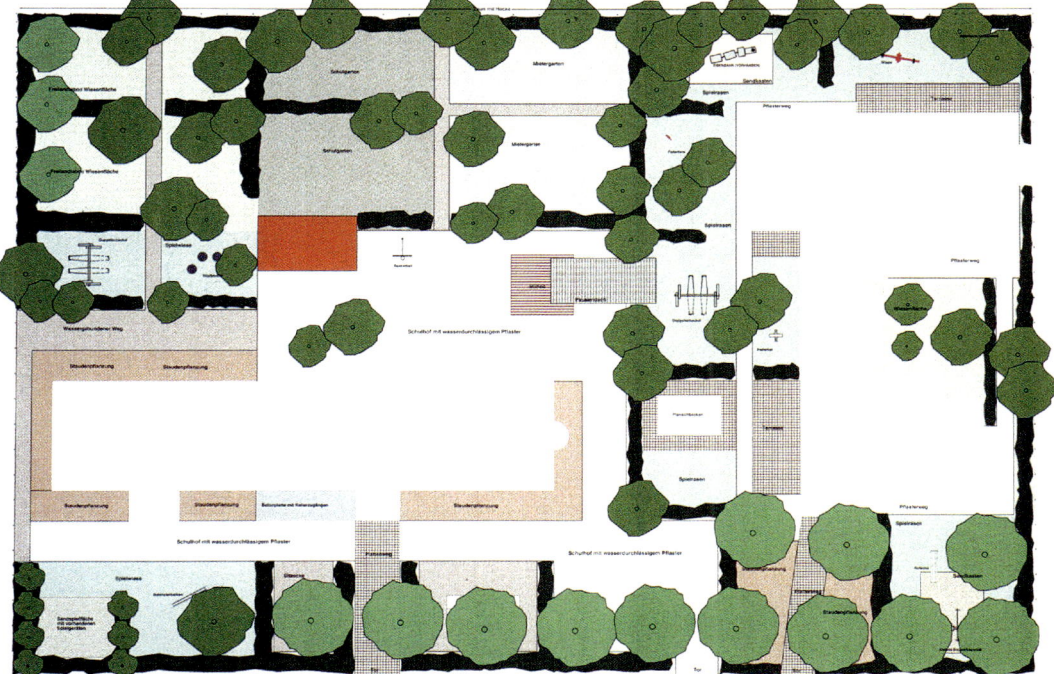

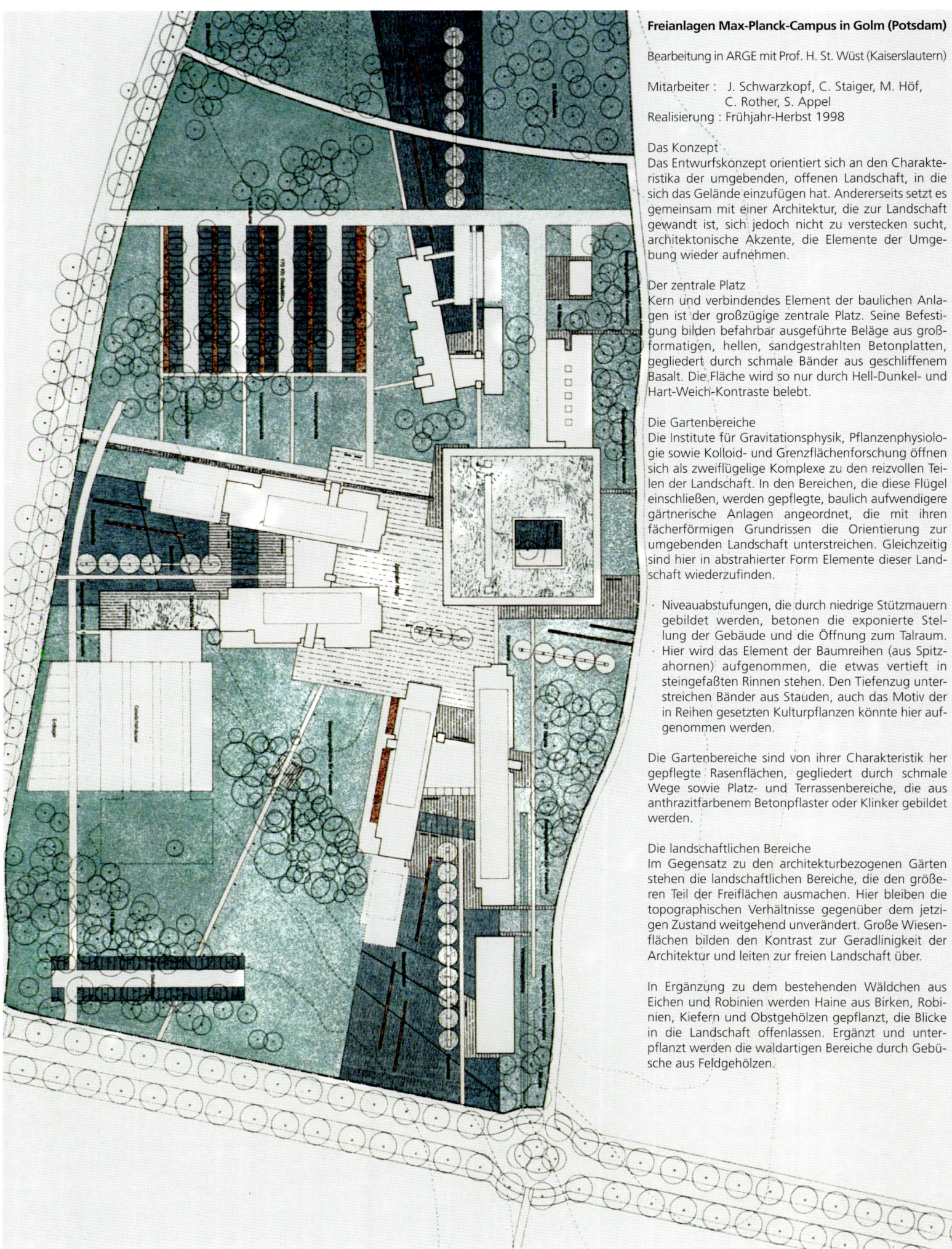

Freianlagen Max-Planck-Campus in Golm (Potsdam)

Bearbeitung in ARGE mit Prof. H. St. Wüst (Kaiserslautern)

Mitarbeiter : J. Schwarzkopf, C. Staiger, M. Höf,
C. Rother, S. Appel
Realisierung : Frühjahr-Herbst 1998

Das Konzept
Das Entwurfskonzept orientiert sich an den Charakteristika der umgebenden, offenen Landschaft, in die sich das Gelände einzufügen hat. Andererseits setzt es gemeinsam mit einer Architektur, die zur Landschaft gewandt ist, sich jedoch nicht zu verstecken sucht, architektonische Akzente, die Elemente der Umgebung wieder aufnehmen.

Der zentrale Platz
Kern und verbindendes Element der baulichen Anlagen ist der großzügige zentrale Platz. Seine Befestigung bilden befahrbar ausgeführte Beläge aus großformatigen, hellen, sandgestrahlten Betonplatten, gegliedert durch schmale Bänder aus geschliffenem Basalt. Die Fläche wird so nur durch Hell-Dunkel- und Hart-Weich-Kontraste belebt.

Die Gartenbereiche
Die Institute für Gravitationsphysik, Pflanzenphysiologie sowie Kolloid- und Grenzflächenforschung öffnen sich als zweiflügelige Komplexe zu den reizvollen Teilen der Landschaft. In den Bereichen, die diese Flügel einschließen, werden gepflegte, baulich aufwendigere gärtnerische Anlagen angeordnet, die mit ihren fächerförmigen Grundrissen die Orientierung zur umgebenden Landschaft unterstreichen. Gleichzeitig sind hier in abstrahierter Form Elemente dieser Landschaft wiederzufinden.

· Niveauabstufungen, die durch niedrige Stützmauern gebildet werden, betonen die exponierte Stellung der Gebäude und die Öffnung zum Talraum.
· Hier wird das Element der Baumreihen (aus Spitzahornen) aufgenommen, die etwas vertieft in steingefaßten Rinnen stehen. Den Tiefenzug unterstreichen Bänder aus Stauden, auch das Motiv der in Reihen gesetzten Kulturpflanzen könnte hier aufgenommen werden.

Die Gartenbereiche sind von ihrer Charakteristik her gepflegte Rasenflächen, gegliedert durch schmale Wege sowie Platz- und Terrassenbereiche, die aus anthrazitfarbenem Betonpflaster oder Klinker gebildet werden.

Die landschaftlichen Bereiche
Im Gegensatz zu den architekturbezogenen Gärten stehen die landschaftlichen Bereiche, die den größeren Teil der Freiflächen ausmachen. Hier bleiben die topographischen Verhältnisse gegenüber dem jetzigen Zustand weitgehend unverändert. Große Wiesenflächen bilden den Kontrast zur Geradlinigkeit der Architektur und leiten zur freien Landschaft über.

In Ergänzung zu dem bestehenden Wäldchen aus Eichen und Robinien werden Haine aus Birken, Robinien, Kiefern und Obstgehölzen gepflanzt, die Blicke in die Landschaft offenlassen. Ergänzt und unterpflanzt werden die waldartigen Bereiche durch Gebüsche aus Feldgehölzen.

**Internationaler, beschränkt offener Ideen- und
Realisierungswettbewerb Bundesgartenschau
2001 in Potsdam** Ankauf

Mitarbeiter: J. Schwarzkopf, B. Groth, M. Höf, C. Rother
Städtebau : Coopera (DD/HH)

Restfläche oder Kulturlandschaft ?
Welche Antworten muß ein moderner Park bereithal-
ten, der inmitten eines Gesamtkunstwerkes neu entstehen soll? Wie kann das Instrument der Bundesgartenschau dazu beitragen, neue und moderne Parkkon-
zepte zu transportieren?

Wie geht man mit einer "Restfläche" um, die, wie es
scheint, erst zu einem sehr späten Zeitpunkt zu einem
möglichen Park auserkoren wurde? Ist ein Park mit den
vorgegebenen städtebaulichen Vorgaben überhaupt
realistisch?

Potsdam gilt als die Stadt der Gartenkunst. Doch bringt
dieses Erbe auch immer wieder Konflikte mit sich. Die
historischen Gärten laden zwar zum Besuch ein, sind
aber nicht uneingeschränkt als Park nutzbar. Sie stellen
Kunstwerke dar und werden dementsprechend ge-
pflegt und erhalten.

Die BUGA ist der Diskussionsort, an dem die historische Bedeutung der Gartenkunst und neue Richtungen und Ideen in der Landschaftsarchitektur demon-
striert und diskutiert werden.

Der neue Park, der aus dieser Schau entstehen wird,
soll ein Volkspark sein. Der erste seiner Art in Potsdam,
der uneingeschränkt durch die Bevölkerung genutzt
werden kann. Bilder wie die vom Englischen Garten in
München oder vom Tiergarten in Berlin an warmen
Sommertagen sind unmittelbar gegenwärtig. Er soll
aber auch ein Volkspark sein, der möglichst viel von
dem erhält und bewahrt, was Inszenierungen und
Investitionen des Jahres 2001 hervorbringen.

Räume zum Riechen, Schmecken und Anfassen von
Natur und Landschaft im Spannungsfeld unterschiedlicher, neuer Stadtquartiere. Auf der Wiese liegen,
Federball spielen, mit dem Hund spazierengehen oder
sich einfach mit Freunden treffen. Es entsteht eine un-
gezwungene, fröhliche Atmosphäre. Hierfür werden
Angebote geschaffen.

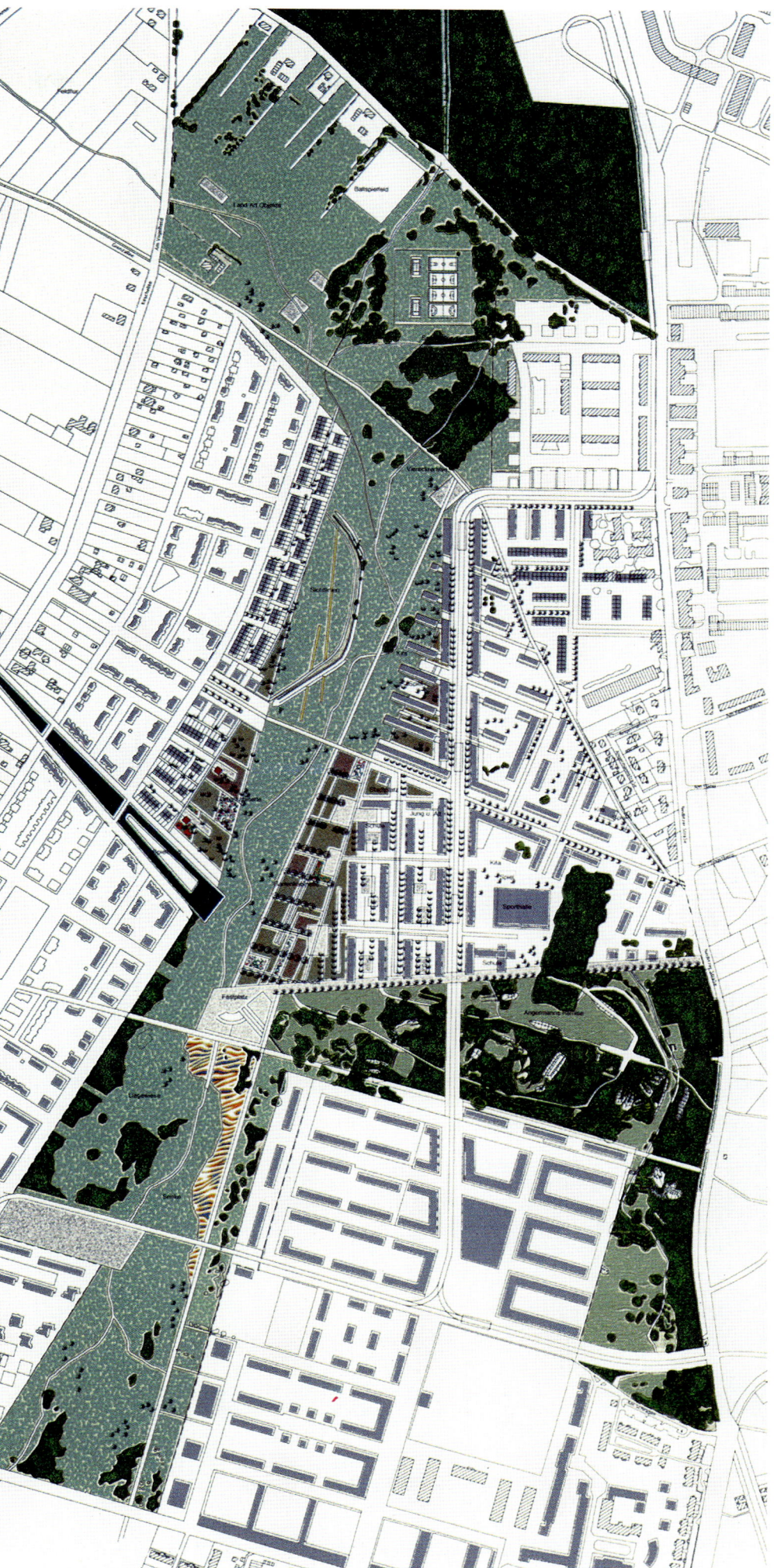

Louafi

Kamel Louafi

1993   Gründung des Landschaftsarchitekturbüros Kamel Louaf in Berlin
        Das Team besteht aus Landschaftsarchitekten, Architekten, Bildhauern und Industriedesignern

Mitarbeiter: Patrick Bairstow, Martin Duthweiler, Dörte Eggert, Günter Maser, Marc Pouzol, Sabrina Schröder, Frank Vollbehr, Theresa Gnoyke, Inga Hahn, Sabine Boomers
Michael Faber (1996), Christiane Peschek (1996), David Walker (1996), Martine Sgard (1996), Caroline Glit-Jensen (1997), Jos Willemsen (1997), Magret Becker (1997), Ute Richter (1997)

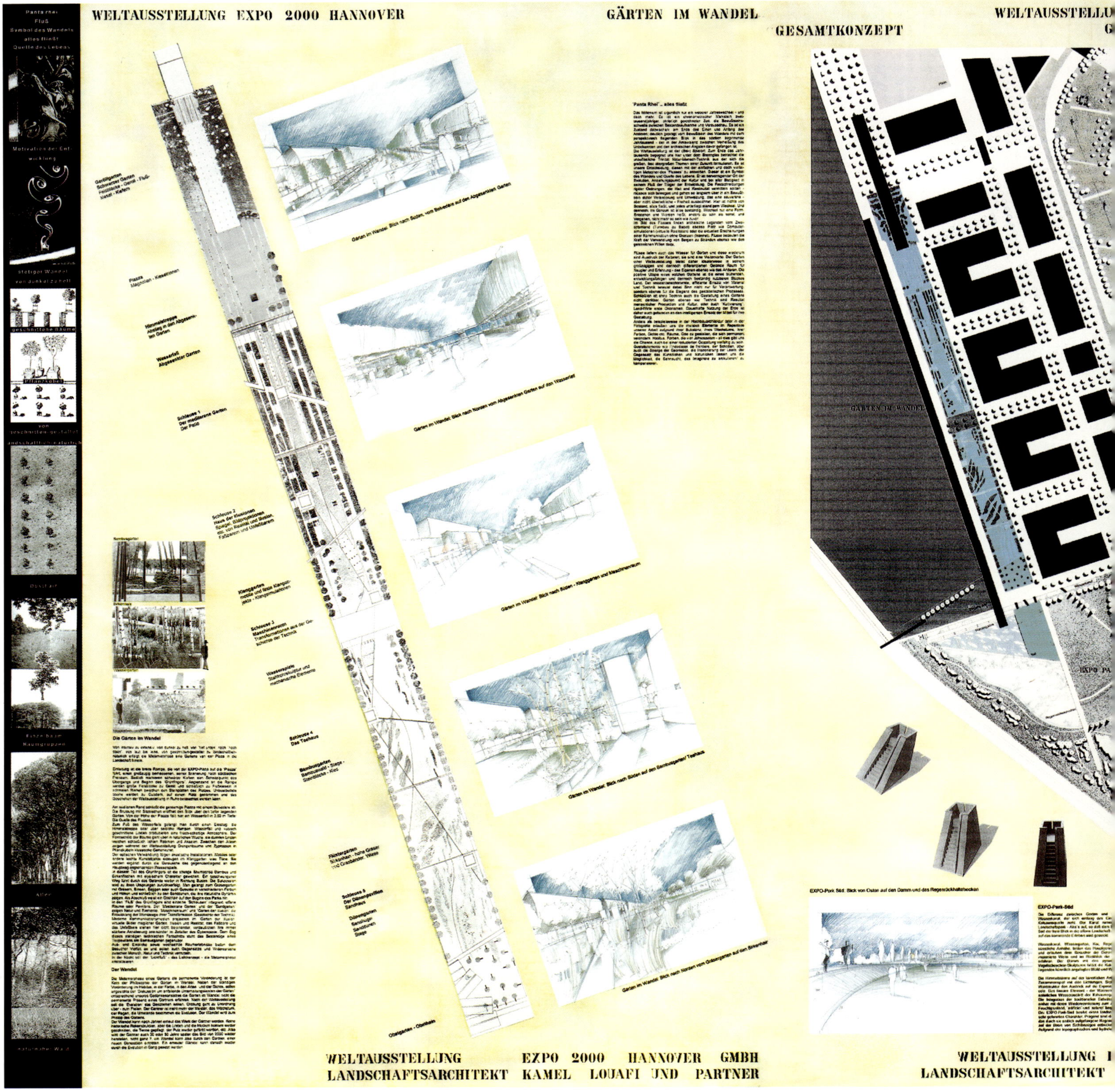

Thema der "*Gärten im Wandel*" ist die Metamorphose des Gartens, von der Plaza in die Landschaft. Das Konzept sieht eine Abfolge fein aufeinander abgestimmter, ineinandergreifender Gärten unterschiedlichster Art und Gestalt vor, in denen Klanginstallationen, Wasserspiele und die Installationen der in den "Fluß" des Gartens integrierten "Schleusen" (offene Räume, Pavillons) bewußt in Ergänzung zur Vegetation eingesetzt werden. In der eigenen Bewegung wird für Besucher die Veränderung der Räume zwischen Norden und Süden erfahrbar: Vom städtisch geprägten Platz durch eine Abfolge von sich auf allen Ebenen in Material und Struktur verändernden Gärten bis hin zum See im südlichen Parkteil. Hier öffnet sich der Blick in die Landschaft, im Park gewinnt nun die Topographie an Bedeutung, Wiesenflächen werden räumlich begrenzt durch Geländemodellierung und Waldflächen am südlichen Rand. Topographische Installationen und "Baumschleier" verknüpfen die verschiedenen Parkteile.

Biographie:

1973	Studium der Topographie in Algerien und Frankreich
1974/75	freie Mitarbeit in Paris
1974/75	Forstinventur und Landesentwicklung in Algerien
1975 - 80	Mitarbeiter im Architekturbüro M. Louafi, Algerien
1980 - 86	Studium der Landschaftsplanung, TU Berlin
1986 - 93	freier Mitarbeiter in Berlin; Projektarchitekt für Arbeiten in Luxembourg
	und Berlin, u.a. Jüdische Schule

Wettbewerbserfolge:

Gärten der Weltausstellung 2000 in Hannover (1996),	1. Freis
Spreebogen (1997),	3. Preis
BUGA 2001 Potsdam (1997),	2. Ankauf
Landsberger Allee/Rhinstraße, Berlin; Architekt: Libeskind,	
Landschaftsarchitekten: Kamel Louafi/MKW (1995),	1. Freis
Schöneberger Kreuz, Berlin; Architekten: Herbst und Lang (1994),	1. Preis
Biesdorf-Süd, Berlin; Architekten: Herbst und Lang (1995),	1. Preis

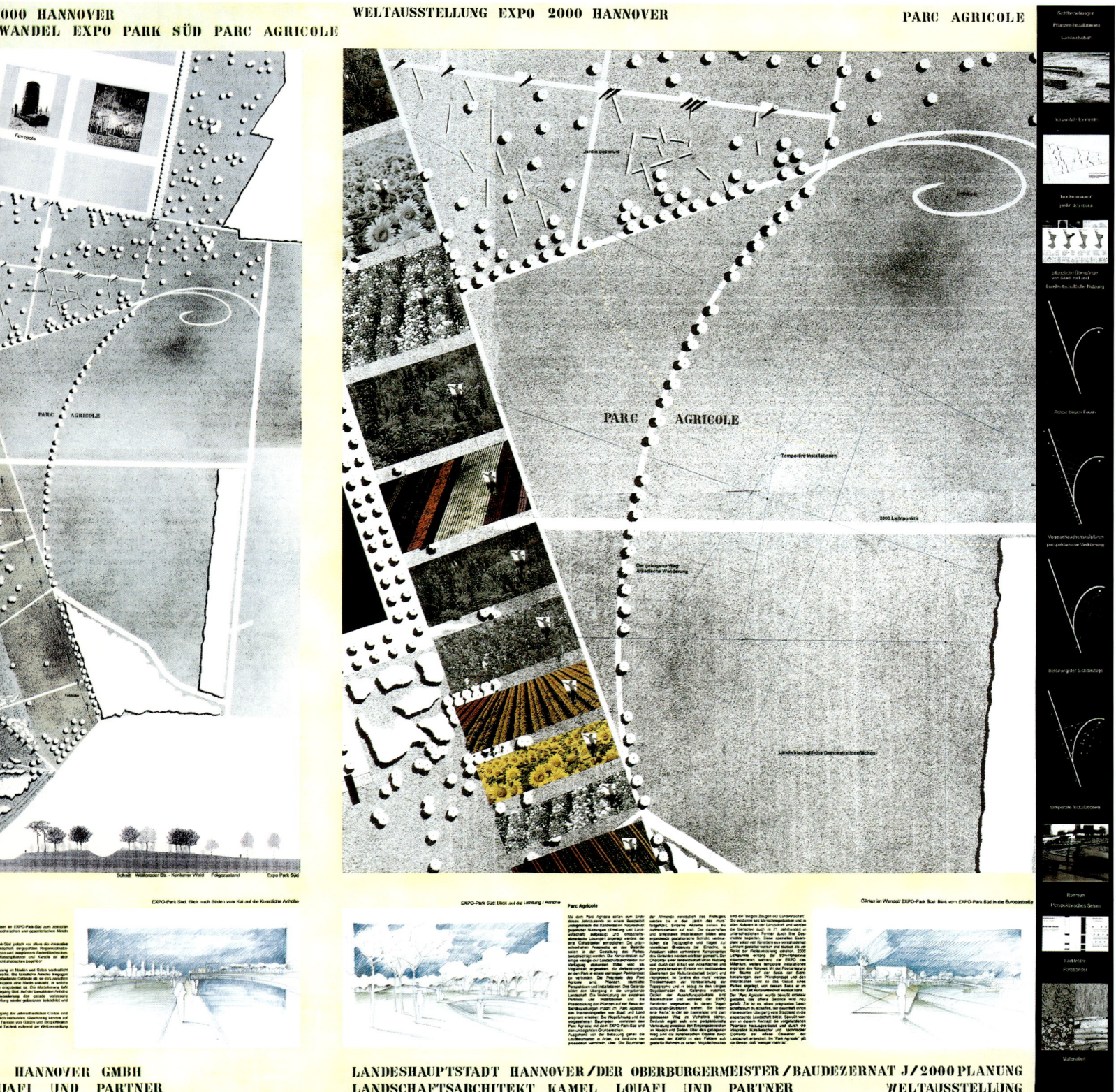

Der "*Parc Agricole*" wird bewußt extensiv gestaltet. Der Charakter einer landwirtschaftlichen Nutzung wird betont, einzelne in Ansätzen schon vorhandene Komponenten des Geländes werden erlebbar gemacht. Durch den "jardin des murs", die Allmende, den Erdhügel, den Gebogenen Weg, die Farbfelder, Vogelscheuchen-Skulpturen aus verschiedenen Ländern, die nach der Weltausstellung verbleiben sowie verschiedene temporäre und dauerhafte Earth- und Land Art-Projekte wird das Gelände neu gefaßt. Ziel ist es, einen prägnanten Landschaftsraum zu schaffen, der dauerhaft einen interessanten Übergang vom Stadtrand Hannovers in die angrenzende Umgebung bildet. Die Öffnung der Stadt zum Land wird durch die beispielhafte Umsetzung der Ausgleichs- und Ersatzmaßnahmen in situ und die Integration künstlerischer und technischer Elemente entwickelt. Im "Parc Agricole" gilt die Devise, daß "weniger mehr ist".

Panta rhei

... Der Fluß ist ein Symbol des Wandels und Quelle des Lebens. Er ist hervorragender Ort der Evolution, Anziehungspunkt der Kulturen und bei aller Stetigkeit in seinem Fluß der Träger der Entwicklung ...

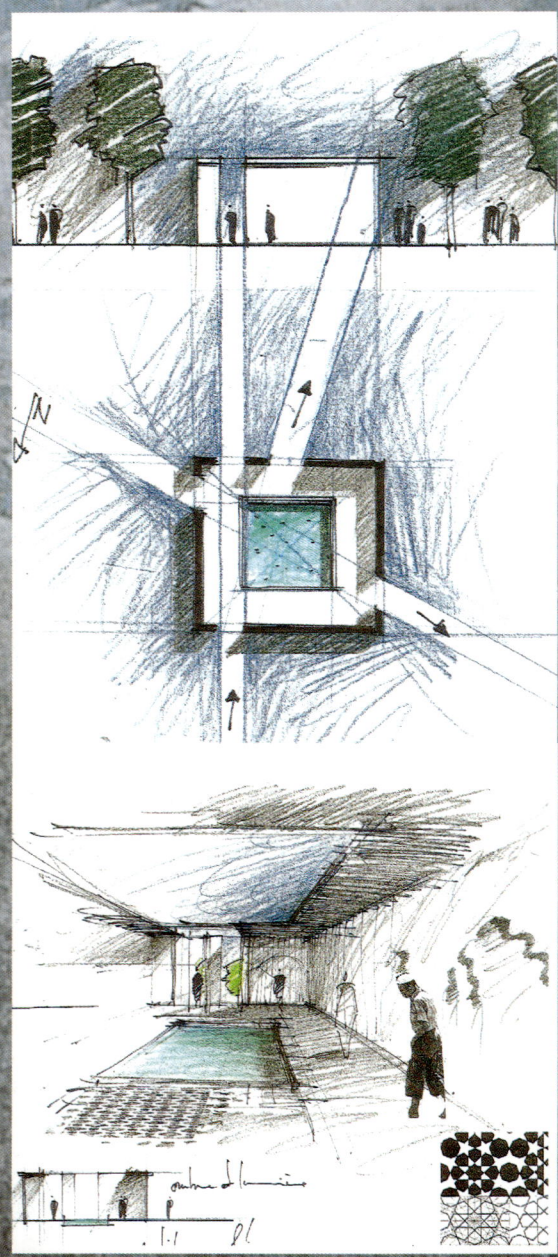

Mediterraner Garten

Haus der Illusion

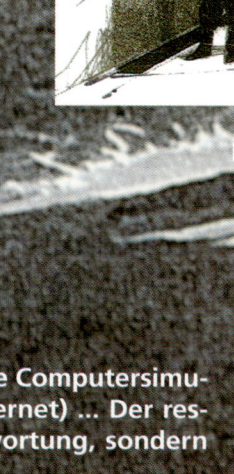

Ma

... Im Bild des Flusses finden archaische Legenden vom Zweistromland (Turmbau zu Babel) ebenso Platz wie Computersimulationen (virtuelle Realitäten) oder die aktuellen Erscheinungen einer Kommunikation ohne Grenzen (Internet) ... Der ressourcenschonende, effiziente Einsatz von Material und Technik beweist dabei Sinn nicht nur für Verantwortung, sondern ebenso für die Eleganz des gestalterischen Prozesses ...

"Schleusen" in den "Gärten im Wandel"

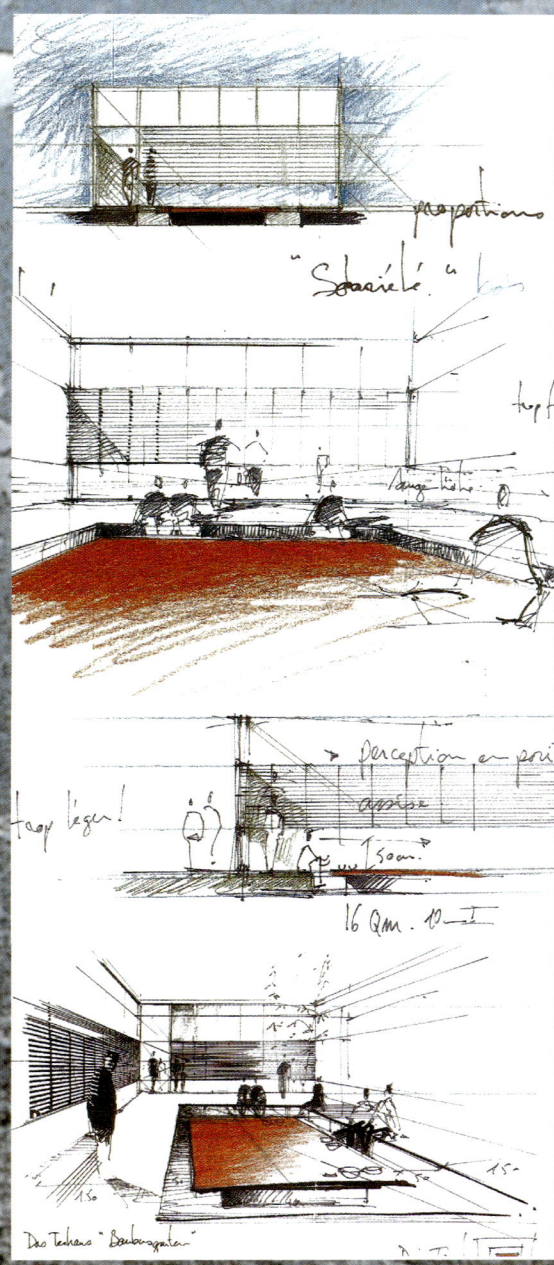

Teehaus

Sandhaus

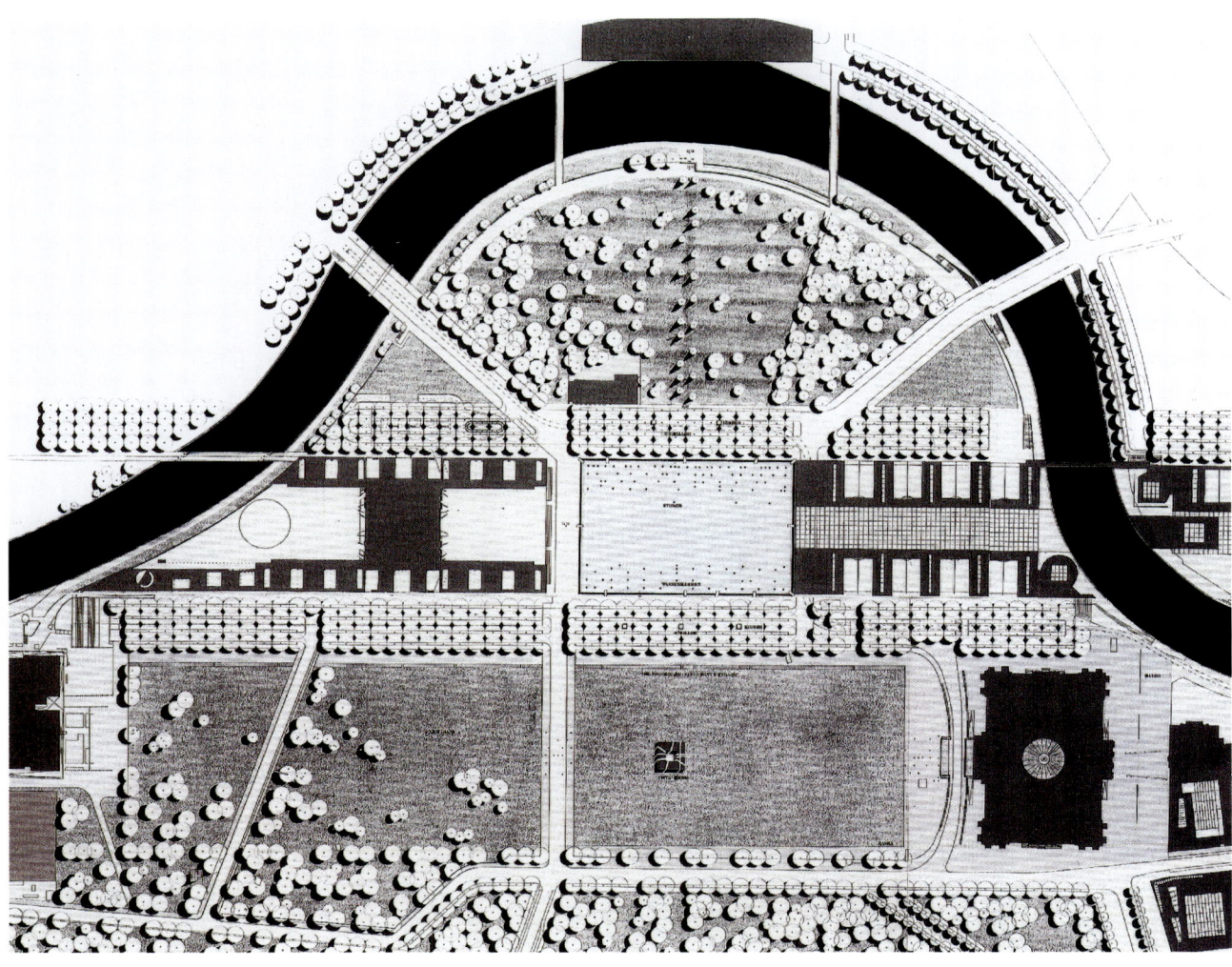

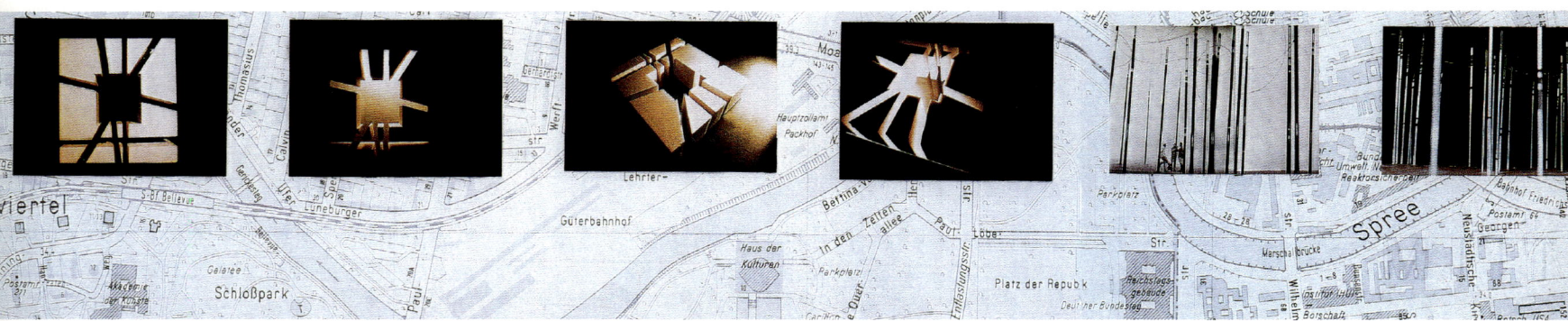

Projekte:

1993	Neubau eines Hausgartens, Gatow
1994 - 97	Blockinnenhöfe, Spielplätze, Potsdam
1995	Studie für Regionalparks im Randgebiet von Berlin für das Ministerium für Raumordnung, Potsdam
1997	Krankenhaus Lichtenberg, Berlin
seit 1996	Gärten für die Weltausstellung EXPO 2000, Hannover: "Gärten im Wandel"
seit 1996	Gestaltung des "Parc Agricole" für die Stadt Hannover

Wohnumfeldverbesserungen, Potsdam

Spreebogen

Der Spreebogenpark, für uns eine Referenz an den Tiergarten, erfährt als dessen Erweiterung eine großzügige Gestaltung als Landschaftspark. Spreebogen, Lenné-Achse und -Diagonale strukturieren den Raum. Der Platz der Republik wird in seiner historischen und kulturellen Bedeutung verstärkt und neu interpretiert. Der "Frei"- Raum dominiert und ist Sinnbild für Weite und Großzügigkeit. Am Kreuzungspunkt zwischen Lenné-Achse, Reichstag und den wesentlichen Sichtbeziehungen zum Brandenburger Tor und dem Haus der Kulturen der Welt steht am ehemaligen Standort der Siegessäule gegenüber dem Reichstag das Vista-House. An der Südseite der Südallee entsteht ein "Parlaments-Strand", der von einer Promenade mit Kiosken begleitet wird. Ein ebenerdiges Lichtband, das sich über den gesamten Platz zwischen Reichstag und Haus der Kulturen erstreckt, vermittelt die Würde des Raumes.

Das Forum ist ein offener Raum mit Stadtplatzcharakter, ein Ort der Kommunikation zwischen Institutionen und den Bürgern. In unserem Gestaltungsansatz wird ein Dialog zwischen Architektur (Schultes/Frank) und Gartenarchitektur formuliert. Unregelmäßig verteilte Stelen vermitteln zwischen der Dichte der Nord- und Südseite und der freien Mitte; ein Symbol von Säule und Baumstamm. In Höhe der Kronen sind diese metallenen Stelen von phosphoreszierenden Linien durchzogen, die diesem Ort Leichtigkeit geben. Gleich einer Insel ist das Forum von einem Wasserrahmen umgeben, kleine Brücken erlauben die Orientierung und Bewegung nach allen Richtungen.

Das Reichstagumfeld wird von uns als einheitliche, repräsentative Fläche interpretiert, auf dem das geschichtsträchtige Gebäude zur Geltung kommt. In der Ebertstraße wird der historische Verlauf der Mauer aufgenommen und dokumentiert.

Das Imaginäre artikulieren

Die meisten Elemente im Repertoire unserer Arbeit erlauben uns aufgrund ihrer Substanz, ihres Wachstums, ihrer Farbe, Dichte etc. - anders als beispielsweise in der Hochbauarchitektur oder in der Fotografie - Räume, Orte zu gestalten, die sich in einer permanenten Veränderung befinden. Habitus, Farben, die vier Jahreszeiten - all dies gibt uns die Chance, auch bei einer reduzierten Gestaltung vielfältig zu sein. Die Unbestimmtheit der Grenze (L'indécision de Frontiere'), der Schatten, die Strenge der Geometrie, die Inszenierung der Leere, das Künstliche und das Natürliche lassen neben dem Notwendigen bei der Gestaltung von Freiräumen die Möglichkeit, die Sehnsucht, das Imaginäre zu artikulieren/ zu komponieren. Die Gestaltung entsteht wie die Leinwand eines Malers in mehreren Schritten und aus mehreren Schichten.

Die erste Schicht sind die Bezüge, die Geometrie, die Anforderungen. Sie werden aufgenommen, instrumentalisiert, ausgedehnt und verteilt und bilden die ersten Konturen. Die erste Schicht wird überlagert und verschmilzt mit der zweiten: dem Terrain, der Topographie, der unsichtbaren und sichtbaren Geschichte, dem Relief. Im Prozeß der Gestaltung zeigen sich die ersten Silhouetten. Das Bild wird besetzt, die Interpretation nimmt Formen an, "die Absichten besetzen das Terrain". Schließlich entsteht so aus mehreren Schichten das Bild, das im Bewußtsein irgendwie verhaftet ist. Die Absichten werden sichtbar, das "Imaginäre" wird artikuliert.

In der Realisierung wird es mehr sein als ein "Bild". Die Komposition ist wie der Prozeß eines Gartens: Morgen anders als Heute und Übermorgen anders als Morgen. Im Winter anders als im Frühjahr und anders als im Herbst; der jetzige Herbst anders als der zukünftige Herbst. Darin liegt unsere Chance.

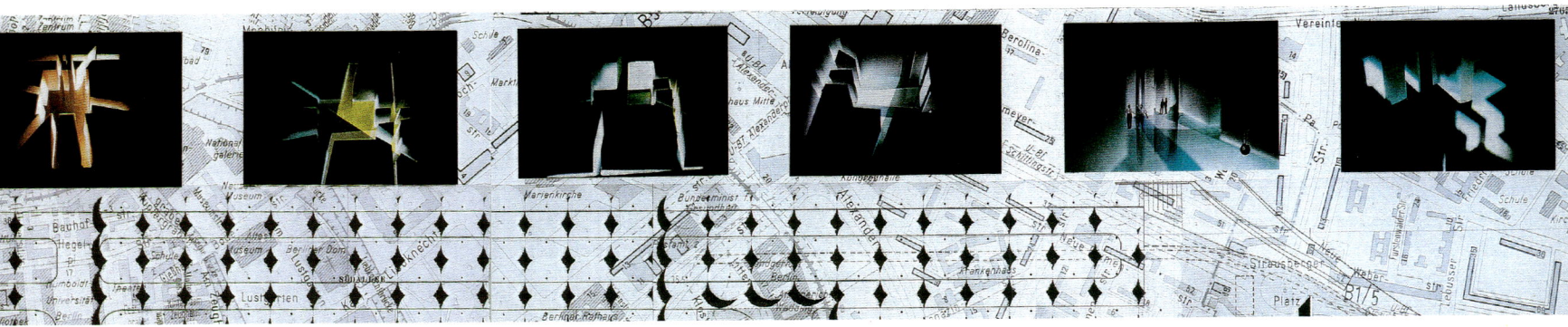

Thilo Ch. Mittag
*1953

1979   Diplom in der Studienrichtung
          Landschaftsplanung an der TU Berlin

1982 - 89 Mitarbeiter von Jürgen Zilling, Berlin,
          seit 1985 als Landschaftsarchitekt

1990 - 93 Mitarbeiter von Prof. Peter Latz, Kranzberg

seit 1993 selbständig, Büro in Berlin und Freising

1994 - 96 Vertretungsprofessur an der FH Erfurt,
          Fach Entwerfen

Insel der Jugend, Berlin 1995

Die Insel der Jugend erhielt ihren Namen als Ergebnis der Kulturparkidee der DDR. Angelegt wurde sie als Teil der Spreelandschaft 1896 zur Sommerfrische für die Berliner. Nach Jahren der Verwilderung erhält die Insel diese Bestimmung über eine vollständige Neugestaltung ihres öffentlichen Teils 1994/95 zurück.

Der Bezug des Ortes zum Wasser und zum Ufer wurde wiederhergestellt. Blickachsen öffnen die zentrale Wiese zum Wasser, eine Serie kleiner Uferplätze mit Sitzstufen und Sitzmauern erschließt die Spree mit Variationen in der Ausformung von Sandstein und Holz. Ein breiter Sonnensteg zum Liegen und Lagern vergrößert die Insel im Westen mit Blick zum Treptower Park.

Am alten Baumbestand orientieren sich gestalterische Eingriffe und erinnern an die frühere Nutzung mit schattigen Gartenlokalen. Die Rasterpflanzung des Kastanienhains wird durch eine Sandsteinlinie erkennbar, die vom Steg durch ein halbrundes Freiluftforum unter dem nicht mehr vollständigen Baumkronendach zu einer eindrucksvollen Bogenbrücke von 1916 lenkt.

Leichte Wiesenwellen, neu gepflanzte Blütenbäume, Rosenspaliere und Heckenelemente tragen zu einer weiteren Vernetzung von Wasser, Wiese, Bäumen und Blütenflächen mit der umgebenden Landschaft des von Gustav Mayer gestalteten Treptower Parks bei.

Bauherr: Naturschutz- und Grünflächenamt Treptow, Berlin
Planverfasser: Gast + Mittag
Planung: Thilo Ch. Mittag

Fotos: Konrad Wita

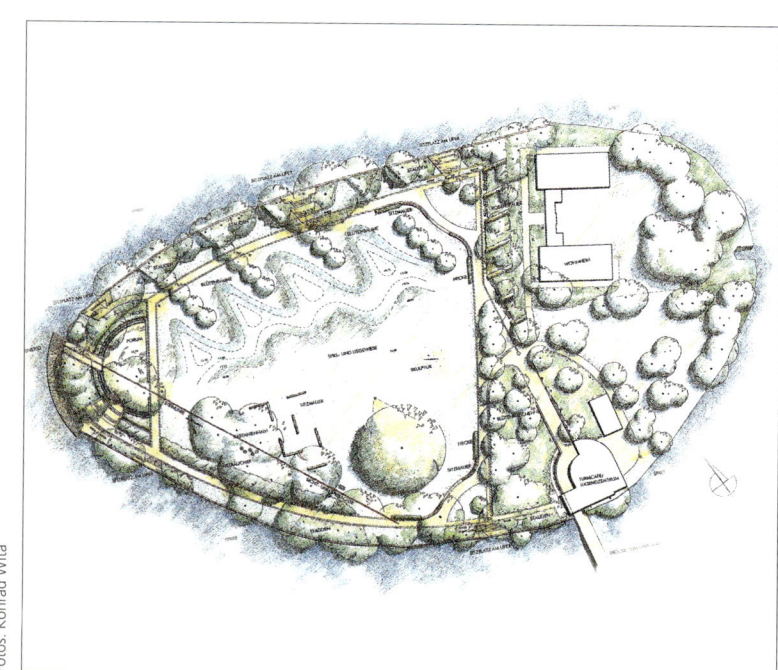

Siedlungsmodell Erlangen Neustadt-Ost
Städtebaulicher Realisierungswettbewerb 1996, Ankauf
Planungsgemeinschaft mit Architekten Fink · Jürke, München

Planung eines Wohngebietes in einem Teilbereich des ehemaligen US-Kasernen-geländes Neustadt-Ost

Die Planungsaufgabe umfaßt den Entwurf von Geschoßwohnungsbau, verdichte-tem Einfamilienhausbau und einer Kindertagesstätte auf 6 ha Fläche auf Basis eines übergeordneten städtebaulichen Konzeptes.

Die Grundstruktur des Freiflächenkonzeptes bestimmt maßgeblich die neue räumli-che Struktur. Über die eigentliche Bearbeitungsfläche hinaus wurden daher Aussagen zur zentralen späteren Grünfläche getroffen. Die Anbindung der neuen Siedlung an die umgebende Stadtlandschaft und den geplanten Park sowie die Erschließung der inneren Gartenhöfe sind gerichtet. Die Stellung der Baukörper ergibt Ziel und Orientierung. Die bestehenden Höhenabwicklungen, der Abfluß des Oberflächenwassers und die Sicherung der Luftbewegung bestimmen Raum und Weg.

Ziel der Gliederung der Siedlung ist eine klare Begrenzung öffentlicher und privater Räume. Öffentliche Räume sind Multifunktionsflächen. In diese wird der fahrende und ruhende Verkehr eingebunden. Private Räume sind sowohl Mietergärten und Dachterrassen, als auch Gemeinschaftsflächen wie die Hofinnenbereiche zwischen den Hausgärten. Als soziales Zentrum liegt in jedem Gartenhof das Gemein-schaftshaus.

Unterschiedliche Freiraumtypen ergeben sich aus der Vernetzung von Haus und Garten mit horizontalem und vertikalem Grün. Baumachsen und Baumstandorte begrenzen, leiten oder betonen Eingangs-, Tor- und Platzsituation. Wie ein Gelenk verbindet ein öffentlicher Quartiersplatz Wohnbebauung mit Kindertagesstätte und die zu erhaltenden vier vorhandenen Baukörper im Wettbewerbsgebiet.

Der Regenabfluß von den Dächern wird an ein Entwässerungssystem abgegeben, das über offene Rinnen, Regenwasserrückhaltebecken in den Mietergärten, Wasser-spielstellen in den Gemeinschaftsflächen bis in die Sammelzisternen der Gemein-schaftshäuser zur weiteren Nutzung führt.

Das System offener Regenwasserrinnen könnte im zentralen Parkbereich östlich des Quartiers mit einem kleinen See am Endpunkt der zentralen Parkachse fortgeführt werden.

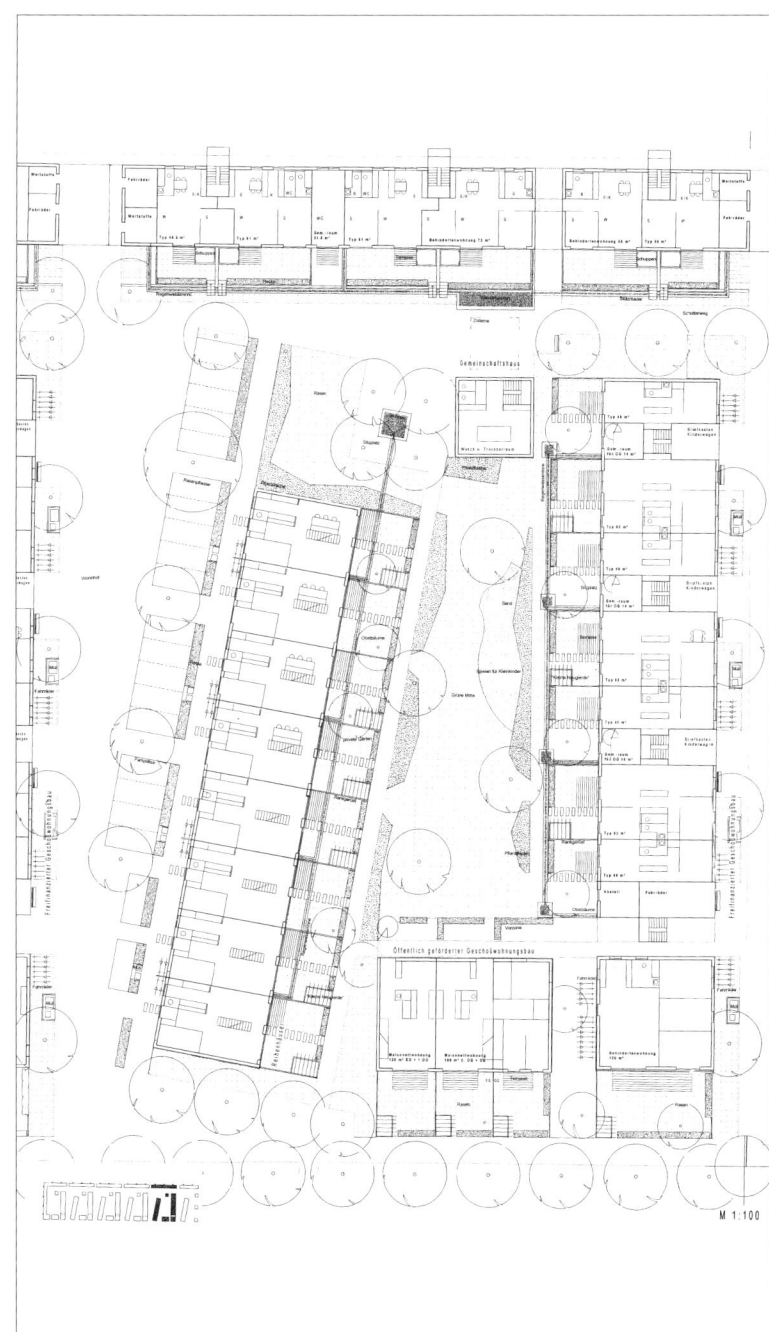

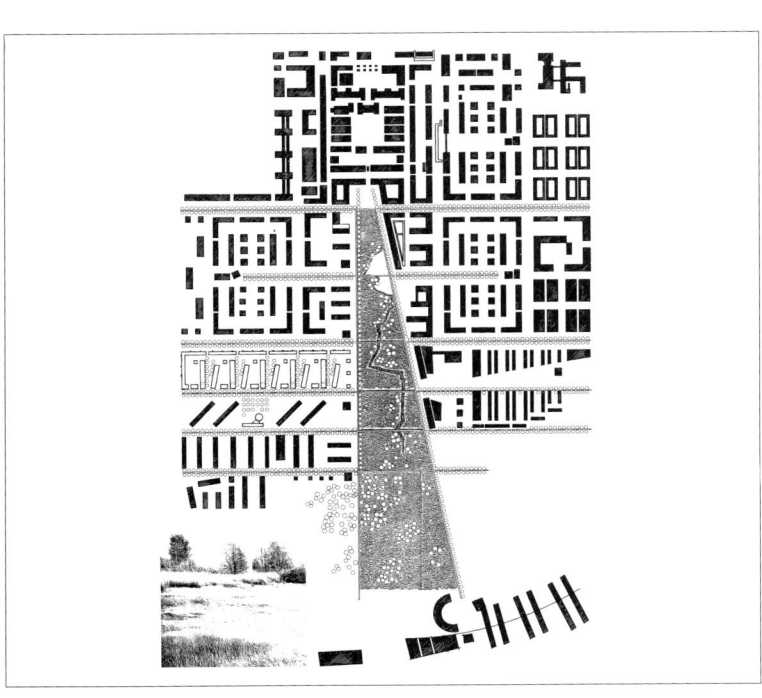

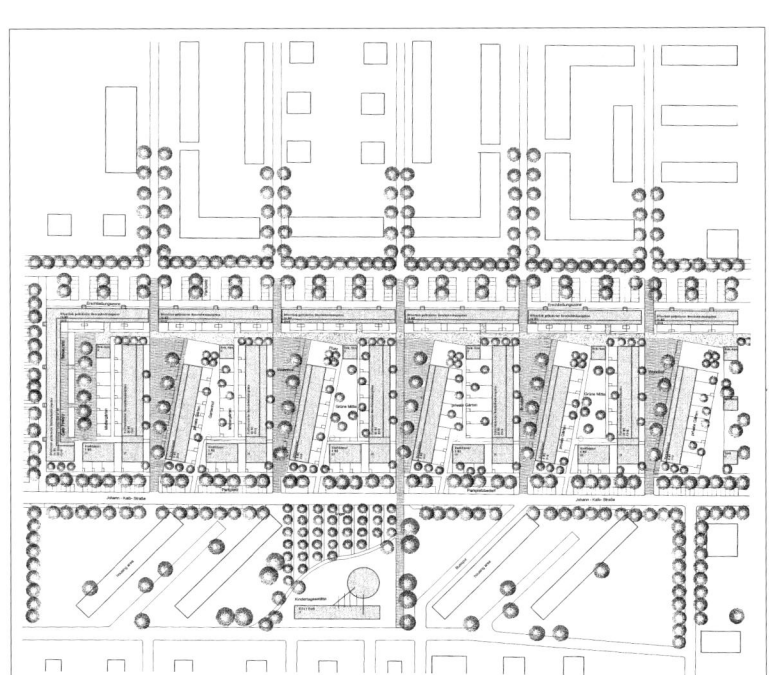

Cornelia Müller
geb. in Osnabrück · Studium der Garten- und Land-schaftsplanung in Osnabrück/Berlin · Diplom 1977

Jan Wehberg
geb. in Osnabrück · Studium der Garten- und Land-schaftsplanung in Berlin · Diplom 1978

Von 1979 bis März 1997 bestand in Berlin die Arbeits-gemeinschaft der Garten- und Landschaftsarchitekten Müller, Knippschild, Wehberg (MKW).
Seit Anfang 1997 arbeiten Cornelia Müller und Jan Wehberg mit ca. 15 Diplomingenieuren und weiteren Mitarbeitern in einer neuen Bürogemeinschaft für Garten- und Landschaftsarchitektur in allen Leistungs-phasen der HOAI zusammen.
Seit 1980 Lehraufträge, Vorlesungen, Vorträge, Veröf-fentlichungen und Ausstellungen.
Mitglied in Gestaltungsbeiräten.

Seit 1980 gebaute und in Planung befindliche Projekte:
· Internationale Bauausstellung Berlin-Tiergarten, Freianlagen Rauchstraße, städtebauliches Konzept Architekt Krier + Kohl, Wien [1]
· Internationale Bauausstellung Berlin-Reinickendorf, Freianlagen Am Tegeler Hafen, städtebaul. Konzept Moore (†), Ruble, Yudell, Santa Monica [1]
· Internationale Bauausstellung Berlin-Kreuzberg, Frei-anlagen Koch-/Wilhelmstraße, städtebaul. Konzept - Bohigas, Mackey, Matorell, Barcelona [1]
· Landschafts- und Grünordnungsplanung in Esch sur Alzette, Luxemburg [1]
· Erweiterung des DIN-Institutes, Berlin-Tiergarten Architekturbüro Ziel, Freianlagen [2]
· Kirchsteigfeld, Potsdam-Drewitz, städtebaul. Konzept Rob Krier mit Moore (†), Ruble, Yudell Grünord-nungsplan/Objektplanung [1,3]
· Erweiterung des Berlin Museums mit Jüdischem Museum - Architekt Daniel Libeskind Berlin/L.A. [1]

[1] Realisation MKW   [2] Realisation MKW + Weller

Einige Wettbewerbe:
· IBA Magdeburger Platz mit Nieleböck, J. Grützke,1. Preis [1]
· IBA Diplomatenviertel, Berlin-Tiergarten, 1. Preis [1]
· IBA Lützowplatz, Berlin-Tiergarten, 1. Preis [1]
· WBW Monbijoupark, Berlin-Mitte, 2. Preis [1]
· WBW Büropark Wiesbaden mit D. Libeskind, 1. Preis [1]
· WBW Alexanderplatz mit D. Libeskind, 2. Preis [1]
· WBW Landsberger Allee mit D. Libeskind, 1. Preis [4]
· Wettbewerb BUGA Gelsenkirchen, 2. Preis [1]
· Wettbewerb "Zwei Parks am Potsdamer Platz", 3. Preis [2]
· Wettbewerb Landschaftsplanerischer Ideenwettbe-werb München-Riem, Ankauf [2]
· Gutachterverfahren Am Lindenpark, 1. Preis [1]
· St.-Joseph-Krankenhaus in Berlin-Weißensee, 1. Preis [1,3,5]
· Gutachterverfahren Adlershof, 3. Preis [1]
· Potsdam Luisenplatz, 1. Preis
· Int. Realisierungswettbewerb Spreebogen, 1. Preis
· Wettbewerb Spandau, Marselake mit Oefelein, 1. Preis
· Gutachterverfahren Stadtteilpark Plagwitz/Leipzig, 1. Preis [5]

[3] ab 1997 Müller/ Wehberg   [4] MKW + Louafi   [5] mit J. Ganz

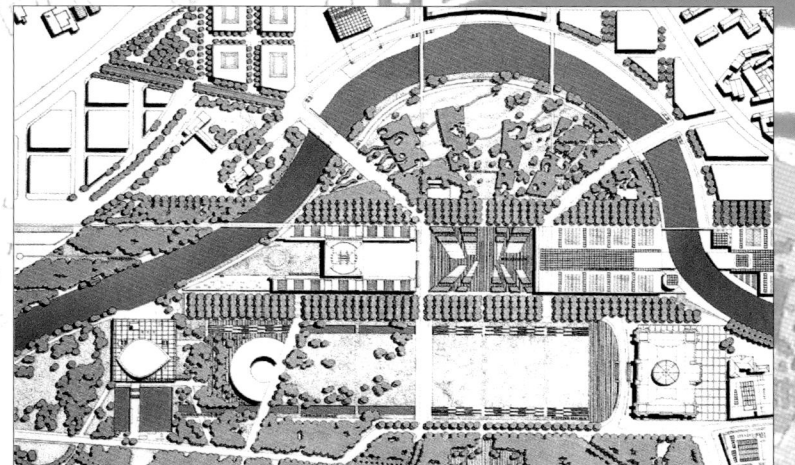

1.Planungsphase

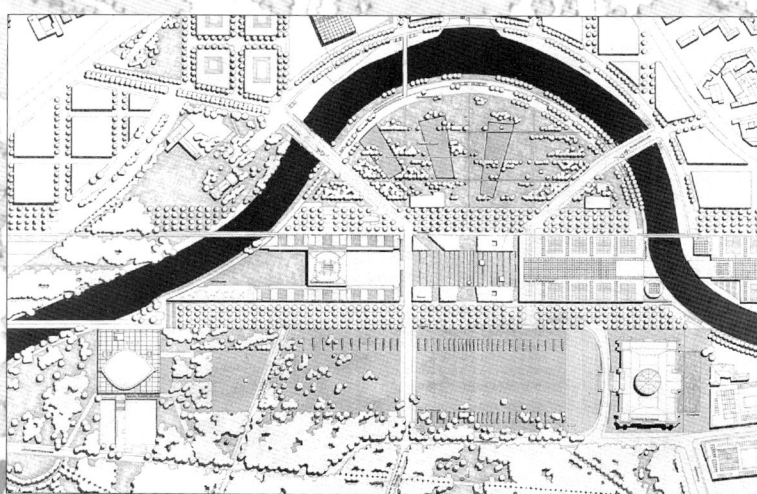

2. Planungsphase

Spreebogen - Berlin
1. Preis des internationalen landschaftsplanerischen
Wettbewerbes

Der Spreebogen in Berlin repräsentiert den zentralen
Ort der Demokratie der Bundesrepublik Deutschland.
Parlaments- und Regierungsgebäude liegen hier in
einem sinngebenden räumlichen Zusammenhang zu-
einander und repräsentieren die demokratische Struktur des Gemeinwesens. Die Konzeption der die Regierungsgebäude umgebenden Parkanlagen nimmt unmittelbar Bezug zum Sinn und Geist des Ortes auf. Die
räumliche Konzeption der Parkanlagen im Spreebogen zwischen dem Deutschen Bundestag und dem

Haus der Kulturen der Welt ist im Sinn der Öffentlichkeit des Ortes geprägt und im Rahmen ihrer jeweiligen Bedeutung nutzbar ausgestattet. Die Konzeption
unterstützt den Zusammenhang der Bedeutung des
Raumes durch die Mittel der Landschaftsarchitektur.
Der Bezug der neuen Parkanlagen zur stadträumli-
chen Umgebung wird in der Gesamtheit des Entwurfes thematisiert, gleichzeitig wird die Identifikation
der Orte im Park untereinander gesteigert.
Realisierung: 98/99

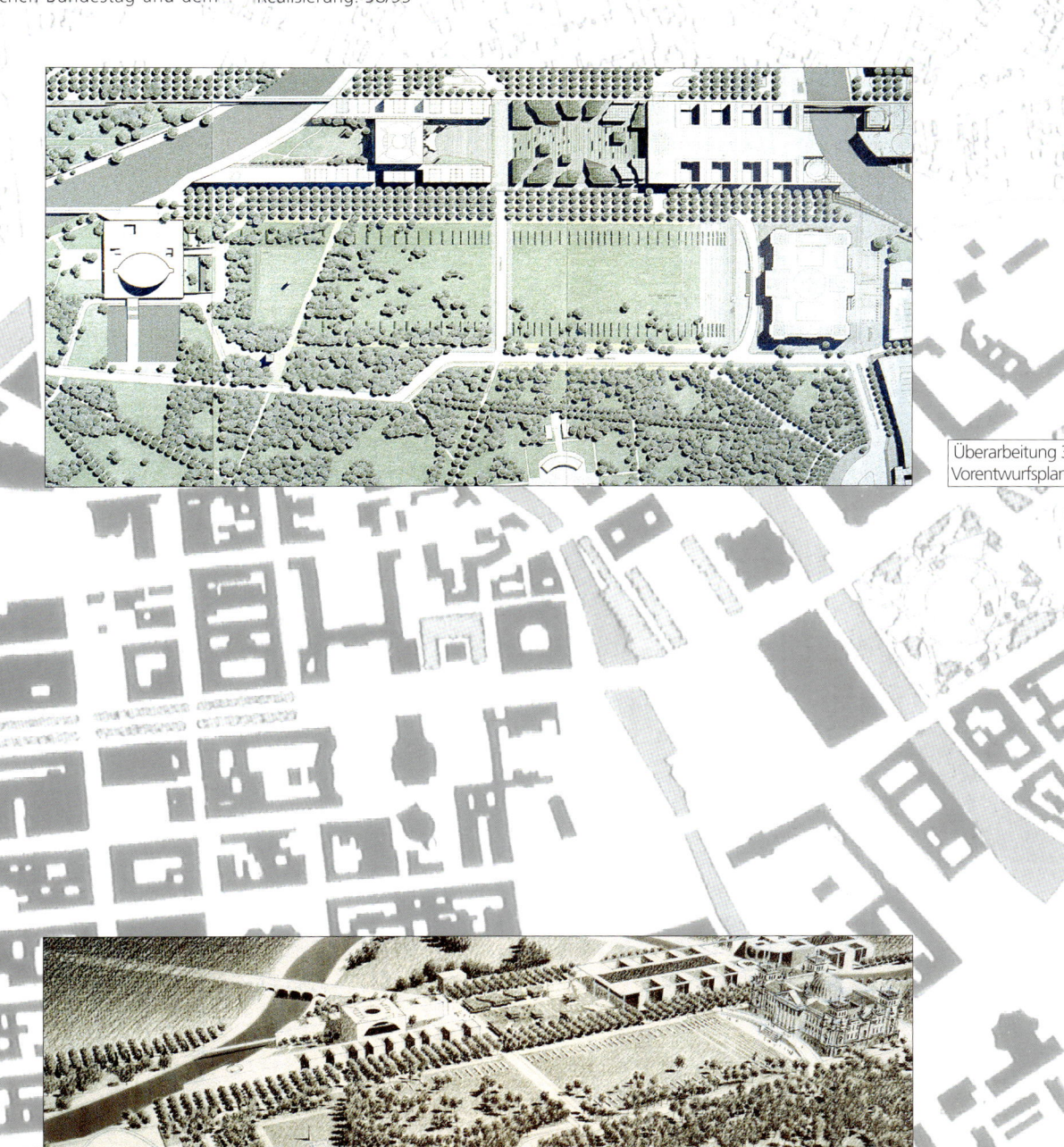

Überarbeitung 3/98
Vorentwurfsplanung

Überarbeitung 3/98
Perspektive

Kirchsteigfeld in Potsdam
in Realisierung seit 1993/94
mit Architekt Krier + Kohl, Moore (†),
Ruble, Yudell u. a.
in MKW bis 31.3.1997

Der Wohn- und Dienstleistungsstan-
dort in Potsdam-Drewitz gehört zu den
größten jüngst realisierten Siedlungs-
bauvorhaben im Berliner Umland. Das
städtebauliche Ensemble zeichnet sich
im wesentlichen durch 3 - 4-geschos-
sige Blockstrukturen im Wohngebiet,
einen etwas höher und dichter bebauten Dienstleistungssektor im Osten und
ein hierarchisches Straßensystem aus.
Auch formale Anleihen aus dem Fun-
dus dörflicher Strukturen wie Anger-
platz oder Dorfteich fanden Eingang in
die Planung. Die Beibehaltung der vorhandenen Grünstrukturen Hirtengraben und Priesterweg war eine der
gestalterischen Voraussetzungen für
die Bebauung des Kirchsteigfeldes. Als
Zitat des traditionellen Dorfteichs erweitert sich der von den Wiesen und
Erlen gesäumte Graben in Richtung
des Dorfes Drewitz zu einer Wasserfläche. Parallel zur Haupterschließungs-
straße kreuzt eine künstlich angelegte

pappelgesäumte Gracht den Hirtengraben und fungiert hierbei als Grenz-
linie zwischen Gewerbe- und Wohngebiet. Übergeordnete Straßen wurden in
der Regel mit Großbäumen wie Eschen
oder Linden ergänzt, während die An-
liegerstraßen mit kleinwüchsigem Rot-
dorn oder Zierobst begrünt wurden.
Am Hirtengraben bildet der offene,
platanengesäumte Marktplatz das in-
frastrukturelle Zentrum des Wohngebietes, während im nördlichen Bereich
ein weiterer, hufeisenförmig umschlossener Platz freie Nutzung ermöglicht.
Die Ausgestaltung eines jeden Innenhofes reflektiert ein bestimmtes Motiv,
wie Insel, Lichtung, so daß jeder Innenbereich durch Material-, Form- und
Pflanzenwahl einen individuellen, wie-
dererkennbaren Charakter erhält. Ab-
fließendes Dachregenwasser kann sich
in den Gräben der Höfe und Vorgartenbereiche sammeln und versickern,
wobei verunreinigtes Straßenober-
flächenwasser zunächst über die Ka-
nalisation einer Vorklärung zugeführt
wird. Die Planung für das Kirchsteigfeld
steht als Beispiel für eine interdisziplinäre Zusammenarbeit und soziale
Nachhaltigkeit.

 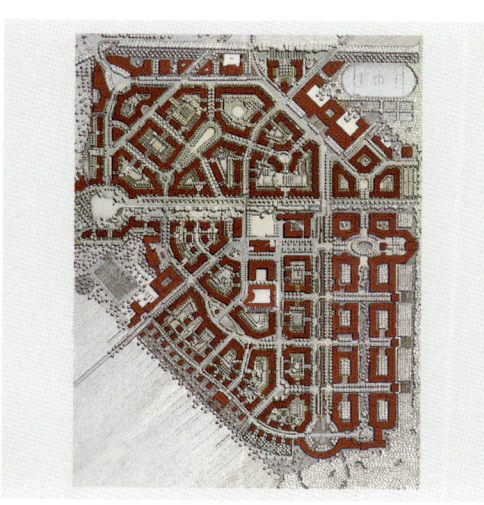 

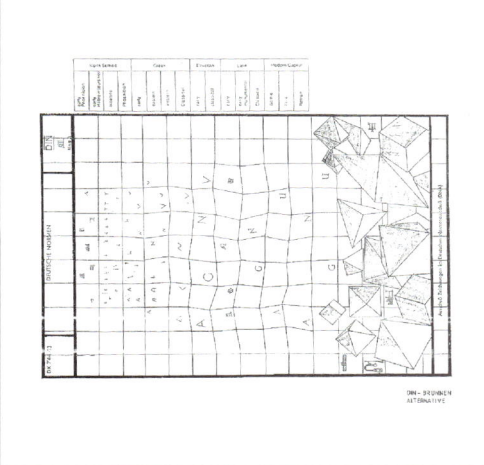

Deutsches Institut für Normung (DIN), Berlin 1993
in MKW

Das Deutsche Institut für Normung in Berlin befindet sich in unmittelbarer Nähe zu Zoologischem Garten und den Dienstleistungsstandorten der City West.

Im Eingangsbereich des Gebäudes verweisen geometrisch geschnittene Sträucher und Intarsien genormter Gegenstände im Gehwegbelag auf die Funktion des Instituts. Der Entwurf setzt sich in seinem stark repräsentativen Charakter mit dem Thema des Ortes auseinander. Mittels Baumachsen und Wegeanschlüssen bezieht das Gesamtkonzept die Außenanlagen der angrenzenden Projekte mit ein. Die Dachflächen des Institutes sind extensiv bepflanzt, die Dachterrasse ist mit kugelig geschnittenen Pfaffenhütchen ausgestattet. Eine auffällige Doppelreihe aus kastenförmig geschnittenen Linden grenzt den Zufahrtsbereich der Tiefgarage vom eigentlichen Schmuckhof ab. Einen spannungsvollen Schnittpunkt ergibt eine die Linden durch-

Foto: Jan Ouwerkerk

kreuzende Baumdiagonale aus Säulenhainbuchen, die sich über die gesamte Längsseite des Gartenhofes spannt. Diese bietet dem zentralen Gestaltungelement von Frühjahr bis Herbst eine geschlossene Kulisse. Als stilisiertes DIN-Blatt liegt die leicht geneigte Brunnenplatte aus Turmalin inmitten einer quadratischen Kiesfläche. Umgeben von einem niedrigen Weidenraster im Netz sich kreuzender Linien thematisiert der Brunnen hier im übertragenen Sinne den Konflikt zwischen starrer Normung und flexibler gesellschaftlicher Kommunikation. Auch die Assoziationen fließenden Wassers mit Begriffen wie Bewegung und ständiger Veränderung, stellen sich dem Thema der normativen Festlegung entgegen. Ein Wasserfilm überfließt die schwarze, ebene Steinfläche und scheint hierbei die eingelegten Schriftzeichen aus dem Gleichgewicht zu bringen. Vor den ersten Piktogrammen über Keilschrift bis hin zu heutigen Schriftzeichen wird die Geschichte menschlicher Kommunikation als Grundlage des Phänomens "Normung" nacherzählt. Hier eröffnet sich ein breites Spektrum individueller Interpretationsmöglichkeiten.

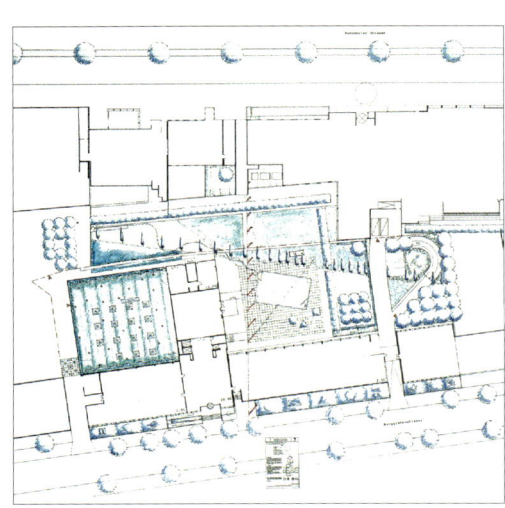

Foto: Jan Ouwerkerk

Hotel Bleibtreu, Berlin
in MKW

Inmitten der Metropole Berlin befindet sich in einer Seitenstraße des Kurfürstendamms das Hotel Bleibtreu 31. Das ehemalige Berliner Mietshaus ist seit dem Umbau ein intimes Hotel, welches seinen Haupteingang im klassischen Seitenflügel hat. Die Gäste des Hotels durchschreiten einen kleinen Innenhof, um in ihr Hotel zu gelangen. Ein zweiter, kleinerer Hof schließt sich an das Hotelrestaurant an.

Eine blaue Stahlskulptur, angelehnt an eine Klinkermauer, thematisiert den Raum. Der Zugangshof, in dem eine alte Kastanie wächst, sollte von Anbeginn der Planung eine Oase oder Insel in der Stadt, mit öffentlichem Zugang, mit sehr guter Restauration werden.

Das Image, die Funktion tragend, befindet sich inmitten des Hofes: ein Holzgräting, auf dem ein 7,0 x 0,75 m langer, stützenfreier blauer Keramiktisch thront, der in seiner Entwicklung von der gartenarchitektonischen Idee bis zur Realisierung nur mit Hilfe des Architekten, Statikers und einer Kera-

miktöpferin entstehen konnte. An diesem Tisch stehen je am Kopfende fest installierte Le Corbusier-Stuhl-Betonobjekte sowie zwei Bronzeskulpturen, die die Bauherrschaft bei Beginn der Planung schon ihr Eigen nannte. Einem Floß gleich schwimmt das Holzplateau in blau/weißen Glaskieseln, die einerseits eine gewünschte Distanz herstellen, andererseits die Neugierde des Besuchers wecken und beliebte Souvenirs darstellen.

Um das leichte, mediterrane Ambiente zu stärken, wurden als Schwerpunkte Terracottatöpfe in unterschiedlicher Größe mit entsprechender Pflanzung aufgestellt.

In der warmen Saison ist der Hof kommunikativer Mittel- und Treffpunkt der Menschen im Hotel und auswärtiger Gäste des Hauses, in der kühlen Jahreszeit kann man aus der gänzlich verglasten Erdgeschoßzone den Blick in den Hof genießen.

Fotos: Erik · Jan Ouwerkerk

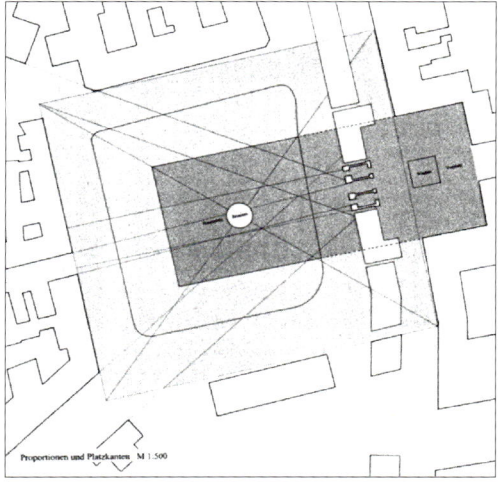

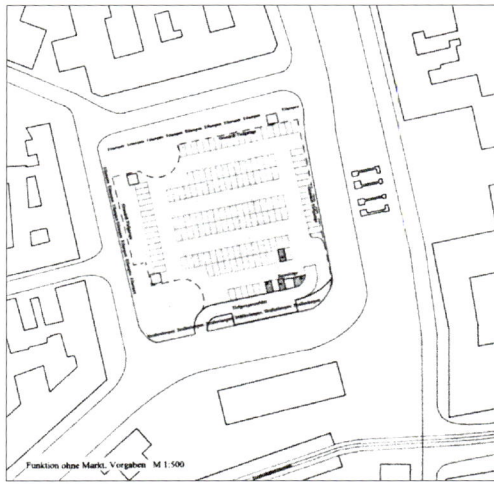

Landschaftsarchitektonischer Realisierungswettbewerb Luisenplatz, Potsdam
1. Preis

Der Luisenplatz, ein Ort vor den Toren der Altstadt, wird als Vorplatz der Stadt in der Stadt begriffen. Der Entwurf leitet sich aus der historischen Entwicklung und der Funktion des Ortes ab, er berücksichtigt seine heutige Lage im Stadtkörper. Seine Aufgabe als Stadtplatz mit Marktgeschehen und Verteilerfunktion in die Altstadt und nicht zuletzt zum Park Sanssouci determiniert unseres Erachtens in vielen Bereichen die heutige notwendige Gestaltung. Die historischen Entwurfsvarianten können angesichts der gegenwärtigen Anforderungen nur mehr Anregungen beinhalten. Dennoch beinhalten unterschiedliche Prinzipien, welche den historischen Entwürfen zugrunde liegen, wertvolle Aspekte für eine zeitgemäße Umgestaltung des Platzareals und seiner Umgebung. Der Entwurf bezieht sich hier in den Aspekten der Mittenbesetzung des Platzraumes (Brunnen), der flankierenden Raumkanten am Brandenburger Tor (geschnittene Lindenpflan-

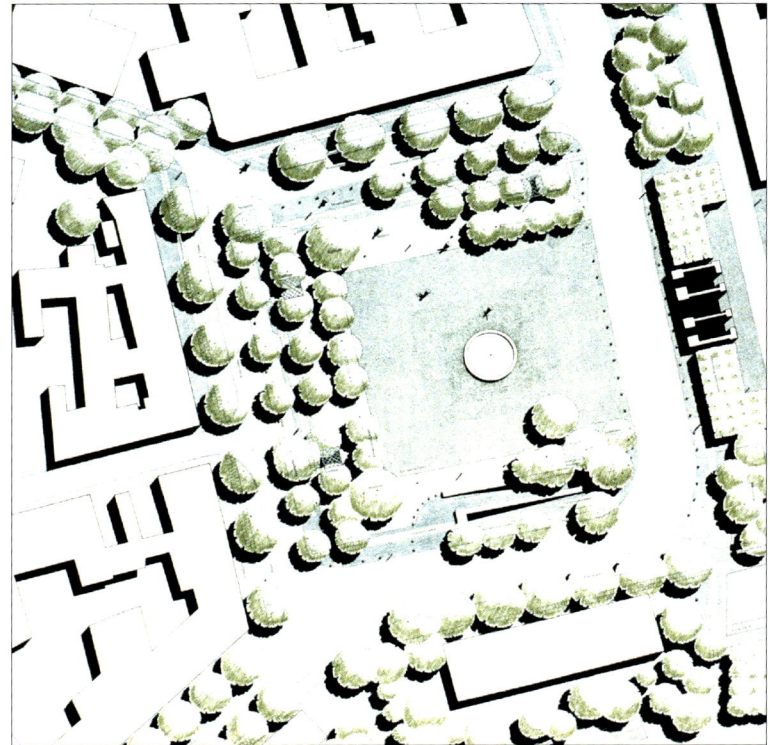

zung) sowie einer baulichen Ergänzung der Raumkante an seiner südöstlichen Ecke auf die historischen Entwurfsvarianten. Die räumliche Schließung des Vorplatzbereiches zum Brandenburger Tor durch flankierende Kastenlinden unter Beibehaltung der verkehrlichen Notwendigkeiten wird als wesentliche, den historischen Raum interpretierende Lösung vorgeschlagen. Der "Innere und Äußere Platz" ist räumlich gefaßt, jedoch wird er in seiner Geometrie aufgrund der neuen Rahmenbedingungen (Tiefgarage, Rampe etc.) durch das Tor hindurch aufeinander bezogen. Flankierende Lindenpflanzungen fassen den "Äußeren Platzbereich" zur Straße hin. Die Bäume schaffen, durch Kleinstpflaster mit Rasenfugenmuster zur Mitte hin "grüner" werdend, eine freie Platzmitte, sie nehmen unter ihrem Dach die Funktionen der infrastrukturellen Notwendigkeiten auf. Am Rand der Tiefgarage erhalten die Bäume bei entsprechendem Aufbau ihren unterirdischen Lebensraum. Der Entwurf eines großzügigen, mit gartenarchitektonischen Zitaten in moderner Detaillierung ausgestalteten Platzes ist Ziel des Entwurfes für das Areal vor dem Brandenburger Tor in Potsdam.

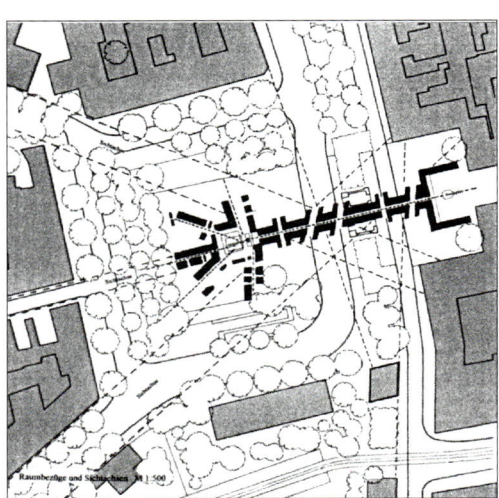

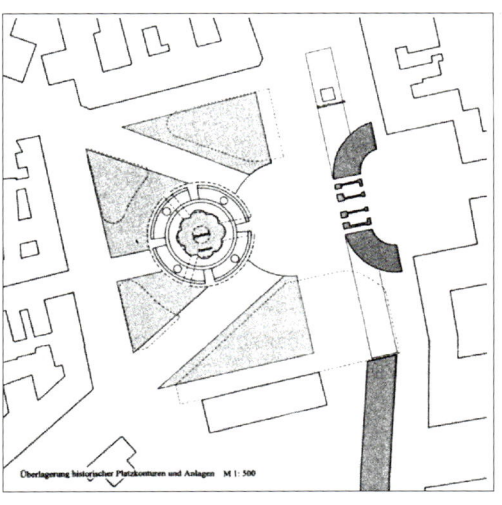

Außenanlagen Neues Abgeordnetenhaus von Berlin

In der zweiten Hälfte des 19. Jahrhunderts wurde der ehemalige Preußische Landtag im Palazzo-Stil als solitärer Baukörper errichtet. Aus der knappen Breite des Grundstückes resultieren sowohl die verschobene Axialität zum ebenfalls solitären Kunstgewerbemuseum (Martin-Gropius-Bau), als auch eine deutliche Rücksetzung hinter die Bauflucht. Mit der Rücksetzung wurde die notwendige Vorfahrtsfläche für den Landtag und vor allem eine gesteigerte repräsentative Wirkung geschaffen.

Die künftige Verdichtung an Potsdamer und Leipziger Platz wird eine neue bauliche Einbindung der Solitärbauten nach sich ziehen, weshalb sich der städtebauliche Kontext in nächster Zukunft stark verändern wird. Bei der Gestaltung der Außenanlagen wurde weder historisiert noch rekonstruiert. Eine entschiedene Neuinterpretation des Ortes schließt die heutigen Funktionen des Abgeordnetenhauses und absehbare zukünftige Veränderungen mit ein. Der städtische Raum im Bereich des Vorplatzes soll einerseits den Typus "traditioneller Palazzo im Garten" zur Geltung bringen, andererseits aber auch eine neue Beziehung zwischen den beiden Solitären entwickeln, die für 40 Jahre durch die Mauer voneinander getrennt waren.

Auf dem großen, repräsentativen Vorplatz erinnern breite, geneigte Heckenteile an den ehemaligen Vorgarten. Sie treten aus einer tiefergelegenen Ebene hervor, steigen zur Außenseite hin an und greifen somit die Gestalt der steinernen Rampe des gegenüberliegenden Martin-Gropius-Baus auf.

Ein schräger Kantenstein hebt die Platzfläche um die Heckenbeete im Niveau etwas an; er setzt damit einen deutlichen Rahmen und zeigt das "Hervorbrechen" des historischen Vorgartens in neuem Gewand. Mit dem Setzen kubischer Elemente und der Neugestaltung des Bodenbelages aus wechselweise glatten, "neuen" und rauhen, "gebrauchten" Natursteinplatten wird die monumentale Schwere des Gebäudes gemildert.

Die diagonal gereihten Fahnenmasten brechen die starre Symmetrie des Vorplatzes und akzentuieren vertikal die gegeneinander verschobene Symmetrieachse zwischen den beiden Solitärbauten.
Im rückwärtigen Bereich befindet sich das zwischen Preußischem Landtag und Herrenhaus gelegene alte Vorfahrtsrondell.

Regina Poly *1942
1969 Diplom bei Prof. Ungers TU Berlin, Architekturfakultät; 1971 - 81 Bürogemeinschaft mit Dieter Steinbach und Friedrich Weber; seit 1981 eigenes Büro mit Projekten aus dem Bereich der Garten- und Landschaftsarchitektur im urbanen Kontext und Städtebau; 1994 Eintragung in die Kammer als Garten- und Landschaftsarchitektin; Bisher ca. 20 realisierte und 30 nicht realisierte Projekte einschließlich Wettbewerbe. Von den Wettbewerben wurden 13 mit 1. bis 3. Preisen prämiert.

Foto: Reinhard Görner, Berlin

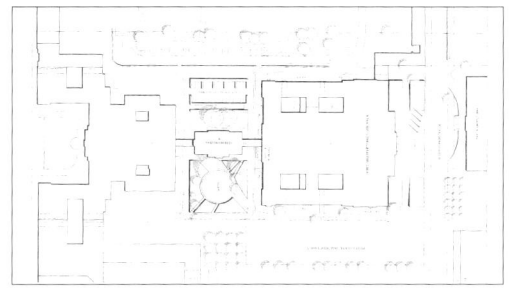

Fotos: Reinhard Görner, Berlin

Außenanlagen des Bundesministeriums der Finanzen

Die vorhandene Gestalt des Außenraums soll nur an wenigen Stellen verändert, Eingriffe bzw. Hinzufügungen dabei deutlich ekennbar gemacht werden. Bestimmte Bereiche werden eher im Sinne des ursprünglichen Charakters wiederhergestellt, während andere Bereiche den neuen Nutzungsansprüchen entgegenkommen.

Die steinernen Höfe und deren Symmetrie werden durch ein geometrisches Spiel mit Rasterung (Herausnahme von Feldern aus dem Plattenbelag) konterkariert. Die historische Gestalt bleibt ablesbar.

Unter dem alten Baumbestand soll sich wie früher eine weite Rasenlandschaft erstrecken. Die zubetonierten Flächen werden abgebrochen, und aus den Bruchstücken der herausgenommenen Granitplatten in den Höfen und im Ehrenhof werden neue Wege angelegt. Auf die große Freitreppe am Speisesaal werden gußeiserne Pflanzkübel gestellt. Im Garten sind in Form von mehreren Aufenthaltsinseln, bestehenden Sandsteinmauern und Treppen aus Stellstufen im Rasen feine Bodenmodellierungen vorgesehen.

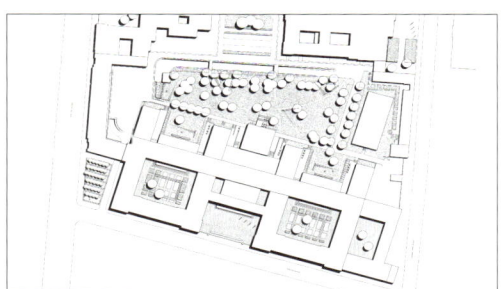

Fotos: Reinhard Görner, Berlin

Gartenhof Wilhelmstraße 10-14, Berlin-Kreuzberg

Ein Teil eines großen Kreuzberger Blockes, der mit einer Neubebauung geschlossen wurde, wird entlang der öffentlichen Durchwegung mit einer hohen Mauer eingefaßt, die der traditionellen Unterteilung von Berliner Höfen ähnelt, aber so transparent ist, daß sich Innen und Außen verbinden und dennoch ein "hortus conclusus" entsteht. Der Mauerrahmen mit vorgelagerter kleiner Terrasse umfaßt einen "Sandteich" mit Spielgeräten. Dieser liegt etwas höher, da dieser Bereich mit einer Tiefgarage unterkellert ist.

Der Notausgang der Tiefgarage ist in den Mauerscheiben integriert, ein Teil wird mit auskragenden Holzlamellen verschattet. In der Wiese unter dem alten Baumbestand liegen Inseln mit Stauden und Gehölzen.

Foto: Esther Colton, Berlin

Fotos: Reinhard Görner, Berlin

93

Theodor-Wolff-Park, Berlin-Kreuzberg

Das kriegszerstörte Areal hinter dem Mehringplatz war für die ehemals geplante Stadtautobahn Südtangente freigehalten worden, so daß sich im Zusammenhang mit der Internationalen Bauausstellung IBA '87 neue Möglichkeiten zur Projektierung eines von Bürgerinitiativen bereits geforderten Parks ergaben. Die IBA-Planung wünschte für das Gelände der südlichen Friedrichstadt einen Blockpark und schrieb hierzu einen Wettbewerb aus. Der Park ehrt das Andenken des Chefredakteurs des Berliner "Abendblattes" und späteren Nazigegners, Theodor Wolff.

Die Konzeption des Parks weist auf die Kriegszerstörung und Fragmentierung der Stadt hin, indem sie den noch verbliebenen Gebäudefragmenten bauliche und vegetative Strukturen in diesem Sinne hinzufügt. Der Park sollte ursprünglich zwischen den Stadtresten eines ehemals geschlossenen Ensembles verlaufen. Der im Wettbewerbsentwurf vorgesehene Solitär am Mehringplatz wurde allerdings nie verwirklicht. Statt dessen entstand dort an der Friedrichstraße ein Platz, der den Grünbereich zur Straße hin schließt und dessen Arkade das Tor zum Park bildet. Städtebaulich von nahezu geschlossener Wohnbebauung umfaßt, wird der Park außerdem von umlaufenden Baumreihen eingerahmt.

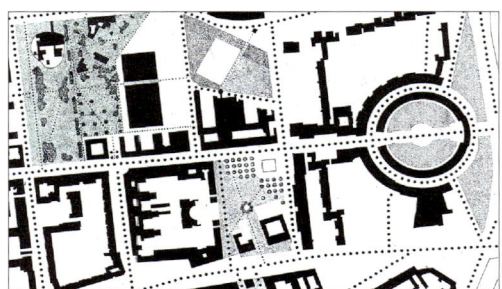

Innenhof Charlottenburger Ufer, Berlin

Der großzügige Hofraum ließ sich als Garten gestalten, weil er von Feuerwehr-
wegen und Müllplätzen freigehalten werden konnte. Aus der Maßordnung der
neuen blockabschließenden Bebauung am Charlottenburger Ufer wurde ein Raster
entwickelt, das die Grundlage für neue Bäume und "Heckenzimmer" bildet. In
Anlehnung an die verwinkelte Nachbarbebauung werden durch Auflösung und Verdichtung des Rasters leicht labyrinthische Raumfolgen erzeugt. Die Heckenzimmer
sind "geschützte" Räume für Aufenthalt und Kinderspiel. Formal korrespondieren
sie mit ähnlichen Anlagen des nahegelegenen Charlottenburger Schloßparkes.
Die Sandkästen und die Ecken sind mit Gittern bzw. Türmen geschützt, aus denen
große Rosenbüsche wachsen.

In die weite Rasenfläche sind Wege mit Schrittplatten eingelegt. Am Fuß der neuen
Bebauung wurde ein Streifen mit Stauden vor dem Lichtband der Tiefgaragenter-
rasse gepflanzt sowie niedrige Stauden zwischen dem Bandraster auf der Terrasse
als Übergang zur individuellen Bepflanzung der privaten Terrassen. Die Terrassenflächen sind an den Treppen aufgeweitet, um die Aufstellflächen für die Feuer-
wehrleitern zu erhalten.

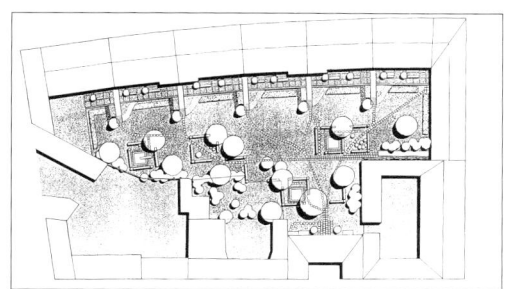

Fotos: Reinhard Görner, Berlin

Ariane Röntz

*1961 · 1981 - 82 Studium der Architektur an der TU Berlin · 1983 - 90 Studium der Landschaftsplanung an der TU Berlin · 1988 - 92 "Lehrjahre" im Büro Prof. Hans Loidl, Berlin · seit 1992 selbständig, Büro in Berlin · seit 1995 Lehrtätigkeit an der Burg Giebichenstein - Hochschule für Kunst + Design /Halle a.d. Saale

Das Team

Zum Gelingen der Projekte haben bisher folgende MitarbeiterInnen beigetragen:
B. Amann, P. Börner, A. Bofilias, J. Boymann, I. de Buhr, J. Coqui, C. Drees, G. Gatti, C. Geskes, A. M. Gross, S. Hanke, M. Hütter, I. Jorgowski, M. Kaiser, H. Krahnert, X. Kremlacek, F. Kuhlmann, E. Kuhn, D. Matschek, S. von Matuschka, A. Morsch, K. Polifka, P. Posset, S. Reithofer, S. Schneider, I. Singer, H. Suckow, G. Wasmer, B. Weber, U. Weigmann, H. Westermann, P. Zöch

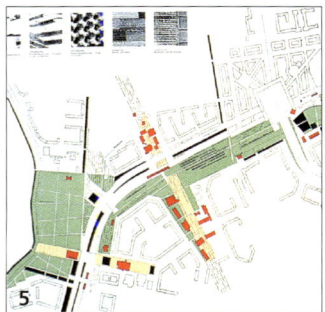

1 Kindertagesstätte Oranienstraße 4, Berlin
2 Wohnumfeldverbesserung Marienfelde-Süd, Berlin
3 Erweiterungsbauten des Bayerischen Landtages, München
4 Kindertagesstätten Rudower Felder, Berlin
Foto: Lepkowski + Hillmann, Berlin
5 Landschaftsplanerischer Wettbewerb Hellersdorfer Graben (Ankauf)
6 Kindertagesstätte Oranienstraße 4, Berlin

Justizzentrum Neuruppin (Brandenburg), 1994
Realisierungswettbewerb mit den Architekten
Geier - Maass - Nieuwenhuizen, Berlin, 1. Preis
seit 1996 in der Planung
Auftraggeber: BRD, vertreten durch die
                  Sonderbauleitung Neuruppin
MitarbeiterInnen: F. Kuhlmann (Wettbewerb), E. Kuhn

Ausgangssituation
Konversion - Ein ehemaliges, denkmalgeschütztes Kasernengelände aus der Kaiserzeit soll als Justizzentrum
des Landes Brandenburg umgenutzt werden.

Die Struktur
Ein strenges Raster überzieht den gesamten Block. Es
hält die Gebäudesolitäre zusammen und integriert ein
in Funktion und Ausbaugrad differenziertes Wege-
netz. Seine Quadrate werden mit unterschiedlichen
"Inhalten" gefüllt. Nicht trotz, sondern gerade durch
diese starke und straffe Ordnung wird eine hohe
potentielle Vielfalt erreicht.

Der ehemalige Exerzierplatz
Die Nutzungsänderung des Gebäudes impliziert eine
Neuinterpretation der überkommenen Gestalt. Der
den Exerzierplatz einstmals begrenzende Lindenrah-
men, überwiegend in schlechtem Zustand und nur
noch lückenhaft vorhanden, wird in spannungsvollem
Gegensatz zu einem freien Birkenhain gesetzt. Im
Laufe der Zeit bilden die aufgewachsenen Birken den
Exerzierplatz wie ein Negativ ab und stellen letztlich
die Rudimente des Lindencarrées völlig zur Disposition.

Der Garten
Der introvertierte Kasernenfreiraum avanciert zum
Garten der Gerichtsanlage und seiner Anwohner.
Mit dem in der Mitte befindlichen Birkenhain erhält
der Garten ein unverwechselbares Gesicht. Er vermittelt, als Kontrast zur Schwere der Klinkerbauten,
eine heitere, "leichte" Stimmung.

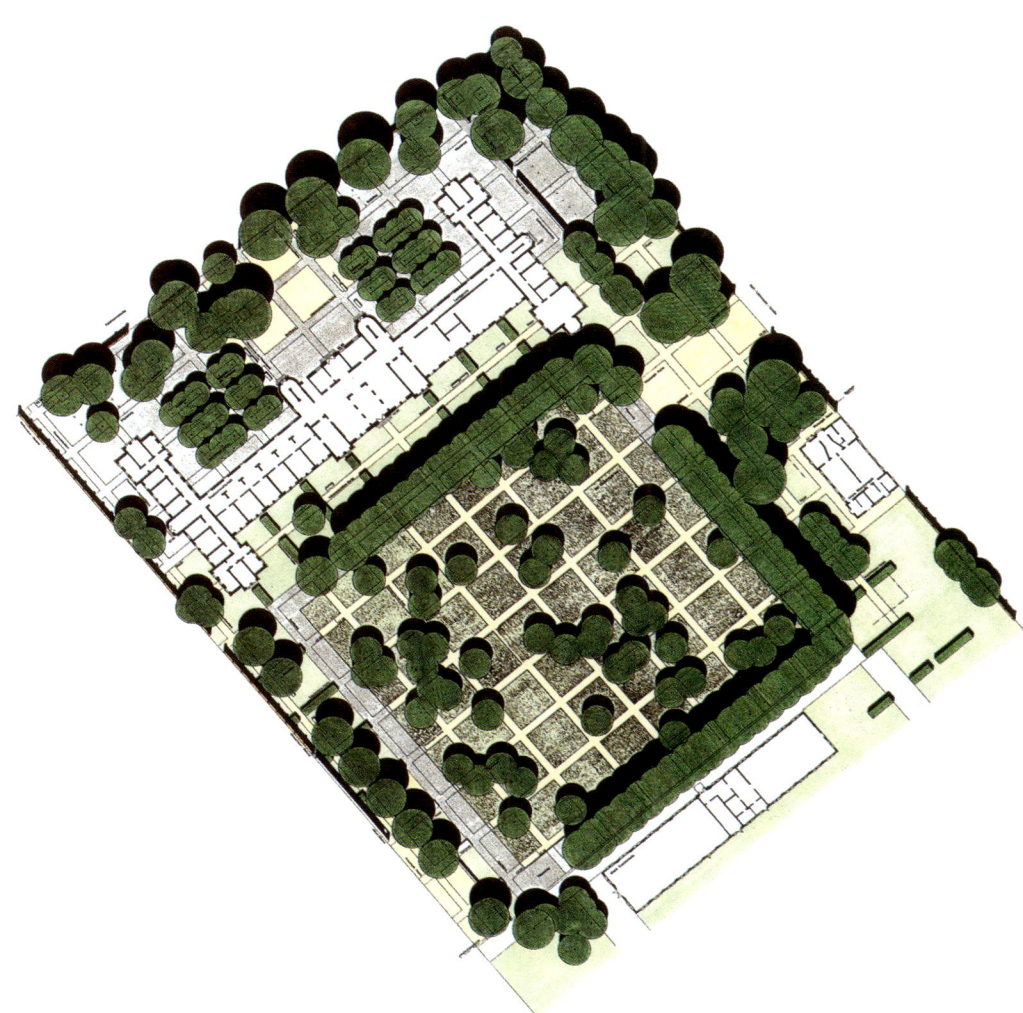

Internationaler landschaftsplanerischer Realisierungswettbewerb "Spreebogen"
Berlin 1997, Ankauf
MitarbeiterInnen: M. Kaiser, C. Drees, S. Hanke, A. M. Gross, K. Polifka, E. Kuhn

Das Konzept versucht, die sensible Balance zwischen Zurückhaltung und Repräsentation, Vergangenheit und Zukunft, Alltag und Besonderheit zu halten.
Dieser komplexen Aufgabe angemessen scheinen schlichte, d.h. in positivem Sinne einfache Lösungen, die eine zwar starke und selbstbewußte, sich dennoch nicht selbst feiernde Gestaltung darstellen.
Orte, so sparsam gestaltet, daß sie die Vielfalt ihrer Besucher als Bereicherung annehmen können. Orte, die für zukünftige Entwicklungen offen sind, ohne jedoch heute an Gewicht zu verlieren.
Angeboten werden signifikante Raumkonzepte, die durch ihre Ausrichtung zwischen prägnanten Polen anregende Spannungsfelder aufbauen:
· der Spreebogenpark mit seiner sich zur Spree neigenden Rasenfläche;
· das Forum, sowohl auf sich bezogen als auch nach außen weisend; der zukünftige Fokus;
· der Platz der Republik als weitläufige Esplanade zwischen Reichstag und den "Pavillons der Bundesländer".
Die Freiräume des Spreebogens leben durch ihre starken Kontraste ... die formale Disziplin, die Materialverwendung und das kompositorische Spiel der Bäume verknüpfen sie dennoch zu einem stimmigen Ganzen.

Das Forum

... ist Aufenthalts- und Durchgangsraum. Als Freiraum im eigentlichen Wortsinn stellt es sich als neutrale Leinwand zukünftiger Aktivitäten, als Bühne seiner Besucher dar.
Großformatige Natursteinplatten in rauher Oberflächentextur bilden den edlen Platzgrund. Materialgleiche, polierte Platten strukturieren die Fläche.
Akzente setzen einige "Spreebogen-Pavillons", die Informations- und Kommunikationspunkte bilden. Als modulare, leichte Stahlkonstruktionen mit Solardächern sind sie temporäre Besetzer der Fläche, nutzungsflexibel gestaltbar und in der Versorgung standortungebunden.
Das Forum formuliert damit den Spagat zwischen angemessener repräsentativer Gestaltung und Offenheit für spätere Veränderungen.

Der Platz der Republik

... steht im Spannungsfeld zwischen Reichstag und den "Pavillons der Bundesländer", die im Schutz des alten Baumbestandes an der Querallee den vakant gewordenen Bauplatz des Bundesratsgebäudes einnehmen.
Ein baumbestandener Platz in der Tradition der Esplanades. Das Spiel mit dem Archetypus des Versammlungsplatzes. Ein zugleich offener und geschlossener Raum. Ein würdiges Vorfeld des Reichstages.
Ein Raster-Hain aus Gleditschien (Gleditsia triacanthos "Shademaster") besetzen einen befestigten Grund, der sich aus steinernen Bändern mit Feldern aus wassergebundener Decke zusammensetzt.
Von den Längsseiten zur Mittelachse sich auflösend, erhält die Strenge des Ortes eine spielerische Komponente.
Der Reichstag bleibt kraftvoller Endpunkt.

Perspektiven: S. Koroknay, Berlin

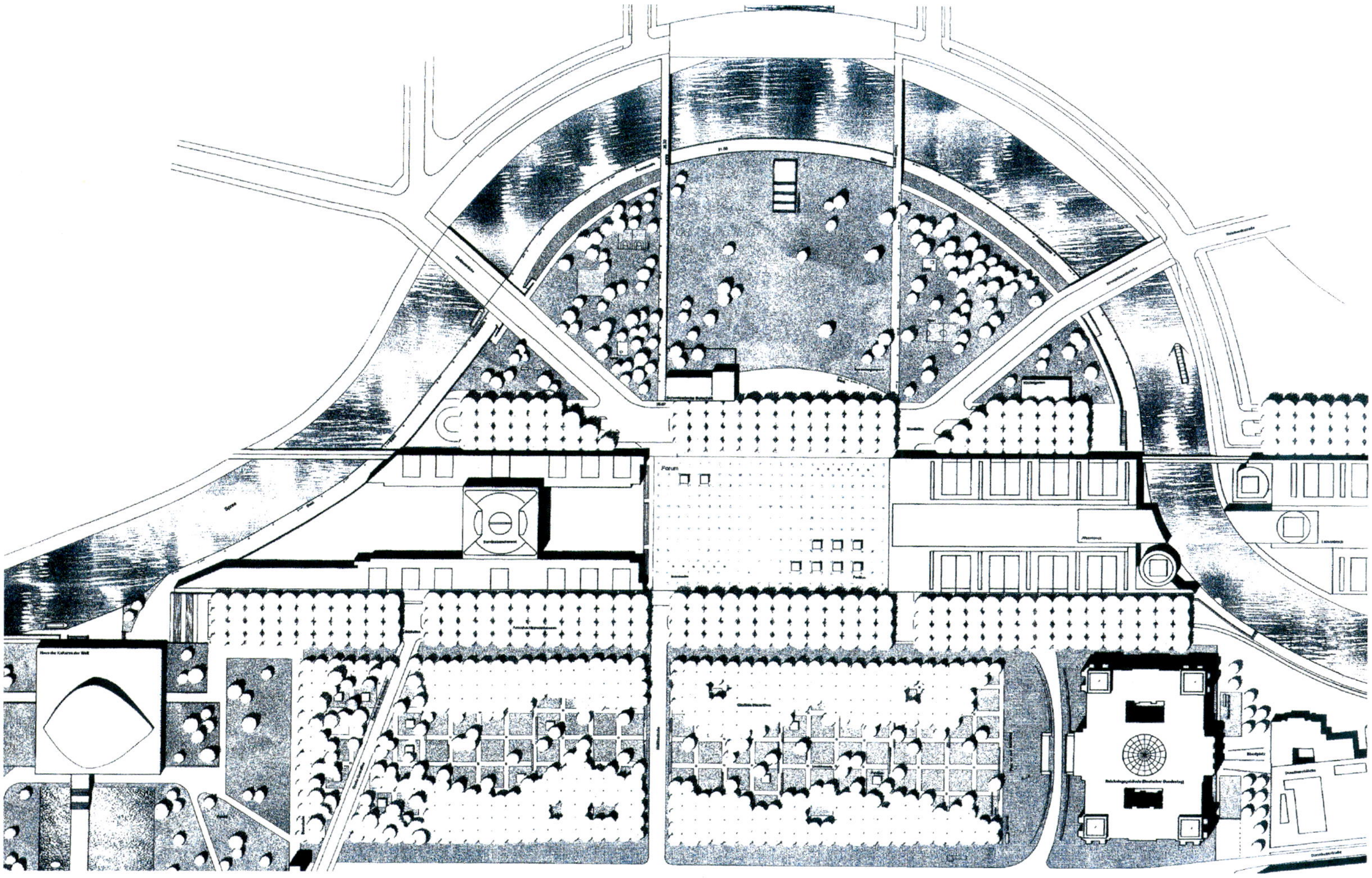

Der Spreebogenpark

... bildet mit seiner Weite und Offenheit den Kontrast sowohl zum Platz der Republik als auch zur Dichte des zukünftigen großstädtischen Quartiers am Lehrter Bahnhof. Ausgehend von den Nord-Süd-Wegebeziehungen, die auf der Esplanade am Reichstag ihren Anfang nehmen und über zwei Fußgängerstege an das Nordufer anknüpfen, ergibt sich eine neue Topographie. Nur durch wenige Baumsolitäre bestanden, neigt sich das mittige Rasenfeld sanft zur Spree, von sich freistellenden Mauern gefaßt; der Fluß wird so in die Tiefe des Raumes gezogen. Dem Betrachter erschließen sich Blicke in den Humboldthafen. Der "Balkon" an der Spree integriert das verbliebene, nun freigestellte Widerlager der Alsenbrücke. Eine monolithische Treppenskulptur liegt wie ein gestrandetes Schiff am Scheitelpunkt der Flußbiegung. Janusköpfig verweist dieses "Brückenrelikt" symbolhaft an das andere Ufer, zugleich mit seinen tribünenartigen Sitzstufen nach Süden.

Neue Vorstadt Karow-Nord, Berlin
Vier Wohnhöfe, 1993 - 97
Auftraggeber: Gehag (Blöcke F und H)
                     Bavaria (Blöcke M und N)
MitarbeiterInnen: A. M. Gross, I. Jorgowski,
                     M. Kaiser, E. Kuhn

Die Siedlung Karow-Nord entsteht bis 1998 auf Basis
des städtebaulichen Konzeptes der kalifornischen Architekten Moore (†) - Ruble - Yudell.
In Karow-Nord wird erstmals in dieser Größenord-
nung - trotz komplizierter Bodenverhältnisse - eine
vollständige Entsorgung des Oberflächenwassers über
Mulden-Rigolen-Systeme angewandt.
Die funktionale Forderung nach einer vollständigen
Versickerung wirkt sich gestaltprägend aus. Beispiels-
weise werden die Versickerungsmulden im Block F
von Holzstegen überspannt, so daß sie auch bei
"Wasserstand" selbstverständlich in das Nutzungs-
system des Blockinnenraumes integriert sind.
Ein Stegfragment transformiert zum Matschtisch am
Wasserspiel.
Aus Richtung Wasserschutzgebiet "fließt" ein freier
Hain aus Moorbirken in den Hof hinein, überlagert die
streng-orthogonale Grundstruktur des Hofes. Zu- und
Abläufe der Mulden werden inszeniert.

Arboretum 1997 - 98
Auftraggeber: Land Berlin, vertreten durch das Bezirks-
              amt Berlin-Weißensee
Mitarbeiter: A. M. Gross, E. Kuhn, I. Singer

"In den Wäldern sind Dinge, über die nachzudenken
man jahrelang im Moos liegen könnte."

Franz Kafka

Ausgangssituation
Das Grundstück des zukünftigen "Arboretums", einer
kleinen öffentlichen Parkanlage (ca. 24.500 qm),
befindet sich östlich der neuen Vorstadt Karow-Nord.
Eine in Längsrichtung verlaufende alte Straße, die nur
noch an der rudimentär vorhandenen Bergahorn-
Allee ablesbar ist, stellte ehemals die Verbindung zwischen den Dörfern Karow und Schwanebeck her. Ihrer
ursprünglichen Funktion beraubt, bildet die Allee Ausgangspunkt und Rückgrat für den geplanten Park, in
dem auch ein Kinderspielplatz mit ca. 3000 qm Fläche
Platz finden wird.

Konzept
Der traditionelle Begriff des Arboretums, also einer zu
Studienzwecken angelegten Sammelpflanzung vieler
unterschiedlichster Baumarten, ist nur als Arbeitstitel
zu verstehen. Entstehen soll nicht ein botanischer Garten, sondern vielmehr ein vielseitig nutzbarer Freiraum, der durch das Leitmotiv "Baum" charakterisiert
wird.
Den Besuchern des Parkes sollen dabei die unterschiedlichsten Facetten nähergebracht werden:
· der Variantenreichtum an Habitus, Rinde, Blatt,
  Blüte und Frucht;
· die kompositorische, d.h. auch kulturhistorische
  Verwendung von Bäumen - als Solitär, Paar, Reihe,
  Gruppe, Rasterpflanzung, Streupflanzung;
· die Nutzung der Bäume - ihrer Früchte, Blätter,
  Rinde etc.
· die von Bäumen erzeugten Stimmungsbilder - d.h.
  auch ihre Bedeutung in Mythen und Märchen.
Der Baumbestand fungierte als Auslöser für die the-
matische Besetzung der Räume. Es lassen sich stark
kontrastierende, baumkompositorische Elemente
unterscheiden:
· die Berg-Ahorn-Allee als zentrales Element,
· der Eichen-Buchen-Wald an der Straße,
· das Ebereschen-Wäldchen als Station am Weg und
  formales Pendant zum Obstbaum-Garten,
· die Linie aus Säulenpappeln,
· die alten Stieleichen-Solitäre und die Schutzbäume
  am Kinderspielplatz,
· die Baumgruppen aus "Exoten".
Die alte Allee bleibt Haupterschließung. Sie behält ihre
fragmentarische Gestalt. Damit verweist sie auch in
die beiderseits angrenzenden Räume, verwebt sie
wieder zu einem Ganzen.
Die Neupflanzungen erfolgen im diagonal versetzten
Rhythmus.
Anthrazitfarbene Markierungsplatten, niveaugleich in
die wassergebundene Decke am Standort der alten
Bäume eingelegt, machen den vergangenen Alleerhy-
thmus sichtbar, auch über die Lebenszeit der Alt-
bäume hinaus.

Arbeitsmodell
Foto: Lepkowski + Hillmann, Berlin

Ruoff Landschaftsarchitekten

Anette Ruoff
*1965

1984 - 91 Studium an der TU München-Weihenstephan
1990 Arbeit für die EG-Kommission in Nantes/Frankreich
1991 Arbeitsaufenthalt in Mailand
1985 - 91 Mitarbeit bei Ruoff Landschaftsarchitekten München
seit 1992 eigenes Büro in Berlin

Ruoff Landschaftsarchitekten besteht seit 1969 in München, gegründet von Dieter Ruoff. Beide Büros profitieren von der jahrzehntelangen Erfahrung bei Entwurf und Realisierung von weitflächigen Erholungslandschaften, in denen man sich als Städter seelisch inspirieren lassen kann - durch das Erfahren von Geborgenheit, Freiheit und Weite inmitten von eindrucksstarken, bewußt inszenierten Pflanzenatmosphären.

Im Bau, 1995

Gartenstadt Herlitz Falkenhöh
Deutscher Städtebaupreis 1996

Reihenhaussiedlung (1993 - 96)
Architekt: Betz + Partner

Durch den experimentellen Umgang mit Licht, Farbe und Pflanzenwirkung im Außenraum entsteht eine spezifische, unverwechselbare Atmosphäre und Identität der Siedlung. Die reizvoll geschwungenen, bogenförmigen Hausreihen werden akzentuiert durch die Farbigkeit der Eckhäuser, den Rhythmus der Wintergärten, der Straßenbäume. Die Gesamtwirkung der Siedlung sollte einzigartig und eindrucksstark sein. Dies gelang durch den Verzicht auf zu viele und optisch störende Elemente im Außenraum. Es wurden wenige, aber besonders stimmungsvolle, mediterran anmutende Elemente wiederkehrend angeordnet.

**Landschaftsplanerischer Ideen- und Realisierungswettbewerb
"Neue Wiesen" Berlin-Weißensee**
Preisträger 1. Stufe (1996)

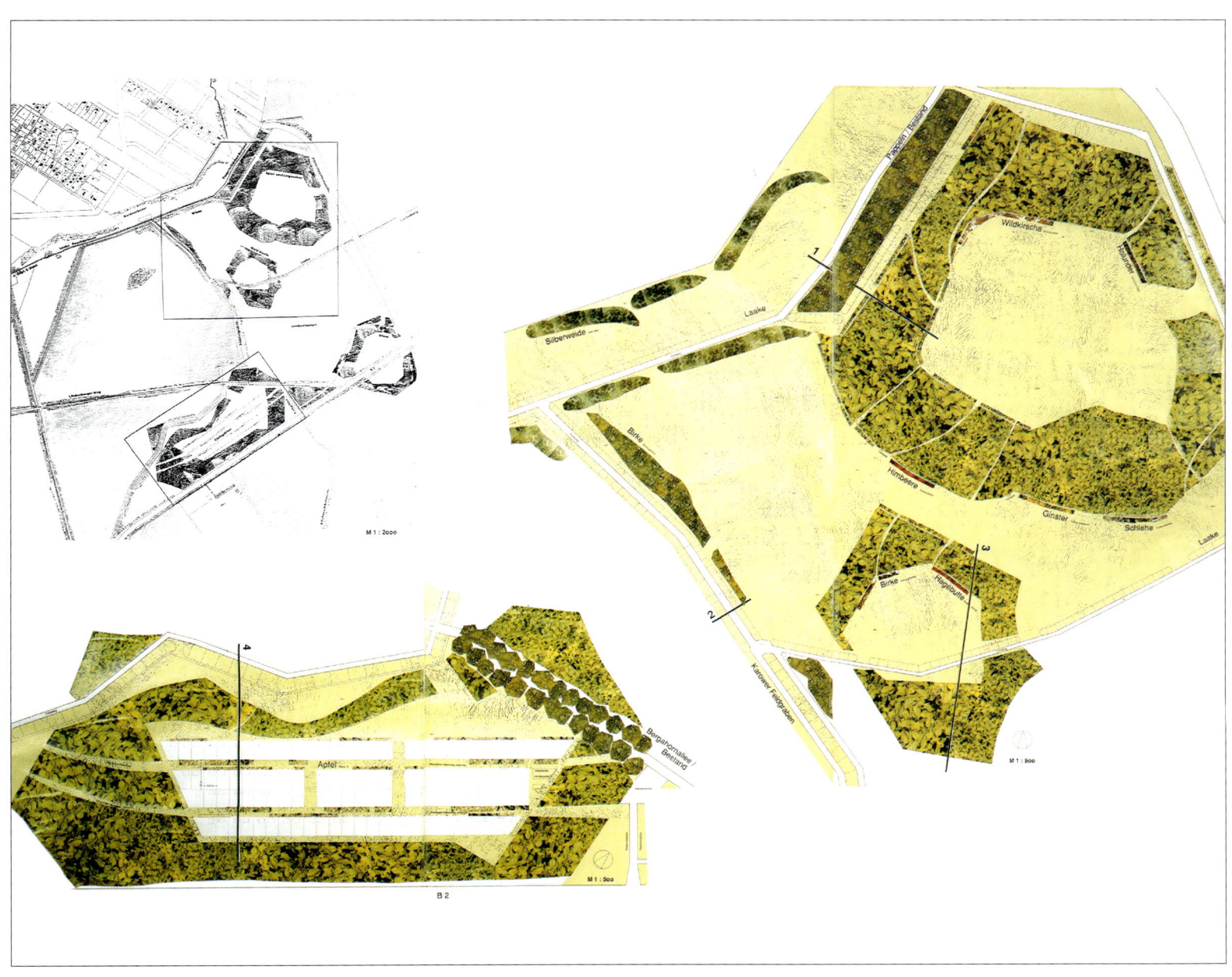

Inmitten der weitflächigen Agrarlandschaft des Berliner Nordostens liegen drei unterschiedlich große Laubwaldinseln, die von Feldflur "umspült" werden wie Inseln im Meer. Erst beim Näherkommen und Durchstreifen der Waldgürtel stellt sich überraschend heraus, daß die Wälder lichte Wiesen-Aufenthaltsräume umschließen. Durch diese Idee wird einerseits die Geborgenheit in den Hohlräumen und andererseits die Weite der umgebenden Feldflur als landschaftlich monumentaler Eindruck erlebbar. Aus den Straßenschluchten Berlins an den Stadtrand kommend, atmet man auf, weil man endlich freie Landschaft vorfindet.

Kiesabbaugebiet Hollerner See
Gemeinde Eching bei München
(seit 1991, im Bau)

Bauherr: Münchner Kies- und Sandgewinnungsunion/Verein zur Sicherstellung überörtlicher Erholungsgebiete in München e.V.

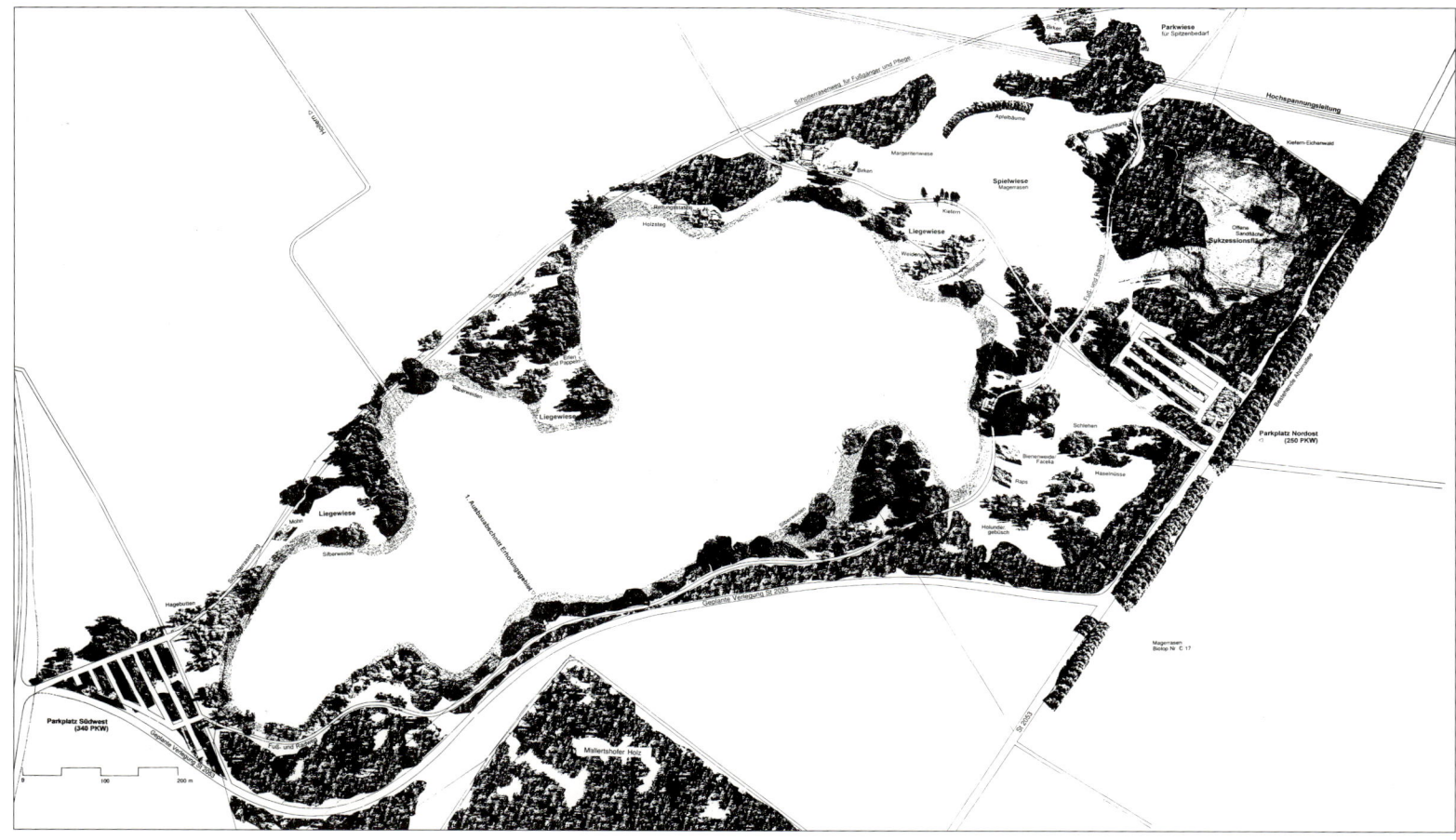

Ein türkisfarbener, kristallklarer Badesee entsteht durch den Kiesabbau im Münchner Norden.
Durch die große Ausdehnung und das wechselnde Relief entstehen sehr eigenständige Orte und landschaftliche Nischen. Ziel war es, ökologische Gesichtspunkte, technische Aspekte der Kiesrekultivierung und Erholungsnutzung in Form einer inspirierenden, Wohlbehagen auslösenden Landschaft zu verwirklichen, die man lange entdeckend durchstreifen kann und in der man sich frei fühlt.

Gemeindewald Fichtenwalde
Brandenburg
(seit 1997, in Planung)

Entwurf 1997

Als 60 ha großes Kernstück der Waldsiedlung Fichtenwalde im Süden Berlins soll der Ertragsforst in einen reizvollen Erholungswald umstrukturiert werden. Dies wird im Entwurf durch die Inszenierung von landschaftsästhetischen Kulissen, Pflanzeneffekten, Waldlichtungen und Durchblicken erreicht. Während im Ertragswald anbau- und erntetechnisch versucht wird, möglichst geringe Mischungen zwischen Arten und Entwicklungsphasen zuzulassen, soll der ideale Erholungswald am besten ein Mosaik aus a-
lem sein, maximale kleinteilige Standortvielfalt, ein "Puzzle".
Der artenarme Kiefernforst wird größtenteils unbeeinflußt gelassen, aber an ausgesuchten Stellen werden Bereicherungen zugelassen und damit die Vielfalt der Waldbilder
im Mosaik erhöht.

Schirmer & Kernbach

1991 Gündung des Büros für Freiraumgestaltung
durch die beiden Lanschaftsarchitektinnen Andrea
Schirmer und Martina Kernbach in Berlin, zudem seit
1995 Büro Schirmer & Kernbach und Partner in
Bernau mit dem Schwerpunkt Landschaftsplanung.

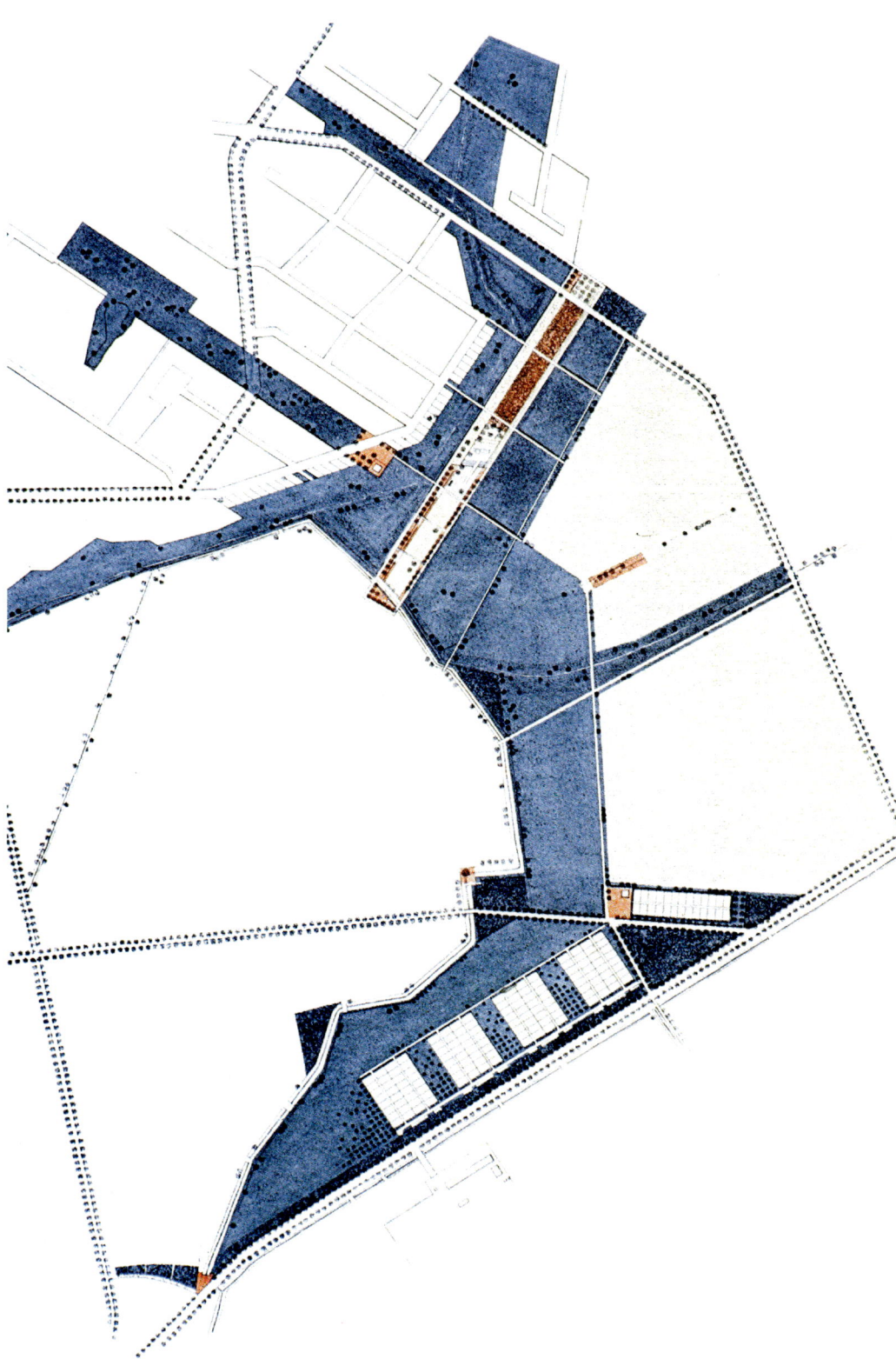

Neue Wiesen, Berlin-Weißensee
Ideen-und Realisierungswettbewerb 1996, 1. Preis
Realisierungszeitraum 1997/98

Die Neuen Wiesen liegen im Nordosten des Bezirks
Weißensee, südlich des Stadtteils Karow. Mit einer
Fläche von ca. 86 ha sind die Neuen Wiesen Teil der
geplanten Parklandschaft Barnim.

Der Charakter des Landschaftsraumes wird durch
großflächige landwirtschaftliche Nutzung geprägt.
Ziel ist die Entwicklung der ausgeräumten Agrarlandschaft zu einem vielfältig strukturierten Erholungsgebiet, das neben umfangreichen landschaftlichen Nutz-
flächen auch ökologische Ausgleichsflächen und intensive Erholungsräume enthält.

Zur Erschließung der Neuen Wiesen werden insgesamt 3500 m landwirtschaftliche Wege neu angelegt.
Damit werden Anbindungen des Parkes an die
Wohngebiete in Hohenschönhausen, Blankenburg
und Karow geschaffen. Zur Markierung der Wege,
Straßen und Landschaftselemente ist ein System von
standorttypischen Leitbäumen vorgesehen.

Die Bewahrung der Weite, Schaffung klarer Übergänge von Dichte zu Offenheit, das Herausarbeiten
der linearen Elemente sowie das behutsame Setzen
von Einzelobjekten in der Landschaft bilden die
Gestaltungsgrundsätze des Entwurfs.

Das Parkband

Das durch Mauern und Gabionen klar gefaßte, 65 m
breite Parkband konzentriert zum einen städtische
Erholungsnutzungen, zum anderen stellt es eine eigenständige Landschaftsskulptur dar, die sich markant
aus der Landschaft herauslöst und so zu einer iden-
titätsfördernden Landmarke im Landschaftsraum des
Barnim wird. Das Parkband nimmt die Richtung des
bestehenden Pappelwäldchens auf und verweist auf
die in der Entfernung wahrnehmbare City.

Die rahmenden Promenadenwege und die sie beglei-
tenden Streifengärten mit Birkenhainen heben sich
leicht aus dem gegen die Gräben abfallenden
Gelände heraus. Die innenliegenden abgesenkten
Rasenplateaus steigen über Stufen zu einem großen
befestigten Platz an, von dem eine Stahlbrücke über
den Waldgraben zum höher gelegenen Pavillon führt.
Von hier aus sind die beiden Pole des Parks überschaubar: Der dunkle, geschlossene Raum des Wäldchens
und der helle, offene Bereich der Rasenplateaus.

Den Übergang zu den Landwirtschaftsflächen bilden
die bis zu einem Meter tiefer liegenden Sportrasen-
flächen. Die aus dem Parkband in die Landschaft
führenden Wege werden auf kleinen, sich abflachen-
den Dämmen geführt und heben die Sportflächen
räumlich gegeneinander ab.

Neue Wiesen, Berlin-Weißensee

Das Parkband

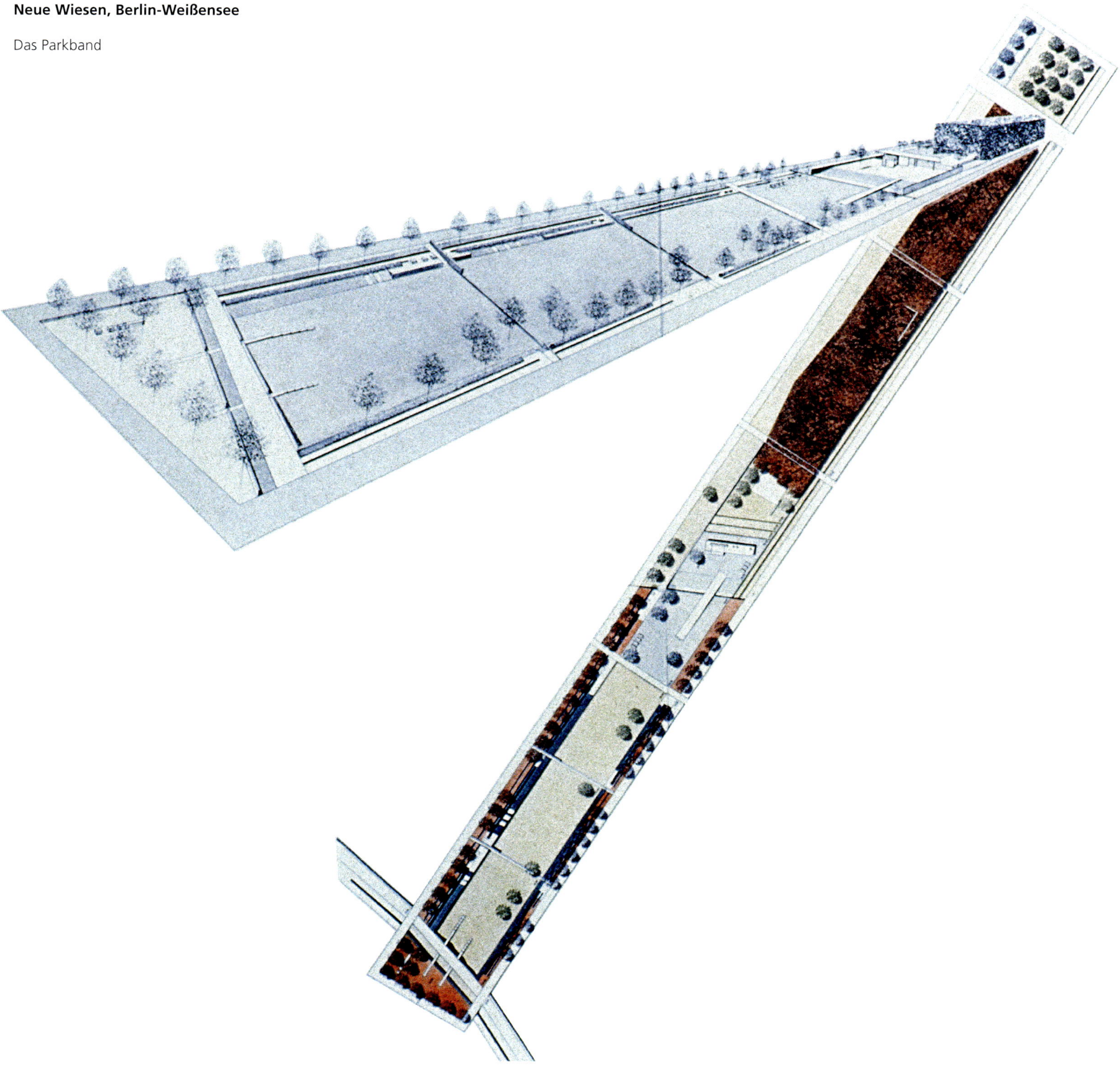

Neue Wiesen, Berlin-Weißensee

Der Damm

Neben der Betonung der Raumgrenzen und der Herausarbeitung und Verstärkung der linearen Besonderheiten der Neuen Wiesen ist es wichtig, einzelne Identifikationspunkte und Landmarken in der Fläche zu schaffen, die dem Ort seine Unverwechselbarkeit verleihen.

Am Kreuzungspunkt des westlichen Grünzugweges mit dem von Süden kommenden Erschließungsweg befindet sich ein mit Birken bestandener, sich nach Osten abflachender, etwa achtzig Meter langer Damm, dessen Ausrichtung auf die westliche Hügelkuppe weist: Eine Insel, an deren höchsten Punkt man sich etwa fünf Meter über die Landschaft erheben und aus ihr heraustreten kann. Eine Sitzmauer steigert sich zu einer scheinbar den Damm anschneidenden Mauer, in deren Verlängerung eine Stufenanlage Damm und vorgelagerten Platz verbindet. Es entsteht eine Skulptur, die beides ist, Tor und Landschaftszeichen.

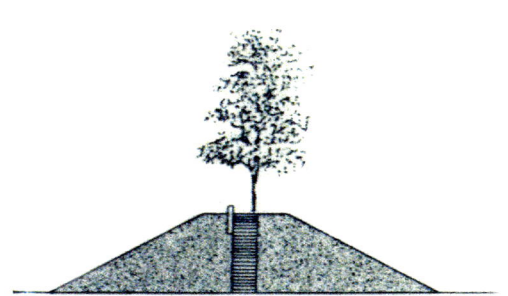

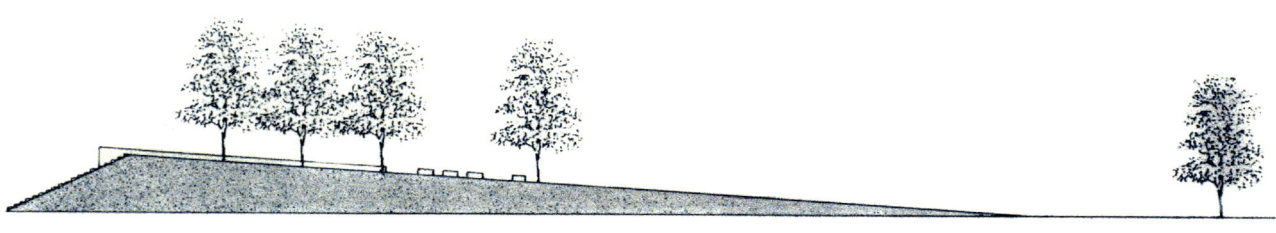

Ausgewählte Projekte :

· Außenanlagen Bebauung Karow-Nord, Weißensee
· Quartiersplatz Leo's Hütte, Hohenschönhausen
· Skateboard- u. Spielanlage Bellevue-Park, Köpenick
· Stadtplatz Freiaplatz, Lichtenberg
· Sanierungsprogramm Ludwig-Renn-Straße, Marzahn
  (Gustav-Meyer-Preis 1997)
· Wohnhof Louis-Lewin-Straße, Hellersdorf
· Wohnumfeldgestaltung Mehrower Allee, Marzahn
· Neubauvorhaben Bahnhofstraße, Hohenschönhausen
· Wohnhof Zingster Straße, Hohenschönhausen
· Wohnhof Ahrenshooper Straße, Hohenschönhausen
· Wohnpark am Orankesee, Weißensee
· Kita Tangermünder Straße, Hellersdorf
· Geschäftshaus WBG Neues Berlin, Außenanlagen
· Quartiersplatz Neuberesinchen, Frankfurt/Oder
· Spielbrache Riesaer Straße, Hellersdorf
· Kid-Cuts Jugendspiel- und Sportplätze, Hellersdorf
· Schulhof Fürstenberger Straße, Eisenhüttenstadt
· Neue Wiesen, Stadtpark Weißensee,
  (landschaftspl. Realisierungswettbewerb, 1. Preis)
· Eingriffs- und Ausgleichsplanung Wohnanlage
  Babelsberg, August-Bebel-Straße
· Landschaftsplan Biesenthal
· Grünordnungsplan Siedlung Wuhlwinkel
· Eingriffs- und Ausgleichsplanung Wohnpark
  Orankestraße
· Landschaftspflegerischer Begleitplan L23/L33
· Flächennutzungsplan Stadt Biesenthal

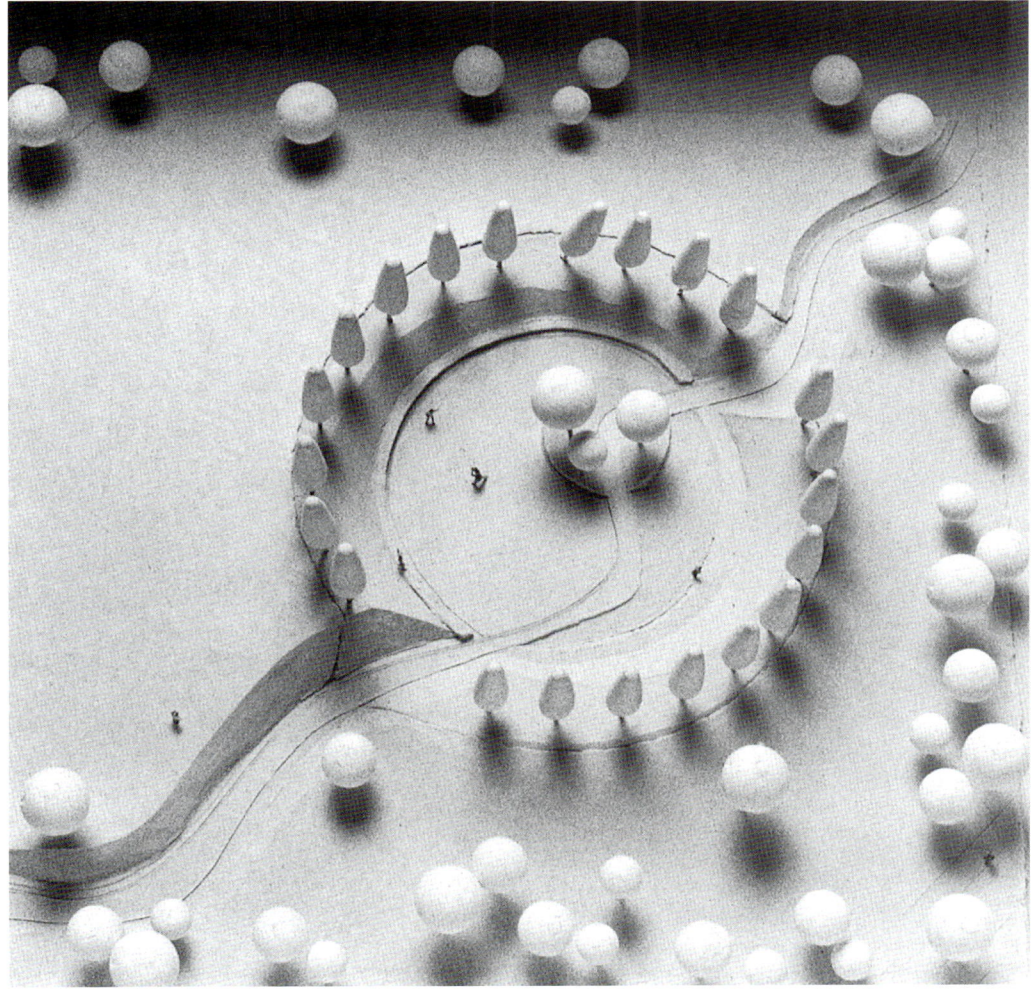

**Wohnhof Zingster Straße 30-34,
Berlin-Hohenschönhausen**
Realisierung 1996

Das Projekt befindet sich im Bezirk Hohenschönhausen. Elfgeschossige Plattenbauten bilden einen nahezu quadratischen Wohnhof, der über zwei diagonal gegenüberliegende Zugänge erschlossen wird. Im Anschluß an die hochbauliche Sanierung der Gebäude wurden die Außenanlagen des Wohnblocks neugestaltet.

Die langen, hohen Gebäudefassaden dominieren den 11 000 qm großen Hofraum. Der Hof behält seine einfache Raumgeometrie: dem Quadrat – eine große mit Bäumen überstandene geneigte Rasenfläche – wird ein Kreis als Raumstruktur hinzugefügt. Im Kreisinneren verbirgt sich eine Platzanlage mit Aufenthalts- und Spielbereichen. Der Kreis wird von zwei gegenläufig ansteigenden Betonmauern räumlich gefaßt. Die Außenseiten sind als Rasenböschungen, die Innenseiten als geneigte Kunststoffflächen ausgebildet. Pyramidalbäume fassen die Skulptur räumlich und relativieren die Gebäudemassen. Die Hofdiagonale wird durch einen schwingenden Asphaltweg erschlossen, der den Kreis schneidet und in der Bewegung wechselnde Raumeindrücke entstehen läßt. Zwei gegenüberliegende Eckbereiche werden mit Streifen im Wechsel von Platten, Sand, Rasen und niedriger Pflanzung diagonal geschnitten und bilden kleine Plätze.

Bei der Hofgestaltung ist neben der aktiven Hofnutzung auch der Ausblick aus den Wohnhäusern auf die Hofanlage von Bedeutung.

Seebauer, Wefers und Partner

Büroportrait
Martin Seebauer, Karl Wefers und Partner GbR,
Freie Landschaftsarchitekten BDLA

Die Partner Martin Seebauer, Karl Wefers, Matthias Franke und Holger Schwabedissen absolvierten ihr Studium an der Technischen Universität Berlin am Fachbereich Landschaftsentwicklung.
Martin Seebauer und Karl Wefers erlangten 1979, Matthias Franke und Holger Schwabedissen 1987 den Abschluß als Diplom-Ingenieur für Landschaftsplanung.

Ihre ersten Berufserfahrungen sammelten die Partner in verschiedenen Landschaftsarchitekturbüros. 1982 gründete Martin Seebauer das Büro für Landschaftsplanung und Landschaftsarchitektur.
Von 1986 bis 1991 führte er dieses zusammen mit Karl Wefers, seit 1991 ist Matthias Franke und seit 1997 Holger Schwabedissen Partner.
Derzeit beschäftigt das Büro über 30 angestellte Mitarbeiter und in der Regel 2-3 Praktikanten verschiedener Hochschulen.

Die Tätigkeitsfelder des Büros erstrecken sich auf die Bearbeitung von Aufgaben aus dem gesamten Bereich der Landschaftsarchitektur auf allen gängigen Maßstabsebenen.
Dabei wird Wert gelegt auf die gleichrangige Berücksichtigung ästhetischer, ökologischer, ökonomischer, technischer und formaler Kriterien.
Die Umsetzung ökologischer Erkenntnisse durchgängig von der städtebaulichen Ebene bis in die Bauausführung wird dabei nicht als unlösbarer Konflikt angesehen, sondern als Chance für die Landschaftsarchitektur im Kanon der Gesamtplanung.

Büros in Ahlbeck, Rellingen, Neuruppin und Berlin

Zwei Parks am Potsdamer Platz
Internationaler landschaftsplanerischer Ideen- und Realisierungswettbewerb

Der Kemperpark und das Prachtgleis werden im Stadtquartier rund um den Potsdamer Platz als eigenständige urbane Parkanlagen verstanden, die das städtebauliche Gefüge komplettieren.

Die umgebende Bebauung, die, bezogen auf die Berliner Tradition, als ungewöhnlich und neu zu bezeichnen ist, erfordert eine ebenso ungewöhnliche wie eigenwillige Gestaltung der Freiräume. Dabei werden gestalterische Kontrapunkte zu den Baumassen und zur städtebaulichen Erschließungsstruktur gesetzt.

5. Preis, September 1995

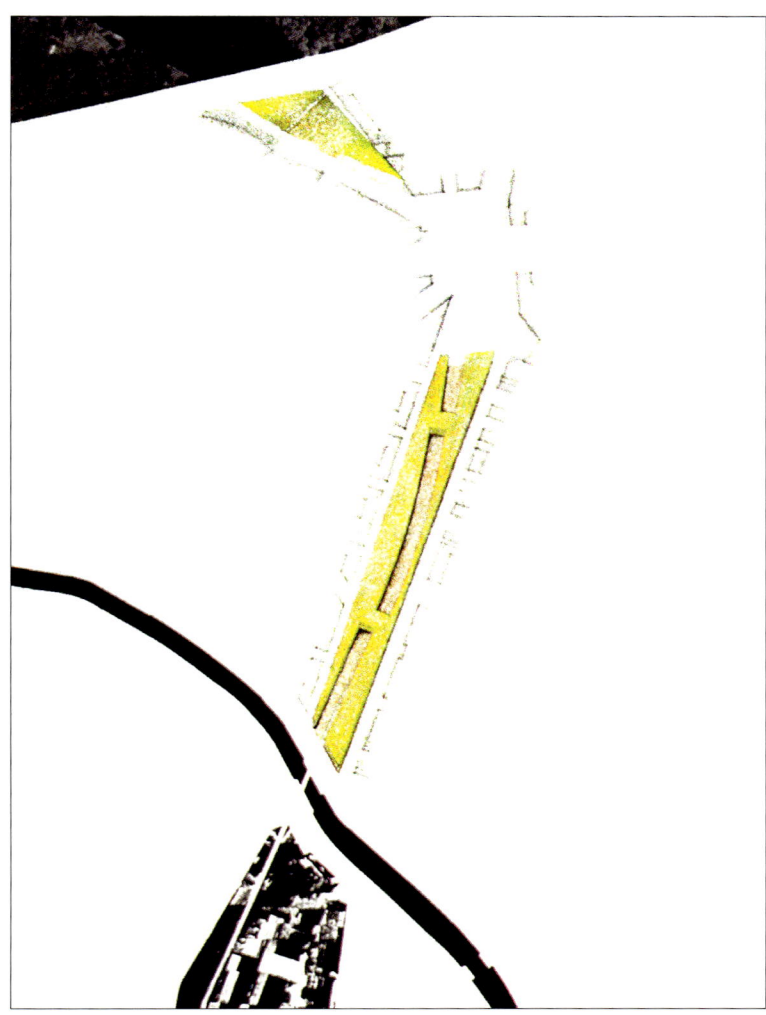

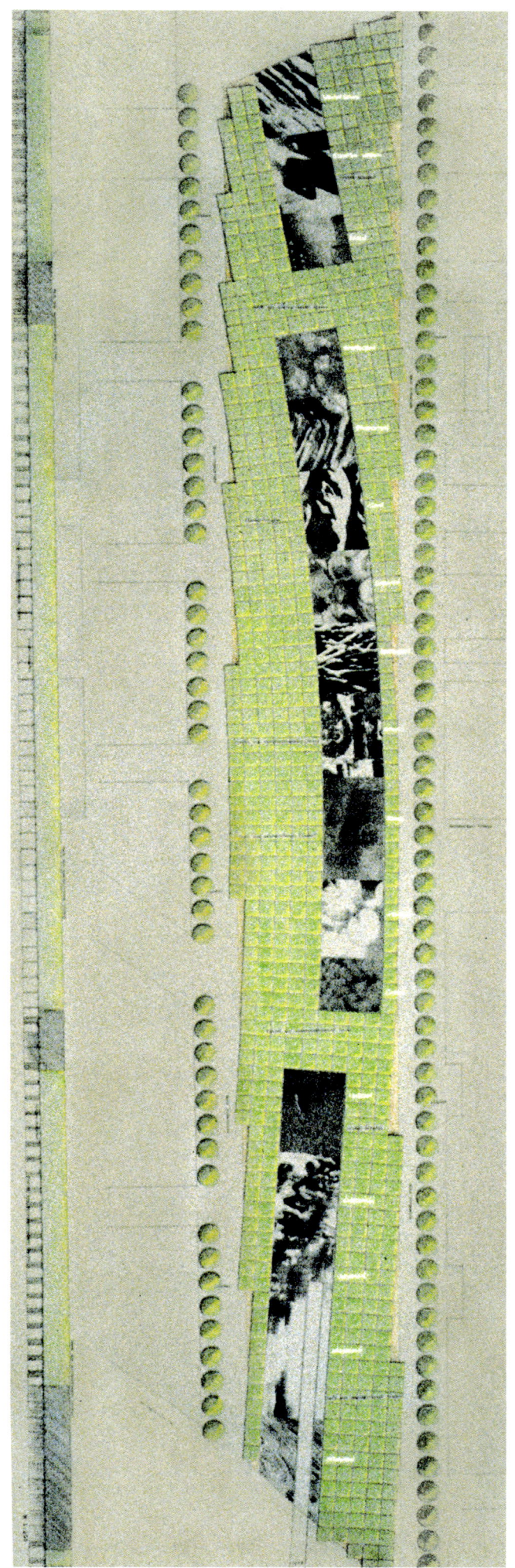

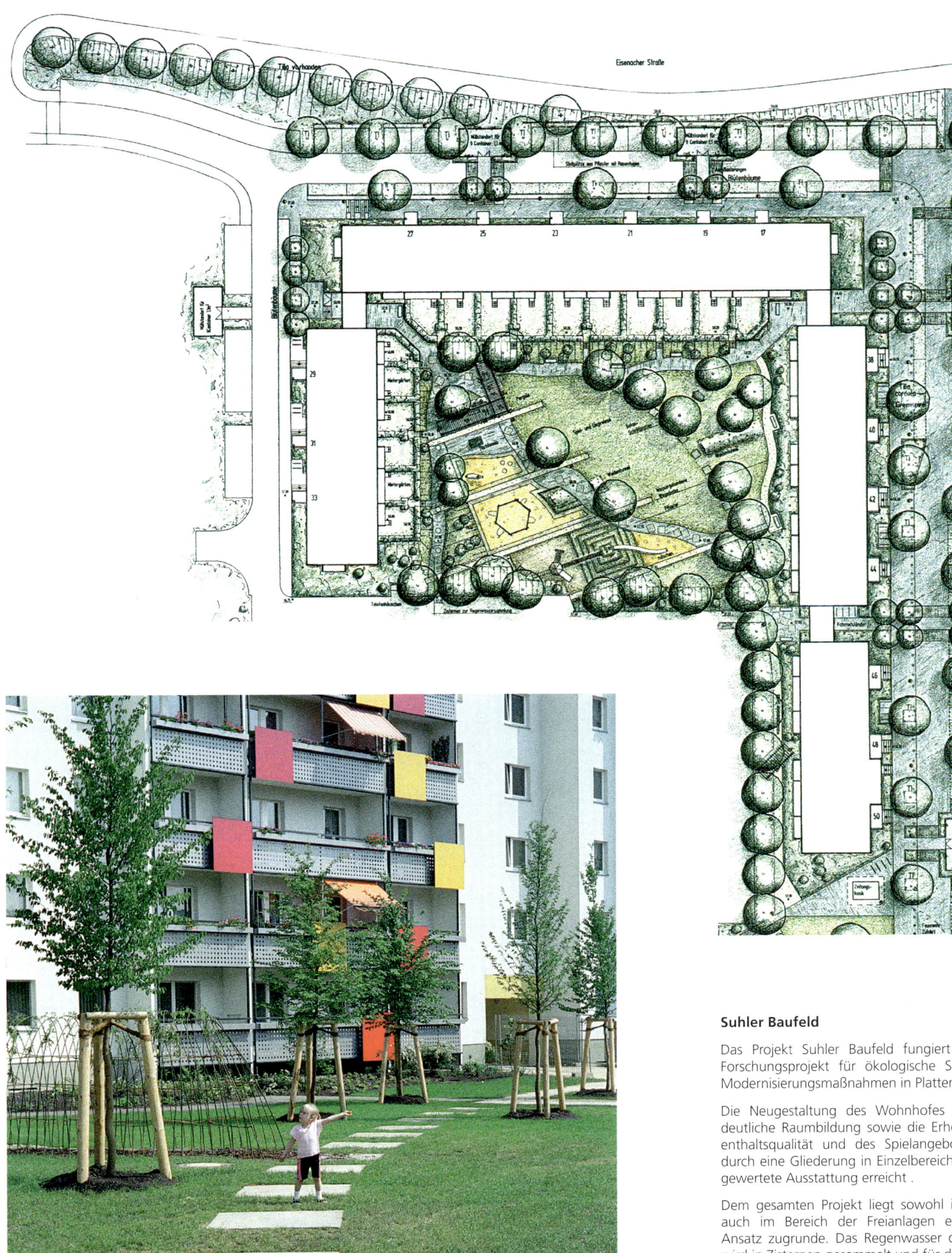

Suhler Baufeld

Das Projekt Suhler Baufeld fungiert als Pilot- und Forschungsprojekt für ökologische Sanierungs- und Modernisierungsmaßnahmen in Plattenbausiedlungen.

Die Neugestaltung des Wohnhofes beinhaltet eine deutliche Raumbildung sowie die Erhöhung der Aufenthaltsqualität und des Spielangebotes. Dies wird durch eine Gliederung in Einzelbereiche und eine aufgewertete Ausstattung erreicht.

Dem gesamten Projekt liegt sowohl im Hochbau als auch im Bereich der Freianlagen ein ökologischer Ansatz zugrunde. Das Regenwasser der Dachflächen wird in Zisternen gesammelt und für die Mietergärtenbewässerung und teilweise als Brauchwasser verwendet. Bei der Auswahl der Spielgeräte und Materialien wurde streng auf deren Umweltverträglichkeit geachtet. Die Bepflanzung besteht aus standortgerechten Strauchpflanzungen, Obstbäumen und raumbildenden Großgehölzen. Bauzeit: 1995/96

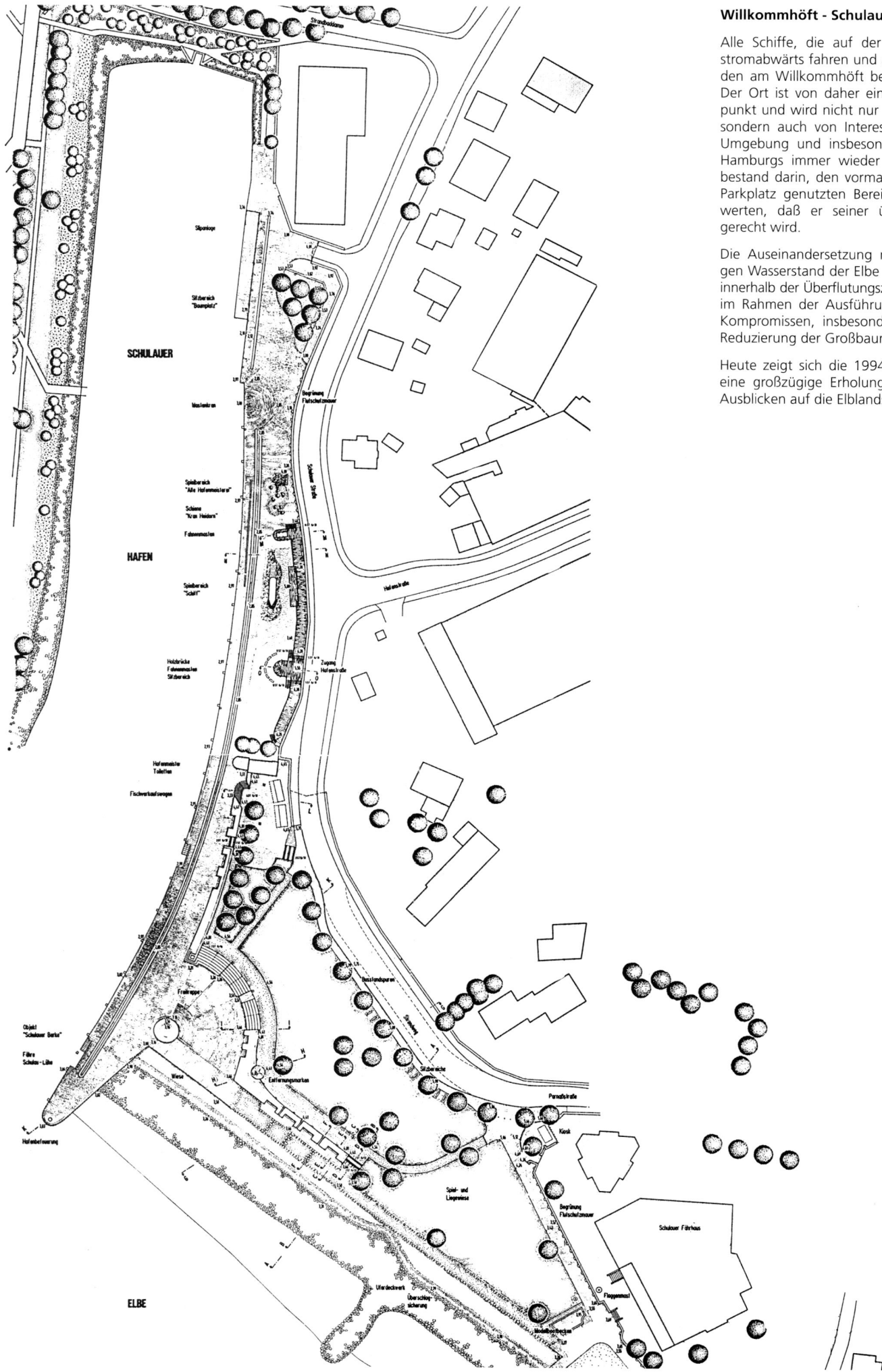

Willkommhöft - Schulauer Hafen, Stadt Wedel

Alle Schiffe, die auf der Elbe stromaufwärts oder stromabwärts fahren und auf großer Fahrt sind, werden am Willkommhöft begrüßt bzw. verabschiedet. Der Ort ist von daher ein touristischer Anziehungspunkt und wird nicht nur von den Wedeler Bürgern, sondern auch von Interessierten aus der gesamten Umgebung und insbesondere auch von Besuchern Hamburgs immer wieder aufgesucht. Die Aufgabe bestand darin, den vormals als relativ ungeordneten Parkplatz genutzten Bereich gestalterisch so aufzuwerten, daß er seiner überregionalen Bedeutung gerecht wird.

Die Auseinandersetzung mit dem gezeitenabhängigen Wasserstand der Elbe und insbesondere die Lage innerhalb der Überflutungszone bei Hochwasser führte im Rahmen der Ausführungsplanung zu vielfältigen Kompromissen, insbesondere zur fast vollständigen Reduzierung der Großbaumpflanzung.

Heute zeigt sich die 1994 fertiggestellte Anlage als eine großzügige Erholungsanlage mit interessanten Ausblicken auf die Elblandschaft.

Stefan Jäckel

* 1963

1983 - 87	Ausbildung zum Landschaftsgärtner
1988 - 92	Diplom FH Berlin
1992	freie Mitarbeit im Büro Poly
1993	Gründung von ST raum a., Berlin

Tobias Micke

*1964

1983 - 87	Ausbildung zum Landschaftsgärtner
1987 - 91	Diplom FH Berlin
1991 - 93	freie Mitarbeit im Büro MKW
1993	Gründung von ST raum a., Berlin

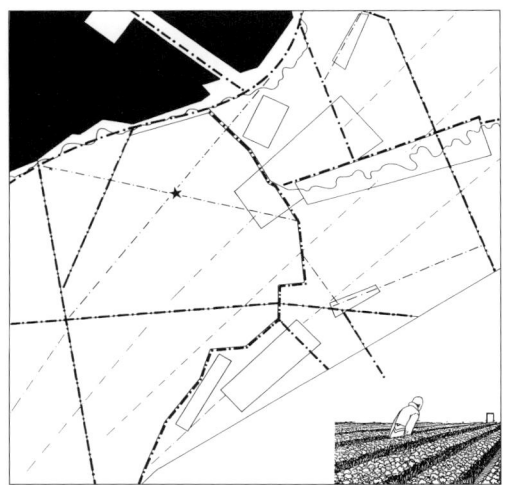

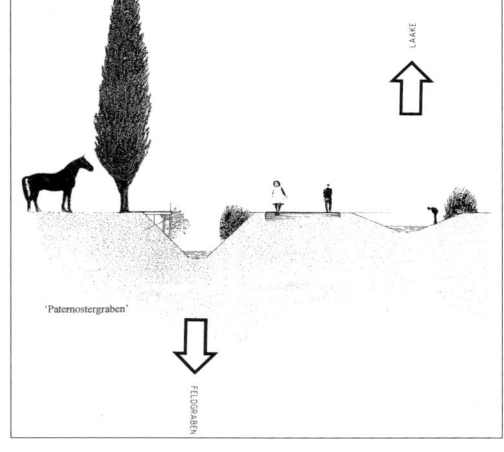

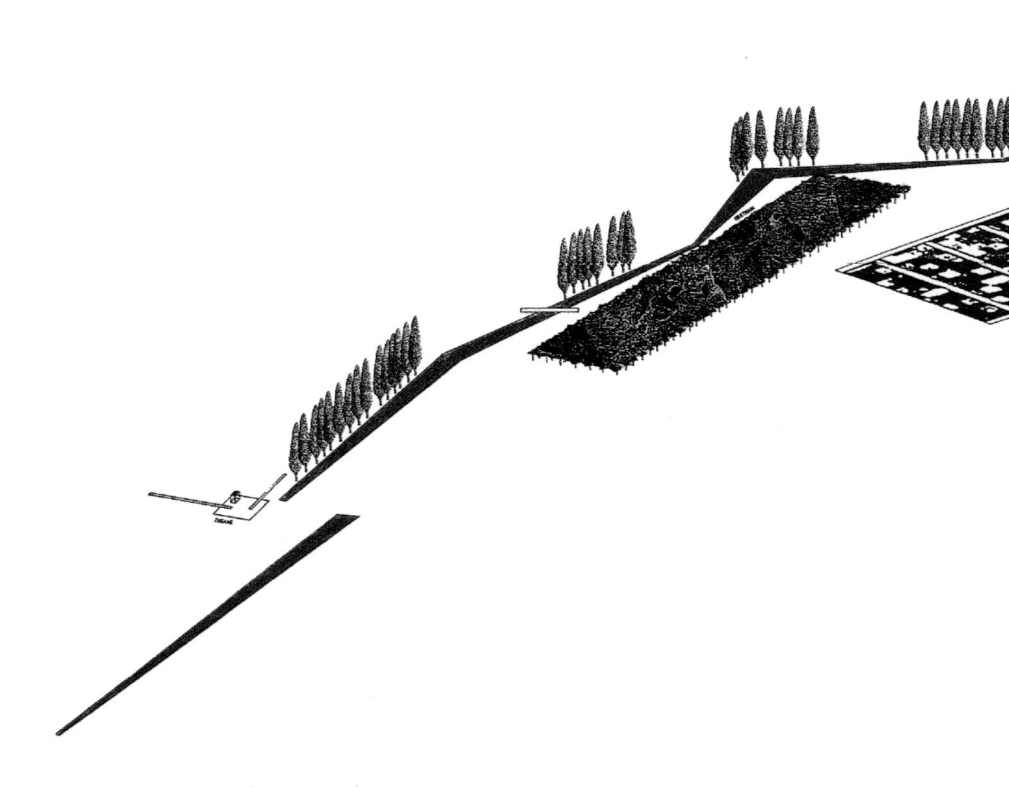

Der Park am Stadtrand Berlins, inmitten der märkischen Kulturlandschaft, soll dazu beitragen, die Fahrt „ins Grüne" zu einer abwechslungsreichen und spannungsvollen werden zu lassen.

Der Reiz dieses vordergründig „märkisch-kargen" Landstriches liegt nicht in einer Vielzahl verschiedener Landschaftsbilder, sondern in den Details.

So kann sich eine „märkische Bukolik" entwickeln, die einprägsam und identitätsstiftend für die gesamte Region wäre.

Das Konzept zielt bewußt auf eine behutsame künstliche Inszenierung, die aktuelle Freizeitbedürfnisse und extensive Landwirtschaft miteinschließt.

Die Wiese als markantes zentrales Element und Leitbild in diesem neuen Stadtteilpark vermittelt zwischen Stadt und Landschaft, zwischen nah und fern, oben und unten, läßt Enge und Weite zu, dient als Tummelplatz für alle.

Eine Wiese

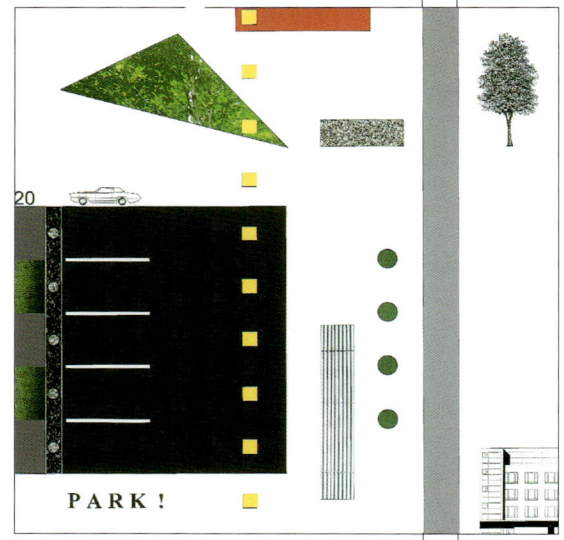

PARK !

Die Planung der Freifläche für ein Wohn- und Geschäftshaus in Prenzlauer-Berg, Berlin, beschränkt sich auf die funktionalen Anforderungen.

Dabei steht die Bewegung von Fahrzeugen und Fußgängern im Vordergrund. Die Gestaltung nimmt die Einfachheit der funktionalen Erfordernisse auf und setzt die Elemente durch klare und erkennbare Formen um.

Der quadratische Parkplatz wird durch Fahrbahn- und Wegemarkierungen unterteilt. Die farbliche Markierung der Flächen orientiert sich an der Basisfarbe des Firmenlogos. Somit wird die Gestaltung der Außenanlage Bestandteil eines Corporate Identity. Die Unterteilung des Parksystems setzt sich in den angrenzenden Freiflächen fort. Diese sind durch unterschiedliche Materialien gegliedert. Es entsteht eine Freifläche, die funktionale Erfordernisse und angrenzende Restflächen zu einem Park-Garten verbindet.

Park/Platz

Die freiraumplanerische Gestaltung des Helmholtzplatzes im Bezirk Prenzlauer-Berg von Berlin war
Gegenstand eines Wettbewerbes.

Die Qualität des Helmholtzplatzes als „Insel im Häu-
sermeer" liegt in seiner Längsausrichtung, die den
Benutzenden die Weite dieses Stadtraumes erfassbar
und erlebbar macht.

Die Nüchternheit, Solidität, Schlichtheit und die daraus erwachsende Übersichtlichkeit und Weite des
Platzes entsprechen der gewachsenen und tradierten Berliner Mentalität.

Die weite Längsdurchsicht des Platzes auf erhabe-
nem Niveau erzeugt die gewünschte Großzügigkeit.
Ein vorhandenes Gebäude soll als Café mit Außenbewirtung das kommunikative Zentrum des Platzes
markieren. Den gegenüberliegenden Schwerpunkt
bildet ein abgesenkter Bolzplatz in Nord-Süd-Richtung, der die vorhandenen topographischen Verhältnisse offenbart.

Helmholtzplatz

Thomanek + Duquesnoy

Karl Thomanek

1968 - 75 Studium in Berlin
1978 - 85 Bürotätigkeit
1985 - 90 Wissenschaftl. Mitarbeiter an der HdK Berlin
seit 1990 freier Landschaftsarchitekt
seit 1993 Partnerschaft mit Hiltrud Duquesnoy
           Büro in Berlin

Hiltrud Duquesnoy

1981 - 88 Studium an den TUs Berlin, München, Wien
1988 - 93 Bürotätigkeit
seit 1993 Partnerschaft mit Karl Thomanek
           Büro in Berlin

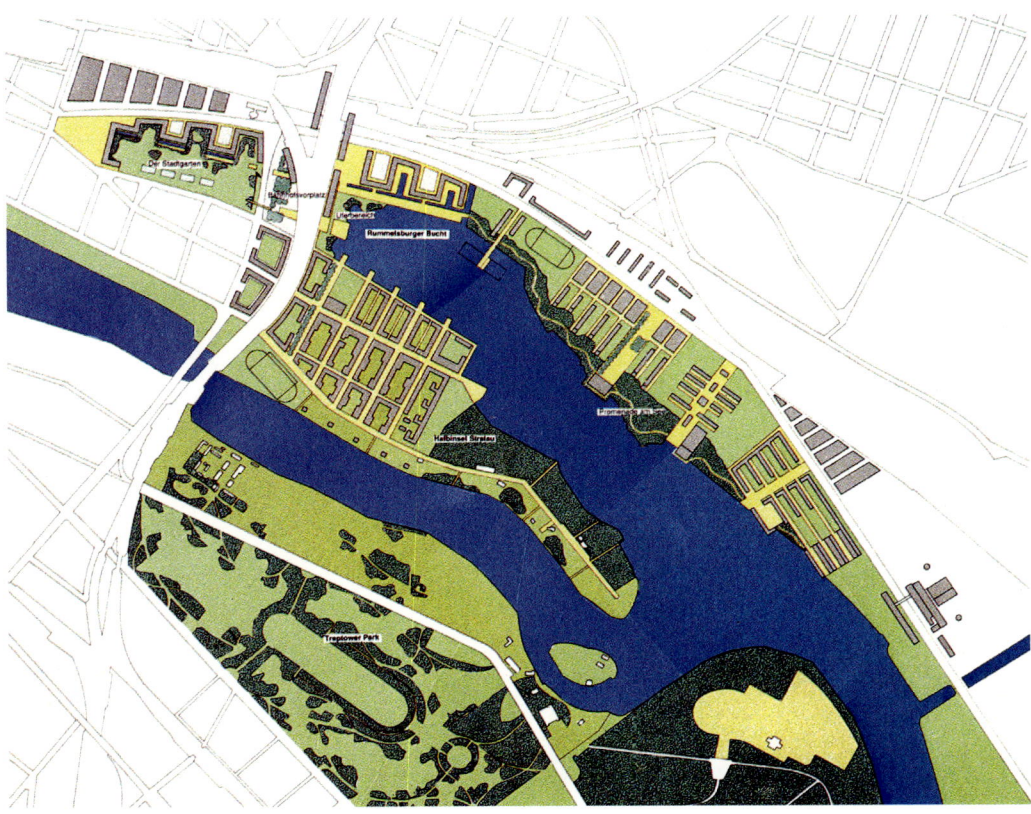

Entwicklungsgebiet Rummelsburger Bucht , Berlin

Das Areal liegt am Rummelsburger See, einem Altarm der Spree, und umfaßt die Halbinsel Stralau im Bezirk Friedrichshain sowie das Nordufer des Sees auf der Lichtenberger Seite. Auf dem Standort sollen ca. 5000 Wohnungen und 300 000 qm Dienstleistungsflächen entstehen.

Aus einem internationalen Gutachterverfahren 1992 wurde der Entwurf als Grundlage für die weitere städtebaulich-landschaftsplanerische Entwicklung ausgewählt.

Das Konzept beruht auf dem Leitbild der "städtischen Landschaft", das auf eine übergreifende Ordnung von

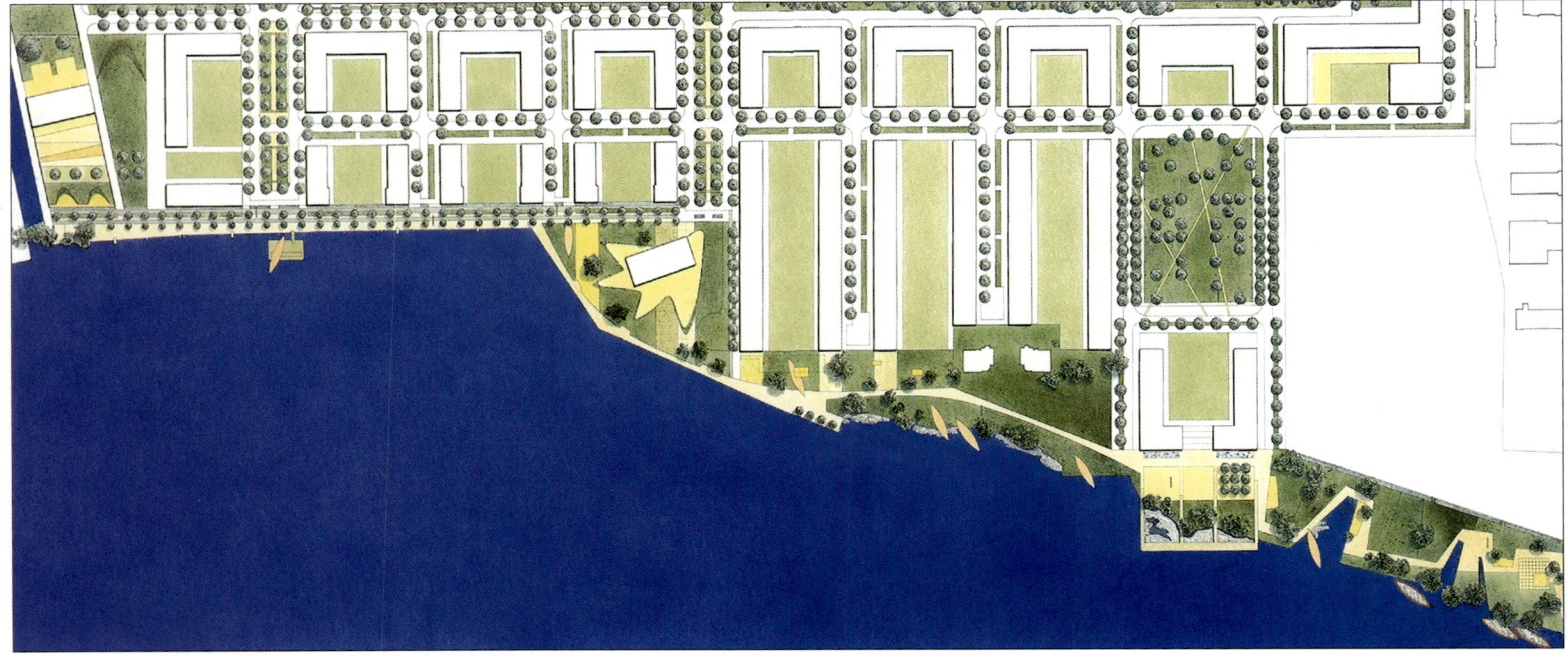

Foto: Stefan Müller, Berlin

Quartier Rummelsburg

landschaftlicher Offenheit und städtischer Konzentration abhebt. Dies äußert sich in der Gliederung des Gesamtbereiches in funktionsfähige Quartiere, die einerseits durch Grünanlagen und Gemeinbedarfsflächen voneinander getrennt sind und andererseits durch einen Uferwanderweg verbunden werden. Die formale, statische Strenge des Städtebaus und das dynamische Moment des Wassers und der bewegten Uferlinie sind die gegensätzlichen Grundelemente der Komposition. Bauherr: Wasserstadt GmbH, Entwicklungsbereich Rummelsburger Bucht.
Städtebau: Prof. K. T. Brenner

Das Wohngebiet Rummelsburg ist, wie die anderen Quartiere auch, in seiner Gesamtheit orientiert auf den See, die einzelnen Wohnungen allerdings richten sich auf den Freiraum des jeweiligen Gartenhofes aus. Die Planung unternimmt den Versuch, die positiven Aspekte eines dicht besiedelten Stadtraumes mit seinen vielseitigen Funktions-, Wohn- und Arbeitsformen und die Vorzüge eines differenziert gestalteten Landschaftsraumes mit den unterschiedlichsten Nutzungs-, Wahrnehmungs- und Erlebnisformen zu verbinden. Die Uferpromenade vor der Bebauung der Hofgärten mit ihren linearen Elementen wie Ufermauer, Geländer,

Platten- und Rasenstreifen sowie Baumreihen unterstreicht die Ost-West-Richtung der Promenade. Der anschließende geschwungene Uferwanderweg umschließt die weiche Uferlinie mit vorhandener Auenvegetation. Im Osten schließt sich ein großer Spielbereich mit hafenartigen Wasserbecken an. Innerhalb der Bebauung schaffen die breiten, alleeartigen Anger Grünverbindungen zwischen der Hauptverkehrsstraße im Norden und dem See.

Mitarbeiter: S. Bartoli, M. Breda, M. Ertl, E. Kink, T. Piening, M. Schlosser

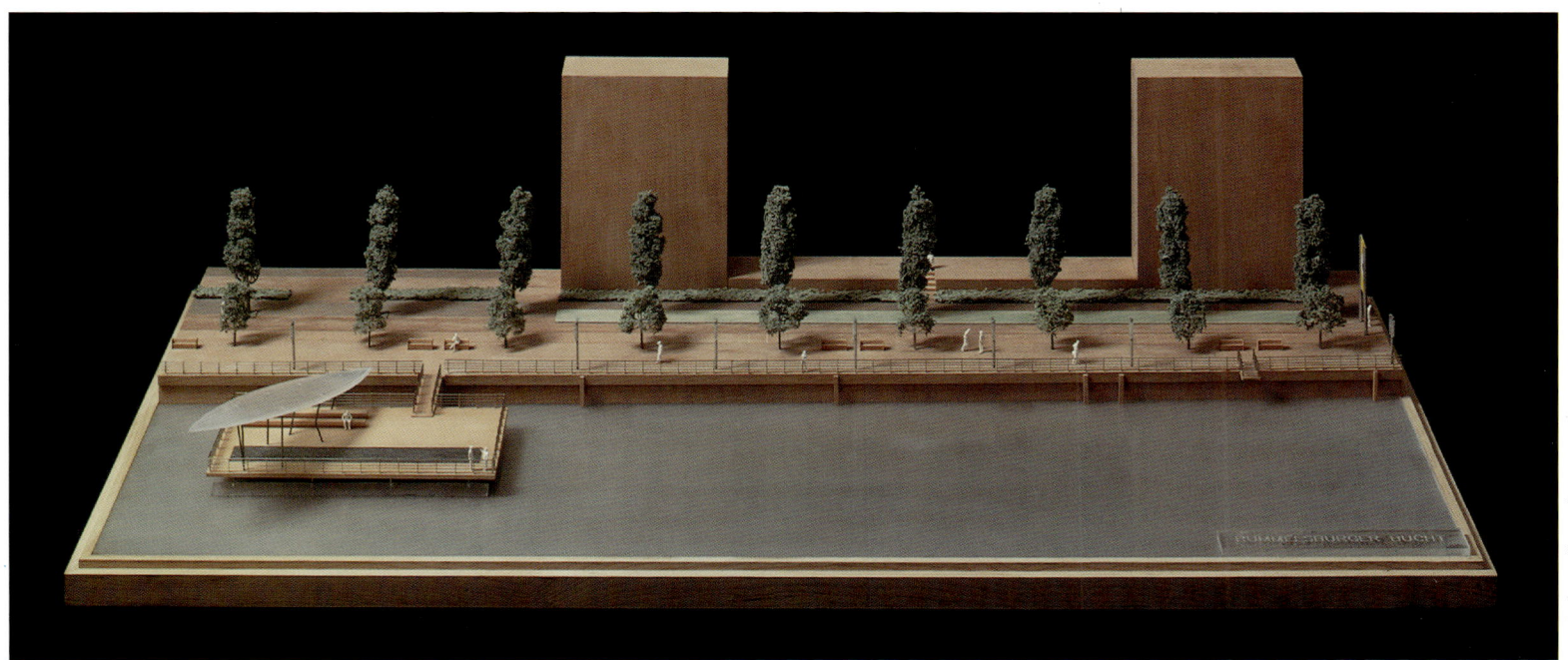

Foto: Stefan Müller, Berlin

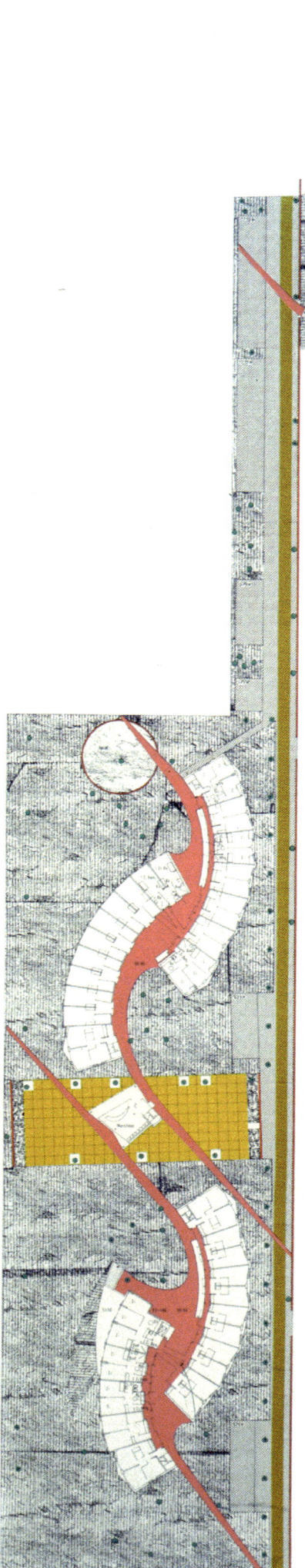

Studentenwohnheim in Berlin-Charlottenburg

Das schmale, dicht mit wertvollen Bäumen bestandene Grundstück am Spandauer Damm befindet sich unmittelbar neben der Pavillonanlage des Krankenhauses Westend. Die geschwungene, in der Höhe gestaffelte Anordnung der Gebäude mit 240 Wohnungen ist dem zu erhaltenden Baumbestand geschuldet und wird durch das innere Erschließungssystem konsequent im Freiraum fortgesetzt. Die an der Grundstücksgrenze gerade verlaufende Hauptdurchwegung und der zentrale, orthogonale Platz mit einer Brunnenwand als Abschluß nehmen gartenarchitektonische Elemente des Krankenhausgeländes auf.

Bauherr: Studentenwerk Berlin
Architekten: Mathias Essig, Yoshimi Yamaguchi-Essig
Mitarbeiter: T. Hebel, E. Kink, M. Schlosser

Foto: Stefan Müller, Berlin

Foto: Stefan Lucks

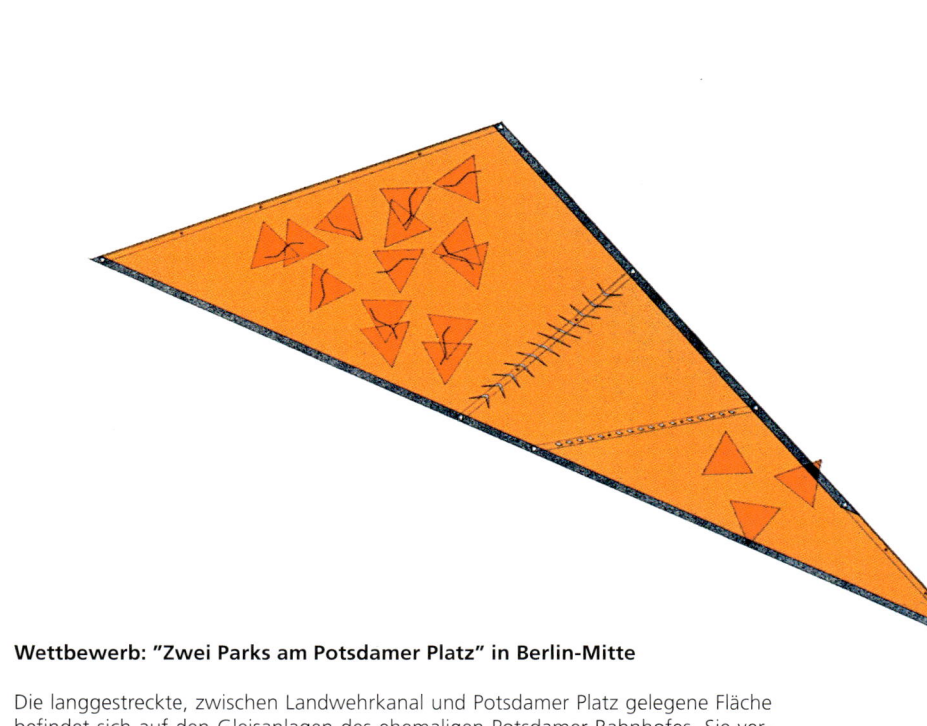

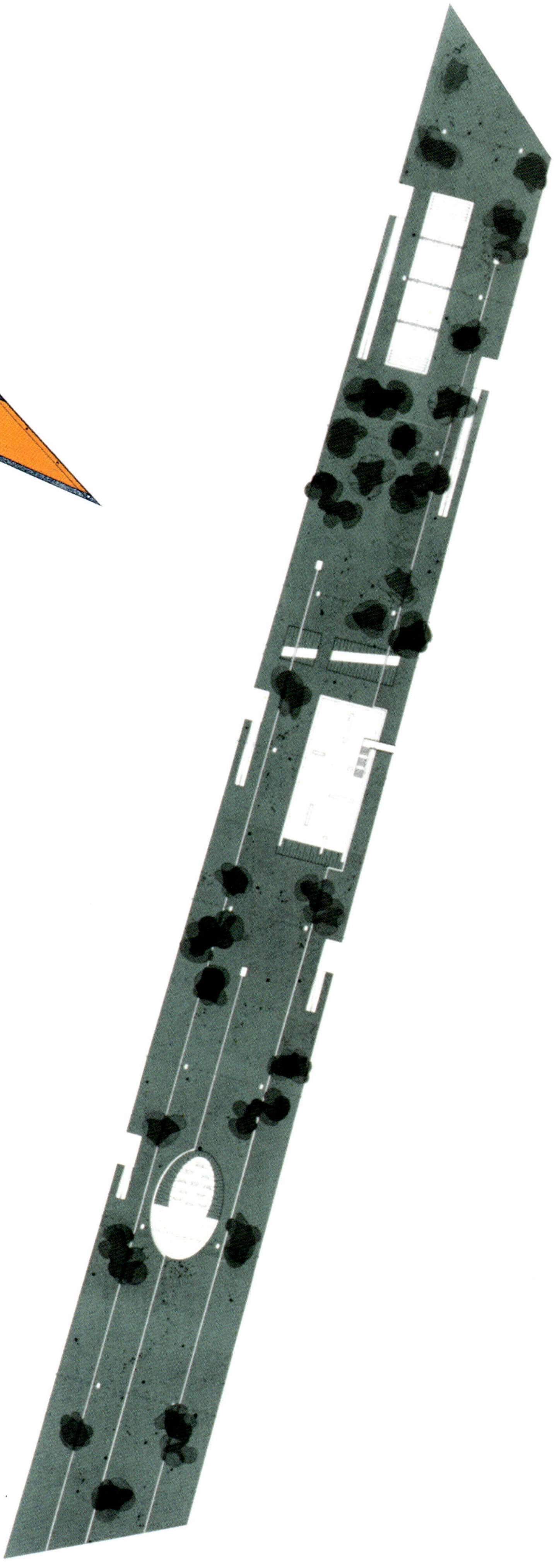

Wettbewerb: "Zwei Parks am Potsdamer Platz" in Berlin-Mitte

Die langgestreckte, zwischen Landwehrkanal und Potsdamer Platz gelegene Fläche befindet sich auf den Gleisanlagen des ehemaligen Potsdamer Bahnhofes. Sie verläuft als großes, schräges Rasenplateau mit eingeschnittenen Ruhe-, Spiel- und Sportbereichen vom Kanal zum Platz. Wasserbänder markieren die ehemaligen Gleise. Die zum Tiergarten gelegene Dreiecksfläche des Kemperplatzes ist Teil des städtischen Raumes, ein urbaner Platz, der mit seiner Künstlichkeit eine hohe Eigenständigkeit besitzt und zwischen den umgebenden Architekturen vermittelt.

Mitarbeiter: A. Jimenez, O. Paus, M. Schlosser, P. Thomanek, G. Verhas

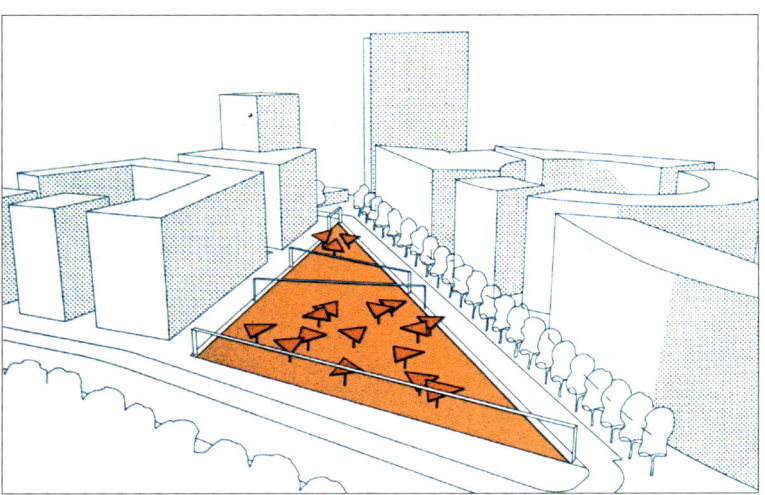

Kirsten Thomas
*1959

1983	DiplIng., TFH Berlin
1989	DiplIng., TU Berlin
seit 1988	gemeinsames Büro mit Helmut Kreidner, Architekt in Berlin

Mitarbeiter: A. Conrad, K. Dürkop, C. Herter, C. Martin, J. Middendorf, R. Schröder, G. Spiller, C. Viets

Wohnumfeldverbesserung Berlin-Marzahn, Trusetaler Straße/Liebensteiner Straße

Ein wichtiges Ziel dieses Bauvorhabens war die Schaffung von differenzierten, anspruchsvollen Räumen für Kinder und Jugendliche sowie die Begrünung der Hofbereiche durch Baumneupflanzungen.

Im nördlichen Teil des s-förmigen Hofes, zur Trusetaler Straße hin orientiert, galt es, einen existierenden Bolzplatz in die Planung zu integrieren. Ein Sandspielbereich wurde ergänzt, eingefaßt von einer gemauerten Stufenanlage in Halbellipsenform. Der großzügig eingegrünte und von Bäumen abgeschirmte Bereich verfügt über ein Spielpodest und verschiedene Spielgeräte. Im Übergangsbereich zwischen dem nördlichen und dem südwestlichen Blockteil wird eine Zäsur durch intensive

Bepflanzung mit Baumgruppen erreicht. Der südwestliche Hofraum zur Liebensteiner Straße hin wird von einem blockübergreifenden Erschließungsweg durchquert, der verschiedene Nutzungsabschnitte berührt. Auf dem großen Kinderspielplatz in Hofmitte steht die "Himmelsschaukel".

Farbe als Gestaltungsmittel ist im gesamten Hof gezielt eingesetzt und trägt dazu bei, dem Hof einen eigenen, einprägsamen Charakter zu geben.

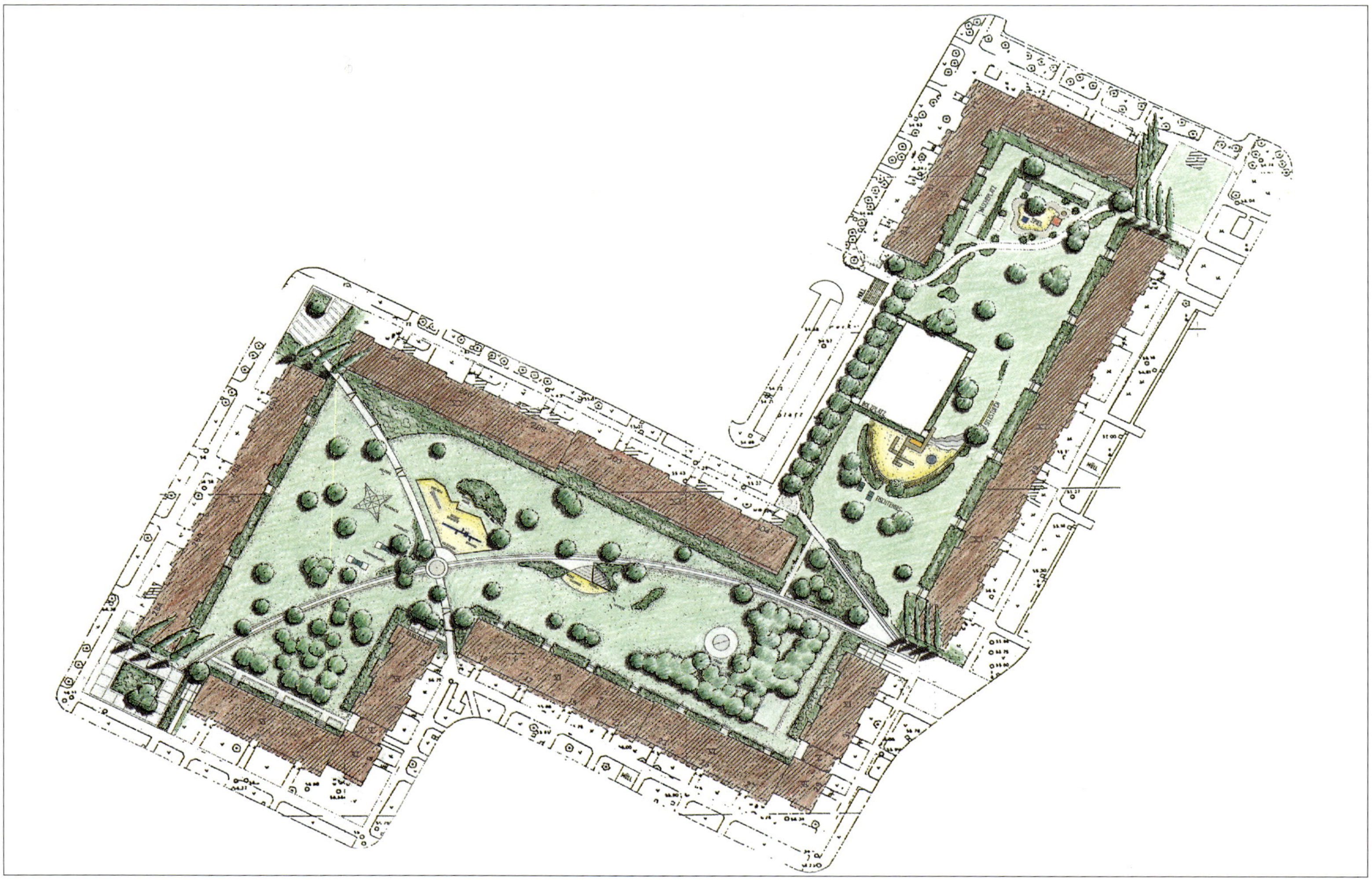

Wohnumfeldverbesserung Berlin-Marzahn, Rabensteiner Straße

Der Hof wird von einer sechs- bis elfgeschossigen Bebauung eingefaßt. Wesentliches Motiv des Entwurfes ist die Schaffung von interessanten und abwechslungsreichen Räumen und Bezugspunkten mit neuen, vielfältigen Nutzungen.

Den südlichen Teil des Hofes quert ein Hauptweg, der sich zwischen den Häuserblöcken zu einem Platz erweitert. Eine Sonnenuhr animiert den Fußgänger zum Verweilen und Ausprobieren. Die axial auf die östliche Blocköffnung bezogene, rechtwinklig gestellte Metallpergola mit einem spielerisch gefalteten Dach aus Lochblech bildet eine Raumkante, die den öffentlichen Bereich vom angrenzenden Sandspielbereich abschirmt.

Gegen die geradlinige Form der Pergola steht die geschwungene Linie der Sandkiste, die von einem Kletterhügel komplettiert wird, in den eine Hangrutsche eingelassen ist.

Die blockinterne Verbindung mit dem nordöstlichen Teil erfolgt über einen Hauptweg, der die verschiedenen Nutzungen miteinander verknüpft. In der Nähe des Streetballfeldes befindet sich ein auf einem schneckenförmigen Sockel ruhender Pavillon. Den östlichen Teil des Hofes nimmt eine großzügige Sandspielfläche ein.

Neben den Einzelelementen Pergola und Pavillon unterstützen zahlreiche Baumneupflanzungen die Bildung von differenziert gestalteten Orten und Räumen.

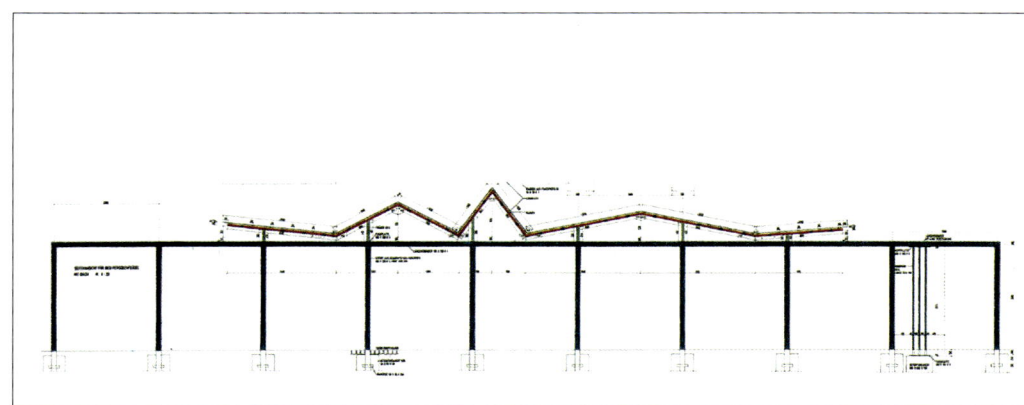

Fotos: F. Keller, Lux

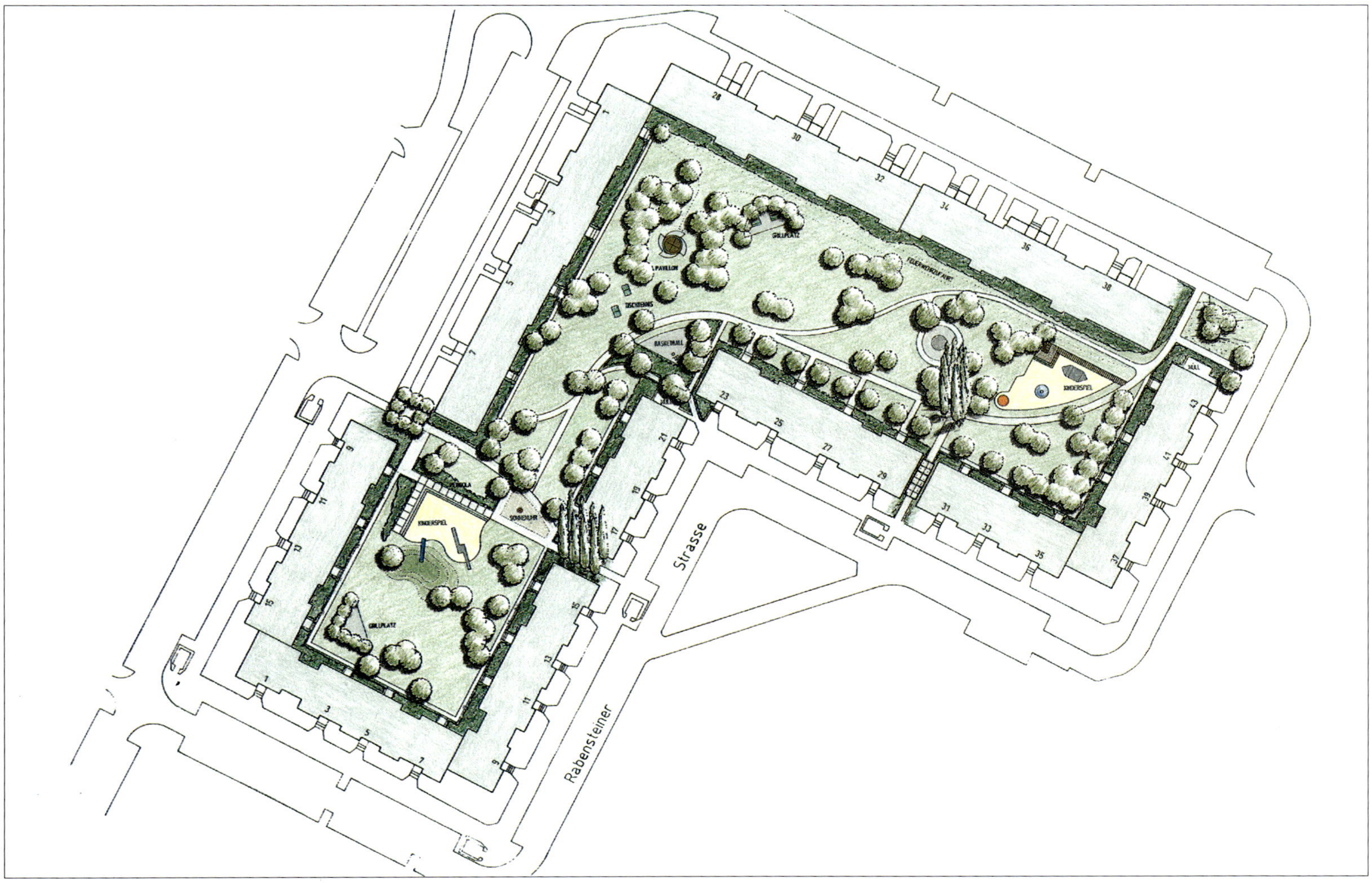

Karow-Nord: Großes Grünband, Schmiedebank-platz, Wohnbebauung Block 31

Im neuen Siedlungsgebiet Karow im Nordosten von Berlin werden diese drei thematisch sehr unterschiedlichen Projekte realisiert.

Das Große Grünband fungiert als übergeordnete Grünverbindung zwischen den Karower Teichen östlich und dem freien Landschaftsraum westlich des neuen Wohngebietes. Der landschaftlich geprägte Grünzug mit dem ost-westlich verlaufenden Hauptweg wird durch besonders betonte, platzartige Räume gegliedert, die die Wegeverbindungen oder Straßenmündungen in Nord-Süd-Richtung markieren.

Unterbrochen wird das Grünband vom Schmiede-bankplatz, der sich durch seine formal-gärtnerische Ge-

staltung als Schmuckplatz deutlich vom Grünband unterscheidet. Durch die den Platz rahmenden Straßen-bäume ergibt sich ein klar definierter Stadtraum im Zentrum dieses neuen Teils von Karow. Korrespondierend mit der anschließenden Bebauung entstehen drei Funktions- und Gestaltungseinheiten: Rasenparterre mit Tennenflächen und Skulptur, Lindenkarree über Sitz-bänken, Pergolenbereich mit Schmuckbeet und Wasserbecken. Das verbindende Element ist eine diagonal verlaufende Wasserrinne.

Den nördlichen Rahmen des Schmiedebankplatzes bildet Block 31. der sich in drei Wohnblöcke teilt. Die Anbindung des Schmiedebankplatzes an die nördlich an

Block 31 grenzenden Bereiche erfolgt über diagonale Durchwegungen durch die beiden äußeren Wohnblöcke. Unterschiedliche Raum- und Nutzungsangebote geben jedem Wohnblock einen eigenen Charakter, der in individuell gestalteten Kinderspielflächen und Mieter-gärten Ausdruck findet. Die Entwässerung der Flächen erfolgt über Mulden-Rigolen-Systeme, die in das Gesamtkonzept eingebunden sind.

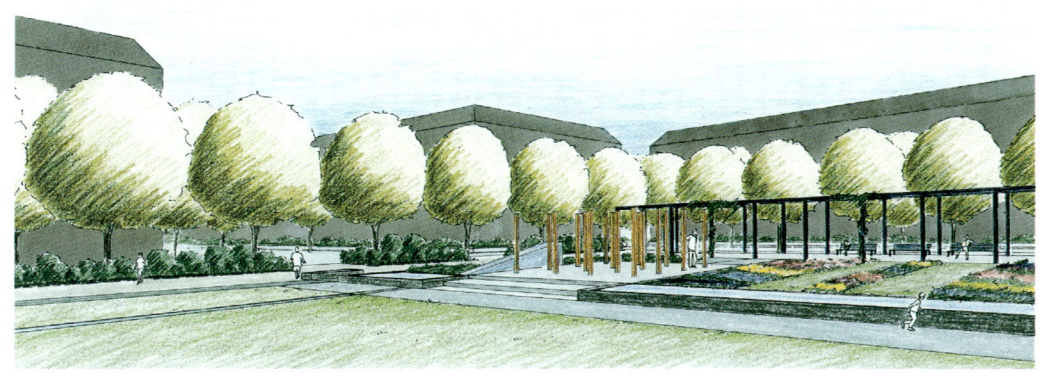

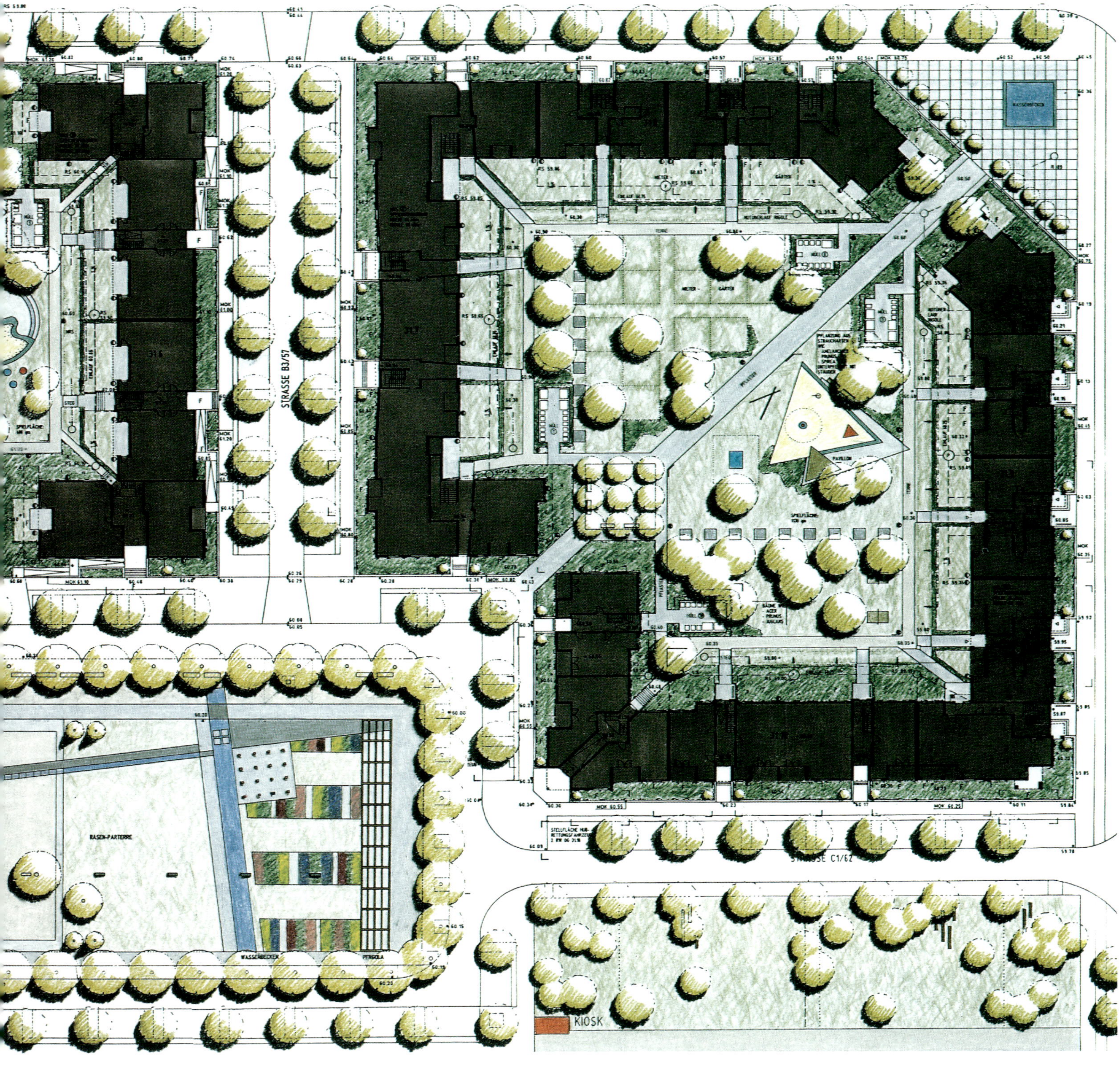
STRASSE B3/57
RASEN-PARTERRE
KIOSK

Hausgarten Berlin-Wilmersdorf

Das Grundstück ist mit einer dreigeschossigen Stadtvilla bebaut. Ansatzpunkt für die Freiflächengestaltung war, einen Garten mit repräsentativem Charakter zu schaffen.

Der dem Gebäude nach Süden hin vorgelagerte Außenraum erhält eine großzügige Terrasse, an die sich eine offene Rasenfläche anschließt. Aufwendige Pflanzung sowie punktuell hinzugefügte Bäume bilden Rahmen und Kulisse. Vor dem Schwimmbad im Untergeschoss ist eine frei gestaltete Terrassenlandschaft mit Wasserfall angelegt.

Die Wasserbecken sind mit schwarzem Granit verkleidet und werden in der Nacht beleuchtet. Zu beiden Seiten des Wasserfalls befinden sich Terrassenbeete, die thematisch bepflanzt sind.

Eine Brücke in leichter Stahlkonstruktion überspannt diesen Teil der Gartenanlage und ermöglicht dessen intensive Erlebbarkeit.

Fotos: F. Keller, Lux

Wohnumfeldverbesserung Berlin-Marzahn, Hohensaatener Straße - Ringenwalder Straße - Glambecker Ring

Bei diesen Projekten handelt es sich um benachbarte Wohnhöfe in einer sechs- bis elfgeschossigen Plattenbauanlage. Grundlegende Prämisse der Gestaltung war die Schaffung von interessanten Nutzungsangeboten für Kinder und Jugendliche sowie eine Verbesserung der Aufenthaltsqualität in den Höfen.

Allen Innenhöfen gemeinsam ist die Ausstattung mit großzügigen Sandspielflächen, teilweise in Kombination mit einem Wasserspiel. Die verschiedenen Nutzergruppen erhalten durch Pergolen oder Pavillons geschützte Sitzbereiche. Der größte Hof, der von einer u-förmig angeordneten, elfgeschossigen Bebauung eingefaßt wird, verfügt über ein erweitertes Angebot für Aktivitäten. Neben dem Bolzplatz befindet sich eine mit Klinkermauern eingefaßte, abgesenkte Streetballfläche sowie eine große Sandkiste mit Kletternetz, Hüpf- und Drehscheiben.

Eine geschwungene, asphaltierte Fahrradbahn mit unterschiedlichen Schwierigkeitsgraden und eine Mulde zum Skaten gehören zu den Highlights des Hofes.

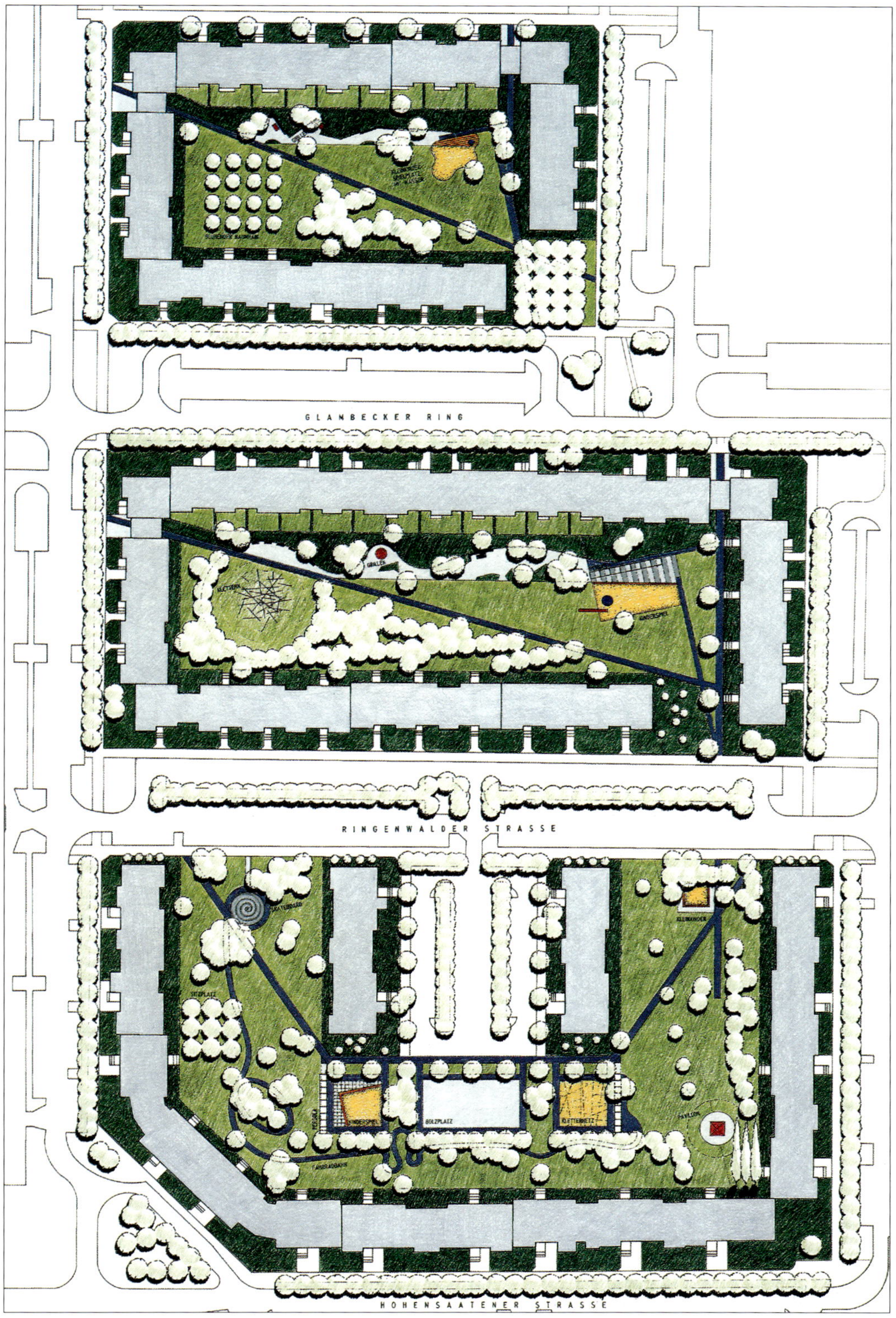

Fotos: F. Keller, Lux

Tietze

Schnitt Spreebogenpark   M 1 : 200

Uwe Tietze *1961

1984 - 89 Landschaftsarchitekturstudium TU Dresden · 1989 Wissenschaftlicher Assistent Fachbereich Städtebau/Landschaftsarchitektur · 1990 - 93 Mitarbeit im Landschaftsarchitekturbüro Krüger + Möhrle, Stuttgart · 1993 - 94 Projektleiter im Landschaftsarchitekturbüro Bauer, Krüger, Möhrle, Pfrommer, Lehnhoff, Berlin seit 1994 selbständig, Büro in Berlin, bis 1997 Büropartnerschaft mit G.Kapeller [1]

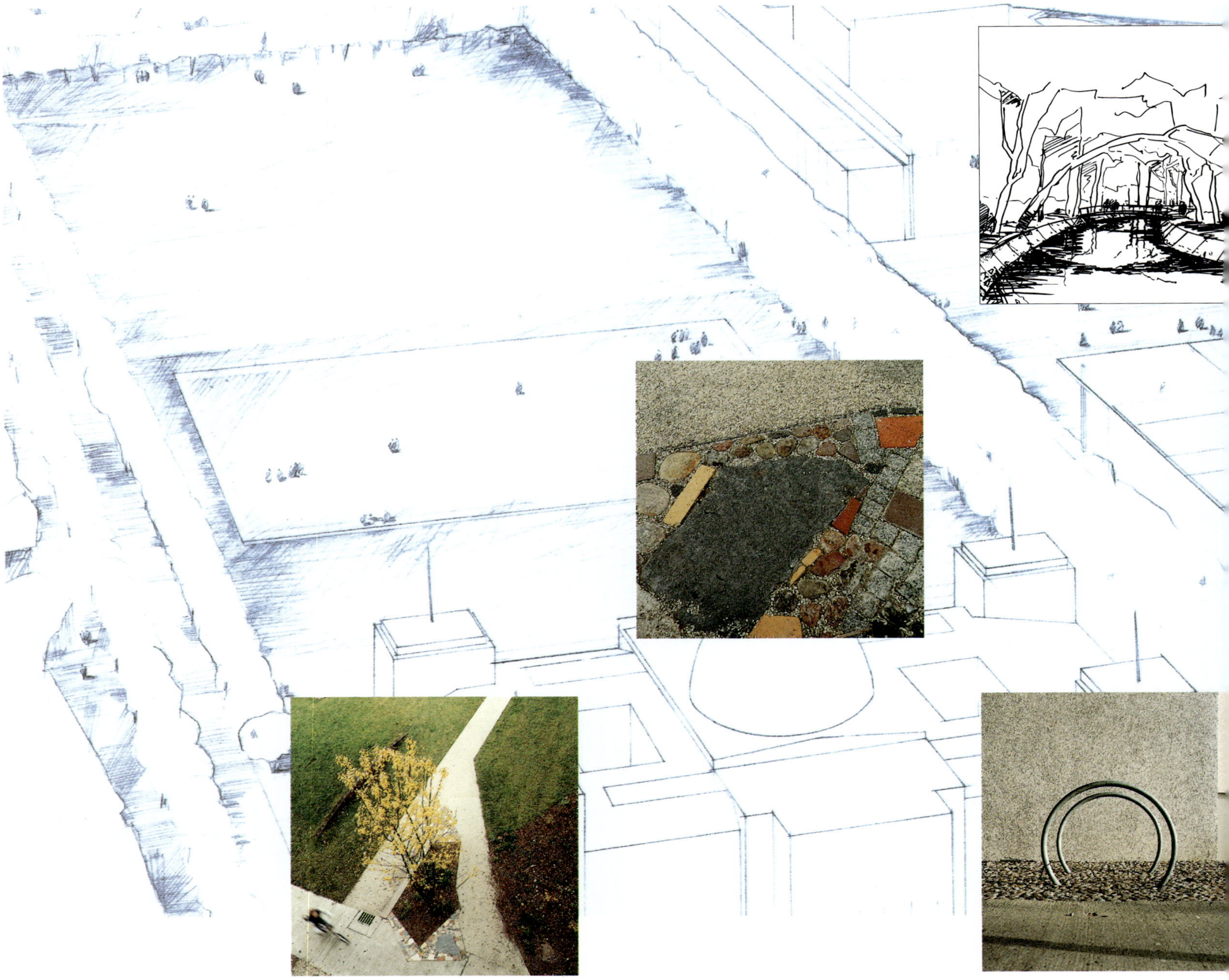

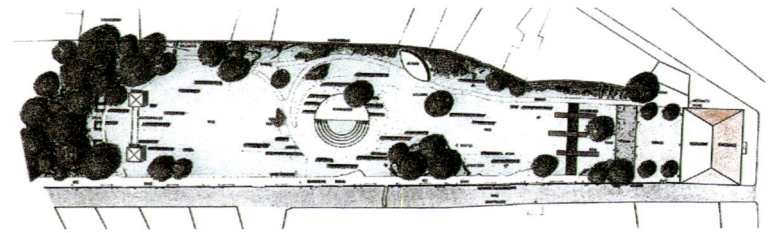

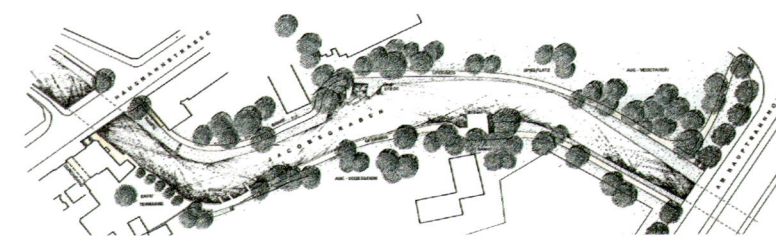

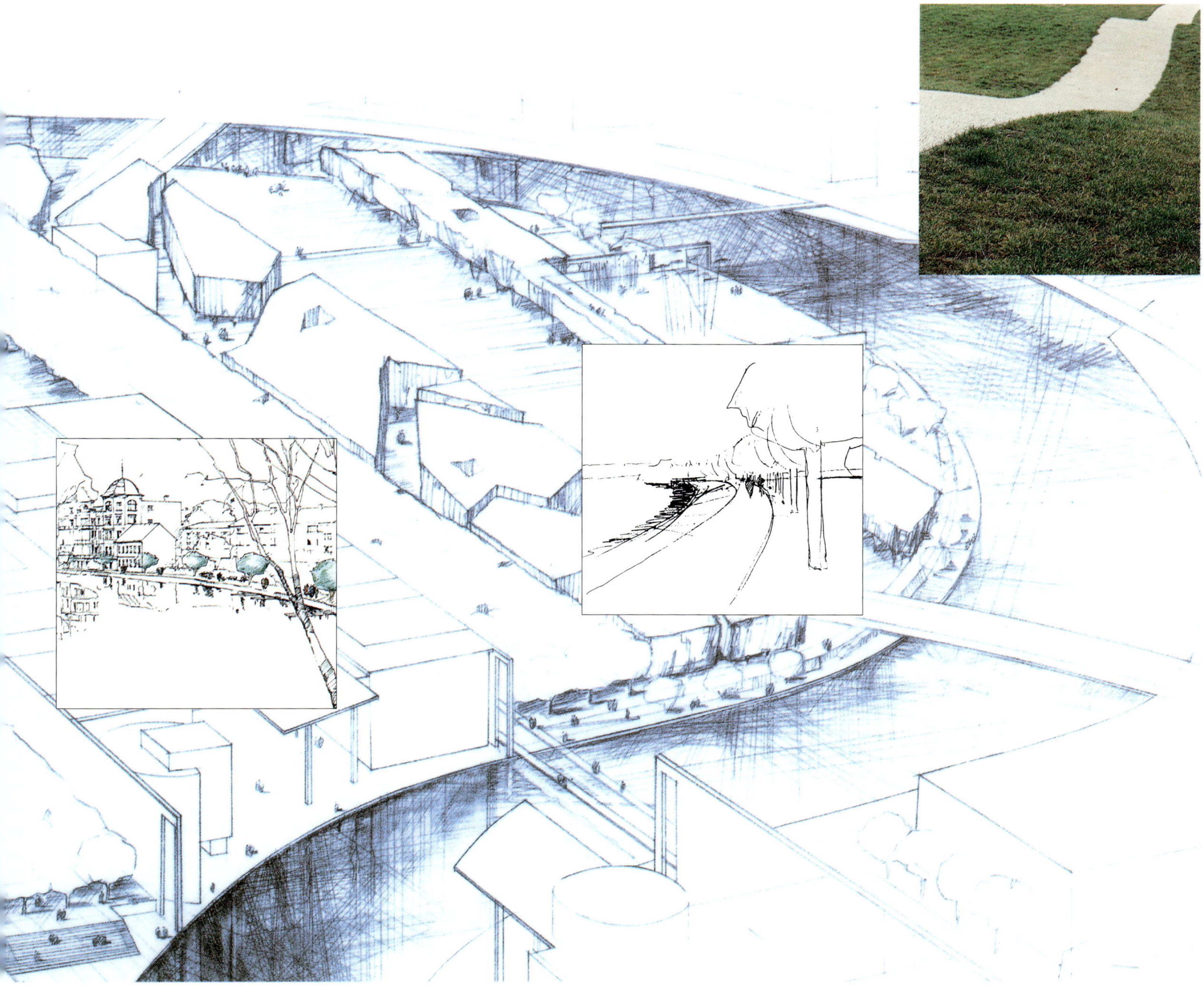

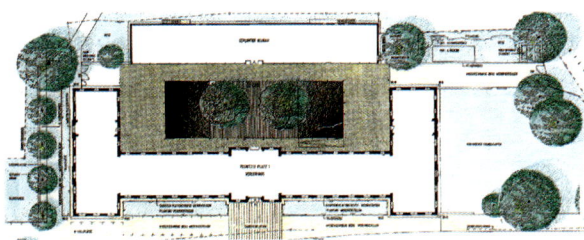

Abbildungen

· Landschaftsplanerischer Wettbewerb Spreebogen, 2. Phase [1]
· Wohnhofsanierung, Berlin-Hohenschönhausen [1]
· Uferpromenade Jungfernsteig, Brandenburg/Havel [1]
· Hochschule für Technik und Wirtschaft, Dresden [1]
· Öffentlicher Garten am ehemaligen Schießhaus, Dresden
· Uferpromenade Jacobsgraben, Brandenburg/Havel
· Beetzseeufer, Brandenburg/Havel

Topotek 1

Büro für Garten-

und Landschaftsplanung

Der Aufgabenschwerpunkt unse-

res jungen Büros liegt in der

Gestaltung städtischer Freiräume.

Ausgehend von einem kritischen

Verständnis vorhandener Reali-

täten findet die Suche nach

konzeptionellen Lösungsan-

sätzen ihren Niederschlag in

klaren Statements im urbanen

und suburbanen Kontext.

In Entwurf, Planung und Umset-

zung erstellen wir Vorschläge für

eigenständige neue Quartiere,

Parks, Plätze, Höfe und Gärten,

deren Gestaltung den Bedürf-

nissen unserer Zeit nach Varia-

bilität, Kommunikation und

Sinnlichkeit gerecht wird.

Himmelsgarten Sophienstraße

Die direkt an die Arbeitsräume
von TOPOTEK 1 angrenzende
Dachterrasse wurde 1996 neu
gestaltet. Auf dem Dach des
Gebäudes des ehemaligen Hand-
werkervereins in der Sophien-
straße im Berliner Bezirk Mitte
entstand mit Elementen aus dem
Bereich der Straßengraphik ein
eigener Garten. Die aus ihrem
ureigenen Zusammenhang gelö-
sten Markierungselemente ergeben in ihrem jetzigen Kontext ein
völlig neues Bild und nehmen
Bezug auf zum Himmel über Berlin.
Fotos: Hanns Joosten

**Ehemaliges
Frauen-Konzentrationslager
Ravensbrück**

Intention des Entwurfes ist es, die verschiedenen zeitlichen Komponenten, die nur noch sehr verschwommen erkennbar sind - so die Nutzung als Konzentrationslager in der NS-Zeit sowie die darauffolgende Nutzung durch die Rote Armee - wieder sichtbar zu machen. Die Wegeverbindungen des ehemaligen KZ dienen hierzu als Gerüst; sie werden aus dem heutigen Bestand „herausgeschnitten", gleichzeitig wird ein Großteil der von den Sowjets errichteten Gebäude erhalten. Als Wahrnehmungshilfe zieht sich ein über den Strukturen liegender Weg über das Gelände, ein Bandmuseum, das die Vermittlung von Informationen dort ermöglicht, wo historische Zeugnisse sich unmittelbar im Augenfeld auftun. Dem Besucher eröffnet sich so die Möglichkeit, im ständigen Wechsel zu den historischen Zeugnissen ein genaueres Bild der Zusammenhänge des KZ und der Zeit danach zu bekommen.

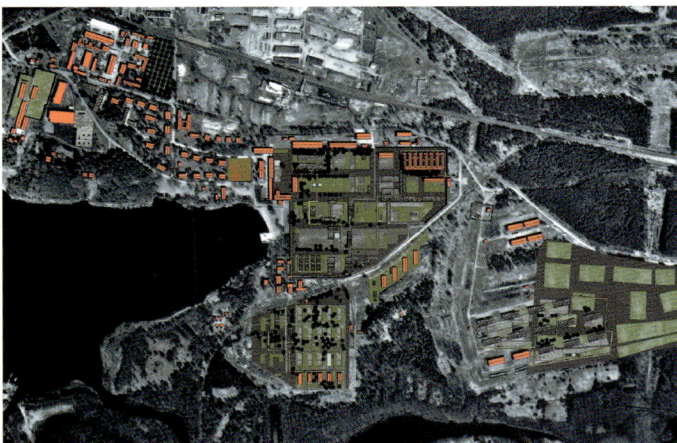

Zentrale der Berliner Volksbank

Auf verschiedenen Ebenen der Gesamtanlage entstehen Gärten und Terrassen, deren Schwerpunkte eine großzügige Dachterrasse und ein öffentlich zugänglicher Pocket-Park im Bereich des Innenhofes darstellen. Die für die Mitarbeiter der Bank geöffnete Dachterrasse ist mit geschnittenen Eibenhecken in Form von Zahlen und Währungszeichen belegt, die vom Turm aus gesehen ihre graphische Gestalt offenbaren. Der Pocket-Park ist ein Ort, der sowohl urbane Qualität besitzt als auch die Wärme und Geborgenheit eines Gartens ausstrahlt. Frei bewegliche Stühle dienen hier den Besuchern auf großzügigen Holzdecks als Ruhepunkte. Kiefern und Heckenelemente prägen ebenso wie doppelte Corten-Stahlwände den Raum und bilden ein natürlich anmutendes Pendant zur Architektur.

Architektur: Becker Gewers Kühn & Kühn

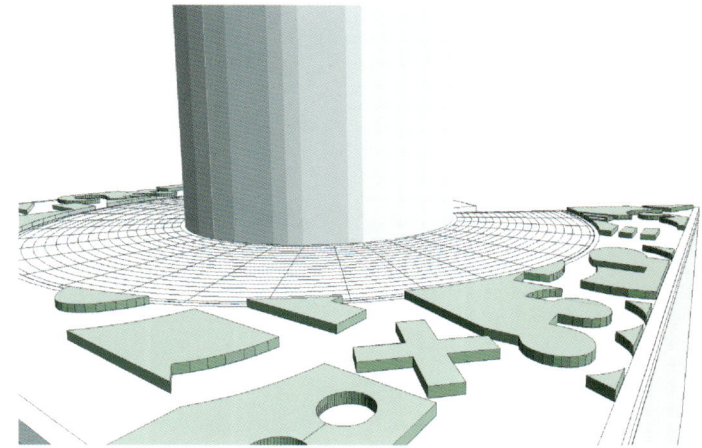

**Wohn- und Geschäftshaus
Gartenstraße 21 Oranienburg**

Analog zur Fassade und den
Schiebeläden des kleinen block-
schließenden Gebäudes wird die
Fläche des Hinterhofes in einem
bewegten Raster mit Eisenbahn-
bohlen belegt. Den Abschluß des
Hofes bildet eine Holzterrasse in
den Ausmaßen eines vormals
vorhandenen Remisegebäudes.
Ein Wassertisch aus Ortbeton
lädt die Bewohner im Sommer
durch das kühlende Naß in seiner Mitte zum Verweilen ein.

Fotos: Hanns Joosten
Architektur: Gruber + Popp

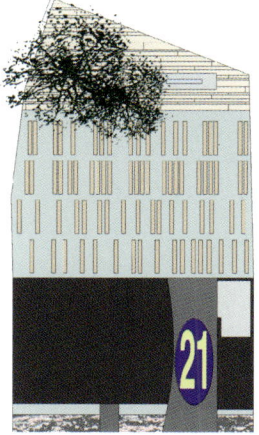

"Gartenzwerge kommen von
alleine." Frau M. Hausfrau 44

Harms Wulf
*1958

1985	Dipl.-Ing. Landespflege, FH Berlin
1988	Eintragung als Landschaftsarchitekt in die Architektenliste des Landes Berlin
seit 1992	selbständiger Landschaftsarchitekt in Berlin Schwerpunkt Freiraumplanung

"Die Qualität eines Freiraums liegt im Grad seiner freien, nicht vorgegebenen Nutzbarkeit.

Landsberger Allee/Rhinstraße Berlin-Marzahn
Städtebaulicher Ideenwettbewerb, 2. Preis 1994
Architekten: Dörr, Ludolf, Wimmer

Entworfen wurde ein geschlossenes verdichtetes Quartier, dessen Strukturen Eigenständigkeit gegenüber den Nachbarquartieren behaupten. Sein Zentrum bildet ein großzügiger Parkstreifen ("Central Park") in Verlängerung der Wasserflächen des benachbarten Wasserwerks.
Die bestehenden Barrieren (Industriegleis, Rohrdamm) werden durch Brückenschläge und Plateaubildungen überwunden.

Keilförmige Sukzessionsflächen verbinden in nördlicher Richtung die geplanten Freiflächen des Wettbewerbsgebietes mit den schon bestehenden des angrenzenden Krankenhauses (Biotopvernetzung). Als extensive Grünflächen bilden sie insbesondere im "Central Park" ein gliederndes und kontrastierendes Gestaltungselement.
Heimische Pioniergehölze bilden das Initialgerüst der sich später selbst überlassenen Vegetationsflächen.

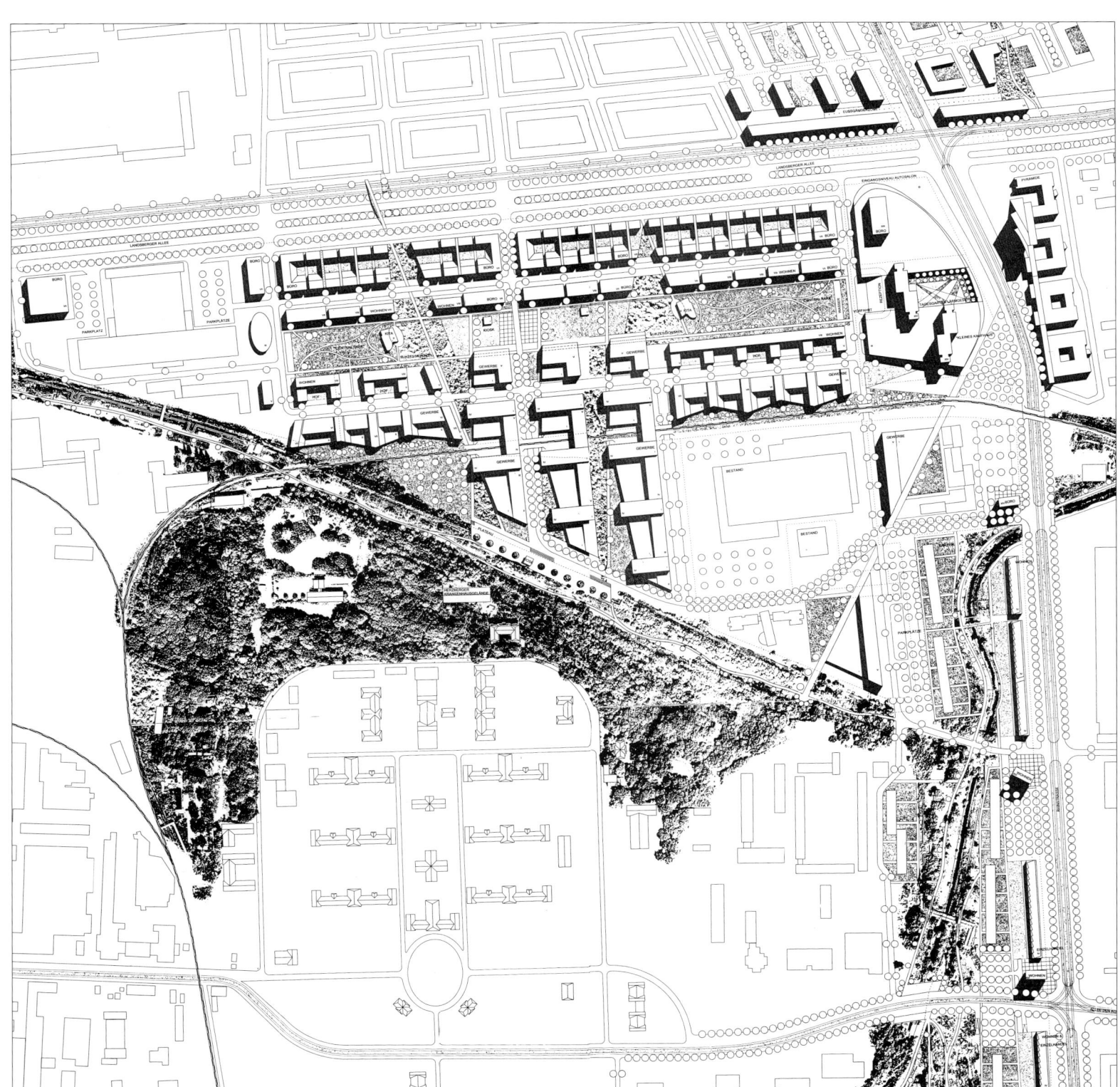

"Neue Wiesen" Berlin-Weißensee
Landschaftsplanerischer Ideen- und Realisierungswettbewerb, 1996

Die Konzeption für ein neues Naherholungsgebiet am
nordöstlichen Stadtrand Berlins orientiert sich am
Leitgedanken einer Neustrukturierung, deren Landschaftsbild sich gleichermaßen aus Gartenkunst und
ökologischer Planung zusammensetzt.
Im Vordergrund stehen dabei weder die Erhaltung
oder Wiederherstellung eines vorindustriellen Zustands,
noch die Gestaltung eines Landschaftsklischees, viel
eher geht es um eine behutsame Korrektur, welche

die Landschaft auf veränderte Gegebenheiten reagie-
ren läßt.
Der Blick in scheinbar endlose Weite des zu bewahren-
den Landschaftsraumes soll durch Landschaftsfenster
- überdimensionierte Stahlrahmen - hervorgehoben
und inszeniert werden.
Darüberhinaus betonen diese gleichsam als Tore den
noch städtisch geprägten Übergang zwischen Stadt
und Landschaft.

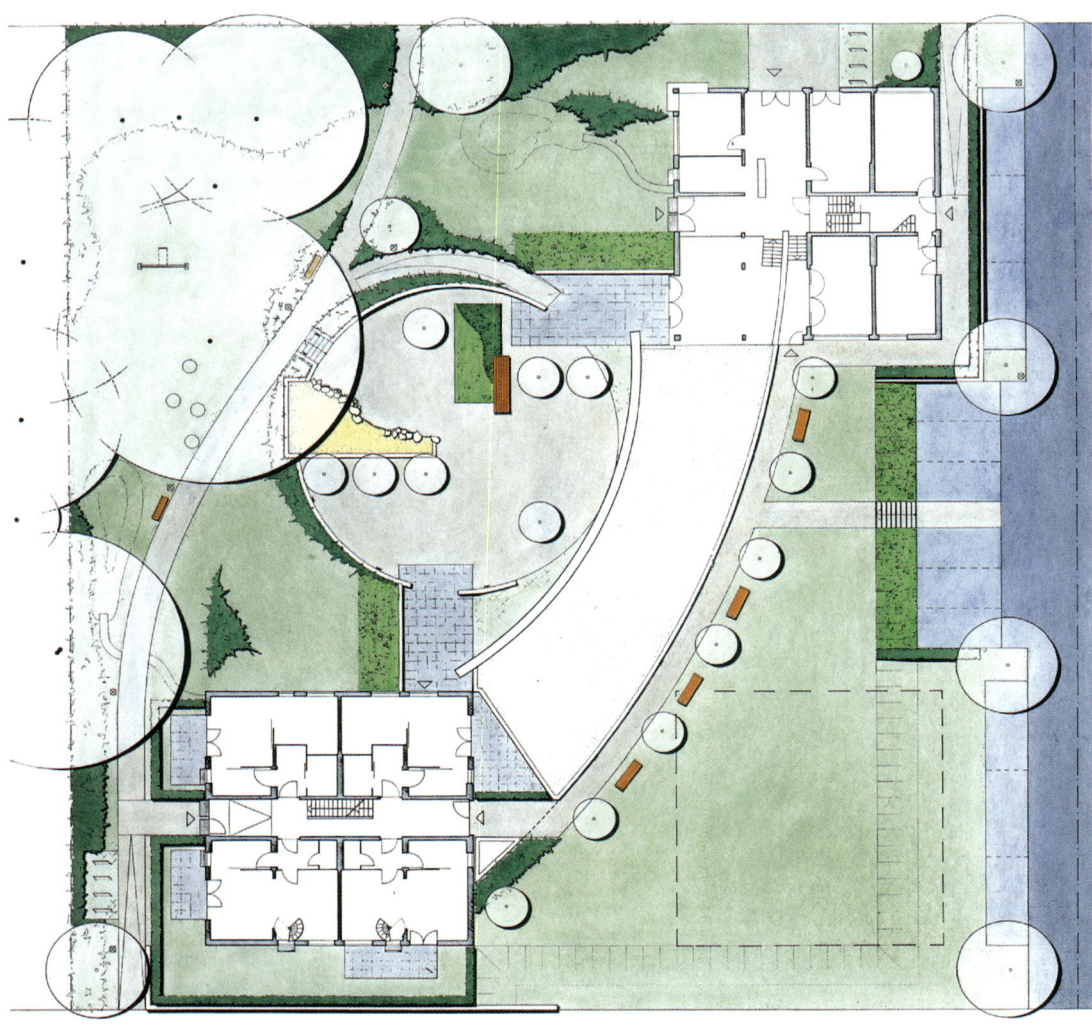

Realisierung
Internationales Begegnungszentrum Adlershof
Auftraggeber: Land Berlin, vertreten durch die
　　　　　　　Alexander v. Humboldt-Stiftung
Architekten:　F. Bartels u. Ch. Schmidt-Ott
　　　　　　　mit G. Wagner

Der Entwurf für einen Gebäudekomplex am Rande des Wissenschafts- und Wirtschaftsstandortes Adlershof baut auf bestehende städtebauliche Vorgaben auf. Zwei kubische Einzelhäuser werden über einen tiefergelegenen, extensiv begrünten Geschoßriegel verbunden, dessen Fassade sich zum angrenzenden Gartenhof hin öffnet.
Diese abgesenkte Freifläche bildet das Zentrum der Außenanlagen und nimmt in ihrer Gestaltung die Formensprache der Architektur auf.

Realisierung
Berufsförderungswerk Mühlenbeck
Auftraggeber: Berufsförderungswerk Brandenburg
Architekten: Baumann + Schnittger

Innenhof - Schulung

Innenhof - Verwaltung

Fotos: Florian Keller, lux fotografie berlin

LANDSCHAFTSARCHITEKTEN II

·

HAMBURG
NIEDERSACHSEN/BREMEN
SCHLESWIG-HOLSTEIN

Wolfgang Andreä
*1947

1969 - 72 Studium an der TFH Berlin
1972 - 74 Mitarbeit im Büro Prof. Nagel, Berlin
1974 - 77 Aufbaustudium Universität Hannover
1977 - 92 freier Landschaftsarchitekt
Büro mit Partner H.D. Schulze
seit 1992 Büro W. Andreä in Hamburg

**Außenanlagen Kreiskrankenhaus Meißen
1992 - 97**

Das 18 ha große Gelände des neuen Kreiskrankenhauses liegt am Ortsrand von Meißen im Übergang zur freien Landschaft. Die betont flachgehaltene Bebauung bettet sich in die Niederungslandschaft der Elbe ein, Landschaftsblicke auf die Weinberge des Elbhanges bleiben erhalten. Repräsentativen Auftakt am Ende der Vogelkirschenallee bildet ein langes, flaches Wasserbecken mit angrenzenden Aufenthaltsbereichen. Die übrigen Freiflächen sind größtenteils extensiv im Sinne eines Landschaftsgartens gestaltet, punktuell werden kleinere "Parkräume" für unterschiedliche, intensive Nutzungen angeboten:
Holzdeck und Rasenstufen am Rückhalteteich, ein von Hecken und Mauern umschlossener Garten, schattiger Laubengang und Therapiegarten. Durch die Fächerung der Baukörper und acht intensiv gestaltete Innenhöfe entsteht eine intensive Verzahnung zwischen Gebäude und Freiraum.

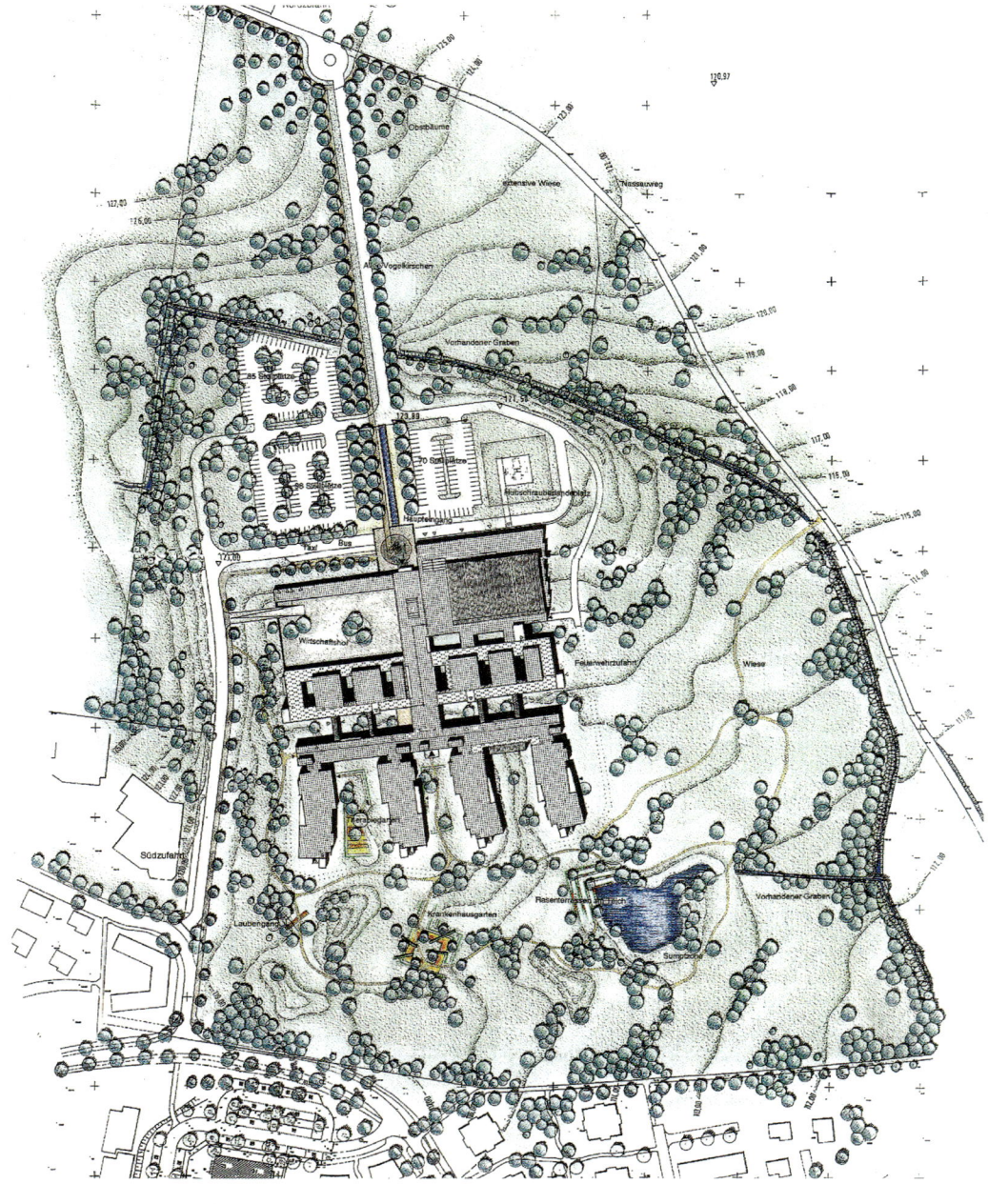

Acht vom Gebäude umschlossene **Innenhöfe** (6 x 12 m) nehmen gestalterisch das Thema der Gebäudeachsen auf, die von einer freien landschaftlichen Form durchbrochen werden.
Zusätzlich mußte mit der Problematik von z.T. tiefgelegenen, schattigen und unterbauten Höfen mit geringem Auftrag umgegangen werden. Rankseile und Klettergerüste bringen das Grün nach oben, Spiegel und Wasserflächen tragen das Licht in die Höfe.
Modelle haben hier gute Überzeugungsarbeit geleistet.

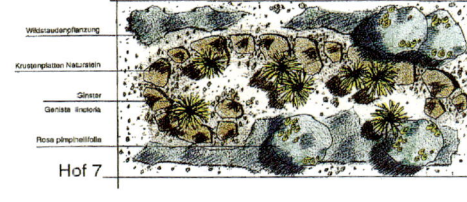

Hof 7

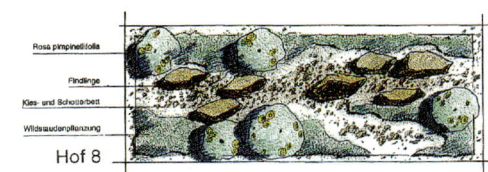

Hof 8

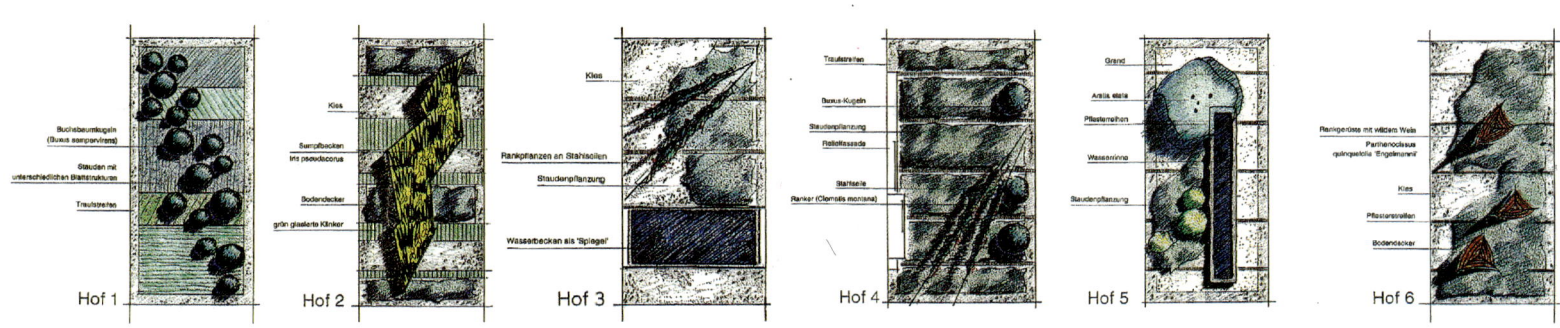

Hof 1 Hof 2 Hof 3 Hof 4 Hof 5 Hof 6

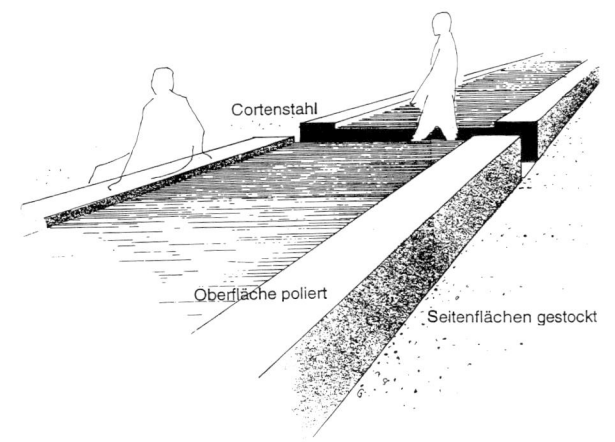

Cortenstahl

Oberfläche poliert

Seitenflächen gestockt

Ein 60 m langes, flaches **Wasserbecken** aus Ortbeton bestimmt den Eingangs- und Aufenthaltsplatz vor dem Gebäude. Zwei Durchstiche aus Stahlblechen ermöglichen den Übergang und sind gleichzeitig ständiger Wasserüberlauf.

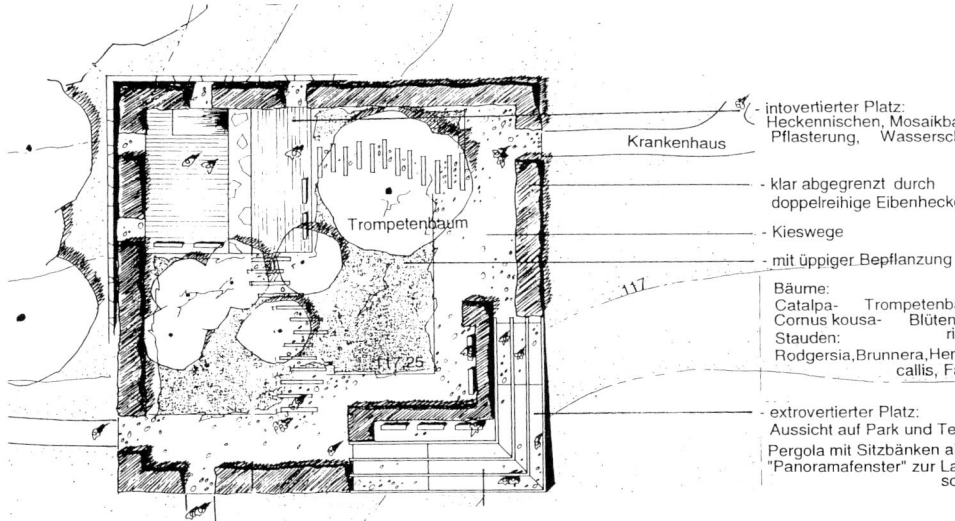

Krankenhaus

Trompetenbaum

- intovertierter Platz:
  Heckennischen, Mosaikband,
  Pflasterung, Wasserschale

- klar abgegrenzt durch
  doppelreihige Eibenhecken

- Kieswege

- mit üppiger Bepflanzung

  Bäume:
  Catalpa-   Trompetenbaum
  Cornus kousa-   Blütenhart
  Stauden: riegel
  Rodgersia, Brunnera, Hemero
                      callis, Farne

- extrovertierter Platz:
  Aussicht auf Park und Teich,
  Pergola mit Sitzbänken als
  "Panoramafenster" zur Land
                      schaft

Der intensiv gestaltete, umgrenzte **Krankenhausgarten** bildet einen Kontrast zur weiten, offenen Parklandschaft und bietet zusätzliche Aufenthaltsqualitäten mit schattigen, introvertierten und sonnigen Plätzen mit Aussicht auf Park und Teich.
Hecken, Kieswege, Pergolen, Blütenbäume und Staudenbeete unterstreichen den gärtnerischen Charakter.

Der **Laubengang** mit Birkenausfachung schiebt sich von der offenen Wiese in ein Wäldchen. Dieses Spiel mit Licht und Schatten wird durch Ausfachungen und Wandscheiben in dem schlichten Grundgerüst aufgenommen.

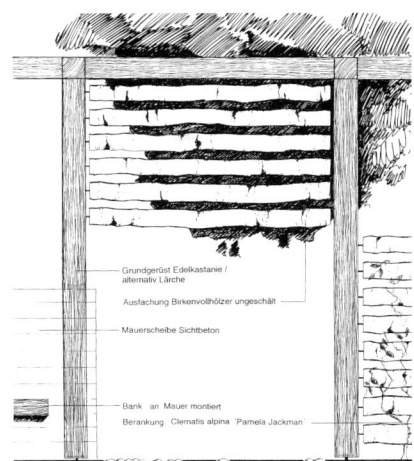

Grundgerüst Edelkastanie /
alternativ Lärche

Ausfachung Birkenvollhölzer ungeschält

Mauerscheibe Sichtbeton

Bank an Mauer montiert
Berankung Clematis alpina 'Pamela Jackman'

Weg

offene Parkseite mit Aussicht

3,00

Waldseite

Realisierungswettbewerb 1997
Landschaftspark Hafenblöcken

Parkkonzept

Die planerische Herausforderung und Grundidee lag darin, einen hohen Nutzungsdruck aus anliegenden Großsiedlungen mit sehr empfindlichen Biotopschutzflächen zu vereinen. Durch die Schaffung unterschiedlich gestalteter Zonen sollte die Nutzungsintensität maßgeblich beeinflußt werden. Der Nutzungsdruck aus den angrenzenden, vorhandenen und geplanten Siedlungsgebieten wird im westlichen, intensiver gestalteten Bereich aufgefangen und ermöglicht so eine Entlastung des östlichen naturnahen Bereichs als Biotopschutzzone. Die geplante Parkanlage richtet sich zwar an der kulturhistorischen Struktur mit ihren vorhandenen Knicks und Saumbereichen aus, grenzt jedoch durch ein quergelegtes Rückgrad in Form einer Hauptquerspange den intensiv gestalteten Park mit Spielplätzen, Gärten und Aussichtsberg von dem extensiven Bereich mit seinen sensiblen Biotopschutzflächen ab. Wichtige Einrichtungen im Park sind:

Spielplätze

Unmittelbar der Siedlung zugeordnet sind Baum-, Hecken-, Kleinkinder- und Gerätespielbereiche. Ein Teilbereich ist als Wasserspielplatz ausgebildet. Ein Spiel- und Aufenthaltsbereich für Jugendliche ist im Norden des Parks angesiedelt mit Spiel- und Liegewiesen sowie Skateboardbahn und Streetballfeld.

"Gärten" im Park

In der Mitte der Wegespange sind auf engem Raum zurückhaltend angelegte, aber dennoch anspruchsvoll gestaltete "Gärten" vorgesehen. Ihr intimer Charakter soll zum Verweilen einladen. Elemente kulturhistorischer Nutzung finden sich in der Gestaltung der Gärten wieder, werden durch die nach Westen und Osten angrenzenden, markanten Streuobstwiesen aufgenommen und weiter in die Landschaft getragen. Nach Norden und Süden auslaufend begrenzen Rasenwellen mit Ölweidengruppen diesen Bereich.

Aussichtsberg

Im Zentrum des Parks ist ein Aussichtsberg von ca. 8 bis 10 m Höhe mit einem kleinen Aussichtsturm vorgesehen. Dieser Berg ist bewußt als geometrisch gestaltete, künstliche Erhebung (Elypse) geplant. Dieses dominierende künstliche Element bindet den Besucher einerseits durch den Reiz des "Erklimmens" an den intensiv genutzten Bereich, ermöglicht ihm andererseits die Wahrnehmung der landschaftlichen Seeuferbereiche, ohne sie direkt zu nutzen.

Kinderbauernhof

Den Kopf der Spange bildet im Norden der geplante Kinderbauernhof. Er ist von der Gebäudestellung den historischen Gutshöfen nachempfunden, mit einer Weide im Hof für Streicheltiere und einer angelagerten Ponywiese.

Biotop

Der ökologisch hochwertige Bereich des Schleemer Baches soll geschützt und entwickelt werden. Hier ist eine Renaturierung des Baches vorgesehen in Form von Mäandern und Aufweitungen, mit Flachwasser- und Sumpfzonen. Über diese Schutzzone wird nur ein Hauptweg zum Öjendorfer See geführt. Er verläuft über einen langen Holzsteg durch die Bachaue, wodurch Trittschäden und ein Verlassen des Weges verhindert werden.

Bootssteg am Öjendorfer See

Der erwähnte Hauptweg führt direkt zum Ufer des Öjendorfer Sees. Hier ist ein Steg am Wasser vorgesehen. Vorstellbar ist auch, hier einen kleinen Tretboot- und Ruderbootverleih vorzusehen. Das Anbieten eines intensiv gestalteten Bereichs mit hoher Aufenthaltsqualität soll auch hier das Interesse der Parkbesucher bündeln und zugleich die umliegenden Schutzflächen schonen, ohne die Erlebbarkeit der Landschaft einzuschränken.

Altenheim für Sehgeschädigte
in Hamburg/Wandsbek 1994-97

Wichtige Kriterien für die Planung der Freianlagen waren die Schaffung von vielfältigen Funktions- und Erlebnisbereichen für blinde und sehbehinderte, alte Menschen. Hierbei mußte besonders die gute Orientierbarkeit für diesen Nutzer im Vordergrund stehen. So entstanden eine einfache, bewußt orthogonal gestaltete Anlage, mit wegbegleitenden Holzhandläufen, weißen Markierungsstreifen und geschützten Sitznischen-Elementen, die den Bewohnern Sicherheit im Benutzen ihres Freiraumes vermitteln.

Der eingeschränkten Wahrnehmungsweise der Nutzer soll Rechnung getragen werden, indem andere Sinnesreize eingeplant wurden, wie ein sprudelndes Wasserbecken, erhöhte Duft- und Tastbeete mit besonderer Pflanzenwahl, sowie Bewohnergärten zum Selbergärtnern.

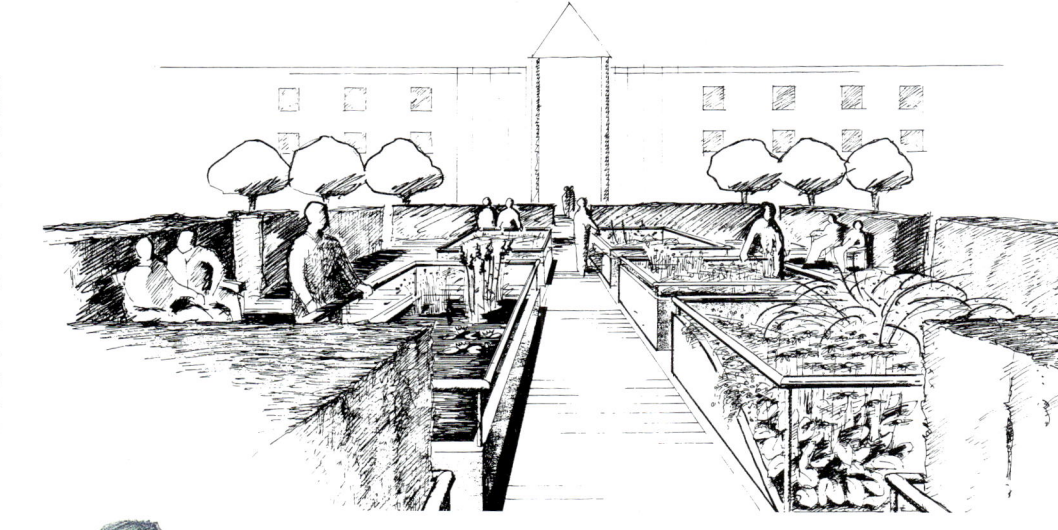

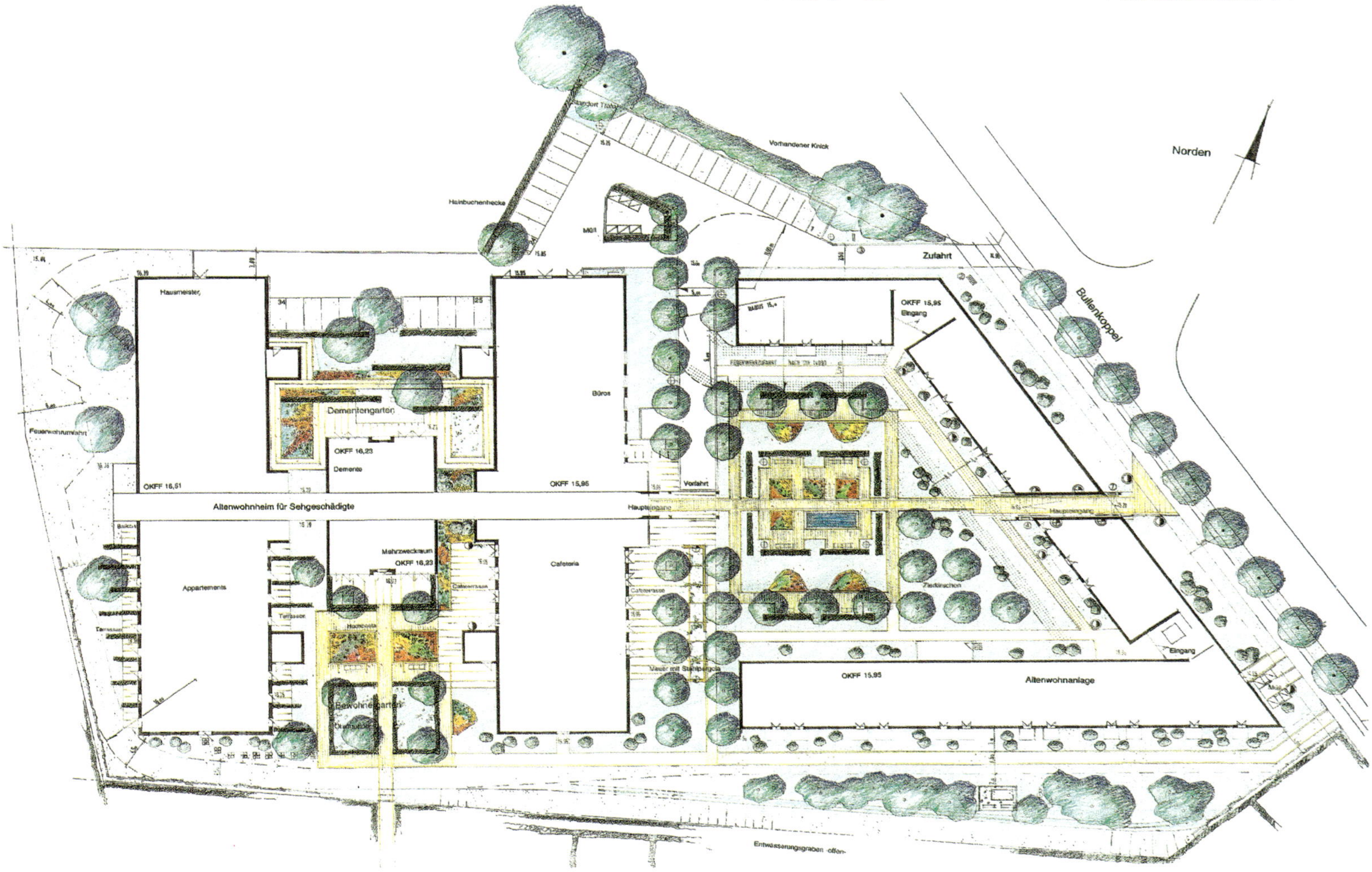

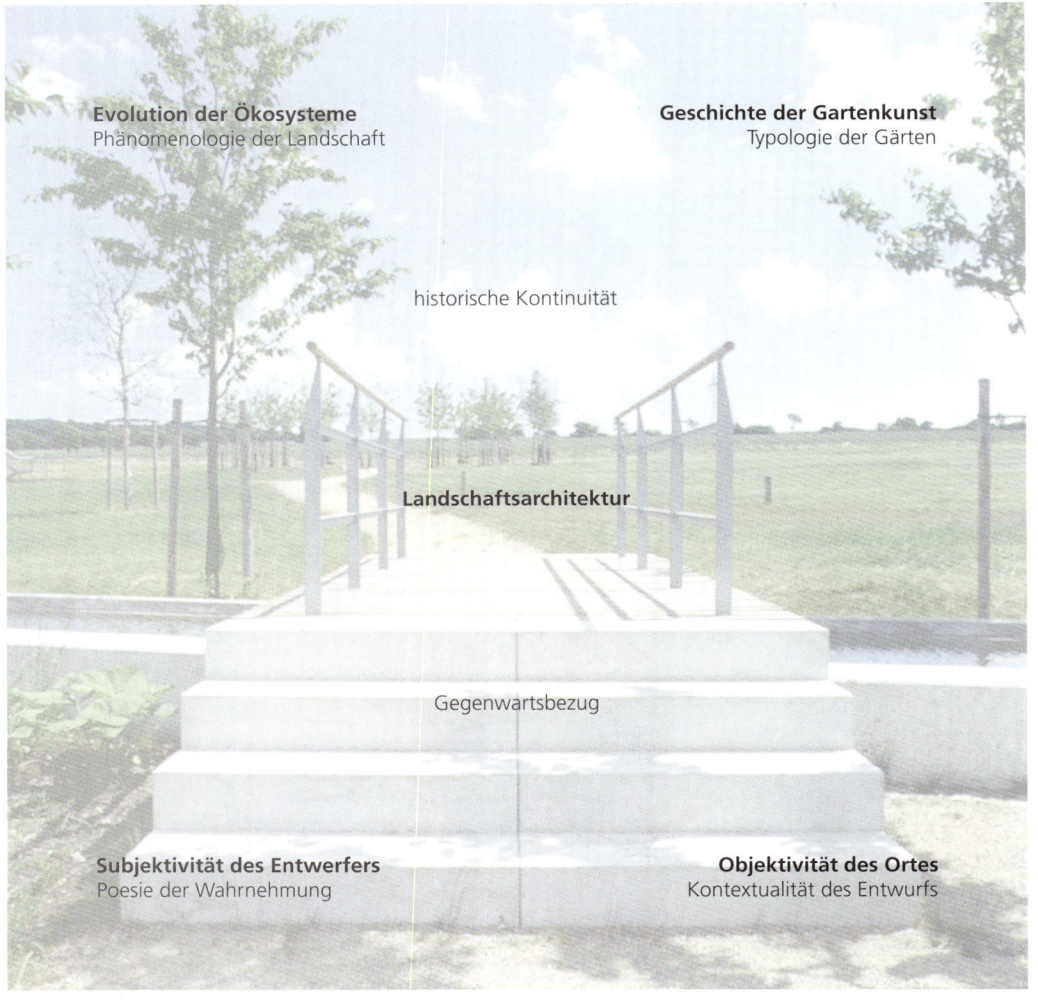

Evolution der Ökosysteme
Phänomenologie der Landschaft

Geschichte der Gartenkunst
Typologie der Gärten

historische Kontinuität

Landschaftsarchitektur

Gegenwartsbezug

Subjektivität des Entwerfers
Poesie der Wahrnehmung

Objektivität des Ortes
Kontextualität des Entwurfs

Quelle

Günter Greis

*1960

1982 - 89 Studium an der Universität Hannover
Fachbereich Landespflege

1986 - 87 Studium an der University of Edinburgh
Landscape Architecture

1989 - 90 Mitarbeit im Büro Glen, Kemp, Hankinson,
Newcastle, GB

1990 - 92 Mitarbeit im Büro Wehberg · Lange ·
Eppinger · Schmidtke, Hamburg

Peter Köster

*1960

1981 - 82 Studium an der GHS Paderborn/Höxter
Fachbereich Landespflege

1982 - 88 Studium an der Universität Hannover
Fachbereich Landespflege

1985 - 86 Mitarbeit im Büro metron AG,
Windisch, CH

1988 - 90 Mitarbeit im Büro Zlonicky + Wachten,
Dortmund

1990 - 92 Mitarbeit im Büro Wehberg · Lange ·
Eppinger · Schmidtke, Hamburg

1994 Mitarbeit am Institut für
Städtebau + Landschaftsplanung,
Universität Braunschweig

Kai Metzger

*1957

1981 - 83 Besuch der Fachoberschule für Gartenbau,
Hamburg

1982 - 88 Studium an der Fachhochschule
Osnabrück, Fachbereich Landespflege

1988 - 92 Mitarbeit im Büro Wehberg · Lange ·
Eppinger · Schmidtke, Hamburg

gemeinsames Büro in Hamburg

Das Büro wurde 1992 von den Partnern Günter Greis,
Peter Köster und Kai Metzger gegründet. Die unter-
schiedlichen fachlichen Schwerpunkte der Partner,
vom Entwurf über die Werkplanung bis zur Bau-
leitung, bieten die Voraussetzung für eine frühzeitige
Integration aller entwurfs- und baurelevanten Fragen.
Die Partner sind Mitglieder der Architektenkammern
AKHH, AKN und AKNW.

Gärten voller Zeit

Architektur ist nicht die Ästhetisierung des Lebens, sondern das Leben selbst. Die Kunst der Architektur liegt darin, sie im Entwurf aus dem "Werden im Laufe der Zeit" [1] zu lösen, um sie zu begreifen und sie um so eindringlicher dem Werden und Vergehen zurückzugeben.

Konzeptionen eines reinen Funktionalismus sind nicht tragfähig den Zeitläufen standzuhalten. Die Geschichte zeigt, daß bedeutende städtebauliche oder landschaftsräumliche Phänomene, deren ursprüngliche Funktion längst erloschen ist, auf Grund ihrer Form und ihres geschichtlichen Kontextes weiter von Bedeutung sind. Die Piazza del Anfiteatro in Lucca hat für ihre äußerst prägnante, unabänderliche Form immer wieder neue, anpassungsfähige Nutzungen gefunden. Stadtwälder, wie in Hannover oder Bremen, haben unabhängig von ihrer ursprünglichen Nutzung als Hute- oder Forstwald eigenständige Bedeutung erlangt.

Diese widerstandsfähigen, robusten Phänomene stehen im Mittelpunkt unseres Interesses an der Architektur. Die Evolution der Ökosysteme und die Geschichte der Gartenkunst haben, gleichsam als kollektives Gedächtnis der Natur und der Architektur, eine Vielzahl solcher Phänomene erhalten. Als Raum oder Körper haben sie Ihre Verwandlungsfähigkeit im Laufe der Zeit unter Beweis gestellt und sich selbst über das Ziel eines rein konservierenden Bestandsschutzes hinaus erhoben. Beim Bauen wird dieses früher Entstandene zum integrierenden Bestandteil neuer Architektur.

Das Besondere der Gartenarchitektur gegenüber der Architektur besteht darin, daß sie nicht allein Setzung, Wille, Ordnung dieser Phänomene ist, was die Griechen Thesis nannten. Sie geht auch nicht allein aus der reinen, absichtslosen Welt der Natur, der Physis hervor. Die Gartenarchitektur ist zwischen dem Menschen und der Natur, "zwischen Thesis und Physis angesiedelt" [2].

Um sich den widerstandsfähigen, robusten Phänomenen zu nähern ist es notwendig, eine Phänomenologie der Landschaft und eine Typologie der Gärten zu erarbeiten. Beides verstehen wir im Sinne von Quatremère de Quincy als die "Lehre von nicht weiter reduzierbaren, elementaren Typen" [3]. In der Ökologie liegt mit der Systematik der Pflanzengesellschaften eine wunderbare Grundlage für eine Phänomenologie der Landschaft vor. Wälder, Forsten, Waldmäntel,

Hain

Patio

Theater

Kreuzgang

Gebüsche, Hecken, Stillgewässer, Fließgewässer, Moore, Marschen, Dünen, Alpine Rasen, Hochstaudenfluren, Fels- und Steinblöcke, nivale Standorte, Wiesen, Weiden, Trocken- und Halbtrockenrasen, Ruderalfluren oder Brachen sind nicht allein pflanzensoziologische Kategorien, sondern in Wirklichkeit Formen, die eine Landschaft entstehen lassen. Wer einmal einen Hainsimsenbuchenwald (Luzulo-Fagetum) oder einen Rostseggenrasen (Caricetum ferrugineae) in reiner Ausprägung gesehen hat, begreift die Kraft und Klarheit dieser Formen.

Eine Typologie der Gärten ist am weitestgehenden bisher von Christian Cay Laurenz Hirschfeld in seiner Theorie der Gartenkunst vorgelegt worden. In seinem zweiten allgemeinen Gesetz der Gartenkunst fordert er die Künstler auf, "den Eindruck der Gegenstände der Natur ... dadurch zu heben suchen, daß er übereinstimmende Gegenstände der Kunst darunter mische und mit dem Ganzen verknüpfe"[4]. Unsere Kritik an Hirschfeld macht sich an den Begriffen "mischen"und "verknüpfen" fest. Beide, Kunst und Natur, sollen in der Gartenarchitektur nicht als Mischung vorliegen, sondern als ursprüngliche Einheit entstehen. Eine Übertragung der aus der Gartenkunst überlieferten Formen von Gärten als umfriedeter Ort, Paradies, Rodung, Hängender Garten, Hausgarten, Straße, Platz, Kirchgarten, Friedhof, Gartenhof oder Patio, Lustgarten, Landschaftspark, Festungsgarten, Boulevard, Volksgarten oder Schrebergarten vollzieht sich im Dialog zwischen Mensch und Natur, zwischen Thesis und Physis.

In diesem Dialog sind nicht extreme Kontraste, sondern Grauwerte für uns von Interesse. Die Schattierungen verdeutlichen das Wesen der Gartenarchitektur als Ordnungsprinzip, das die Trennung von Mensch und Natur, Thesis und Physis noch nicht kennt.

Die Arbeit mit den Phänomenen der Landschaft und den Gartentypen ist aber keine Geschichtszuwendung, die eine eklektizistische Gestaltungswillkür zur Folge hat. Gartenarchitektur bezieht sich immer auch auf Gegenwärtiges und Zukünftiges. Die Funktion spielt vom Beginn des Planungsprozesses an eine wesentliche Rolle. Die schöpferische Auseinandersetzung mit der Funktion im Kontext des Ortes ist Ausdruck eines unmittelbaren, direkten Verhältnisses zur Realität. Die Umwandlung der Landschaftsphänomene und Gartentypen "vollzieht sich im Dialog zwischen Idee und Ort. Diese beiden Pole stehen nicht im Widerspruch, sondern bedingen sich komplementär:

Der Ort erzeugt die Idee und die Idee schafft einen neuen Ort"[5].

Gartenarchitektur steht aber nicht nur in Beziehung zu vorhandenen Tatbeständen, zur Idee und zur Geschichte. Gartenarchitektur steht auch in Beziehung zu der Person, die sie "entwirft". Die Subjektivität des Entwerfers, seine Poesie der Wahrnehmung sind Ausgangspunkt und Antrieb des Planungsprozesses und nicht zuletzt für die Lust am Bauen. Erst wenn der Entwerfer in der Lage ist, die Einheit aus dem, was ist, und aus dem, was noch nicht ist, zu erkennen, beginnt Architektur. Trotz unseres Mangels an Wissen von allen Zusammenhängen sind wir in der Lage, diese Einheit als Teil einer zeitunabhängigen Ordnung zu erkennen. Diese Erkenntnis und der Wunsch, einen Ausdruck für sie zu finden, sind unerschöpfliche Grundlage für unsere Lust am Bauen.

Denn so sagt Louis I. Kahn, "es gibt kein Kunstwerk, das nicht freudig geschaffen wird, wie tragisch oder schauerlich oder hässlich auch immer sein Gegenstand sein mag"[6].

Wasserstelle

[1] Aldo Rossi, Die Architektur der Stadt, in: Bauwelt Fundamente 41, Hrsg. Ulrich Conrads, Düsseldorf 1973

[2] Heinrich Rombach, Die Philosophie des Gartens, in: Wieviel Garten braucht der Mensch ?, Hrsg. Günther Bittner und Paul-Ludwig Weinacht, Würzburg 1990

[3] Quatremère de Quincy, (1755-1849), Dictionnaire de l'architecture, 3 Bd, Paris 1795-1825, zit. aus Aldo Rossi - Architekt, Berlin 1993

[4] Christian Cay Laurenz Hirschfeld, Theorie der Gartenkunst, in Auszügen herausgegeben von Franz Ehmke, Berlin 1990

[5] Oswald Mathias Ungers, Das Janusgesicht der Architektur, in: Sieben Variationen des Raumes über die Sieben Leuchter der Baukunst, O.M.Ungers, Stuttgart 1985

[6] Romaldo Giurgola und Jaimini Mehta, Louis I. Kahn - Schweigen und Licht Zürich 1992

Wegzeichen

ASP Atelier Schreckenberg Partner

Karl Peter Schreckenberg

1937	Dipl.-Ing. Landschaftsarchitekt, Stadtplaner SRL, WKB
1967	Gründung des Büros
1971 - 85	Team Grünplan
1985 - 97	ASP Atelier Schreckenberg Partner in Berlin, Bremen und Rostock

Frank-Dieter Stucken

1958	Dipl.-Ing. Landschaftsarchitekt
1983 - 88	selbständig in Aachen
1988 - 90	Tätigkeit in Neuss
1990	ASP

Klaus Haase

1954	Dipl.-Ing. Landschaftsarchitekt
1982 - 87	Tätigkeit in Lübeck
1987 - 88	Tätigkeit in Hamburg
1989	ASP

Pläne produzieren wir fürwahr

Unsere Systematik orientiert sich dabei weniger am Leistungsbild der HOAI, sondern vielmehr ist es die Lust an der Auseinandersetzung im Team über Stadt- und Freiraumplanung nachzudenken und über diese gesellschaftspolitischen Aufgaben im allgemeinen und im besonderen zu diskutieren.

Und wir fangen immer wieder von vorne an, da die gebauten Ergebnisse immer Kompromisslösungen wurden – zwar im Konsens mit den Beteiligten, aber immerhin.

Es geht dabei auch nicht nur um die Akzeptanz bei den betroffenen Bürgern, sondern vielmehr auch um die Akzeptanz bei den Investoren, Verwaltungsgremien, Genehmigungsbehörden und die Akzeptanz all derer, die mitzureden haben.

Daß es uns weiterhin Spaß macht zu planen, liegt nicht nur an unserem fröhlichen Glauben, doch etwas zu bewegen und zu bewirken, sondern vielmehr auch an den schönen, interessanten und großen Aufgaben für uns, die sich gerade in den alten und neuen Bundesländern heute stellen.

Arbeitsbereiche

· Stadtplanung
· Landschaftsplanung
· Freiraumplanung

Wie geht es weiter?

DEUTSCHE LUFTHANSA - FLIEGERSCHULE

Außen

Das Wohnzimmer im Freien

Fliegerschule Deutsche Lufthansa, Bremen

Die Fliegerschule und das Umfeld.
Der Freiraum ist Aufenthaltsort für Schüler, Lehrer und Besucher. Deshalb ist diese Schule für die Schüler vorübergehend Heimat, für alle anderen ein Arbeitsplatz. Der Freiraum muß deshalb neben repräsentativen Aufgaben vornehmlich Aufenthaltsqualitäten und Freizeitmöglichkeiten bieten.

Innen

Terrasse

Dachterrasse

Kurzentrum und Kurpark Bad Suderode

Zum Erfolg des Kurgeschäftes gehörte immer schon
mehr als die bloße Verabreichung der therapeutischen
Anwendungen. Ein Kurort ist immer auch sozialer und
kultureller Treffpunkt und Kommunikationsort. Heute
steht mehr denn je die Ganzheitlichkeit bei der Kur-
gastbetreuung an oberster Stelle.
Kur als Erlebnis(-raum) erfahrbar zu machen, wird zur
Planungsprämisse. Architektur und Gestaltung haben
eine kreative Botschaft zu vermitteln. Vor diesem Hintergrund nehmen die Außenanlagen des Kurzentrums
Bad Suderode eine besondere Stellung ein.

Sie lassen sich in folgende fünf Bereiche gliedern:

1. Die Heckengärten am Haus
2. Der Hanggarten mit Sonnenterrassen
3. Die Waldwiese mit Lindenrondell
4. Die Kastanienallee mit Buchenhecke
5. Der Waldkurpark

Ostseebad Zinnowitz Strandpromenade

Berührungen
leben von Spannung
und flüchtigem
Gleichgewicht:

Alt und Neu.
Groß und Klein.
Gerade und Krumm.

Gesucht ist der Weg
zwischen Kontrast und Kompromiß;
das kleine Kunststück
an jeder Straßenecke.

(Bauwelt)

Der Wendeplatz

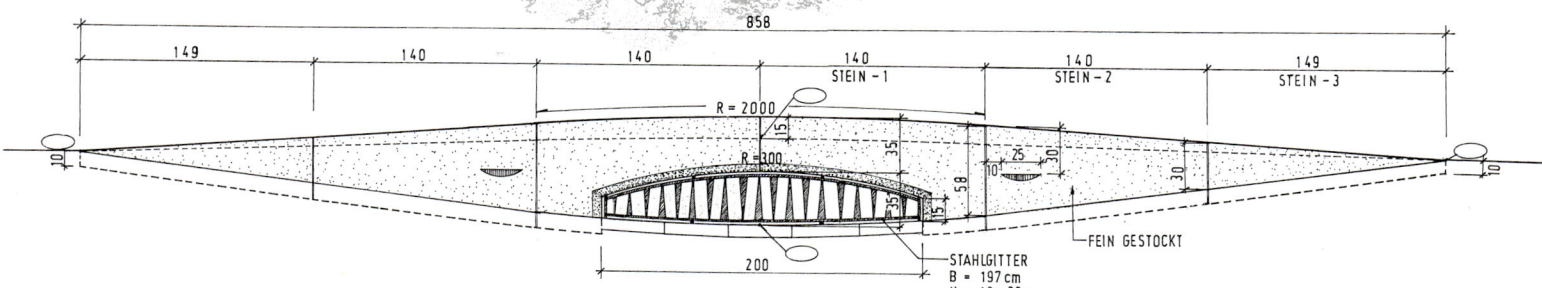

Ein Platz im Platz

Karl-Olfers-Platz, Cuxhaven

Der Horizont in einer Stadt ist die Begegnung von Augen!

Demnach muß ein Platz menschliche Dimensionen haben, muß erlebbar, muß überschaubar sein.
Die Gestalt, die Form und die Nutzungen des Karl-Olfers-Platzes bestimmen sich aus einer Eigendynamik heraus: Verkehr, Fuß- und Radwegverbindungen einerseits, Gebäude, Öffnungen, Fläche, Weite und Enge andererseits.

Platzeinlauf:
"... und der Haifisch, der hat Zähne, und die hat er im Gesicht."

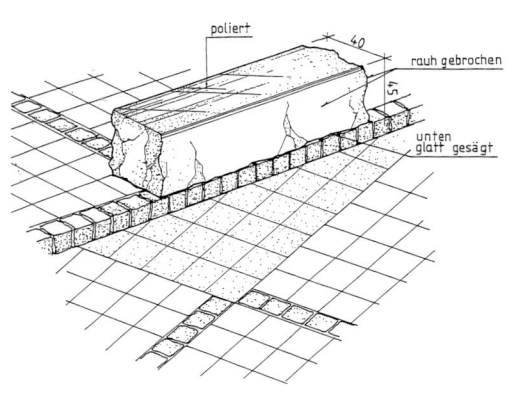

Innenstadtsanierung Tribsees

Modellstadt im städtebaulichen Förderprogramm des Landes Mecklenburg-Vorpommern

In Tribsees ist der historische Stadtgrundriß aus dem 13. Jahrhundert noch erhalten. Es gibt Plätze, breitere Straßen in Ost-West-Richtung und schmalere als Verbindungsstraßen zwischen diesen.
Ziel ist es, die Aufenthaltsfunktion der Straßen zu stärken, gute Fußwegverbindungen herzustellen, den Fahrverkehr durch eine Tempo-30-Zone und verengte Fahrbahnen zu beruhigen und die Straßenräume durch Begrünung zu beleben.

Das sind wir · Seit der Gründung im Jahre 1962 bearbeitet das Büro Bendfeldt · Schröder · Franke alle Bereiche der Freiraumplanung. In den beiden Büros in Kiel und Schwerin arbeiten zur Zeit 30 Mitarbeiter, darunter Diplom-Ingenieure der Fachrichtungen Landespflege, Biologie, Geographie.

Klaus-Dieter Bendfeldt · *1933 in Kiel · 1950 - 53 Gärtnerlehre in Kiel · 1953 - 55 Praktische Tätigkeiten in einer Staudengärtnerei und Baumschule · 1955 - 57 Studium an der "Höheren Gartenbauschule Osnabrück" · 1957 - 59 Tätigkeit im Büro des Garten- und Landschaftsarchitekten BDLA Richard Schreiner/Stuttgart · 1959 - 62 Dozent an der "Höheren Gartenbauschule Osnabrück" · 1962 Gründung eines eigenen Büros in Kiel · 1968 - 75 Vorsitzender des BDLA, Landesgruppe Schleswig-Holstein · 1969 Bestellung zum vereidigten Sachverständigen für Gartenarchitektur und Landschaftsplanung · 1993 Verleihung der Goldmedaille Fachhochschule Osnabrück, Fachbereich Landespflege · Veröffentlichung: Mit Herbert Keller: "Darstellung in der Freiraumplanung" im Blackwell Verlag, Berlin

Klaus Schröder · *1946 in Hamburg · 1969 - 73 Studium der Landespflege an der TH Hannover · 1973 Eintritt als Büroleiter in das Büro K.-D. Bendfeldt in Kiel · seit 1979 Mitglied in verschiedenen Beiräten für Naturschutz und Landschaftspflege, zeitweise Kreisnaturschutzbeauftragter der Landeshauptstadt Kiel · seit 1984 Mitglied im Vorstand der Architekten- und Ingenieurkammer Schleswig-Holstein

Jens Bendfeldt · *1963 in Kiel · 1986 - 92 Studium der Landespflege an der Fachhochschule Weihenstephan 1988 WS Studium der Architektur TH Hannover · 1989 Stipendium LA Sasaki/Walker/Associates in Florida, USA · 1991 Bürogründung mit Ulrich Franke in Schwerin · 1995 Gründung von Bendfeldt · Schröde · Franke freischaffende Landschaftsarchitekten BDLA, Kiel - Schwerin

Ulrich Franke · *1966 in Ortenberg · 1986 - 92 Studium der Landespflege an der Fachhochschule Weihenstephan · 1991 Bürogründung mit Jens Bendfeldt in Schwerin · 1995 Gründung von Bendfeldt · Schröder · Franke freischaffende Landschaftsarchitekten BDLA, Kiel - Schwerin

Wettbewerbe ab 1996

1998   Award, Gallipoli Peace Park, Türkei, Internationaler Ideenwettbewerb

        2. Preis, Staatliche Jugendmusikschule in Hamburg mit Architekten Krebber + Niemann, Hamburg

        3. Preis, Neuer Markt in Rostock

1997   1. Preis, EXPO 2000 "Wasserspuren sichtbar machen", zentraler Stadtplatz in Hann. Münden

        1. Preis, Lange Straße in Rostock

1996   3. Preis, Wohnpark Brinckmannsdorf in Rostock mit Architekten AC Ferdinand+Ehlers+Partner, Rostock

        2. Preis, Steinbeker Straße in Hamburg mit Architekten Kähne Bierwe Nähring Krause, Hamburg

"Kiel-Suchsdorf An der Au"
in ARGE mit Planungsgruppe Prof. Laage Hamburg und Büro Bielenberg + Levsen, 1997

Die Landesentwicklungsgesellschaft (LEG) Schleswig-Holstein entwickelt im Auftrag der Landeshauptstadt Kiel in landschaftlich bevorzugter Lage in der Nähe des Nord-Ostsee-Kanals einen Stadtteilbereich mit ca. 850 WE. Der städtebauliche Entwurf ging aus einem Gutachterverfahren hervor, den die Planungsgruppe Prof. Laage (Hamburg) 1993 gewann.

Unter der Federführung von PPL wurde 1997 eine ARGE "Suchsdorf An der Au" gebildet, in der sich das Büro Bielenberg + Levsen für die Erschließung und BSF für die Grünordnungs- und Freiraumplanung verantwortlich zeichnete.

Das Ziel der Planung ist eine ökologische Freiraumentwicklung, verbunden mit einer landschaftsverträglichen Siedlungsentwicklung, bei der die Ziele der Agenda 21 in großem Umfang berücksichtigt und realisiert werden sollen.

Sport- und Freizeitpark Neu Wulmstorf
Hochbau: Architekt Schüler, Rendsburg

Am Ortsrand der Gemeinde, am Rande eines waldreichen Erholungsgebietes, entstand für die Vereine und Bürger ein vielfältig zu nutzender Sport- und Freizeitpark. Die vorhandenen Höhendifferenzen im Gelände erlaubten die Anordnung der Spielfelder auf verschiedenen Ebenen. Verbunden mit einem Aussichtshügel entstand so eine räumlich gut gegliederte Anlage mit genügend Abstandsflächen zwischen den einzelnen Spielfeldern.

Reha Klinikum Nordfriesland
Hochbau: Architekt Haag, Stuttgart

In der Gemeinde St. Peter-Ording wurde 1995-96 die Rehabilitationsklinik Nord-friesland gebaut, eine Onkologische Nachsorgeklinik und Klinik für Atemwegser-krankungen.
Die Freianlagen sollen die umgebende nordfriesische Landschaft bis an die Klinik heranführen. Hecken bieten Schutz vor den ständigen Winden und markieren den Ruhehof im Süden.

Ulrich Brien

*1928   in Köstin

1952   Abschluß FH Geisenheim
1956   Abschluß TH Hannover
1963 - 75 eigenes Büro
1968 - 73 Fachliche Leitung der IGA 73
          Hamburg
1975 - 87 gemeinsames Büro in
          Ahrensburg und Lübeck mit
          Wolfgang Metzner
1987 - 93 gemeinsames Büro mit Ernst Wessels
seit 1993 gemeinsames Büro mit Ernst Wessels
          und Andreas Werning

Ernst Wessels

*1954   in Ellenserdamm/Friesland

1981   Abschluß TU Hannover
1981 - 83 Mitarbeit im Büro Brien + Metzner
1983 - 84 Bauleitertätigkeit bei einem
          Tiefbauunternehmen in Lübeck
1985 - 87 Aufbau eines eigenen Garten- und
          Landschaftsbaubetriebes mit
          zuletzt 15 Mitarbeitern
1987   gemeinsames Büro in Ahrensburg
          und Lübeck mit Ulrich Brien
seit 1993 gemeinsames Büro mit Ulrich Brien
          und Andreas Werning

Andreas Werning

*1961   in Bensberg bei Köln

1985   Abschluß FH Osnabrück
1986 - 93 Mitarbeit im Büro Brien + Wessels
          vormals Brien + Metzner
seit 1993 gemeinsames Büro in Ahrensburg
          und Lübeck mit Ulrich Brien
          und Ernst Wessels

1998   Büroumzug von Ahrensburg nach Hamburg

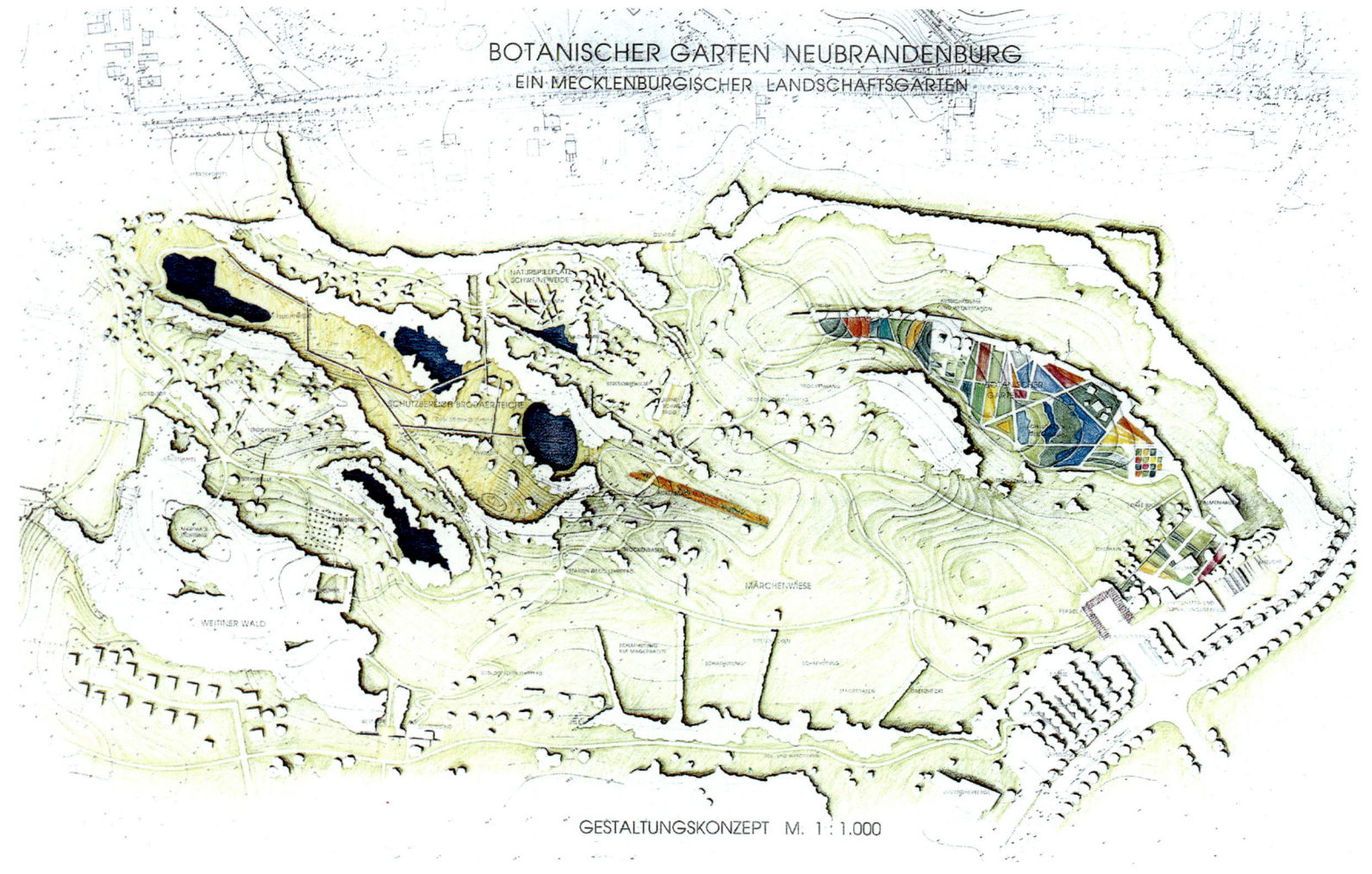

BOTANISCHER GARTEN NEUBRANDENBURG
EIN MECKLENBURGISCHER LANDSCHAFTSGARTEN

GESTALTUNGSKONZEPT M. 1 : 1.000

Landschaftsgarten Brodaer Teiche
Ideenwettbewerb 1993
1. Preis in AG mit den Architekten Mai - Zill - Kuhsen, Lübeck

Unter Federführung des Grünflächenamtes der Stadt Neubrandenburg wurde im Jahr 1993 ein Ideenwettbewerb für die Gestaltung eines etwa 35 ha großen Areals am westlichen Stadtrand ausgelobt.

Die Ausgangssituation

Mit einer für Norddeutschland außergewöhnlich bewegten Moränenlandschaft und einem gleichzeitig kleinteiligen Mosaik extensiver Nutzungsformen wie Ackerparzellen, Obstwiesen und aufgelassene Gärten ist hier ein Landschaftsraum von außergewöhnlicher Eigenart erhalten geblieben.
Magerrasen, Weißdorn- und Schlehengebüsche und nicht zuletzt die sogenannten "Brodaer Teiche" als Gewässer eiszeitlichen Ursprungs bestimmen den Charakter der Flächen.
In Zukunft jedoch wird die städtebauliche Entwicklung Neubrandenburgs die freie Landschaft in der Nachbarschaft der Parks weitestgehend aufzehren. Mit zusätzlichen Wohngebieten und einem "Sport- und Freizeitzentrum" wird der Nutzungsdruck auf die Freiflächen steigen.

Idee

Hieraus leitete sich die Idee ab, im urbanen Raum ein "Stück Landschaft" zu erhalten und so zu entwickeln, daß es den sich verändernden Nutzungsanforderungen gerecht wird, ohne jedoch sein Gesicht zu verlieren.
Wesentlicher Bestandteil des Wettbewerbsprogramms war die Einrichtung eines "Botanischen Gartens" mit einem nicht unerheblichen Flächen- und Raumprogramm. Zugunsten unveränderter Landschaft sah unser Entwurfskonzept die Konzentration des Gartens auf einem Plateau vor. Als gestalterisches Rückgrat wirkt die gebaute Geländekante mit einer Hochpromenade und einem Panoramablick auf Neubrandenburg und die umgebende Niederungslandschaft. Als Logo mit Fernwirkung erhebt sich das gläserne Tropenhaus aus dem Rahmengrün.

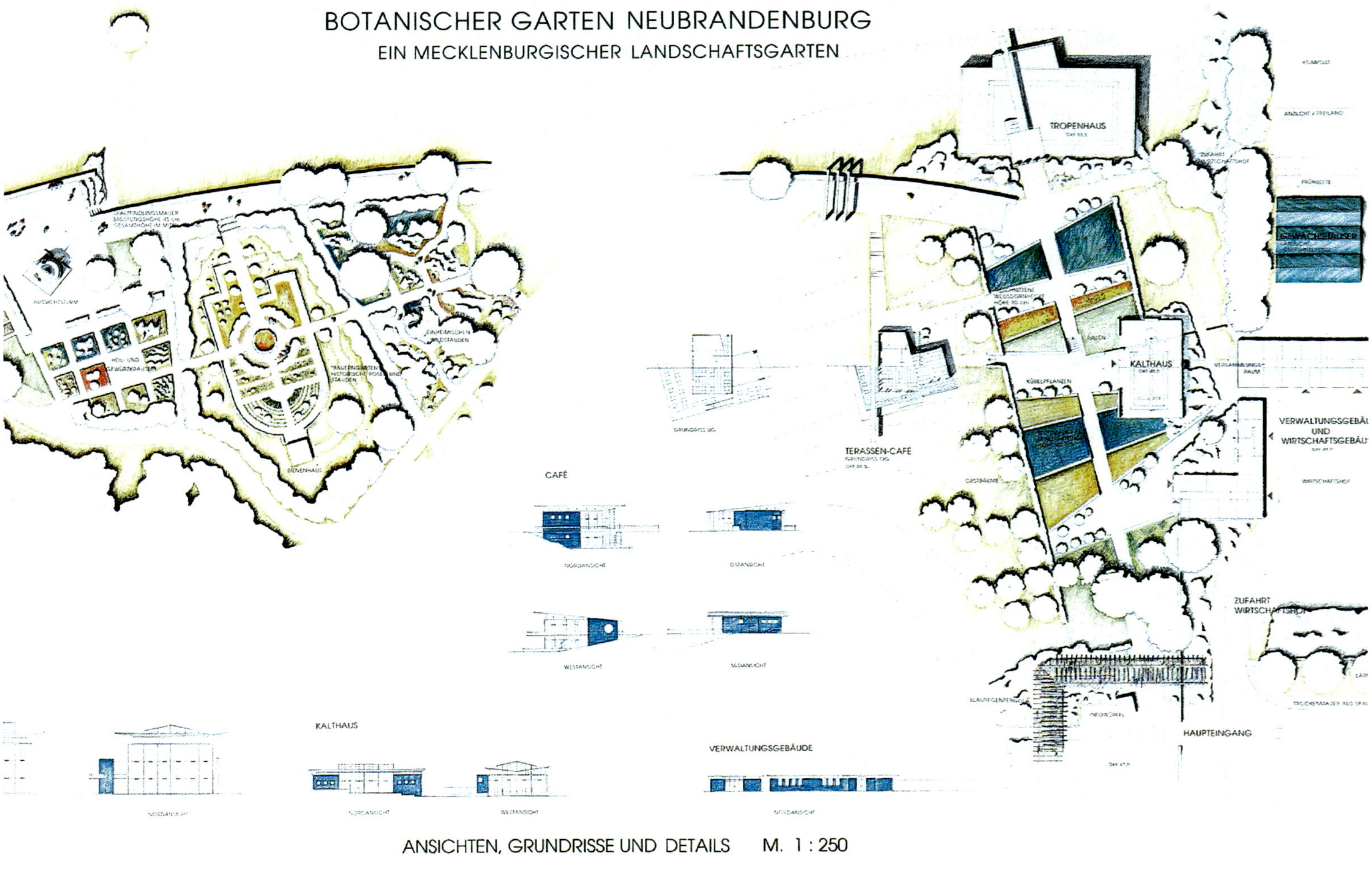

BOTANISCHER GARTEN NEUBRANDENBURG
EIN MECKLENBURGISCHER LANDSCHAFTSGARTEN

ANSICHTEN, GRUNDRISSE UND DETAILS   M. 1 : 250

Hochschulbereich Flensburg

Wettbewerbserfolg aus einem städtebaulichen und landschaftsplanerischen Ideenwettbewerb in Arbeitsgemeinschaft mit den Architekten Esau + Griesenberg, Ahrensburg

Die städtebauliche Figur folgt der Topographie des hügeligen Geländes und umfaßt gleichzeitig den landschaftlich gestalteten Hochschulpark.

Durch die Extensivierung der ursprünglich intensiv genutzten Ackerflächen wird ein ökologischer Ausgleich zu den baubedingten Eingriffen erzielt. Ein System aus naturnahen Teichen und Gräben dient zur Ableitung und Versickerung des Dachwassers. Gleichzeitig unterstreicht es den landschaftlichen Reiz des Hochschulparks. Eichengruppen betonen die Hügelkuppen.

Im Kontrast zu den landschaftlich fließenden Konturen des Parks werden Höhendifferenzen im Nahbereich der Gebäude zu bewußt ausformulierten Brüchen innerhalb der Topographie.

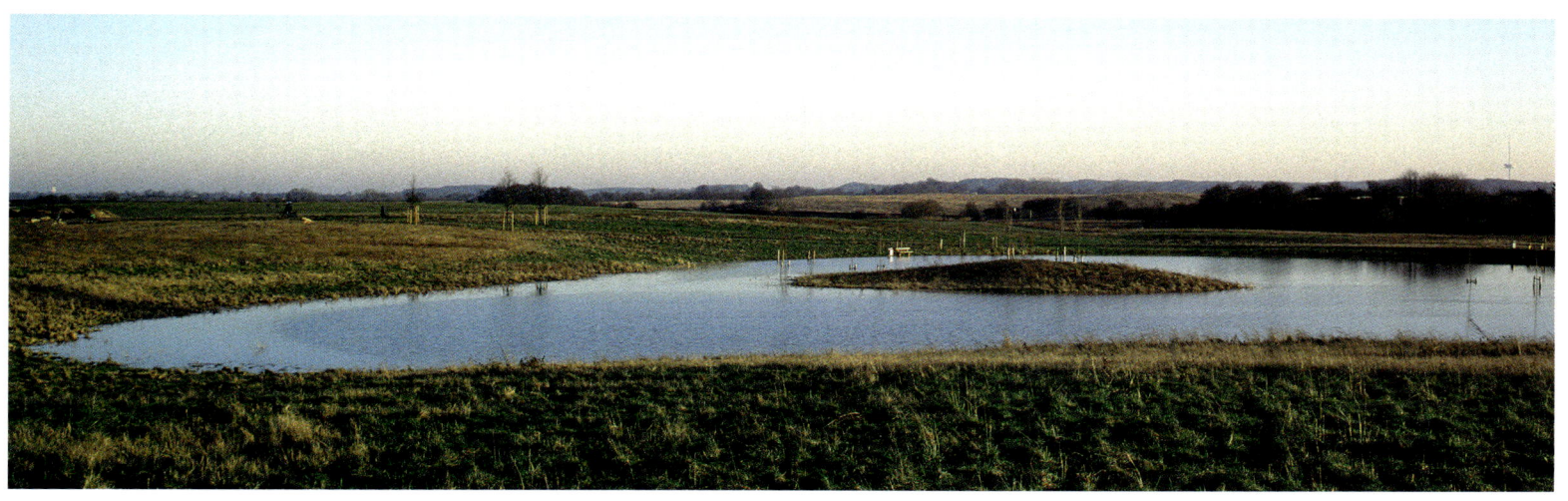

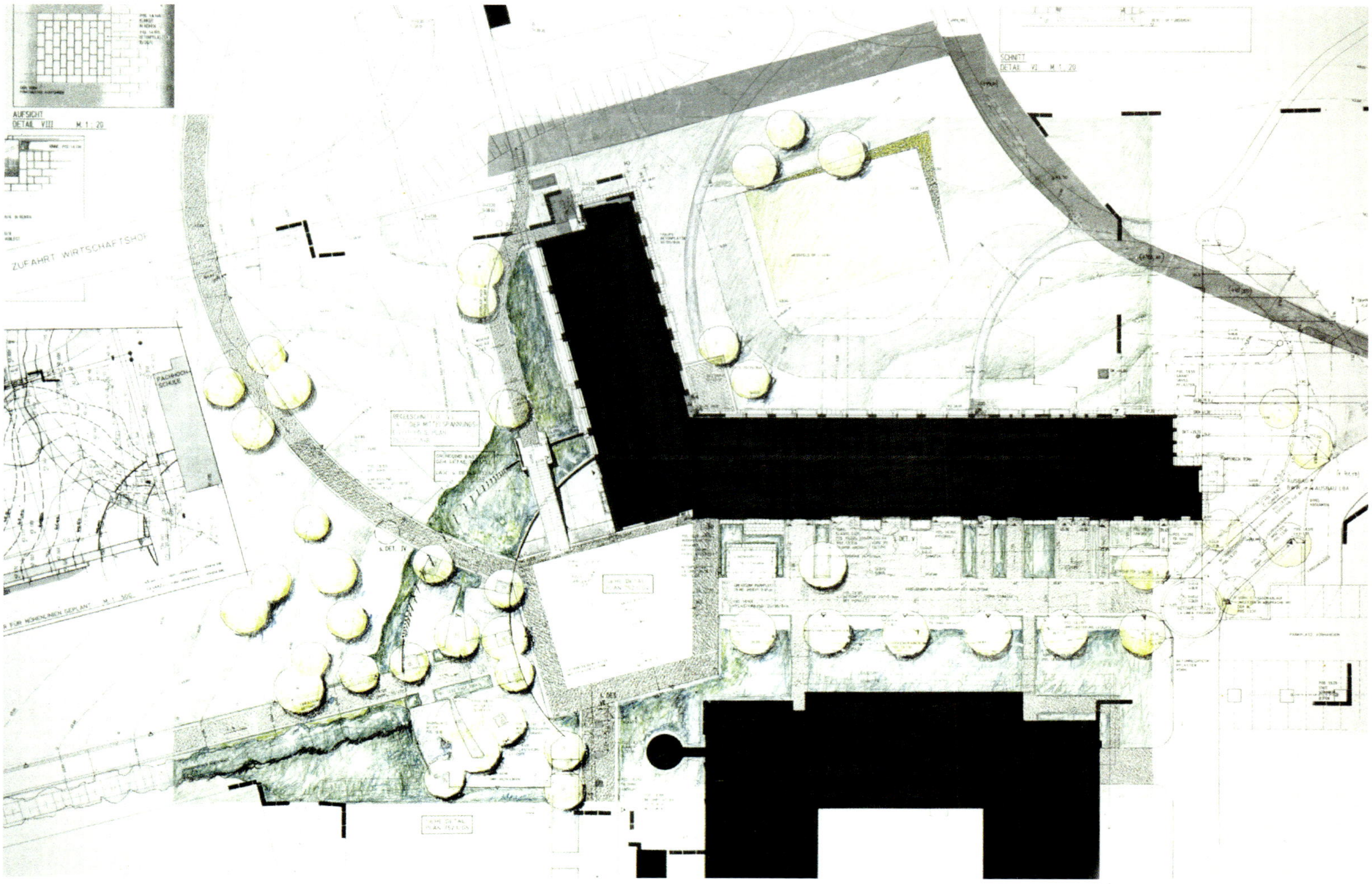
AUFSICHT
DETAIL VIII M.1:20
ZUFAHRT WIRTSCHAFTSHOF
SCHNITT
DETAIL VI M.1:20

martin diekmann
1983 - 89 Studium der Architektur und Landschaftsarchitektur an der Universität
Hannover · seit 1991 Büro für Landschaftsarchitektur in Hannover

Außenraum Bürogebäude Kriegerstraße, Hannover 1995
Bauherren/Architekten: Bertram Bünemann Partner/Harms & Partner, Harnover

Basis und Entrée des Bürogebäudes bildet ein Natursteinrelief. Die Formveränderung von Felsstein- und Vegetationsbändern korreliert mit dem vom Wasser benetzten Steinbalken im Hof. Die unterschiedlichen Gartenebenen im Innenhof, charakterisiert durch Strukturelemente wie Feldstein, Wasserspiegel, Kiesbeet und Staudenteppich, sind durch den Wasserlauf miteinander verbunden.

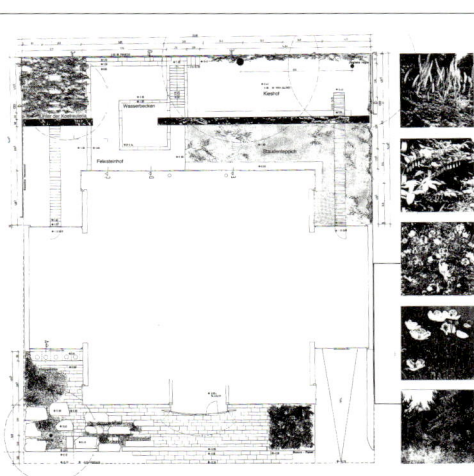

Fotos: Ulrich Dölker

Natursteinrelief   Kieshof   Wasserbalken   Staudenteppich   Feldsteinhof   Buxuspaket   Holzsteg   Rankparavant   Steinstele   Wasserspiegel

Campus Universität Lüneburg, Lüneburg 1997
Bauherr: NILEG, Hannover in Vertretung des Niedersächsischen Ministeriums für Wissenschaft und Kultur

Architekten: von Mansberg Wiskott Partner, Lüneburg

Die Transformation vom Kasernengelände zum Universitätscampus folgt dem Leitmotiv, eine neue Eigenständigkeit aus den gegebenen Charakteristika des Ortes zu entwickeln: Exerzierplätze werden zu Wiesen für Sport und Spiel, Straßenachsen wachsen als Baumlineamente in die Umgebung, die Kernzone wird zum Campusboulevard, Hecken und mit Resten der Vornutzung verfüllte Gabionenbänder überlagern das vorhandene Erschließungsraster.

Campus-Parterre   Lavendelband   Contré-Allee   Gartenhof   Steingabione   Hecke   Rasenplatz   Wasserspiegel   Rotdorndach   Steinsteg

Gehölzgarten Ripshorst, Oberhausen 1997
Modellprojekt der IBA Emscher Park
Bauherr: Kommunalverband Ruhrgebiet
Landschaftsarchitekten: Arbeitsgemeinschaft Martin Diekmann und Irene Lohaus

Dendrologische Beratung: Prof. Dr. Franz H. Meyer
Fußgängersteg: Prof. Dr. Jörg Schlaich

Auf einer zufällig von der industriellen Entwicklung verschont gebliebenen Acker-fläche entsteht der Gehölzgarten. Ein gleichbleibend breiter Rand aus Bäumen und Sträuchern folgt der Beliebigkeit des flächenhaften Ausschnitts und präpariert ein Stück offenes Grasland als idyllische Enklave aus dem heterogenen Umfeld heraus.

Die einzelnen Gehölzreihen addieren sich unter dem Leitmotiv der Entwicklungsge-schichte heutiger Bäume zu einer bandartigen Sequenz, die ihrerseits ein neues Stück Kulturlandschaft im Ruhrgebiet darstellt.

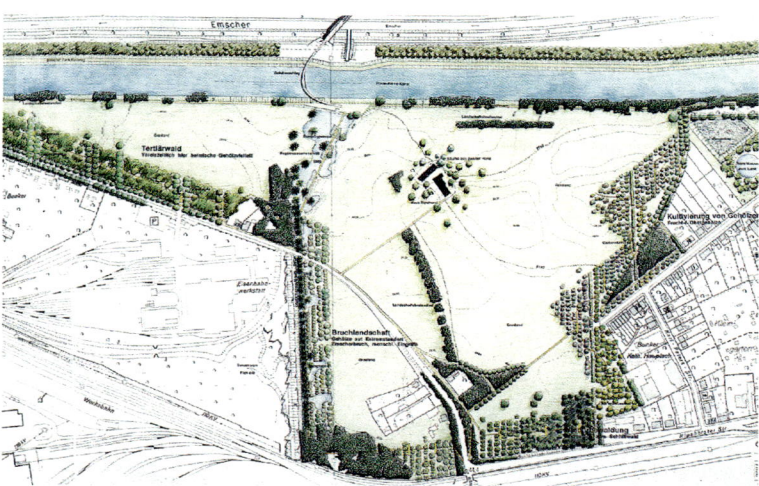 

Gingkohain   Tertiärwald   Merkreihe   Bruchlandschaft   Wiederbewaldung   Jupitereicheln   Kirschenhain   Rosenfeld   Sigillariateich

Friedhof Esterfeld, Meppen 1996
Bauherr: Stadt Meppen
Architekt Friedhofskapelle: Frank Schollmeyer

Der Friedhof fügt sich als klar definierte Raumform, abgeleitet aus den Waldparzellen der Umgebung, in die weite Feldlandschaft ein. Der Rasenanger als inneres Rückgrat auf dem Höhenrücken der Esteresch, raumbildende Heckenwände, Fried-

hofsmauern und ausgreifende Baumstrahlen schaffen einen kontemplativen Park im Dialog mit der Landschaft. Aus der Kammerung der Baumreihen resultieren räumlich begrenzte Rasenfelder, in denen die Grabstellen als Erdintarsien eingelassen sind.

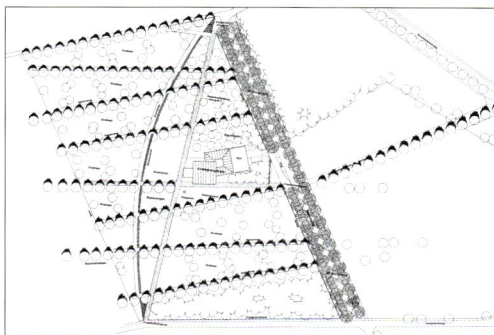

Rasenanger   Heckenwand   Kiesplatz   Rasenfelder   Blütenhain   Wasserstele   Erdintarsien   Eichenhain   Friedhofsmauer   Baumstrahlen

Ruprecht Dröge
*1931

1945	Gärtnerlehre
1948	Landschaftsbau Hannover
1953	Dipl.-Ing. FH Osnabrück
1954	Mitarbeit im Büro Dr. Walter Steinle, Stuttgart
1956	Mitarbeit im Büro Otto Valentin, Stuttgart
seit 1958	selbständig als freier Garten- und Landschaftsarchitekt
seit 1977	Partnerbüro Dröge, Grohs, Preissmann Gruppe Ökologie + Planung in Essen
seit 1984	öbv Sachverständiger für Technik des Garten- und Landschaftsbaues

Zu den wesentlichen Projekten des Büros zählen Objektplanungen der Freianlagen von Verwaltungsbauten, Kindergärten, Schulen, Krankenhäusern und Altenheimen.
Die Planung von städtischen öffentlichen Freiflächen, Friedhöfen, Sportplätzen sowie Objekten der Garten- und Denkmalpflege gehören ebenso zum Aufgabenspektrum.

Kreiskrankenhaus Staßfurt

Das bestehende Krankenhaus wurde in den Jahren 1995/96 um ein Bettenhaus erweitert. In Verbindung mit dieser Maßnahme wurde der Eingangsbereich mit Parkplatz, Krankenzufahrt, Hubschrauberlandeplatz, Café-Terrasse und öffentlichem Spielplatz neu gestaltet. Im zweiten Bauabschnitt wird der Funktionstrakt und die Kinderklinik erstellt.
Die Freianlagen umfassen den Patientengarten, der landschaftlich in den Baumbestand der Bodeaue integriert wird.
Ein Regenwasser-Rückhaltebecken, die Kantinen-Terrasse und ein Rasenoval werden als formale Elemente dagegengesetzt.
Architekten: PGK - Düker, Bahlo, Köhnke, Stosberg GmbH, Hannover und Magdeburg

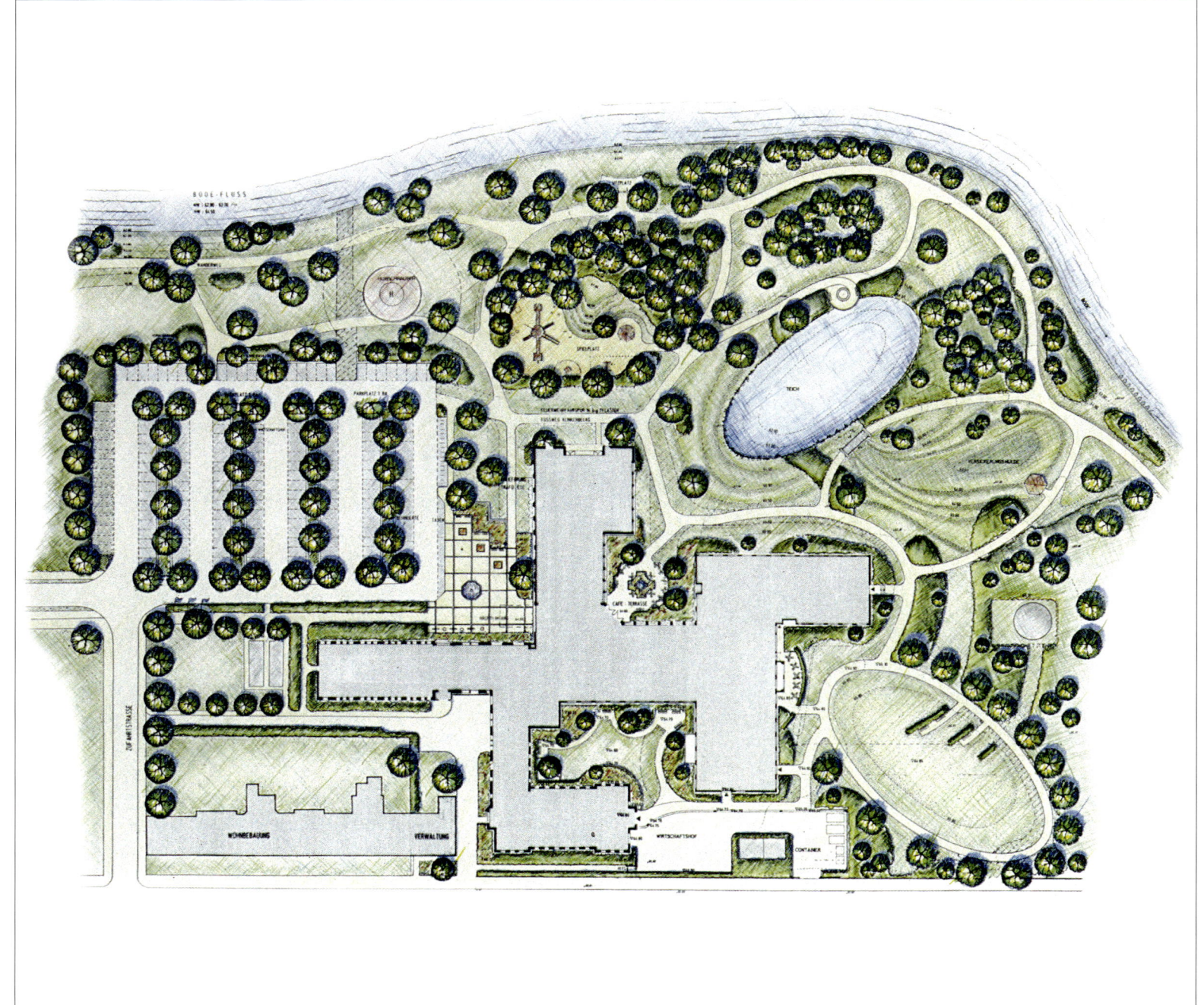

Bau-Berufsgenossenschaft Hannover

Bei dieser Baumaßnahme, die in den Jahren 1993/94 ausgeführt wurde, handelt es sich um eine wesentliche Erweiterung der bestehenden Gebäudesubstanz. Dabei entstanden zwei große Innenhöfe, die in der Kellerebene als Tiefgarage und Archive genutzt werden. Durch eine Intensiv-Begrünung mit Stauden und kleinen Gehölzen konnten die Innenhöfe trotz geringer Dachlast zu nutzbaren Freiräumen gestaltet werden. Wasserflächen, Terrassen und die Fassadenbegrünung des Neubaus bereichern die Gestaltung.
Weiterhin wurden die Dachflächen extensiv begrünt.
Architekten: Ziegemeier und Pfitzner, Hannover

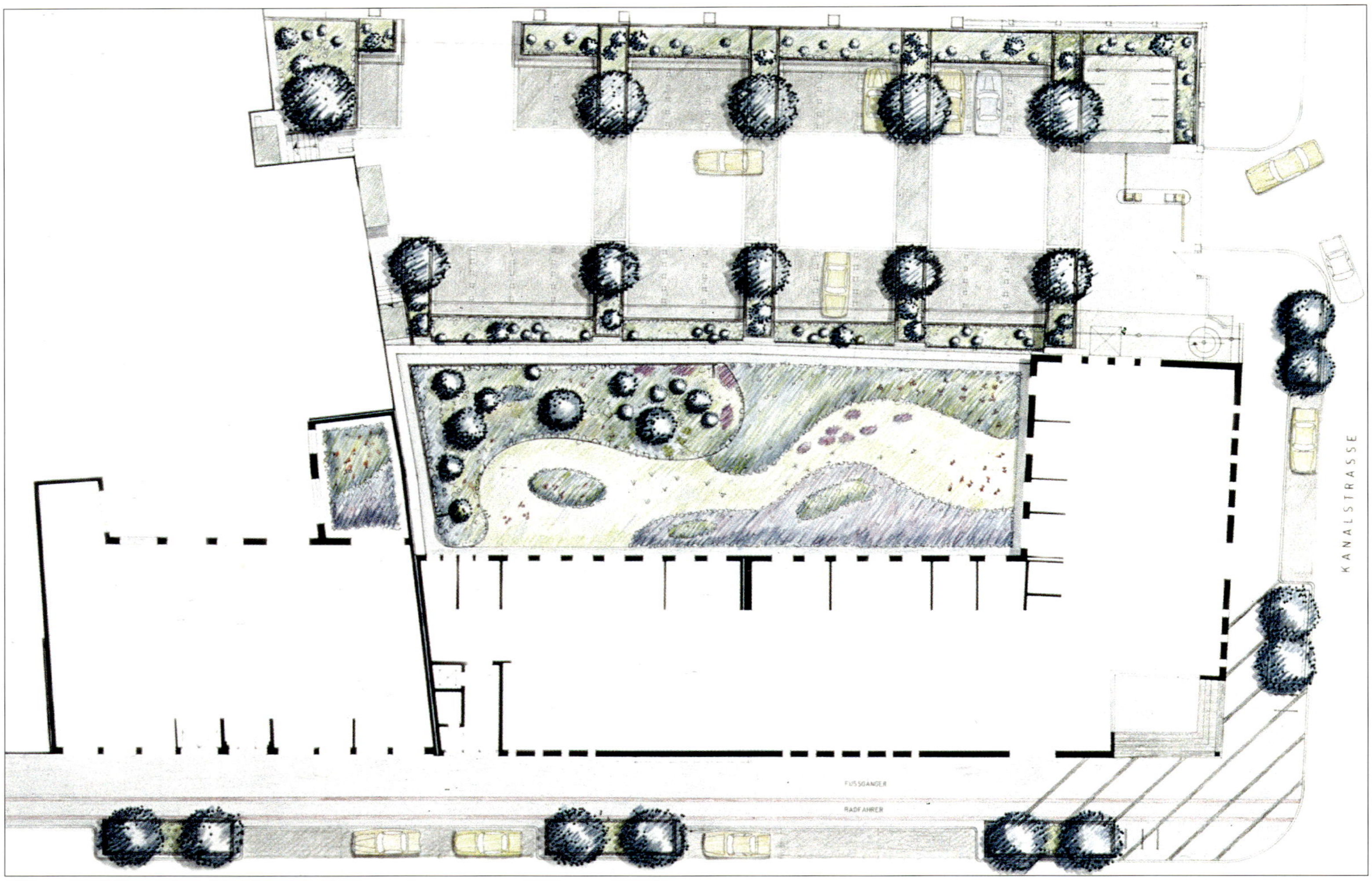

Volksbank Hannover

Die Hauptgeschäftsstelle der Volksbank Hannover wurde 1996 komplett saniert, umgebaut und erweitert. Zur Gestaltung und Gliederung der bankeigenen Freifläche, die als Tiefgarage und Parkdeck dient, wurden Trogbeete mit Anstaubewässerung zur Bepflanzung mit Bäumen eingesetzt.

Auf dem zweiten Stockwerk der Bank konnte, auf die statischen Verhältnisse abgestimmt, ein Teil der Begrünung mit höheren Gehölzen, der andere mit Extensivbepflanzung ausgeführt werden.

Die öffentlichen Flächen im Straßenraum der Bank werden durch Bäume in Doppelstellung und Neugestaltung des Gehwegbereichs stark aufgewertet.

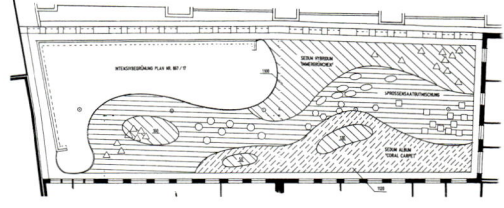

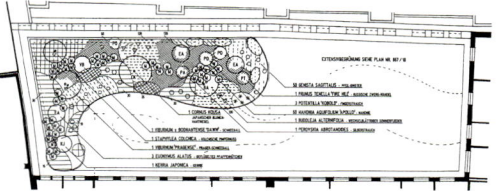

Altenwohnanlage Hasselbachtal der Diakonie Wolfsburg

Die Wohnanlage mit insgesamt 115 Appartements wurde auf einem baumbestandenen, leicht geneigten Grundstück errichtet. Durch den Bau einer Tiefgarage wurde wenig Fläche für den ruhenden Verkehr in Anspruch genommen. So entstand eine große, vielfältig nutzbare Gartenanlage mit Sitzplätzen, Laube, Teich und Pergola. Die Geländemodellierung erlaubt Rollstuhlfahrern, die gesamte Freianlage zu befahren. Gleichzeitig konnte durch bepflanzte Erdwälle der Verkehrslärm der angrenzenden Straße gedämpft werden. Der langgestreckte Innenhof ist mit Glas überdacht und dient als grüner Aufenthaltsraum mit Brunnen und Kalthauspflanzen in Hochbeeten. Das Gesamtkonzept wurde auf den vorhandenen Baumbestand abgestimmt.
Architekten: Kumkar und Häder, Hannover

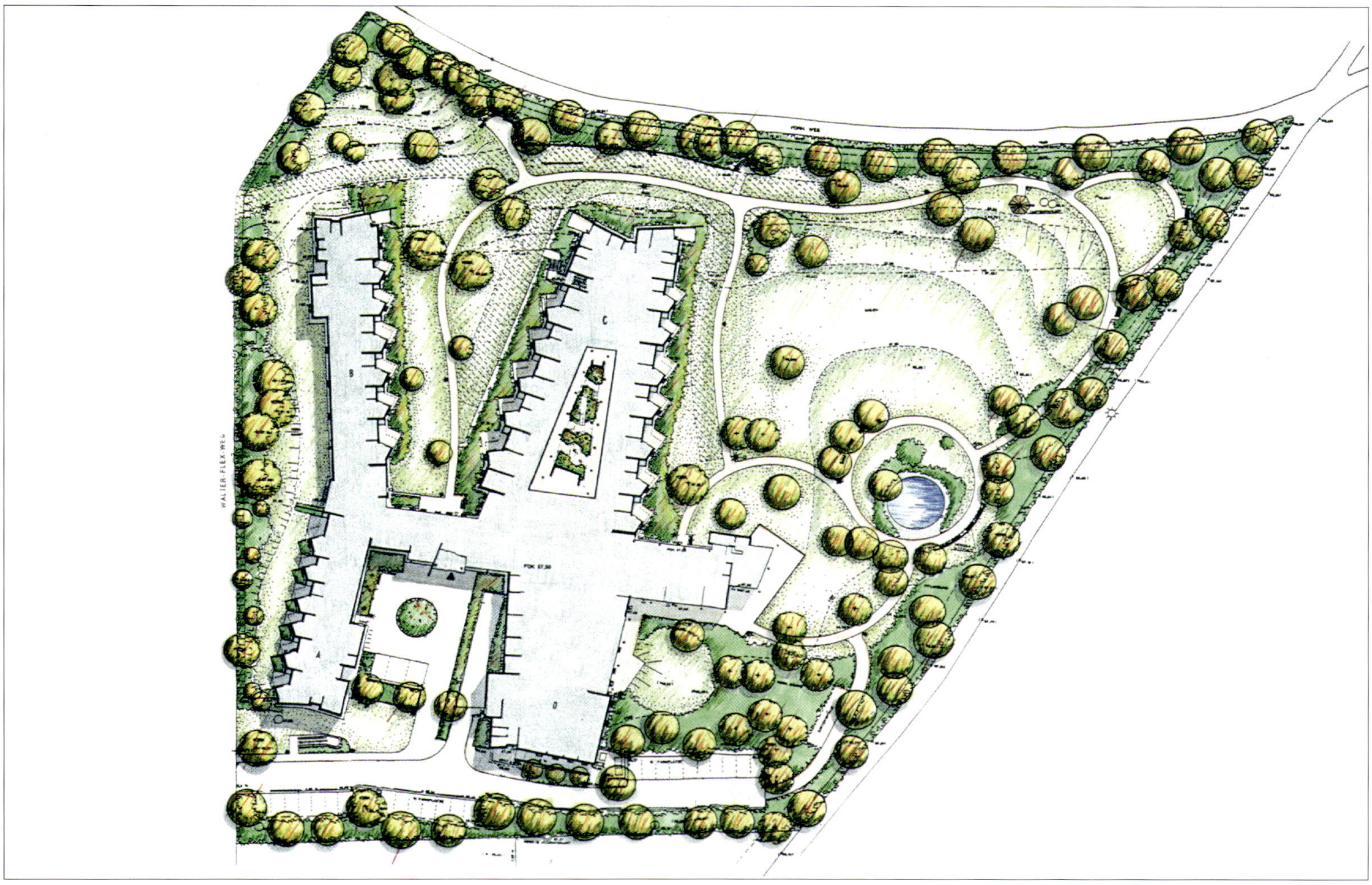

Jörgen Ringenberg
*1960, Dr. Ing. Landschaftsarchitekt, Geschäftsführer
Sabine Schwirzer
*1959, Dipl.-Ing. Landschaftsarchitektin BDLA, Prokuristin
Thomas Hartmann
*1958, Dipl.-Ing. Freiraumplaner
Ute Nennemann
*1957, Dipl.-Ing. Landschaftsplanerin
Christiane Buchwald
*1959, Dipl.-Ing. Landschaftsplanerin
Birte Holtmann
*1965, Dipl.-Ing. Landschaftsarchitektin
Thomas Wüsten
*1965, Dipl.-Ing. Freiraumplaner
Frauke Petersen
*1950, Dipl.-Ing. Landschaftsarchitektin
Jan M. Runge
*1942, Dipl.-Ing. Freier Landschaftsarchitekt BDLA
        Kooperationspartner der EGL

Kurzprofil

Das Büro EGL GmbH - Entwicklung und Gestaltung von Landschaft - ist eine Gruppe von Landschaftsarchitekten, Planern und Ingenieuren, vertreten durch fünf Regionalbüros in Hamburg, Lüneburg, Kassel, Landshut und Leipzig.

Das Büro wurde 1969 in Kassel von Professoren, Dozenten und Studenten der HBK Kassel am Lehrstuhl Professor Günther Grzimek gegründet. Die Gesellschaftsform des Büros beinhaltet eine materielle wie immaterielle Mitarbeiterbeteiligung.

Das Arbeitsgebiet umfaßt alle Aufgaben der Freiraum-, Grünordnungs-, Stadt-, Verkehrs- und Landschaftsplanung.

Foto freigegeben von Luftamt Hamburg

Schlickhügel Feldhofe, Hamburg
Rekultivierung als Parkanlage

Zur Erhaltung der für die Schiffahrt erforderlichen Wassertiefen fallen im Hamburger Hafengebiet ca. 2,5 Mio. cbm Baggergut pro Jahr an. Nach der Trennung des kontaminierten Schlicks vom unbelasteten Sand werden 7 Mio. cbm Baggergut im Ortsteil Feldhofe hügelförmig aufgeschichtet und durch mehrere Dichtungsschichten rundum von der Außenwelt abgekapselt. Der 38 m hohe Hügel wird die natürliche Struktur der umgebenden flachen Marschenlandschaft verfremden, das Fremde bestimmt den Geist des Ortes. Seine Silhouette mit geometrischen Böschungen und linearen Vegetationskanten verdeutlicht den technischen Ursprung. Eine neue, industriell-zivilisatorisch überformte Landschaft wird entstehen. Sie schafft großflächig Raum, um andernorts störende Freizeitaktivitäten der Stadtbevölkerung zu ermöglichen.

Foto: Nikolaus Herrmann, Hamburg

Hochdorfer Garten in Tating
Gartendenkmalpflege

Der Hochdorfer Garten in Tating ist ein öffentlich zu-gänglicher, barocker Bauerngarten auf der Halbinsel Eiderstedt. Aufgabe war es, auf Grundlage einer his-torischen Analyse und einer detaillierten Bestandsauf-nahme und -bewertung ein Entwicklungs- und Pflege-konzept für den Park zu erarbeiten.

Folgende Maßnahmen wurden durchgeführt:

· Rekonstruktion der barocken Alleen und Wege-führung
· Ergänzung des Lindenparterres
· Rodung und Nachpflanzung geschädigter Solitär-gehölze
· Wiederherstellung wichtiger Sichtbeziehungen im Landschaftsgarten
· Rückbau eines Kleingartens im Park
· Neupflanzung der Obstwiesen

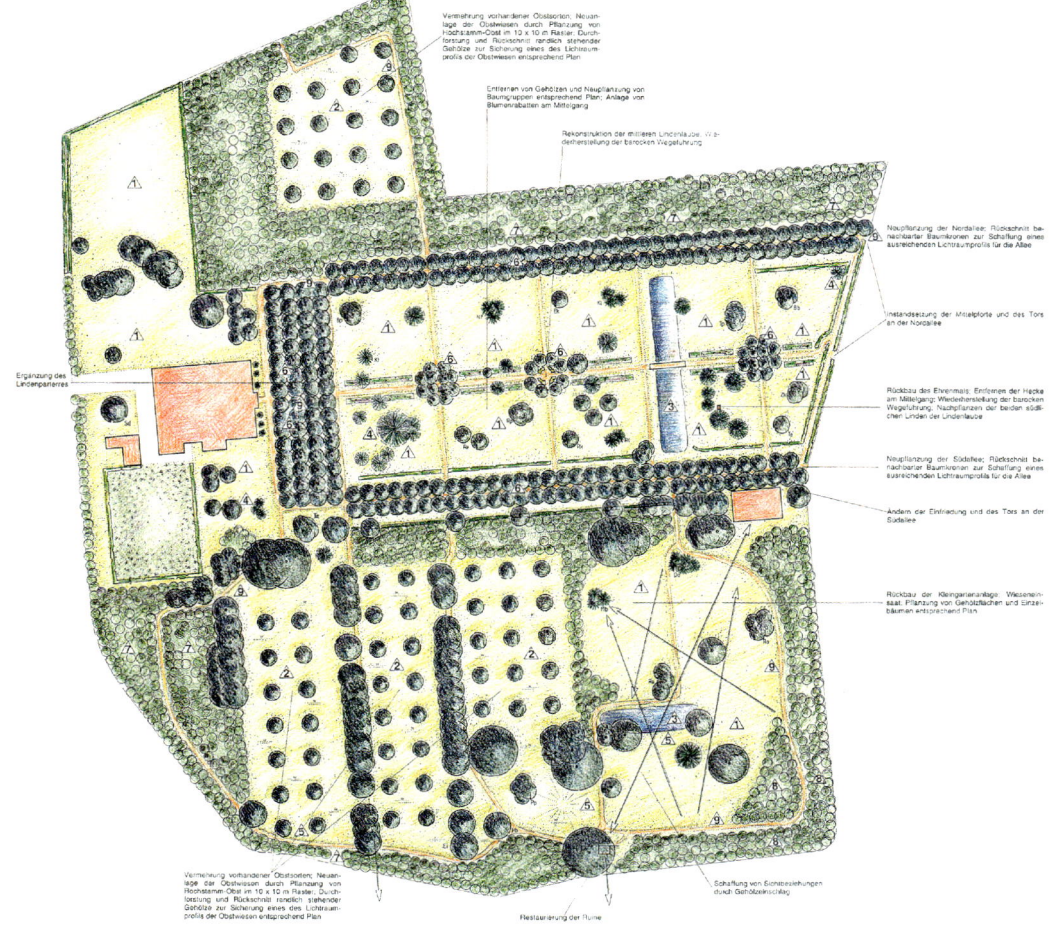

Ölmühlenplatz, Hamburg
Innerstädtische Platzgestaltung

Im Hamburger Karolinenviertel, einem Stadtteil aus dem Ende des 19. Jahrhunderts mit einem hohen Ausländeranteil, wirtschaftlich schwacher Bevölkerung und einer sehr aktiven subkulturellen Szene, wurde ein ehemaliger Parkplatz zu einem kommunikativen, städtischen, aber grüngeprägten Freiraum hergerichtet. Die Planung erfolgte in enger Auseinandersetzung mit den Bewohnern und unter Moderation des Sanierungsträgers. Die Landschaftsarchitekten haben die Bewohnerwünsche auf Machbarkeit überprüft, in ein Gestaltungskonzept gefaßt und umgesetzt. Dabei wurde die Eingangssituation dieses Stadtteils herausgearbeitet, und es entstanden Aufenthalts- und Bewegungsbereiche vor allem für Kinder, Jugendliche und ältere Mitbürger.

Fotos: Nikolaus Herrmann, Hamburg

Jägermeister-Werk, Kamenz bei Dresden
Freiraumgestaltung

Architekten: Pook, Saalmann und Partner

Die Firma Jägermeister hat am Stadtrand von Kamenz eine neue Produktionsstätte errichtet, die einen hohen Stellenwert in der Öffentlichkeitsarbeit einnimmt. Die Planung der Freiflächen auf dem insgesamt 9 ha großen Werksgelände umfaßt den repräsentativen Empfangsbereich mit Innenhof sowie den industriellen Teil mit LKW-Umfahrt, Stellplätzen und einer Übergangszone als Landschaftspark in die freie Landschaft. Die Gestaltung des Innenhofes korrespondiert mit der vorgegebenen Industriearchitektur. Der künstlich geschaffene Geländeanstieg ermöglicht einen terrassierten Heckengarten mit einer 40 m langen Wassertreppe aus grünem Granit als Leitlinie. Innerhalb der Heckenräume sind Stauden- und Kräuterbeete entstanden, die an den Kräuterinhalt des hier hergestellten Produktes erinnern.

Fotos: Heiner Leiska

Gruppe Freiraumplanung - Landschaftsarchitekten

gegründet 1979, Büro in Hannover
5 Partner - Dipl.-Ing. Landschaftsarchitekten: Dr. S. Boch-
nig, B. Krämer, M. Koller, E. Ostermeyer, T. Ostermeyer

Arbeitsbereiche Freiraumplanung:

· Siedlungs- und Grünordnungsplanung
· Objektplanung mit Schwerpunkt:
  Stadtplätze · Wohnumfeld · Spielräume

Arbeitsbereiche Landschaftsplanung:

· Umweltverträglichkeitsstudie
· Landschaftspflegerische Begleitplanung
· Landschaftspläne
· Standortgutachten

Prämierungen und Veröffentlichungen:

Wettbewerbserfolge, mehrere 2. und 3. Preise, Gold-
und Silbermedaillen des BMBau, Bauherrenpreise,
BDLA-Preis 1989. Vorträge und Veröffentlichungen
zum Thema Spielräume und GIS-Einsatz in der Landschaftsplanung, Fachbuch

Aktuelle Planungen in der Landschaftsplanung:

· UVS zu Straßenbauvorhaben A 26, B 4 u.a.
· Landschaftsplanung zur Bauleitplanung,
  Landschaftsplan Buchholz i.d. Nordheide
· Landschaftspflegerische Begleitpläne für Straßen-
  planungen und Gewässerbau u.a.
· Landschaftspflegerische Ausführungsplanung für
  Ausgleichs- und Ersatzmaßnahmen zur A 7 und B 83

Aktuelle Planungen in der Grün-/Objektplanung:

· Stadtplatzgestaltung im Zentrum Lehrte und Peine
· Außenanlagen für Wohn- und Geschäftsgebäude
  in Wolfsburg, Lehrte, Berlin, Hannover
· Expo-Projekt Freiflächenkonzept zum Masterplan
  Zoo, Hannover
  Entwicklung eines neuen Zoos bis 2010
· Expo-Projekt Neugestaltung des Leibnizufers
  in Hannover
· Expo-Projekt Ökologisches Bauen in Hameln
  Rotenberg-Ost
· Grünordnungsplanungen für Wohn- und
  Gewerbegebiete
· Freiraumkonzept Autofreie Siedlung in Hannover
· Grünzüge und Parkanlagen für neue Wohngebiete
  mit Spielraumplanung und Schulaußenanlagen in
  Langenhagen, Hameln und weiteren Gemeinden
  in der Region

Freiraumentwicklung Langenhagen-Godshorn
Wohngebiet und Schule Am Rährweg

Die Stadt Langenhagen entwickelte 1992/93 in dem
Ortsteil Godshorn ein 12,5 ha großes Wohngebiet am
nördlichen Siedlungsrand das mit öffentlichen Freiflächen unterversorgten Ortsteiles.
Die damalige Ackerfläche war durch die angrenzende
Landesstraße, ein Gewerbegebiet und den Flughafen
stark belastet. Im Zuge der geplanten Wohnbebauung
wurde ein Grüngürtel an der L 382 aufgebaut, der
Schutz- und Erholungsfunktion für die neuen aber auch
alten Wohngebiete hat. Ein landschaftsplanerisches
Gutachten zur F-Plan-Änderung legte diese Grünstruktur fest und setzte sie in Kontext mit der vorhandenen Siedlungsstruktur. Als Fläche für Ersatzmaßnahmen wurde die Ackerfläche an der Schule festgesetzt, im Hinblick auf ein späteres Zusammenwachsen

der Grünfläche mit den Schulaußenanlagen. Der Grünordnungsplan traf Festsetzungen zur Grünstruktur, Verkehrsberuhigung, Gestaltung der Straßenräume und
gab Gestaltungsempfehlungen für die Anlage privater
Spiel- und Verkehrsflächen.
Ein 5,50 m hoher Lärmschutzwall schirmt das Wohngebiet zur Landesstraße ab. Er wurde platzsparend
mit einer 60° Böschung zur Straße gebaut (Armie-
rungskörbe und Vlies). Der Flächengewinn wurde genutzt, um den Wall zum Wohngebiet als Hügellandschaft auszumodellieren.
Herzstück der Grünanlage ist die Fläche für Ersatzmaßnahmen in Verbindung mit der Schulaußenan-
lage. Es wurde kostengünstig im Zuge der Erdarbeiten
des Wohngebietes eine modellierte Hügellandschaft

und unterschiedliche Biotoptypen geschaffen: ein Teich,
der den Abfluß des lehmigen Geländes aufnimmt und
ganzjährig Wasser hält. Dünen, Ruderalflächen, Vogel-
schutzgehölze, Wildobst und Obstbaum-Terrassen.
Das Gelände geht in die Schulfläche über, die 1998 zu
einem naturnahen Spiel-, Sport- und Erlebnisgelände
umgestaltet wird. Beachvolleyball, Finnbahn mit inte-
grierter Sprunggrube und Hindernissen, ein Pavillon mit
Forum als Klassenraum im Freien, ein in einer Sickermulde
versiegender Bachlauf, der mit aufgefangenem Regenwasser gespeist wird, ein Lehmofen mit Hütte und ein
Seilzirkus sind einige der Gestaltoptionen für diesen
Bereich. Zwischen der Landesstraße und einem Gewerbegebiet und dem Wohngebiet wird am Nordrand der
Siedlung ein attraktiver Grünzug aufgebaut, der durch

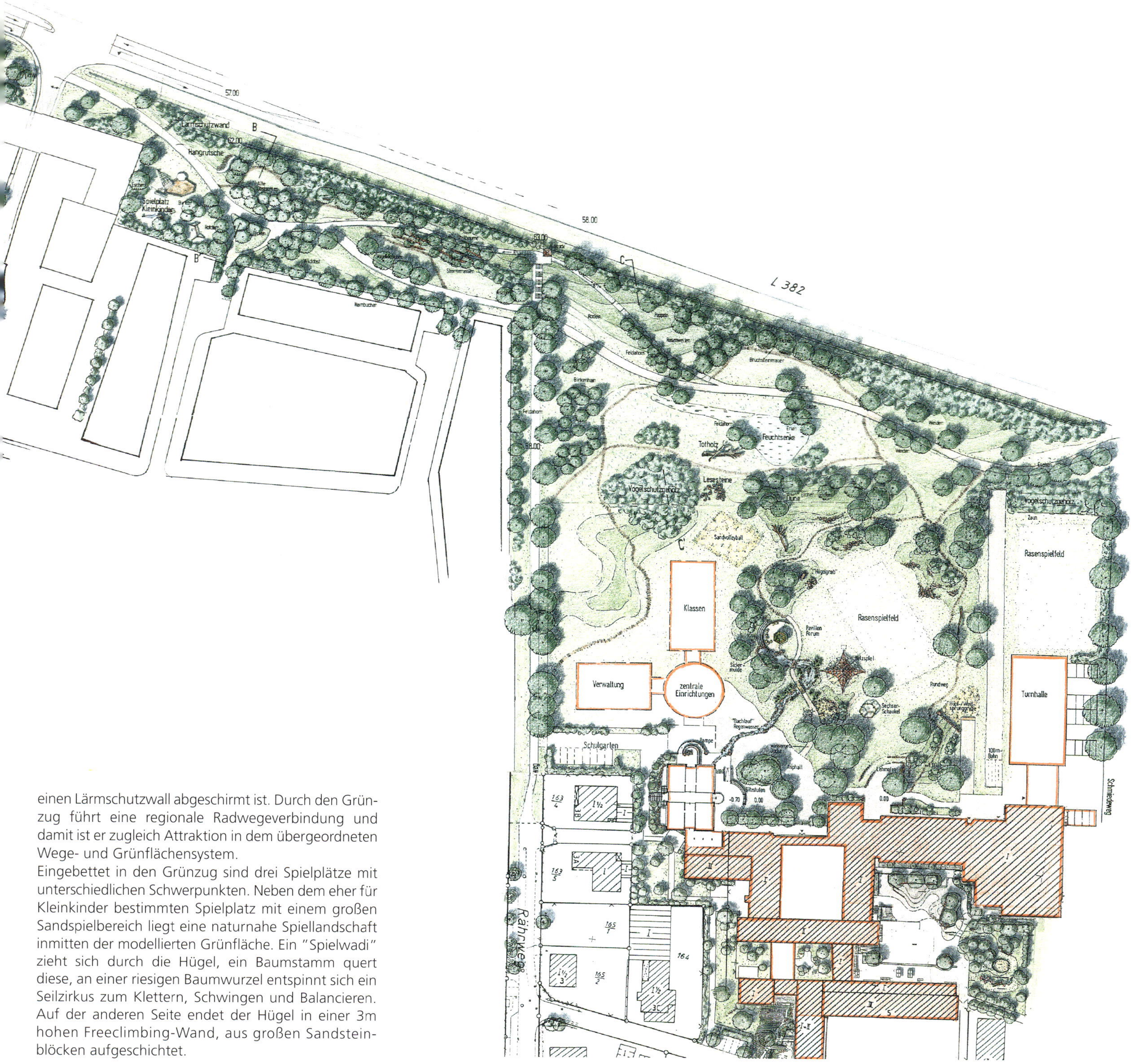

einen Lärmschutzwall abgeschirmt ist. Durch den Grünzug führt eine regionale Radwegeverbindung und damit ist er zugleich Attraktion in dem übergeordneten Wege- und Grünflächensystem.

Eingebettet in den Grünzug sind drei Spielplätze mit unterschiedlichen Schwerpunkten. Neben dem eher für Kleinkinder bestimmten Spielplatz mit einem großen Sandspielbereich liegt eine naturnahe Spiellandschaft inmitten der modellierten Grünfläche. Ein "Spielwadi" zieht sich durch die Hügel, ein Baumstamm quert diese, an einer riesigen Baumwurzel entspinnt sich ein Seilzirkus zum Klettern, Schwingen und Balancieren. Auf der anderen Seite endet der Hügel in einer 3m hohen Freeclimbing-Wand, aus großen Sandsteinblöcken aufgeschichtet.

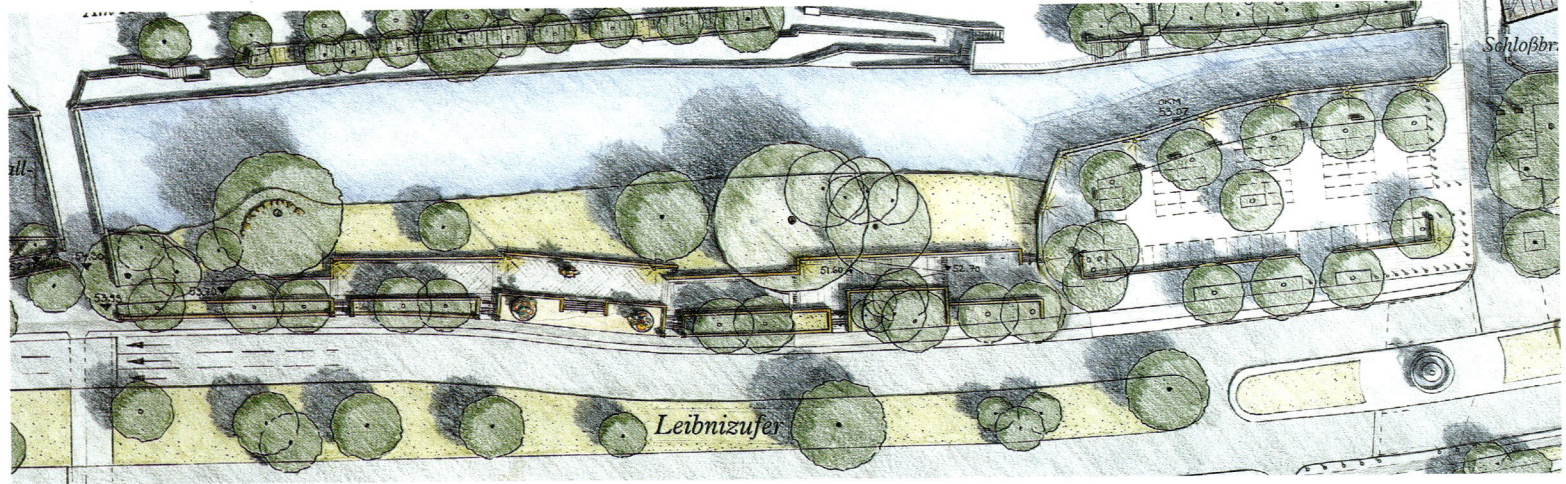

Leibnizufer Hannover - Neugestaltung der grünen Uferseite

Im Rahmen des Hannoverprogrammes 2001 "Stadt als Garten" wird das Leineufer in der Innenstadt durchgehend zugänglich gemacht und so eine Rad- und Fußgängerverbindung vom Maschsee zu den Herrenhäuser Gärten geschaffen.

An Hannovers historischem "Hohen Ufer" ist diese Wegeverbindung bereis vorhanden, aber sehr unattraktiv gestaltet und durch den Flohmarkt abgenutzt. Diese Wegeverbindung wird neu gestaltet, die Wegefläche im Bereich der Nanas aufgeweitet und zu Aufenthaltsbereichen umgestaltet.

Die Abschirmung zur stark befahrenen Straße erfolgt über Ufermäuerchen und dadurch geschützte Baumpflanzungen sowie eine Höhenterrassierung, die die Flohmarktnutzung begrenzt. Die Nanas werden auf einer Art "Bühne" neu inszeniert, die angrenzenden grünen Uferstreifen bleiben erhalten.

Der Parkplatz an der Schloßbrücke wird neu gestaltet und begrünt. Ein nicht mehr genutzter Fußgängertunnel unter der Straße wird geschlossen und die so geschaffene Böschungsfläche wird als grünes Ufer hergerichtet.

Auftraggeber: Grünflächenamt Hannover

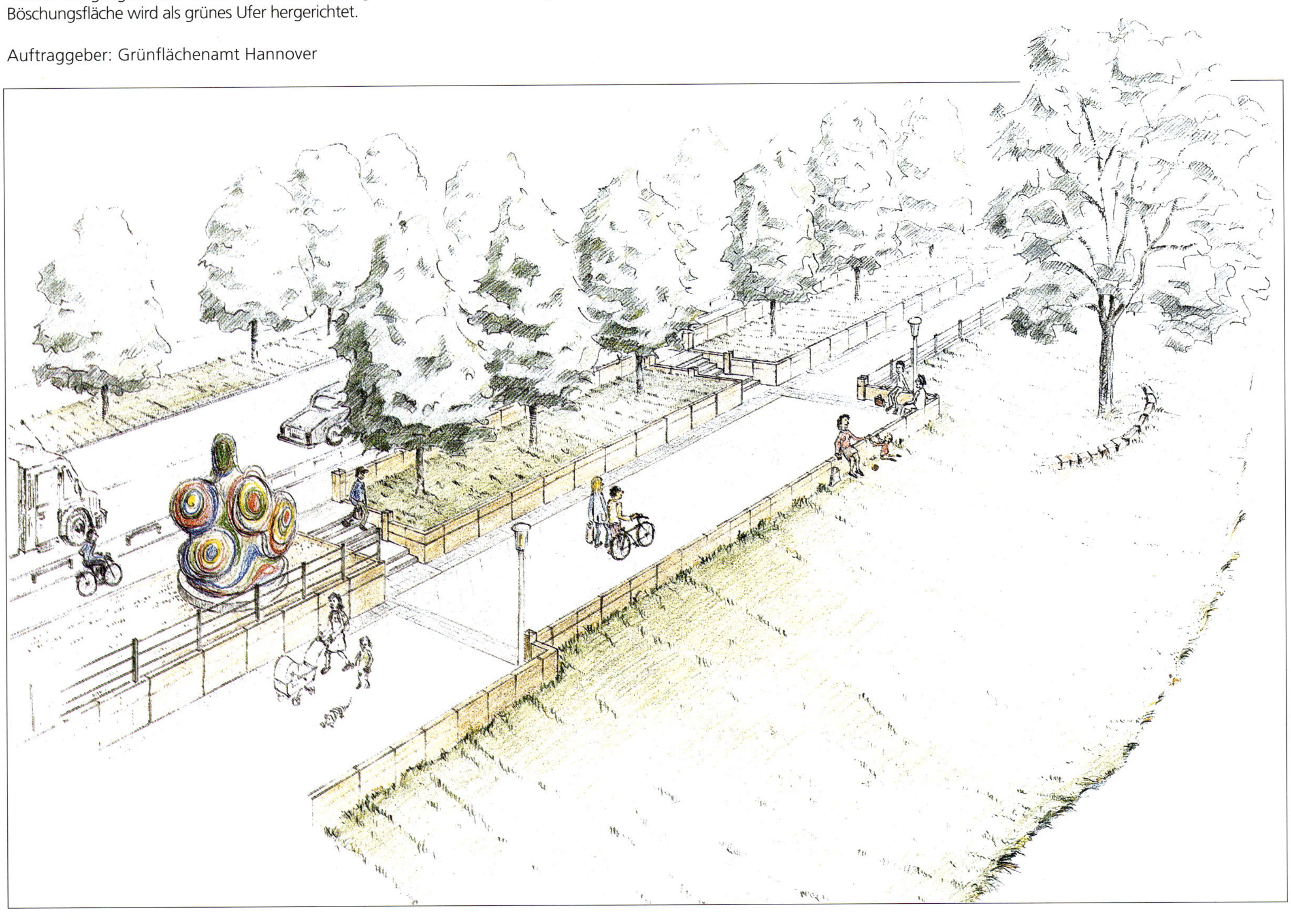

Stadtplatz Lehrte, Sundmachergelände

Eine besondere, altersunabhängige Attraktion für die hochwertige Freiflächengestaltung ist das Element Wasser. Auch mit geringem Wasserdurchlauf lassen sich
attraktive Wasserspiele inszenieren, wie das Foto von dem Stadtteilsplatz Liebig-
straße in Langenhagen zeigt.

Ein Wasserspiel ist auch das zentrale Gestaltungselement bei einer Stadtplatzgestaltung in Lehrte, die Anfangs- bzw. Endpunkt der Fußgängerzone vor einem neuen
Geschäftszentrum ist.

Der vor der angrenzenden Schule abseits gelegene kreisrunde Brunnen wird durch
Felssetzungen aufgebrochen, das Wasser ergießt sich in eine Rinne, wird über den
Platz geführt und versickert dort. Die eingesenkte Wasserrinne schafft einen Höhen-
versprung in dem Platz und damit eine prägnante innere Gliederung, die durch
Baumpflanzungen ergänzt wird.

Die inneren Platzflächen sind mit Klinkern gepflastert und nehmen damit das vorhandene Material der Schulaußenanlagen auf.

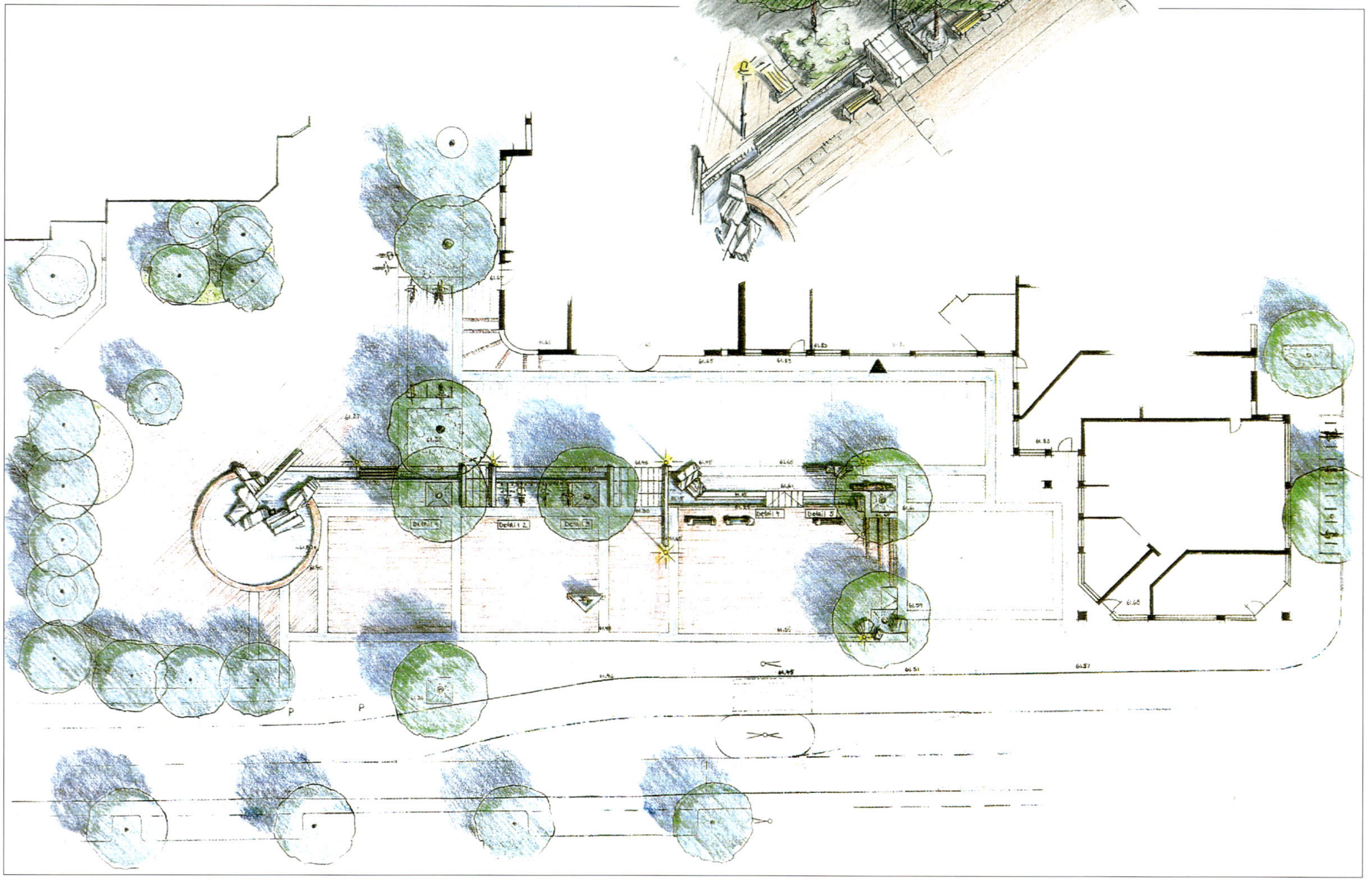

Spielraum - Gestaltung

Im Idealfall sind Spielplätze vielfältige Spiel- und Erlebnisräume für alle Altersgruppen.
Landschaftselemente wie Hügel, Schluchten, Wasserläufe und Felsengruppen im Wechsel mit offenen Wiesenbereichen und dichter Bepflanzung lassen Spiellandschaften entstehen, in die sich Hüttendörfer, Sandspielbereiche und Geräteangebote unterschiedlicher Art einfügen.
Wünschenswert ist der fließende Übergang in öffentliche Platz- und Grünflächen, wie in dem Planbeispiel aus einem Realisierungswettbewerb zum Stadtpark in Papenburg.

Die Fotos zeigen Spielelemente aus anderen Spielraumgestaltungen:

· der "Schluckstein" als Abschluß einer Wasserrinne auf einem Spielplatz in Langenhagen
· der Sandspielbereich in einer Kita in Seelze
· die Freeclimbing-Wand auf einem Spielgelände in dem Grünzug Rährweg in Langenhagen
· Wasserspielbereich im Entwurf Wettbewerb Stadtpark Papenburg

Peine Lyzeum

Im Zentrum von Peine, in Verbindung zur Fußgängerzone, liegt das alte Lyzeum, das zu Altenwohnungen umgebaut wurde. Angrenzend an das Lyzeum befinden sich andere Alteneinrichtungen und Altenwohnungen unterschiedlichster Baustile, die sich um einen Erschließungshof gruppieren.
Der gemeinschaftliche Hof der Anlage ist Erschließungs- und Durchgangsfläche zur Fußgängerzone.
Aufgabe der Gestaltung war es, bei Offenhalten aller Wegeverbindungen sowie einer Feuerwehrzufahrt dem Platz ein unverwechselbares Äußeres zu verleihen und ruhige Aufenthaltsmöglichkeiten abseits des Laufverkehrs zu schaffen.
Wellenförmige Pflasterungen mit dekorativen Pflanzinseln und prägnanten Steinsetzungen sind die schlichten, aber auffälligen Gestaltungsmittel.

Joachim-Ulrich Hass
*1945

1971 - 74 Mitarbeiter bei Günther Schulze, Hamburg
1974 - 82 Sozietät Schulze + Hass + Kummer,
Hamburg
seit 1982 eigenes Büro in Rellingen

seit 1996 Planungsgruppe Hass
mit Zweigbüro in Chemnitz
Mitglied im BDLA und in den Architekten- und
Ingenieurkammern Schleswig-Holstein und Sachsen

Arbeitsfelder

Objekt- und städtebauliche Planung · Wettbewerbe
Spiel- und Sportplätze · Dorferneuerung · Gutachten
UVS · LBP · Grünordnungs- und Landschaftsplanung
Naturnaher Wasserbau · Pflegepläne

Landschaftspark Haferblöcken, Hamburg

Der Beitrag zum landschaftsplanerischen Realisierungswettbewerb Landschaftspark Haferblöcken in
Hamburg-Billstedt 1996 zeigt eine Arbeit im Spannungsfeld zwischen städtischem Siedlungsgebiet im
Westen und Niederung im Osten. Sie ergänzt die
durch Knicks geprägte Kulturlandschaft durch ein
variables Angebot sukzessive realisierbarer Freizeitnut-
zungen.

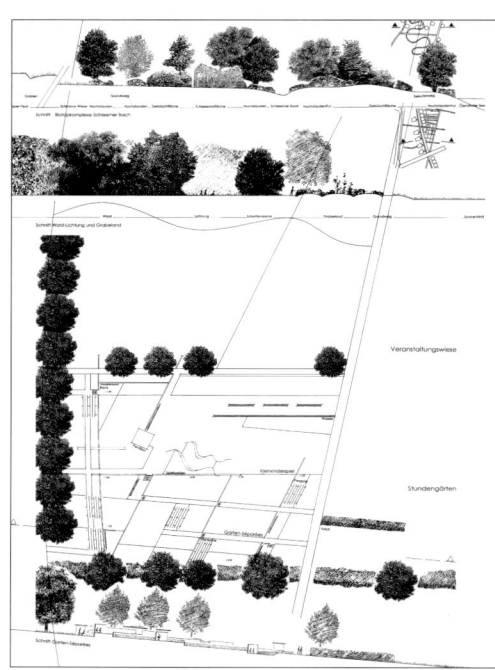

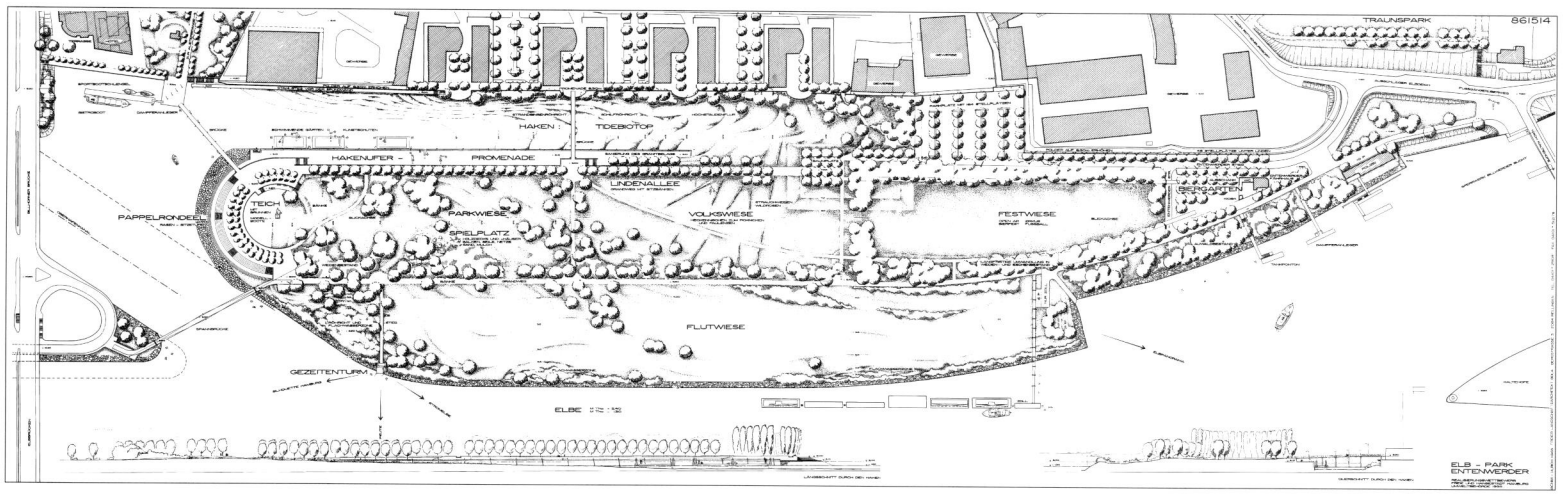

Elbpark Entenwerder, Hamburg

Bauherr: Freie und Hansestadt Hamburg
Bauzeit: September 1994 - November 1997

Der Elbpark Entenwerder auf einer 19 ha großen
Elbhalbinsel in Hamburg-Rothenburgsort ist das Ergebnis eines 1. Preises bei einem 1993 durchgeführten
landschaftsplanerischen Realisierungswettbewerb. Er
schafft im Sinne einer Neuinterpretation der Ideen der
traditionellen Hamburger Volksparks große Raumbil-
dungen bei einer einfachen Grundausstattung. Markante Baumreihen, freiwachsende Hecken, Strauch- und
Wildstaudenpflanzungen, kombiniert mit vorhandenen Gehölzstrukturen, bilden ein dauerhaftes Grundgerüst für Spaziergänge, Feste, Picknick, Spiel und
Biergarten. Besonderen Charakter verleiht dem Park
dabei die naturräumliche Lage an der Elbe, wo häufig
vom Hochwasser überflutete Uferbereiche entlang des
Elbstroms und der Wechsel von Ebbe und Flut vom
erhöht gelegenen Volkspark mit seinen großzügigen
Wiesenflächen aus beobachtet werden können.
Besonderen Charakter erhält der Elbpark zudem
durch die Spuren der ehemaligen Nutzung der Halbinsel als Zollhafen, deren Stimmung vor allem an den
Mauern entlang des historischen Hafenbeckens erlebbar ist.

Martin Heimer
*1937

1960 - 63 Studium der Landespflege, FH Osnabrück
           Abschluß Dipl.-Ing.
1963 - 69 Angestellter im Landschaftsplanungsbüro
           Dr. Werkmeister, Hildesheim
seit 1970 selbständiger Landschaftsarchitekt
           im gleichnamigen Planungsbüro in
           Hildesheim, Bochum, Radeberg/Dresden
1967/70   Preisträger des Peter-Joseph-Lenné-Preises
           für Städtebau und Freiraumplanung des
           Senators für Kunst und Wissenschaft des
           Landes Berlin

Preise und Ankäufe bei ca. 40 städtebaulichen und
landschaftsplanerischen Wettbewerben im In- und
Ausland

Ernst Herbstreit
*1948

1969 - 76 Studium der Landespflege, TU Hannover
           Abschluß Dipl.-Ing.
1976 - 78 Projektleiter im Landschaftsplanungsbüro
           Dr. Werkmeister und Heimer, Hildesheim
           und Bochum
1978 - 84 Leiter der Niederlassung Bochum im Land-
           schaftsplanungsbüro Dr. Werkmeister und
           Heimer
seit 1984 Mitinhaber des Büros Heimer + Herbstreit
           Umweltplanung in Hildesheim, Bochum,
           Radeberg/Dresden
1985 - 90 Dozent an der Fachhochschule Bochum,
           Fachbereich Architektur

Aufgabengebiete

· Objektplanung
· Landschafts- und Grünordnungsplanung
· Städtebauliche Planung
· Erschließungsplanung
· Umweltverträglichkeitsuntersuchungen
· Landschaftspflegerische Begleitplanung
· Ökologische Grundlagenuntersuchungen
· Projektsteuerung/Wettbewerbsmanagement
· EDV-Entwicklung und -beratung

Mitgliedschaften

Mitglieder der Architektenkammern Sachsen, Nieder-
sachsen und Nordrhein-Westfalen, IFLA, BDLA
UVP-Förderverein (Verein zur Förderung der Umwelt-
verträglichkeitsprüfung e.V.), IAKS (Internationaler
Arbeitskreis Sport- und Freizeiteinrichtungen e.V.),
Gesellschaft für Ingenieurbiologie e.V.

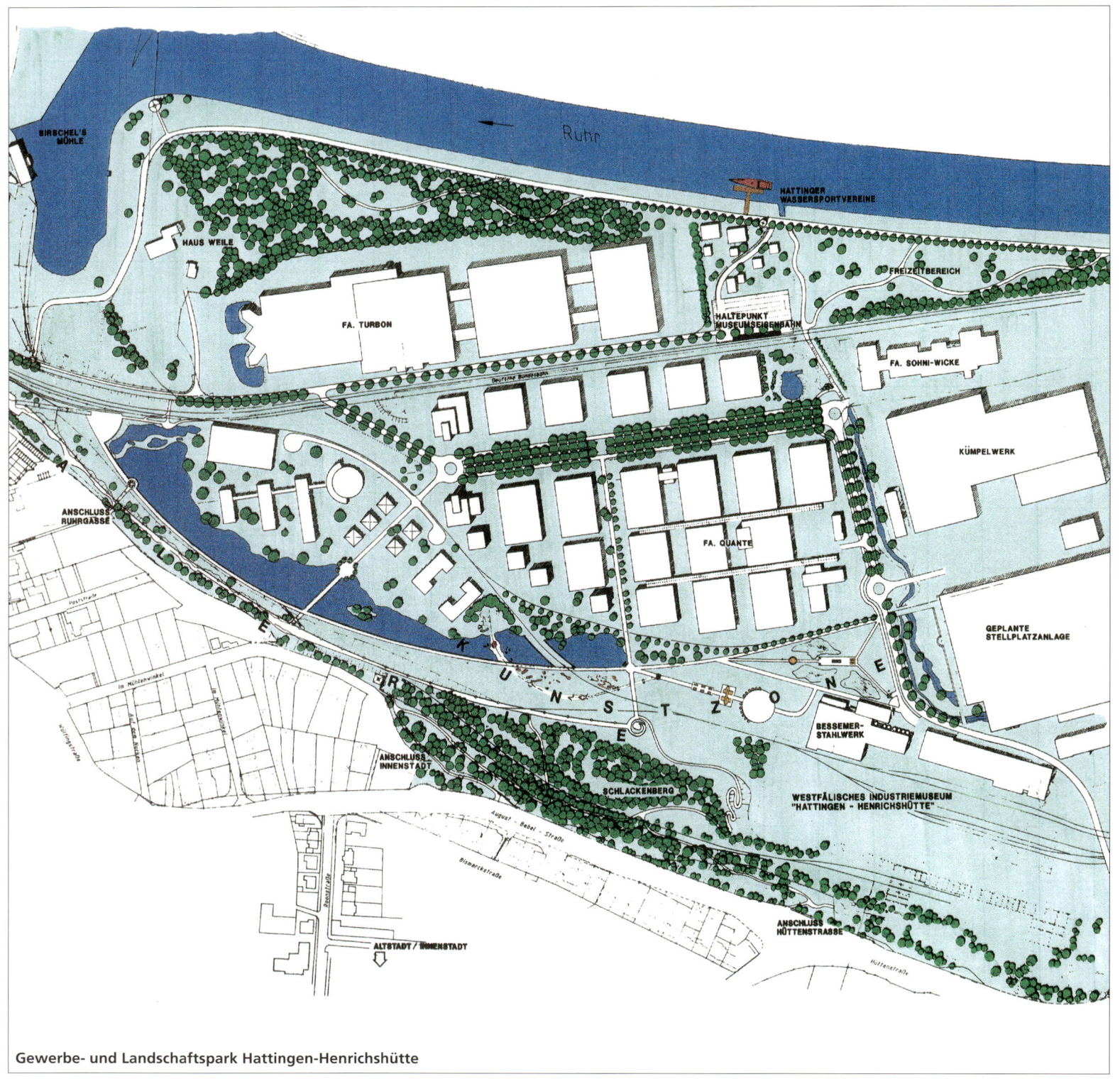

Gewerbe- und Landschaftspark Hattingen-Henrichshütte

Gewerbe- und Landschaftspark
Hattingen-Henrichshütte

Die Revitalisierung der Industriebrache des Thyssen-Stahlwerkes ist für die zukünftige städtebauliche und wirtschaftliche Entwicklung Hattingens von entscheidender Bedeutung.

Neben dem vorbereitenden Grünordnungsplan erarbeitet das Büro Heimer + Herbstreit Umweltplanung ein konkretes Konzept für die Gestaltung der öffentlichen und privaten Freiflächen.

Auf eine intensive Eingrünung der Baukörper und öffentlichen Verkehrsflächen wurde besonderer Wert gelegt. Die Funktionen Arbeit, Freizeit und Erholung sollen später gleichberechtigt und ausgewogen nebeneinander stattfinden.

Der neu entstehende Landschaftspark stellt die Verbindung von Gewerbe, städtischem Freiraum und Landschaft her. Kulturhistorische und industrielle Bausubstanz werden hier integriert.

Eine spezielle Problematik bei der Umsetzung des Projektes stellten die Altlasten der Stahlproduktion dar. Innovative Lösungen zur Einkapselung und Entsorgung vor Ort wurden mit Ingenieurfirmen erarbeitet.

Planungs- und Bauzeit: 1988 - 1996

Fotos: Lukas Roth, Köln

Freibad Johanniswiese Hildesheim

Das traditionsreiche Freibad am Rande des historischen Stadtkerns wurde entsprechend den heutigen Anforderungen saniert und erweitert.

Zentraler Entwurfsgedanke war die Verknüpfung wettkampfgerechter Einrichtungen mit freizeitorientierten Bereichen zu einer Badelandschaft.

Zudem gelang eine Einbettung in die umgebende Flußlandschaft und die Verbindung mit einem nahegelegenen Badesee.

Lobende Erwähnung als beispielhafte Sportstättensanierung im IAKS AWARD 1997.

Planungs- und Bauzeit: 1989 - 1990

Außenanlagen Deutsche Klinik Bad Münder

Die Deutsche Klinik für Fortpflanzungsmedizin entstand unmittelbar am Schnittpunkt zwischen altem und neuem Kurpark der Stadt Bad Münder und wurde durch ihre aufregende Architektur schnell zum städtebaulichen Merkzeichen Bad Münders.

Die ca. 1,1 ha großen Außenanlagen mußten zwischen dem nostalgischen Charme der alten Parkanlage und der avantgardistischen Gestaltsprache des erweiterten Kurparks vermitteln.

Zentrale Idee sind freigelassene Sichtschneisen in den Kurpark, die sich an den Funktions- und Arbeitsbereichen der Klinik orientieren. Das Gelände wird so zum integrativen Bestandteil des Parks.

Eine ansteigende geradlinige Zufahrtsrampe, gesäumt von Säulenhainbuchen, inszeniert die Ankunft des Besuchers und leitet ihn bis in die 1. Ebene des rotundenförmigen Foyers.

Intensive Strauch- und Staudenpflanzungen im Nahbereich sorgen für ein angenehmes Ambiente für länger verweilende Patienten. Begehbare und begrünte Dachterrassen ermöglichen dem Besucher einen weiten Blick auf das Kurparkareal.

Planungs- und Bauzeit: 1993 - 1994

Fotos: Klaus Hoffmann, Springe

Wohnpark Charlottenlust I/II Wernigerode

Die Stadt Wernigerode errichtet auf ca. 30 ha im Norden der Stadt Wernigerode in zwei Teilabschnitten die Wohnanlage Charlottenlust.

Zur Anlage gehören neben verschiedenen Grünzügen und Kinderspielplätzen insbesondere ein zentraler Marktplatz an einer künstlichen Wasserfläche (ca. 4 000 qm) und ein Quartierspark, die das zukünftige Stadtteilzentrum bilden.

Raumbildendes Element auf dem Marktplatz ist eine 4 m hohe Pergola. Von einer Brunnenanlage ausgehend wird Wasser über den "Wasserblitz" zu einer Granitstele im Kirschenhain geleitet.

Planungs- und Bauzeit: 1993 - 1997

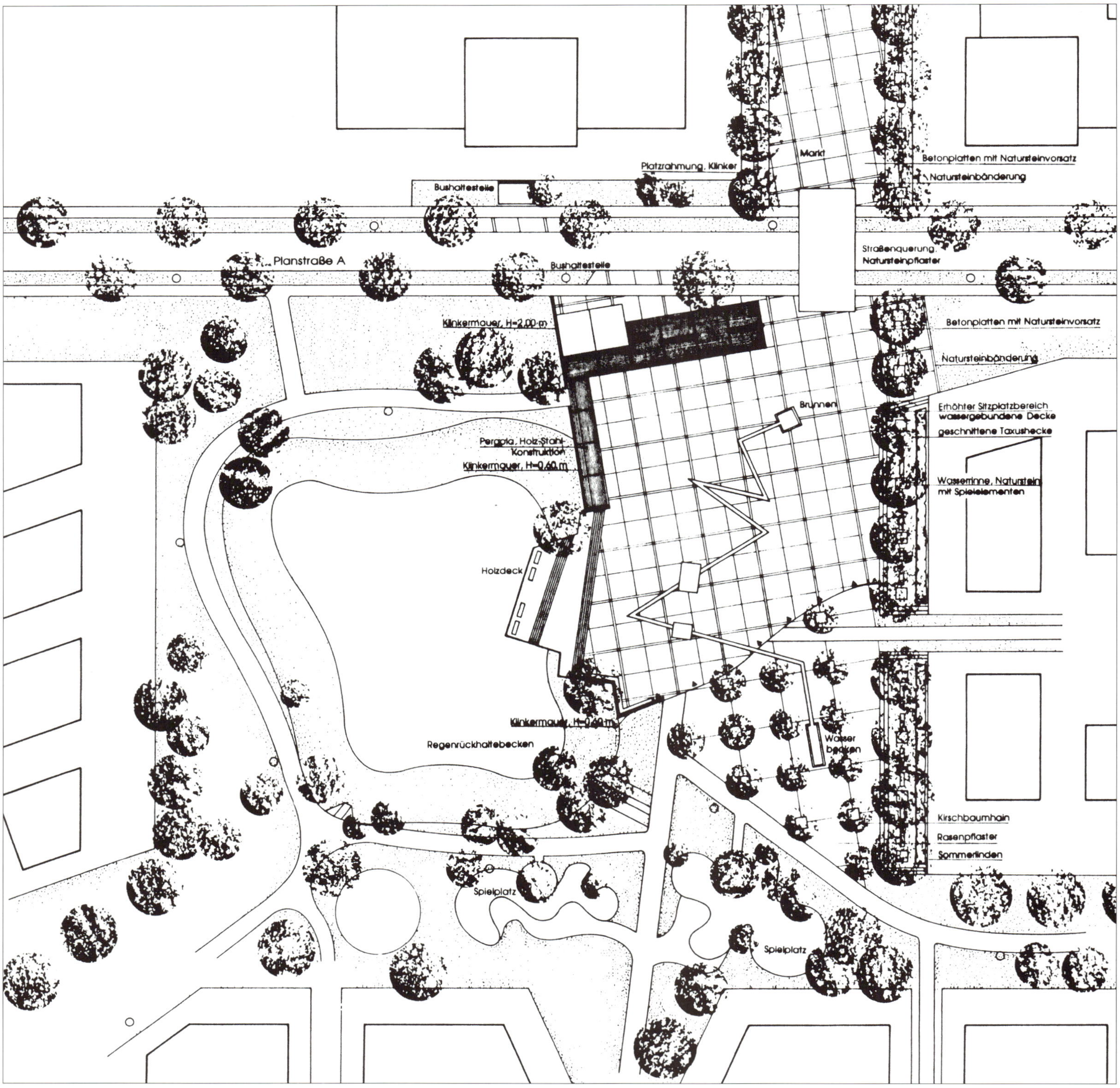

Bushaltestelle

Platzrahmung, Klinker

Markt

Betonplatten mit Natursteinvorsatz

Natursteinbänderung

Planstraße A

Bushaltestelle

Straßenquerung Natursteinpflaster

Klinkermauer, H=2.00 m

Betonplatten mit Natursteinvorsatz

Natursteinbänderung

Brunnen

Erhöhter Sitzplatzbereich
wassergebundene Decke
geschnittene Taxushecke

Pergola, Holz-Stahl-
Konstruktion

Klinkermauer, H=0.60 m

Wasserrinne, Naturstein
mit Spielelementen

Holzdeck

Klinkermauer, H=0.60 m

Wasser
becken

Regenrückhaltebecken

Kirschbaumhain

Rasenpflaster

Sommerlinden

Spielplatz

Spielplatz

Putbus und Lauterbach
Städtebauliche Studie zur Kurortentwicklung

Mit dem Ziel, an die alte Bädertradition des 19. Jahrhunderts anzuknüpfen, strebt die Stadt Putbus auf Rügen die Prädikatisierung als staatlich anerkanntes Sole-Heilbad an. Hierzu wurde das Büro Heimer + Herbstreit im Jahr 1996 mit der Erarbeitung einer städtebaulichen Studie zur Kurortentwicklung beauftragt. Unter Berücksichtigung der kurortwissenschaftlich-medizinischen Grundlagen sowie der Anforderungen an Marketing und Organisation des künftigen Kurbetriebes wird ein städtebaulich-landschaftsplanerisches Zielkonzept für das Stadtgebiet entwickelt.
Einen Maßnahmenschwerpunkt bildet der klassizistische Stadtkern von Putbus, in dem eine gezielte Innenentwicklung unter Nutzung und Ergänzung verschiedener historischer Gebäude sowie die Einbeziehung des Landschaftsparkes vorgeschlagen wird.
Das am Circus gelegene ehemalige Pädagogium soll als Kurmittelhaus mit angegliederten Freianlagen das Zentrum des künftigen Kurbetriebes bilden.
Das Ensemble wird durch das historische Hotel "Adler" ergänzt.

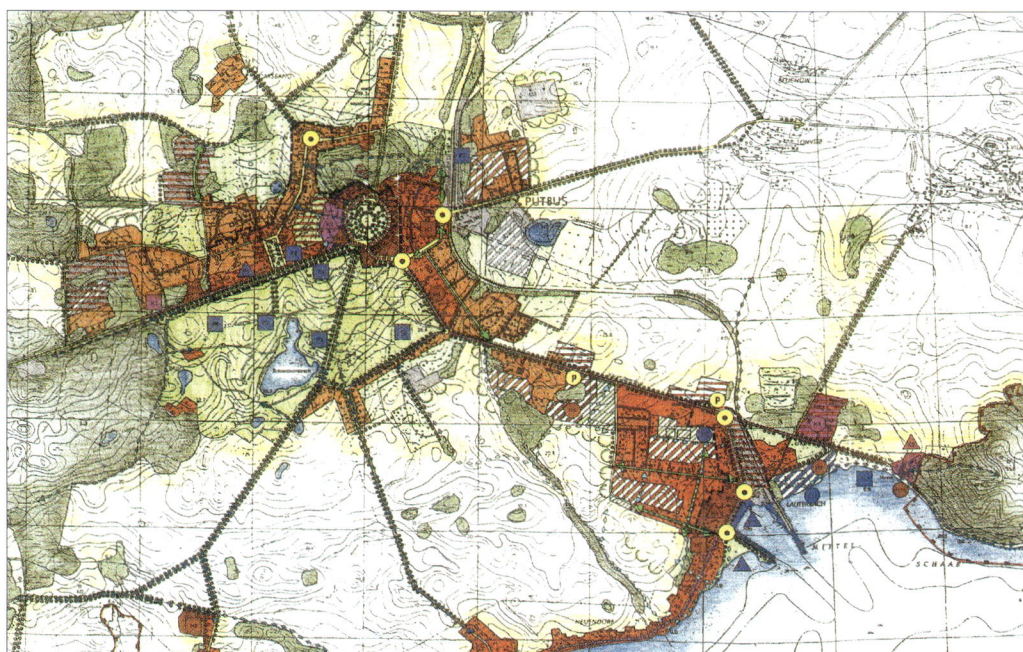

Ernst-Dietmar Hess

*1937   in Angerburg/Ostpreußen

1955 - 61 Gärtnerlehre und Gehilfenzeit
1961 - 64 Studium an der FH Weihenstephan und
           Berlin-Dahlem
1964 - 68 Schüler bei Gartenarchitekt Gustav Lüttge
           in Hamburg
1968   Bürogründung Ernst-Dietmar Hess
           Freischaffender Garten- und Landschafts-
           architekt BDLA
1993   Gründung eines eigenständigen Büros für
           Landschaftsplanung in Partnerschaft mit
           Dipl. Ing. Angelika Jacob
           Landschaftsplanung Hess · Jacob
           Freie Landschaftsarchitekten BDLA

           Büros in Norderstedt

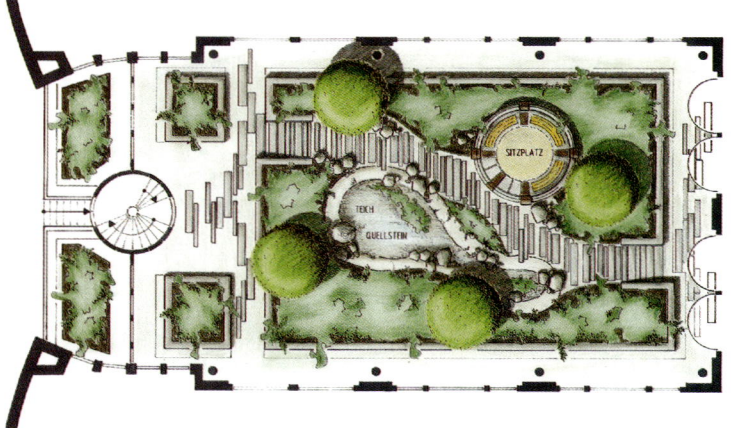

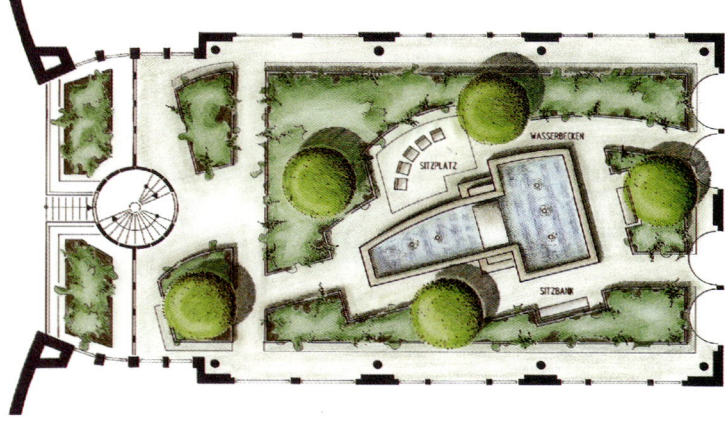

Hauptgeschäftsstelle der DAK, Hamburg

Nach dem Entwurf der Architekten Pysall, Stahren-
berg + Partner PSP/Braunschweig entstand in den Jahren 1989 - 94 in mehreren Bauabschnitten die Hauptgeschäftsstelle der Deutschen Angestellten Krankenkasse in der City-Süd, einem modernen Dienstleistungszentrum Hamburgs in einem vormals von der
Industrie geprägten Stadtteil südlich der alten Stadt-
mitte.
Die Anordnung der Büros für ca. 1000 Mitarbeiter
der DAK erfolgte dabei in Form von einzelnen Bürotrakten, die, entlang einer Haupterschließung angeordnet, eine Kammstruktur ergeben, die die dazwi-
schen liegenden Freiräume zu einem wesentlichen

Gliederungs- und Erlebniselement des Bauwerkes
machen. Sie sind das Kernstück der Außenanlagen,
die ansonsten eher Standardfunktionen übernehmen.
Geschlossen, glasüberdacht, unbeheizt, im 1. Geschoß
ohne natürlichen Bodenanschluß gelegen, jedoch intensiv begrünt, vermitteln die "Grünhäuser" in idealer
Weise zwischen Innen und Außen, wobei Temperatur-
extreme abgemildert, die Luftfeuchte in den Büroräumen erhöht, Straßenlärm abgehalten wird.
Abgesehen von den damit verbundenen, angestreb-
ten Energiespareffekten dienen die Grünhäuser vornehmlich als Pausenaufenthalts- und Veranstaltungs-
räume, "Außen"-Bibliothek etc. für die Angestellten.

Unterschiedliche formale und Bepflanzungskonzepte
differenzieren die Höfe, wobei Wasserbecken, Mauern, Gartenmöbel u.a. wiederkehrende Elemente darstellen.
Die Bepflanzung erfolgte mit subtropischen Stauden
und Gehölzen, die am ehesten mit der verhältnis-
mäßig breiten Temperaturamplitude des Standortes
bei fehlender Winterruhe und hoher Verschattung
zurechtkommen.

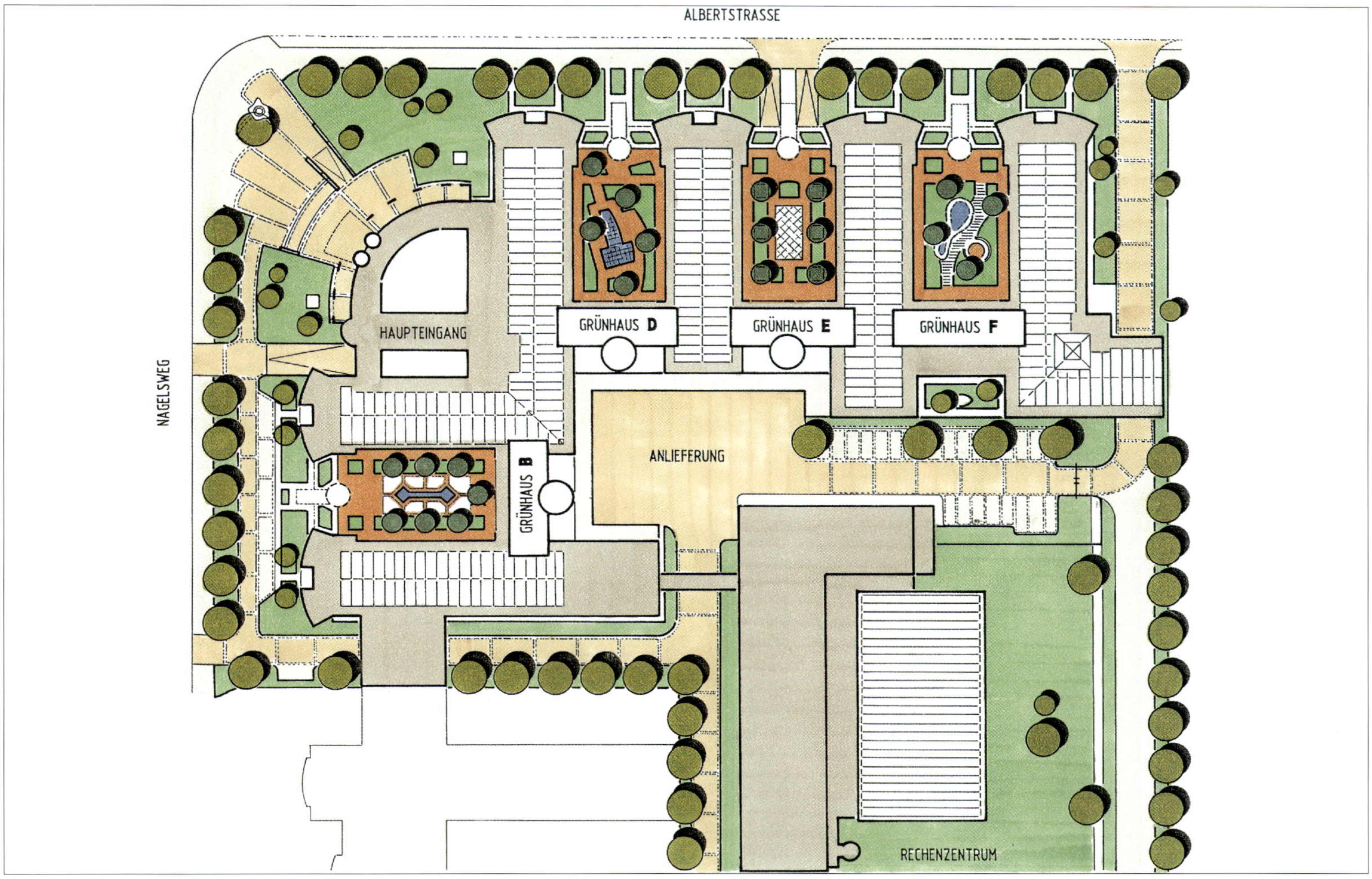

ALBERTSTRASSE

NAGELSWEG

HAUPTEINGANG

GRÜNHAUS **D**   GRÜNHAUS **E**   GRÜNHAUS **F**

ANLIEFERUNG

GRÜNHAUS **B**

RECHENZENTRUM

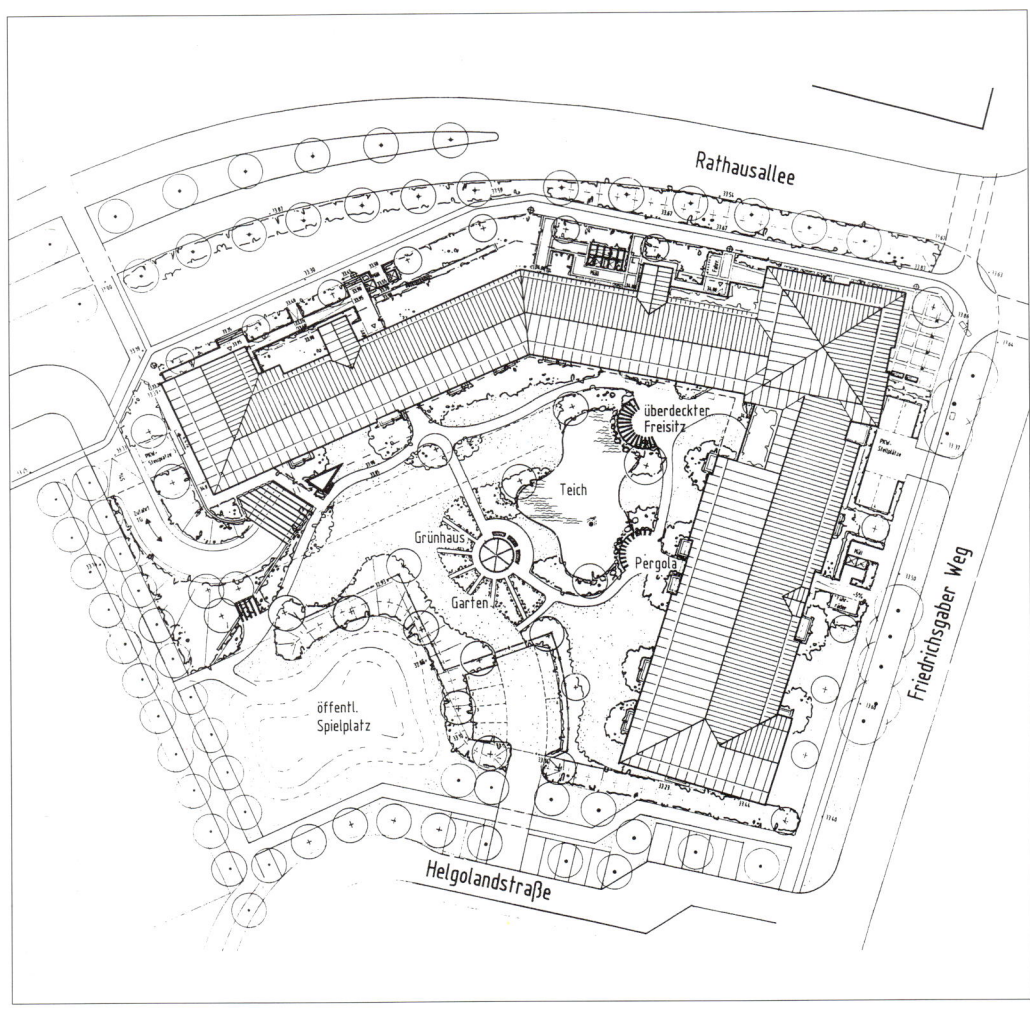

Pöhlshof Norderstedt

Im neuen Stadtteil Norderstedt-Mitte entstand 1993 durch die Wohnungsbaugesellschaft Plambeck die altengerechte Wohnanlage Pöhlshof mit 88 Wohneinheiten. Durch den sich nach Südwesten öffnenden Winkelbau sind fast alle Wohnungen zum Gartenhof orientiert. So ist dieser Hof der zentrale Erlebnisbereich aus dem Inneren heraus und nutzbarer Gartenraum mit vielfältigen Angeboten für ein ruhiges und kommunikatives Leben.

Um einen Teich, der die Funktion eines Rückhaltebeckens einnimmt und damit auch ökologische Belange abdeckt, sind verschiedene Terrassen u.a. mit einem Grillplatz angeordnet. Im Zentrum steht - von einem Rosengarten umgeben - ein Gartenpavillon, der eine Nutzung im kleinen und großen Kreis zuläßt. Die vielfältige, sehr differenzierte Bepflanzung verstärkt den Rhythmus der Jahreszeiten und wird zum besonderen Erlebnisbereich.

3. BA der Hauptverwaltung der Techniker Krankenkasse/Hamburg

Schon bald nach der Fertigstellung der Hauptverwaltung der Techniker Krankenkasse in den Jahren 1986 - 89 wurde unter veränderten funktionellen und wirtschaftlichen Bedingungen ein Erweiterungsbau durch das Architekturbüro Schweger + Partner ASP/Hamburg erforderlich.

Diese setzten die Blockrandbebauung der bestehenden Anlage fort, interpretierten aber den 3. BA als eigenständigen Baukörper innerhalb der Gesamtanlage, ablesbar bereits an der strengen und rechtwinkligen äußeren Gestalt im Gegensatz zu den von Rotunden geprägten ersten Bauabschnitten.

Grundidee der Freiraumplanung war es, diese Eigenständigkeit des Neubaues auch in den Außenanlagen sichtbar zu machen. Unter Verwendung der vorhandenen gartenarchitektonischen Elemente des 1. und 2. Bauabschnittes – Teichanlage, wasserbezogene und -begleitende Pflanzungen, Holzterrassen, Rasenflächen – erhalten die Freianlagen eine Form, die deutlich auf die Hochbau-Architektur bezogen ist:

Die freigestaltete Teichanlage wird als hart begrenztes Wasserbecken fortgeführt und gebäudeparallel mit Bäumen bepflanzt, wodurch eine grün bestimmte Raumkante entsteht, die zwischen den Gebäuden der verschiedenen Bauabschnitte im Maßstab vermittelt. Brücken über dem Wasser stellen die direkte Zugänglichkeit der Gartenanlage vom Neubau her und unterstreichen die durch die Treppenhäuser gewünschte Untergliederung des Bauwerkes in einzelne Büroeinheiten, die sich dadurch als "Häuser" definieren.

Der Abschluß des Wasserbeckens in Form einer großen Sitzterrasse aus Holz variiert wiederum ein bereits vorhandenes Gartenthema der bestehenden Anlage.

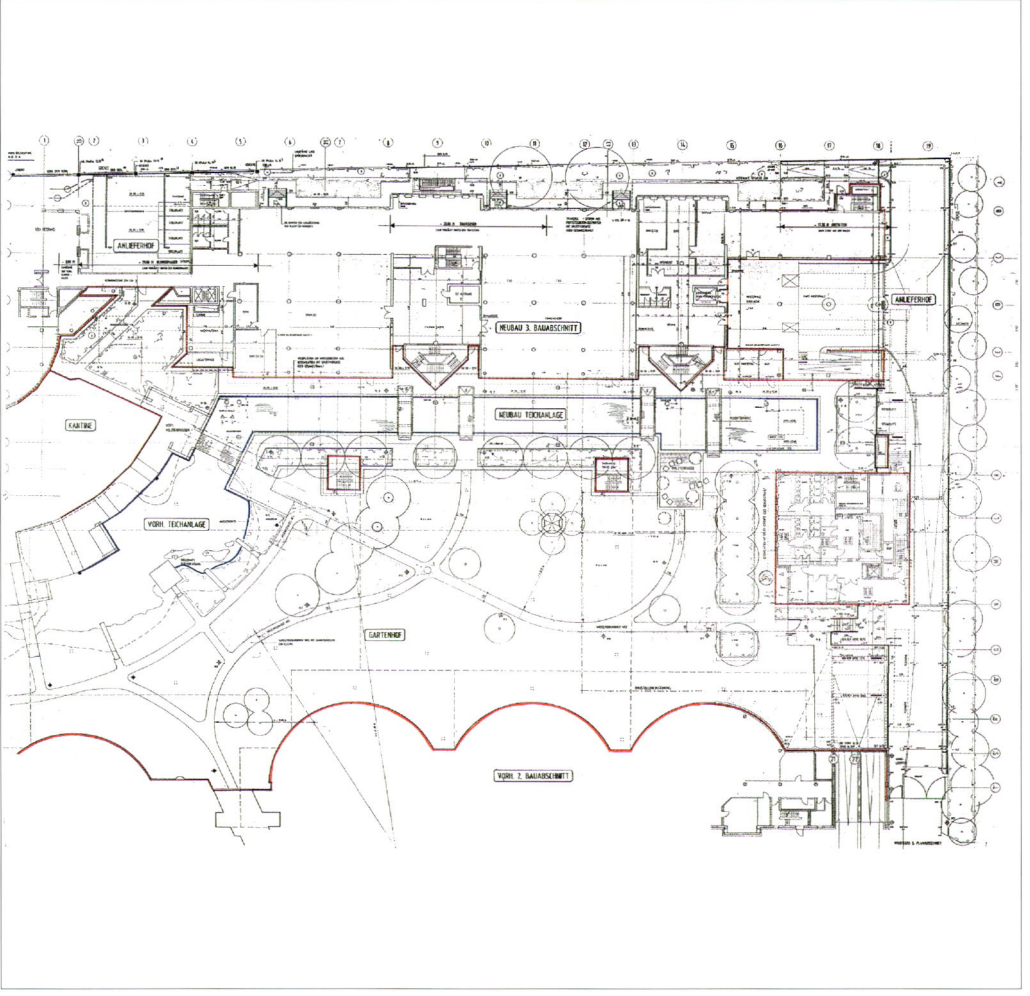

Kurmittelpunkt im Seebad Heringsdorf/Usedom

Initialzündung der Umgestaltung der zentralen Frei-flächen im Kurmittelpunkt des Seebades Heringsdorf auf Usedom – Promenade zwischen Seebrücke und Casino, Konzertgarten, Seebrücken-Vorplatz – war der Neubau der Seebrücke mit einem Landgebäude am Standort der historischen Kaiser-Wilhelm-See-brücke 1994/95.

Die Neugestaltung der Freianlagen 1995 - 98 berück-sichtigte dabei folgende Erhaltungs- und Entwick-lungsziele:

1. Erhalt des vorgelagerten Dünengürtels mit dem Ziel einer naturnahen Entwicklung als Lebens-raum für Pflanzen und Tiere sowie als Hochwasser-Schutzdüne.
2. Erhalt der räumlichen und formalen Grundstruktur des Konzertgartens als letztes vorhandenes Bei-spiel der Freiraumgestaltung der Zwischenkriegs-zeit, Wiederherstellung der alten Funktionen, Neu-bau eines Musikpavillons.
3. Umbau der Promenade zur Flanierzeile mit hoher Aufenthaltsqualität unter Berücksichtigung der in-nerörtlichen Belange (Feuerwehranfahrten, Anlie-ferverkehr, Vorfahrt vor dem Casino) sowie überörtlicher Funktionen (Fuß- und Radwegver-bindung zu den benachbarten Seebädern Ahlbeck und Bansin).
4. Die gestalträumliche Einbindung der maßstäblich zu großen Bauten der siebziger Jahre, Überleitung zu der vom Buchenwald eingebundenen Villenar-chitektur der Jahrhundertwende mit Hilfe von Großgehölzen und Pergolen.
5. Erstellung eines Vorplatzes für die Seebrücke mit der Gestaltung des Raumes als Ort des Ankom-mens, Abreisens und Verweilens.
6. Erhalt des vorhandenen Altbaumbestandes bzw. Ersatz abgängiger Altgehölze, Gliederung der Frei-anlagen durch geschnittene Hecken und Bäume.

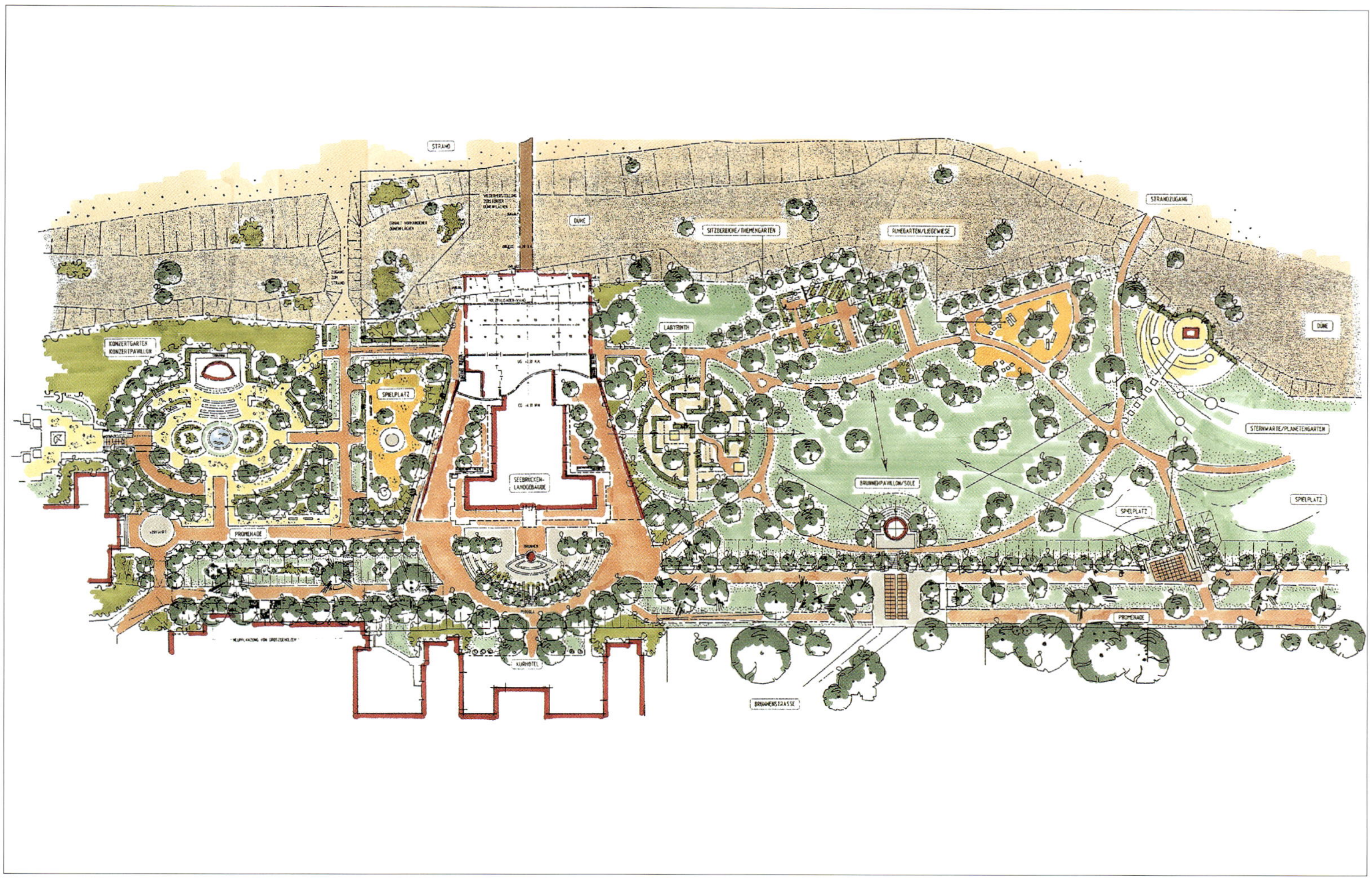
STRAND
DÜNE
SITZBEREICHE/THEMENGÄRTEN
RUHEGARTEN/LIEGEWIESE
STRANDZUGANG
DÜNE
KONZERTGARTEN
KONZERTPAVILLON
SPIELPLATZ
SEEBRÜCKEN-
LANDGEBÄUDE
LABYRINTH
STERNWARTE/PLANETENGARTEN
BRUNNENPAVILLON/SOLE
SPIELPLATZ
SPIELPLATZ
PROMENADE
PROMENADE
KURHOTEL
BRUNNENSTRASSE

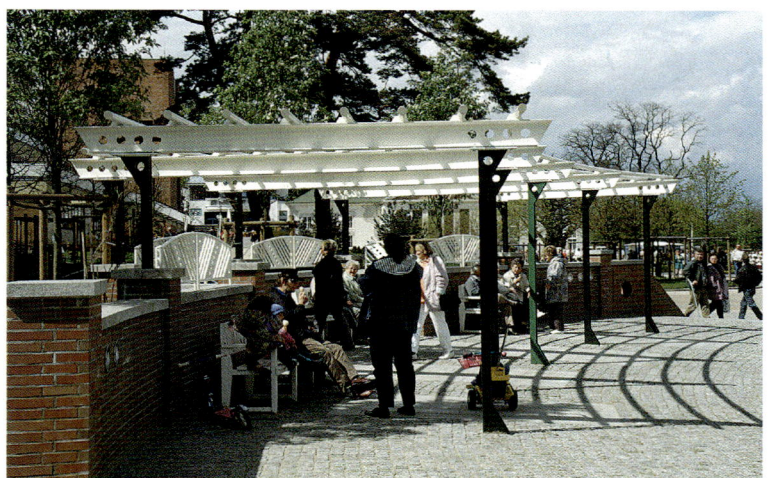

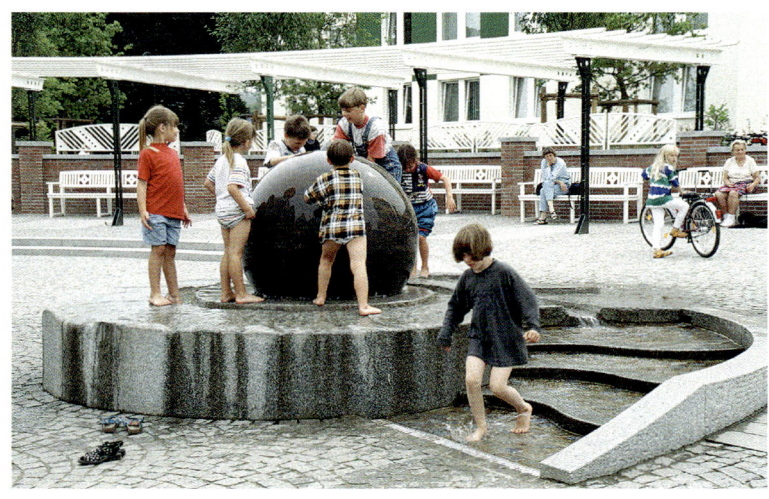

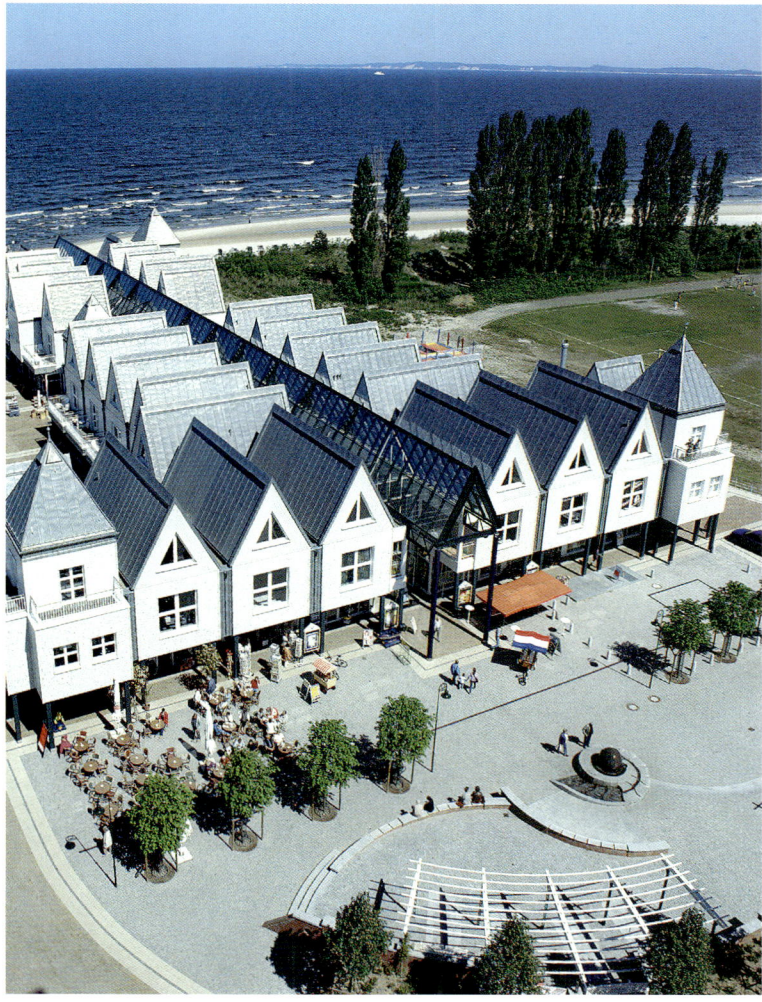

Martin Heuer
*1934

bis 1958 Gärtnerlehre, Landschaftsgärtner
Studium an der FH Osnabrück

bis 1960 Mitarbeit bei Dr. Hentzen, Hannover
und Hermelin o. Wedborn, Stockholm

seit 1961 freiberuflich tätig in Hannover
nach Übernahme des Büros Dr. Hentzen

Auswahl von Planungen
chronologisch

· Ost-West Grünzug und Schule, Sennestadt
· Landschaftsplan Südl. Leineaue, Hannover
· Verwaltungsgebäude H. Bahlsen Keksfabrik, Hannover
· Verwaltungsgebäude Hoechst AG, Hannover
· Bildungs- und Verwaltungszentrum, Bochum
· Verwaltungsgebäude TUI, Hannover
· Verwaltungsgebäude Mecklenb. Versicherung, Hannover
· Grünordnungsplan und Freianlagen Stadthalle Stade
· Restaurierung des Maschparkes, Hannover
· Dienstgebäude A der OPD H/Bs, Hannover
· Berufsbildende Schulen, Walsrode
· Verwaltungsgebäude Landschaftl. Brandkasse VGH, Hannover
· Fachklinik der LVA Halle, Göhren/Rügen

Freianlagen an der Stadthalle in Stade

Durch Ratsbeschluß ist der Bauplatz für die Stadthalle an den Rand der Altstadt außerhalb des alten Festungsgürtels festgelegt worden. Hier trifft das Grünsystem des historischen Stadtkerns mit dem Burggraben auf den Teil des westlichen Marschwiesenzuges, der durch Randbebauungen bereits aus dem Landschaftsraum isoliert worden ist.

Das Planungsgebiet stellte sich bis zum Beginn der Baumaßnahme wegen weitgehend fehlender Raumkanten in Form von Großgrün und der Nutzholzaufforstung in der Mitte des Raumes völlig ungeordnet dar. Das traf besonders den Standort der erhaltenswerten Mühle, die früher an einer Wasserfläche stehend weithin sichtbar war. Die Wiesen waren mit einem regelmäßigen Netz von Entwässerungsgräben durchzogen, das auch das Regenwasser der angrenzenden Baugrundstücke aufnahm und über die Wettern in die nördliche Schwinge ableitete. Mitten durch das Planungsgebiet verläuft der Weg zu den im Westen liegenden Schulen. Dadurch ist auch der Auffangparkplatz in wenigen Gehminuten mit dem Stadtzentrum verbunden.

Der Weitsichtigkeit des Auftraggebers ist es zu verdanken, daß nach der Entscheidung des Realisierungswettbewerbes für den gesamten Planungsraum ein Grünordnungsplan erstellt werden konnte.

Der Umgang mit dem Wasser in unterschiedlichen Nutzungen und formalen Ausbildungen ist zum tragenden Inhalt dieser Planung geworden. Die Beibehaltung des Entwässerungskonzeptes und dessen Ausdehnung auf das Bauvorhaben legte den Bau eines Rückhaltebeckens nahe und schuf damit eine gute Möglichkeit, die Mühle wieder ins Blickfeld zu rücken. Das System tief eingeschnittener schnurgerader,

Gräben wich landschaftlich eingebundenen Fließgewässern mit ökologischen Rückzugsmöglichkeiten für die Wasserfauna. Flach ausmodellierte Böschungen mit davor entstehenden Hochstaudenfluren lassen die Fließgewässer für Spaziergänger erlebbar werden. Stärker bepflanzte Außenböschungen schaffen die erforderliche Beschattung der Gräben und gleichzeitig grüne Raumkanten für das Planungsgebiet.

Die Kfz-Stellplatzanlage zwischen der Stadthalle und dem Hotel hat auch weiterhin die Funktion eines Auffangparkplatzes. Sie ist streng gegliedert und mit einem Baumdach überstellt worden. Für den Ausbau konnte vorhandenes Altpflaster aus schwedischem Granit verwendet werden. Die Wegeführung läßt Spielraum für großzügig modellierte Wiesenflächen.

Architekt: Dipl.Ing. K.P. Springer, Hannover

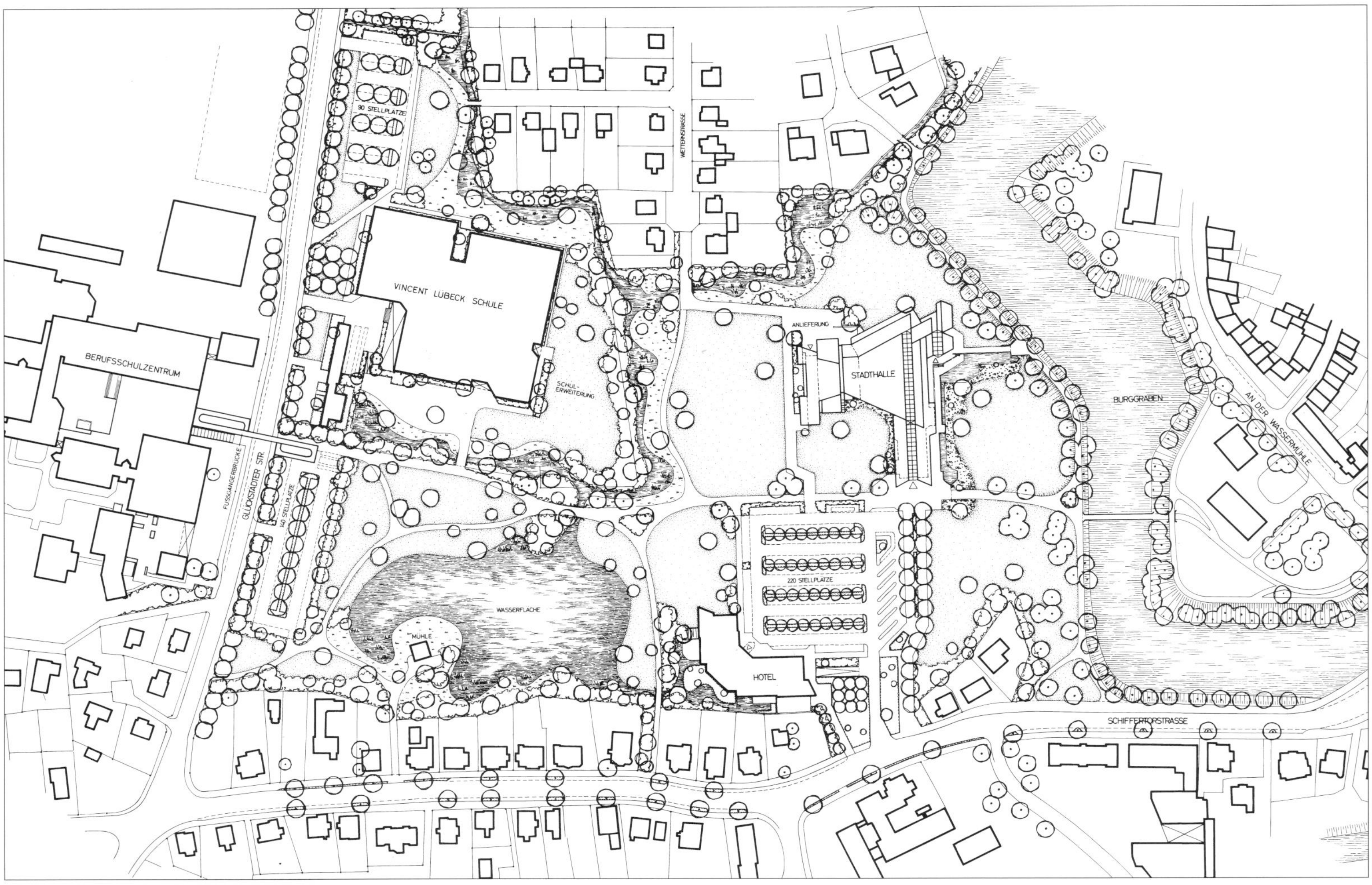

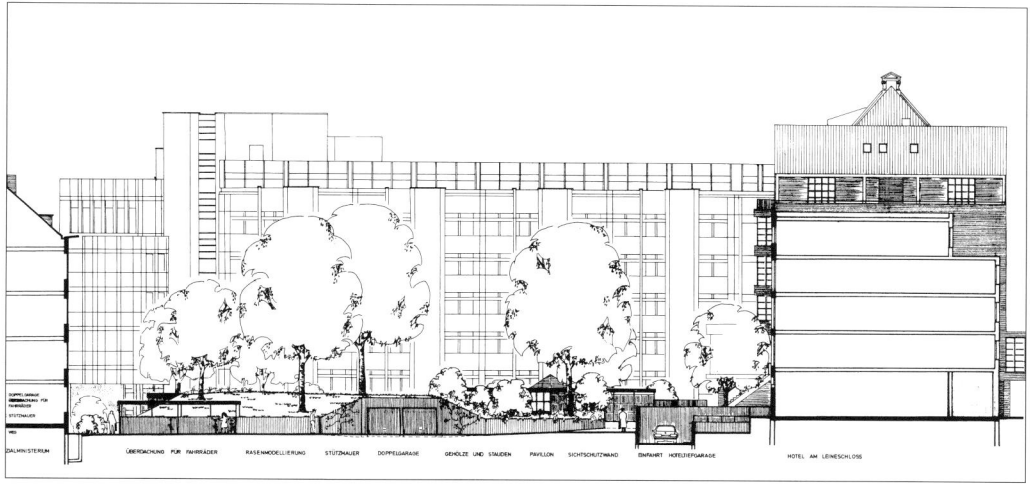

Innenhof am Landtag in Hannover

Architekten: Bahlo Köhnke Stosberg, Hannover
Vegetationsflächen: 950 m²
Klinkerflächen: 660 m²
Bodenbewegung: 250 m³

Mitten in der Stadt Hannover, am Marktplatz neben der Marktkirche, gab es noch nach 1945 das renommierte Eisenwaren-Großhandelsgeschäft mit seinem Lagerhof innerhalb der Blockbebauung. Allerdings hatte der Krieg Baulücken entstehen lassen und im Zuge der Neuordnung des Altstadtquartiers wich das Geschäft den Neubauten.

Neben privaten Investoren baute das Land Niedersachsen hier das Sozialministerium und später die Fraktionsräume des Landtages. In der letzten Baulücke entstanden 1985 schließlich gegenüber dem Markt-kirchenportal ein Altstadtcafé in zwei Stockwerken mit Außenbewirtung und die Erweiterung der Fraktionsräume. Der Hof innerhalb der Blockbebauung wurde bis zu diesem Zeitpunkt von den Anliegern ungeordnet als Parkplatz genutzt.

Das Land Niedersachsen als Bauherr wollte nun den vollkommen umschlossenen Hof begrünen. Allerdings sollte der Innenhof neben dem Cafégarten mit einem Wirtschaftshof auch noch vier Garagen aufnehmen. Die unterschiedlichen Nutzungsinteressen erforderten eine unkonventionelle Planung der Freianlagen. Die zwei Doppelgaragen wurden mit einer großzügigen Bodenmodellierung überdeckt, um zusammenhängende Begrünungsflächen zu schaffen. Unterschiedlich hohe Stützmauern fangen die erhöhten Grünflächen zu den angrenzenden Belagsflächen ab. Dadurch wirkt der Cafégarten auf dem Ursprungsniveau des Geländes wie abgesenkt. Eine Holzpergola und ein Pavillon erhöhen darüber hinaus die Intimität des Cafégartens. Die Maßstäblichkeit zur umgebenden Architektur wird durch Bäume gebildet.

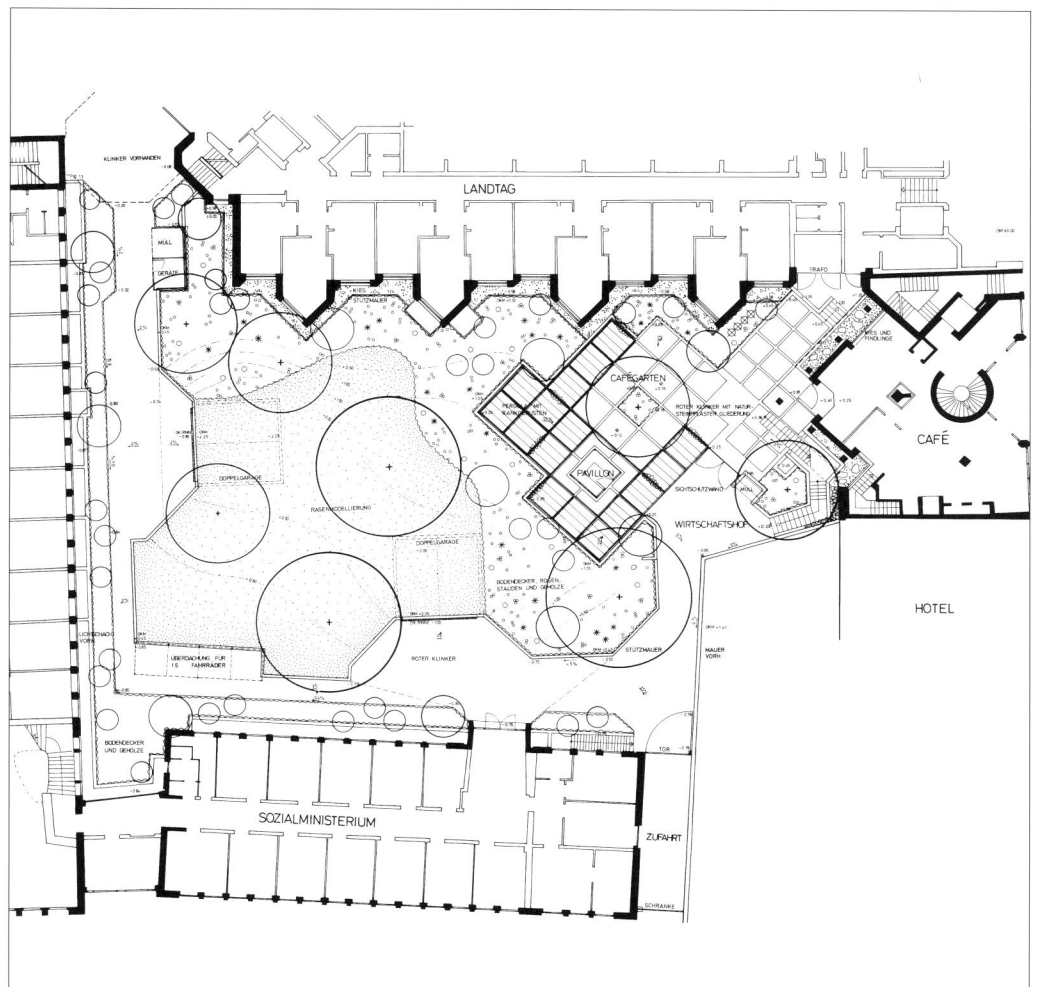

Isterling und Partner

Uwe Isterling, Dipl.-Ing.
*1931

1949 - 55	Lehr- und Wanderjahre
1955 - 57	Studium an der FH Osnabrück
bis 1963	Mitarbeit bei Günther Schulze
seit 1964	Freier Landschaftsarchitekt BDLA
1978 - 89	Vorsitzender der Landesgruppe Hamburg des BDLA
1989 - 95	Mitglied des BDLA-Präsidiums
seit 1968	Eintragungsausschuß der Hamburgischen Architektenkammer

Gordon Evans, BA Dipl. LA MLI
*1957

1976 - 78	Ausbildung zum Gärtner
1979 - 84	Studium an der Greenwich University, England
1984 - 88	Mitarbeit im Landschaftsplanungsbüro Brian Clouston und Partner, England
1987	Associate of the Landscape Institute
1988 - 91	Büroleiter und Partner in England
seit 1992	Mitarbeit im Büro Uwe Isterling
seit 1996	Partner im Büro Isterling und Partner

Dirk Junker, Dipl.-Ing.
*1962

1984 - 91	Studium an der TU Berlin
1991 - 96	Mitarbeit als Projektleiter im Büro Wehberg, Lange, Eppinger, Schmidtke
1993 - 97	Assistent am Lehrstuhl für Städtebau und Landschaftsplanung der TU Braunschweig bei Prof. H. Wehberg
seit 1996	Partner im Büro Isterling und Partner
seit 1997	Mitglied des Wettbewerbsausschusses der Hamburgischen Architektenkammer

Ideenwettbewerb Marktplatz Halle/Saale, 1997
1.Preis

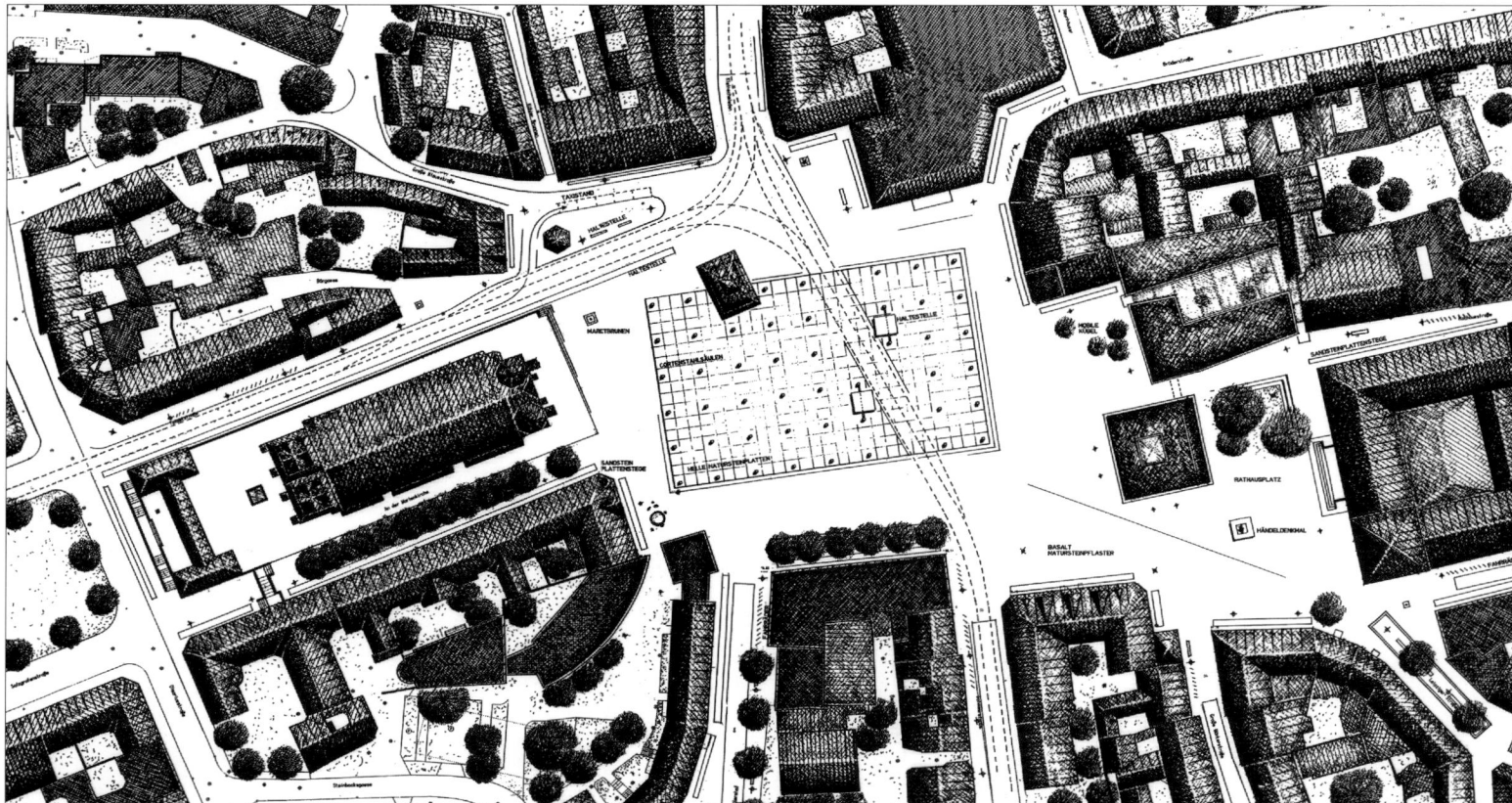

Vorworte

Ein Büro und seine Arbeit zu beschreiben wird zum Problem, sobald die Aufgabe gestellt ist - wie hier durch das vorliegende Buch. Die Arbeitsweise, die Philosophie und die Entwurfshaltung wollen beschrieben sein. Die langjährige Geschichte des Büros und die neuesten Entwicklungen wollen möglichst vollständig präsentiert werden. Der Spaß beim Gestalten von Außenanlagen und die Lust an unserer Arbeit mit Architekten, Planern und den Menschen, für die wir sie gestalten, soll bei solch einer Selbstdarstellung nicht zu kurz kommen. Wir merken: Alles geht nicht zu sagen und zu zeigen.
Wir versuchen mit einigen neuen und älteren Projekten des Büros Isterling und Partner einen Querschnitt unserer Arbeiten zu zeigen - darzustellen im Bewußtsein, daß es nur ein Ausschnitt sein kann. Der Schwerpunkt liegt auf Gärten und Parkanlagen was nur am Rande gestreift wird, sind unsere städtebaulichen Projekte in Zusammenarbeit mit verschiedenen Architekten und die Gestaltung von Straßen und Plätzen, die für uns immer wichtiger werden. Um diesen Teil unserer Arbeit wenigstens exemplarisch zu zeigen, sei hier der letzte gewonnene städtebauliche Wettbewerb, der Ideenwettbewerb zum Marktplatz in Halle 1997, vorgestellt. Die Pläne und Skizzen finden sie auf der linken Seite.

Ideenwettbewerb Marktplatz in Halle, 1997
1. Preis

Wir arbeiteten als interdisziplinäres Team mit dem Architekten Willi Kneffel und den Verkehrsplanern Gosch, Schreyer und Partner an diesem Wettbewerb. Der Marktplatz in Halle bietet eine grandiose Kulisse mit würdigen Fassaden aus verschiedenen Jahrhunderten, dem "Roten Turm" als Kampanile, in der nur eine in sich ruhende Entwurfslösung angebracht schien. Dort, wo früher das Rathaus und das Rolandseck den Platz begrenzten, fehlt dem Raum heute die bauliche Begrenzung. Durch zwei neue Gebäudekörper wird der Platz in Markt- und Rathausplatz gegliedert, erhält seine Proportionen zurück und mit einem großzügigen "Teppich" eine repräsentative Mitte. Mit diesen deutlichen städtebaulichen Akzenten und einer ansonsten ruhigen Platzoberfläche und -möblierung erhält der Raum die angestrebte Großzügigkeit. Die querenden Straßenbahnen, die wechselhafte Kulisse und das bunte Markttreiben sorgen für das Leben in einem harmonisch wohlproportionierten Raum, dem "Festsaal" der Stadt.

Bildungszentrum Reinfeld, 1993-97

Auf einem Grundstück vor einer Waldkulisse gelegen, plante der Architekt Prof. Hirche eine Gebäudegruppe, die den vorhandenen Höhenunterschied von ca. 8 m und das verwinkelte Grundstück optimal ausnutzt. Das Zentrum des Gebäudeensembles stellen Verwaltungs - und Schulungsgebäude dar. Den Rand zur freien Landschaft bilden Studentenwohnheime. Die Abfolge an unterschiedlichen Graden von öffentlichen und privaten Räumen, durch die Platzierung der Gebäude vorgegeben, wurde von uns bei der Gestaltung der Außenanlagen aufgenommen. Die zentralen Bereiche sind durch großflächige Gliederung, vorwiegend mit Wasser- und Rasenflächen, gekennzeichnet. In den privateren Bereichen hin zu den Studentenwohnheimen überwiegen kleinteilige Flächen, die durch Hecken und Strauchpflanzungen geschaffen wurden.
Augenfällig innerhalb des Geländes ist ein im Halbrund der Verwaltungs- und Schulungsgebäude liegendes Wasserbecken, das aus den Rahmenbedingungen entstand, das Regenwasser auf dem Grundstück aufzufangen und zu versickern. Die technischen Vorgaben konnten dort architektonisch geschickt umgesetzt werden.

VHV Nr. 40 und Nr. 90, Hannover, 1975 und 1993

Zwei Versicherungsgebäude des gleichen Bauherrn, fast benachbart, mit 18 Jahren Abstand zusammen mit Bahlo, Köhnke, Stosberg als Architekten realisiert.

Die Begrünung von Verwaltungs- und Bürogebäuden ist in zunehmendem Maße neben gestalterischen Ansprüchen auch von ökologischer Rücksichtnahme geprägt, mit Versickerung des Regenwassers auf dem eigenen Grundstück, Anlage von bepflanzten Gräben und Becken mit Rückhalte- und Versickerungsfunktion. Fassadenbegrünung, intensive Dachbegrünungen in unteren Ebenen, in höheren Ebenen extensiv, erweisen sich durch Wasserspeicherung, Staubbindung, erhöhte Verdunstung, Isolierung, Schutz der Dachhaut und vor allem erhöhte Lebensqualität für Mensch und Kleinlebewesen nicht nur als optisch reizvoller Rahmen in Ergänzung und Kontrast zur Architektur.

Die Nutzer sollen sich mit der grünen Umgebung identifizieren, sie als eine besondere Bereicherung und Qualität im Arbeitsalltag empfinden können. Die Gestaltung von Innenhöfen ist hierfür besonders geeignet, da sie gleichzeitig in ihrer unterschiedlichen Darstellung der Orientierung in großen Gebäudekomplexen dienen und Orte zum "Abschalten" sein können.

Hofgärten Hannover 1977

Das Zimmer im Freien - Rückzugsraum für Menschen, die kleinste Form gärtnerischer Ausdrucksmöglichkeit. Der erfolgreiche Entwurf und die Entwicklung eines Privatgartens hängt vor allem von dem Vertrauen zwischen Bauherr und Landschaftsarchitekt ab.

Die Auswahl der Pflanzen verlangt nach höchsten Ansprüchen bezüglich ihrer Komposition. Blüten und Laubeffekte dienen der Steigerung einer stabilen Grundbepflanzung. Hier ist die Entscheidung über die Verwendung jedes einzelnen Gehölzes, die Auswahl der Materialien und die Plazierung der Gräser und Blütenträger von ganz besonderer Bedeutung.

Der Ansatz der Vegetation soll auch noch nach vielen Jahren in ihren wesentlichen Teilen den einmal erdachten Ansprüchen gerecht werden.

Schöne Aussicht, Hamburg 1992-96

Ein großer Garten in einer der stadtlandschaftlich schönsten Lagen der Hansestadt Hamburg zwischen Feenteich und Außenalster.

Die Sicherung individueller Nutzungsmöglichkeiten durch die Erdgeschoßbewohner und auf den übrigen größeren Gartenflächen, gleichzeitig für alle Hausbewohner, ohne gegenseitige Störungen zu provozieren, war die vornehmste Planungsaufgabe. Hierfür war die Schaffung unterschiedlich großer Gartenräume mit möglichst fließenden Übergängen erforderlich. Topographische Gegebenheiten und ein alter, zu lichtender Baumbestand konnten als Vorgabe genutzt werden. Mit Hilfe von frei eingestellten Hecken und Solitärgehölzen wurden die Raumkanten zusätzlich ausgeformt.

Die für die allgemeine Nutzung zur Verfügung stehenden Gartenbereiche sind durch entsprechende Einbauten definiert:

· Bootshaus, mit strandartigem Ufer als Spielbereich
· Pavillon, mit einblickfreier Sonnenterrasse
· Wassergarten, mit Springbrunnen, Wassertreppen und einem achsial angelegten Steg, der einen Pflanzenpavillon mit kleiner separater Teichterrasse erschließt; als Raum mit besonderen optischen und akustischen Effekten

Weich modulierte Rasenflächen sind das Bindeglied zwischen dem Sockel des Wohnhauses und dem Ufer des angrenzenden Teiches. Sie durchfließen und verbinden gleichzeitig alle Gartenräume. Die "Ufer" dieses "Rasenflusses" bilden großzügig bepflanzte Stauden- und Rosenrabatten. Im Wechsel der Jahreszeiten bilden sie einen harmonisierenden Übergang zum Alsterufer und dem weiten Blick über das Alsterbecken auf die Stadtkrone.

Wilmans Park, Hamburg-Blankenese 1992-95

Ein unter Denkmalschutz gestellter Garten am steilen Elbhang wurde im Zuge der Renovierung des Gebäudes wiederhergestellt. Die Villa wurde auf der obersten von insgesamt sieben Terrassen errichtet und orientiert sich mit dem Gartensaal nach Süden auf die Elbe.

Die Wiederherstellung der Anlage stellte gleichzeitig künstlerische und technische Probleme dar, die in Abstimmung mit der Denkmalpflege und dem Bauherrn in ein Pflege- und Restaurierungskonzept umgesetzt wurde, das die historische Grundlage zum Vorbild nahm.

Wesentliche Teile des Grundstücks sind mit einem waldartigen Baumbestand überstellt. Die Blickachsen auf die Elbe wurden mit einer Rhododendronpflanzung flankiert.

Nachdem der Gartenanlage über Jahrzehnte keine entsprechende Pflege zuteil wurde, mußten, um Licht zu schaffen, wildaufgewachsene Baumbestände (Robinien und Ahorn) herausgenommen werden. Die Eichen in der Blickachse konnten fachgerecht zurückgesetzt und die Rhododendren auf ihren alten Standort zurückgepflanzt und ergänzt werden. Wege in den Bosketts wurden wieder gangbar gemacht, eine verfallene Pergola wurde rekonstruiert. Unter Laubschichten wurde eine alte Grotte aus Tuffstein wiederentdeckt. Ein ovales Wasserbecken unter einer riesigen Trauerbuche versunken, mußte wieder in die richtige Beziehung zu ihrer räumlichen Umgebung gesetzt werden.

Unsere Aufgabe war es, die versteckten Zusammenhänge zu entdecken und die Gartenräume wieder in ihrer Proportion und Abfolge entstehen zu lassen. Der Ort, die Stimmung, die Topographie bestimmen den Charakter eines Gartens. Die Komposition der Elemente Pflanze, Stein, Wasser und Licht zu einem selbstverständlichen Raumerlebnis ist dabei die Kunst, die wir zu vervollkommnen suchen - mehr nicht aber auch nicht weniger!

Kontor Freiraumplanung

Vier Innenhöfe und eine Fußgängerpassage des Büro- und Parkgebäudes der DG-HYP in Hamburg

Die Innenhöfe

Höfe zur Belichtung der Büroflächen geben Raum für ungewöhnliche, mit künstlerischem Anspruch gestaltete Brunnen- und Vegetationsskulpturen. Diese haben wesentlichen Anteil an der Gesamtgestaltung des Gebäudes. Wasser und Vegetation prägen die vier Innenhöfe und formen mit technischen und artifiziellen Elementen unterschiedliche Mikrokosmen.

Das Wasser als naturschaffende wie erodierende Kraft ist Hauptelement der Gestaltung, dessen Dynamik die Elemente Stahl und Pflanze in jedem Hof anders erscheinen läßt: abstrakte Bilder, die Ausschnitte der Natur künstlich überhöht zeigen und durch ihren stark veränderten Maßstab auf sich aufmerksam machen. Sie erinnern an bekannte Leitbilder der Natur, die man zum Beispiel als kleine Inseln in einem schwarzen Meer interpretieren kann, je nach dem persönlichen Maßstabsempfinden und der Phantasie des Betrachters.

Hans Möller
*1953

	Studium an der TU Berlin
1978	Diplom
1980 - 89	angestellter Landschaftsarchitekt bei Günther Schulze in Hamburg
seit 1982	Mitglied des BDLA
seit 1983	Mitglied der Hamburgischen Architektenkammer
seit 1989	selbständig mit Thomas Tradowsky Büro in Hamburg
seit 1995	1. Vorsitzender des BDLA, Landesgruppe Hamburg

Thomas Tradowsky
*1955

	Studium an der FH Osnabrück
1982	Diplom
1982 - 89	angestellter Landschaftsarchitekt bei Günther Schulze in Hamburg
seit 1989	Mitglied des BDLA Mitglied der Hamburgischen Architektenkammer
seit 1989	selbständig mit Hans Möller Büro in Hamburg

Hof 1 - Asiatische Reisterrassen am Fluß

Ein "natürliches" Relief, durch künstliche Höhenschichten überformt und dadurch herausgearbeitet, bringt den Reiz dieser Landschaft zur Geltung.

Hof 2 - Regenwald

Üppige Vegetation erobert sich einen geometrisch gegliederten Raum, ohne ihn vollends dominieren zu können. Exakt gezogene Kanäle durchziehen diesen Sumpfwald und nehmen das Regenwasser einer Kunstwolke auf.

Hof 3 - Wasserwelt, Klima

Sumpf und Wasservegetation fassen einen stilisierten Bachlauf, in dem als künstlerische Verfremdung ein wie zufällig fallen gelassener Zeitungsausschnitt liegt, der die Wetterkarte Europas zeigt.

Hof 4 - Inseln im Wasser

Drei Inseln mit üppiger Vegetation stehen in einem ruhigen, karg anmutenden See, dessen Oberfläche sie wie einsame Eilande wieder spiegelt. Ebenso wie bei den anderen Höfen ist dem Betrachter überlassen, welchen Maßstab er diesen Bildern gibt.

Trabrennbahn Farmsen, Außenanlagen der Wohnbebauung mit Kindertagesstätte und öffentlicher Parkanlage

Entwurfsgedanken

Dem Entwurf der Außenanlagen zur Wohnbebauung auf der ehemaligen Trabrennbahn Farmsen liegt das Ziel zugrunde, die Gestaltungsidee des städtebaulichen Wettbewerbs konsequent weiterzuführen. Die Bebauungsstruktur greift das Oval - das ehemalige Geläuf - als die für eine Pferderennbahn charakteristische Großform auf und verweist damit zukünftig auf die Historie des bebauten Geländes. Um diesen Grundsatz zu unterstützen, verwendet der Entwurf für die Außenanlagen entlang des Ovals folgende Strukturen bzw. Elemente: geschnittene Hecken, eine lineare Baumanordnung, einen Mauertyp, einen durchlaufenden Wegebelag, eine gebaute Wasserkante im Bogen und einen einheitlichen Leuchtentyp.

Folgerichtig stellen sich diese Elemente außerhalb des Ovals gegensätzlich dar. Die Hecken wachsen frei, Mauern sind aus einem anderen Material gebaut, Bäume stehen in natürlicher Anordnung, Wegebeläge und auch Lampentypen differieren. Stadt und Natur sollen künftig auf der ehemaligen Trabrennbahn eng nebeneinander stehen. Außen die Stadt - Gebäude, Straßen, Gärten - mit ihrer Künstlichkeit und der Betonung der harten Formen, innen der öffentliche Park mit seinen weichen Bewegungen, dem weiten öffentlichen Grün, zwei Teichen. Allein neun Villen bringen die Stadt über eine schmale Planke in den Park.

Das natürliche Lebenselement Wasser bildet in einer offenen Grabenführung die Trennlinie - entlang der Stadt mit einer harten bebauten Kante, zum Park hin in weicher, fließender Modellierung.

In dem intensiv genutzten Streifen Wohnumfeld, unmittelbar um die Wohngebäude, laufen Bewegungslinien zusammen, spielen Kinder, werden Neuigkeiten ausgetauscht, Fahrräder repariert. Höhenversprünge grenzen private Terrassengärten von öffentlichen Freiflächen ab und integrieren Sitz- und Spielnischen. Brücken, Stege und Aussichtspunkte schaffen die Verbindung zum weitläufigen öffentlichen Park im Zentrum der Bebauung.

Der Park ist geprägt duch die Baukanten der Wohnbebauung, die dem Verlauf des ehemaligen Geläufs der Trabrennbahn als Oval folgen, eine diagonal durch den Park geführte, den Weg begleitende Baumreihe und ein Gewässersystem mit zwei Teichen.

Um die Großzügigkeit der städtebaulichen Form erlebbar zu machen, sind weite Bereiche des Parks als freie Wiesenflächen geplant. Sichtachsen lenken den Blick in die Tiefe des Raums und verbinden markante Punkte miteinander. Die weiten Wiesenflächen sind für Bewegungs- und Ballspiele bzw. als Liegewiese nutzbar.

Die Lindendiagonale entlang des übergeordneten Fuß- und Radweges bildet die imaginäre Grenze zu dem am südlichen Rand gelegenen öffentlichen Spielplatz.

Der südliche der beiden Teiche wird in Zusammenhang mit dem Kinderspielplatz über Stege und befestigte Ufer zugänglich gemacht. Im Falle des nördlichen Teiches hingegen wird von einer Erschließung weitgehend abgesehen, um dessen naturnahe Entwicklung zu fördern.

Ein "Vorgarten" als öffentlicher Park

Seit 1980 steht das 22-geschossige Hochhaus der Hermes Kreditversicherungs-AG auf dem Grundstück an der Friedensallee in Hamburg-Bahrenfeld. Aber erst nach dem Abriß eines eingeschossigen Supermarktes und einer Erweiterung der Tiefgarage im Jahr 1991 erhält das Verwaltungsgebäude ein seiner Größe angemessenes Vorfeld zur Friedensalle. Nach Vorgabe des Bezirksamtes Altona sollte diese Fläche als öffentlich zugänglicher Park, ausgestattet mit einem Spielplatz, gestaltet werden.

Mit wenigen Gesten und minimalen Mitteln erschließt dieser "Vorgarten" den Raum zwischen Straße und Gebäude. Eine mittige Baumpromenade mit einem seitlichen Rasenband nimmt die geschwungene Gebäudeform auf und gliedert diesen öffentlichen Raum auf privatem Grund.

Eine große, leicht modellierte Rasenfläche öffnet das Eckgrundstück zur Friedensallee und zum Bahrenfelder Kirchenweg. Der Kinderspielplatz macht sich einen Höhensprung zur Grundstücksmauer an der östlichen Grenze zunutze und schafft ein vielfältiges Spielangebot auf unterschiedlichen Ebenen.

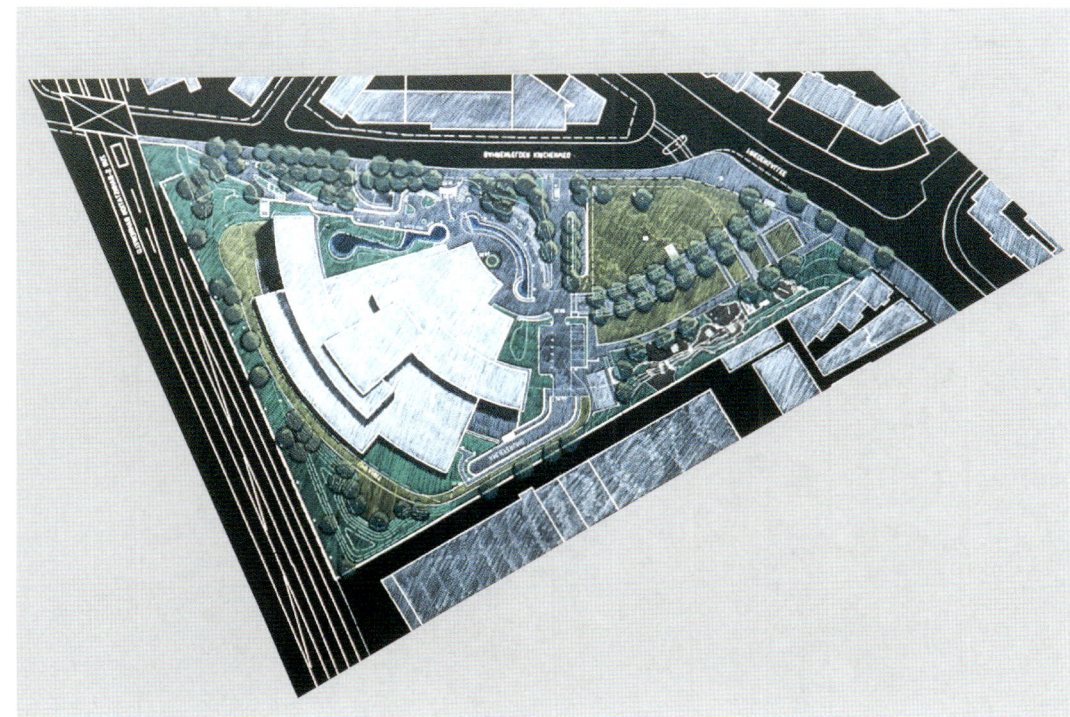

L+O Landschaft und Objekt

Susanne Dresel
*1955

1975 - 80	Landespflegestudium TU München Weihenstephan, Diplom
1981 - 83	North Carolina State University, USA, Master
1983 - 90	Mitarbeit in freien Landschaftsarchitekturbüros
1990	Eintrag in die Hamburgische Architektenkammer als freischaffende Garten- und Landschaftsarchitektin
seit 1990	gemeinsames Planungsbüro mit N. Gurr und G. Herbst in Hamburg

Nikolaus Gurr
*1951

1975 - 78	Landespflegestudium FH Osnabrück, Diplom
1978 - 90	Mitarbeit in freien Landschaftsarchitekturbüros
1985	Eintrag in die Architektenkammer Niedersachsen als angestellter Garten- und Landschaftsarchitekt
1990	Eintrag in die Hamburgische Architektenkammer als freischaffender Garten- und Landschaftsarchitekt
seit 1990	gemeinsames Planungsbüro mit S. Dresel und G. Herbst in Hamburg

Guido Herbst
*1955

1977 - 82	Landespflegestudium TU und FH Berlin, Diplom
1982 - 90	Mitarbeit in freien Landschaftsarchitekturbüros
1990	Eintrag in die Hamburgische Architektenkammer als freischaffender Garten- und Landschaftsarchitekt
seit 1990	gemeinsames Planungsbüro mit S. Dresel und N. Gurr in Hamburg

Wettbewerb Trabrennbahn Farmsen, Hamburg (1. Preis 1992 mit PPL)

Auf der Trabrennbahn Farmsen - seit 1976 ungenutzt - sollten 1 300 WE, die notwendigen Infrastruktureinrichtungen sowie 60 000 qm Büroflächen entstehen. Ziel der prämierten Wettbewerbslösung war die Erhaltung der Großform des Rennbahn-Ovals, um in einem diffusen bis heterogenen Umfeld einen Ort mit hoher Identität zu schaffen.

Die bauliche Struktur erlaubt eine große, zusammenhängende Parkfläche im inneren des Ovals. Die beiden ehemaligen Tongruben werden zu einer großen Wasserfläche verbunden und mit einer Brücke überspannt. Südlich der Teiche werden großzügige, offene Rasenflächen angelegt, im Norden erhält der Park durch die Anlage eines Baumhains einen ganz anderen Charakter.

Städtebaulich ist die Trabrennbahn Teil einer Grünverbindung zwischen Wandse und Osterbek, die durch den Wechsel von Enge und Weite eine Abfolge verschiedener Grünräume erlebbar machen soll. Eine Baumreihe begleitet als vertikale Führungslinie den Hauptfuß- und Radweg, quert in leichten Schwüngen den Farmsener Traberpark und endet am Vorplatz des U-Bahnhofes Trabrennbahn.

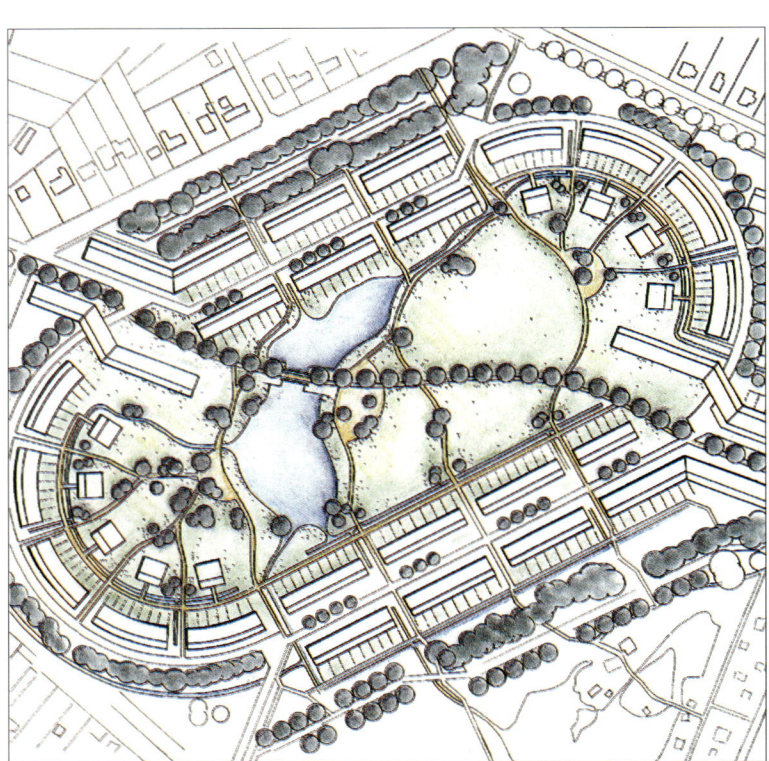

Wohnhof Alte Wöhr in Hamburg-Barmbek

Die auf einem ehemaligen Fabrikgelände errichtete Wohnbebauung besteht aus zwei parallelen Gebäudezeilen, die durch zwei Querriegel miteinander verbunden sind. Zentrales Thema der dadurch entstehenden Innenhöfe ist eine modellierte Rasenplastik, die mit mehrstämmigen Großbäumen akzentuiert wird. Schmale Querwege durchschneiden den Rasenkörper, gefaßt durch Wangen aus Granitblöcken, die die Plastizität und Modellierung der Rasenoberfläche erst wahrnehmbar machen.

Die großzügige Gebäudeöffnung des ersten Gebäuderiegels erhält helle, freundliche Beläge. Eine spezielle Oberflächenbehandlung der Stützen sowie ein besonderes Beleuchtungskonzept heben diesen Teil in der Straßenrandbebauung auch bei Dunkelheit hervor.

Eine Wasserfläche unter dem zweiten Querriegel, die die Projektionskante der Fassaden zu beiden Hofseiten hin überragt, bringt Licht und Frische in den Gebäudedurchgang. Deckenstrahler sollen auch bei Dunkelheit im Wechselspiel mit der Wasseroberfläche für eine herausragende Helligkeit sorgen und die Fassaden mit der Lichtreflektion bereichern.

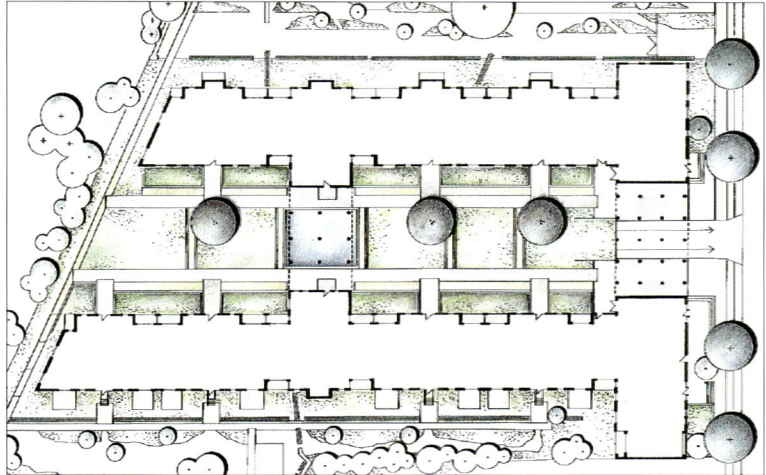

Niederlassung der Hochtief AG, Hamburg

Der Haupteingangsbereich des Verwaltungsgebäudes liegt, bedingt durch die topographische Situation, um 1,20 m tiefer als die angrenzenden Gehwegbereiche. Die Erschließung wird deshalb durch eine Folge von Stufenpodesten erreicht. Die Gebäudespitze schneidet in diese Podestanlage hinein.

Der Höhenversprung zum Gehweg entlang der Bramfelder Chaussee wird durch eine langgestreckte Scheibe aus Corten-Stahl abgefangen. Sie zerschneidet gleichsam das Gebäude genau dort, wo es zur Erschließung abgesenkt werden muß und suggeriert das Bild einer rostigen Klinge.

Im Innenhof verlaufen Eibenhecken in parallelen Bändern, in den Zwischenräumen wechseln Efeu und Lavendel einander ab. Aus den oberen Geschossen stellen sie sich als moderne und schlichte Interpretation eines Parterres dar. Das Erlebnis der spitzwinklig zulaufenden Raumkanten des Hofes wird durch zwei sich kreuzende Rankseile unterstrichen, an denen Clematis die oberen Geschosse stürmen.

MAZ Mikroelektronik-Anwendungszentrum (1. Preis 1991 mit Büro Streb)

In ein extrem langgestrecktes Grundstück im Harburger Binnenhafen schiebt sich der 120 m lange Neubau des MAZ wie ein Luxusliner an der sehr heterogenen Nachbarschaft entlang und hinterläßt in seinem Fahrwasser nur einen handtuchschmalen Streifen freier Fläche, südexponiert und teilweise von einem Luftgeschoß überragt. Hier wird das Wasser zum belebenden Element.

Die Grenze zwischen Wasserbecken und Wegfläche ist stellenweise aufgelöst, jedoch weitgehend durch niedrige Betonmauern gefaßt, die in Lage und Ausrichtung wie zufällig driftendes Treibholz wirken. Mit unterschiedlichen Winkeln und wechselnden Neigungen bieten sie ständig veränderte Perspektiven und damit Abwechslung und Spannung.

Die Beläge - gebrauchtes Granitreihenpflaster und mit einer Stahlzarge gefaßte, großformatige Betonplatten - sind aus dem Kontext Hafen und Gewerbe entnommen. Eine Reihe aus Säulenpappeln wird zukünftig als Leitbaumart das übergeordnete Wegnetz durch das Hafengebiet begleiten.

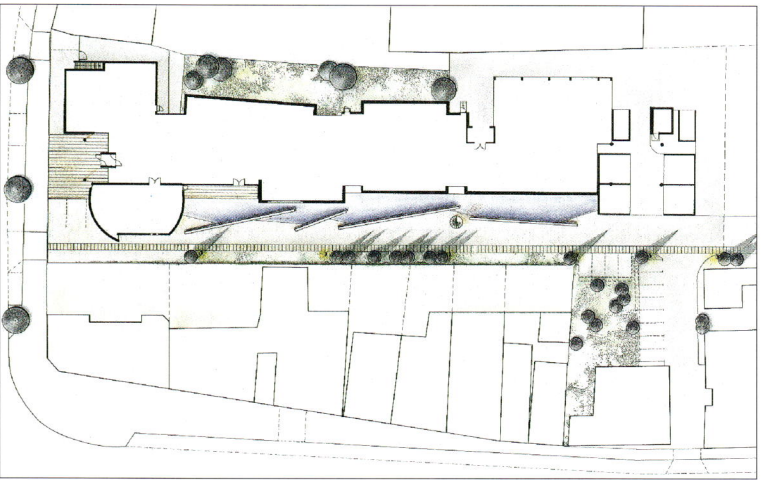

Irene Lohaus

*1965 · 1984 - 90 Studium an der Universität Hannover 1990 - 93 freie Mitarbeit bei Prof. Günter Nagel, Hannover · seit 1993 Büro für Landschaftsarchitektur in Hannover · 1993 - 94 Bürogemeinschaft mit M. Diekmann · seit 1996 Bürogemeinschaft mit Peter Carl

Peter Carl

*1960 · 1977 - 83 Ausbildung zum Landschaftsgärtner und Praxisjahre im Garten- und Landschaftsbau 1983 - 87 Studium an der Fachhochschule Osnabrück 1987 - 96 Mitarbeit/ freie Mitarbeit in diversen Büros, z.B. WLES, Hamburg und Prof. Gustav Lange, Hamburg · seit 1996 Bürogemeinschaft mit Irene Lohaus

Projekte

· Grundschule im Stadtteil Kronsberg, Hannover, Arge mit Grünplan, Hannover, Baubeginn 1998
· Gymnasium Rutesheim bei Stuttgart, für Architekten B.E.M.S. Freiburg, Baubeginn 1999
· Zwei Quartierparks im Stadtteil Kronsberg, Hannover, Baubeginn 1998
· Ökologischer Gehölzgarten Haus Ripshorst in Oberhausen, Modellprojekt IBA Emscher Park, Arge M. Diekmann und I. Lohaus, Realisierung seit 1995
· Stadt als Garten - Nikolai-Friedhof Hannover, Arge mit Architekten Jabusch und Schneider, Hannover

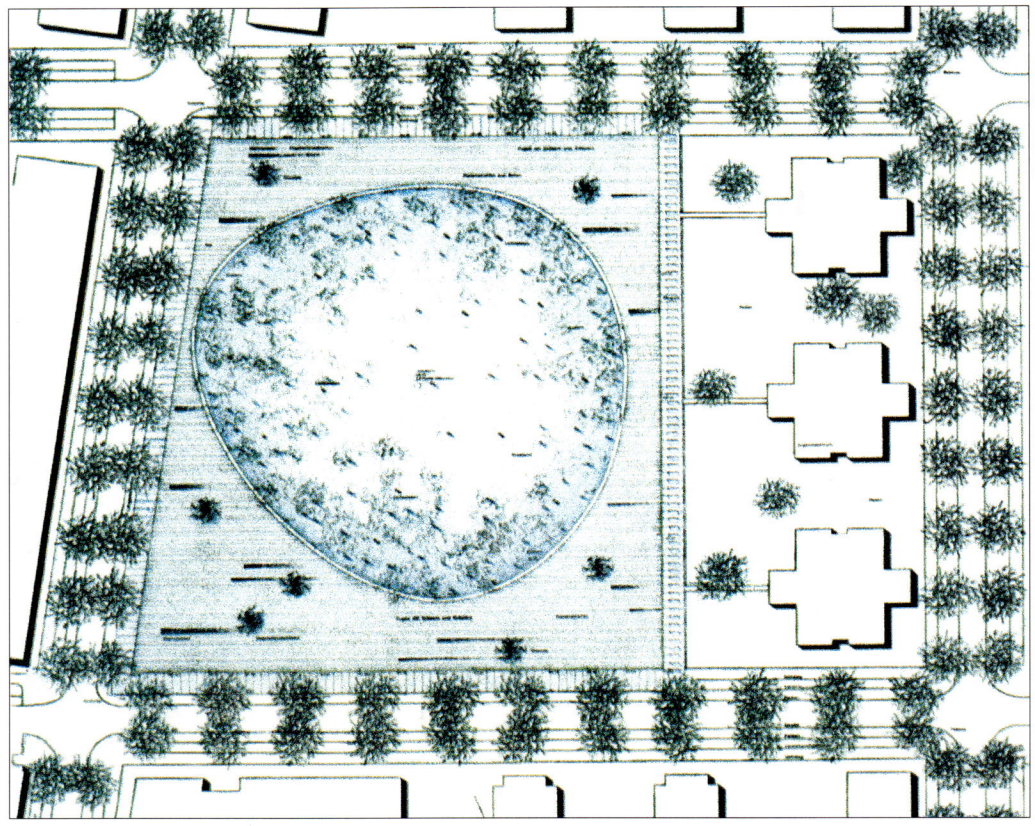

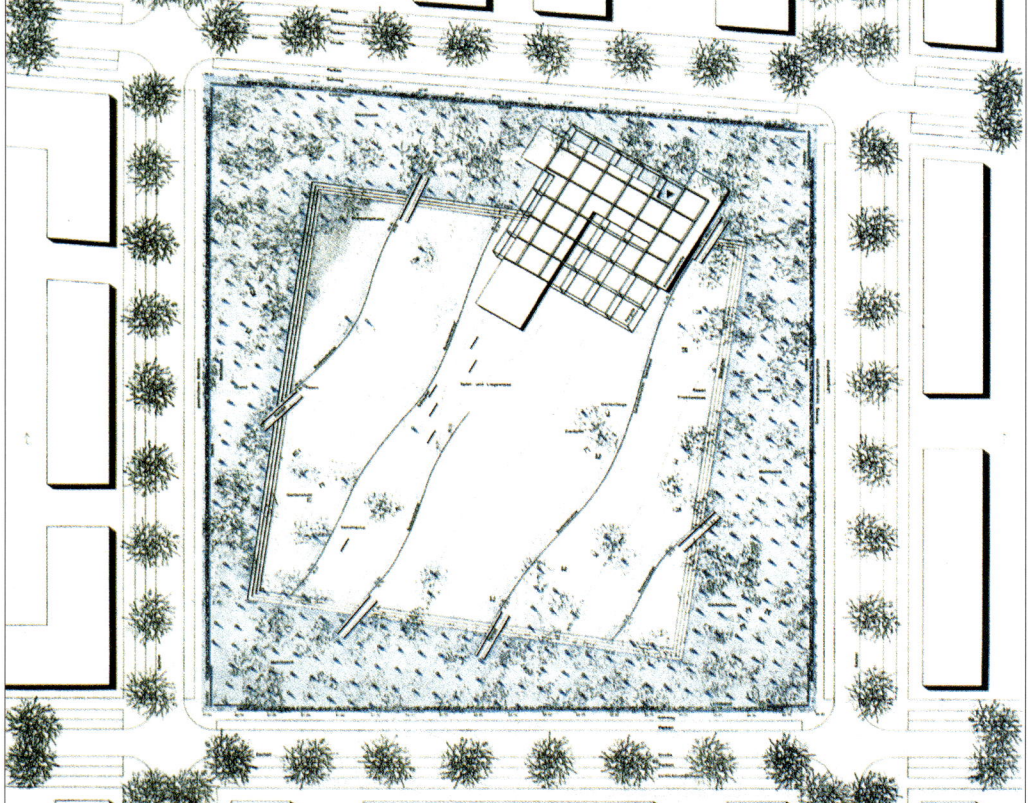

Realisierungswettbewerb "Zwei Quartierparks im Stadtteil Kronsberg", Hannover, 1. Preis

Architektur Prof. Dr. Andreas Uffelmann, Hannover
Regenwasser Dr. Matthias Uhl, Hannover

Die zwei Quartierparks liegen im 1. Bauabschnitt des neuen Stadtteils Kronsberg in Hannover, der in unmittelbarer Benachbarung zum Gelände der EXPO 2000 entwickelt wird. Die zwei Parks sehr ähnlichen Zuschnitts werden in unterschiedlichem räumlichen wie funktionalen Charakter gestaltet. Beiden Parks gemeinsam sind die deutlich erlebbaren Raumsequenzen, ein besonderes Raumerlebnis, Schwellen von Licht zu Schatten, von Offenheit zu Dichte. Im Nordpark ist die baumbestandene Mitte von einem leeren Platz umgeben. Einige Plattenbänder des Platzes sind in Hangrichtung aus dem Verband gelöst und quasi zu (Sitz-) Blöcken aufgetürmt. In der Spur wird ein Stück des Kronsberger Karstgesteins freigelegt. Ein Kiefernhain stockt auf einer gräserbewachsenen Erdlinse. Der Kiefernhain ist am Rand dicht gepflanzt, wird im Inneren lichter und wölbt sich hallenartig auf. Das Regenwasser wird am Hangfuß des Parkes aufgefangen, tropft oder trielt in einen unterirdischen Klangkörper, der den Klang des Regens zeitversetzt zum Regenereignis nachhallen läßt. Der Südpark ist von einer Schnitthecke umschlossen. An den Eckpunkten regeln Parktore die Zugänglichkeit. Ein Hain aus in engem Raster gepflanzten Mehlbeeren rahmt eine eingesenkte Lichtung im Inneren des Südparks ein. Hier wird die leichte, natürliche Topographie des Hanges durch gestufte Stahlbänder sichtbar gemacht.

Städtebaulicher Ideenwettbewerb "Zentrales Kurgebiet und Vorderreihe", Lübeck-Travemünde, 3. Preis

Stadtplaner Kirschner und Schirmer, Dortmund
Architekten Tönjes, Schröter, Jansen, Lübeck

Die historische Gliederung des Kurgebietes des Ostseeheilbades Travemünde bleibt gestaltbestimmend und wird gestärkt. Außenallee und Parkallee werden erhalten und ergänzt. Sie begrenzen den linearen Kurgarten, der Stadtgebiet und Kurgebiet unmittelbar miteinander verknüpft. Nördlich des linearen, durch die Alleen begrenzten Kurgartens liegt die eiszeitliche, bewaldete Erhebung

des Kalvarienberges. Ein sich zu Teichen aufweitender Wasserlauf markiert den Fuß des Kalvarienberges. Südlich des Kurgartens schließt das Leuchtfeld an. Es wird als ebene Wiesenfläche gestaltet und mit hochstämmigen, im Meereswind rauschenden, im Herbst leuchtend orangen amerikanischen Zitterpappeln bepflanzt. Der Fußgänger sieht zwischen den Stämmen der Bäume die

Ostsee bzw. die Trave hindurchschimmern. Die Zitterpappeln rahmen baumlose Lichtbänder, die von den Uferpromenaden an der Trave und am Strand Blicke in die Tiefe des Kurgebietes und den Kalvarienberg erlauben. Im Gegenblick sind vom Kurgarten die Ostsee bzw. auf der Trave vorbeifahrende Schiffe zu sehen wie es auch in den Altstadtgassen der Fall ist.

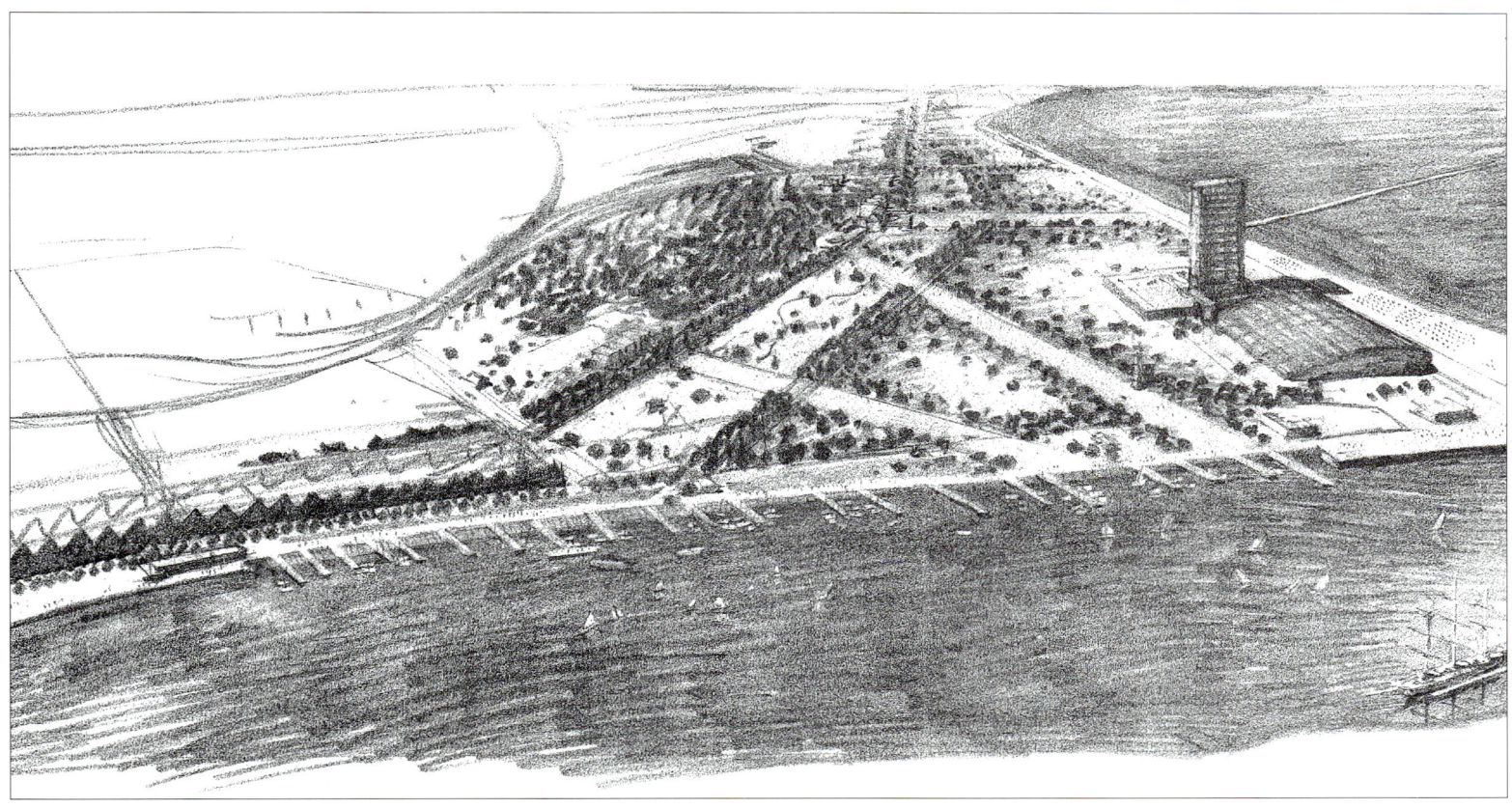

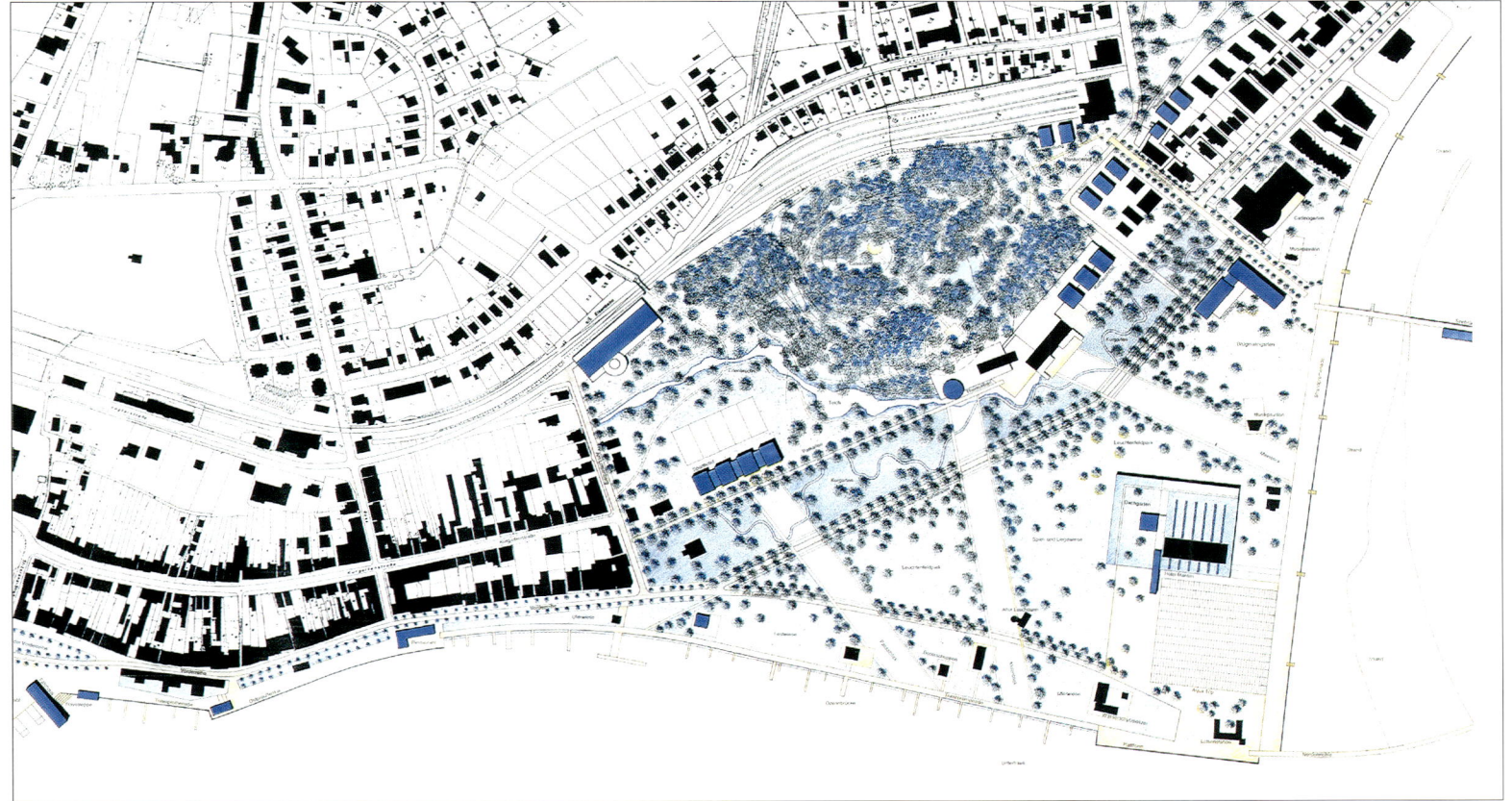

**Landschaftsplanerischer Ideen- und Realisierungs-
wettbewerb "Neue Wiesen"**

Berlin-Weißensee, 2. Preis
Perspektiven Wolfram Gothe, Hamburg

Die visuellen Merkpunkte der Weißenseer Felder sind
Alleen, Ufergehölze an Wasserläufen und Dämme. Sie
liefern die Stichworte zur Entwicklung der Neuen Wiesen. Die vorhandenen Wasserläufe sammeln sich an
einem waagerechten, mit Kopfweiden bestandenen
Damm. Der Damm veranschaulicht die entgegenge-
setzten Fließrichtungen der Wasserläufe und ist Ausdruck der starken Überformung der Landschaft, die in
der Vergangenheit vorgenommen wurde. Alleen definieren den Übergang von den durch städtische Kulissen geprägten Landschaftsteilen in die Brandenburger
Feldmark. Sie:

· sind Schattenorte in der ausgeräumten Landschaft
· begrenzen die Blicke in der Nord-Südrichtung, aber
  ermöglichen das Schweifenlassen des Blickes in die
  Feldmark
· fokussieren Landmarken wie den Lindenberger Kirch-
  turm
· sind keine Wegeverbindungen, sondern Orte der
  Muße in der ansonsten überwiegend von der Landwirtschaft beanspruchten Landschaft.

Um eine Vielfalt an "inneren" und "äußeren" Qualitäten zu erzielen, sind im Hinblick auf Lichtverhält-
nisse, Proportion und jahreszeitlichem Erscheinungsbild unterschiedliche Alleentypen vorgesehen.

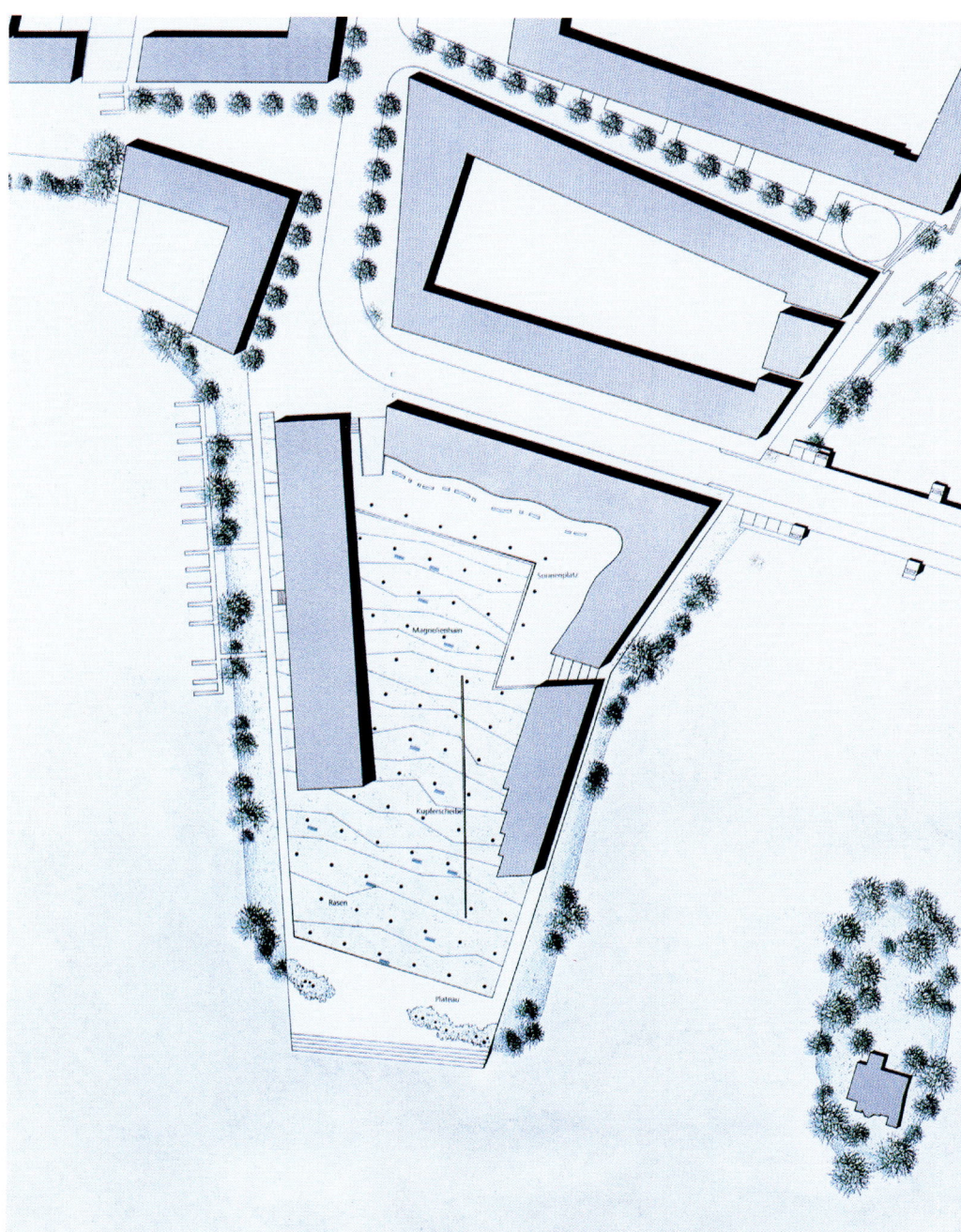

Realisierungswettbewerb
"Freiflächen Havelspitze am Spandauer See"

Wasserstadt Berlin Oberhavel, 3. Preis

Ein Plateau, das die zur Havelspitze geöffneten Gebäude einschließt, überlagert an der Südspitze die Kontur der Halbinsel und schiebt sich mit flachen Stufen in die Havel. Die vorhandenen Weiden und Erlen werden von der Platzfläche ausgespart und bleiben erhalten. Sie markieren die heutige Kontur der Havelspitze. Vor der Kulisse des Weiden- und Erlensaumes entsteht ein sonniger Platz am Wasser mit Blick auf die Zitadelle von Spandau. Die Gebäude umschließen einen Baumhain. Die Gebäudeausrichtung und die Klimabegünstigung durch die Insellage erlauben das Anpflanzen eines Blütenbaumes wie die Kobushi-Magnolie. Die Bäume stehen auf einer Rasenfläche, in der "Spülsäume" aus Steinplatten liegen. Sie bieten Pfade und Wege durch den Magnolienhain zur Havel, bilden kleine Plätze und belassen großzügige Rasen- oder Sandflächen in den Zwischenräumen, die sich zum Sonnen, Liegen oder Spielen eignen. Im Frühjahr verdichten sich die Plattenzwischenräume zu einem weißen Feld aus Märzenbecher. Eine Kupferscheibe mit einer Wasserlinie an der Oberkante markiert einen Höhensprung in der schräg geneigten Plateauebene.

Thomas Mudra

*1951 in Leipzig · Landespflegestudium Universität Hannover · 1977/78 Wissenschaftlicher Mitarbeiter am Institut für Raumplanung Hannover · 1978 - 80 angestellter Garten- und Landschaftsarchitekt · 1980 - 82 Wissenschaftlicher Mitarbeiter am Institut für Grünplanung und Gartenarchitektur · Aufbau eines eigenen Planungsbüros · Lehraufträge am Institut für Grünplanung und Gartenarchitektur der Universität Hannover und an der Fachhochschule Hannover, Fachbereich Architektur · Büro- und Arbeitsgemeinschaft mit Volker Magnus in Edesbüttel

Volker Magnus

*1941 in Plauen/Vogtland · Landespflegestudium in Osnabrück · 1966 - 74 Tätigkeit in diversen Landschaftsarchitekturbüros und Baugesellschaften · 1974 - 92 Tätigkeit in der Stadtplanung · seit 1992 Büro- und Arbeitsgemeinschaft mit Thomas Mudra in Edesbüttel

Themenschwerpunkte

Freiflächen an Schulen, im Wohnungsbau, Kindergartenplanung, Spielplätze, Sanierungsplanung, Rekonstruktion historischer Parkanlagen, Dorferneuerung,
Sportanlagen, Planung von Regenwasserversickerungsanlagen usw.
Wettbewerbsteilnahmen

Stadtpark Renaissance-Bastion Erichsberg, Neustadt am Rübenberge
Mitarbeit Stahlobjekte: Architekten Pax und Hadamczik, Hannover

Am nördlichen Rand der historischen Kernstadt Neustadt am Rübenberge sollte auf schon länger aufgelassenen und zum Teil verwahrlosten Freiflächen eine Parkanlage mit umfangreichen Spielangeboten sowie Erholungsmöglichkeiten für Einwohner und Besucher der Stadt geplant werden. Die Fläche hat eine Gesamtgröße von ca. 22 000 qm. Die Anlage entstand auf dem Gelände von ehemaligen Wallanlagen und des dazugehörigen Grabens - beide Strukturen wurden im Laufe der Jahrhunderte beseitigt. Der Stadtpark besteht - nach dem Entwurf - aus mehreren Teilbereichen: dem Südteil, der als kleinräumige Grünzone mit Wasserlauf und Spielgelegenheiten gestaltet wurde, dem zentralen "Erichsberg" als begehbarem Aussichtspunkt und vorgelagertem, vielfältig nutzbarem Stadtplatz und dem Ostteil als großräumige Grünanlage mit dem Hauptspielangebot. Während der Bauarbeiten im südlichen Umfeld des Erichsberges wurden bei Fundamentierungsarbeiten historische Mauerreste entdeckt. Unter der Leitung des Landschaftsarchitekten wurden - nach Abstimmung mit der Denkmalbehörde - Ausgrabungen durchgeführt. Als Ergebnis wurden umfangreiche, bisher hier in dieser Form nicht vermutete Mauer- und Fundamentfragmente freigelegt, die Bestandteil der historischen Stadtbefestigung aus der Zeit der Renaissance (hier 2. Hälfte des 16. Jahrhunderts) waren. In dieser Form war die gefundene Renaissance-Bastion einmalig für den norddeutschen Raum. Die bisherige Einschätzung der vorhandenen Strukturen mußte revidiert, die bisherige Freiraumplanung korrigiert werden. Ziele der fast vollständig überarbeiteten Planung waren:
1. Sicherung der Ausgrabungen und Darstellung der Erkenntnisse für den Bürger, Dokumentation eines Entwicklungsprozesses.
2. Überzeugende Einbeziehung der Ausgrabungen in die Parkanlage.
3. Schaffung einer multifunktionalen, innerstädtischen Grünzone, die die an sie gestellten Ansprüche (Spiel, Erholung, Ausgleichsfunktionen, Repräsentation usw.) erfüllt, Revitalisierung des Stadtraumes.

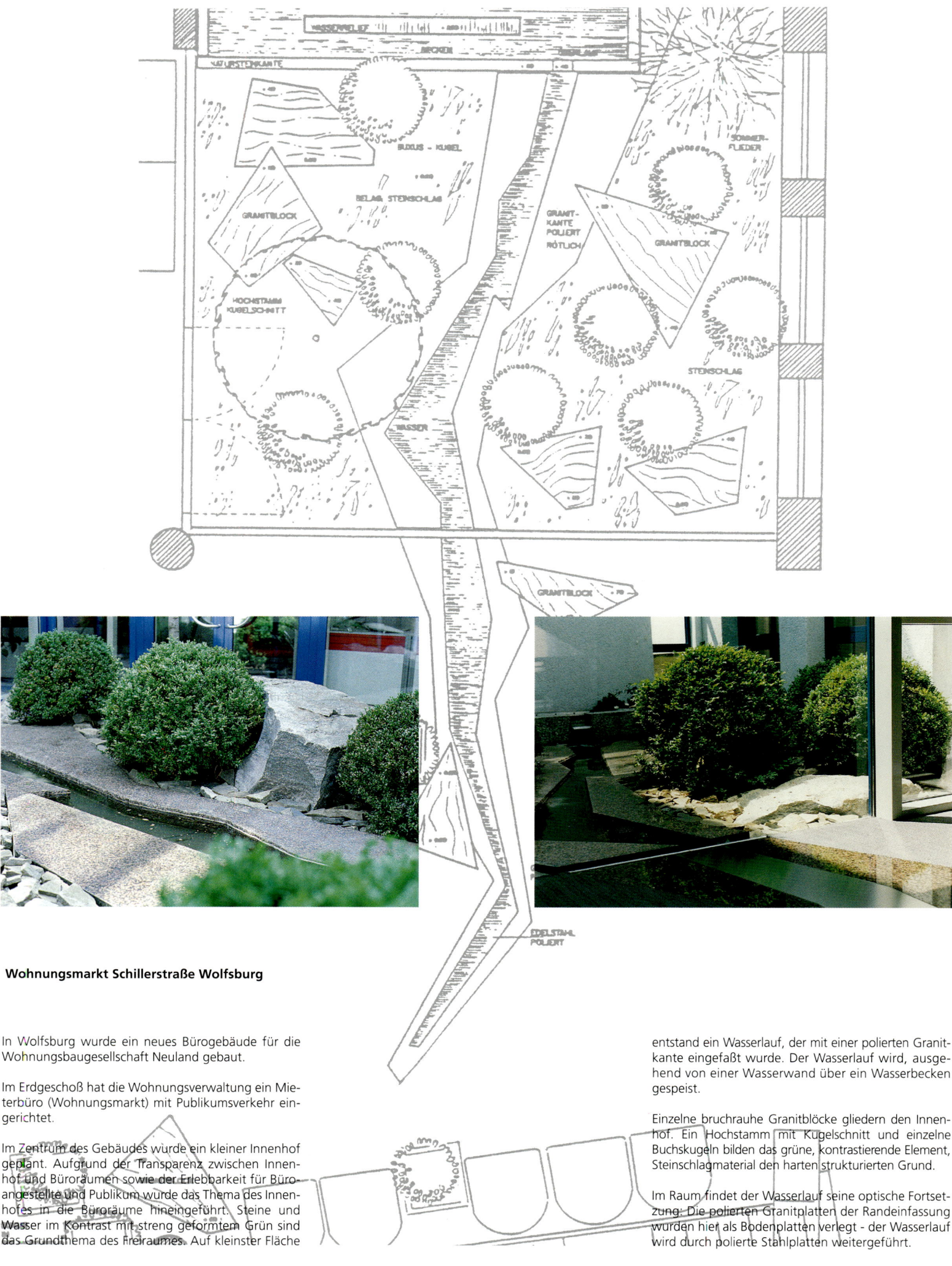

Wohnungsmarkt Schillerstraße Wolfsburg

In Wolfsburg wurde ein neues Bürogebäude für die Wohnungsbaugesellschaft Neuland gebaut.

Im Erdgeschoß hat die Wohnungsverwaltung ein Mieterbüro (Wohnungsmarkt) mit Publikumsverkehr eingerichtet.

Im Zentrum des Gebäudes wurde ein kleiner Innenhof geplant. Aufgrund der Transparenz zwischen Innenhof und Büroräumen sowie der Erlebbarkeit für Büroangestellte und Publikum wurde das Thema des Innenhofes in die Büroräume hineingeführt. Steine und Wasser im Kontrast mit streng geformtem Grün sind das Grundthema des Freiraumes. Auf kleinster Fläche

entstand ein Wasserlauf, der mit einer polierten Granitkante eingefaßt wurde. Der Wasserlauf wird, ausgehend von einer Wasserwand über ein Wasserbecken gespeist.

Einzelne bruchrauhe Granitblöcke gliedern den Innenhof. Ein Hochstamm mit Kugelschnitt und einzelne Buchskugeln bilden das grüne, kontrastierende Element, Steinschlagmaterial den harten strukturierten Grund.

Im Raum findet der Wasserlauf seine optische Fortsetzung: Die polierten Granitplatten der Randeinfassung wurden hier als Bodenplatten verlegt - der Wasserlauf wird durch polierte Stahlplatten weitergeführt.

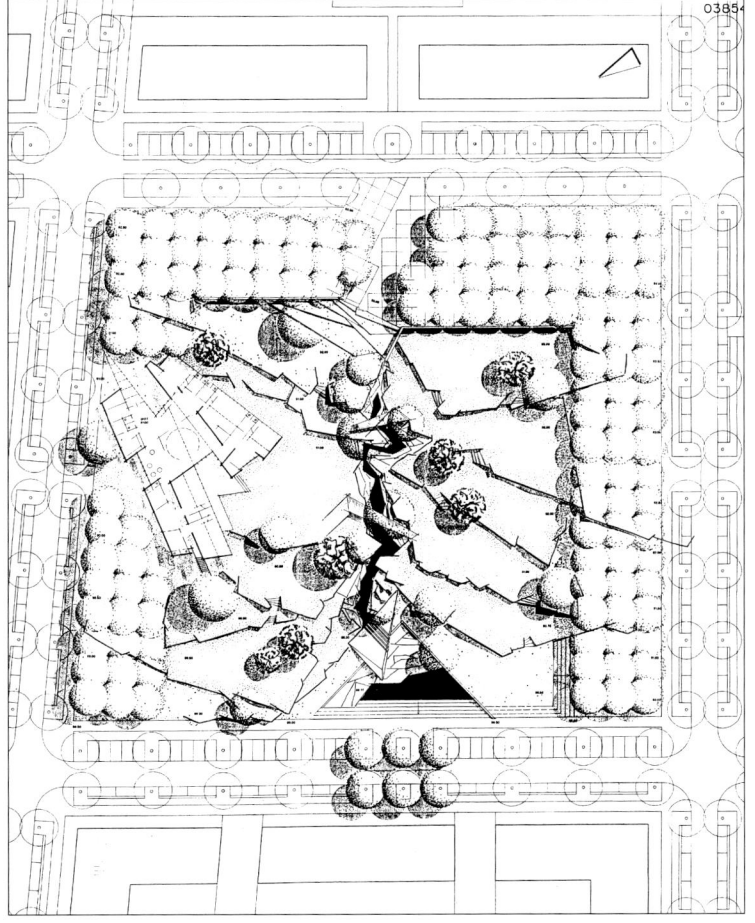

Realisierungswettbewerb Quartierparks Stadtteil Kronsberg, Hannover

Der Quartierpark Süd

Im Quartierpark Süd wird das Thema Hart und Trocken und die damit zu assoziierenden Begriffe und Inhalte umgesetzt. Das Gesamtkonzept setzt sich mit der bestehenden Topographie auseinander, macht diese zum Ausgangspunkt der Gestaltung und thematisiert dabei gleichzeitig sichtbar das besondere Verhalten von Regenwasser in einem derart geprägten Gelände.

Der bestehende Höhenunterschied des Geländes wird für eine Terrassierung mittels Felskanten genutzt, deren Erlebnishöhepunkt ein das Gelände durchziehender Grabenbruch bildet. Der Graben und die abschließende Wasserfläche nehmen das gesamte Niederschlagswasser zur Versickerung auf.

Der Quartierpark Nord

Im Quartierpark Nord wird - im Gegensatz zum Park Süd - das Thema Weich und Feucht und die damit verwandten Inhalte umgesetzt. Auch hier wird das Gelände aus der bestehenden Topographie entwickelt und das andere Verhalten von Regenwasser in diesem Geländeverlauf gezeigt.

Im Bereich des äußeren Baumrahmens fällt das Gelände mit den Höhen der begrenzenden Straßen, aus diesen Höhen heraus ziehen sich aber sanfte Geländemodellierungen in den inneren Parkteil herein, der seinerseits gegenüber dem Rahmen tiefer gelegen ist. An den Stützmauern sind die Geländebewegungen zusätzlich ablesbar, das Führen von "Tälern"

erhöht den Gesamteindruck eines weich schwingenden Geländes. Der Park fällt insgesamt zur abschließenden Wasserfläche, die auch hier das Regenwasser zur Versickerung aufnimmt.

Günter Nagel
*1936

1961	Diplom an der Technischen Universität Berlin
1969	Bürogründung in Berlin
1974	Professur für Landschaftsarchitektur an der Hochschule der Künste Berlin
1977	o. Professor an der Universität Hannover, Direktor des Instituts für Grünplanung und Gartenarchitektur

Christoph Schonhoff
*1961

1988	Diplom an der Universität Hannover
1990 - 95	Wissenschaftlicher Mitarbeiter Universität Hannover, Institut für Grünplanung und Gartenarchitektur
1995	Partner des Büros in Hannover

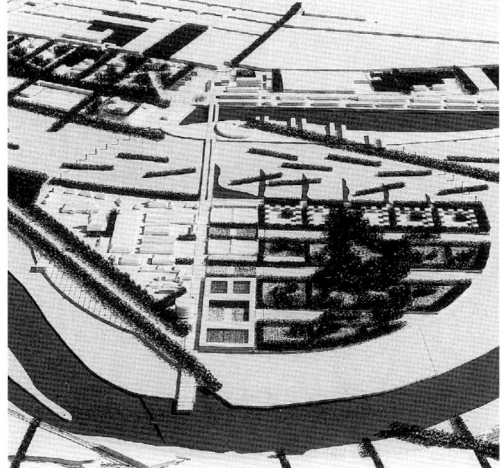

Projektauswahl

Wohnumwelt
· Terrassenbebauung Berlin-Charlottenburg
· Wohnhöfe im Rahmen der Sanierung in Berlin-Wedding und Berlin-Charlottenburg
· Wohnanlage in Berlin-Wedding
· Altenwohnanlage in Garbsen
· Wohnquartiere in Hamburg

Hochschulbauten
· Technische Universität Berlin, Institute für Mathematik, Physik, Elektrotechnik
· Universität Osnabrück Neubau Fachbereich Biologie
· Universität Hannover Neubau Fachbereich Chemie
· Fachhochschule Hildesheim
· Universität Hannover - Unterwassertechnikum Garbsen

Kulturbauten
· Staatsbibliothek der Stiftung Preußischer Kulturbesitz in Berlin-Tiergarten
· Kammermusiksaal an der Berliner Philharmonie
· Museen Stiftung Preußischer Kulturbesitz in Berlin
· Deutsche Schule Washington
· Kloster St. Marienthal, Hofanlagen
· Umbau Heidekaserne Celle Neuanlage eines Stadtgartens

Arbeitsumwelt
· Tagungszentrum Messe, Hannover
· Siemens Verkehrstechnik, Berlin Treptow
· dvg Datenverarbeitungsgesellschaft Hannover-Kronsberg
· Haus Arbeitssicherheit der Metallberufsgenossenschaft, Bad Wilsnack

Städtebauliche Planungen
· Braunschweig Westpark
· Generalgrünplan Neustadt am Rübenberge
· Siemens-Industriepark an der Spree
· Olympia-Konzeption Hamburg
· Strukturkonzept und Grünordnungsplan Wolfsburg, Reislingen-Südwest
· Hamburg, Neugraben-Fischbek Entwurf zum Grünordnungsplan
· Hildesheim-Ochtersum Strukturplanung und Grünordnungsplan
· Strukturkonzept Ferienpark Nordharz
· Wolfsburg-Nordsteimke Strukturplanung und Grünordnungsplan
· Burgdorf-Nordwest, Grünordnungplan
· Heidekaserne Celle, Grünordnungsplan
· Mittellandkanal in Hannover Ausbaustrecke Buchholz, Vahrenwald-List

Wettbewerbe/Auswahl
· Neues Wohngebiet für ca. 3000 EW Hamburg, Neugraben-Fischbek 1. Preis, mit I. und F. Spengelin
· Tagungszentrum Messe, Hannover 1. Preis, mit Storch und Ehlers
· Regierungsviertel Dresden 2. Preis, mit R. Ostertag
· Schulzentrum Weyhe 1. Preis, mit Schumann und Reichert
· Landschaftsgestaltung Hannover-Kronsberg Expo-Park, Entwurf im Rahmen eines Planungsworkshops
· Städtebaulicher Wettbewerb Seelze-Süd 1. Preis, mit Ph. Kahl und A. Uffelmann
· Schulzentrum Syke 1. Preis, mit Schumann und Reichert
· Stadtpromenade Hamburg-Harburg 1. Preis, mit I. und F. Spengelin

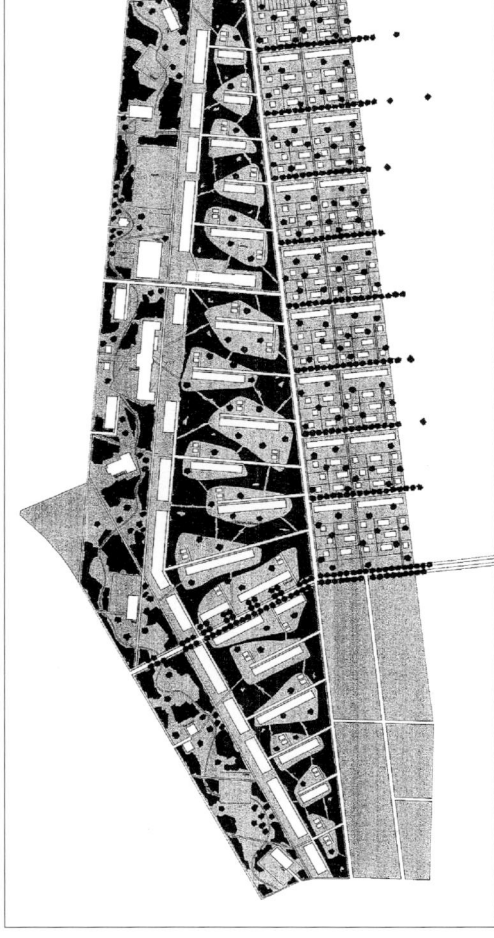

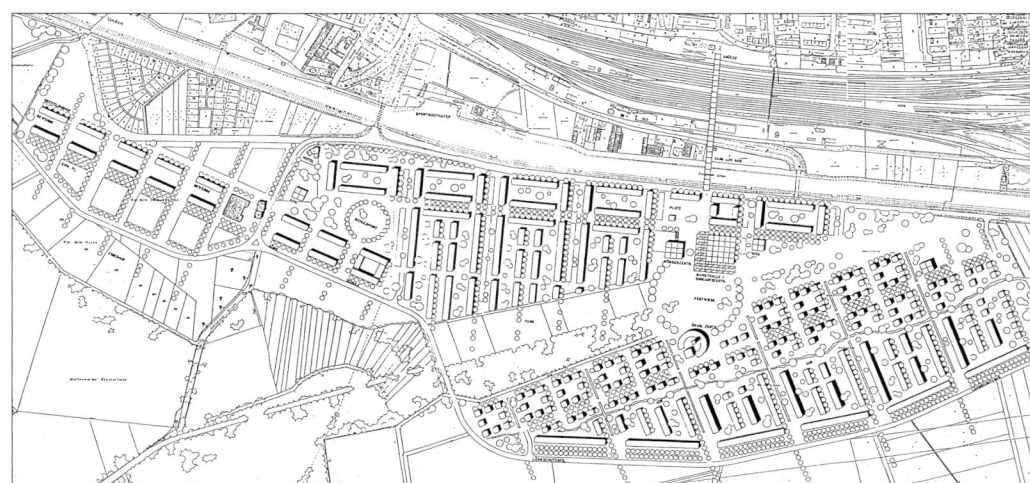

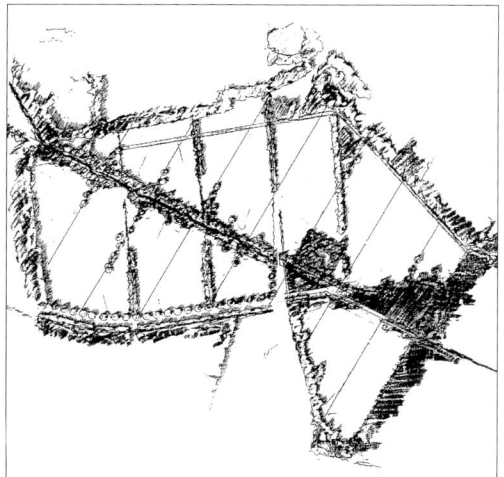

Unterwassertechnikum der Universität Hannover in Garbsen
Architekt: Heinzel, Staatshochbauamt Hannover I

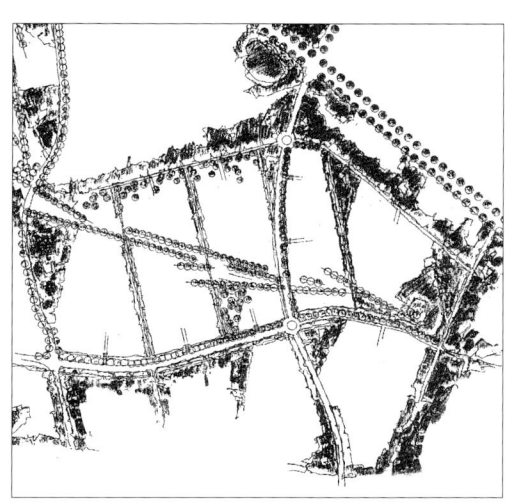

Mit dem Bau der Forschungsanlagen des Unterwassertechnikums wird die Probe auf's Exempel einer landschaftsräumlichen/städtebaulichen Vorstrukturierung des bisher als Ackerfläche genutzten Erweiterungsgeländes der Universität gemacht.

Ausgehend von der ursprünglichen Flurgliederung mit Gräben und Relikten von Feldhecken wird mit landschaftsbaulichen Mitteln eine Raumstruktur aufgebaut, die Baufelder für die neuen Forschungseinrichtungen schafft. Ein stringentes Muster von Fahr- und Fußwegen, begleitet von Gräben und Baumhecken, erschließt das Gelände. Die Baufelder ordnen sich mit den Institutsgebäuden parallel zu den Erschließungsstrassen. Über Distanzzonen fügen sich Versuchshallen unterschiedlicher Dimensionen an. Die

Außenräume des Unterwassertechnikums bilden diese Zonierung ab. Rinnensysteme führen das Regenwasser dem vorhandenen Grabensystem zu. Großflächig angeordnete robuste Staudenpflanzungen akzentuieren den Eingangsbereich und die Distanzflächen zu den Versuchshallen, deren filigrane Konstruktion betont wird.

Landschaftsplanerisch-städtebauliches Strukturkonzept: Institut für Grünplanung und Gartenarchitektur Institut für Städtebau, Wohnungswesen und Landesplanung, Universität Hannover

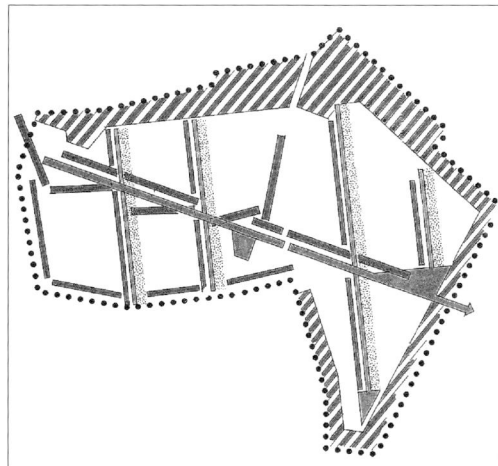

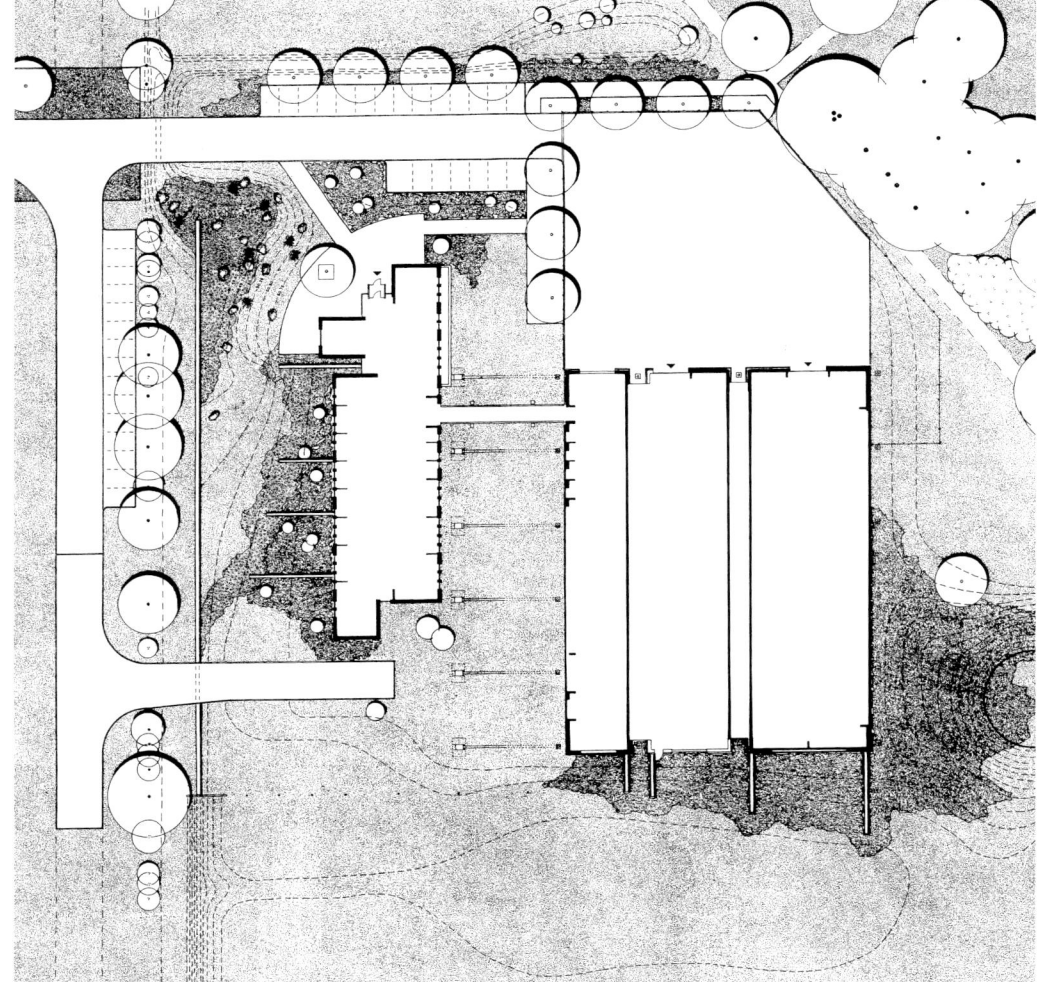

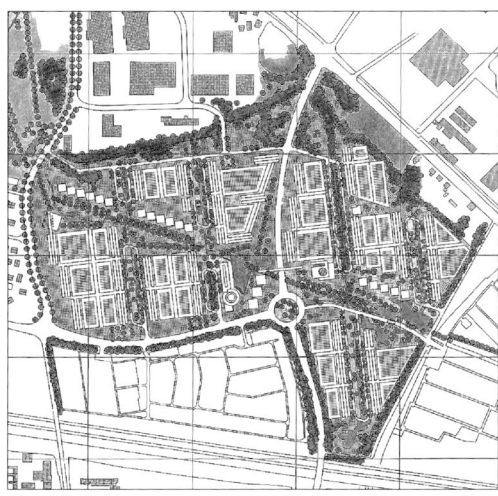

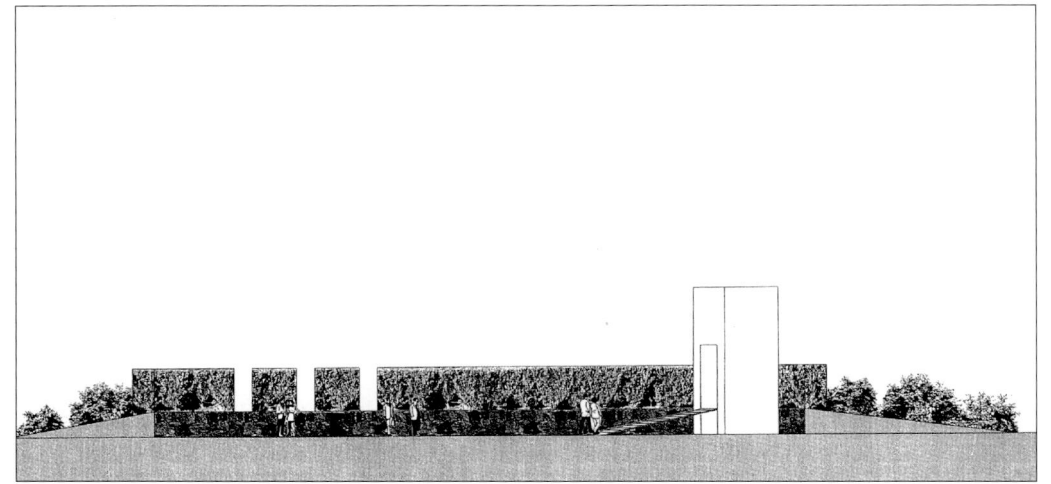

Temporärer Park - dvg - Hannover, Am Kronsberg

Das Projekt der Datenverarbeitungsgesellschaft der Sparkassen umfaßt neben einem Verwaltungsneubau, der von einem anderen Büro bearbeitet wird, die Umstrukturierung großer Hallen, die bisher von IBM genutzt wurden. Dadurch entstehen neue grüne Höfe, die den Arbeitsplätzen Anschluß an den Außenraum geben. Auf dem noch ungenutzten Teil des Geländes entsteht ein temporärer Park, der den Partnern des Bauherrn insbesondere zur Expo 2000 für Veranstaltungen und Meetings zur Verfügung steht. Heckenumschlossene Gartenräume bieten Rückzugsbereiche, feldartige Partien transformieren die bisherige ackerbauliche Nutzung.

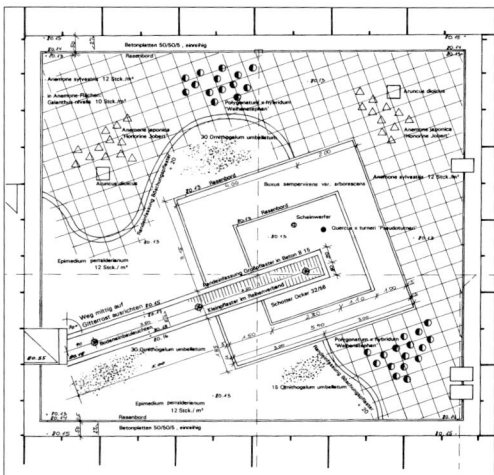

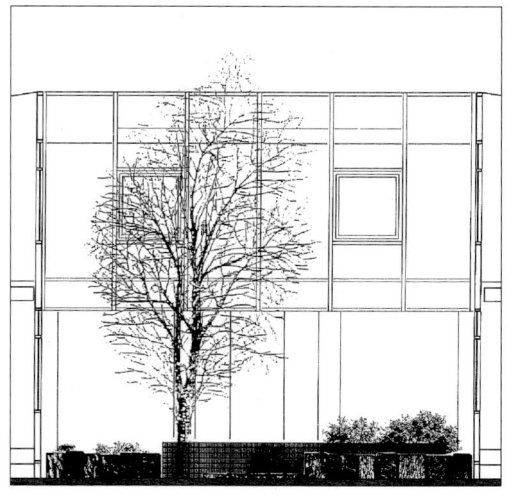

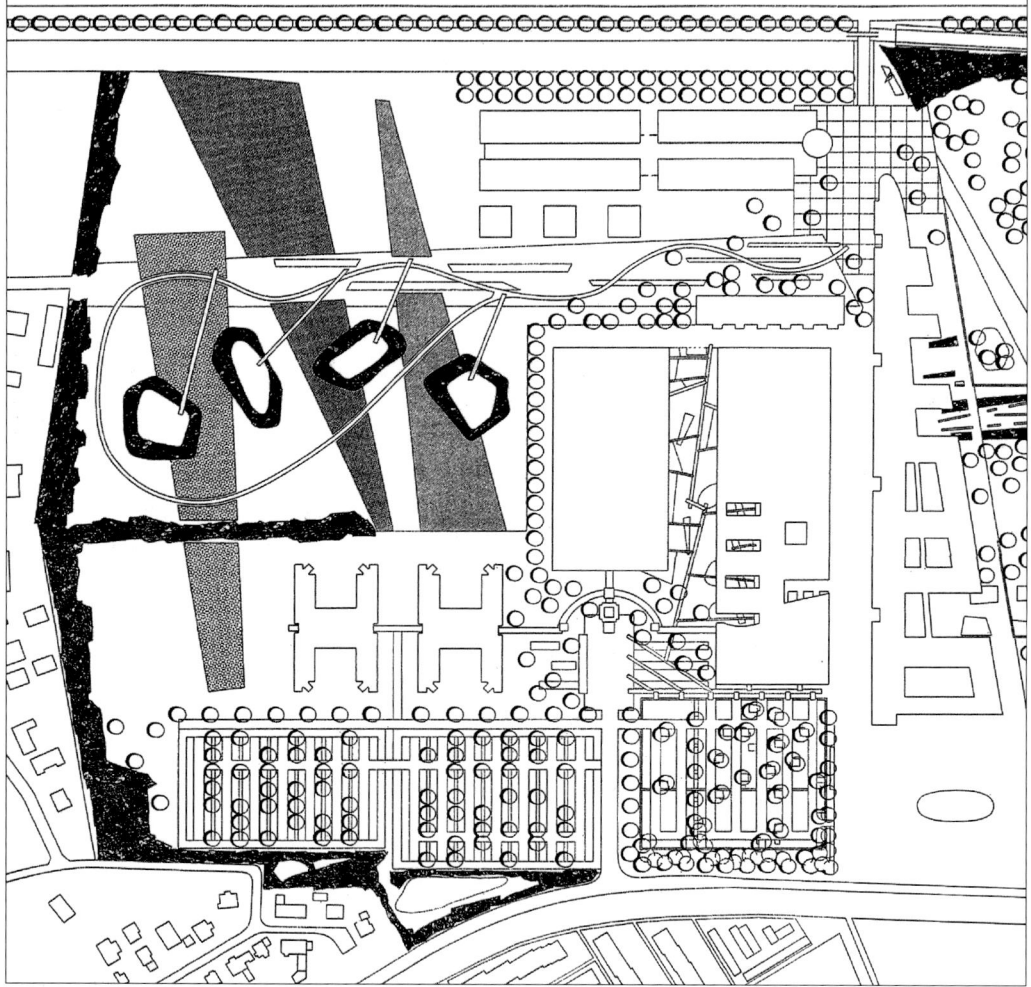

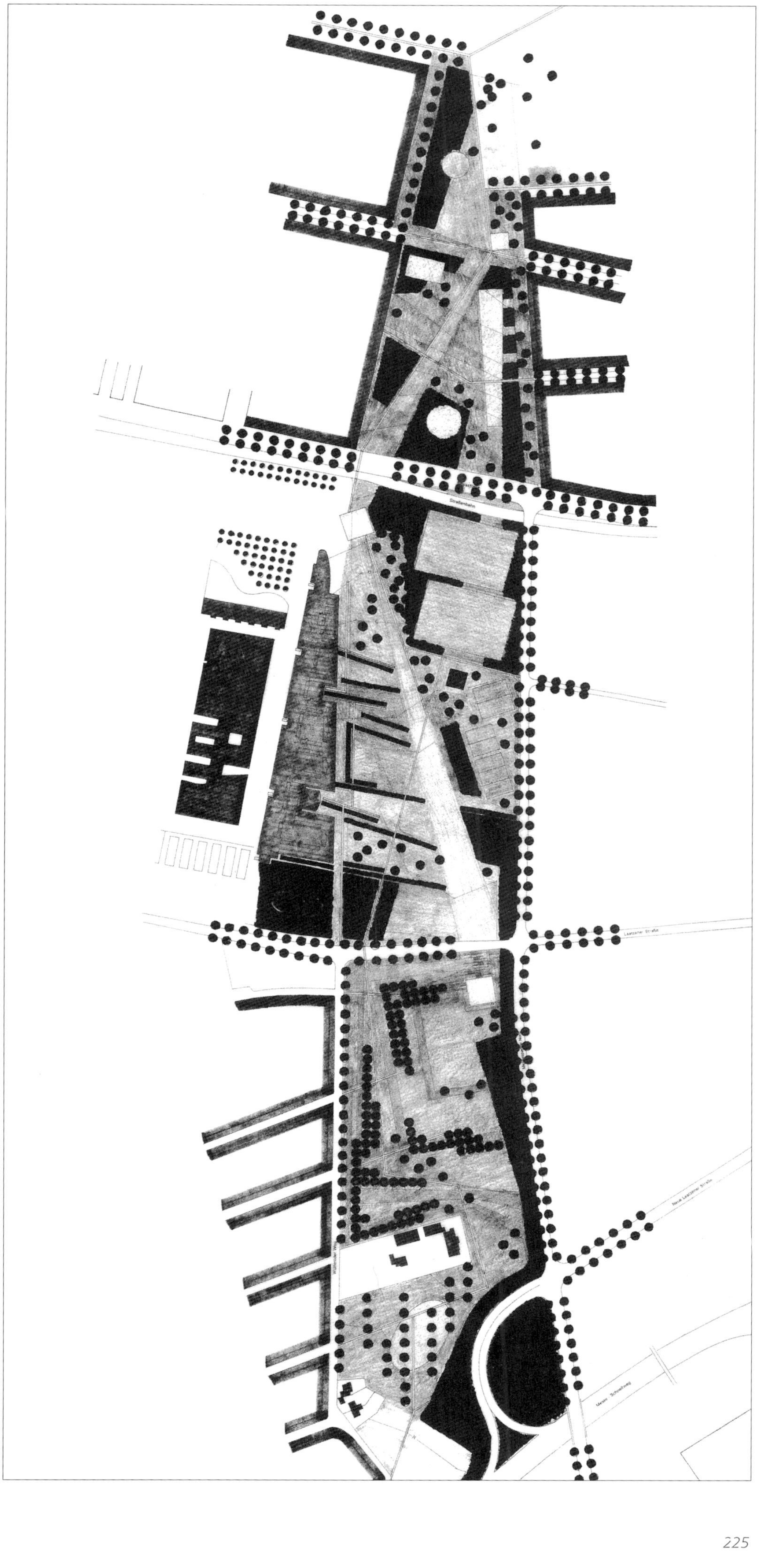

Spiel- und Sportpark am Kronsberg in Hannover

Der Spiel- und Sportpark ist Teil des Grünraumsystems
am Kronsberg, der an das Expo-Gelände in Hannover
anschließt und neuen Wohnquartieren sowie vorhandenen Gewerbegebieten zugeordnet ist. Der untere
Abschnitt wird gegen die Verkehrsanlagen des Messe-
schnellweges abgeschirmt. Auf einer sanierten Depo-
nie entstehen extensive Spielflächen, eine Aussichts-
plattform bietet Überblick über das Expo-Gelände und
Ausblicke in die Landschaft des Kronsberges.
Im mittleren Teil korrespondiert die Raumstruktur des
Parkes mit dem kammartig gegliederten Verwaltungsgebäude der dvg. In den Hang eingefügt sind die Be-
zirkssportanlagen.
Der obere Teil bietet insbesondere benachbarten Schulen zusätzliche Spielmöglichkeiten und schließt an den
aufgeforsteten Kamm des Kronsberges an.

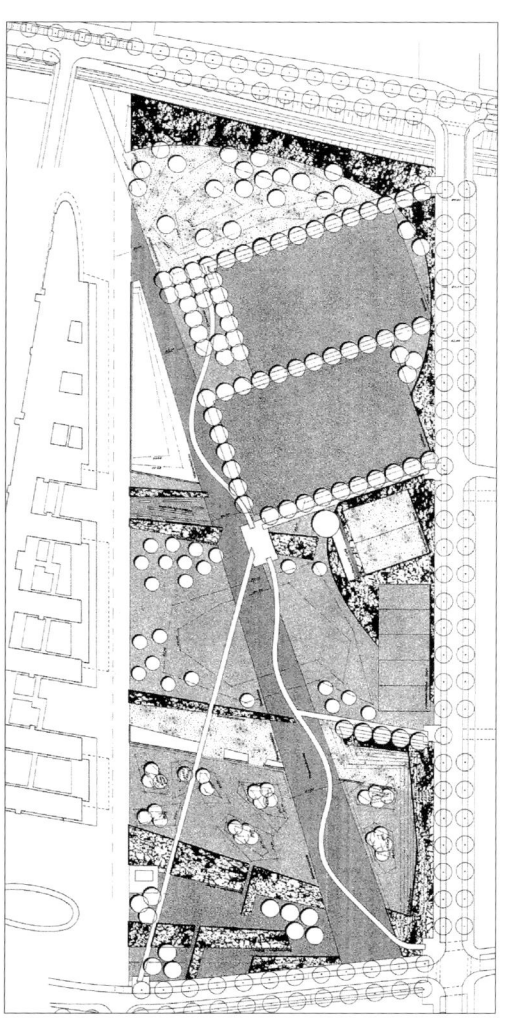

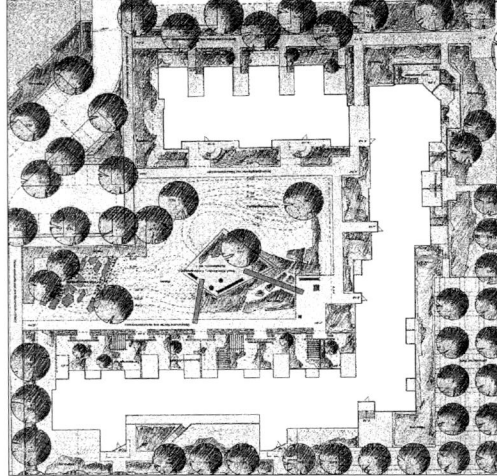

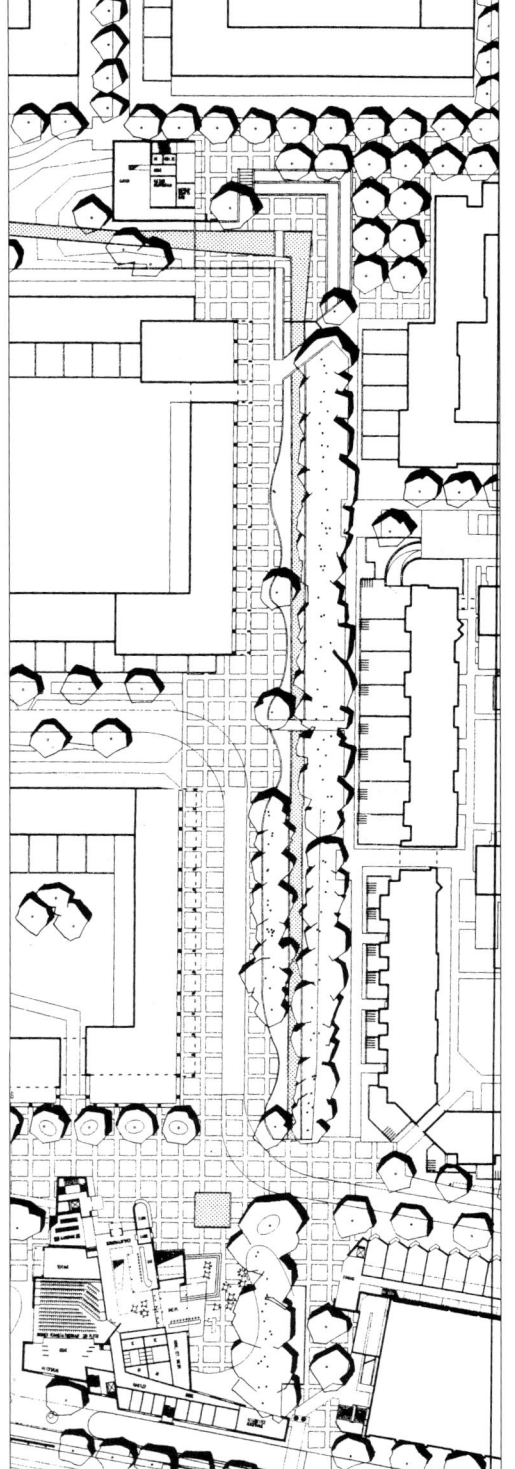

Wohngebiet Hamburg Neugraben-Fischbek
Architekten: I. + F. Spengelin

Das aus einem Wettbewerb resultierende und bis zur Bebauungsplanreife gediehene Projekt folgt dem Schumacherschen Siedlungsmodell der Verdichtung um die Haltepunkte des Schnellbahnsystems.

Auf der Basis der Bahntrasse Hamburg - Cuxhaven mit dem S-Bahnhof Neugraben wird am Fuße des Geesthanges in Harburg ein Wohngebiet mit ca. 3000 Wohneinheiten entwickelt, das intensiven Anschluß an die landschaftlich topographische Situation bietet. Während markante Alleen auf den höheren Geländeteilen die Erschließung aufnehmen, führen zwei Grabensysteme das Niederschlagswasser zu den tieferliegenden Flächen und gliedern so diagonal das Gebiet. Gartenbezogenes Wohnen erfolgt in differenzierter Form: In den blockartig gegliederten Geschoßbauten entlang der Erschließungsstraßen in Form von Mieter-

gärten in den geschützten Höfen. Private Gärten sind den Reihenhäusern ebenso wie peripheren Einfamilienhäusern zugeordnet. Sie korrespondieren mit den öffentlichen Grünräumen. Grüne Spieltrassen durchziehen netzartig das Gebiet, nehmen Schul- und Sportflächen auf und schließen die Quartiere an den Landschaftsraum an.

Der Eingangsbereich vom S-Bahnhof führt über eine Promenade zu zentralen Einrichtungen. Das Konzept hierfür ist ebenfalls Ergebnis eines in Zusammenarbeit mit den Architekten gewonnenen Wettbewerbs.

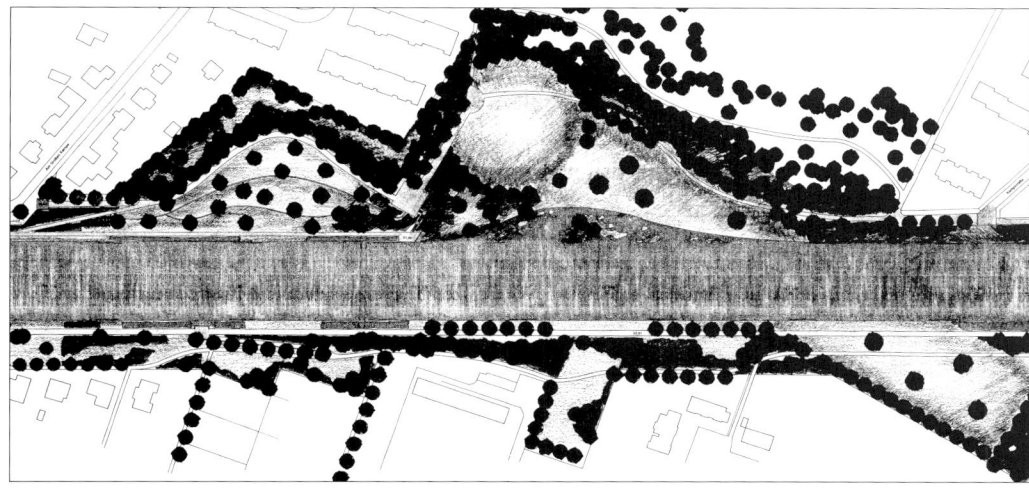

Mittellandkanal in Hannover - Buchholz/Vahrenwald/List

Ausbau der Seitenräume

Die Erweiterung des Mittellandkanals auf der Stadt- strecke Hannover ist Teil des bundesweiten Konzeptes zum Ausbau der Wasserstraßen für das Europa-Schiff.

Die Neuformulierung der Seitenräume bietet die Chance, daß die anliegenden Stadtquartiere dem Kanal nicht wie bisher ihre Rückseiten, sondern ihr Gesicht zuwenden.
Die kanalbegleitenden Wege werden zu Promenaden, großräumige Wiesen wechseln mit Gartenräumen, die Uferböschungen bleiben erlebbar.
Vielfältige Ausblicke von Wasser- und Landseite wer- den eröffnet und der Kanal als linearer Park durch die Stadt geführt.

Zur besonderen Herausforderung wurde die Vorgabe, mit den im Planfeststellungsverfahren als Ausgleichs- maßnahme festgelegten Artenspektren der Gehölze und Stauden eine raum- und erlebniswirksame Struktur zu bauen.

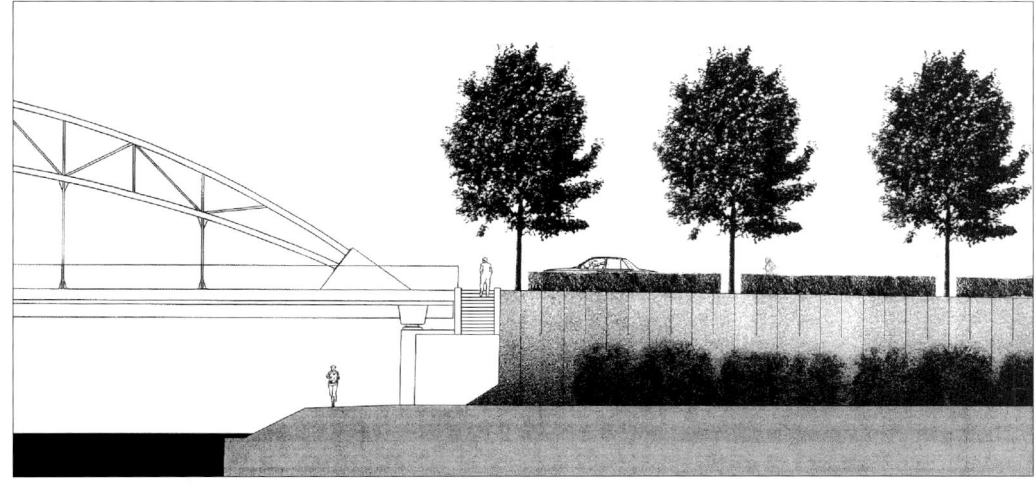

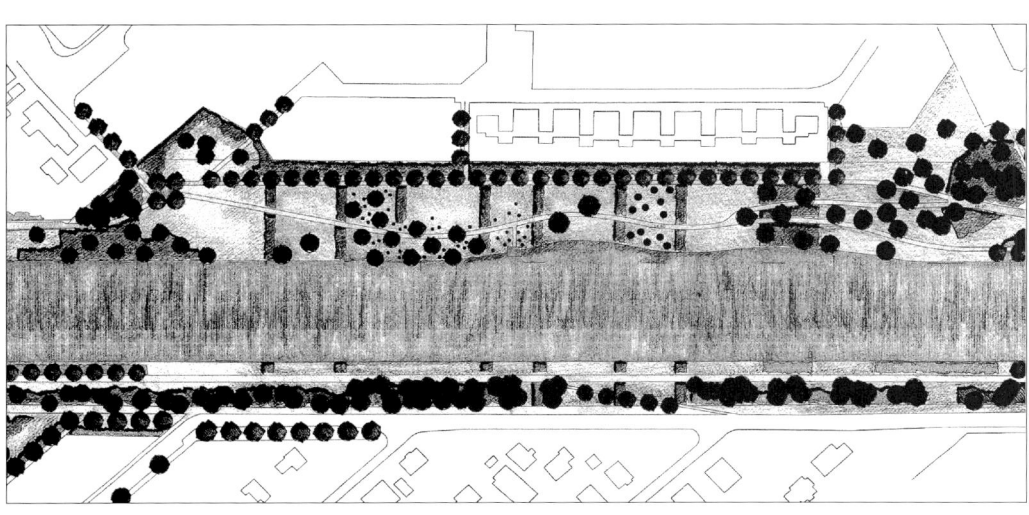

H. O. Dieter Schoppe
*1938

1958	Gartenbaugehilfenprüfung
1962	Dipl.-Ing.
1962 - 68	Tätigkeiten in Hamburg und in der Schweiz
1968	selbständig und Bürogründung in Hamburg

Teilnahme an vielen Wettbewerben
zahlreiche Wettbewerbserfolge, Auszeichnungen und
Veröffentlichungen
Mitglied in den Architektenkammern Hamburg und Berlin
Mitglied des Denkmalrates des Senates der Freien und
Hansestadt Hamburg
Mitglied im BDLA (von 1975 - 93 im Vorstand)
Mitglied im SRL

Alle Fotos von Christian Schoppe, Hamburg

Aktuelle Planungen

Unterschiedliche Objektplanungen z.T. in Zusammen-
arbeit mit Städteplanern und Hochbauarchitekten in
Hamburg, Berlin, Frankfurt, Niedersachsen, Schleswig-
Holstein, Mecklenburg-Vorpommern, Potsdam.

Projekte:
Schulen, Sportanlagen, Parkanlagen, öffentliche
Grünzüge
Freianlagen für den Wohnungsbau, Strafvollzugsan-
stalten, Stadtplätze
Freiräume für Büro- und Gewerbebauten
Erschließungsgrün für Straßenbaumaßnahmen
Gartendenkmalpflege

RAHMENPLAN NIENSTEDTEN   1:1000

Quellentalpark

Ein alter Park entsteht neu.

Spazierwege, große Bäume und Baumgruppen, ein kleiner Flußlauf, die Flottbek, viele Teiche und Quellen, Aussichtsstandorte, die den freien Blick in das Tal freigeben, so sah das Mustergut des Barons Caspar von Voght in Klein Flottbek, Hamburg-Nienstedten, vor gut 200 Jahren aus.
Caspar Freiherr von Voght (1752 - 1839) kaufte das Mustergut in den Elbvororten und ließ das Gebiet in einen Landschaftsgarten umwandeln.
Im Jahre 1865 kaufte Lorenz von Ehren Teile des damaligen Gutes für seine Baumschule. 1993 siedelte die Baumschule auf die Südseite der Elbe, so daß das Gelände frei wurde.
Im Jahre 1991 schrieb die Umweltbehörde einen Wettbewerb für die Neugestaltung des Geländes aus.

Unser Entwurf sah eine teilweise Rekonstruierung des ehemaligen Landschaftsparkes vor. Wir erhielten den 1. Preis des ausgeschriebenen Wettbewerbs und erarbeiteten den Rahmenplan, der Grundlage des Bebauungs- und Grünordnungsplanes werden sollte. Die technischen Ausführungspläne wurden zusammen mit einem Hamburger Kollegen ausgeführt.
Der Park ist zu einem Drittel fertiggestellt, wobei der große, vorhandene Eichenbestand, der noch von Caspar von Voght gepflanzt wurde, erhalten und besonders geschützt und z.T. ergänzt wurde. Dieser ist prägend für die Parkgestaltung.
Baum- und Strauchgruppen wurden nach historischen Bildern und Karten ergänzt. Die Topographie wurde nach einem geoelektischen Verfahren in ihrer Ursprünglichkeit wiederhergestellt.
Einige Großbäume, die auf der ehemaligen Baumschule von Ehren über Jahre als Solitärbäume gezogen wurden und noch vor Ort stehen, sind mit in die Parkgestaltung integriert worden, so daß der Park schon heute in Teilen ein fertiges Erscheinungsbild aufweist.
Die bis dahin auf dem ehemaligen Baumschulgelände verrohrte Flottbek ist wieder freigelegt und schlängelt sich in ihrem ursprünglichen Bachbett durch den Park.

Römischer Garten

Historische Grünanlage im Westen Hamburgs an der Elbe. Ein Projekt der Gartendenkmalpflege/Wiederherstellung. Der Römische Garten erhielt seinen Namen durch die südländischen Charakteristika, die sein Erscheinungsbild beeinflußt haben.

Er ist geprägt von den italienischen Villengärten der Toskana, mit herrlichen Ausblicken durch die Girlandenhecke (Thuja) auf die tiefliegende Landschaft, den Geesthang und auf den Elbstrom.

Die Anfänge der Anlage entstanden 1880 - 1890 als Privatbesitz, in den 20er Jahren wurde die Anlage erweitert und erhielt fast die heutige Gestalt.

1951 wurde der Garten von dem damaligen Besitzer der Familie Warburg der Hansestadt Hamburg geschenkt, mit der Auflage, den Garten zu pflegen und zu erhalten. In Teilen wurde der Garten verändert, um diesen mit einfachen Mitteln pflegen zu können.

Angesichts des wachsenden Interesses an historischen Gärten und Parkanlagen in der Öffentlichkeit wurde dieser Garten hinsichtlich seiner Gartendenkmalwürdigkeit untersucht und nach der Erarbeitung eines Parkpflegewerkes wiederhergestellt. Der Park ist heute öffentlich und für jedermann zugänglich.

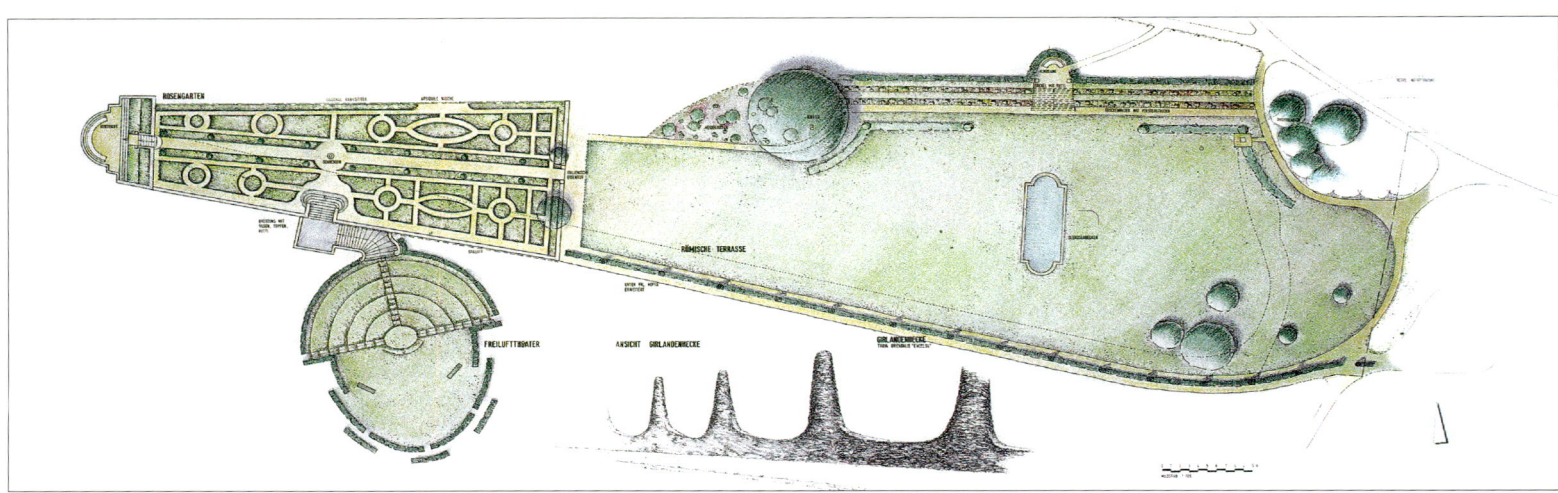

Marktplatz Hamburg/Kirchdorf

Eine Vorstudie zur Marktplatzgestaltung mit Bürgerbeteiligung.

Die Wohnanlage ist in den 70er Jahren entstanden. Es handelt sich um eine Groß-siedlung mit ca. 6000 Wohnungen, 4 -16-geschossigen Gebäuden. Sie liegt im Süden Hamburgs im Marschgelände. Das gesamte Gebiet ist mit Weddern (großen Gräben) durchzogen.

Aufgabe war es, einen attraktiven Mittelpunkt in der Wohnsiedlung zu schaffen, der sowohl als Marktplatz, als auch für unterschiedliche Nutzungen den Bewohnern zur Verfügung stehen soll. Insgesamt wurden 12 Planvarianten erstellt, von denen im folgenden vier Varianten dargestellt sind.

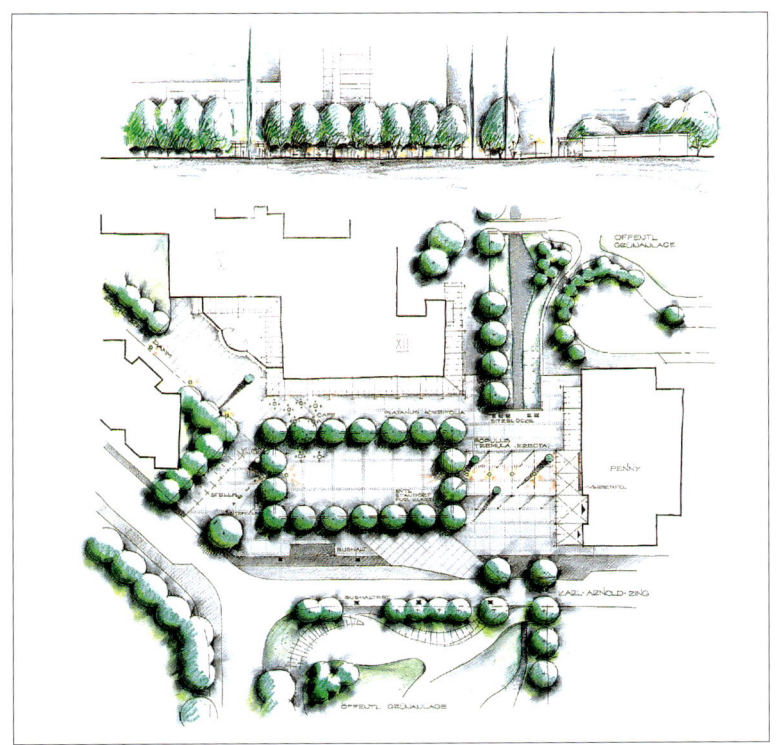

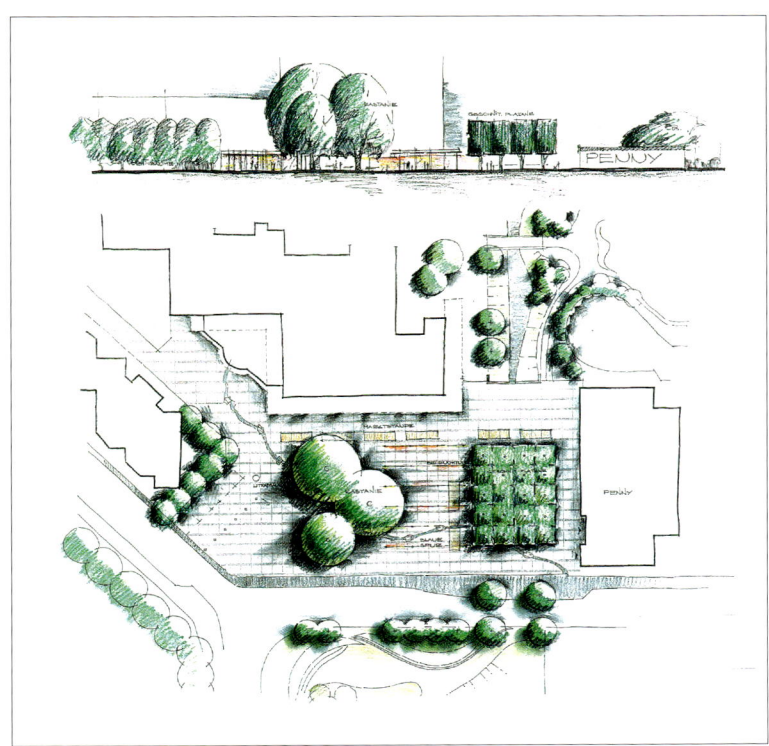

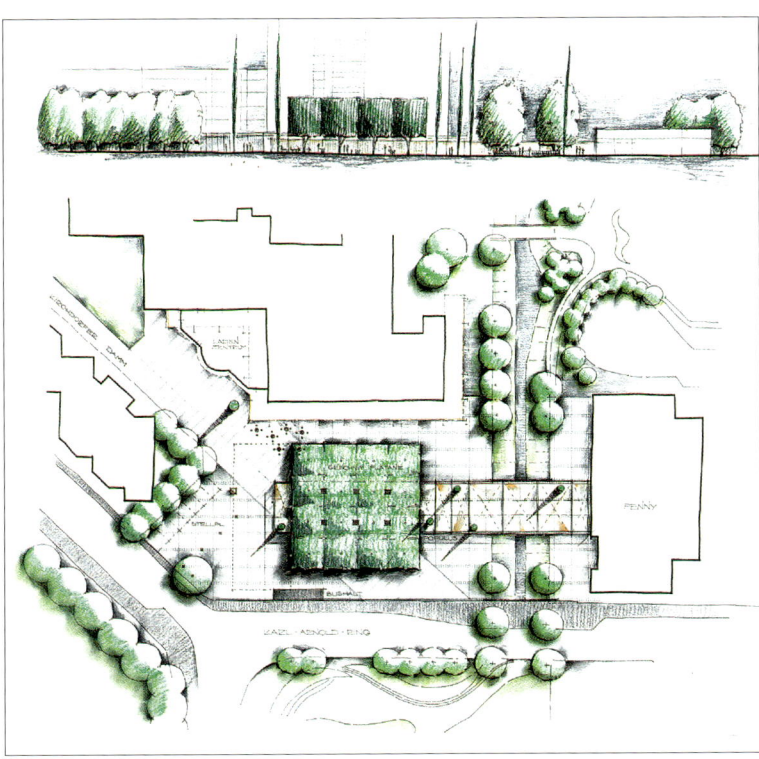

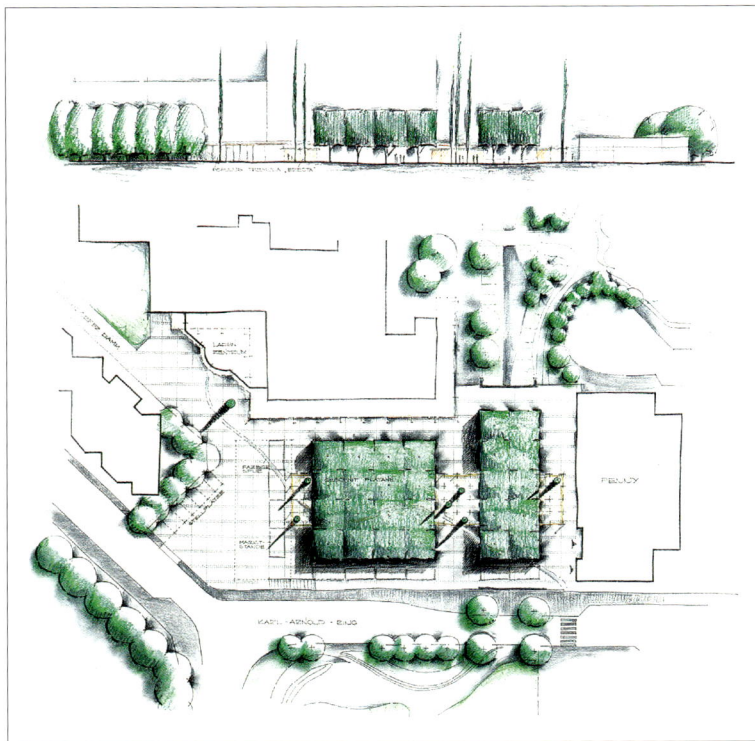

Ulrich Siller
*1935

1957 - 59 Studium der Landschaftsarchitektur
         an der Fachhochschule Osnabrück, Diplom
1963 eigenes Planungsbüro in Kiel
1965 Mitglied im BDLA
1967 Eintrag in die Architektenkammer als
         Freier Garten- und Landschaftsarchitekt
1995 Lehrauftrag an der FH Kiel/Fachbereich Bauwesen
         Städtebauliche Freiraumplanung

Tätigkeitsschwerpunkte: Objektplanung
                             Städtebauliche Freiraumplanung
                             Landschaftsplanung
Zahlreiche Wettbewerbserfolge und Auszeichnungen

Strandpromenade Schwerin-Zippendorf

Die Strandpromenade von Zippendorf am Schweriner See ist seit dem Ende des 18. Jahrhunderts ein beliebter Ausflugsort und hat durch das entstehende Neubaugebiet Großer Dreesch in der Jetztzeit zunehmend an Bedeutung für die Naherholung gewonnen.
Der Promenadenverlauf wurde im Rahmen eines freiraumplanerischen Gesamtkonzeptes umgestaltet und neu strukturiert. In diesem Zusammenhang erfolgte die Herausarbeitung eines Strandweges mit halbkreisförmigen Konchen als rein fußläufige Erschließung mit freiem Blick auf das Wasser - vom Strand nur durch eine Rasenböschung getrennt. Die ehemalige Straße "Am Strand" wurde zurückgebaut. Es entstand eine Mischverkehrsfläche mit primärer Nutzung als Promenade; die Möglichkeiten zur Anlieferung und Entsorgung, für Feuerwehrandienung und Rettungsfahrzeuge wurden erhalten. Der öffentliche Verkehr bleibt von den Flächen ausgeschlossen.

Kernpunkt der Neugestaltung der Promenade sind die 66 Säuleneichen in einer Höhe von 9 m zwischen Promenade und Strandweg als Ersatz für die abgängigen Säulenpappeln. So wurde das Landschafts- und Erscheinungsbild für die Bürger und Besucher wiederhergestellt und ein wichtiger Beitrag zum Erhalt des Freiflächenverbundsystems von der Innenstadt zu den an der Peripherie des Schweriner Sees gelegenen Dörfern Zippendorf und Mues sowie dem angrenzenden Wohngebiet "Großer Dreesch" geleistet.

Fertigstellung: 1997

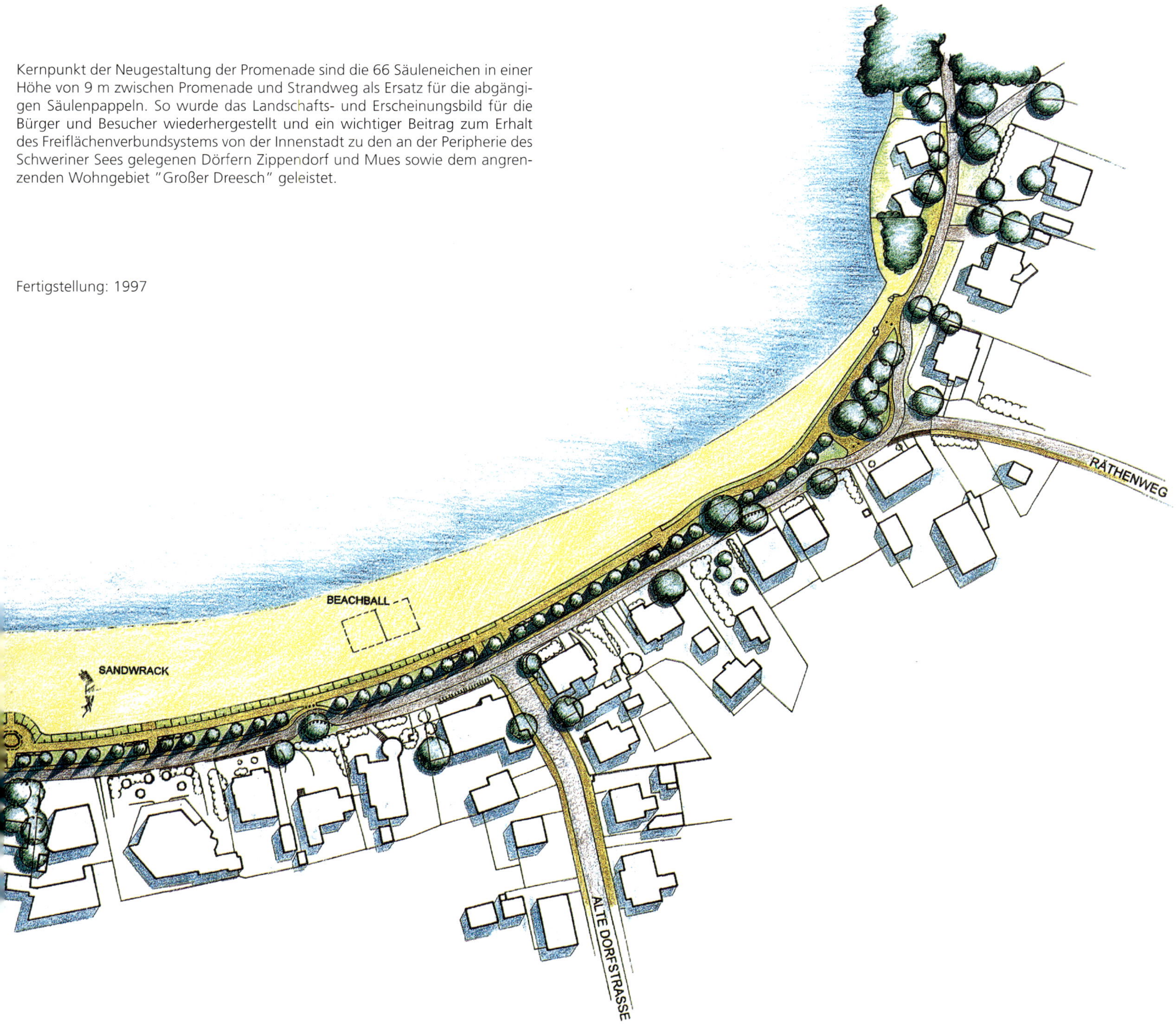

RATHENWEG

BEACHBALL

SANDWRACK

ALTE DORFSTRASSE

Hausgarten am Nord-Ostsee-Kanal

Jeder träumt vom kleinen Park vor seiner Terrassentür, seinem Zimmer im Grünen, dem Garten als Insel der Ruhe und dem Alltäglichen durch das Erlebbarmachen von Pflanzen und Steinen, Farben und Formen, Licht und Schatten - vor allem durch Gefühle und Phantasie - eine andere Dimension zu geben.

Der Hausgarten am Nord-Ostsee-Kanal besteht aus zwei Bereichen: dem offenen (uneingezäunten) Vorgarten mit Rhododendronhügeln und Sitzecken - hier wird Bereitschaft zum Plausch mit dem Nachbarn signalisiert - und dem rückwärtigen Gartenbereich, der durch unterschiedliche Hecken von der Öffentlichkeit abgeschirmt ist. Bei der Planung war die Auseinandersetzung mit der Gebäudearchitektur entscheidend, d.h., Haus und Garten sollen eine Einheit bilden. So ist z.B. ein formales Wasserbecken auf die Mittelachse des Hauses bezogen. Die Spiegelungen von Gebäude, Baum und Himmel auf der Wasseroberfläche sorgen dabei für ständig unterschiedliche Bilder. Spannung entsteht durch Wechselspiele zwischen strengen Bauelementen und geschwungenen Hecken, welche die naturnahen Pflanzungen aus Stauden, Strauchrosen oder freiwachsenden Gehölzen zum Teil begrenzen. Die verschiedenen Farben der Gewächse sind in harmonischen Abstufungen eingesetzt und garantieren das ganze Jahr Blüte.

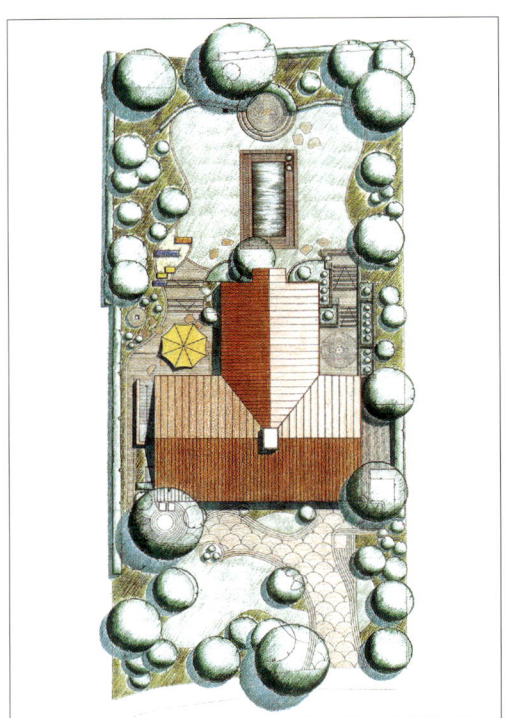

Wohnumfeldverbesserung Wismar Friedenshof I und II, einschließlich Wohngebietspark und Sportanlagen

Das Wohngebiet Friedenshof I und II ist eine Großsiedlung in Plattenbauweise aus den sechziger Jahren im Südwesten von Wismar. Die Freiflächen befanden sich in einem provisorischen, ungeordneten und baulich desolaten Zustand.

Beide Bereiche - Friedenshof I und II - wiesen große Defizite in der Funktionalität und Ausstattung ihrer Freiräume auf. Gerade in einem Wohngebiet mit hoher Einwohnerdichte ist die Schaffung von Parkanlagen und Grünzonen in annehmbarer Entfernung zum Wohngebiet besonders wichtig.

Durch die Grundstücksgrenzen zwischen privaten und öffentlichen Flächen sind die Promenadentrassen zwischen den Häuserfronten vorgegeben, die sich an Kulminationspunkten oder Richtungswechseln zu platzartigen Erweiterungen ausdehnen.

Die Promenaden sind als Freiraum mit vielfältigen Nutzungsangeboten wie Spiel- und Ruheräumen, offenen Platzbereichen oder Terrassengärten geplant. Sie sollen ein verkehrsfreies Erschließungssystem der kurzen Wege zu allen wichtigen Versorgungseinrichtungen wie Schulen, Kindergärten, Einkaufszentren, Sportstätten etc. innerhalb der Wohnsiedlung bieten.

Kernstück des Friedenshofes ist der Wohngebietspark, ein grüner Freiraum mit Spiel- und Erholungsmöglichkeiten rund um eine Wasserfläche. Die Erdmodellierungen unterstützen die Wegeführungen und sollen gleichzeitig die Dominanz der angrenzenden Hochbauten minimieren, sowie Raumabfolgen ablesbar machen. Die promenadenbegleitenden Alleebaumpflanzungen geben im Bereich des Wohngebietsparkes einer raumbildenden Vegetation Platz.

Diese durchgehende Gestaltung läßt das Wohngebiet wieder zum identifizierbaren Lebensraum werden.

Baubeginn: 1994
Fertigstellung: 2000

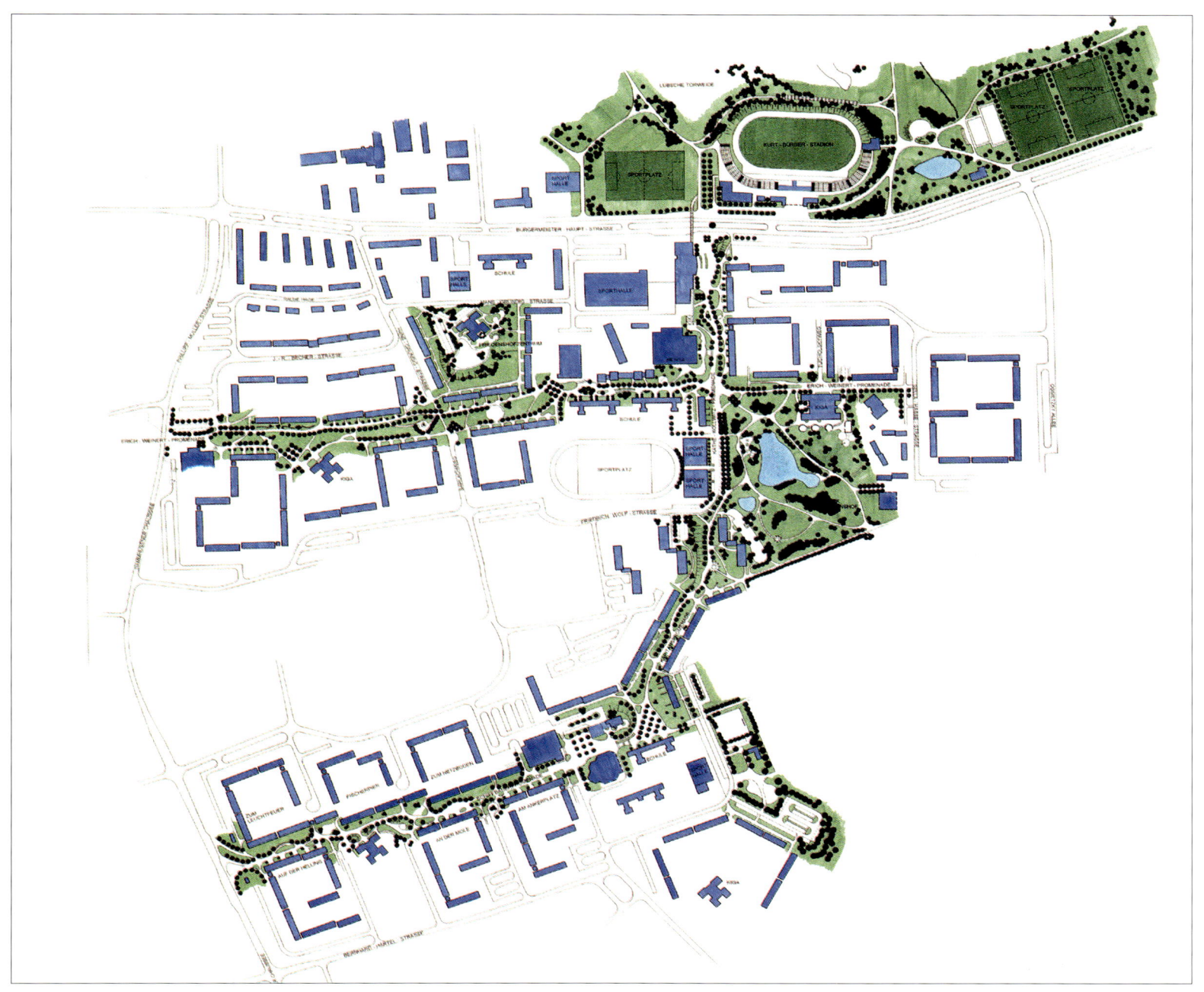

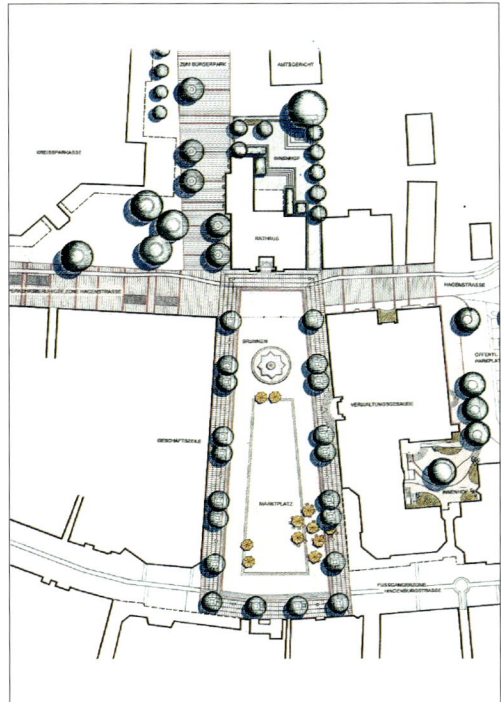

Marktplatz Bad Oldesloe

Preisträger im Architekturwettbewerb - Gestaltung öffentlicher Plätze - 1996
Auslober: Deutsche Bank Frankfurt Bauspar AG in Zusammenarbeit mit dem
               Deutschen Architekturmuseum Frankfurt
Fertigstellung: 1992

Die Umgestaltung des Marktplatzes Bad Oldesloe und seine Eingliederung in die
Fußgängerzone gibt diesem Bereich seine ursprüngliche Bedeutung als Zentrum
öffentlichen Lebens sowie als Wochenmarkt zurück.
Formgebung und Materialauswahl korrespondieren dabei mit ursprünglichen historischen Entwürfen, ohne auf die Erfordernisse des 20. Jahrhunderts zu verzichten.
Die charakteristische Trapezform des Platzes wird durch großformatige Granitplatten in der Mitte sowie entlang der platzbegrenzenden Gebäudefronten betont und
zusätzlich durch kleinkronige Kugelbäume an den Längsseiten verstärkt. Den Mittelpunkt des Platzes bildet eine historische Brunnenanlage, deren sternförmiges
Becken aus Klinkermauerwerk restauriert wurde.
Aufgrund der großflächigen Gestaltung des Platzes bleibt die Nutzung für unterschiedliche Veranstaltungen wie Wochenmarkt, Stadtfest, Weihnachtsmarkt etc. offen.

Flensburg - Motorola Deutschland - Neubau eines Fabrikations- und Distributionscenters

Fertigstellung: 1999
Aufgestellt: Kiel, Februar 1998

Die Motorola Electronic GmbH, Hersteller von Mobiltelefonen, expandiert und verlagert ihren Sitz aus der Innenstadt von Flensburg ins Gewerbegebiet.
Entsprechend der weltweiten Firmenphilosophie war es die Aufgabenstellung, die neuen Produktionsstätten in eine modellierte Parklandschaft zu integrieren, die unter ökologischen Gesichtspunkten entstehen soll. So wurde der notwendige Bodenabtrag auf dem Gelände (in Form von Erdmodellierungen) wieder eingebaut. Die Teichanlage (Regenrückhaltebecken) vor der

Caféteria sowie die Mulden-Rigolen entlang der Stellplatzanlagen garantieren einen ökologischen Umgang mit dem Oberflächenwasser. Durch die konzentrierte Zuordnung der Stellplätze zu den entsprechenden Eingangsbereichen der Produktionsstätten und Verwaltung kann auf dem verbleibenden Freiraum ein Stück Landschaftspark entstehen. Das gesamte Areal ist mit standorttypischem heimischen Großgrün locker überstellt - nur die fußläufigen Wegeverbindungen zu den Eingangsbereichen sind durch Alleebäume dokumentiert.

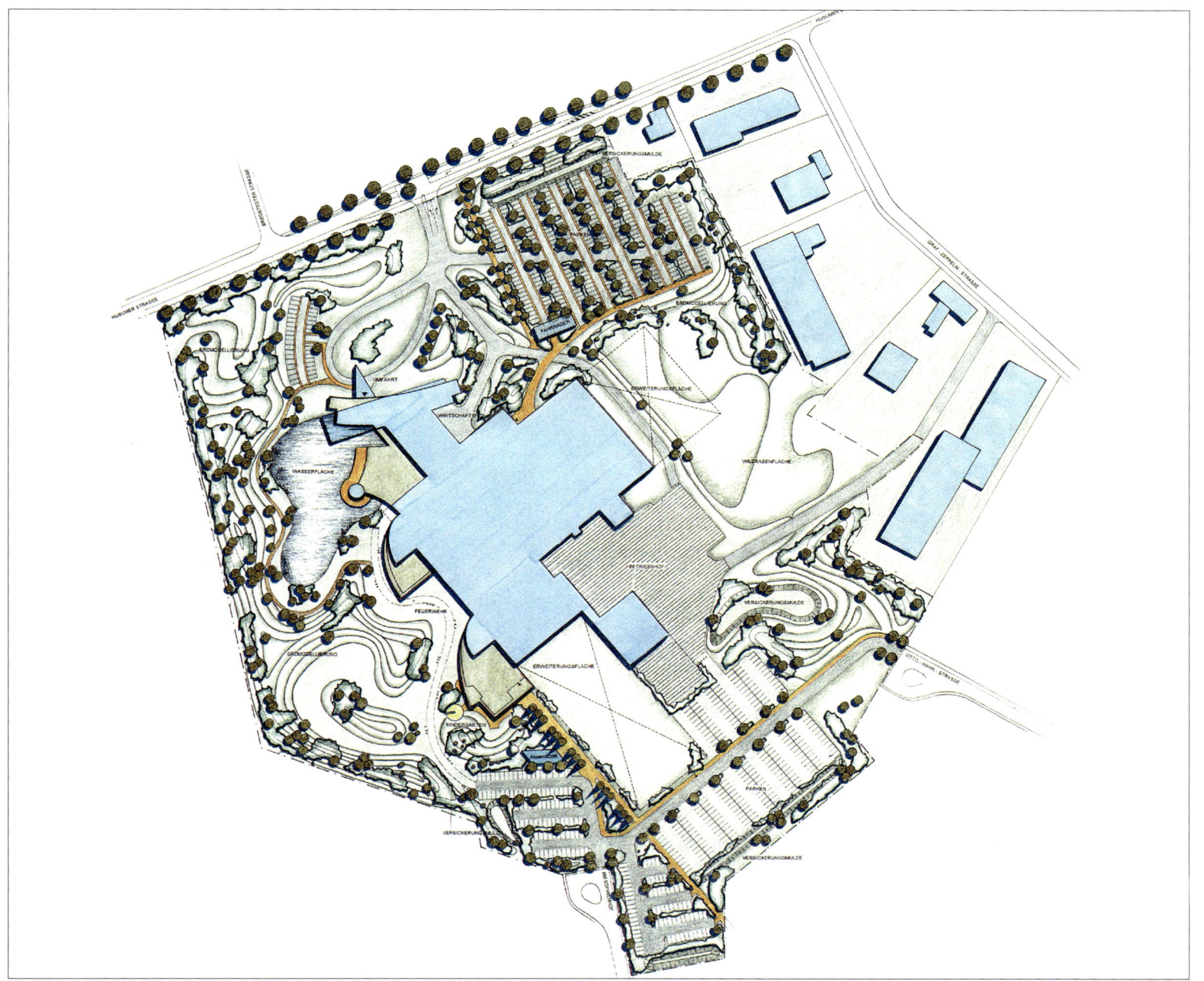

Trüper · Gondesen · Partner

Teja Trüper
*1943

Studium in Berlin
Gründer des Büros in Lübeck 1972

Christoph Gondesen
*1945

Studium in Berlin und Minnesota, USA
Partner seit 1974

Bernd Groth
*1957

Studium in Berlin
Partner seit 1995

Peter Hermanns
*1959

Studium in Hannover
Partner seit 1995

Maria Julius
*1959

Studium in Weihenstephan
Partnerin seit 1995

Bei Bürogründung noch mit freiraumplanerischem Schwerpunkt, hat das Büro mit Eintritt Christoph Gondesens die Landschaftsplanung als gleichgewichtiges Standbein. Heute sind wir ein Büro mit rund 20 Mitarbeitern.

Ratzeburg: Gestaltung im historischen Stadtraum

A   Belagskonzept für Wege, Straßen und Plätze
B   Alte Bastion Barlachblick

A

B

Fotos: Adolf Bollmann, Rellin

Sanierungskonzept Grünzug Neu - Altona/Hamburg

Im Juli 1943 zerstörten Luftangriffe die Altonaer Altstadt fast völlig. In der Wiederaufbauphase wurde "Neu - Altona geplant", das mit 210 ha größte Stadtplanungsvorhaben nach dem 2. Weltkrieg. Werner Hebebrandt und Ernst May als Stadtplaner sowie Herta Hammerbacher als Landschaftsarchitektin entwickelten das Konzept der gegliederten und aufgelockerten Stadt für Altona weiter. Leitbild war die Durchdringung von Stadt und Natur, die Großstadtwohnung im Grünen. Bis Mitte der 80er Jahre wurde der Grünzug Neu - Altona von den Bewohnern stark frequentiert; dann ließen der Pflegezustand der Pflanzungen und die Attraktivität der Spielplätze nach, und der Grünzug wurde vernachlässigt. Die sozialen Probleme im Umfeld nahmen zu. Starke Verunreinigungen durch Abfälle und Hundekot und die soziale Unsicherheit im Park führten immer mehr dazu, daß Kinder und ältere Menschen den Grünzug mieden. Durch eine zielgerichtete Planung unter Beteiligung von Anwohnern, Stadtteilgruppen, Schulen und den beteiligten Ämtern soll der Grünzug reaktiviert werden. Dies bedeutet:

· Ausgrenzung der Hunde von Spielplätzen, Spiel- und Liegewiesen
· Auslichtung der Gebüschgruppen: mehr Sicht, mehr Licht , mehr soziale Kontrolle
· Bessere Überquerungsmöglichkeiten der Verkehrsachsen, bessere Führung und Ausleuchtung der Hauptwege
· Neue Spielangebote
· Erhalt des gartendenkmalpflegerisch bedeutsamen Grünzuges "Neu - Altona"

Als erster Bauabschnitt wurde ein Bereich unweit des Hamburger Fischmarktes saniert und durch starken Rückschnitt und Gehölzrodung weiträumig, offen und überschaubar gestaltet.

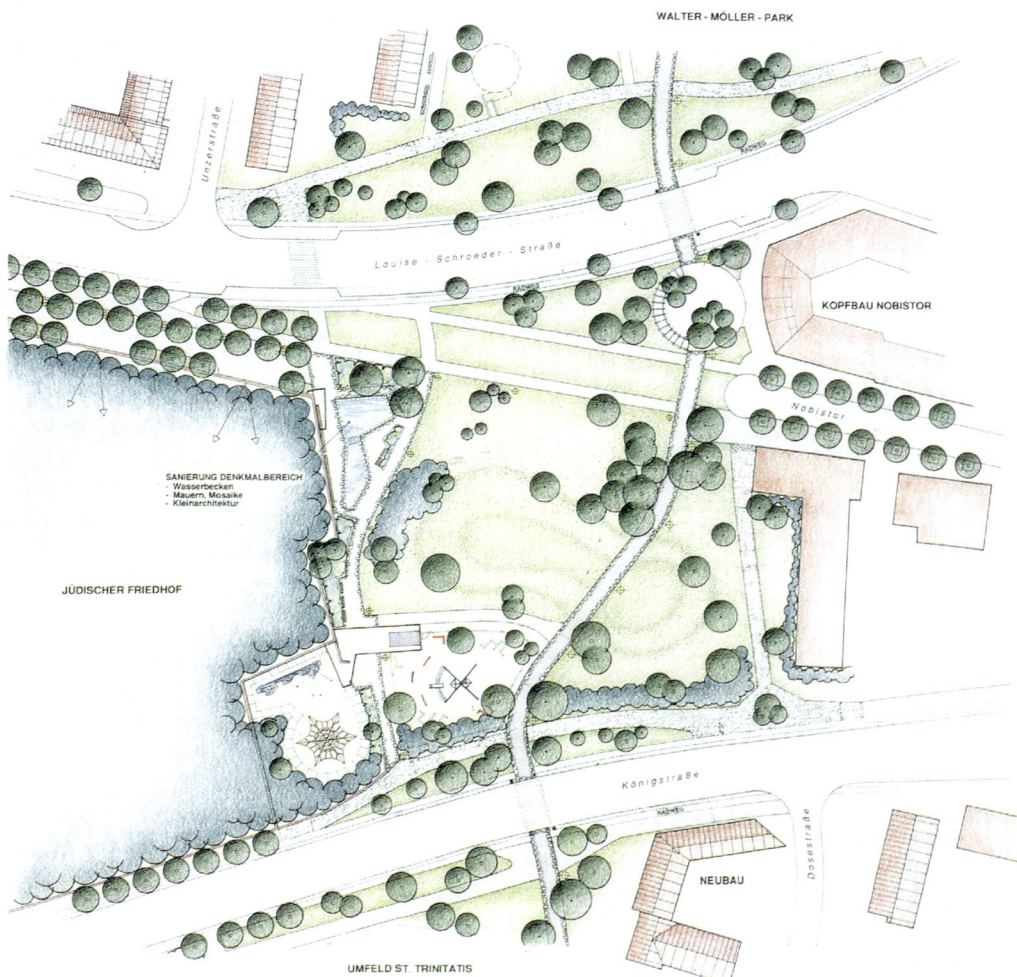

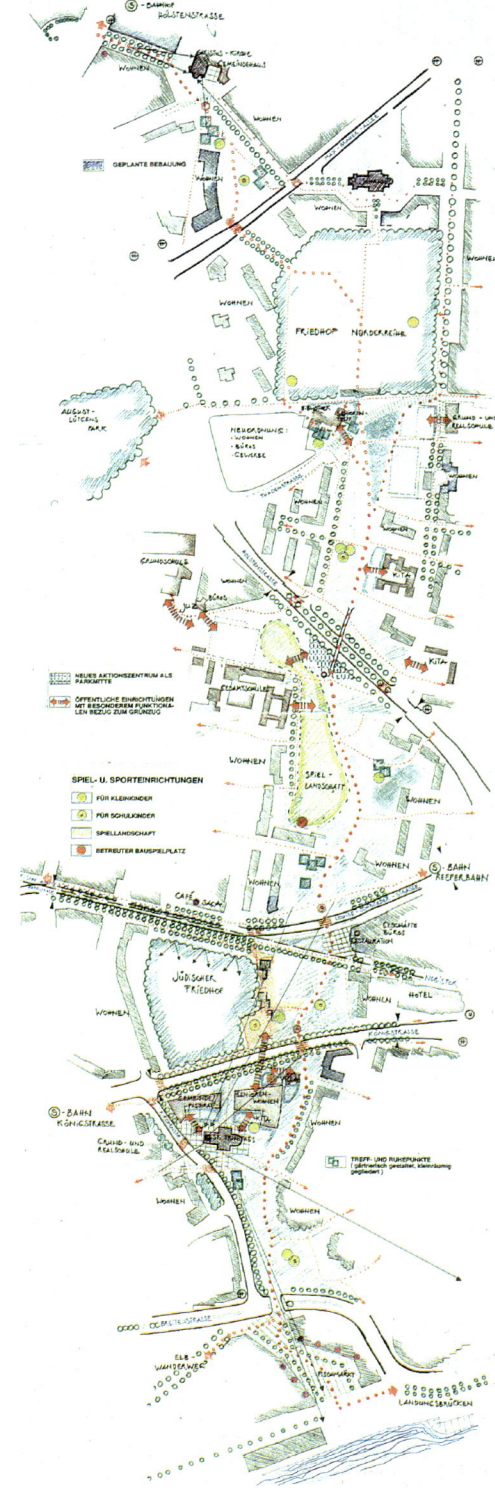

D

A

B

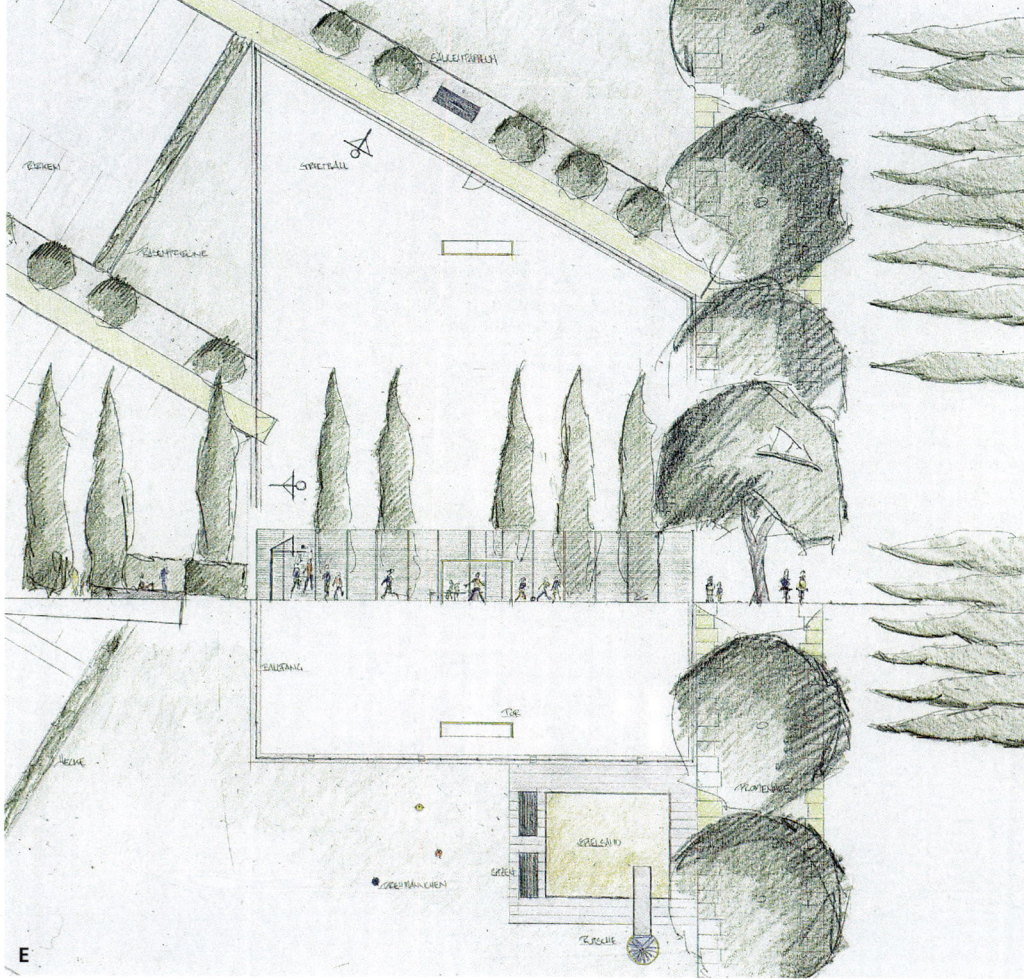

E

Wohnumfeld

A   Vorgarten eines Mehrfamilienhauses
B   Kunst im Innenhof
C   Wohnstraße im "Grünen Ring", Neustrelitz
D   Neumünster: Wohnungsbau auf ehemaligem
      Kasernengelände
E   Neumünster: Spielflächen

C

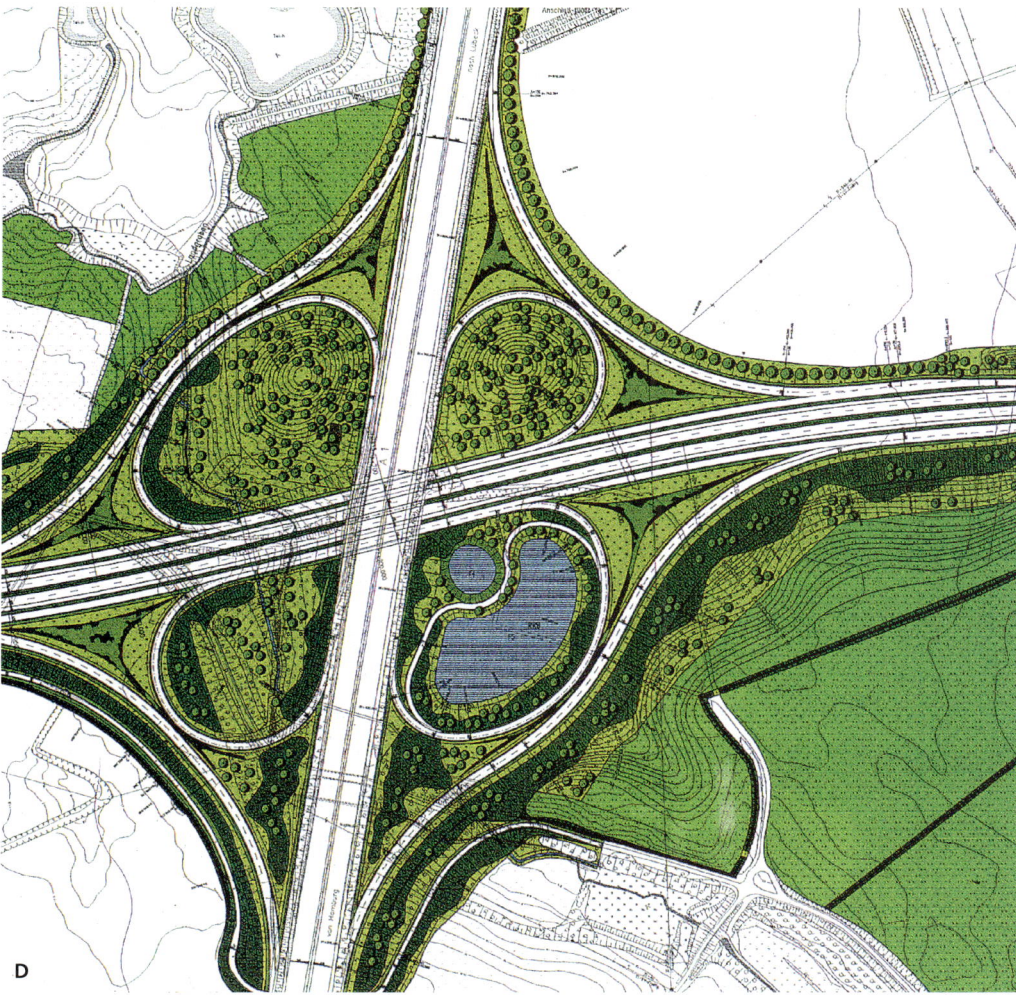

Landschaftsplanung

Autobahn A 24 Hamburg Berlin 1978 - 1982:

A Entwicklung von Ersatzbiotopen für den Kranich auf ehemaligen Ackerflächen im Bereich des ehemaligen Grenzübergangs

B Renaturierung des Seegraner Moors

C Grenzkontrollstelle und Autobahnraststätte Gudow: naturnahe Freiflächengestaltung durch Initialpflanzung von Heideplaggen, Zustand nach 15 Jahren

Autobahn A 20 Lübeck Rostock Planung 1991 - 1997:

D Autobahnkreuz Hamberge: Gestaltung eines Knotenpunktes mit einerseits landschaftlichen und andererseits formalen Elementen (in Richtung Stadteinfahrt Lübeck)

Umweltverträglichkeitsstudie zur BAB A 20:

E Ermittlung konfliktarmer Korridore als Vorstufe zur Trassenfindung durch die Überlagerung der Schutzgüter Mensch, Pflanzen und Tiere, Wasser.

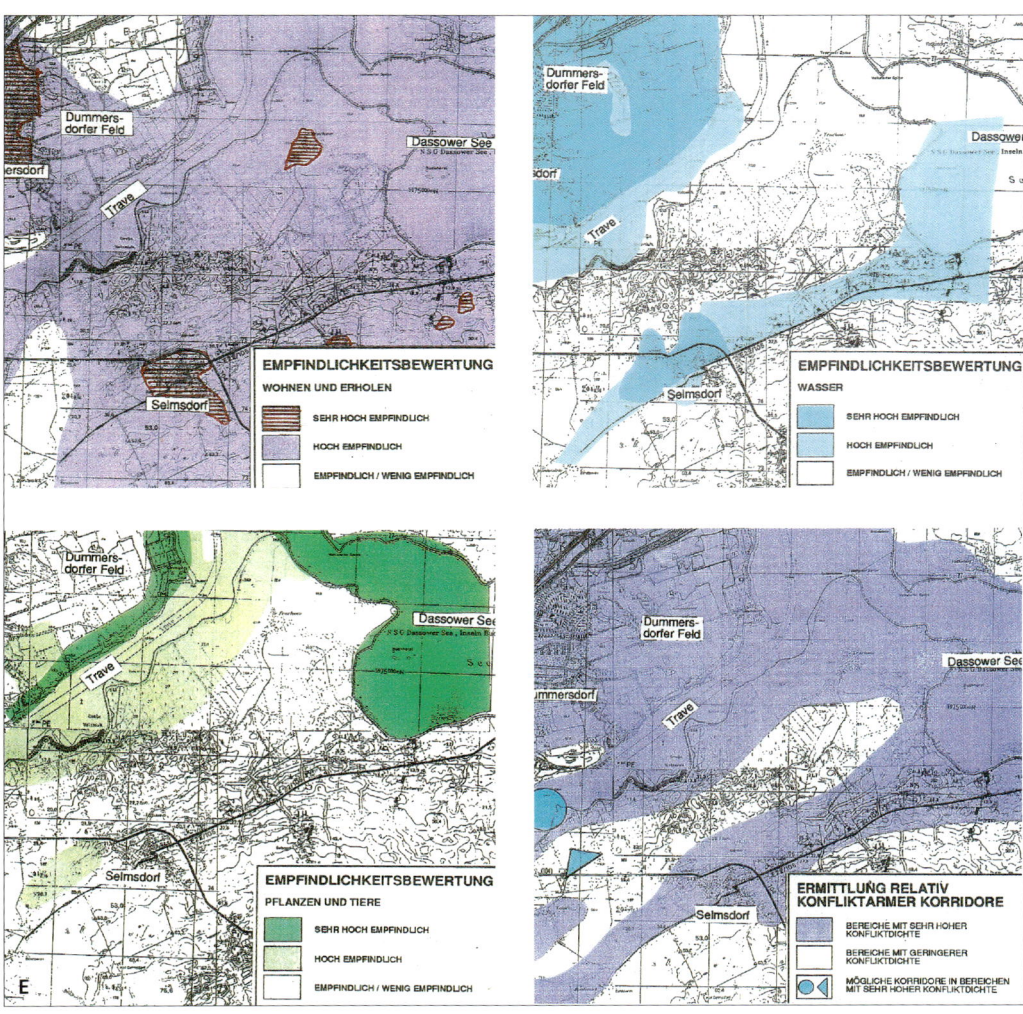

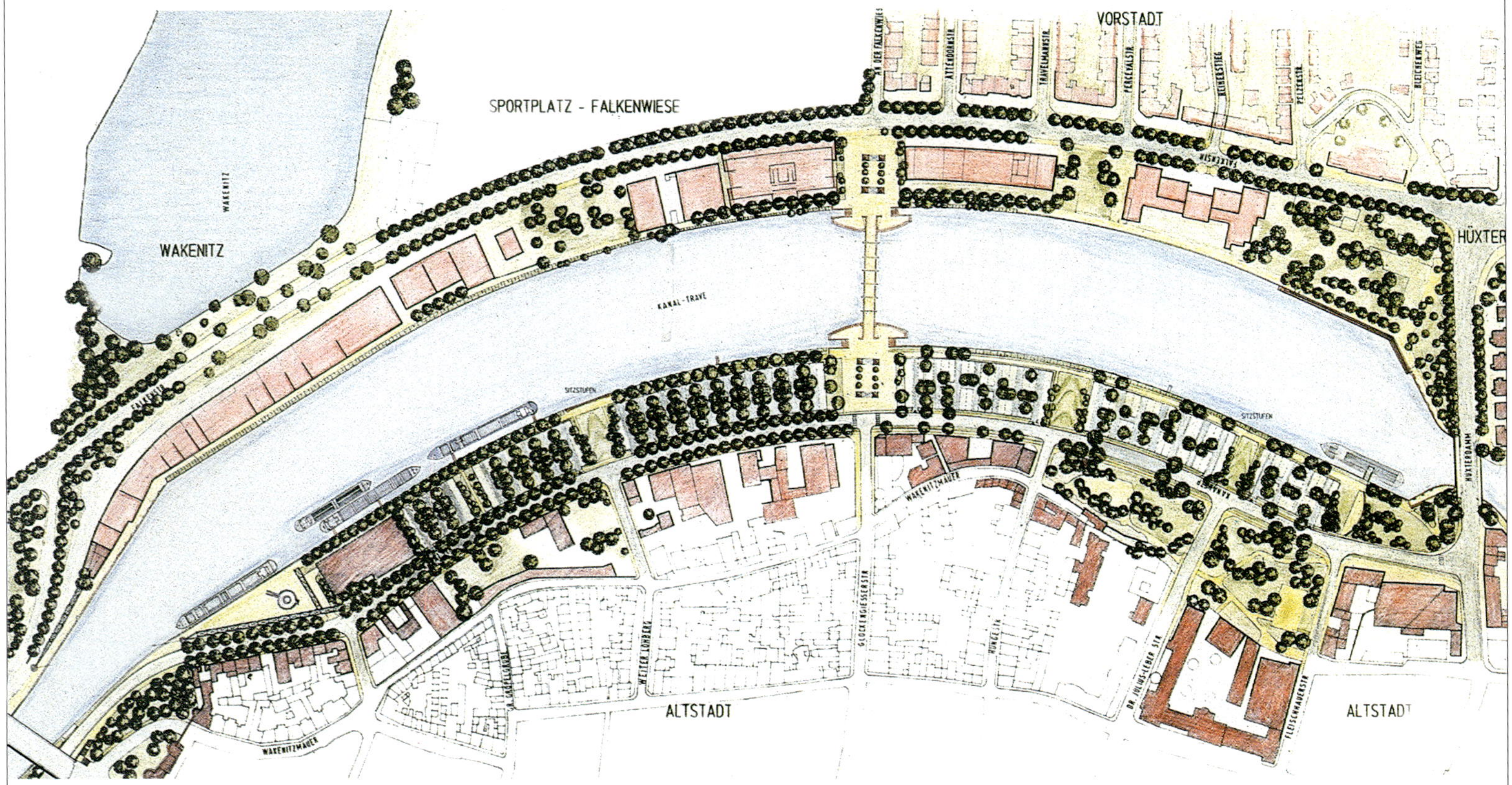

Altstadtrand Lübeck und Objektplanung Travemünde

Im Rahmen der Verkehrsberuhigung der Lübecker Altstadtinsel und der Umnutzung alter Hafenanlagen wurde ein durchgängiges Gestaltungskonzept erarbeitet. Beleuchtung und Materialien sollen sich zukünftig einheitlich um die gesamte Altstadt ziehen.

A Altstadtrand mit Parkplatznutzung, Grünflächen und Sitztreppen am Elbe-Lübeck-Kanal
B Mittlere Wallhalbinsel: Altstadtrand mit Hotel, Musik - und Kongresshalle, Promenade und Parkplätzen
C Promenade an der Stadttrave
D Umfeld der Musik- und Kongresshalle
E Aquatop Lübeck-Travemünde: Gestaltung des Außenbeckens auf der Dachfläche und des Vorplatzes in Richtung See-Promenade

Fotos: Adolf Bollmann, Rellin und TGP

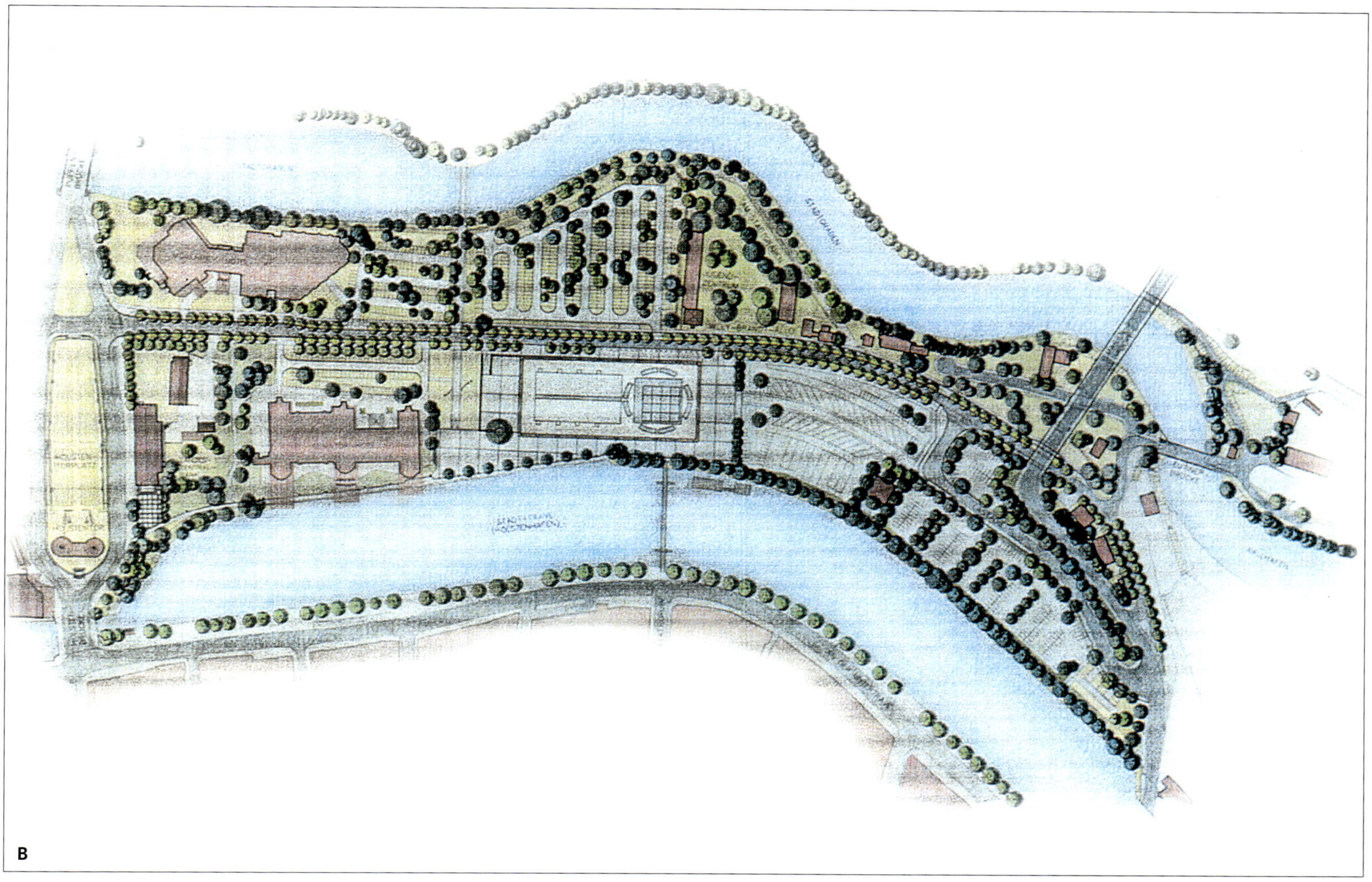

B

D

Hinnerk Wehberg
*1936

Gundolf Eppinger
*1939

Wieland Schmidtke
*1942

Peter Schatz
*1949

Wolfgang Betz
*1961

Büro für Freiraumplanung und Landschaftsarchitektur gegründet 1969. Seit 1996 fünf Partner und 40 Mitarbeiter in Hamburg und Oyten bei Bremen.
Die Arbeit des Büros umfaßt in der Objektplanung die Gestaltung von architektonischen Innen- und Außenräumen sowie Grünordnungsplanung, Landschaftsplanung und Stadtplanung.

Auszeichnungen

"Sächsischer Staatspreis" 1996 für das Gesamtprojekt Neue Messe Leipzig

"BDA-Preis Niedersachsen" 1993 für die Niedersächsische Staats- und Universitätsbibliothek mit Architekten Prof. Gerber + Partner

"BDLA-Preis Würdigung" 1993 an Dipl.-Ing. W. Betz: "Über den Sinn raumgestalterischer Ordnung"

"Fritz-Schumacher-Preis" 1991 an Prof. H. Wehberg

1. Preis im niedersächsischen Landeswettbewerb "Straßen, Wege, Plätze - Raum zum Leben" 1990 für die Fußgängerzone Achim

"BDA-Preis Niedersachsen" 1990 für die Anlage des Rathauses Bad Pyrmont

Preis "Grün in der Stadt" 1986 für die Anlage des Rathauses Langenhagen

"Europa Nostra Preis" 1983 für die Gesamtanlage des Schlosses Gifhorn

Preis "Grün in der Stadt" 1982 für die Anlage des Schulzentrums Lehrte Mitte

"BDA-Preis Niedersachsen" 1982 für den Neubau des Kreishauses Lüchow

"BDA-Preis Bremen" 1978 für die Anlage des Sportbereichs der Universität Bremen

"Bauherrenpreis der Freien und Hansestadt Hamburg" und "Auszeichnung als vorbildliche Leistung für Kunst und Architektur" 1976 für die Gestaltung des Gerhard-Hauptmann-Platzes

"BDA-Preis Schleswig-Holstein" 1974 für die Anlagen der Dorfgemeinschaftsschule und des Gymnasiums Ahrensbök

"Preis des Bundesbauministeriums für Industrie im Städtebau" und "Auszeichnung als vorbildliche Leistung für Kunst und Architektur" 1972 für die Anlage des Paketpostamtes Hamburg Altona

Preis "Kunst und Architektur" 1972 für die Anlage der Integrierten Gesamtschule Wulfen

"Kunstpreis Neues Forum Bremen" 1961 an Hinnerk Wehberg

Veröffentlichungen

Grounddigger and Earthworker. Ein Porträt der "Gartenarchitekten" Wehberg-Lange-Eppinger-Schmidtke von Elke von Radziewsky, in: Architektur in Hamburg. Jahrbuch 1992, hg. von der Hamburgischen Architektenkammer, S. 142 - 151

Erster Schritt zum Wegekreuz. Statt symbolischer Spatenstich erster Heckenschnitt am Platz der Einheit, in: Potsdamer Neueste Nachrichten, 7.11.1997

Carola Zorn, Wenn es Frühling wird: eine Zeitreise um den Neubau, in: Motive. Zeitschrift der Mitarbeiterinnen und Mitarbeiter der Landesversicherungsanstalt Mecklenburg-Vorpommern, 1/97, S. 10f.

Stefan Leppert, Zukunftsmusik. Trotz knapper Kassen sollen Landesgartenschauen Instrument des Städtebaus bleiben. Wismar will für das Jahr 2000 seine Gartenschau, in: Garten + Landschaft, 2/97, S. 43 - 46

Gerd Abeldt, Horumersiel wird Expo-Standort, in: Die Wilhelmshavener Zeitung, 8.11.1996

Lisa Dietrich, Musterlandschaft Messe Leipzig, in: Topos. European Landscape Magazine, Nr. 16, November 1996, S. 82 - 88

Der Himmel über der Messe, in: Vfa Profil, 5/96, S. 22 - 24

Der Leipziger Kristallpalast, in: Die Zeit, April 1996, S. 43f.

Eine geglückte Versöhnung von Maschine und Tempel, in: Die Welt, 11.4.1996

Landschaft mit Tiefgang (zur Neuen Messe Leipzig), in: Baumeister, 4/96, S. 25

Hinnerk Wehberg, Ein Garten für die EAM, Kassel, in: Topos. European Landscape Magazine, Nr. 11, Juni 1995, S. 80 - 84

Hinnerk Wehberg, Freiraumgestaltung des Bahnhofsumfeldes in Bielefeld, in: Baukultur. Technik - Wissenschaft - Kunst - Umwelt. Zeitschrift des DAI, Verband deutscher Architekten- und Ingenieurvereine, Heft 1/94, S. 32f.

Wasserspiele im Stadtraum. Eine kommentierte Bildfolge zusammengestellt von Hinnerk Wehberg und Cornelia Müller, in: Stadtbauwelt 111/Bauwelt 36, 1991, S. 1942 - 1947

Andreas-Hermes-Platz, Hannover, in: Topos. European Landscape Magazine, Nr. 1, S. 104f.

Hinnerk Wehberg, Der Reinbeker Schloßpark. Überlegungen zur Um- und Neugestaltung, in: Denkmalpflege im Kreis Storman II, Neumünster 1989 (Stormaner Hefte 14), S. 142 - 145

Hinnerk Wehberg, Das Wasser erlebbar machen, in: Garten + Landschaft, 7/89, S. 40 - 45

Hinnerk Wehberg, Die Sicht des Umweltgestalters, in: Kunst am Bau. Referate und Ergebnisse einer Tagung der Akademie Sankelmark vom 11. - 13. Oktober 1974, redigiert von Ekkehard Krüger und Joachim Kruse, Schleswig/Flensburg 1974, S. 99 - 107

Hamburg Zürichhaus (li.) Architekten: gmp, 1989 - 92
Glashallen faszinieren mit ihrer Ambivalenz, Innen-
raum und gleichzeitig auch Außenwelt zu sein. Das
Licht erzeugt diesen Reiz, der Himmel ist präsent und
doch ausgesperrt. Die umgebende Stadt oder Landschaft wirkt zum Greifen nah in die Hallen hinein und
bleibt ebenso ausgeschlossen.

Hamburg Hapag Lloyd (re.) Architekten: gmp, 1993 - 97
"1 Drittel Wasser, 2 Drittel Land und 5 Bäume".

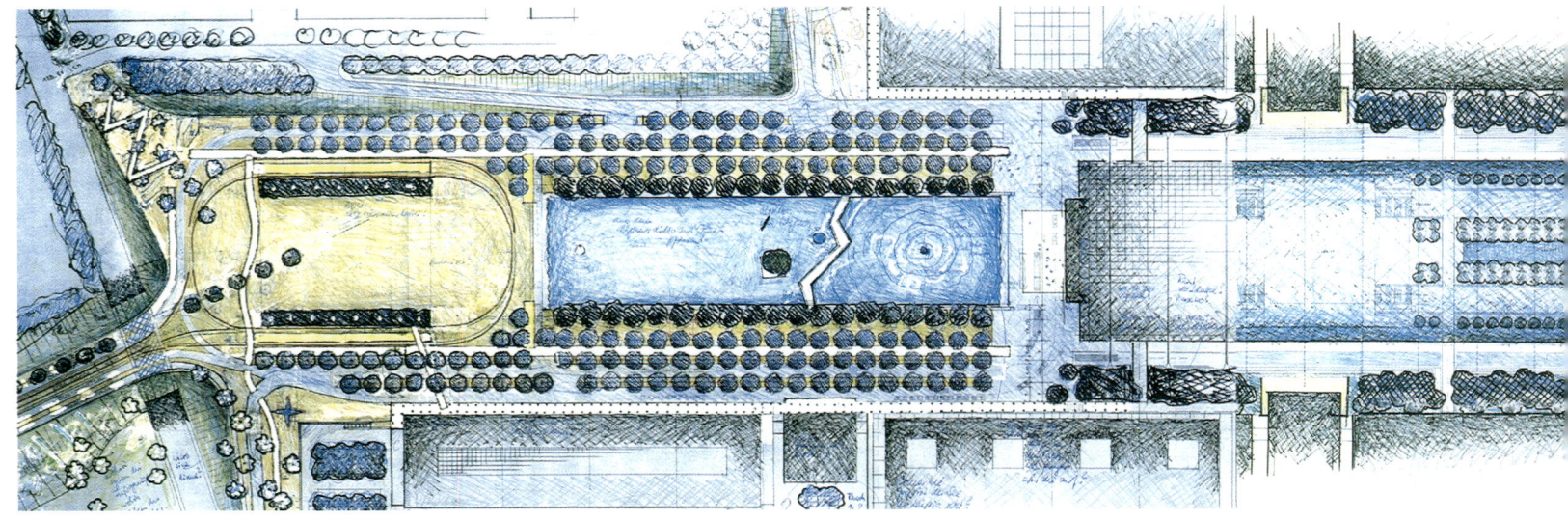

Spaziergang durch die Neue Messe Leipzig

Messetag, Ankunft am neuen Bahnhof Wiederitzsch. Von den Gleisen geht es auf die Ebene des Messeparks. Unter den Gleisen sitzt der Bahnhof. Hier sind auch erste Informationsstände der Messe.

Nimmt man den Ortsausgang, meint man zunächst, in einem Wadi oder trockenen Flußbett gelandet zu sein. Wiesenböschungen fallen von den Seiten herab. An ihrer Oberkante stehen Reihen aus Graupappeln, ihre Blätter spielen im Wind. Das Flußbett ist ein Schotterbett.

Lange Reihen von Säulenpappeln führen von hier zur Messe. Es ist wie ein kleines Wunder, daß sie hier unten im alten Fluß wachsen. In den schmalen, langen Räumen zwischen den kulissenartigen Baumreihen liegen langgestreckte Wasserbecken. Ihre strenge Einfassung ist ein roher Beton oder ein grauer, gebrochener Naturstein.

Ruhig und fast endlos wirken diese Wasserbänder, in denen nur vereinzelt Seerosen schwimmen. Gespeist werden die Wasserbecken von einem Wasservorhang unter der Brücke der neuen Bundesstraße. Skulpturen von Badenden ironisieren diesen Ort unter der Brücke. In der Achse der alten B2 liegt der Brechpunkt der Baumlinien. Der Richtungswechsel führt zur Verwirrung unter den Bäumen. Einzelne brechen aus der Reihe aus und werden zu Individuen, sie scheinen auf einem Platz zu schwimmen und stehen mit dem Fuß in kleinen runden Wasserscheiben.

Geht man ein Stück weiter, kehrt wieder Ruhe ein. Zwischen hochaufgeasteten Platanen, die in einer Grandfläche, wie auf den französischen Bouleplätzen, stehen, liegt ein großes Spiegelbecken. Flache Stufen führen an den Längsseiten zum Wasser hinab. An den Stirnseiten fällt das Ufer, wie bei einer Slipanlage, sanft ins Wasser ab. Bei Wind scheint dann das Wasser wie in einer Wanne hin und her zu schwappen.

Merkwürdigkeiten tun sich hier auf. Ein Baum scheint auf einer über dem Wasser schwebenden Tischplatte zu wachsen. Mitten durch das Wasser führt ein Weg. Es ist wie beim Auszug des Volkes Israel aus Ägypten, als täte sich der See auf, und ein Weg am Grunde des Sees würde frei.

Im Wasser spiegelt sich schon die große Glashalle. Ein weit vorgespanntes Dach empfängt den Ankommenden. Zuerst die Karten kaufen. Unter einer Brücke sitzen die Kassenhäuschen, und schon ist man drin. So schnell, daß der Blick automatisch zurückgeht. Breite Treppenaufgänge führen zu den Ausstellungshallen.

Aber weiter. Nach den Kassen öffnet sich der Raum, und die Glashalle wird in ihren ganzen Ausmessungen erfahrbar. An den Seiten sind durch die Glaswände die Böschungen des Grabens erkennbar. Wie Wälder am Rand einer Flußaue nehmen sie sich aus. Die Kronen der großgewachsenen Bäume spielen mit ihren Blättern über den Glasflächen des Daches im warmen Sonnenlicht. Die ganze Halle scheint in diesen Wald eingebettet zu sein.

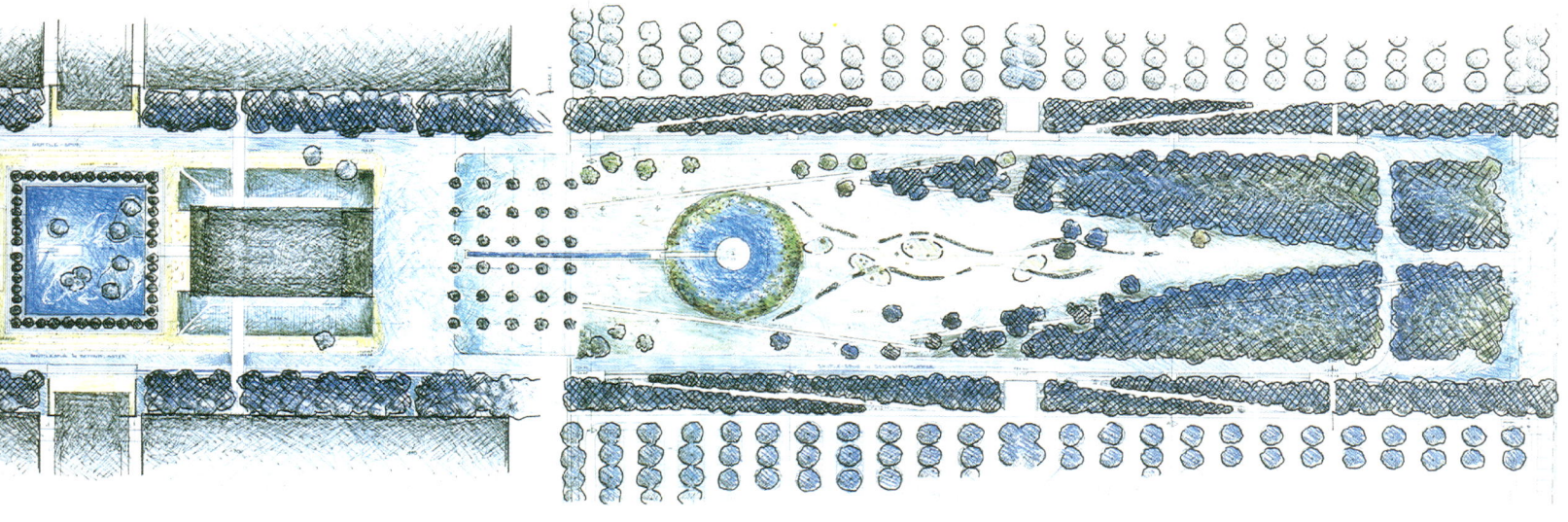

Über Treppen geht es auf die Ebene der Ausstellungshallen. Aber zuerst mal geht es aus der Glashalle heraus, in einen von Säuleneichen gerahmten Wasserraum. Eine Insel mit Trauerweiden und blühender Wiese - fast ein arkadisches Bild.

Draußen ist es warm geworden, und die ersten Erschöpften kühlen sich die wundgelaufenen Füße im Wasser. Die nördliche Böschung treppt sich in mehreren Terrassen ab.

Stühle und Tische gehören zum Restaurant, das am Verbindungsgang zwischen den beiden Hallen sitzt. Die Terrassen sind direkt nach Süden orientiert und laden zur kurzen Kaffeepause in der Sonne ein. Anschließend geht es in die zweite Glashalle. Sie ist kürzer. Die Breite bleibt unverändert, wie auch die Konstruktion. Auch hier ist die Beleuchtung so geschickt angebracht, daß keine blendenden Strahler den Blick auf den Himmel über der Messe verwehren. Die Einbauten wirken hier genauso archaisch und

schwer wie in der großen Halle. Eine breite Treppe, wie eine Tribüne, führt von der oberen Ebene herab. Pflanzen stehen hier in großen, transportablen Kübeln und verbreiten einen aufregenden Duft. Vielleicht sind es Zitronen- oder Orangenbäume.

Auch das Café hier drinnen ist voll. Die Leute sitzen unter blühenden Bäumen und genießen die kurze Ruhepause bei einem Glas Wein oder einem Kaffee.

Am Ostausgang ist es heute ruhiger. Es macht sich bemerkbar, daß immer mehr Leute mit dem Zug anreisen.

Draußen erhebt sich ein Hügel. Es scheint, als sei hier beim Aushub ein Stück des anstehenden Bodens vergessen worden. Man hat aber dafür gesorgt, daß man auch diesen Punkt erreicht. Oben sind Reste der alten Vegetation erhalten. Von hier kann man auf die Parkplätze zu beiden Seiten des Messegrabens sehen. Die Bäume stehen wie in einer Baumschule in strengen Reihen zwischen den Autos.

Ein Gärtner ist mit einer Maschine dabei, die Ballen abzustechen. Er sagt, das müsse alle drei bis vier Jahre gemacht werden, da hier, wo die Bäume jetzt stehen, später mal weitere Ausstellungshallen gebaut werden sollen. Und da man ja die Bäume nicht umhauen wolle, werden sie heute auf eine spätere Verpflanzung vorbereitet.

Man kann auch sehr gut sehen, wie die Entwässerung des Messeparks funktioniert.

Die Dächer der Glashallen und alle sonstigen Flächen entwässern in einen offenen Graben wie früher entlang von Landstraßen und Feldwegen.

Jeder Regen wird hier zum Ereignis. Nichts wird versteckt oder verschwindet gleich im Boden.

Aber, wo bin ich jetzt hingelangt? Eigentlich wollte ich doch die Messeausstellung besuchen.

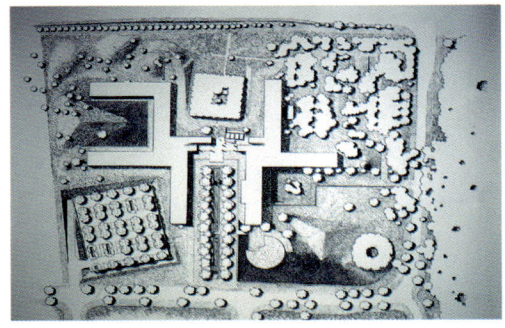

Fotos: Erik Chmil

Landesversicherungsanstalt Mecklenburg-Vorpommern in Neubrandenburg
Architekten: WGK und Dipl.-Ing. Krüger 1993 - 97

Der gemeinsame Wettbewerbsentwurf zeigt das Verwaltungsgebäude als Solitär in einem offenen, als Park gestalteten Gelände.
Der Raum gemeinschaftlicher Aneignung verbindet die natürliche mit der künstlichen Landschaft. Er bietet Orte der Ruhe und des Geheimnisses.
Mit der vorhandenen wie auch der überformten Topographie und Grünstruktur als prägende Gestaltungselemente lebt die Komposition der Außenanlagen von dem Nebeneinander klarer geometrischer Formen.
"Eine Erinnerung an viele vertraute Landschaften im Kopf."

**Landesversicherungsanstalt   Schleswig-Holstein
in Lübeck**
Architekten: Behnisch & Partner, 1993 - 97

"Geborgte Landschaft"
Obstwiese · Bodenmodellierung · Wasser

Wiggenhorn & van den Hövel

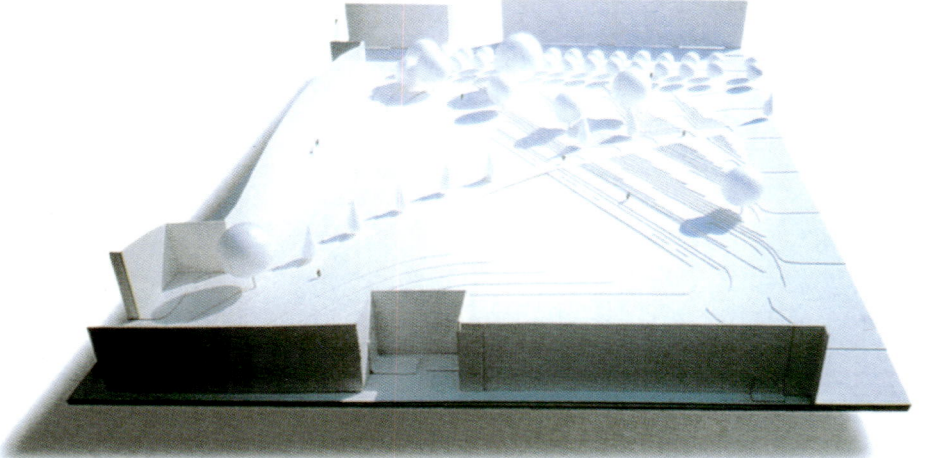

Hubert Wiggenhorn
*1965

1986 - 92 Studium der Landschaftsarchitektur und Um-
weltentwicklung an der Universität Hannover
1992 Bürogründung in Hamburg
in Partnerschaft mit Martin van den Hövel

Martin van den Hövel
*1958

1980 - 83 Studium der Landespflege
an der FH Osnabrück
1984 - 87 Mitarbeit in verschiedenen Büros
1988 Bürogründung in Rheda-Wiedenbrück
1992 Partnerschaft mit Hubert Wiggenhorn
in Hamburg

Mittelachse Messegelände Hannover

Um die für deutsche Messestandorte einmalige Frei-
raumsituation zu sichern, konnten wir den Bauherrn,
die Deutsche Messe AG Hannover, dafür gewinnen,
daß alle im Mittelgelände befindlichen Ausstellerbauten
vor Baubeginn entfernt wurden.

Die angrenzenden Verkehrsbauten konnten zusätzlich
auf ein Mindestmaß reduziert werden.

Unsere Grundidee war, klare, übersichtliche und doch
vielschichtige Raumstrukturen zu schaffen.

Der bisher wenig strukturierte Freiraum, durch eine
Vielzahl von Wegen geteilt, sollte zu einer Einheit und
zum geschlossenen Grün- und Erholungsraum werden.

Foto: Cecilia Epkenhans-Hauer, Gütersloh

Entwurf

Die Ausgangssituation für unsere Grünplanung bestimmten drei dominante Elemente: die Europahalle im Norden, das Tagungszentrum Messe (TCM) im Süden und die stilistisch sehr unterschiedlichen Messehallen auf der Ost- und Westseite des zu gestaltenden Geländes.

Wir wollten eine architektonische Grünplanung, die auf die Gebäude reagiert, aber dennoch eine ganz eigene Sprache spricht.

Im städtebaulichen Kontext war es uns wichtig, einen klar gegliederten und dennoch zentralen Bereich anzulegen, der dem Messegelände Struktur gibt und der Raumbezeichnung "Mittelachse" gerecht wird.
Ein neues Wege- und Sichtachsensystem sollte die einzelnen Gebäudeelemente miteinander verbinden.

Der TCM-Platz

Auf den Platz vor dem Tagungszentrum Messe haben wir eine große, kreisrunde "Wasserscheibe" gelegt. Sie ist mit dunklem Labradorgranit verblendet.

Die Scheibe (Durchmesser 30m) liegt, gleich einem in die Erde eingeschlagenen Diskus, schräg im Gelände. Dadurch nimmt sie die aufsteigende Linie der anschließenden Treppenanlage zum TCM auf. Dort, am Eingangsbereich, sind Krustenplatten aus Labradorgranit verlegt, die weiter ins Wasserbecken bis zur Rasenfläche verstreut sind.

Die Fläche kann vollständig mit Wasser überströmt werden.
Diese Steinflächen im Wasser und auf der Wiese bilden kleine Inseln und im Sommer erfrischende Ruheplätze.

Fotos: Cecilia Epkenhans-Hauer, Gütersloh

LANDSCHAFTSARCHITEKTEN II

.

MECKLENBURG-VORPOMMERN
SACHSEN
SACHSEN-ANHALT
THÜRINGEN

Bendfeldt · Schröder · Franke

Das sind wir

Seit der Gründung im Jahre 1962 bearbeitet das Büro Bendfeldt · Schröder · Franke alle Bereiche der Freiraumplanung. In den beiden Büros in Kiel und Schwerin arbeiten zur Zeit 30 Mitarbeiter, darunter Diplom-Ingenieure der Fachrichtungen Landespflege, Biologie, Landwirtschaft. (Siehe auch Vita von Beitrag Kiel)
Komplexe Aufgabenstellungen werden im Team mit anderen Fachplanern interdisziplinär bearbeitet. Dabei werden als Werkzeuge immer noch 6 B-Bleistifte wie auch modernste vernetzte Computer mit CAD eingesetzt.

Seit 1991 Teilnahme an 36 Wettbewerben, 7 x 1. Preis, 3 x 2. Preis, 6 x 3. Preis, diverse Ankäufe

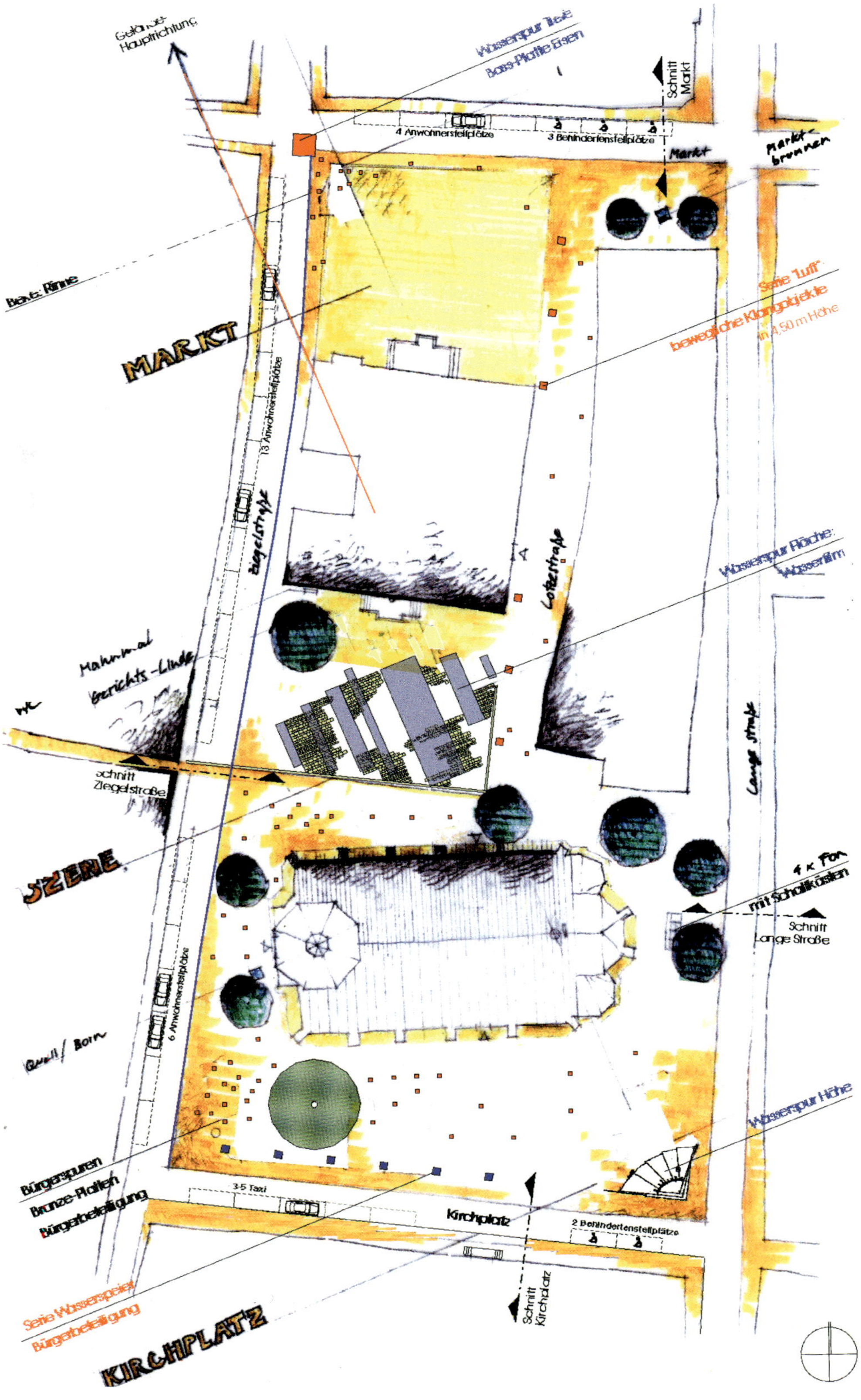

EXPO 2000 - Wasserspuren - Wasser sichtbar machen

AUFGABE

Die drei zentralen Stadtplätze erhalten neue Funktionen und eine neue Gestalt. Unter Neubelebung der "stadtrepublikanischen Diskussionsfähigkeit" über künstlerische und stadtgestalterische Fragen sollen kollektive Fachentscheidungen getroffen werden. Vom Mitreden zum Mitmachen.

PLATZGESTALTUNG

Die drei Plätze erhalten einen richtungslosen Belag. Die ruhige Pflasterdecke hält die Teilplätze zusammen und läßt Höhepunkte hervortreten. Die freie Fläche dient als Plattform für Nutzungen wie Wochenmarkt oder Feste.

WASSERSPUREN

Die künstlerischen Beiträge zum Thema Wasserspuren sind als Gesamtkomposition angelegt. Verbindungen zwischen den Wasserspuren Wasserfächer, Wasserfilm, Bass-Platte, Serie Wasserspeier, Serie Luft schaffen eine Interaktionsdramaturgie. Die Wasserspur-Licht-Klang-Architektur schläft, begleitet und ist aktiv. Sinnliche Spielorte ermöglichen direkte Interaktionen mit Wasserspuren. Besucher können Einfluß auf Wasserklappen, Licht-/Klangimpulse, über Ventile, Rohre, Hebel, Knöpfe, Mikrofone und Bewegungsmelder nehmen. Daneben schafft ein virtueller Spielknoten den Kontakt nach außen. Über Internet an einen Zentralcomputer im Rathaus können Interaktionen mit den Wasserspuren auf den Plätzen stattfinden. Wasserklappen-/Licht-/Klangimpulse, Wiedergabe der Klänge/Impulse können "in die Wohnung" geholt weden. Zufallsimpulse brechen die Interaktion.

BÜRGERBETEILIGUNG

In drei Werkstattwochenenden erarbeiteten in einem Saal 5 Gruppen mit je einem Landschaftsarchitekten, einem Künstler, gemeinsam mit 5 Bürger/Innen der Stadt Hann. Münden ein Konzept zur Umgestaltung der Plätze. Eine Jury aus Fach-/Sachpreisrichtern empfahl abschließend die weitere Bearbeitung durch B·S·F als "Generalplaner" und die Gruppe der Künstler. Die sorgfältig vorbereiteten Werkstätten wurden von einem erfahrenen Moderator geleitet. Eine wirksame Integration von Bürger/Innen in den Planungsprozeß konnte das Verständnis für Planungsentscheidungen fördern. Die beteiligten Bürger/Innen begleiten nun die weiteren Schritte bei periodischen Sitzungen. Das EXPO-Projekt wird von einer Forschungsgruppe der Universität Kassel wissenschaftlich begleitet. Ein Bericht wird die Vorzüge und Herausforderungen des neuen Weges kommunaler Planung dokumentieren.

Pfaffenteich Südufer

An zentraler Stelle in der Stadt liegt der Pfaffenteich zwischen dem Dom, der Schelfkirche und dem Bahnhof. Der Leitgedanke ist das Heranführen an das Wasser der Fußgängerachse, die sich aus der Mecklenburgstraße zum Pfaffenteich entwickelt.

Die Freitreppe ans Wasser kann als Ruhebereich, als Treffpunkt und "Tribüne" bei Veranstaltungen auf dem Wasser genutzt werden. Stufen ins Wasser ermöglichen den direkten Kontakt zum Wasser.

Foto: L. Steiner, Schwerin

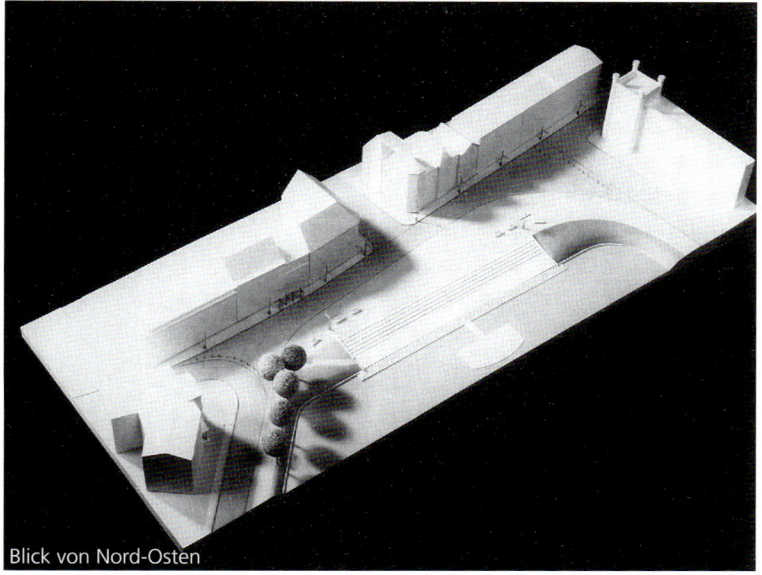

Blick von Nord-Osten

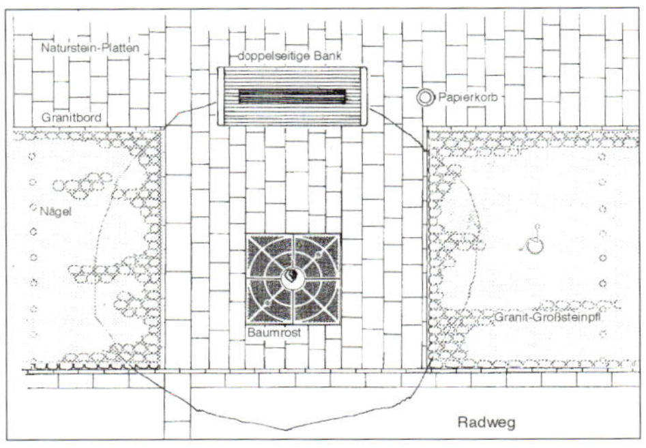

Radweg

Städtebaulicher Ideenwettbewerb Lange Straße, Rostock, 1. Preis

"Ein Baudenkmal, umstritten, bewundert, gedacht als in die Zukunft weisende 'Erste Sozialistische Straße', projektiert von jungen Architekten, erbaut mit Mühen und Opfern: die Lange Straße".

Im April 1942 wurde die Stadt Rostock schwer durch Luftangriffe zerstört. Im Juli 1952 beschließt die II. SED-Parteikonferenz den Aufbau des Sozialismus; Rostock wird Bezirksstadt. Der spätere Chefarchitekt der Hauptstadt Herrmann Henselmann rät seinen Kollegen in Rostock bei der Gestaltung der Langen Straße an die Backsteintradition anzuknüpfen. Die in den 50er Jahren geschaffene "Magistrale" dokumentiert den Geist der damaligen städtebaulichen Entwicklung. Sie zerschneidet durch 4 Fahrspuren und einer dazwischenliegenden Staßenbahnlinie den Altstadtbereich

Perspektive Lange Straße, Südseite

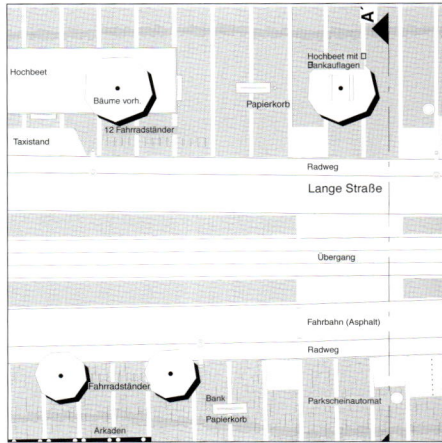

Detail

Die Ausgangslage

Die Querbezüge

Entwurf M 1:500

um die Kröpeliner Straße (Fußgängerzone) und das teilweise mittelalterliche, nördlich angrenzende Hafenviertel. Der Wettbewerb sollte Lösungen für die Lange Straße (Länge ca. 600 m, Breite bis zu 57 m) zur Überwindung dieser funktionalen Trennung liefern. Der 1. Preis ging an die Landschafts-Architekten Bendfeldt · Schröder · Franke aus Schwerin, die die Arbeit im Hinblick auf eine zügige weitere Bearbeitung komplett mit CAD erarbeitet haben. Das Preisgericht lobt die Arbeit, weil der Straßenraum sehr klar in großzügige Fußgänger-, Fahrbahn- und Straßenbereiche geordnet wird. Dadurch wird der lineare Charakter des Raumes angenehm unspektakulär betont und dabei, leicht rhythmisiert, weiter gestützt. Insgesamt zeichnet sich der Entwurf durch eine gute Durcharbeitung, Klarheit und Umsetzungsfähigkeit aus.

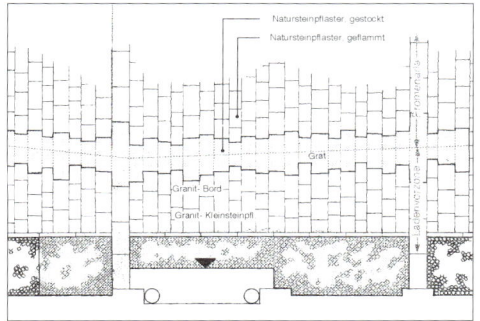

Pflasterdetails

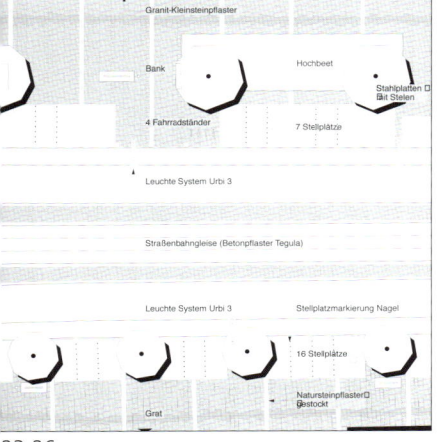
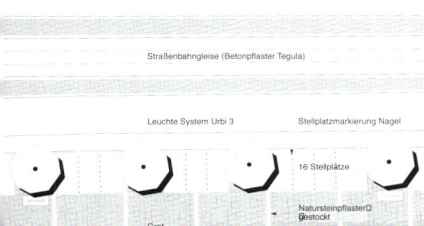

23-26

Perspektive Lange Straße, Nordseite

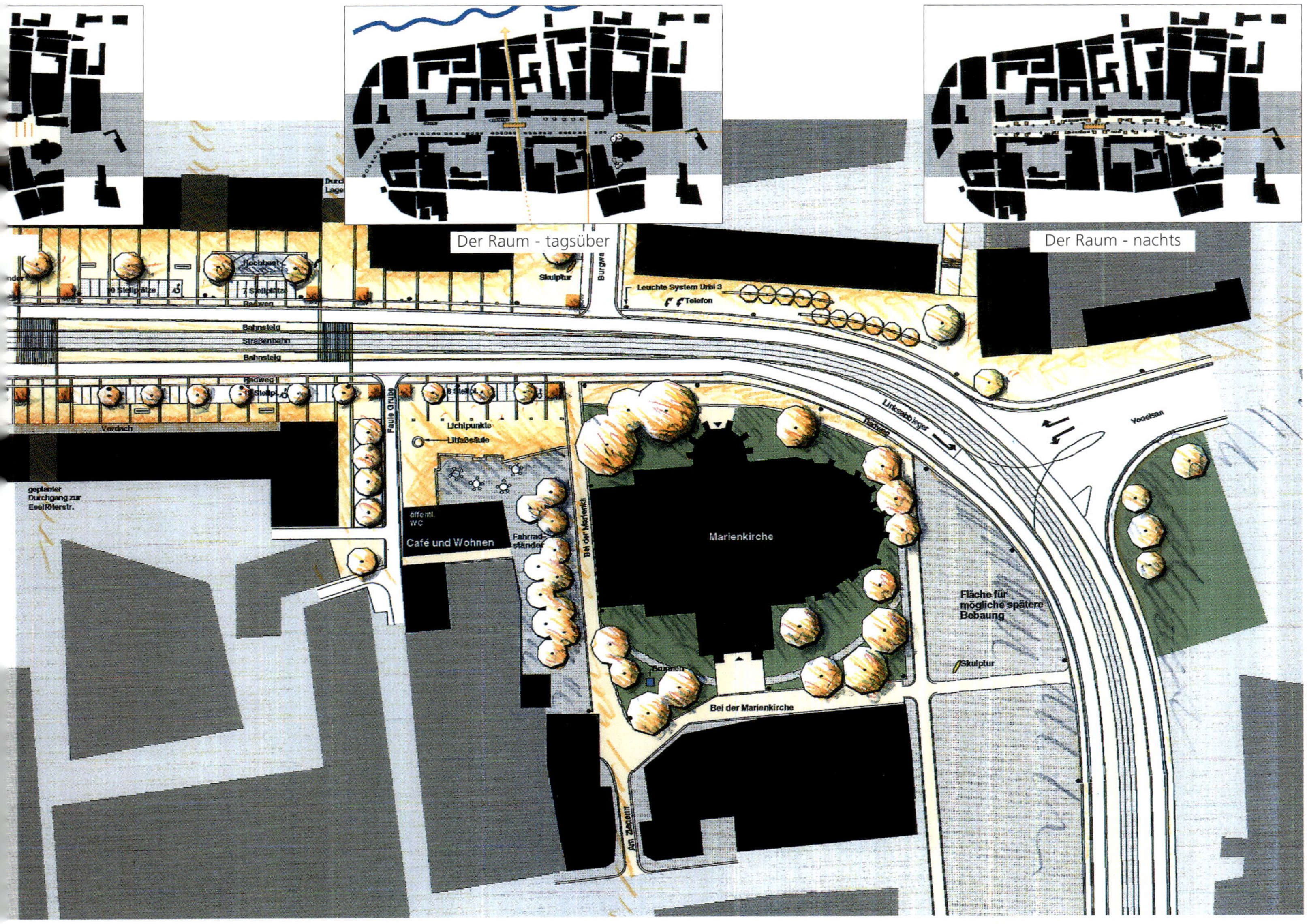

Der Raum - tagsüber

Der Raum - nachts

Bormann & Partner

Dr. Christoph Bormann
*1952

1974   Studium der Landschaftsarchitektur an der
        TU Dresden
seit 1990 freiberuflich
seit 1992 eigenes Büro in Grimma, Geschäftsführer

Karin Fleck
*1957

1975   Studium der Landschaftsarchitektur an der
        TU Dresden
seit 1992 eigenes Büro in Grimma, Geschäftsführerin

Christian Köhler
*1957

1978   Studium Garten- und Landschaftsgestaltung
        IHS Erfurt
seit 1992 eigenes Büro in Grimma, Gesellschafter

Aufgabengebiete

· Objekt- und städtebauliche Planungen
· Wettbewerbe
· Grünordnungsplanung
· Landschaftsplanung
· Umweltverträglichkeitsstudien
· Dorferneuerung
· Gartendenkmalpflege
· Gewässerstudien
· Ökologische und naturschutzorientierte Planungen
  und Gutachten

**Städtebaulicher Wettbewerb
"Zöbigker Winkel/Cospuden"
Markkleeberg 1997**
Architekten: Riedel-Greiner-Murzik
            Markkleeberg

· Entwicklung der östlichen Uferregion
  Tagebaurestloch Cospudener See im
  Südraum von Leipzig
· Revitalisierung der alten Ortslage und
  Umnutzung des vorhandenen Schlosses
· städtebauliche Konzeption des Gesamt-
  gebietes zu einem hochwertigen Wohn-
  und Erholungsstandort mit vielfältigem
  Nutzungspotential
· Aufbau einer axialen Beziehung Schloß -
  Schloßpark - geplanter Hafen mit Mole
  und Leuchtturmcafé
· Entwicklung von Naherholungs- und
  Sporteinrichtungen

**Labor- und Bürogebäude ORTHO-TECH
Leipzig-Leutzsch**

Architekt: M. Pleikies, Ing.- und Bauplanungsbüro
R. Seifert

· Gestaltung der Außenanlagen mit PKW-Stellflächen,
Teichanlage, Sitzbereiche sowie Anfahrts- und
Wegeflächen
· Gebäudeumfassend wurden anspruchsvolle interes-
sante Staudenflächen angelegt
· Das Gebäude wurde mit sieben intensiv begrünten
Dächern in drei Ebenen ausgestattet
· Unterschiedliche Themengärten mit anspruchsvollen
Stauden- und Gehölzpflanzungen

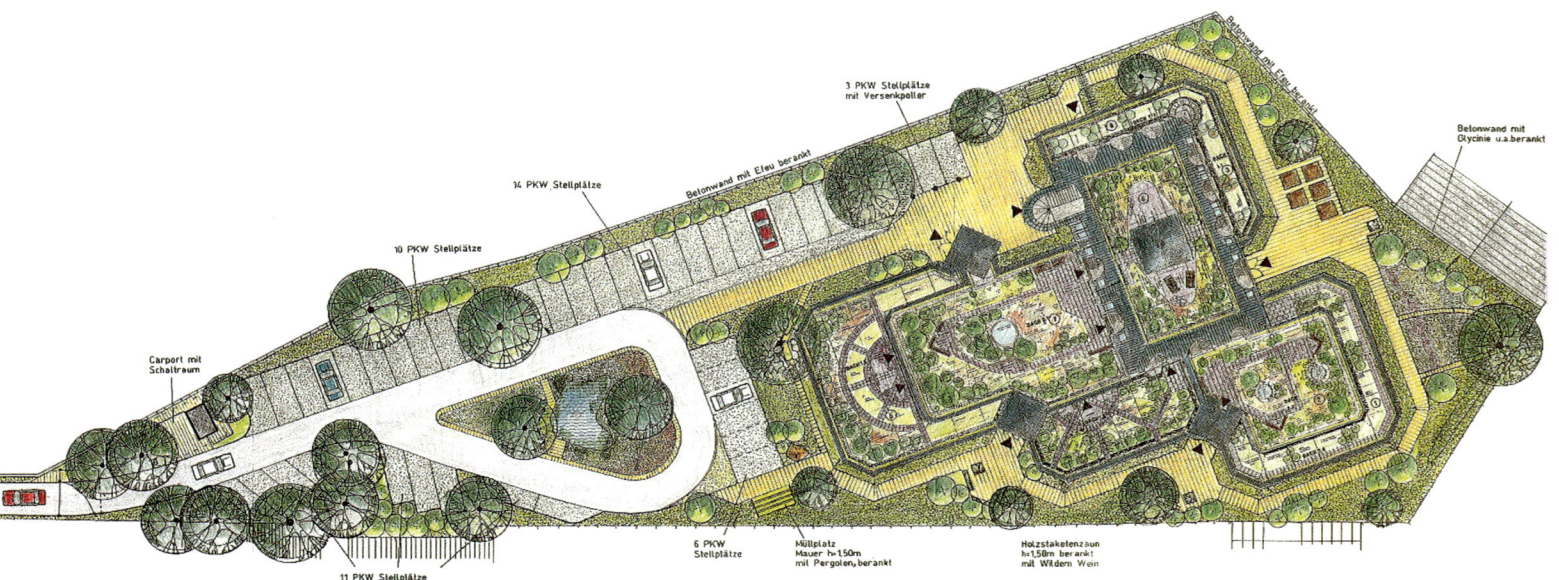

Matthias Därr
*1959

1980 - 85 TU Dresden, Fachrichtung Landschaftsarchitektur und Städtebau
1985 - 90 Garten- und Landschaftsgestaltung Halle,
Abt. Planung
1985 - 90 Gasthörer MLU Halle, Fachrichtung Kunst-
geschichte
seit 1990 freier Landschaftsarchitekt
Büro in Halle/Saale
seit 1996 Naturschutzbeirat des Ministeriums für
Raumordnung, Landwirtschaft und Um-
welt des Landes Sachsen-Anhalt

Mitglied der Architektenkammer, des BDLA und der
DGGL Sachsen-Anhalt
Vorprüfer und Fachpreisrichter bei verschiedenen
Wettbewerben

Sigrun Därr
*1960

1980 - 85 TU Dresden, Fachrichtung Landschaftsarchitektur und Städtebau
1985 - 91 Büro für Städtebau des Bezirkes Halle
seit 1991 Landschaftsarchitekturbüro Därr
in Halle/Saale

Mitglied der Architektenkammer Sachsen-Anhalt

Büro

13 Mitarbeiter, tätig in Themenschwerpunkten Landschaftsplanung für städtische Räume und Bergbaufol-
gelandschaften, Grünordnungsplanung, Garten- und
Friedhofsdenkmalpflege, Objektplanungen für öffentliche Freiflächen, Kinderspielanlagen, Krankenhäuser
und Altenheime, Ökologisches Projektmanagement

Wettbewerbe/Ausstellungen

· IFLA Students Design Competition, Tokio 1985
Premier Award
· UIA städtebaulicher Wettbewerb, Sofia 1985
Anerkennung
· "Architektur & Fotografie" Galerie Talstraße
Halle/Saale 1995
· Entwicklungsgebiet Heide-Süd, "Gestaltung des
inneren Grünbereiches", Halle/Saale 1996
1. Platz
· Städtebaulicher Ideenwettbewerb "Hansering -
Leipziger Turm", Halle/Saale 1996
2. Platz
· Realisierungswettbewerb für den muldnahen Stadt-
und Freiraum, Halle/Saale 1996
2. Platz

St. Elisabeth-Krankenhaus Halle
Pergola im Hof (1993)

Entwicklungskonzept Altindustriestandorte Halle-Süd, Bereich Thüringer Bahnhof
Halle/Saale (1997)

Aufgabe war es, auf dem Gelände des alten Thüringer Bahnhofes ein Entwicklungskonzept zu einem Stadtteilpark zu entwerfen.

Der Entwurf nimmt den Geist des Ortes auf.

Die Geschichte wird zitiert, verfremdet und Grundgedanke einer neuen Formensprache.

Die Funktionen orientierten sich am derzeitigen Freizeitverhalten "Just for fun". Es gibt räumlich sehr konzentrierte, intensive Funktionsbereiche mit zahlreichen vorgegebenen Angeboten. Spielsteige laden zum Verweilen ein. Zum einen um selbst an den bespielbaren Objekten tätig zu sein, um Wasserräder, Kolben und Kurbeln in Funktion zu versetzten und damit die Gesetzmäßigkeiten der Mechanik und Hydraulik spielerisch zu erfahren, zum anderen, um sitzend andere auf dem Spielsteig oder den parallelen Fortbewegungslinien auf Skateboard, Fahrrad oder beim Joggen zu beobachten.

Großzügige Wiesen, sogenannte "Freie Räume" für "Freiraum", kann der Parknutzer nach Lust und Laune ausfüllen.

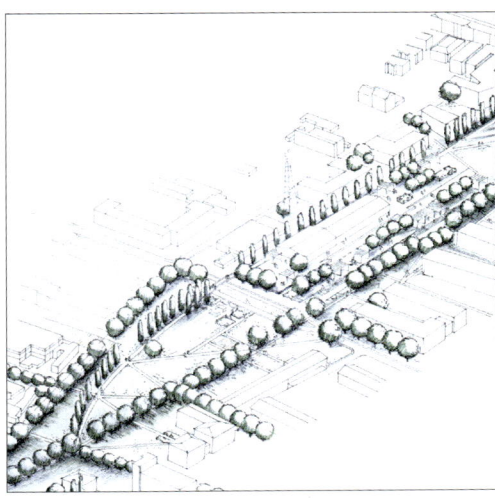

HALLE/SAALE
THÜRINGER BAHNHOF

Evangelisches Diakoniewerk Halle
Spielanlage Kindertagesstätte Burgstraße
(1994)

Gleichberechtigtes Miteinander und Nebeneinander von Kindern und alten Menschen auf einem Grundstück war der Leitgedanke dieses und des nebenstehenden Projektes. In eine hängige, mit Altbäumen bestandene parkartige Anlage wurden neben einem Kinderspielplatz Sitzgruppen, Aussichtspunkte und Wege eingeordnet.

**Evangelisches Diakoniewerk Halle
Freianlage Altenpflegeheim Burgstraße**
(1994 - 97)

Gebäude: Nöll · Metzger · Kuecken
Architektenpartnerschaft

Zoologischer Garten Halle

Der Zoologische Garten Halle ist ein flächenmäßig sehr eingeschränkter (8,5 ha) und nicht erweiterbarer Bergzoo mit einem Gesamthöhenunterschied von 49 m. Die teilweise sehr steil abfallenden Flächen (ca. 70% der Gesamtfläche) des Reilsberges bieten einerseits sehr reizvolle Gestaltungsmöglichkeiten, sind aber andererseits für großzügige Tieranlagen und ein behindertenfreundliches Wegesystem nur schwer nutzbar.

Die natürlichen und aus der Nutzung Zoo abgeleiteten Rahmenbedingungen führen zu folgenden Planungsansätzen:

· größtmögliche Funktionsverflechtung/Überlagerung
· funktionale und gestalterische Ausnutzung des vorhandenen Reliefs
· Raumbildung, die den Besucher führt und durch Kulissenpflanzungen das Gefühl optische Tiefe, Vielschichtigkeit, Neugier und Großzügigkeit erzeugt

Bilder:
A Seilspielanlage am zentralen Wirtschaftsgebäude (1995)
B Aussichtspunkte (1997)
C Flamingoanlage (1996)

Mitarbeiter: B. Kirchmaier
Zentrales Wirtschaftsgebäude: Architekturbüro Heuss

Michael Dane
*1959   in Derby, England

1977 - 82 Studium der Landschaftsarchitektur Man-
          chester Polytechnic, England
1982 - 83 Büro Short and Partners, England
1983 - 86 Bödeker, Wagenfeld & Partner, Düsseldorf
1986 - 88 Robinson Club Hotel Management GmbH,
          Frankfurt/M.
1988 - 90 freiberuflicher Landschaftsarchitekt in Kanada
          und Saudi Arabien
1990 - 92 Büro Brenner, Friedrichsdorf/Taunus
seit 1992 Mitglied der Architektenkammer,
          eigenes Büro in Bad Homburg
seit 1994 eigenes Büro in Weimar mit heute fünf In-
          genieuren, Sekretariat und Hilfskräften

Das Mitarbeiterteam:
Heiko Donath, Ute Liske, Karina Recknagel, Konstanze
Uhlmann, Steffen Witosseck

Zuzia Kozera-Dane
*1957   in Toronto, Kanada

1976 - 80 Studium der Landschaftsarchitektur Univer-
          sity of Guelph, Kanada
1980 - 86 Bödeker, Wagenfeld & Partner, Düsseldorf
1986 - 88 Robinson Club Hotel Management GmbH,
          Frankfurt/M.
1988 - 90 Campus Consortium Consultants Ltd.,
          Toronto, Kanada
1990 - 92 Büro Brenner, Friedrichsdorf/Taunus
seit 1992 DANE Landschaftsarchitekten BDLA
seit 1996 Mitglied der Architektenkammer

Büroprofil:
Das Büro DANE Landschaftsarchitekten BDLA bearbeitet landschaftsplanerische und gartendenkmalpflegerische Projekte im gesamten Bundesgebiet sowie freiraumplanerische Aufgaben in Deutschland, im Mittel-
meerraum, im Nahen Osten und in der Karibik.

Projektauswahl:

· Landschaftsplan Blankenhain/Magdala, Thüringen
· Landschaftspflegerischer Begleitplan (LBP), Erdstoff-
  Zwischen- und -endlagerung, Kalksteinbruch Ritters-
  dorf, Thüringen
· Erweiterung der Fakultät Architektur der Bauhaus-
  Universität Weimar, Thüringen
· Regierungsviertel "Am Alten Steiger" Erfurt, Thüringen
· Volkshochschule/Herderschulhof, Weimar, Thüringen
· Beethovenplatz, Weimar, Thüringen
· Haus am Horn, Gartendenkmalpflegerische Zielstellung
  für das Musterhaus des Bauhauses, Weimar, Thüringen
· Carl-August-Allee, Weimar, Erstellung einer Vorgarten-
  fibel für eine bedeutende historische Verkehrsachse
  der Stadt
· Robinson Club Lyttos Beach, Kreta, Griechenland
· Clubanlage Sol de Plata, Dominikanische Republik

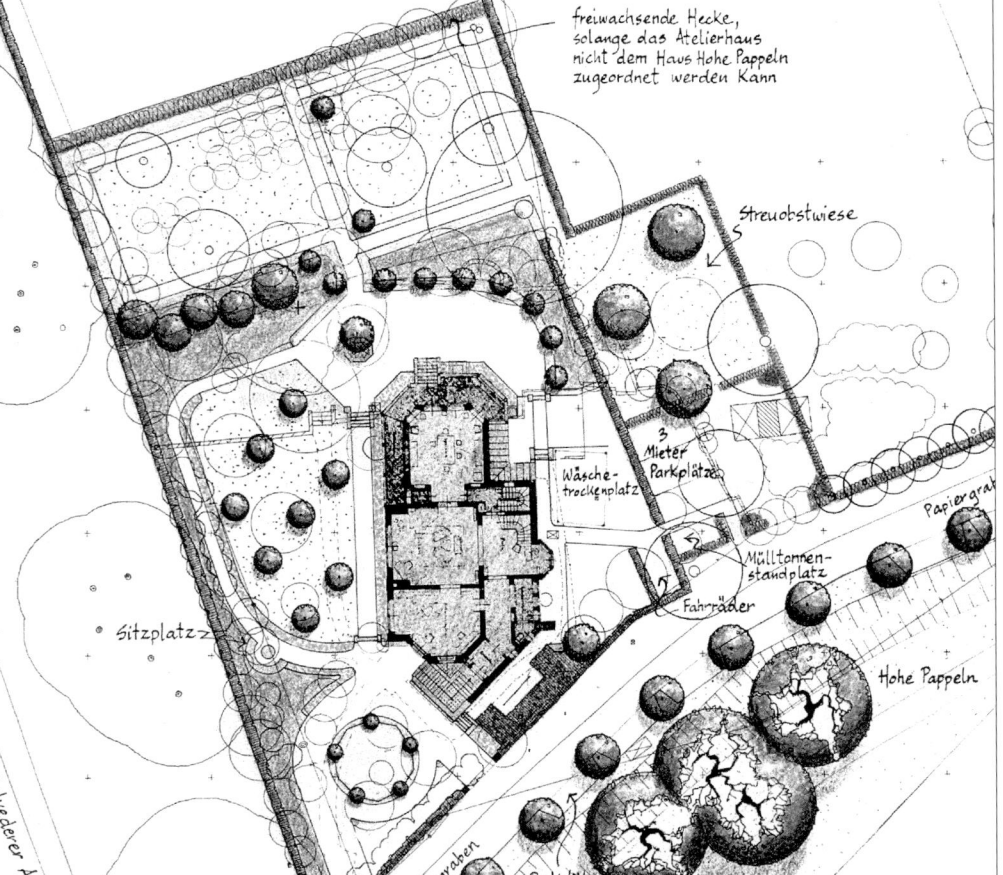

Haus Hohe Pappeln, Weimar

Der Architekt Henry van de Velde ließ das Haus Hohe
Pappeln und den Garten 1907/08 nach eigenen Plä-
nen für sich bauen bzw. anlegen. Der Garten ist als
direkte Fortsetzung der Wohnung, als Wohnung im
Freien zu verstehen. Seit dem Weggang van de Veldes
1919 wurden an Haus und Garten starke Veränderungen vorgenommen und teilweise völlig überformt.
Erst 1991-93 wurde das Haus nach dem Aussehen
von 1908 zurückgebaut. Seit 1994 wird jedes Jahr ein
Stück des Gartens entsprechend der Planung van de
Veldes wiederhergerichtet. Die wichtigsten Gartenbereiche mit ihren streng-architektonischen Elementen
sind bereits wiederhergestellt und bilden einen ange-
messenen Rahmen für das imposante und eigenwillige Wohnhaus Henry van de Veldes.

Auftraggeber: Ev.-luth. Landeskirche Thüringen
Architekt Gebäudesanierung: Bachmeier und Partner

Schloßpark Gotha

Der 32 ha große Schloßpark um Schloß Friedenstein liegt im Zentrum von Gotha. Er gehört zu Deutschlands ältesten Landschaftsparks. Ab 1769 wurde, fast zeitgleich mit Wörlitz, der "Englische Garten" angelegt. Nach der Entfestigung des Friedensteins wurden auch die "Anlagen" am Schloß gestaltet. Vermutlich erfolgte die Gestaltung durch den Molsdorfer Hofgärtner Christian Wehmeyer unter Mitwirkung des Englischen Gärtners John Haverfield Jr. Durch seine innerstädtische Lage hat der Park eine große Bedeutung für die Bewohner der Stadt. Er wird ganzjährig in vielfältiger Weise genutzt. Ziel der denkmalpflegerischen Zielstellung ist es, durch Sanierungs- und Entwicklungsmaßnahmen den Park nach denkmalpflegerischen Gesichtspunkten für kommende Generationen zu sichern.

Orangerie Gotha

Die Orangerie in Gotha ist ein Teil des Park- und Gartenensembles von Schloß Friedenstein und Schloß Friedrichstal. Der Baumeister Gottfried Heinrich Krohne entwarf 1747/48 ein hochbarockes Orangerieensemble, das später an der Stelle der alten Orangerie errichtet wurde. Die 1994 erarbeitete denkmalpflegerische Zielstellung sieht eine langfristige Sanierung nach historischem Vorbild vor. In den ersten Abschnitten wurden die historischen Rasenparterre und Blumenbeete neu angelegt, Gehölze gepflanzt und weitere Kübelpflanzen sowie Möblierung angeschafft. Die wichtige Verbindung zum Schloß Friedrichsthal ist bereits wieder zu erleben und die Sommerresidenz damit wieder in das Ensemble integriert.

Für weitere zum ehemaligen Herzogtum Sachsen-Gotha gehörende Anlagen wurden denkmalpflegerische Zielstellungen erarbeitet, die auch in ihrer Ausführung betreut werden, wie z.B. Schloßpark Reinhardsbrunn oder Mönchpark in Gotha-Siebleben.

Auftraggeber: Stadt Gotha

Außenanlagen Atelierhaus, Weimar

Die Sanierung des Atelierhauses und die Gestaltung der Außenanlagen war eins von elf Kulturstadtprojekten für das Kulturstadtjahr 1999 in Weimar und wurde 1997 ausgeführt. Das Atelierhaus wurde 1904 errichtet und ist eine der ältesten derartigen Wirkungsstätten von Künstlern in Deutschland. Der Baukörper ist asymmetrisch, mit einem klar erkennbaren Treppenhaus zur Südseite und stellt eine interessante Synthese von klarer Funktion und sparsamen Jugendstilornamenten dar. Heute ist das Grundstück des Atelierhauses wesentlich größer als zur Entstehungszeit, da eine weitere Fläche im Norden hinzu kam. Da es sich hier nicht um einen historischen Garten handelt, bestand die Herausforderung des Planers darin, für das historische Gebäude einen neuen Garten zu schaffen, der angelehnt an den Gartenstil zur Entstehungszeit des Hauses entspricht. Die Spitze des Grundstückes

wurde überwiegend als öffentlicher Raum gestaltet, die Wegeverbindung zwischen beiden Straßen aufrecht erhalten. Die Spitze wurde sehr zurückhaltend mit drei Säuleneichen in einem "Meer" von Bodendeckern und Frühjahrsblühern angelegt. Hierdurch wurde ein "Aha-Punkt" geschaffen, ohne mit der Jugendstilfassade des Hauses zu konkurrieren. An der Nordseite des Gebäudes liegt der Künstlerhof, ein architektonischer Raum, definiert durch hohe Mauern an einer Achse zum Haupteingang des Bildhauerateliers. Die schlichte Einfachheit der Mauern bildet einen Kontrast zu den umliegenden Wiesen, dem Altbaubestand und einem Raster breitkroniger Bäume. Mauern und Rankgerüste wurden intensiv mit Kletterpflanzen berankt und bilden so einen Außenraum.
Auftraggeber: Stadt Weimar
Architekt Gebäudesanierung: Junk Reich Wiel, Weimar

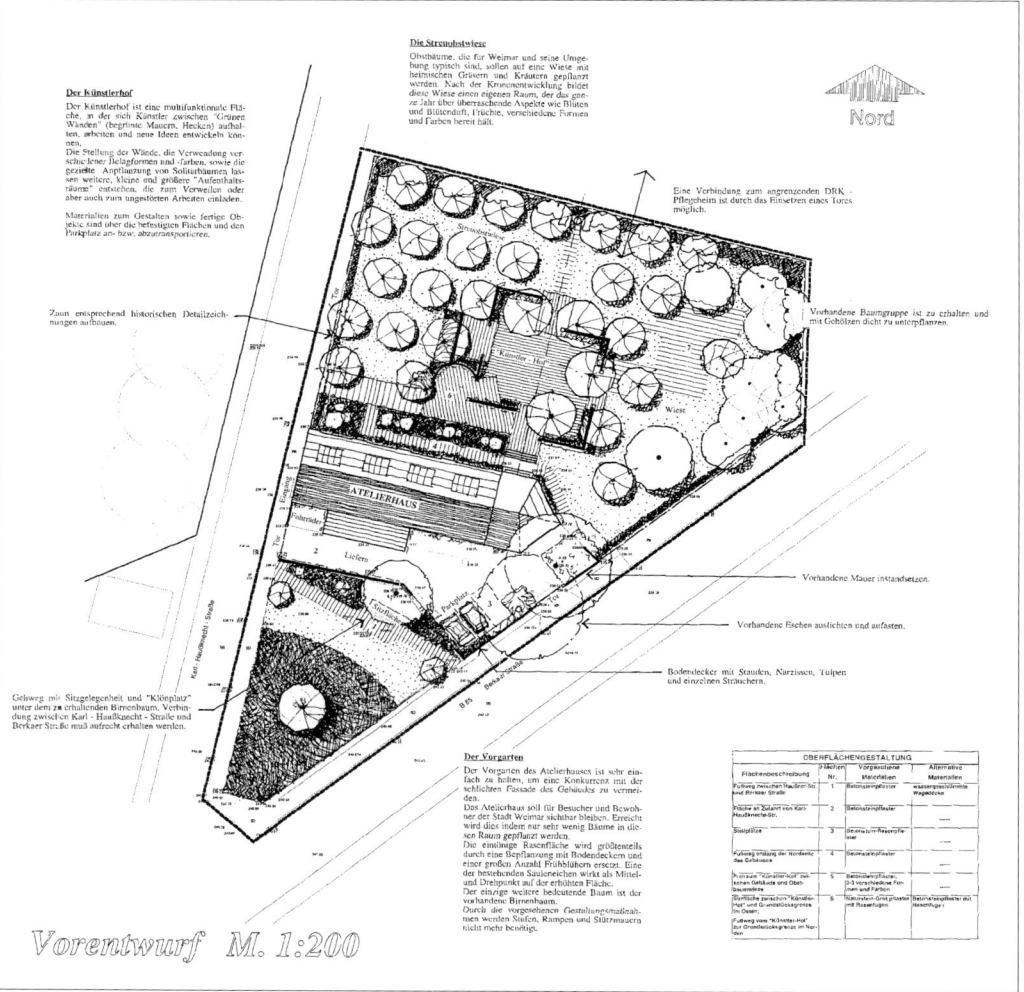

Bestand: Blick in das "Alte Rosarium"

Bestand: Schaugarten

Europa - Rosarium Sangerhausen

Das Rosarium Sangerhausen wurde 1903 eröffnet und hat sich seitdem mit derzeit 6500 Rosen auf 7,5 ha zur bedeutendsten Rosensammlung Europas entwickelt. Der starke Anstieg der Besucherzahlen und umfangreiche Maßnahmen bei der überregionalen Verkehrserschließung machen ein funktionales und gestalterisches Sanierungskonzept notwendig. Unter Berücksichtigung der historisch gewachsenen Strukturen bietet das Sanierungskonzept vor allem die Möglichkeit einer grundlegenden funktionalen Neuorganisation, die eine umfangreiche Entwicklung in den nächsten Jahrzehnten zum Ziel hat.

Auftraggeber: Stadt Sangerhausen

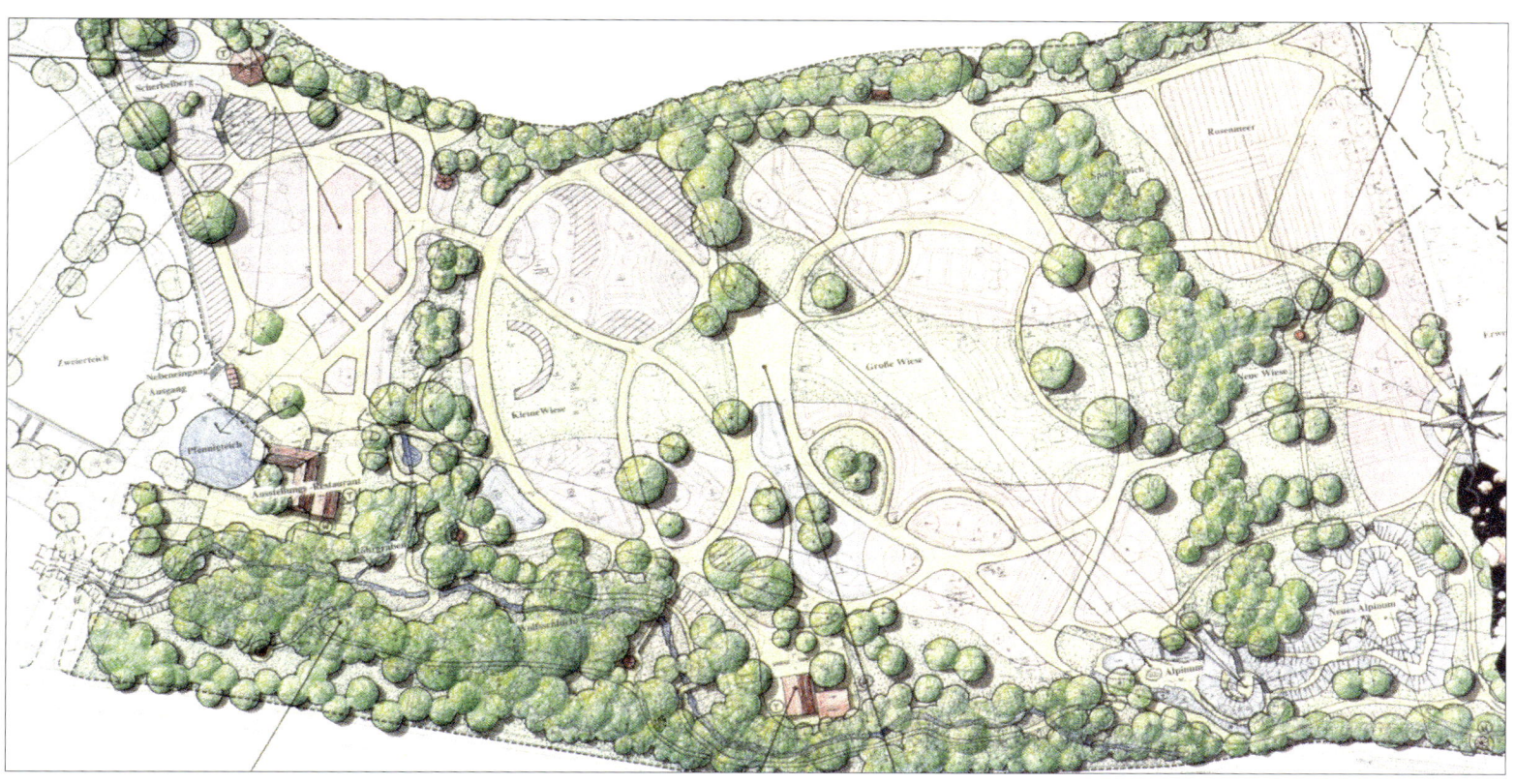

Planung Saisonerweiterung: Wiese mit Frühblühern

Planung: Rosenthemengärten in formalen Räumen

Freiraumplanung mit System

Maik Branzk
*1963

Studium an der TU Dresden, anschl. Assistenz am
Lehrstuhl Landschaftsbau der TU Dresden

Gudrun Irrgang
*1963

Studium an der TU Dresden, anschl. Assistenz am
Lehrstuhl Landschaftsbau der TU Dresden

Freie Garten- & Landschaftsarchitekten BDLA
gemeinsames Büro seit 1993 in Dresden

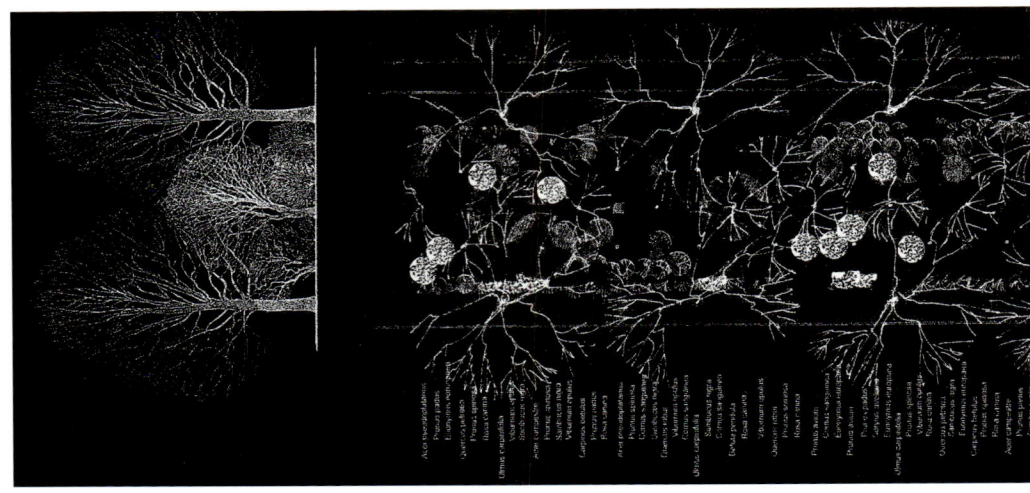

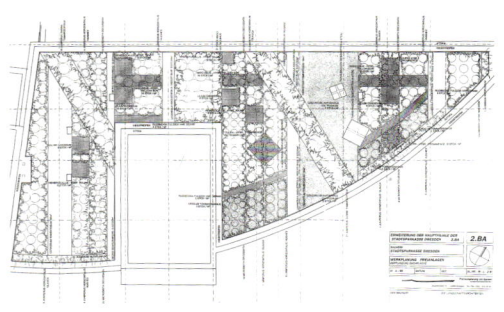

Hauptverwaltung Stadtsparkasse Dresden
Planung 1995/Ausführung 1996

ANSICHT M 1:200

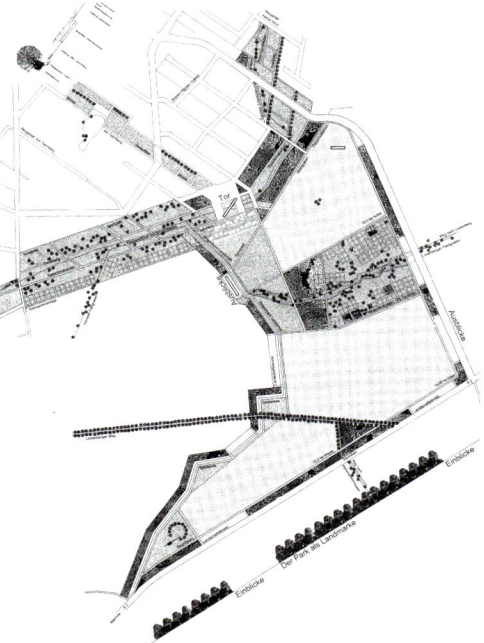

Wettbewerb Neue Wiesen Berlin 1996

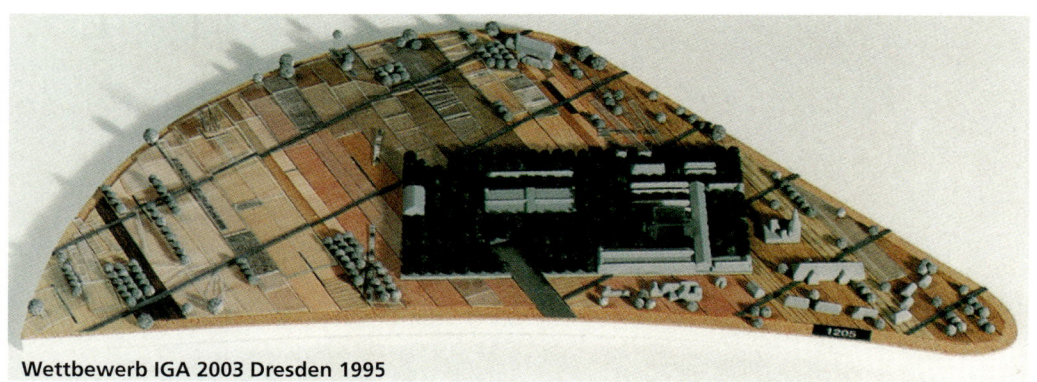

Wettbewerb IGA 2003 Dresden 1995

Thomas Henschel
*1956

1979 - 84 Studium der Landschaftsarchitektur
mit Abschluß Diplom an der TU Dresden
seit 1990 freischaffend in einer Bürogemeinschaft mit
Sabine & Andreas Webersinke
Büro in Rostock

Sabine Webersinke
*1958

1977 - 82 Studium der Landschaftsarchitektur
mit Abschluß Diplom an der TU Dresden
seit 1992 freischaffend in einer Bürogemeinschaft mit
Thomas Henschel und Andreas Webersinke
Büro in Rostock

Andreas Webersinke
*1955

1977 - 82 Studium der Landschaftsarchitektur
mit Abschluß Diplom an der TU Dresden
seit 1990 freischaffend in einer Bürogemeinschaft mit
Thomas Henschel und Sabine Webersinke
Büro in Rostock

Aufgabengebiete

· Wettbewerbe
· Stadtsanierung und Stadterneuerung
· Objekt- und städtebauliche Planung
· Landschafts- und Grünordnungsplanung
· landschaftsplanerische Gutachten
· Planung in der Gartendenkmalpflege

Wettbewerbe

· Lübeck - Koberg, 1990	1. Ankauf
· Rostock - Alter Markt, 1994	
· Pasewalk - Marienkirchplatz und Umfeld 1994	3. Preis
· Rostock - Kröpeliner Str. - Markt, 1995	1. Preis
· Güstrow Markt - Pferdemarkt, 1997	2. Preis
· Neubrandenburg, Markt-Stargarder-Treptower Straße,1997	2. Preis

Gestaltung des Umfeldes der Nikolaikirche, Rostock
Objektplanung - Stadtsanierung
Auftraggeber: Rostocker Gesell. für Stadterneuerung
Bauherr Treppe: Ev. Landeskirche Mecklenburg

Detail: Handlauf der neuen Treppe am Südportal St. Nikolai, moderne Lösung aus der Sanierung der Umgebung eines historischen Bauwerkes. Autor: T. Henschel

Rekonstruktion der Flaniermeile "Alter Strom"
Objektplanung - Landesförderung Tourismus Rostock-Warnemünde
Auftraggeber/Bauherr: Hansestadt Rostock
Bauzeit: 1. BA, Frühjahr 1997 (Bilder rechts)

Behutsame Rekonstruktion des denkmalgeschützten Bereiches mit modernen Gestaltungsmitteln. Beispiel: gastronomisch nutzbare Freisitze an den Bastionen (Beton, Stahl, Pflaster). Autoren: S. & A. Webersinke

Fotos: Angelika Heim, Prisannewitz

272

Rekonstruktion des Universitätsplatzes Rostock

Objektplanung - Stadtsanierung
Auftraggeber/Bauherr: Hansestadt Rostock
Bauzeit: Sommer 1997, Teilmaßnahmen der Gesamt-
rekonstruktion Kröpeliner Straße - Universitätsplatz -
Breite Straße

Wiederherstellung der historisch überlieferten Gliederung (Platz - Straße im Bereich Hopfenmarkt - Universität) und der wichtigen Blickachse zum Universitäts-
hauptgebäude und zu dem Palais. Betonung des Kon-
trastes zwischen gepflasterten (steinernen) Straßen-
und Platzräumen und der gartenähnlichen Platzerwei-
terung als sinn- und identitätsstiftende Mitte der Stadt.
Reparatur der Höhenverhältnisse und Einbindung
unterschiedlicher Zeitschichten. Material: Granitpflaster, Mosaikpflaster, wassergebundene Wege unter
den alten Bäumen, Klinkerpflaster vor der Universität
und dem Palais.   Autoren: A. Webersinke, T. Henschel

Fotos: Angelika Heim, Prisannewitz

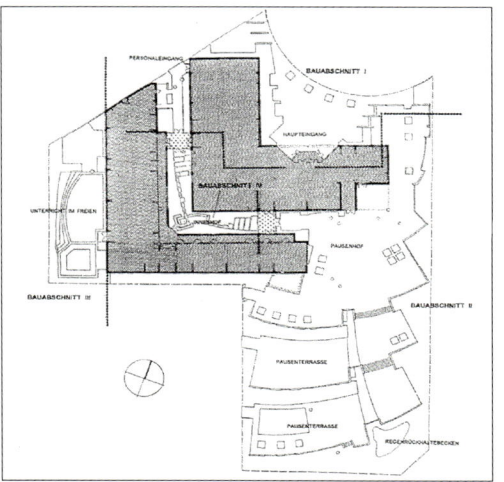

Foto: Angelika Heim, Prisannewitz

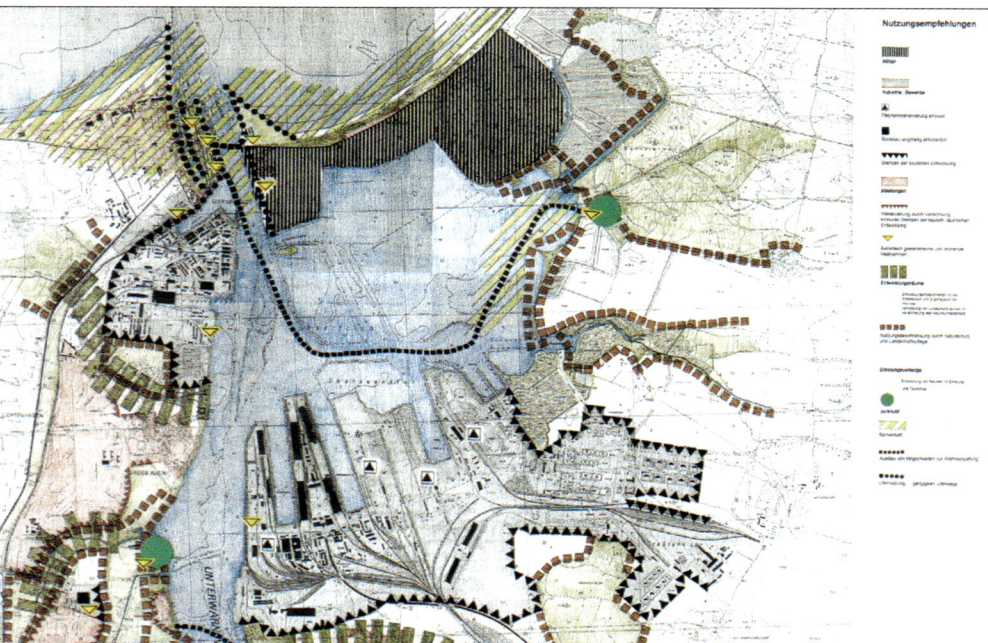

Freianlagen der Realschule Rostock - Totenwinkel
Objektplanung
Auftraggeber/Bauherr: Hansestadt Rostock
Bauzeit: Sommer 1995

Klinkermauern in gestaffelter Höhe verbinden das
bauliche Konzept der Schule über höhenversetzte Terrassen für den Aufenthalt im Freien mit dem benachbarten Landschaftsraum.   Autor: T. Henschel

Lebensraum Warnow
Landschaftsplanung
Auftraggeber: Hansestadt Rostock, Leitstelle für Stadt-
entwicklung
Bearbeitungszeit: Herbst/Winter 1994/95

Eine Untersuchung zu Nutzungs- und Erlebnismög-
lichkeiten entlang des Warnowufers im Stadtgebiet
von Rostock.   Autoren: S. Webersinke, Anett Arnold

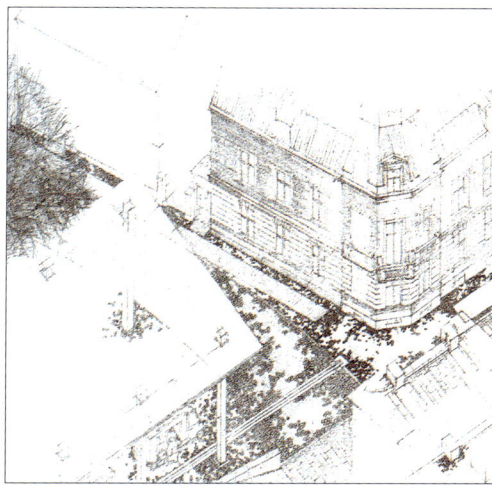

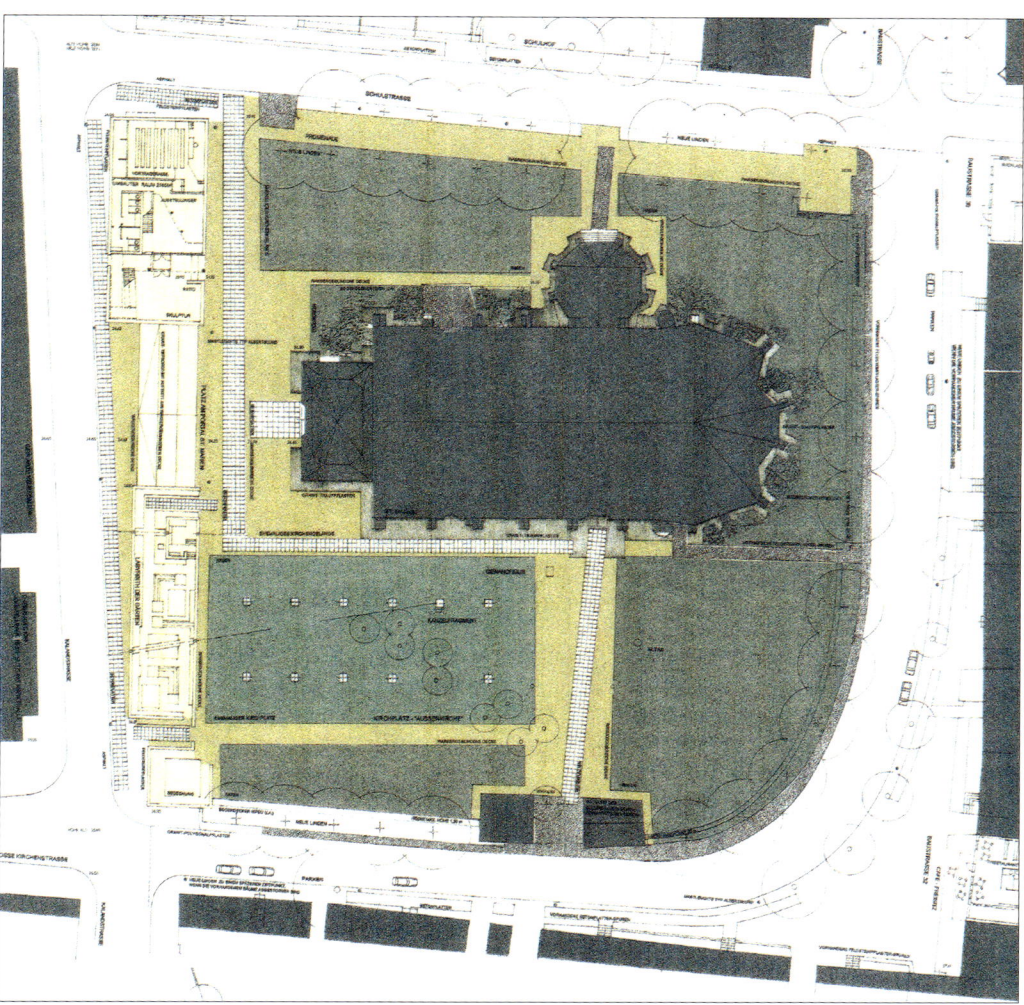

Wettbewerbe

Ausschnitt aus der Isometrie (links oben); Realisierungswettbewerb Güstrow - Markt und Pferdemarkt, Bereich
des ehemaligen Schnoientores, Sommer 1997, 2. Preis
Thomas Henschel, Sabine & Andreas Webersinke

Gestaltungsplan Realisierungswettbewerb Pasewalk -
Marienkirchhof und Umfeld (rechts oben), 1994, 3. Preis
Thomas Henschel und Andreas Webersinke

Perspektive zur Gestaltung der Treptower Straße Rich-
tung Treptower Tor mit Pflasterdetails und Ausstattung
(unten).
Realisierungswettbewerb Neubrandenburg: Markt -
Treptower - Stargarder Straße, Herbst 1997, 2. Preis
Sabine & Andreas Webersinke

Institut für Freiraumplanung und Siedlungsentwicklung

Wolfgang Fischer
*1951   in Jena

1978   Diplom TU Dresden
1985   Promotion A
1984 - 87 Stadtplanung Dresden
1987 - 91 freiberuflich tätig
seit 1994 Professur, HTW Dresden, Landespflege

Sabine Fischer
*1948   in Eisenach

1972   Diplom TU Dresden
1983   Promotion A
1987 - 91 Leiter Bauamt Freital
seit 1991 freiberuflich tätig

Das Institut

Das Institut für Freiraumplanung und Siedlungsentwicklung wird privatwirtschaftlich geführt.
Das Stammteam umfaßt 12 Mitarbeiter. Enge Kooperation zu Städtebauern, Architekten, Verkehrsplanern und Ingenieuren. Arbeitsgegenstand sind angewandte Forschungs- und Planungsleistungen in den Bereichen:

· Freiraumobjektplanung und Landschaftsbau
· Stadt- und Dorfplanung sowie sonstige städtebauliche Leistungen
· landschaftsplanerische Arbeiten

Themenschwerpunkte

· Wohnumfeldverbesserung unter sozialen und ökologischen Aspekten
· Freiraumgestaltung an öffentlichen Bauten
· Dachbegrünung
· Freianlagen an Sozialbauten, im Rehabilitationsbereich und Kuranlagen
· Dorferneuerung und Freiraumgestaltung in ländlichen Siedlungen
· Siedlungswasserkonzepte, Gewässerrenaturierung
· Restaurierung historischer Anlagen
· städtebauliche Rahmenplanung, Flächennutzungs- und Bebauungspläne
· vorbereitende Untersuchungen zur Wohnumfeldverbesserung und städtebaulichen Sanierung
· Landschafts- und Grünordnungspläne

Hoyerswerda "Von der Großsiedlung zur Stadt"
Internationaler Ideenwettbewerb 1997
in Zusammenarbeit mit Prof. Brey, Dresden

Idee
Lichtstadt - als Symbol neuer Identität. Eine Stadt soll sie werden, Stadtteile soll sie erhalten, etwa gleich große Quartiere mit Mittelpunkten. Unverwechselbar jedes Quartier, verflochten zur gemeinsamen Stadt.

Stadtstruktur
In die überdimensionierten Räume der Straßenkreuzungen werden die neuen Ecktürme der Lichtstadt hineingebaut. Sie unterbrechen den Straßenraum, engen ihn ein, geben ihm einen neuen Rhythmus. Ebenfalls knüpfen die neuen Stadtteilplätze prinzipiell an die vorhandenen Kristallitsationspunkte an. Sie sind artifiziell unterlegt, z.B. mit einer Jupiter-Licht-Skulptur. Vernetzt sind Stadtteilplätze über die vorhandenen und zugleich neuen Grünzüge. Hier konzentrieren sich die Infrastruktureinrichtungen. Die Grünverbindungen führen zugleich in die Altstadt, zu den Kleingartenanlagen sowie zu den Sport- und Erholungsflächen. Einkaufszentren sind teils zu den Straßenräumen, teils zu den Stadtteilplätzen hin orientiert.

Wohnumfeld
Das Wohnumfeld im exemplarisch weiter konkretisierten Wettbewerbsgebiet der Lichtstadt folgt den Grundsätzen: Übersichtlichkeit, Intimität, Begegnung, Sicherheit, Straße als Lebensraum. Wir bilden Räume und Plätze. Konkret: Wohnzeilen werden von niedrigen Primärstrukturen eingegrenzt. Das Entwickeln der Kleinräume setzt voraus, daß die flächenfressenden Stellplätze an den Rändern der Wohngebiete gestapelt werden. In den Innenhöfen werden Mietergärten angeboten.

Aus der Preisgerichtsbeurteilung
Der Entwurf führt zu einer nachvollziehbaren - mit geringem Aufwand - verbessernden, generellen Erschliessungssystematik. Die bestehenden Wohngebäude werden zu eigenständigen Hofraumsystemen weiterentwickelt. Dadurch entsteht eine begrüßenswerte Intimität. Begrüßt wird der Beitrag zur räumlichen Gliederung der Carl-von-Stauffenberg-Straße durch eine Abfolge von Torsituationen.

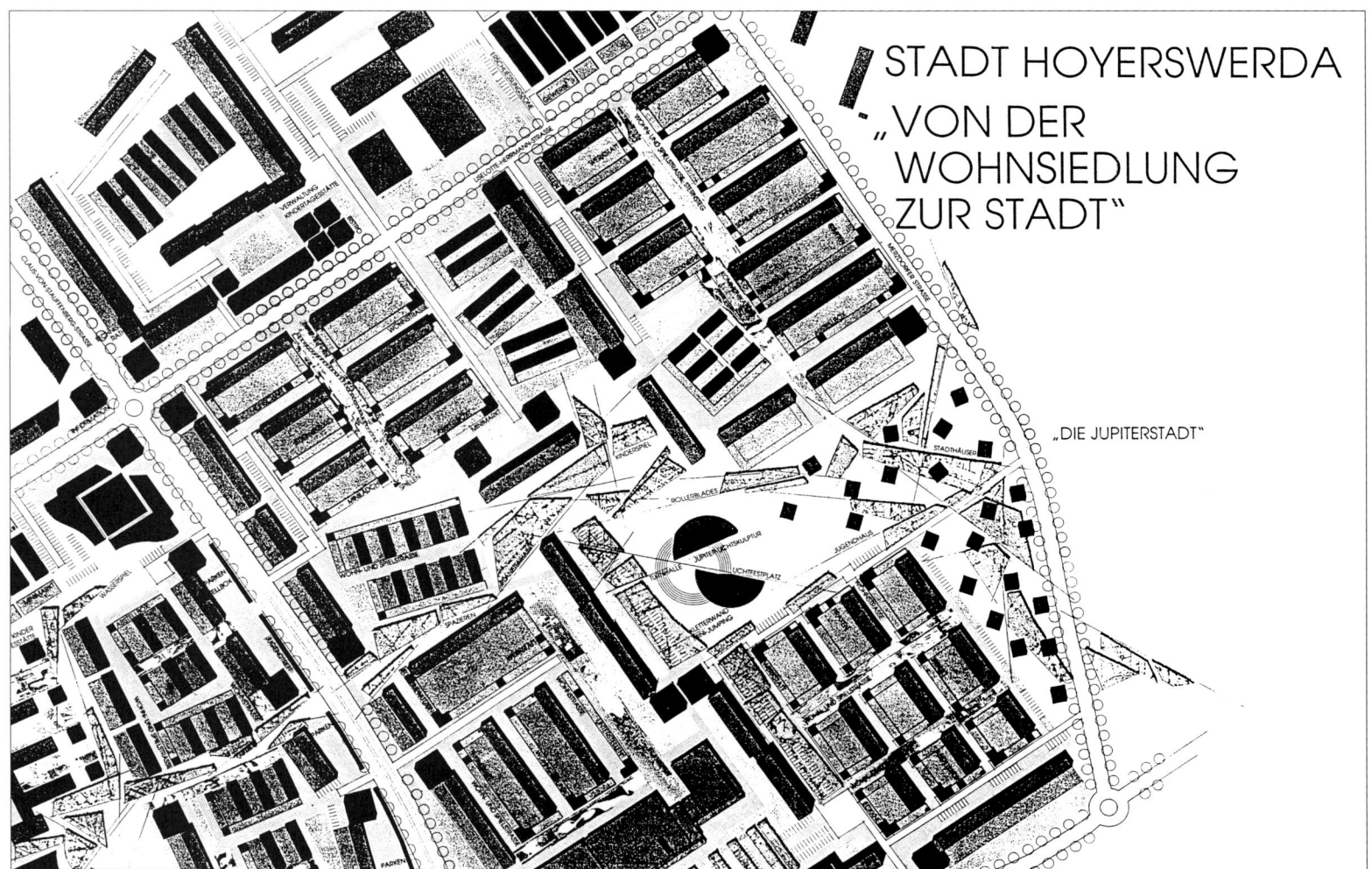

STADT HOYERSWERDA
"VON DER WOHNSIEDLUNG ZUR STADT"

"DIE JUPITERSTADT"

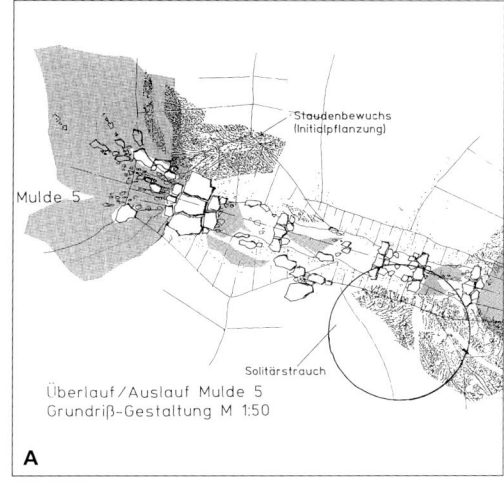

Überlauf/Auslauf Mulde 5
Grundriß-Gestaltung M 1:50

A

A

Siedlungswasserkonzept (A)

Ausschnitt aus dem Retensionssystem für den Wohn- und Gewerbestandort Freital-Burgk und Freiraumgestaltung an dem Berufsschulzentrum des Weißeritzkreises 1996.

Industrielandschaft Böhlen-Lippendorf (B)

Zweistufiger Wettbewerb zur Ideenfindung einer zukunftsorientierten Revitalisierung des Industriestandortes und der Bergbaulandschaft im Südraum Leipzig.

Wohnumfeldverbesserung Delitzsch-Nord (C)

Gestaltung des zentralen Platzes der Plattenbausiedlung Delitzsch-Nord auf der Grundlage der vorlaufenden vorbereitenden Untersuchung als Initialzündung für quartierbezogene Sanierung.

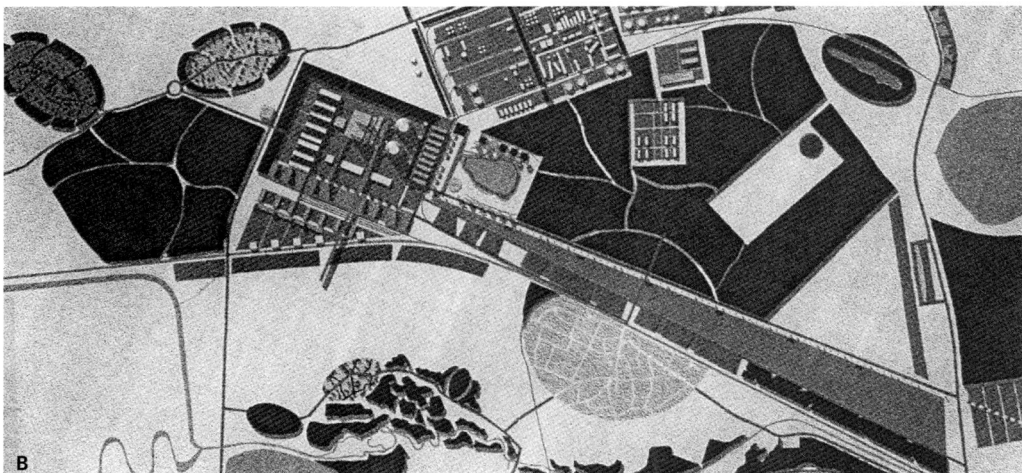

B

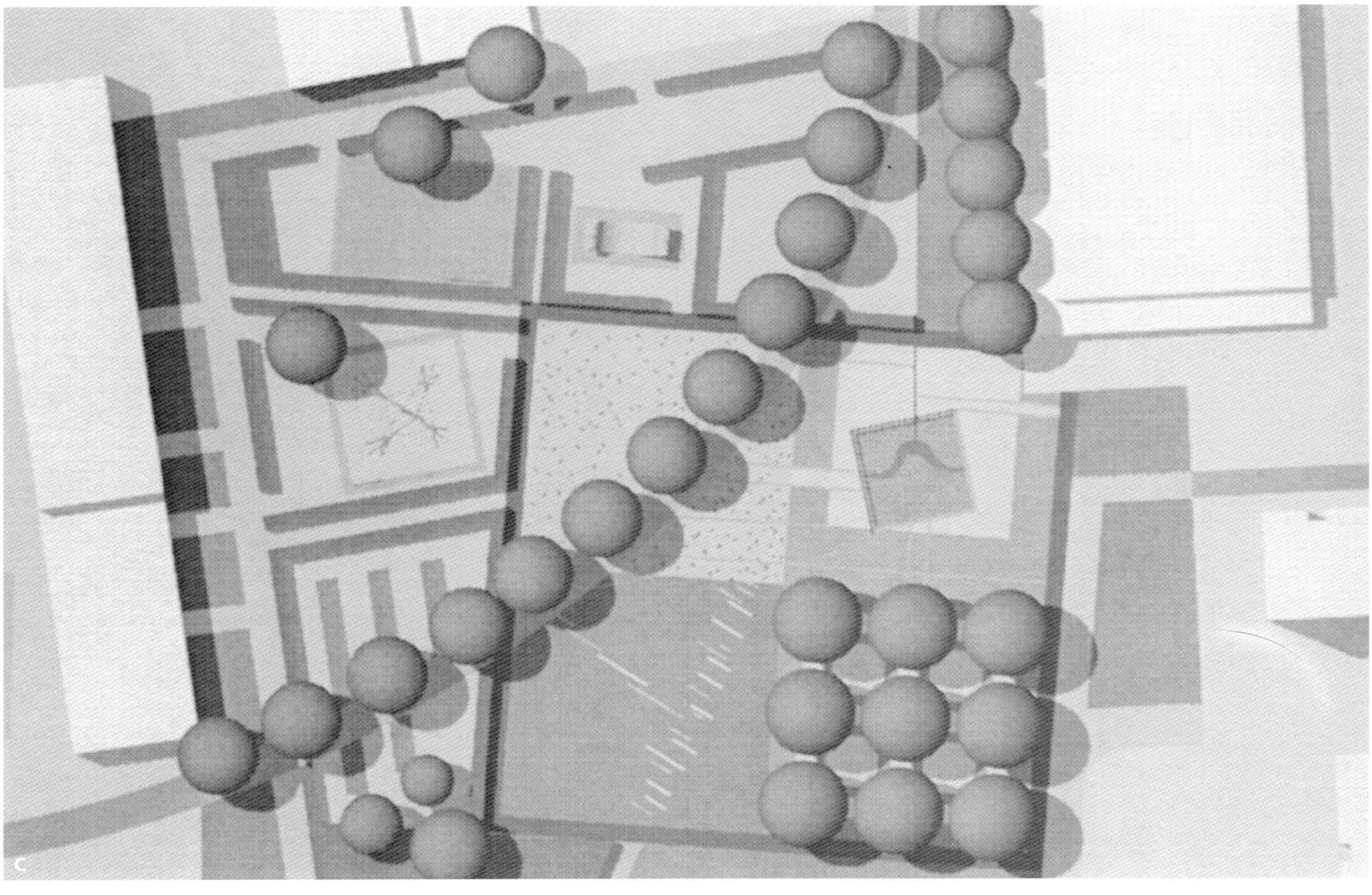

Kretzschmar + Partner

Günter Kretzschmar
*1936, Dipl.-Ing. (FH) Erfurt

Julia Bartl
*1957, Dipl.-Ing. TU Dresden

Andreas Blume
*1954, Dipl.-Ing. (FH) Erfurt

bis 1990 Verkehrs- und Tiefbaukombinat Dresden
seit September 1990 freischaffend
Büro in Dresden

Credo

Seit 1980 arbeiten wir im Team zusammen und führen seit September 1990 ein gemeinsames Büro Landschaftsarchitektur mit 9 MitarbeiterInnen.
Wir sind vor allem in der Objektplanung spezialisiert. Unser Anspruch ist die sensible Integration von Architektur und Kunst in Gärten und Landschaft.

Wettbewerbe

· Straße der Nationen Chemnitz 1993, 1. Platz
· Berufsschulzentrum Dessau 1994, 1. Platz
· IGA 2003 Dresden 1995, Engere Wahl
· Markt Halle 1997, Engere Wahl
· Nordpark Bad Elster 1997, 2. Platz (o.V. 1. Platz)

Referenzen (Auszug)

· Reko Brühlsche Terrasse Dresden 1991
· Diakonissenanstalt Dresden 1992
· Gemeindezentrum Plauen 1994
· Sächsischer Landtag Dresden, Neue Terrassen 1995
· Sächsische Landesärztekammer Dresden 1996
· Bildungs-Zentrum AOK Waldheim 1997
· Gemeindepark Leupoldishain 1997
· Marktplatz Annaburg/Sachsen-Anhalt 1997

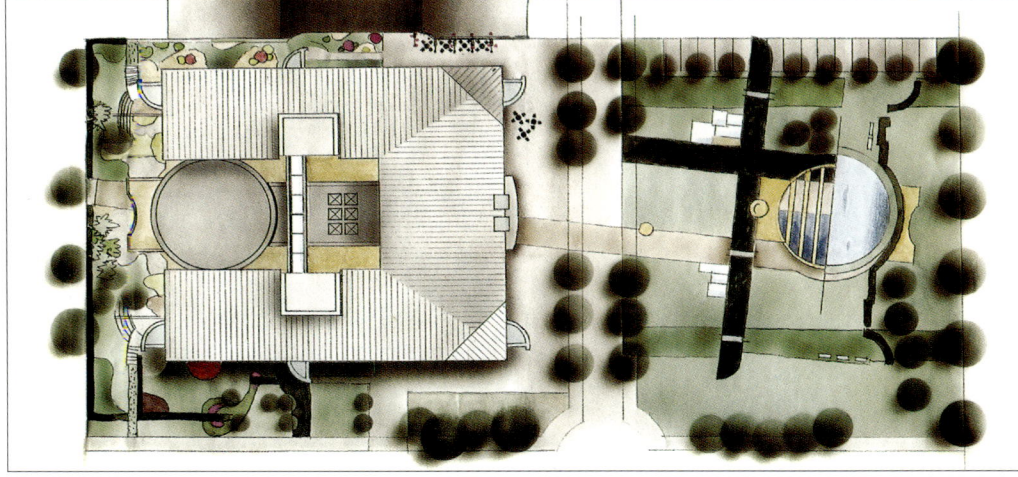

Ein Kunstgarten im städtebaulichen Ensemble Carolapark 1996

Mit dem Neubau für die Sächsische Landesärztekammer in Dresden entstand im Gelände des Carolaparkes ein neuer Stadtplatz.
In linearer Bezogenheit auf die innere Struktur der Architektur hebt dieser das Gebäude in eigener Qualität aus dem städtebaulichen Bild hervor.
Künstlerische Elemente wie "schwebende" Stahlplatten treten in spannungsvollen formalen Dialog mit den natürlichen Elementen Wasser, Stein, Holz und der Flora - atmen den Geist unserer Zeit und sind dennoch der barocken Gartentradition verpflichtet. Nur wenige Bauherren begreifen sich, wie in diesem Fall, im besten Sinne als Kulturträger - auch bezogen auf die Gestaltung öffentlicher Gärten.

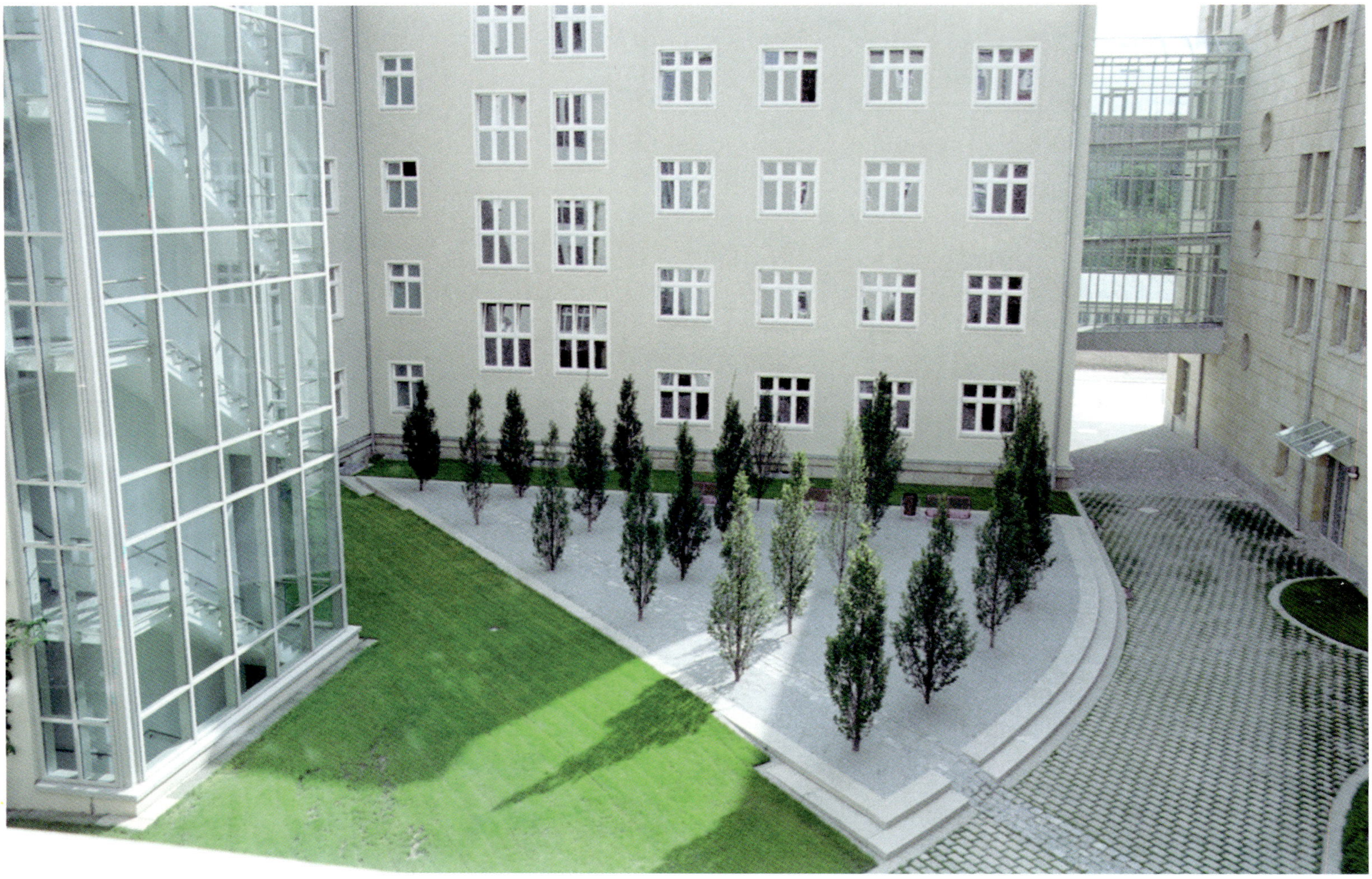

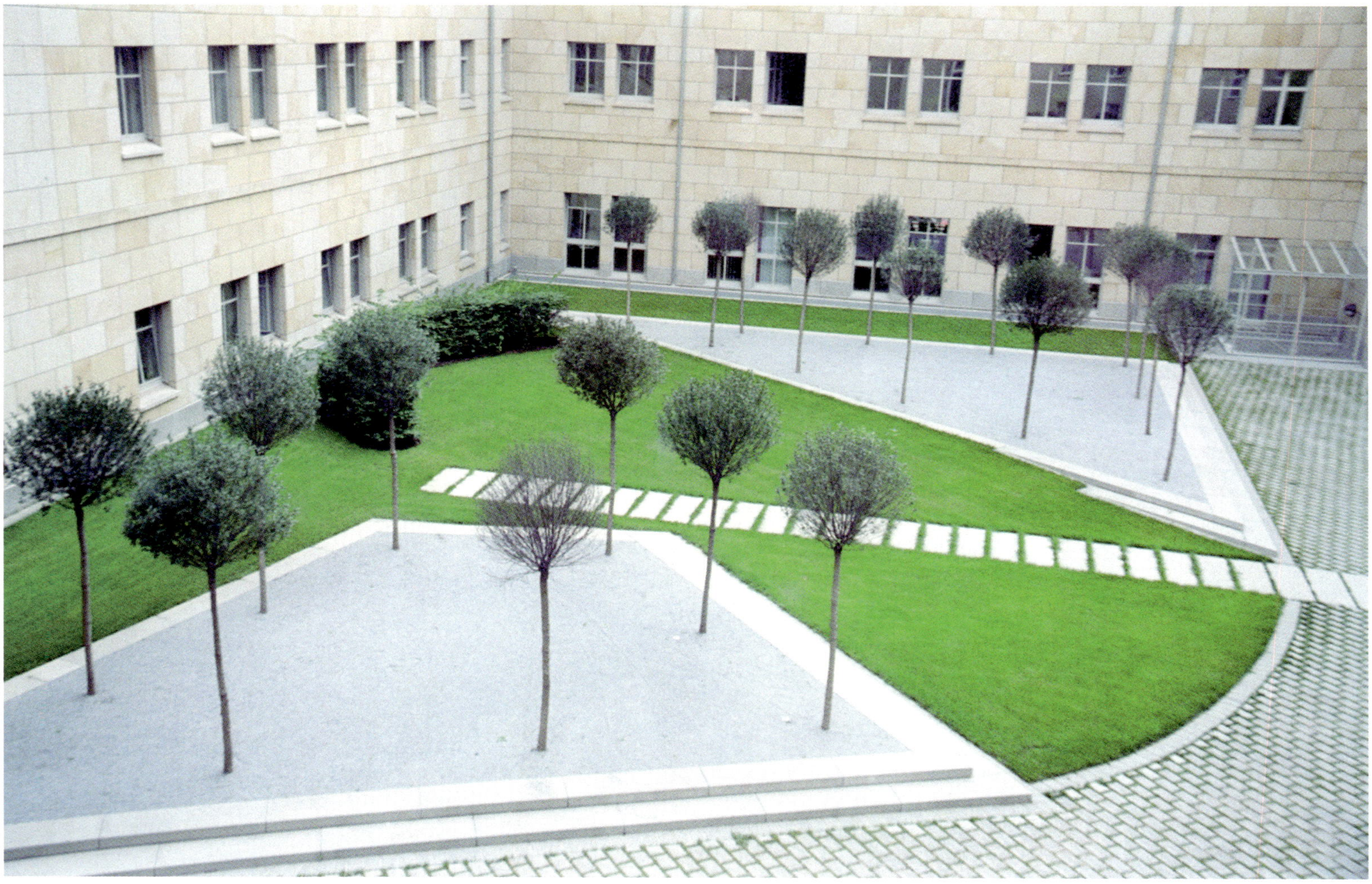

Innenhöfe des Bürokomplexes der Landesversicherungsanstalt Dresden 1996 (links)

Beide von Tiefgaragen unterlagerten Höfe (30 x 40 m) sind aus dem Gebäude rundum einsehbar und können auch öffentlich begangen werden. Deshalb zielen Inhalt und Form auf grafische Wirkung und Raumerlebnis ab.
Baumhain, Hecke, Naturstein, Wasser widerspiegeln zeitgemäß Dresdner Gartentradition.
Identifikation der Höfe durch Kunst (Plastik) und Wasser (Kanal) - temporäre Kunstinstallationen, visuelle Erlebnisse durch Licht - Schatten, Struktur - Farbe, partielle Anstrahlung von Fassaden und Baumpartien, Rasenpflaster als grüner Teppich für die geforderte Durchfahrung (Feuerwehr).

Poesie in Wohnhöfen
Beispiele in Bereichen der WG Dresden-Johannstadt e.G. 1996

Mit dem Ziel der Wohnumfeldverbesserung der Plattenbauten (6- und 10-geschossig) wurden Aufenthalts- und Spielbereiche introvertierten, sinnlichen Gestaltungscharakters sowie mit unverwechselbarer Form- und Materialsprache in ursprünglich monotone Wohnhöfe integriert.
Durch Baumreihen und Hecken wurden neue räumliche Gliederungen und Akzente gesetzt.
Kernthema der Gestaltung sind augenfällige, tastbare, begehbare Strukturen aus Stein, Holz und Pflanzen (Baum-Strauch-Staude), die in erzählerischer Dichte Anregung und Wohlbefinden bieten.

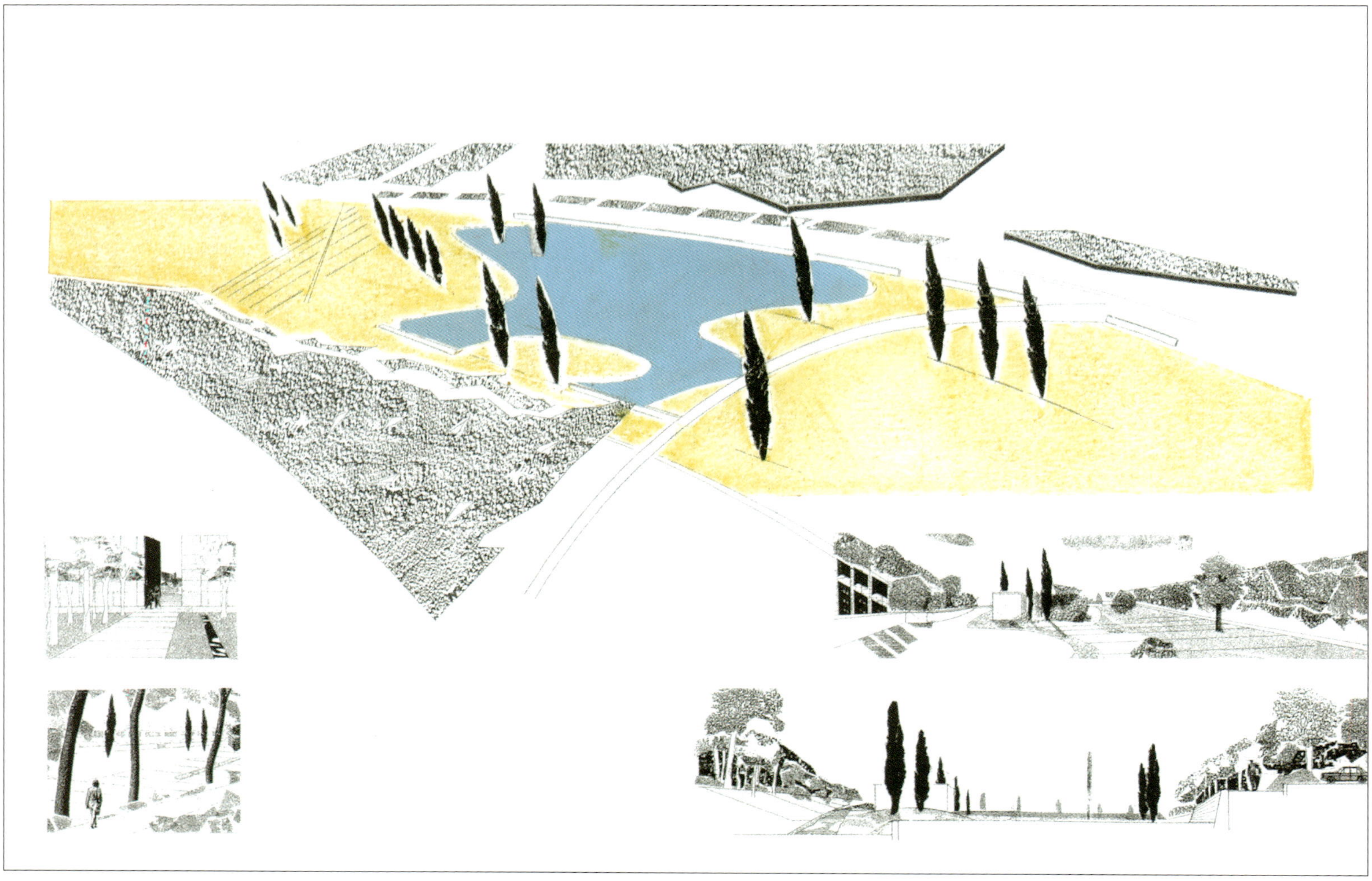

DIE STADTKANTE
DER FLIEDERHAIN
DER RHODODENDRON-GARTEN
DER WALDSAUM
DAS UFER AM FLUSS
EIN TROPENHAUS DER ERINNERUNG
DIE AUE
PAPPELN WANDERN DURCH DAS TAL
DER MOORGARTEN

Nordpark Bad Elster 1997

Ideenwettbewerb, 2. Preis (1. Platz)
mit Architekten Kaplan, Matzke, Dr. Schöler + Partner

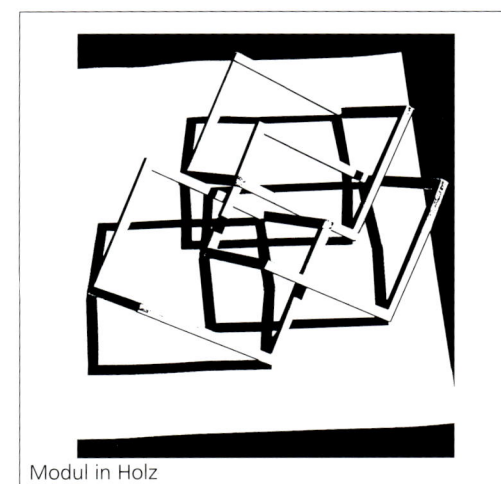

Modul in Holz

Zeichen in Edelstahl

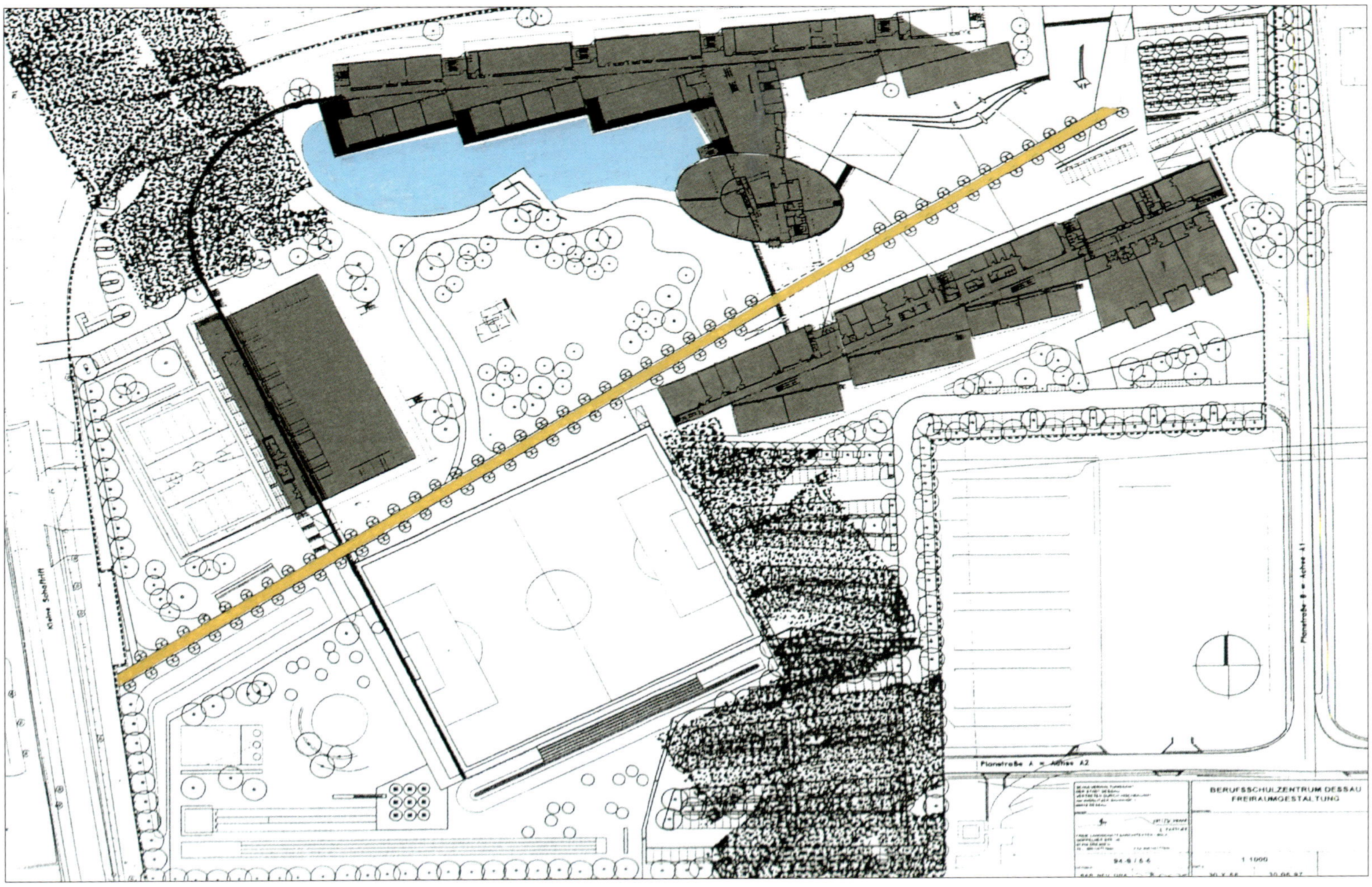

Berufsschulzentrum Dessau 1994

1. Preis
mit Architekten Kaplan, Matzke, Dr. Schöler + Partner
Realisierung 1997/98

Reinhard Lipka
*1944

Studium der Landschaftsarchitektur an der FH Erfurt
Planung und Bauleitung in verschiedenen Betrieben
und Einrichtungen (WBK, iga Erfurt, GPG) · 1991 Bürogründung in Erfurt

Helga Reichert
*1938

Studium der Landschaftsarchitektur an der FH Erfurt
Planung/Projektierung - WBK Erfurt/Gotha · 1991 Bürogründung in Erfurt

Zentrum für Sozialversicherung Erfurt

Landschaftarchitekten BDLA R. Lipka, H. Reichert, Erfurt, in Planungsgemeinschaft mit Landschaftsarchitekt BDLA H. Reich, Stuttgart
Mitarbeit: T. Künzler

Die Gesamtanlage - Verwaltungsgebäude und Parkanlage mit einer Gesamtfläche von 64 000 m² - wurde von 1993 bis 1996 auf einem fast vollständig versiegelten Kasernengelände errichtet.
Für Angestellte und Bürger der umliegenden Wohngebiete entstand ein Landschaftspark mit vielfältigen Nutzungsmöglichkeiten.
Tragende Gestaltungselemente wie Vegetationsstrukturen des Eichen-Hainbuchenwaldes, Halbtrockenrasen und Kerbtälchen der Hügellandschaft, Frisch- und Feuchtwiesen der Bachauen sind den Strukturen der thüringischen Kalkhügellandschaft entlehnt.
Bachläufe und Teichflächen, die das gesamte Niederschlagswasser aufnehmen, prägen den Parkraum.
Raumwirksame Plastiken in Stein und Metall provozieren die Auseinandersetzung mit moderner Kunst.
Nach einjähriger Nutzung wird sichtbar, daß die Bürger die Parklandschaft als "ihren" Park annehmen.

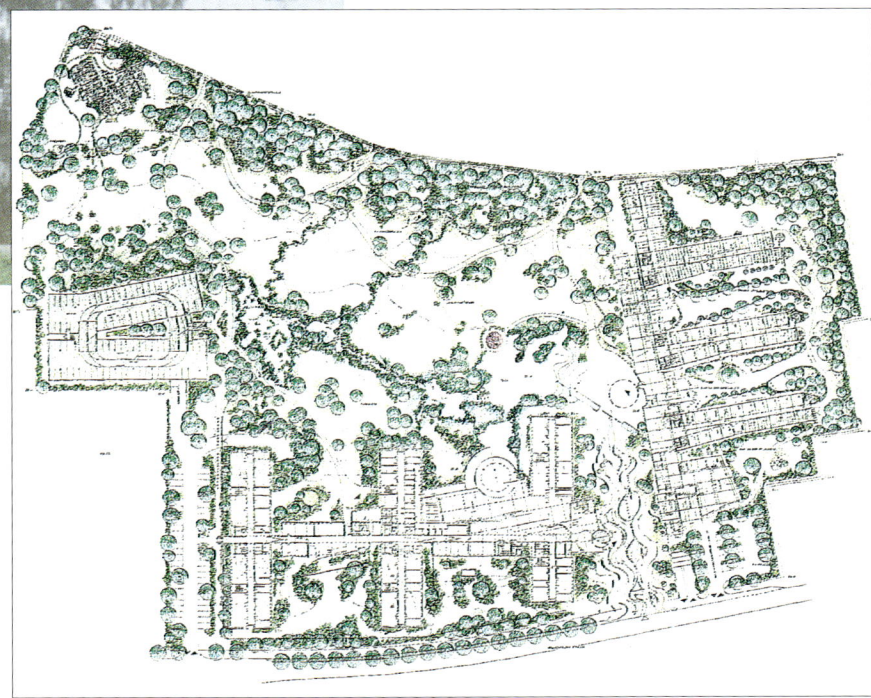

Uli Möhrle
*1953

	Studium an der Technischen Universität München-Weihenstephan
1980	Abschluß bei Prof. Günther Grzimek
1980 - 81	freie Mitarbeit in verschiedenen Büros in München
1981 - 83	Mitarbeit im Büro Jörn D. Klein-Berning in Augsburg
1983	Büro in Augsburg
1993	Büro in Erfurt
	Büroleiter Dipl.-Ing. Stefan Christ
1998	Partnerschaft mit Prof. Bü Fink-Prechter in Augsburg

Innerstädtisches Wohnungsfeld in Erfurt

Gartenthema mit Natursteinen in verschiedener Ausformung als durchgehendes Element.
Neben den von Hecken umgrenzten Privatgärten der Erdgeschoßwohnungen wurde eine zusammenhängende, stark durchgrünte Freifläche geschaffen, die sowohl Aktivzone mit Spielbereich als auch ruhig gestaltete Grünflächen mit vereinzelten Sitz- und Ruhegelegenheiten beinhaltet.

Das Entree

Garten bei Erfurt

Der Garten

Der Hof

Landeszentralbank im Freistaat Bayern
Hauptstelle Augsburg

Das Ordnungsprinzip des Quadratrasters bindet Gebäude und Freiräume zusammen - im Großen wie im
Kleinen.
Dachgärten verschiedenster Ausprägung schaffen
funktionale, kommunikative, repräsentative oder ökologische Räume.

Landeszentralbank im Freistaat Bayern
Hauptstelle Augsburg

Bürocenter Messe in Augsburg
Generalisierung Freiflächen

Das Hochhaus aus den 70er Jahren erhielt komplett
überarbeitete Freiräume.
Statt der überwiegend als Parkplatz genutzten Vor-
zone wurde ein autofreier öffentlicher Platz gestaltet
mit Wasserbecken, Fontänen, Kirschenhain.
Die Autos wurden in das nebenstehende Parkdeck
verbannt.
Zur Gliederung des Platzes wurde der Büroraster
3,60 m x 3,60 m, der sich auch in der Fassade wider-
spiegelt, übernommen.

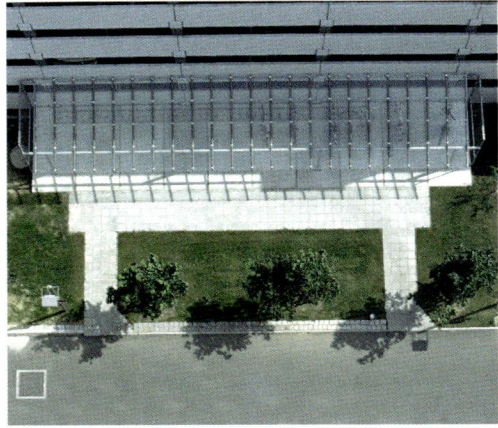

Petra-Christiane Krija

*1950

1969	Studium der Landschaftsarchitektur an der Humboldt-Universität Berlin und an der TU Dresden
1973	Diplom
1974	Mitarbeiterin im Planungsbüro des Wohnungsbaukombinates Rostock
1991	Leiterin des Architekturbüros Landschaftsplanung in der Planungsgesellschaft AIB Rostock
seit 1990	Mitglied in der Architektenkammer Mecklenburg-Vorpommern und Berufung in den Eintragungsausschuß der Architektenkammer Mecklenburg-Vorpommern
seit 1991	Mitglied im Bund Deutscher Landschaftsarchitekten und Vorsitzende der Landesgruppe Mecklenburg-Vorpommern des BDLA
seit 1992	freiberuflich tätig mit eigenem Planungsbüro in Rostock
seit 1996	Planungsbüro in Lunzenau bei Chemnitz in Sachsen
	ehrenamtliche Tätigkeit als Beisitzer im Präsidium des BDLA und dem Arbeitskreis „Ausbildung" des BDLA

Die planerische Idee liegt in der Auflösung der inneren Hügelbereiche und der Anordnung einer Aufschüttung am östlichen Rand der Fläche, wodurch der gesamte Platz von leichten Hügelanordnungen sanft eingerahmt wird.

Gestaltungsschwerpunkt ist es, eine Fläche zu schaffen, die Spiel- und Erlebnisraum für Jugendliche bietet, jedoch gleichzeitig den Charakter einer Parkanlage trägt.

Neugepflanzte Bäume bzw. Baumgruppen erzeugen differenzierte Raumwahrnehmungen, Blütengehölze unterstreichen diese Wirkung.

Farbakzente werden vor allem durch die Pergola und die Außenraummöblierung gesetzt.

Die Pergola aus einer Holz-Stahl-Konstruktion dient als Gerüst für Kletterpflanzen, so daß sich ein grüner Laubengang mit Aufenthaltsbereich bietet.

Projekt: Spielplatz „Jugendkuhle"
Leipzig-Grünau
Bauherr: Stadt Leipzig, Grünflächenamt

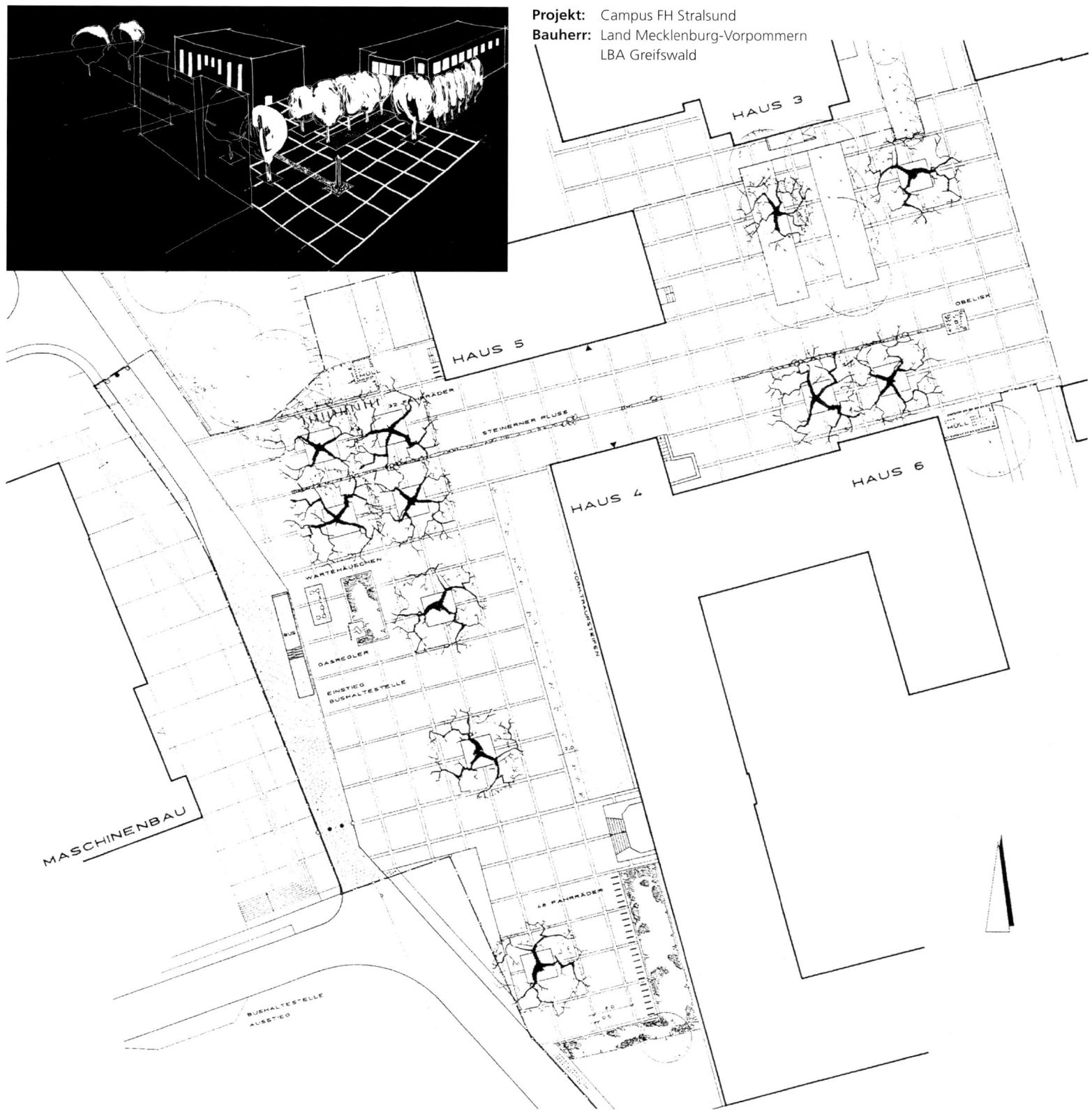

Projekt: Campus FH Stralsund
Bauherr: Land Mecklenburg-Vorpommern
LBA Greifswald

Das Gelände der Fachhochschule Stralsund grenzt an das westliche Steilufer des Strelasundes, in dessen direkter achsialer Beziehung der Campus liegt.

Die ehemalige Nutzung der Gesamtanlage als Kaserne bedingt die Erweiterung der vorhandenen Gebäudesubstanz durch neue Bauten bzw. Umbauten sowie die Sanierung der bestehenden Gebäude. Durch das Verlagern und Verändern funktioneller Beziehungen bedarf es einer gestalterischen Neuordnung des gesamten Freiraumes unter Einbeziehung erhaltenswerter Grünstrukturen.

Das Hauptgestaltungselement der Platzbefestigung bildet ein steinerner Wasserlauf, welcher die achsiale Verbindung zum Strelasund verdeutlicht. Der "Steinerne Fluß", mit Grobkies und Findlingen gestaltet, ist gleichzeitig Entwässerungsrinne für große Teile der Platzflächen. Er endet in einer Aufweitung, in der ein Obelisk als Blickpunkt aufgerichtet ist.

Der Campus der Fachhochschule besitzt, bedingt durch die Gebäudestellung, eine klare Raumaufteilung.
Die strenge Strukturierung der Flächenbefestigung trägt diese Klarheit im besonderen und wird durch die Baumanordnung unterstützt.

Fast widersprüchlich dazu zerschneidet die Busspur die vermeintliche Einheit der Fläche, dennoch ist sie kein Fremdkörper, fängt sie doch die etwas andere Richtung des westlich liegenden Maschinenbautraktes auf.

Projekt: Hansestadt Rostock
Wohnumfeldverbesserung Thomas-Müntzer-Platz
Bauherr: WIRO Wohnungsgesellschaft Rostock

Die besondere Struktur dieses gewachsenen innerstädtischen Wohnkomplexes ergibt sich aus der räumlichen Anordnung der Bebauung.

Die 3-geschossigen Klinkerwohnhäuser stehen vertikal zu dem zentral liegenden öffentlichen Platzbereich, der, parkartig angelegt, Spielmöglichkeiten, aber auch Sitz- und Aufenthaltsbereich anbietet.

Dem Wohnen zugeordnete Parkplätze sind in zwei Varianten untersucht und dargestellt; zum einen die Anordnung von Parkstellflächen rings um den Platz, zum anderen die konzentrierte Anordnung von Stellflächen auf einem östlich liegenden Platz.

Die zwischen den Wohnhäusern liegenden Freiräume sind im Wechsel für je zwei gegenüberliegende Gebäude Erschließungsweg mit Hauseingang oder Wohnhofanlage.

Jeder Wohnhof ist individuell gestaltet und bietet Spielräume an, die durch Hecken und Baumgruppen optisch voneinander getrennt werden.

Entlang der Erschließungswege, von denen zu beiden Seiten die Hauszugänge abzweigen, wirken die gewachsenen vorhandenen Hecken raumstrukturierend.

Natur in der Stadt

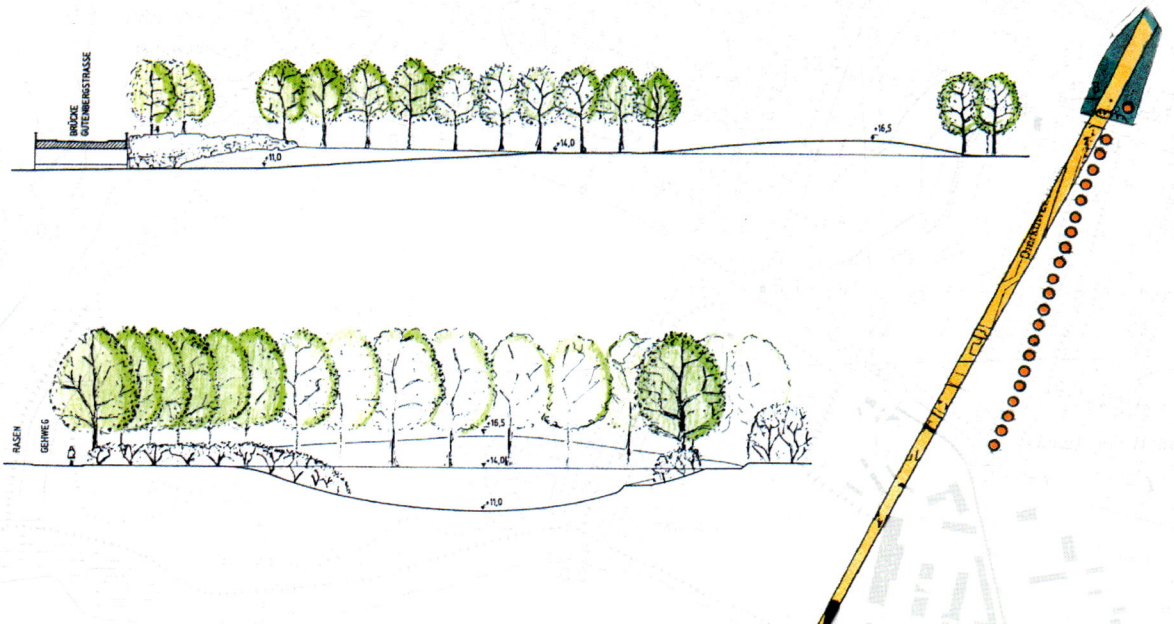

Die geplante innerstädtische Freifläche befindet sich in Rostock im Stadtteil Dierkow.

Ursprünglich war die heutige Parkanlage mit einer ungepflegten, funktionslosen Brachfläche belastet. Der ehemalige Graben wurde vermutlich mit Bauschutt aus der Bauzeit der umliegenden Plattenbauten verfüllt.

Hauptaspekt des Entwurfes ist die Raumstrukturierung dieser Brachfläche durch die Öffnung des Grabens und die Neupflanzung von Gehölzen.

Die raumbildende Pflanzung, eine einseitig, parallel zum Weg führende Baumreihe und die Schaffung von naturnahen Aufenthaltsbereichen bestimmen die Qualität und das Erscheinungsbild der neuen Freifläche.

Das Ziel der Gestaltung ist es, einen qualitativ hochwertigen und nutzbaren Freiraum zu schaffen.

Projekt: Innerstädtische Parkanlage Rostock-Dierkow
Bauherr: Hansestadt Rostock
Amt für Stadtgrün, Naturschutz und Landschaftspflege

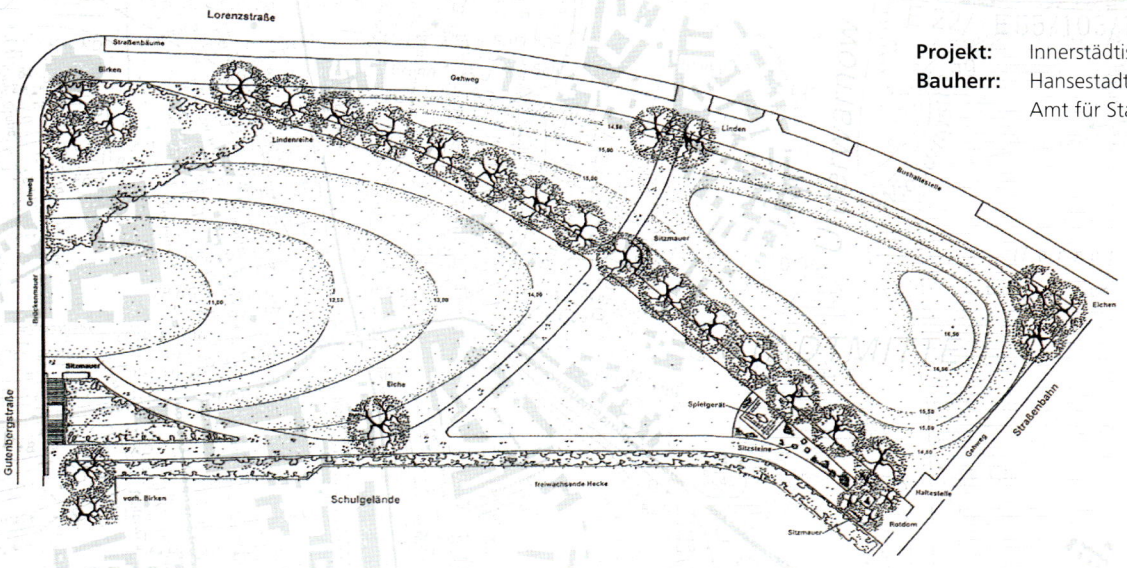

Planungsgruppe Stadt + Landschaft

Andrea Ziegenrücker

1957	geb. in Zwickau/Sachsen
1966 - 81	TU Dresden, Dipl.-Ing.
1981 - 89	Stadtplanungsamt Erfurt
1990	Bürogründung Planungsgruppe Stadt + Landschaft Erfurt
seit 1997	Mitinhaberin der Biebertaler Planungsgruppe

Jochen Kehm

1947	geb. in Bad Hersfeld
1965 - 67	Gärtnerlehre
1970	Praxis im GALABAU
1970 - 71	FH Wiesbaden-Geisenheim, Dipl.-Ing.
1973 - 74	Büro Hanke, Sulzbach Büro Götte, Frankfurt Büro Sommerlad, Gießen, (1981 - 89 Partner)
seit 1989	Mitinhaber der Biebertaler Planungsgruppe
1990	Bürogründung Planungsgruppe Stadt + Landschaft Erfurt

Norbert Kerl

1955	geb. in Gießen
1976 - 78	Gärtnerlehre
1978 - 82	FH Wiesbaden-Geisenheim, Dipl.-Ing.
1982	Bauleiter im GALABAU
1982 - 88	Büro Sommerlad, Gießen Bürogründung der Biebertaler Planungsgruppe
1990	Bürogründung Planungsgruppe Stadt + Landschaft Erfurt

Günter Remy

1946	geb. in Koblenz
1964 - 67	Gärtnerlehre
1967 - 71	Praxis im GALABAU
1971 - 73	FH Wiesbaden-Geisenheim, Dipl.-Ing.
1973 - 80	Bauleiter im GALABAU
1980 - 89	Büro Sommerlad, Gießen, (1982 - 89 Partner)
seit 1989	Mitinhaber der Biebertaler Planungsgruppe
1990	Bürogründung Planungsgruppe Stadt + Landschaft Erfurt

Mitarbeiter: Diplom-Ingenieure Landschaftsarchitektur · Hans-Jörg Keberni · Kris Heydick · Dirk Wiedenstritt · Yvonne Zscheutzel · Verwaltung: Heiderose Richter

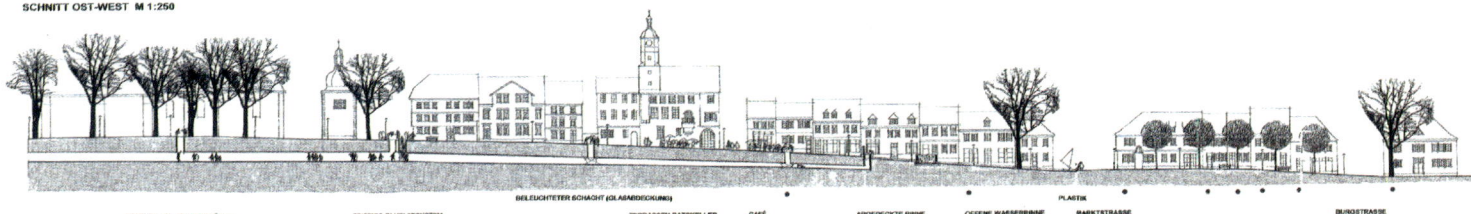

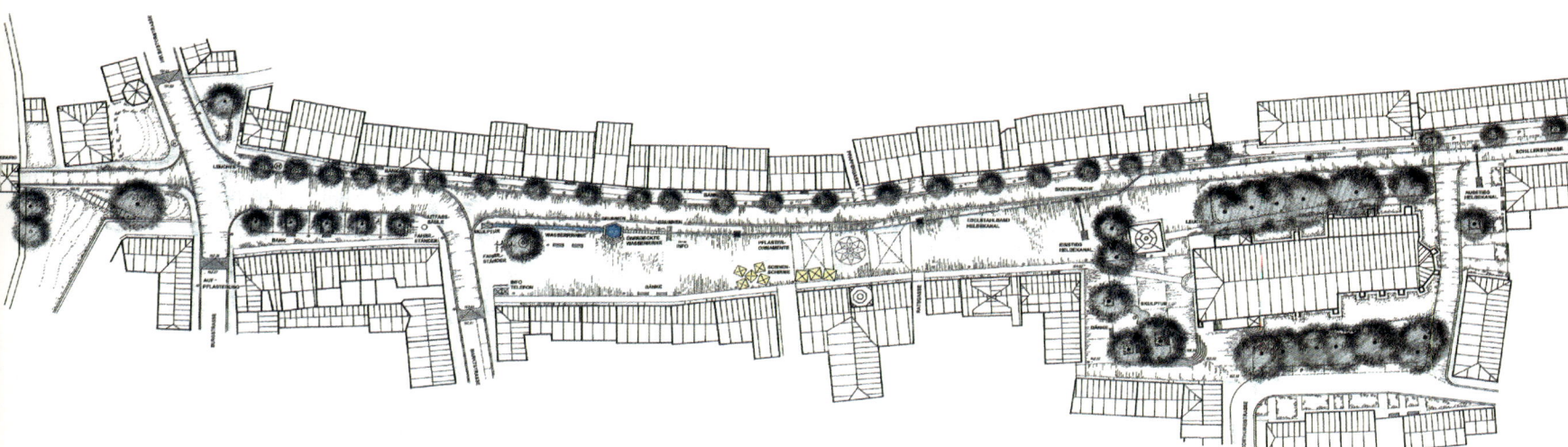

Marktplatz Weißensee

Die Stadt Weißensee erteilte den Planungsauftrag im Ergebnis der Wettbewerbsarbeit mit dem 1. Preis.

Vorgesehen ist die Neugestaltung des Marktplatzes entlang der Achse Runneburg-Rathaus-Kirche St. Peter und Paul bis hin zur Mühlbergstraße. Es wurde ein durchgängiges Konzept unter denkmalpflegerischen Aspekten und heutigen funktionalen Ansprüchen erarbeitet .

Schwerpunkte waren dabei die Organisation des ruhenden und fließenden Verkehrs, die gestalterische Anbindung kleiner Plätze und Seitenstraßen, die Einordnung von Bäumen und die besondere Berücksichtigung des unterirdischen Helbekanals in die künftige Marktplatzgestaltung.

Innenhof der Staatskanzlei in Erfurt

Die Sanierung der alten Statthalterei, eines der bedeutendsten profanen Barock-bauten Erfurts, wurde 1995 abgeschlossen und beherbergt heute die Thüringer Staatskanzlei. Der ehemalige Wirtschaftshof dient seit seiner Umgestaltung repräsentativen Zwecken - wie öffentliche Konzertveranstaltungen oder Empfänge.

Die barockisierende Gestaltung unterstreicht den vierflügeligen, teils sanierten, teils rekonstruierten Baukörper. Die vier Brunnen im Hof, jeweils kombiniert mit Steinbank, kleinkronigen Bäumen und Leuchte, laden zum Verweilen ein und erzeugen im Sommer ein erfrischendes Ambiente.

Besonders bemerkenswert sind die hochwertig ausgeführten Stein- und Pflaster-arbeiten mit vorgefundenem, aber auch neuwertigem Material, ausgewählt entsprechend dem historischen Befund. Mainsandstein wurde für Brunnen und Bänke eingesetzt; für den Belag dagegen wurde vorhandenes großformatiges Kalksteinpflaster verwendet, ergänzt von Klein- und Mosaikpflaster aus Granit, Marmor und Basalt.

Verwaltungszentrum und Akademie der S-Finanzgruppe in Erfurt

Auf dem Gelände des ehemaligen Samenzuchtbetriebes Benary entstand zwischen
1993 und 1997 das neue Zentrum der S-Finanzgruppe Hessen.-Thüringen.
Die Gebäudekomplexe (Architekturbüro Schweger + Partner) formieren sich als
Blockrandbebauung entlang der Quartierstraßen und binden das alte Benarykontor
sowie ein vorhandenes Speichergebäude mit ein. Die Feifläche ist durch eine
Tiefgarage unterbaut.

Das Gelände wird durch zwei Hauptachsen in Nord-Süd- und Ost-Westrichtung
erschlossen und ist für die Öffentlichkeit frei zugänglich.
Die Wegeverbindungen werden durch Baumallee und Wasserrinne markiert und
betont. Die zusammenhängende, ruhige Rasenfläche schwingt wellenartig in die
Innenhöfe hinein und bringt - wie auch das fließende Wasser - Dynamik in das
Gebäudeensemble.

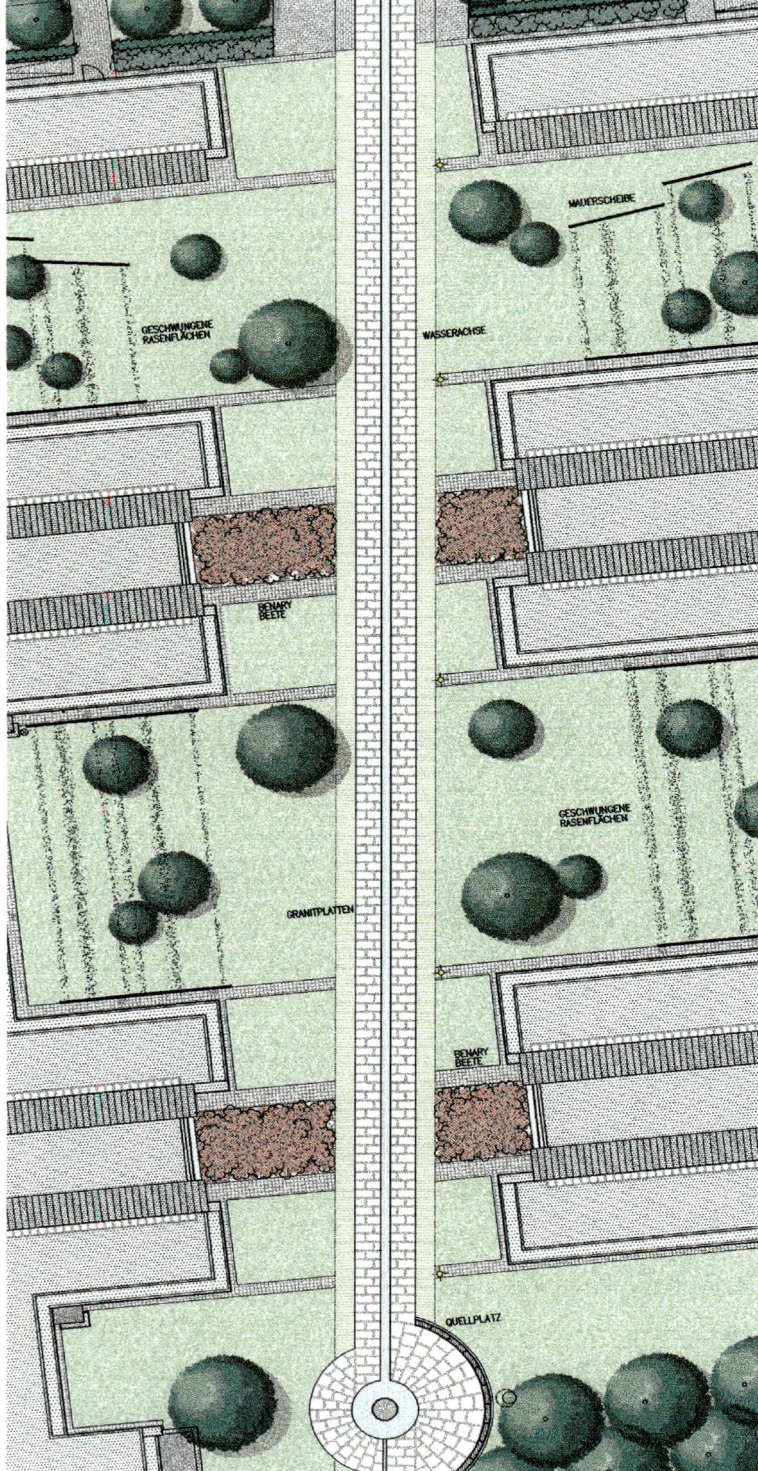

Wohnbebauung "Am Alten Steiger" in Erfurt

Auf dem Gelände des ehemaligen sowjetischen Militärhospitals erstellte die Frankfurter Siedlungsgesellschaft 1995 eine Wohnanlage für Bundesbedienstete mit 163 Wohnungen und zwei Tiefgaragen. Städtebaulicher Grundgedanke war die Ausbildung differenzierter Wohnhöfe mit teils privatem, teils öffentlichem Charakter. Bei der Gestaltung der Außenanlagen waren besonders das stark hängige Gelände, der umgebende z.T. waldartige Grünbestand sowie die Architektur der Gebäude maßgebend.

Die entstandenen Innenhöfe über den Tiefgaragen werden als gemeinschaftliche Gärten und Grünflächen von den Bewohnern genutzt. Kinderspielplätze und Sitzmöglichkeiten in den Höfen sowie eine Brunnenanlage mit Quellstein am neuen "Anger" laden zum Verweilen ein. Durch das Anpflanzen von zahlreichen einheimischen Bäumen und Sträuchern auf dem gesamten Gelände sind ein angenehmes Wohnklima und günstige ökologische Bedingungen entstanden.

Matthias Proske
*1965

1981 - 83	Landschaftsgärtnerlehre
1983 - 87	Landschaftsgärtner
1987 - 93	Studium der Landschaftspflege an der FH Weihenstephan
1994	Mitarbeit Büro Bödeker - Wagenfeld und Partner
1995	Mitarbeit Büro Bendfeldt - Schröder - Franke
1996	eigenes Büro in Schwerin

Claus Steinhausen
*1966

1987	Studium der Landschaftsarchitektur an der TU Berlin und Universität Hannover
1994 - 95	Mitarbeit Architekturbüro HOE
1996	eigenes Büro in Schwerin

Aufgabengebiete

· Wohnumfeldverbesserung
· Projekte mit Jugendlichen
· Objektplanung
· Gartendenkmalpflege
· Naturschutzplanung
· Landschaftsplanung

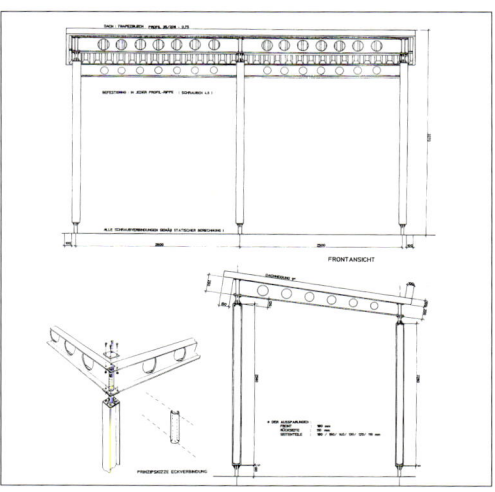

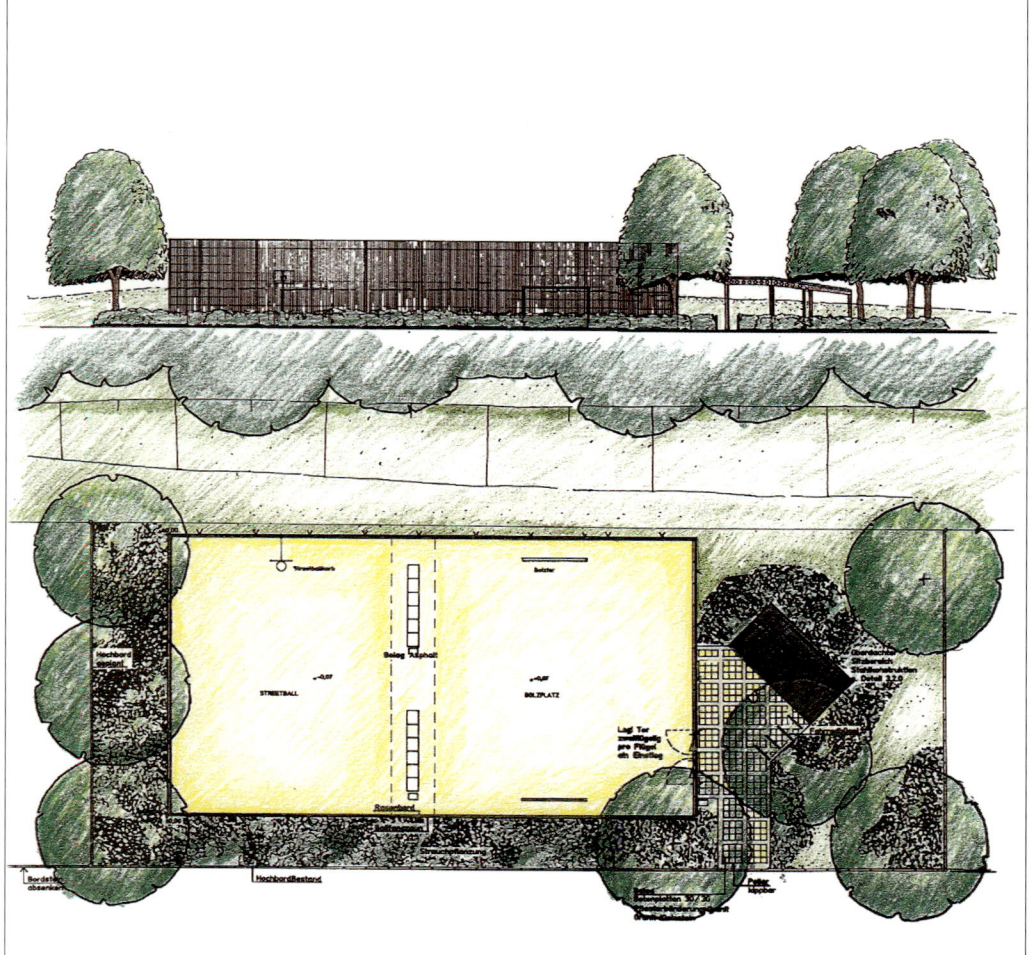

Planen für und mit Jugendlichen

· Streetball-Feld Ziolkowskistraße
· Jugendzentrum busstop
· Bolzplatz Hamburger Allee
· Bolzplatz und Streetball-Feld Hegelstraße

Um dem Bedarf der Jugendlichen nach Freizeitflächen gerecht zu werden, werden im Rahmen von Maßnahmen zum Weiterbau der Großsiedlung "Großer Dreesch" und " Mueßer Holz" in Schwerin Bolzplätze, Streetball-Felder, Skateranlagen und Jugend-Treffpunkte errichtet. Mit den Jugendlichen werden dabei gemeinsam Ideen entwickelt und Anregungen für die einzelnen Planungen gesammelt. Die Beteiligung der Jugendlichen am Planungsprozeß und am Bau garantiert die Identifikation und den Erfolg der einzelnen Maßnahmen.

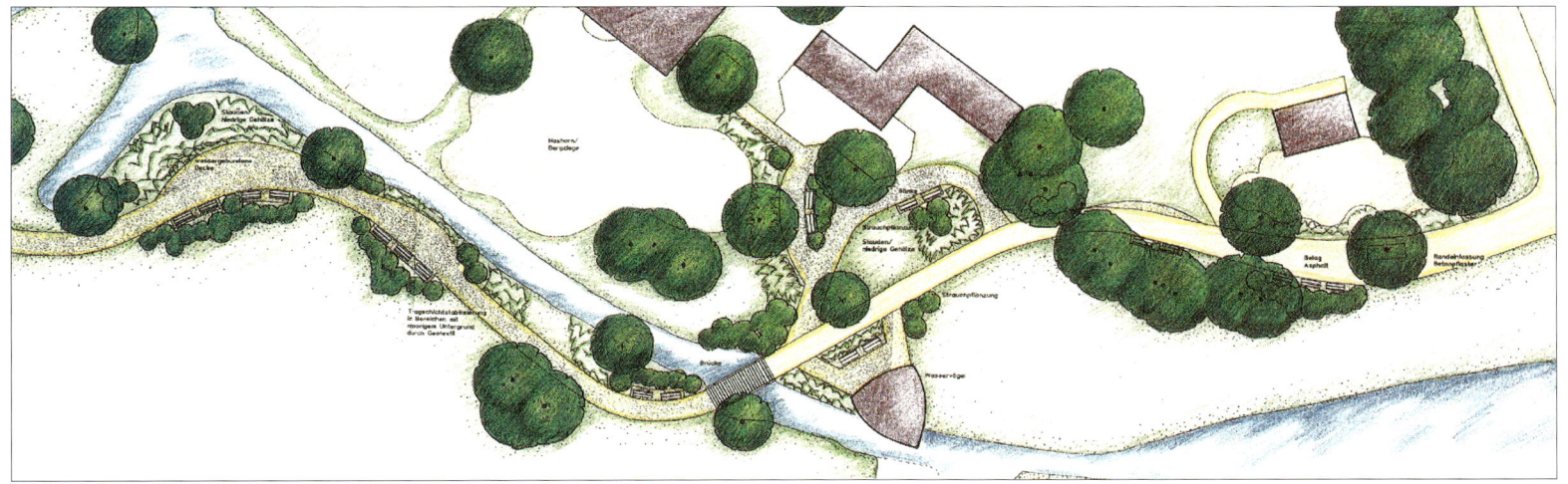

Zoologischer Garten Schwerin

Die Anpassung der Haltungsbedingungen des Tierbestandes an aktuelle Anforderungen erfordert den Umbau und die Vergrößerung der Gehegeflächen. Ziel ist es, den Zoo großzügiger und durch neue Maßnahmen wie Spielbereichsgestaltung oder einen Duftgarten attraktiver zu gestalten.

Die Umgestaltung des Nashorngeheges erforderte eine neue Wegeführung in diesem Bereich, wobei die Wasservogelanlage mit den bestehenden Gewässern einbezogen wurde. Verschiedene Beobachtungs- und Sitzbereiche, ergänzt durch Gehölz- und Staudenpflanzung, lenken den Blick zu den einzelnen Gehegen und schaffen verschiedene Blickbeziehungen.

Architektur Nashornanlage: Mikolajczyk - Kessler - Kirsten

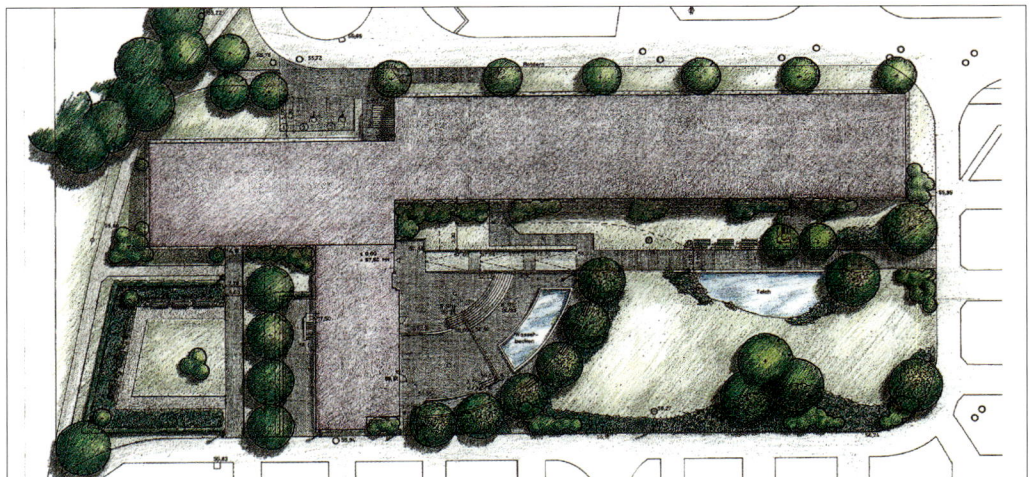

WOHNANLAGE IN SCHWERIN

Die altersgerechte Wohnanlage erhält der Cafeteria vorgelagert einen Platz, der zum Verweilen und Draußensitzen einlädt.
Durch unterschiedliche Niveauhöhungen wird die Gebäudehöhe nach außen gemildert und verschieden nutzbare Bereiche geschaffen. Bäume rahmen den Platz, ein Wasserbecken mit kleinen sprudelnden Fontänen erhöht die Aufenthaltsqualität.
Der Innenhof wird des weiteren durch einen Teich und einen kleinen separaten Garten mit einem Rosenbeet und Staudenpflanzungen belebt.

Architektur: Linie 2

Wohnumfeldverbesserung

Bei der Beurteilung des Wohnwertes kommt dem Wohnumfeld eine immer größere Bedeutung zu. Dies gilt im besonderen Maß auch für Großsiedlungen.
Da bei der Öffentlichkeit große Akzeptanzprobleme gegenüber diesen Siedlungen vorherrschen und die soziale Struktur dieser Siedlungen durch Wegzug der bisherigen Bewohner immer mehr aus den Fugen gerät, kommt es hier in besonderem Maße darauf an, das Wohnumfeld als Visitenkarte des Wohngebietes entsprechend zu gestalten und benutzbar zu machen.
Die ökonomischen, sozialen, ästhetischen und ökolgischen Anforderungen an das Wohnumfeld werden dabei zu einem harmonischen Gesamtbild zusammengefügt.

INNENHOFGESTALTUNG IN PARCHIM

Leitgedanke bei dieser Hofgestaltung ist es, die vorhandene Wegebeziehung aufzunehmen und die notwendige funktionale Gliederung eindeutig zu gestalten. Fehlende Raumstrukturen werden durch Bodenmodellierungen und Bepflanzungen geschaffen.
Durch Entsiegelung der vorhandenen Betonflächen und Wiederverwendung des ausgebauten Materials als Tragschicht wird ein ökologischer Aspekt bei der Planung erfüllt.

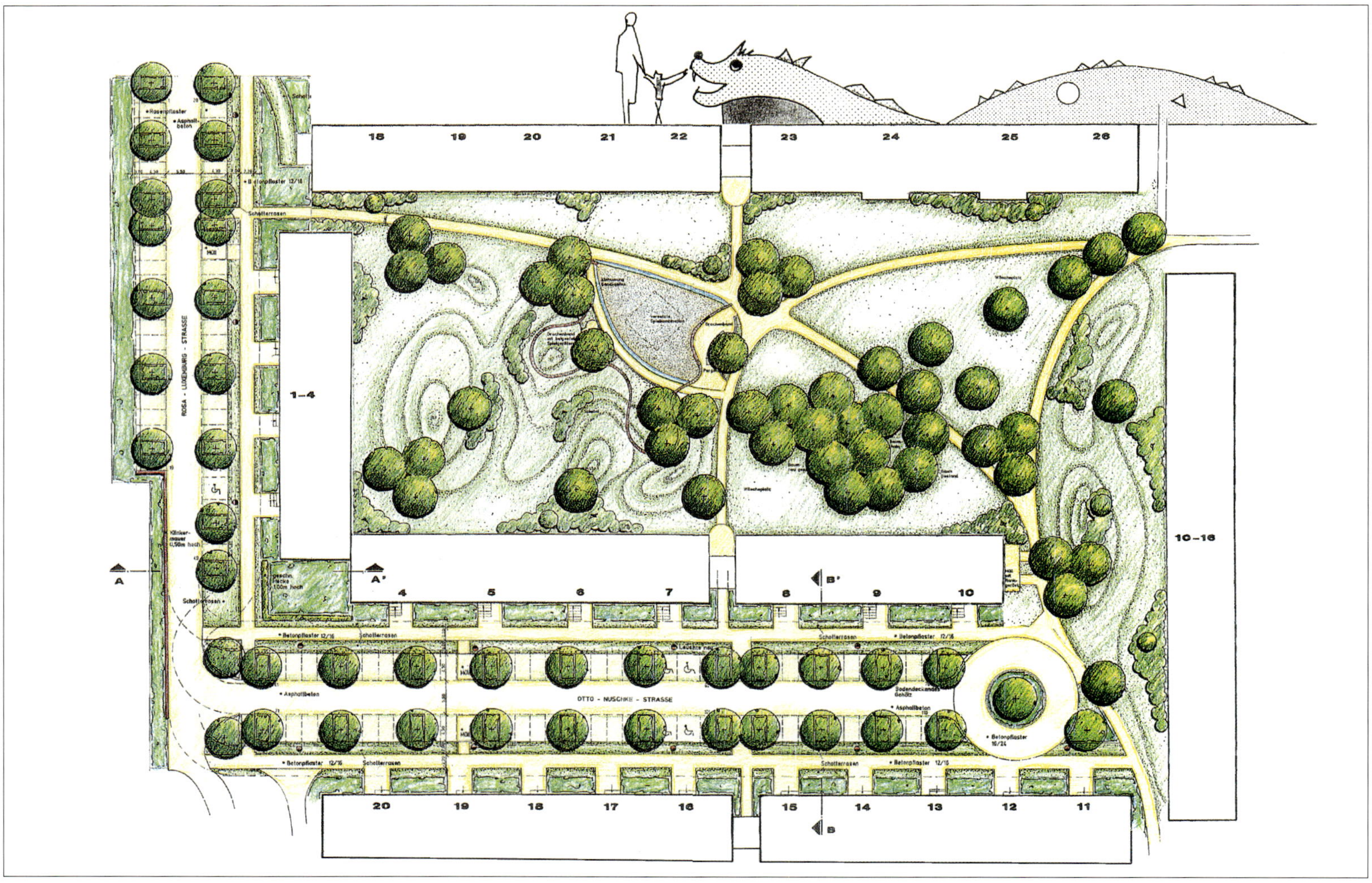

Wettbewerbe

WASSERWERK SCHWERIN

Der Neubau und die Außenanlagen des Waserwerkes sollen das Thema Wasser aufnehmen. Ein Turm als Empfangsgebäude steht in einer Fläche aus Rasenwellen, die das Element Wasser symbolisch darstellen. Die Lage der Wasserbehälter läßt sich anhand der Bepflanzung nachvollziehen.

Die Nachbarschaft zur Kleingartenanlage wird durch einen Hain aus Obstgehölzen dargestellt. Blickachsen lassen die umliegenden Seen und das Element Wasser überall sichtbar werden.

Architektur: Mikolajczyk - Kessler - Kirsten

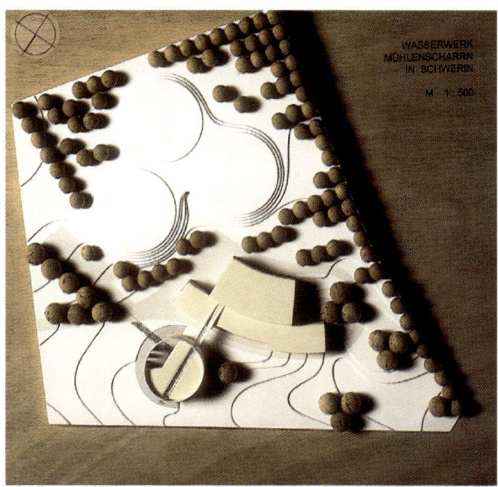

WASSERLAUF HOLLERSTAUDE - INGOLSTADT

Der durch die Architektur geprägte Platz wird durch Baumbepflanzungen und Verwendung unterschiedlicher Materialien in drei Räume geteilt.

Ein Quellbecken bildet einen zentralen Bereich und ist gleichzeitig Ausgangspunkt für einen im Wettbewerb geforderten Wasserlauf. Dieser durchfließt das gesamte Neubaugebiet.

Die Uferausbildung ist am Anfang des Wasserlaufes durch Kiesgabionen architektonisch geprägt und geht langsam in einen landschaftlichen Teil über.

Endpunkt des Wasserlaufes bildet ein Versickerungsbereich, der durch Sitzplätze und einen Spielplatz zum Aufenthalt einlädt.

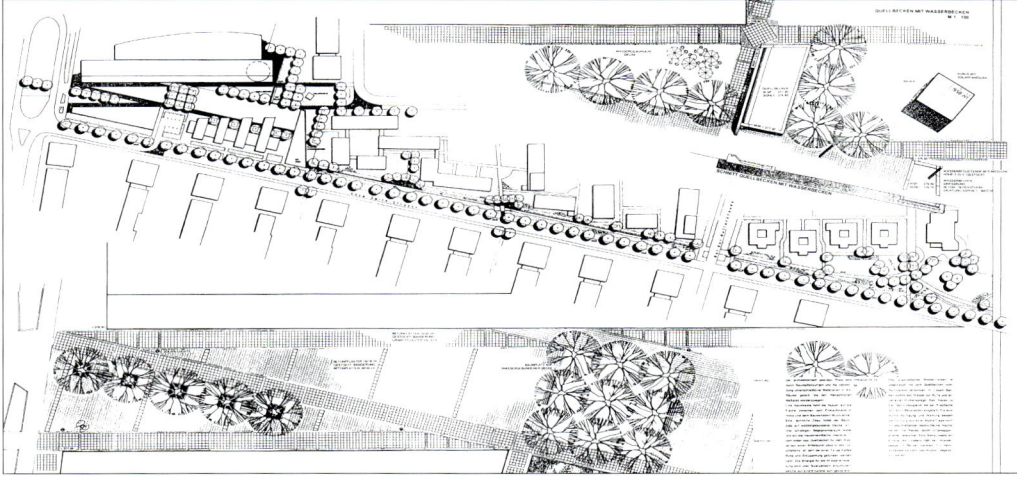

IGA ROSTOCK 2003

Leitgedanke des Entwurfes ist das Band zwischen dem Hamburger Tor im Westen und dem Fähranleger im Osten, das den Intensivbereich der Gartenschau darstellt. Durch eine Brücke über den Warnowtunnel wird das zukünftige Messegelände an den Park angeschlossen.

Der Niederungspark wird durch einen großzügigen offenen Bereich und die naturnahen Flächen unterteilt. Ein Gehölzband schirmt den Park zu den angrenzenden Wohngebieten ab. Die vorhandenen Gehölzstrukturen im landschaftlichen Park werden behutsam weiterentwickelt und ergänzt.

Architektur: Albrecht - Kirsten

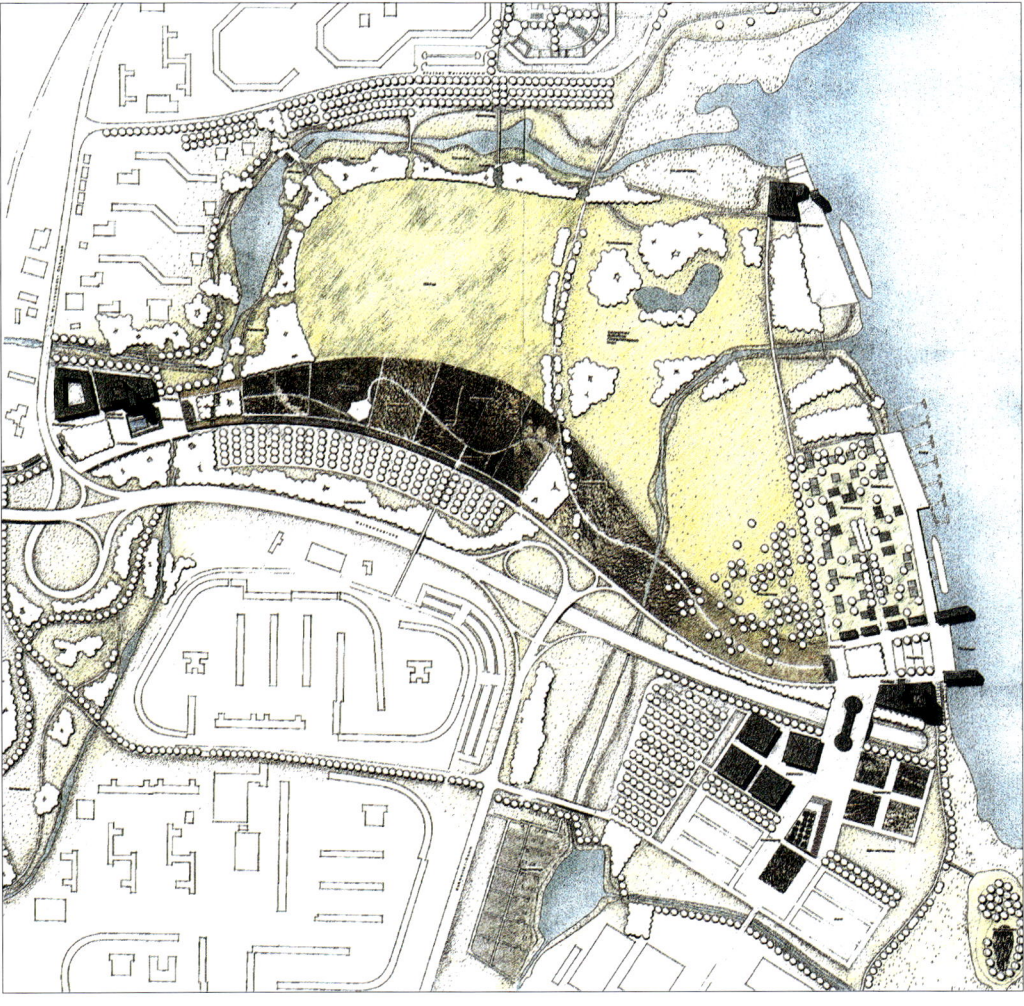

Rolf Freier

*1958

1979 - 84 Landschaftsarchitekturstudium
an der TU Dresden
1984 - 87 Gartenanlage und Hallenschauen für die
iga (Internationale Gartenbauausstellung)
in Erfurt
1987 - 90 befristete Assistenz an der Hochschule
für Architektur und Bauwesen Weimar
seit 1990 eigenes Büro für Landschaftsarchitektur
und Stadtplanung in Erfurt

Neugestaltung Wohngebietszentrum II. Wohnkomplex in Halle-Neustadt

Die Neugestaltung dient der städtebaulichen und sozialen Revitalisierung des Wohngebietszentrums. Die zentrale Platzfläche wird als Wochenmarkt genutzt. Bei der Planung waren der weitgehend vorhandene Baumbestand und die Plastikausstattung zu berücksichtigen. Es waren verschiedene Spielmöglichkeiten einzuordnen. Der Plan gibt die geplante Farbgestaltung der Flächenbeläge und Ausstattungselemente exakt wieder. Aufgrund der sehr zurückhaltenden Farbigkeit der Gebäude wurde eine bewußt kräftige Farbkombination eingesetzt. Die bauliche Realisierung wird wahrscheinlich erst im Jahr 2000 erfolgen.

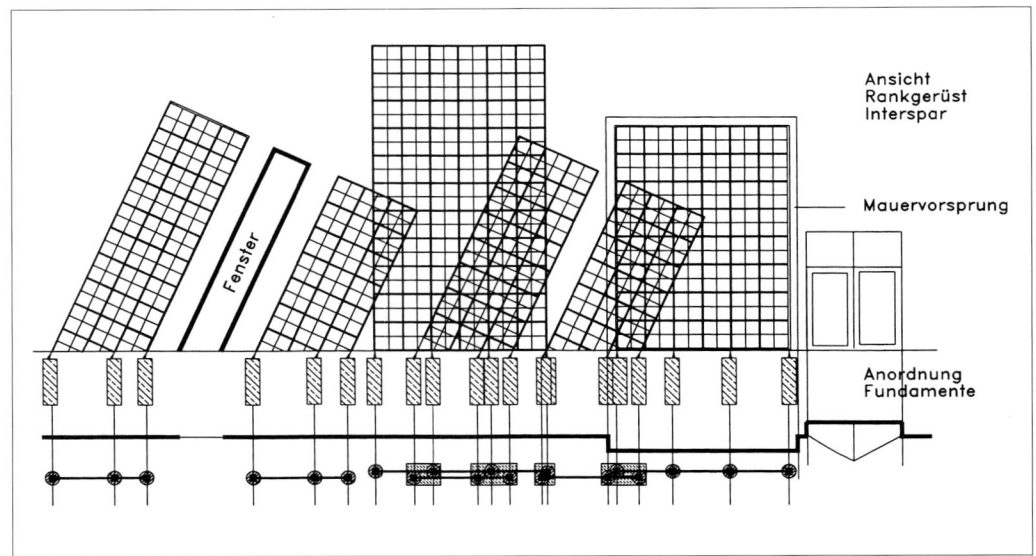

Wesentliche Objektplanungen

1997 Thüringer Innenministerium in Erfurt

1997 Kommunales Dienstleistungszentrum
der Stadtwerke Erfurt GmbH

1997 Schloßpark Bendeleben

1997 Schloßpark Sondershausen

1997 Lapidarium Schloßpark Molsdorf

1996 Kurpark Schlema

1994 Wohngebiet Halle-Wörmlitz

1994 Predigerhof in Erfurt

1994 Waldfriedhof für Speziallager II der
Gedenkstätte Buchenwald in Weimar

1993 Renaturierung Trajuhnscher Bach
in Lutherstadt Wittenberg

1993 Schloßpark Senftenberg

1993 Spielanlage Lerchenberg in Lutherstadt
Wittenberg

1992 Logistisches Dienstleistungszentrum
der EDEKA in Straußfurt

1990 Platz der Demokratie in Lutherstadt
Wittenberg

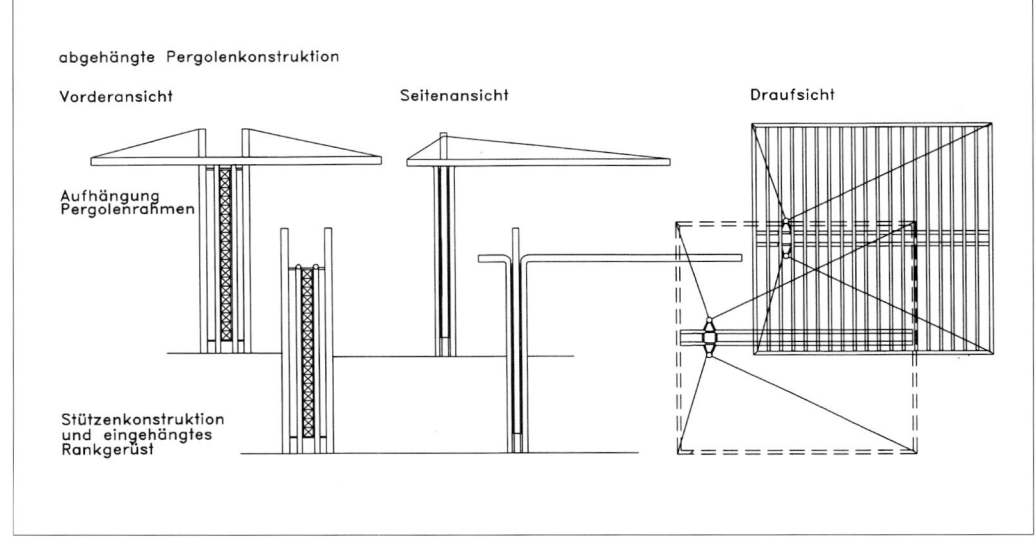

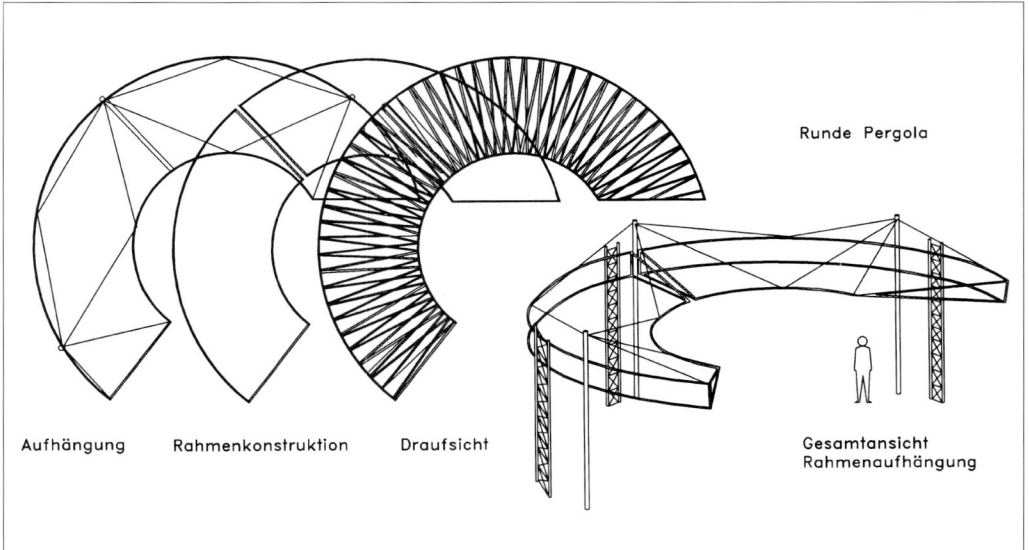

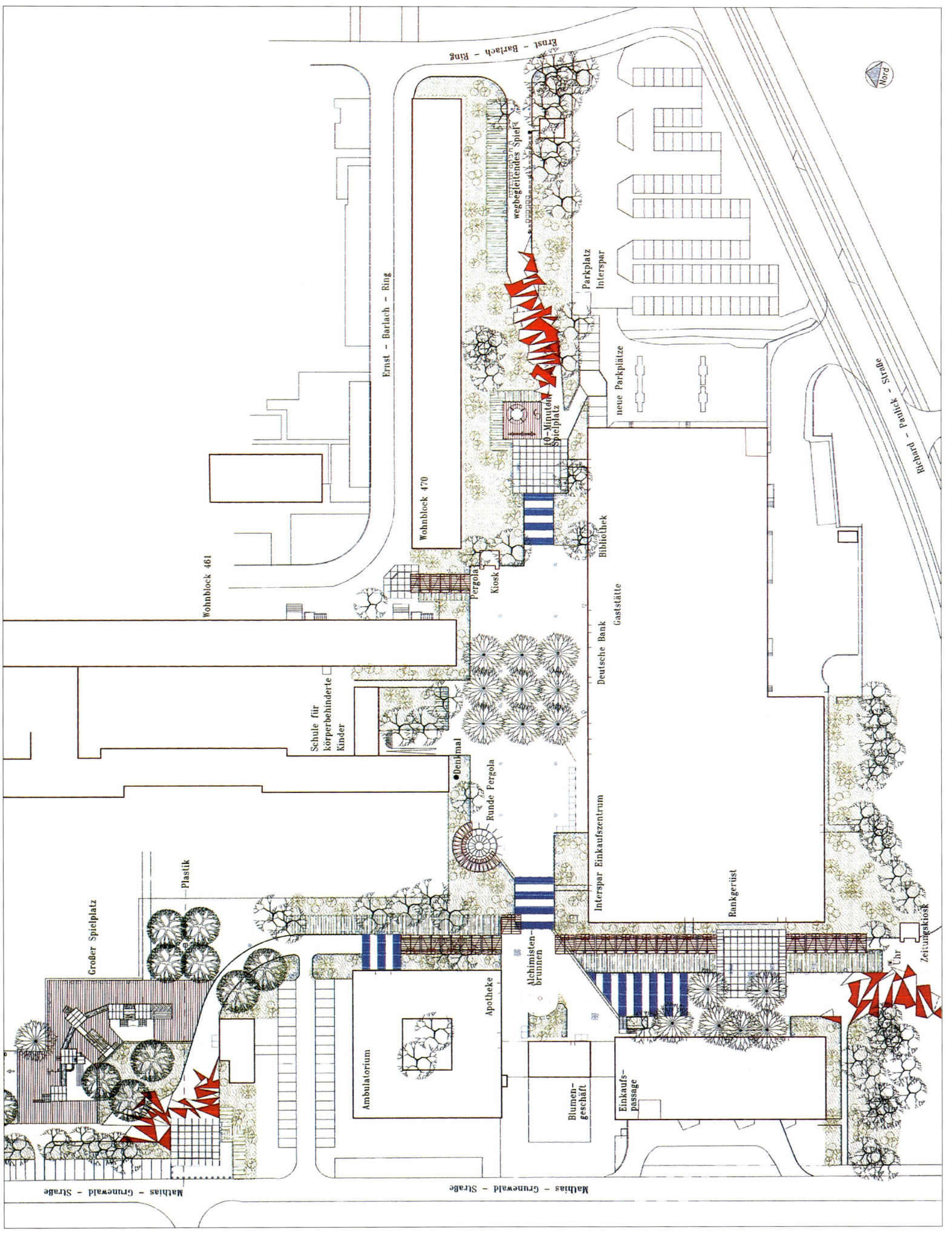

Nord

Ernst – Barlach – Ring

Ernst – Barlach – Ring

wegbegleitendes Spiel

Parkplatz Interspar

neue Parkplätze

Richard – Paulick – Straße

10-Minuten-Spielplatz

Wohnblock 470

Wohnblock 461

Bibliothek

Pergola

Kiosk

Deutsche Bank

Gaststätte

Schule für körperbehinderte Kinder

Denkmal

Runde Pergola

Interspar Einkaufszentrum

Plastik

Großer Spielplatz

Rankgerüst

Zeitungskiosk

Uhr

Alchimisten-brunnen

Apotheke

Ambulatorium

Blumen-geschäft

Einkaufs-passage

Mathias – Grunewald – Straße

Mathias – Grunewald – Straße

Seebauer, Wefers und Partner

Büroportrait
Martin Seebauer, Karl Wefers und Partner GbR,
Freie Landschaftsarchitekten BDLA

Die Partner Martin Seebauer, Karl Wefers, Matthias Franke und Holger Schwabedissen absolvierten ihr Studium an der Technischen Universität Berlin am Fachbereich Landschaftsentwicklung. Martin Seebauer und Karl Wefers erlangten 1979, Matthias Franke und Holger Schwabedissen 1987 den Abschluß als Diplom-Ingenieur für Landschaftsplanung.

1982 gründete Martin Seebauer das Büro für Landschaftsplanung und Landschaftsarchitektur. Von 1986 bis 1991 führte er dies zusammen mit Karl Wefers, seit 1991 ist Matthias Franke und seit 1997 Holger Schwabedissen Partner. Büros in Ahlbeck, Rellingen, Neuruppin und Berlin

Ostseeheilbad Ahlbeck

Auf der Basis eines 1993 entstandenen Rahmenkonzeptes zur Promenade des Ostseeheilbads Ahlbeck auf Usedom wird seit dem Frühjahr 1994 kontinuierlich an der Gestaltung dieses touristischen Rückgrats für die Gemeinde gearbeitet.

Die Promenade unterteilt sich in Ost-West-Ausrichtung in unterschiedlich intensiv gestaltete Abschnitte, deren Anfangs- und Endpunkte durch Platzsituationen hervorgehoben werden. Diese sind durch differenziert gestaltete Wege unter dem Blätterdach von geschnittenen Bäumen verbunden.

Alle Baulichkeiten auf der Promenade wie Kioske, Cafés, Bistros usw. werden in einem einheitlichen Stil errichtet, der in Zusammenarbeit mit Architekten und Stadtplanern entwickelt wurde.

Die Ausstattungsgegenstände wie Bänke, Fahrradständer, Geländer und Pergolen sind auf die Planung der Promenade zugeschnitten und wurden speziell für diesen Standort konzipiert.

Fotos: Annette Falck

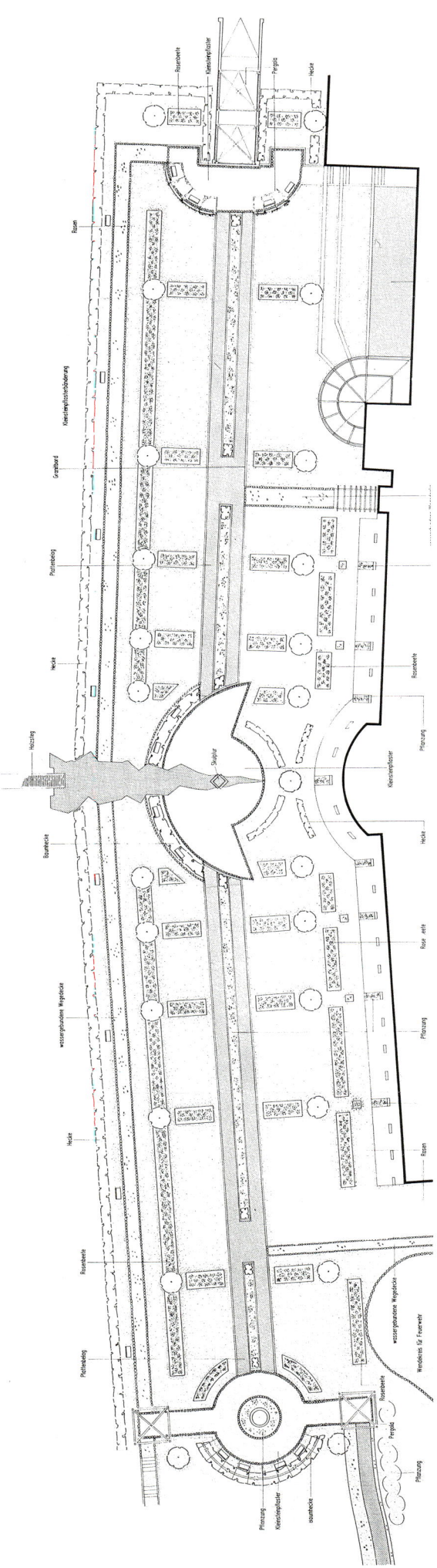

Ostseeheilbad Heringsdorf

Der neue Rosengarten ist Teil der Strandpromenade der Gemeinde Ostseeheilbad Heringsdorf auf der Insel Usedom und wurde 1997 errichtet. Er ist Rosenschau - sowie Duftgarten und vermittelt damit Ruhe und Beschaulichkeit für die Besucher der Promenade. Gleichzeitig soll er nutzbarer Freiraum sein für das angrenzende "Forum Usedom" als ein mit der dort integrierten Hotelanlage korrespondierender Garten.

Der Rosengarten wird seeseitig und landseitig von unterschiedlich ausgeprägten Reihen aus Säulenhainbuchen gefaßt. Innerhalb des Gartens bilden Baumhecken differenzierte Räume, die von dem zentralen Doppelweg erschlossen werden. Die den Doppelweg begleitende Lavendelpflanzung wird nachts durch ein horizontales Lichtband erleuchtet.

Eingelagert in die Rasenflächen finden sich die Rosenbeete, deren Sortenspektrum von alten Rosenzüchtungen bis zur Wildrose reicht.

Stock + Ehrensberger

Wolfram Stock
* 1958

1977 - 79 Lehre im Botanischen Garten, Köln
1979 - 86 Studium der Landschaftsarchitektur
an der TU München-Weihenstephan
1986 - 87 Mitarbeiter im Garten- und Friedhofsamt
Erlangen im Rahmen der LGS "Grün 87"
1988 - 92 Mitarbeiter im Büro R. Grebe, Nürnberg
zuletzt Bearbeiter des LP Jena
1993 Bürogründung mit Holgar Ehrensberger
in Jena
seit 1996 Bürogemeinschaft (5 Mitarbeiter)
seit 1997 Lehrauftrag an der Fachhochschule Jena

Arbeitsschwerpunkte

· **Landschaftsplanung** im Raum Jena, Erfurt und Eisenach

· **Grünordnungsplanung** für das Baugebiet in den Fuchslöchern, das Klinikum 2000 u.a. Umweltverträglich-keitsstudien und Landschaftspflegerische Begleitplanung u.a. für die neuen Saalebrücken in Jena

· **Objektplanung** für Institutsgebäude, öffentliche Stadt-, Spiel- und Sportplätze sowie private Freiflächen

· **interdisziplinäre Projekte** in AG mit anderen Fachplanern wie:
Pilotprojekt zur Umsetzung der Landschaftsplanung im Rahmen einer Agrarraumnutzung im Nordraum Jena
Pflege- und Entwicklungsplan zum Naturschutzgroßprojekt Orchideenregion Jena u.a.

· **Entwicklung von Umsetzungsstrategien der Landschaftsplanung** unter Nutzung der Synergieeffekte zwischen Naturschutz, Umweltbildung, naturverträglichem Tourismus und Direktvermarktung landwirtschaft-licher Produkte aus der Region

Klinikum 2000 - Jena
GOP Vorentwurf, 6/97
in Zusammenarbeit mit den Architekten und Ingenieuren Dr. Worschech + Partner, Erfurt

Kurzbeschreibung:
· Schaffung eines neuen, durchgehenden Grünzuges für die Bewohner der Groß-siedlung Neu-Lobeda in die freie Landschaft
· Rekultivierung des teilweise verrohrten Bachlaufes
· offene Ableitung bzw. Regen-wasserrückhaltung in natur-nahem RÜB
· Verzahnung der Gebäude mit dem angrenzenden Land-schaftsraum

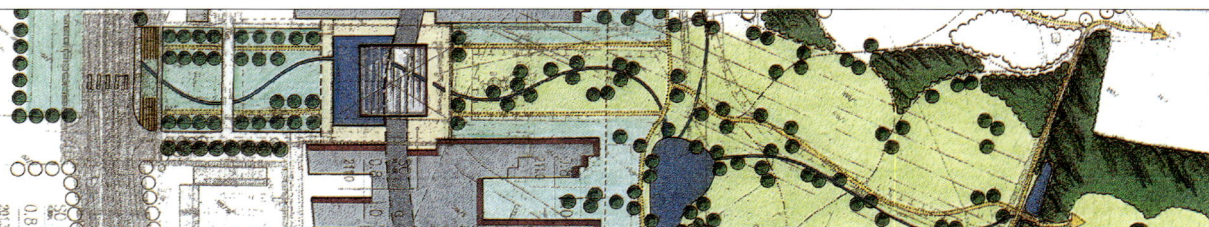

Variante 1

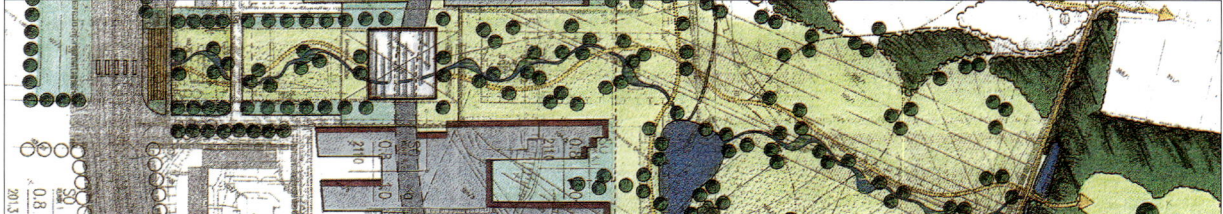

Variante 2

Holgar Ehrensberger
* 1956

1979 - 81 Lehre im Garten- und Landschaftsbau
in Müchen
1981 - 87 Studium der Landschaftsarchitektur an der
TU München-Weihenstephan
1987 - 92 eigenes Planungsbüro mit Ausführungsbe-
trieb München
1993 Bürogründung mit Wolfram Stock in Jena
seit 1996 Bürogemeinschaft (2 Mitarbeiter)

Arbeitsschwerpunkte

· Objektplanung privater und öffentlicher Freiflächen
· Grünordnungsplanung
· Landschaftspflegerische Begleitplanung

Kurzbeschreibung Saalehof Quartier 9 in Jena - Ost

Auf dem ehemaligen Gelände einer Holzhandlung in Jena - Ost entstand 1996/97 eine Blockrandbebauung im Rahmen der Stadtteilsanierung mit Wohn- und Geschäftshäusern. Der neu entstandene Innenhof liegt auf einer Tiefgarage.
Die Be- und Entwässerung des gesamten Hofes einschließlich des Wasserbeckens erfolgt ausschließlich über das Grundwasser. Die geometrische Struktur folgt der Architektur und gliedert den Hof in private und halböffentliche Bereiche auf unterschiedlich hohen Ebenen, die durch geschnittene Hainbuchenhecken räumlich voneinander getrennt sind. Holzpergolen aus Lärchenholz-Leimbindern überdachen die notwendigen Behindertenstellplätze, die Pergola über dem Wasserbecken betont den zentralen Platz, das Baumdach wird Schatten spenden.

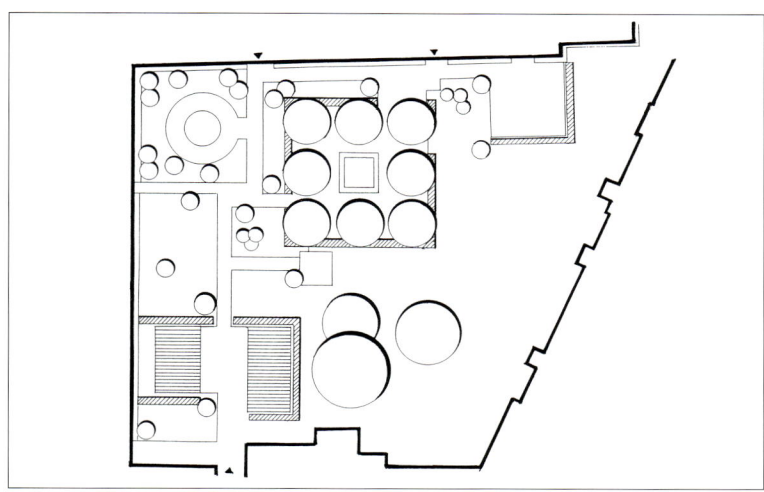

Christine Tenne

1980 - 85 Studium Landschaftsarchitektur und
Städtebau an der TU Dresden
1985 - 90 Stadtplanungsamt Kamenz
1990 Bürogründung in Kamenz;
5-köpfiges Planungsteam, bestehend aus
Dipl.-Ing. der Landschaftspflege unterschiedlicher Bundesländer

Aufgabenschwerpunkte

· Objektplanung
· Landschaftsplanung
· Dorfentwicklungsplanung
· Bebauungsplanung
· Grünordnungsplanung
· Landschaftspflegerische Begleitplanung

Mitarbeiter

Dipl.-Ing. (TU) Gudrun Schönleber · TU Dresden
Dipl.-Ing. (FH) Thomas Appel · FH Wiesbaden
Dipl.-Ing. (FH) Annette Köhne · Universität GHS Essen
Dipl.-Ing. (FH) Susanne Heinle · FH Paderborn/Höxter

Auftraggeber

· Städte und Gemeinden
· Wohnungsbaugesellschaften
· Staatshochbauamt
· Straßenbauamt
· Landratsämter

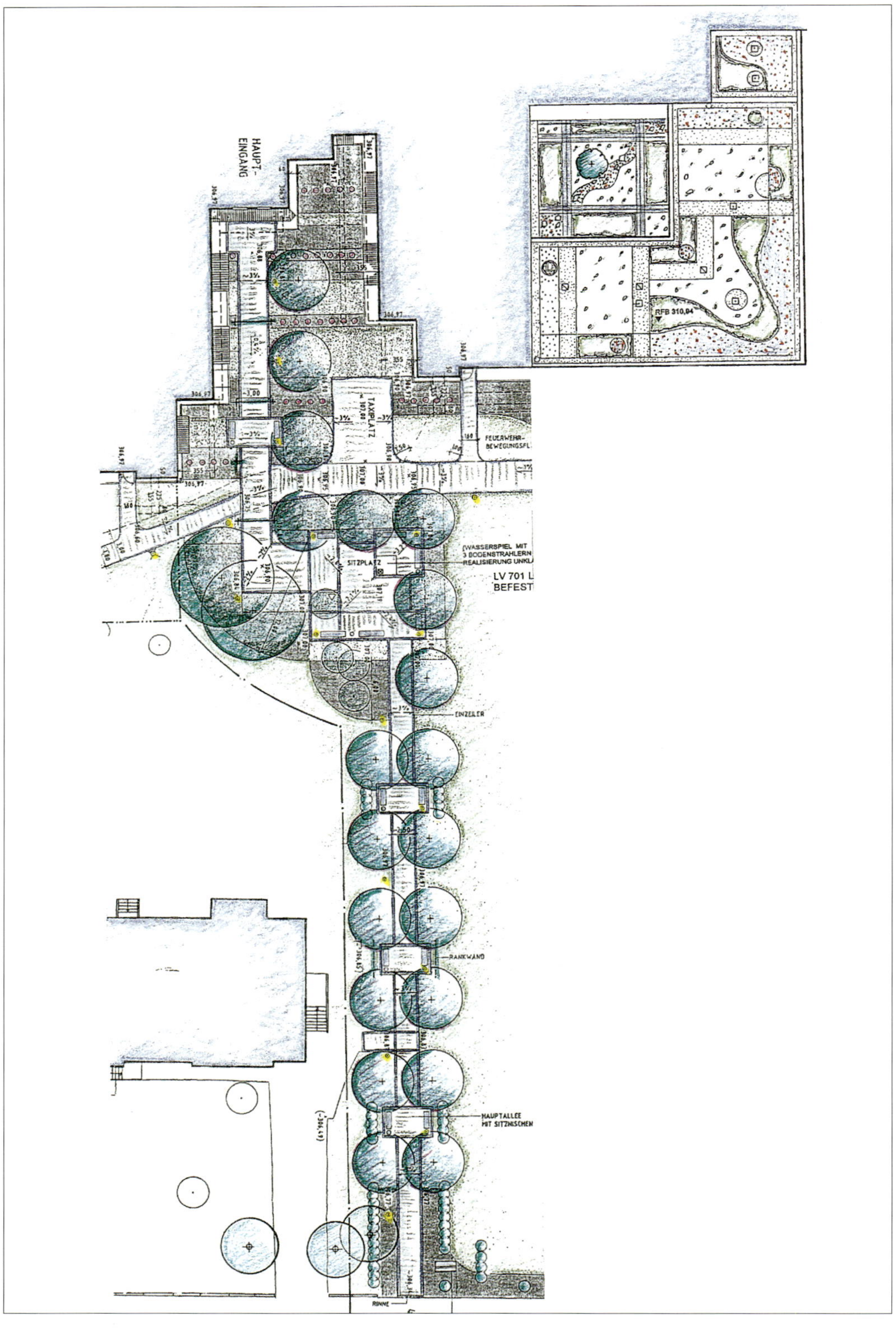

Freiflächengestaltung am Krankenhaus in Bischofswerda

Planungs- und Realisierungszeitraum: 1993 - 98
Bauherr: Landrat Bautzen

Die Einordnung des Krankenhausneubaues in die angrenzende freie Landschaft in Kombination mit Schaffung eines Erschließungssystem für Fußgänger und
Fahrverkehr dient als Grundstruktur der Anlage. Der
Eingangsbereich wird durch eine dominante Baumallee betont, die einen als Platzbereich gestalteten Ver-
satzpunkt durchläuft. Die "Kirschblütenallee" unter Verwendung von Prunus avium "plena" nimmt Bezug
auf die ortstypischen Streuobstwiesen.
Der rückwärtige Grundstücksbereich erhält einen Patientengarten mit Wegeverbindungen zum hochwertigen Landschaftsraum.
Die Gestaltung eines Innenhofes und Dachbegrünungen setzen Akzente im Gesamtensemble.
Eine grafische Gestaltung der Dachflächen wird durch
unterschiedlich gefärbten heimischen Granitsplitt gegeben, wodurch sofort nach der Fertigstellung eine
ansprechende optische Wirkung erzielt wird.

Freiflächengestaltung am Mühlteich in Bischofswerda

Planungs- und Realisierungszeitraum: 1992 - 97
Bauherr: Stadt Bischofswerda

Die Freifläche, direkt an der historischen Stadtmauer gelegen, präsentierte sich 1992 in verwahrlostem Zustand.

Dank der Lage im Sanierungsgebiet und den damit im Zusammenhang stehenden städtebaulichen Förderungsmöglichkeiten wurden Planung und Bau möglich. Heute zeigen sich die Freianlagen mit sanierter Ufermauer, einem Wasserkanal und 4 Wasserbecken aus heimischem Granitstein, einem Brunnen, anspruchsvoller Staudenpflanzung und interessanter Platzbefestigung.

Bei der Oberflächenbefestigung wurde z.T. gebrauchtes Pflastermaterial aus heimischem Granitstein wiederverwandt und in verschiedenen, historisch überlieferten Pflastertechniken verlegt.

Die alte Stadtmauer ist saniert und das Ufer des Teiches teilweise mit Trockenmauern befestigt.

Das Gelände am Gewässer empfindet auf moderne Art eine alte Schmiedetechnik nach.

Die Straße "Am Mühlteich" bekam trotz erheblicher Widerstände eine Baumreihe und grüne Inseln zwischen den Parktaschen.

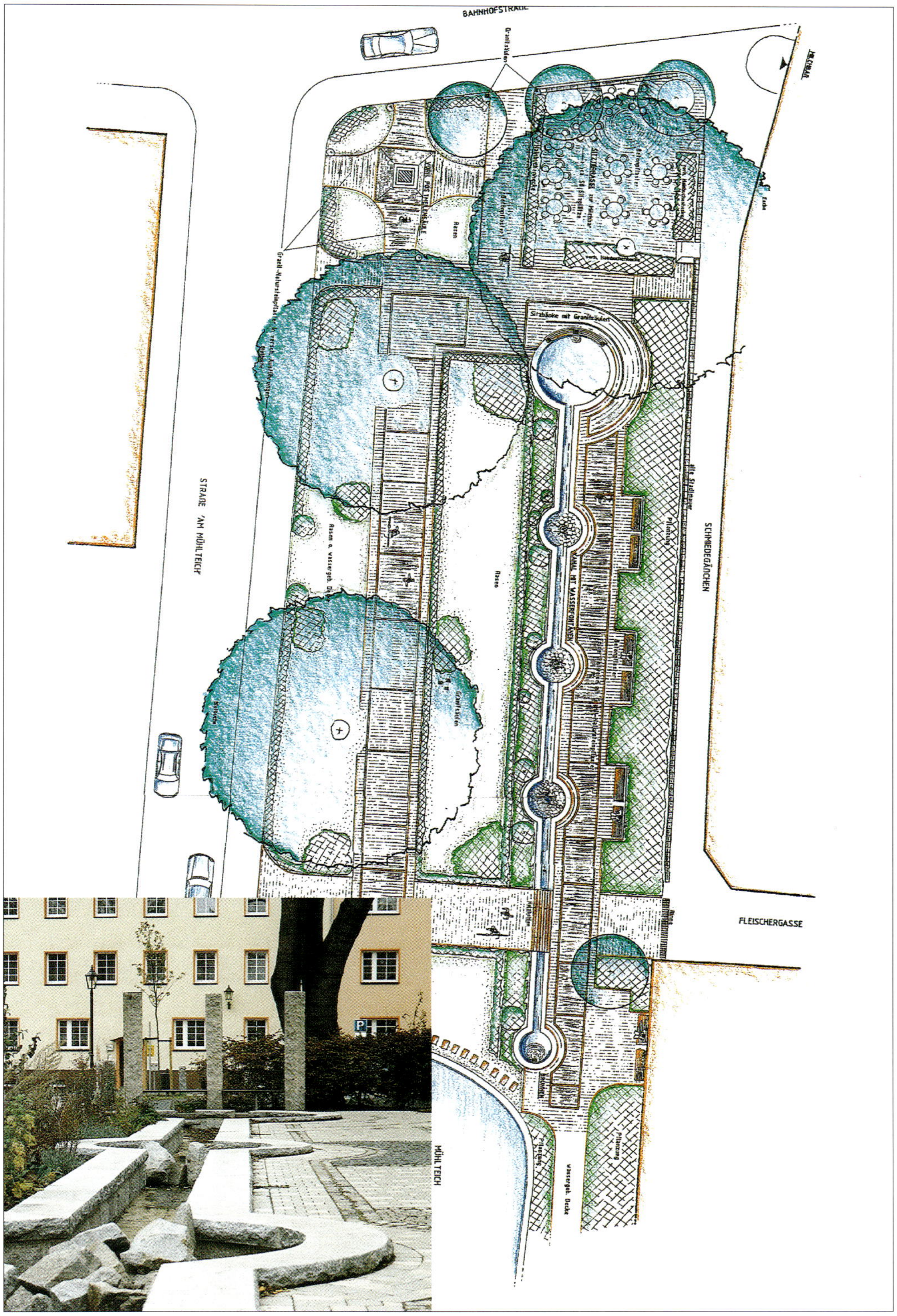

Gartendenkmalpflegerische Rahmenplanung Schlosspark Oberlichtenau

Mit der barocken Parkanlage besitzt die Gemeinde Oberlichtenau ein Kleinod, welches in seiner Geschlossenheit wertvoll ist.

Besonders das Vorhandensein des Schlosses im Zusammenhang mit seinen ehemaligen Wirtschaftsgebäuden sowie Hof, Garten und Park ist bei den kleineren sächsischen Landschlössern selten, wurden gerade die Herrenhäuser nach Kriegsende häufig zerstört.

Die Besonderheit des Oberlichtenauer Parks besteht in dem Vorhandensein einer barocken Anlage, die zwar überprägt wurde, in ihrem Grundgerüst jedoch erhalten blieb, d.h. in der Periode der landschaftlichen Gartengestaltung im Gegensatz zu vielen anderen Parkanlagen nicht umgestaltet wurde.

Dieser Tatbestand wurde anhand vielfacher Recherchen nachgewiesen.

Die Arbeit umfaßt eine umfangreiche Bestandsdokumentation und bietet der Gemeinde die Möglichkeit einer schrittweisen Wiederherstellung und Pflege der Anlage über einen Zeitraum von ca. 10 Jahren mit Hinweis auf die unterschiedlichen Prioritäten in der Verwirklichung der aufgezeigten Maßnahmen.

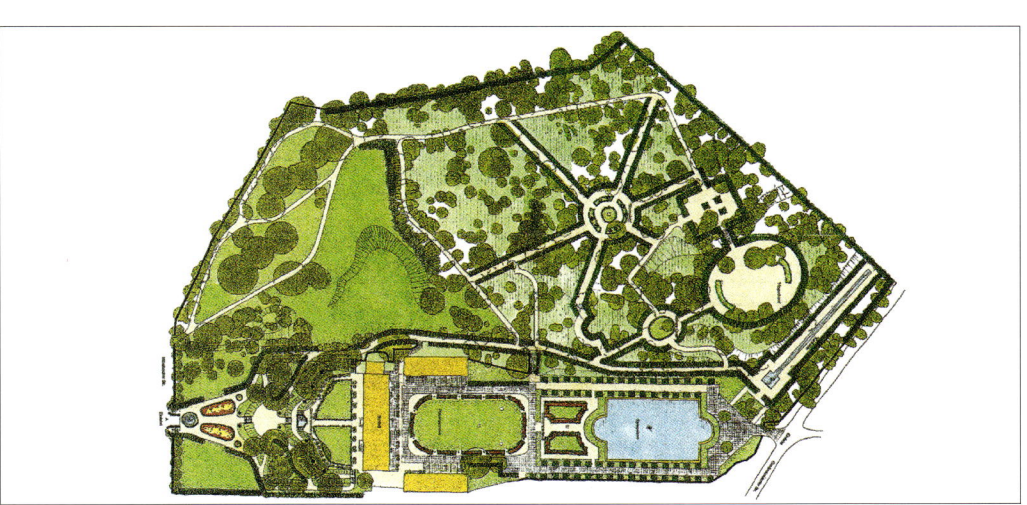

Jörn Wagner
*1959   in Pritzwalk

1980 - 83 Lehr- und Gehilfenjahre im
             Garten- und Landschaftsbau
1983 - 88 Studium an der TU Berlin, Diplom
1988 - 91 Ingenieurtätigkeit im Garten- und
             Landschaftsbau
seit 1991 selbständig, Büros in Kiel und Rostock

Freier Landschaftsarchitekt, BDLA

Arbeitsschwerpunkte

Objektplanung
Städtische Freiraumplanung · Städtesanierung · Straßen
und Plätze · Wohnumfeldverbesserung · Parkanlagen
Sport- und Freizeitanlagen · Gewerbliche Freiflächen
Dorferneuerung · Denkmalpflege · Wettbewerbe

Landschaftsplanung
Landschaftspflegerische Begleitplanung · Grünordnungsplanung · Landschaftsplanung

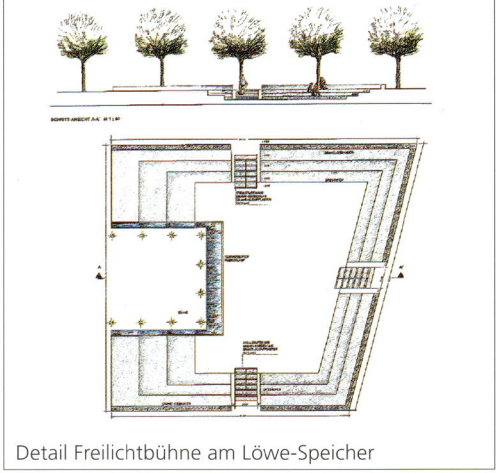

Detail Freilichtbühne am Löwe-Speicher

Freiflächengestaltung Alter Hafen Wismar

In Ergänzung eines städtebaulichen Ideenwettbewerbs
für den "Alten Hafen" in Wismar wurden 1997 nach
einem europaweiten Bewerbungsverfahren vier Planungsbüros ausgewählt und veranlaßt, ihre Vorstellungen für die Freiflächengestaltung des Hafengebie-
tes darzulegen.
Die Stadt Wismar strebt die Neuordnung und Umnutzung des ehemaligen Umschlags- und Gewerbegebietes in einen städtischen Anziehungspunkt für Tourismus und Wohnen an, ohne die Erlebbarkeit von
Hafennähe und den Bezug zum Wasser aufzugeben.

Der Entwurf schafft öffentlich nutzbare Freiräume, die
die Verbindungsfunktion zwischen historisch gewach-
sener Altstadt und dem Landschaftsraum der Wis-
marer Bucht erfüllen.
Unterschiedliche Funktionsbereiche wie die Fußgän-
gerpromenade mit platzartig gestaltetem Endpunkt,
Freilichtbühne, Marktplatz, fördern die Erlebbarkeit
des Wassers und tragen zur kulturellen Belebung des
Areals bei.

Kaianlage mit Kaleidoskop

Kaleidoskop:
Granitstele mit der Funktion eines Kaleidoskopes.
Der Betrachter schaut durch die Peilöffnungen in der
Stele und sieht die drei bedeutenden Kirchen der
Hansestadt Wismar.

Sitzmauer:
Die vorhandenen Bahnschienen bleiben als historisches Relikt erhalten, um an die ehemals wirtschaftliche Nutzung des Hafens zu errinnern.
Der jetzige Niveauunterschied wird durch eine Sitzmauer abgefangen, die zum Verweilen einlädt.

Perspektive Sitzmauer/Alte Gleisanlage

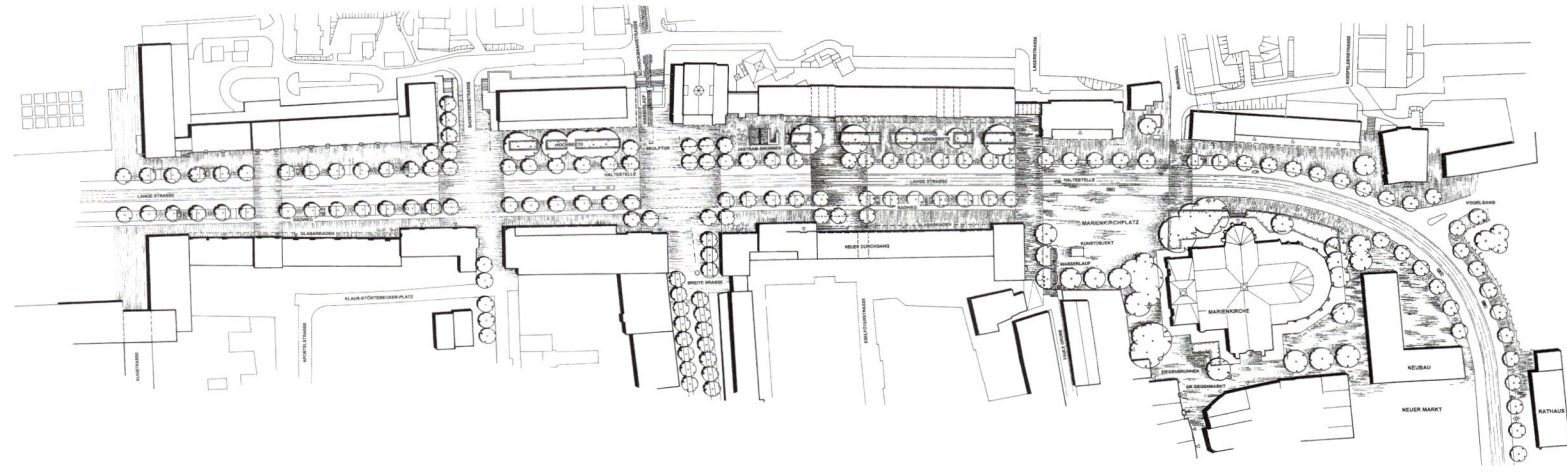

"Freiflächengestaltung Lange Straße", Rostock
Wettbewerb, 2. Preis

Die im Bewußtsein der 50er Jahre geschaffene "Magistrale" dokumentiert als Architektur- und Zeitbild den
Geist der damaligen städtebaulichen Entwicklung. Sie
zerschneidet mit ihren vier Fahrspuren und der dazwischenliegenden Straßenbahnlinie die historisch gewachsenen Nord-Süd-Verbindungen vom Hafen zur
Innenstadt.
Im Rahmen des beschränkten Ideenwettbewerbes
"Freiflächengestaltung Lange Straße, Rostock" sollten
unter Wahrung der Eigenständigkeit, Funktionalität
und Originalität Lösungen für die Überwindung der
funktionalen Trennung aufgezeigt werden.

Der Wettbewerbsentwurf greift die Gestaltungsidee
der Straßenallee auf und unterstützt die lineare Ausrichtung des denkmalgeschützten städtebaulichen
Ensembles. Die deutliche Trennung und Reduzierung
der Verkehrsflächen bei gleichzeitiger Ausweitung der
Flanierbereiche führt zu der gewünschten Verkehrsberuhigung.
Durch den Ausbau der Übergänge werden die historischen Wegebeziehungen aufgenommen und wieder
betont. In das Pflaster eingelassene Lichtbänder in
Verbindung mit Granit-Sitzelementen, sowie die sich
in Nord-Südrichtung erstreckenden Wasserläufe in der

Verlängerung der Faulen Grube und der Schnick-
mannstraße erfüllen lineare Leitfunktionen und steigern so die Durchlässigkeit zwischen südlichem und
nördlichem Stadtquartier.
Der Entwurf läßt das Umfeld der Marienkirche durch
die einseitige Auflösung der Baumallee selbstbewußt
in Erscheinung treten und schafft einen Platz als Bindeglied zwischen Altstadt und dem Straßenraum der
Langen Straße.

Marienkirchplatz

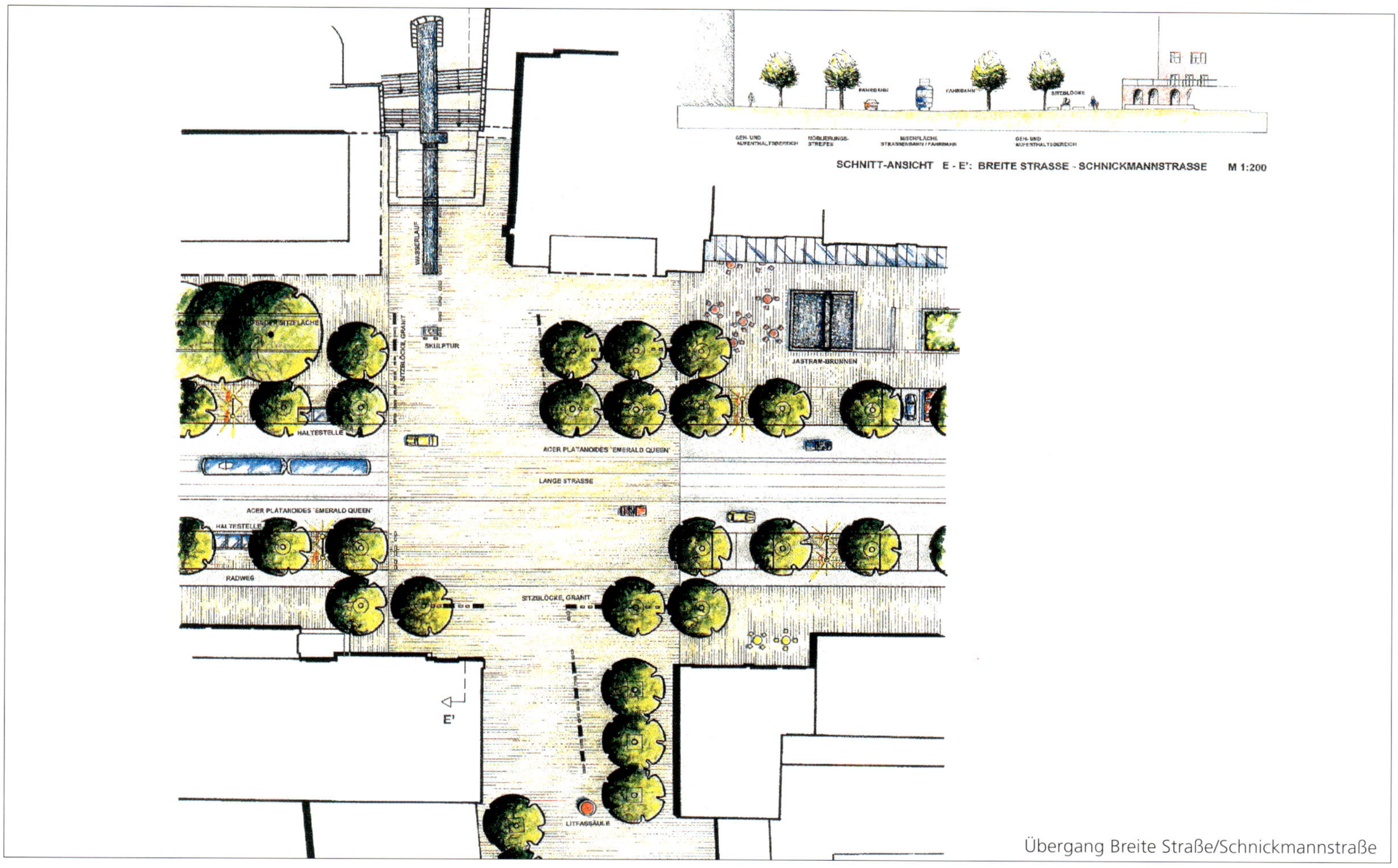

SCHNITT-ANSICHT E - E': BREITE STRASSE - SCHNICKMANNSTRASSE   M 1:200

Übergang Breite Straße/Schnickmannstraße

Wasserlauf

LANDSCHAFTSARCHITEKTEN II

.

NORDRHEIN-WESTFALEN

Joachim Müller

1976 - 80 Fachhochschule Nürtingen Abschluß Dipl.-Ing. der Landespflege

1980   Grünplanungsbüro Penker, Neuss, Planer

1981 - 84 Studien- und Arbeitsaufenthalt in den USA, Stipendium über Carl-Duisberg-Gesellschaft, Köln und Auswärtiges Amt, Bonn

1984 - 87 BBW + P GmbH, Bauleitung in Riad, Saudi-Arabien

1987   WEIDEPLAN - Consulting, Stuttgart, Planer

1988   Gründung des Grünplanungsbüros BAER + MÜLLER in Dortmund

Herr Müller ist Inhaber des Grünplanungsbüros BAER + MÜLLER.
Herr Baer ist im Dezember 1996 tödlich verunglückt.

Seit 1988 ist das Grünplanungsbüro BAER + MÜLLER in Dortmund und seit 1992 in Leipzig tätig.
Fachliche Erfahrungen und Schwerpunkte liegen in folgenden Bereichen:
· städtebauliche und landschaftliche Rahmenplanung
· Fachpläne in der Bauleitplanung, der Grünordnung, landschaftspflegerischen Begleitplanung und ökologischen Bilanzierung
· Freiflächengestaltungsplanung zu Bauanträgen
· Untersuchungen zur Stadterneuerung und Wohnumfeldmodernisierung
· Rekultivierung und ökologische Umbauplanung
· Objektplanung und Bauüberwachung: Städtische Freiräume, Grünvernetzung, Biotopverbund, Wohngrün, Verwaltungsbauten, Universitäten, Fachhochschulen, Schulen, Altenwohnungen, Altenheime, Kindergärten, Kindertagesstätten, Friedhöfe, Kleingartenanlagen, Hausgärten
· begleitende Beratung
· Teilnahme an Planungswettbewerben und an Preisgerichten
Wettbewerbserfolge: ca. 30 Prämierungen, BDA-Preis Wasserwerk Neuss, BDLA-Preis Pflanzenthema Buga Düsseldorf

Wettbewerbe (Auswahl)
· Dienstleistungszentrum Essen mit Architekt Scheele, Ankauf
· Südliche Innenstadt Schwerte mit Post + Welters, Ankauf
· Stadtwerke Betriebshof Dortmund mit Heinrich, Wörner + Vedder, 2. Preis
· Landesgartenschau Grevenbroich mit Landschaftsarchitekt Bücker, Ankauf
· Lippische Landes-Brandversicherungsanstalt mit Heinrich, Wörner + Vedder, 2. Preis
· Städtebaulicher und landschaftlicher Ideenwettbewerb zur Umnutzung des ehemaligen Flughafens München-Riem mit Frauenfeld, 1. Preis
· ARDEY-Getränkefabrik in Dortmund-Derne mit Heinrich, Wörner + Vedder, 1. Preis

Metro Hauptverwaltung Düsseldorf
Architekt: RKW, Düsseldorf; Bauherr: Bilfinger + Berger, Düsseldorf

Neubau im Gewerbepark "Schlüterstraße", Düsseldorf.

Trotz beengter Verhältnisse und eines komplett unterbauten Innenhofes sollte ein imagewirkendes Konzept gefunden werden, mit dem der Nutzer sich identifizieren konnte.

Dies wurde erreicht durch die Verwendung von Metaphern in der Designsprache (Düsseldorf am "Rhein" = schwingende Linien) und klare z.T. abstrakte Verwendung von Pflanzenmaterialien.

Der Nutzer ist begeistert und ein weiteres Gebäude mit Freiflächenplanung in der Bearbeitung.

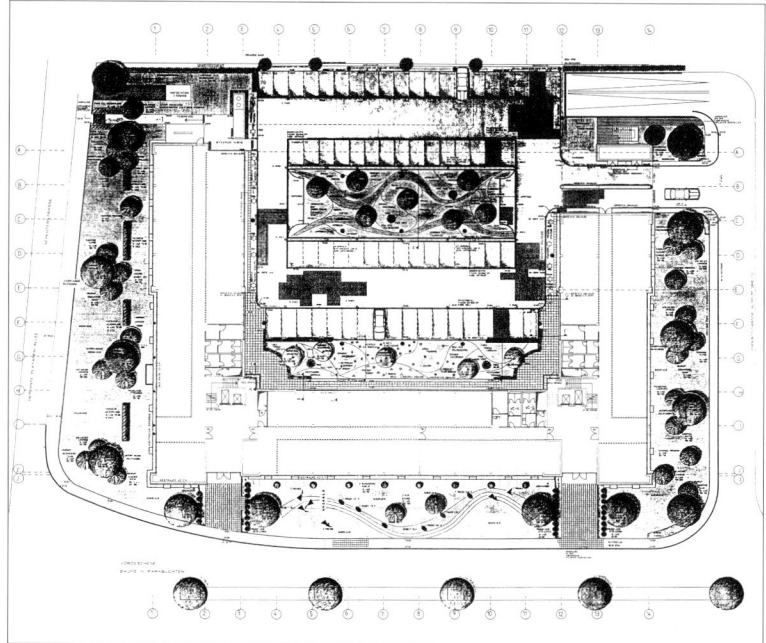

Fachhochschule Gelsenkirchen, Erweiterung
Architekt: Büro Schramm, Gelsenkirchen
Bauherr: Staatliches Bauamt Recklinghausen

Die Zunahme der Studentenzahl machten einen Neubau notwendig, dessen Wettbewerb das Büro Schramm aus Gelsenkirchen gewann.

Während die der "alten" FH zugewandte Nordseite campusartig gestaltet wurde, mit Anbindung an die östlich gelegene "alte" FH und den westlich gelegenen Kfz-Stellplätzen, war auch hier Regenwasser- und Bodenmanagement in der Grünplanung gefragt; es gehört mittlerweile zum alltäglichen Geschäft, diese ökologischen Managementaufgaben im Rahmen einer Neu- oder Umplanung zu bewältigen.

Universität - GH Paderborn, Abteilung Soest
Umnutzung der ehemaligen "Rumbecke-Kaserne"
Bauherr: Land NRW, Staatliches Bauamt Soest

Die "Rumbecke-Kaserne" wurde Anfang der 90er Jahre von den belgischen Streitkräften als Standort einer Panzerkompanie aufgegeben. Damit, wie auch andernorts, erhielten Staat und Land Baulichkeiten, die anderen Zwecken zugeführt werden sollten bzw. konnten.

Hier wurde die Gelegenheit genutzt, eine Außenstelle der Universität - Gesamthochschule Paderborn mit den Fachbereichen Maschinen/Elektrotechnik, Landbau und eine Fern-Uni zu schaffen.

Da über 90 Prozent der existierenden Gebäude wiedergenutzt werden, war eine wichtige Aufgabe der Grünplanung das Wiederverwerten von brauchbarem existierenden Pflaster und anderem Material (z.B. Unterbau), das Bodenmanagement, da keine nicht-kontaminierten Böden abgefahren werden sollten und das Regenwassermanagement der Dach- und anderer Oberflächen mittels Versickerungs- und Retentionsflächen. Diese Rahmendaten bestimmten den Entwurf, der im wesentlichen aus offenen "Trockenbächen" und markanten Erdmodellierungen besteht.

Das Design der "Neuen Uni/GH" wurde 1995 vom Bauministerium des Landes NRW mit dem Konversionspreis ausgezeichnet.

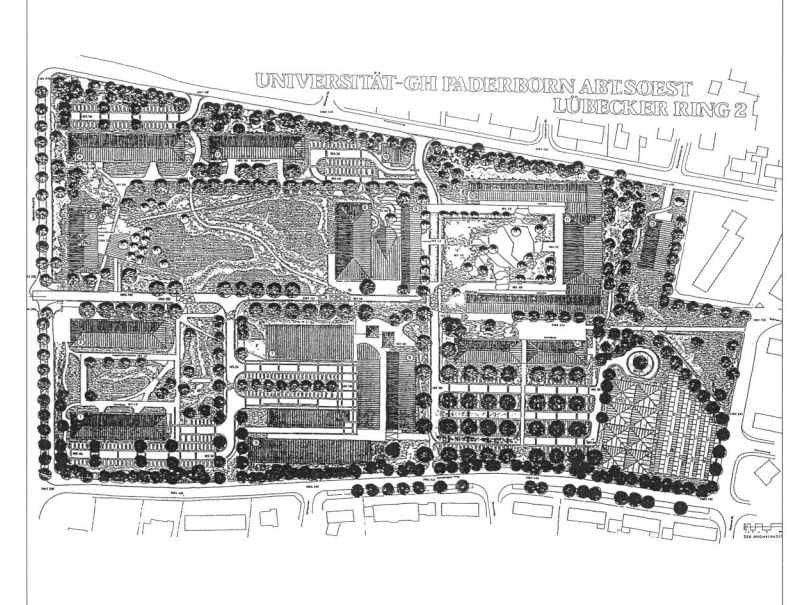

Bimberg

Ina Bimberg

1981   Studium Garten- und Landschafts-
        gestaltung TU Berlin, Diplom
1981 - 82 Mitarbeit im freien
        Landschaftsarchitekturbüro
1983 - 85 Mitarbeit im Zentralverband
        Gartenbau
seit 1986 Planungsbüro in Iserlohn

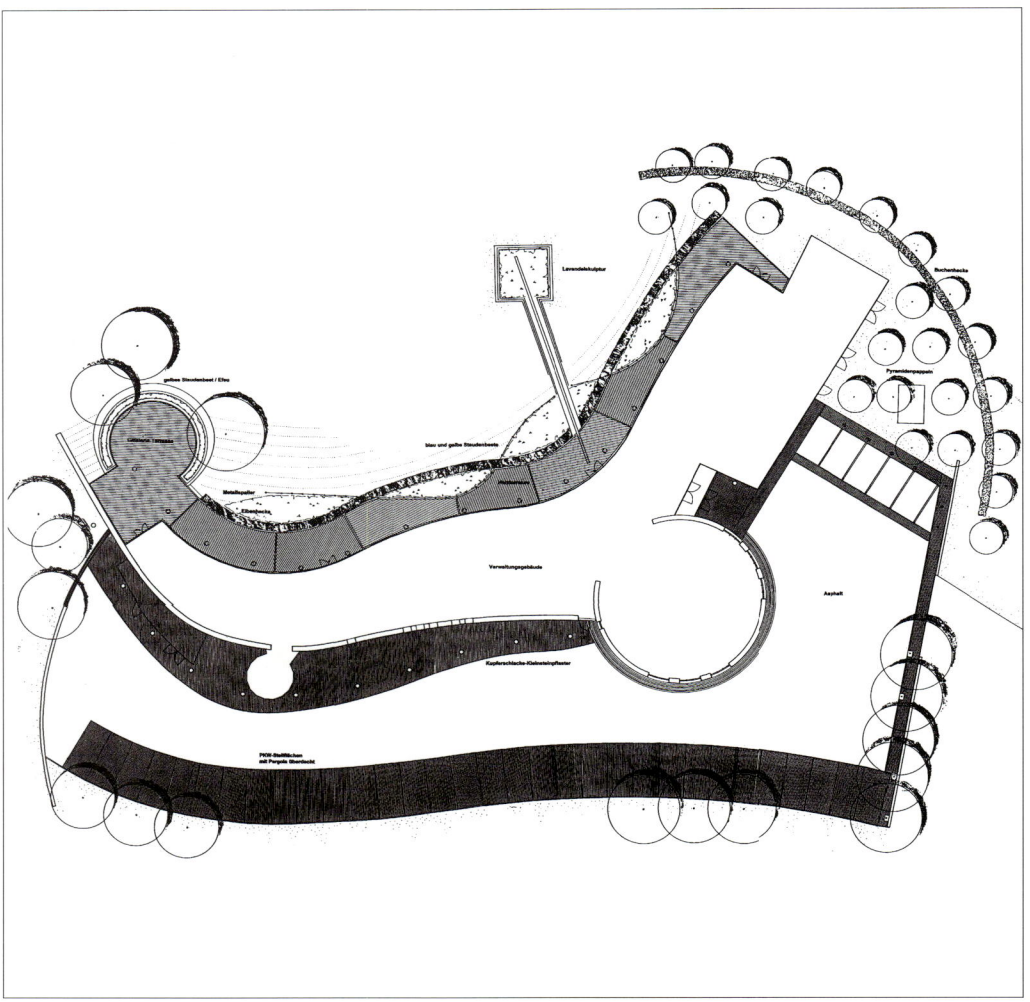

Projekt Erdgas Münster
Verwaltungsneubau/Außenanlagen

in Zusammenarbeit mit Brigitte Fink, Landschaftsar-
chitektin MDL, Dänemark
Bauherr: Erdgas Verkaufsgesellschaft mbH, Münster -
Architekten: Storch + Ehlers, Architekten BDA, Han-
nover
Ausführung: Fa. Thüer, Garten- und Landschaftsbau,
Hamm - Ausführungszeitraum: 1995/96

Das Verwaltungsgebäude der Erdgas öffnet sich im
Halbrund zu einem öffentlichen Grünzug entlang der
Aa. Die Außenanlagen gehen ohne Einfriedungen
oder Abgrenzungen in die extensiven Wiesen am Fluß
über. Lediglich unmittelbar an der Gebäude-Südfront
erstreckt sich ein schmaler, intensiv gestalteter Bereich
vor den Fenstern der Sitzungsräume und der Kantine:
eine Holzterrasse, ein Band streng geschnittener
Eibenhecken und Flächen mit blauen und gelben
Beetstauden. Sichtschutz bietet ein lichter Metallzaun,
der mit Clematis-Hybriden bepflanzt ist.

Fotos: Christian Richters, Münster

Projekt Katholischer Kindergarten St. Benno, Dortmund

Bauherr: Katholische Kirchengemeinde St. Benno
Architekten: Heinrich, Wörner, Vedder, Architekten BDA, Dortmund
Ausführung: GaLa 80 GmbH, Dortmund
Ausführungszeitraum: 1995/96

Der Kindergarten als Anbau an ein Gemeindezentrum und die Kirche aus den 70er Jahren ließ für die Freianlagen nur wenig Platz. Entsprechend zeigt der Entwurf die Beschränkung auf wenige, wesentliche Elemente:
Die ebene Plattenfläche vor den Gruppenräumen zum Malen, Fahren und Laufen, der große Sandkasten umgeben von Holzdecks und geschützt durch eine Buchenhecke, die zentrale, quadratische Rasenfläche und ein Spiel- und Kletterturm.

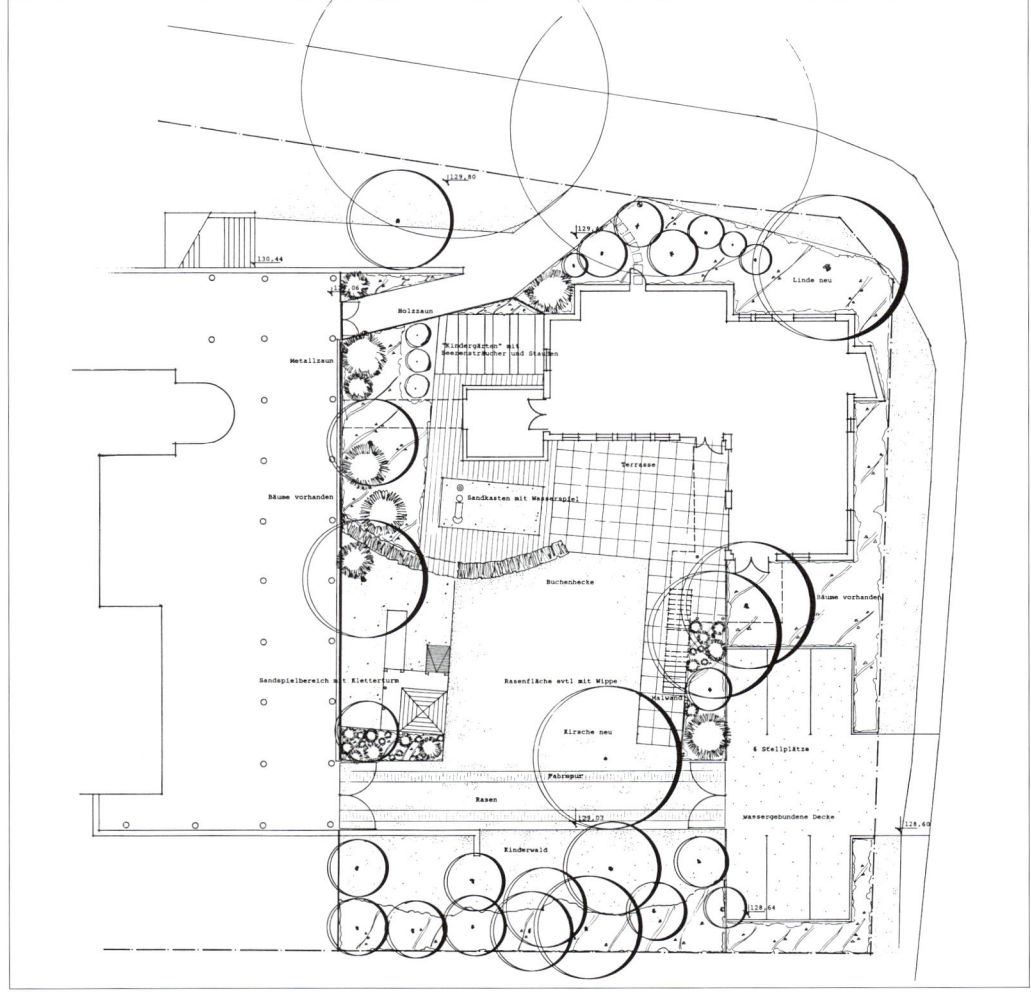

Brinkschmidt, Kortemeier & Partner

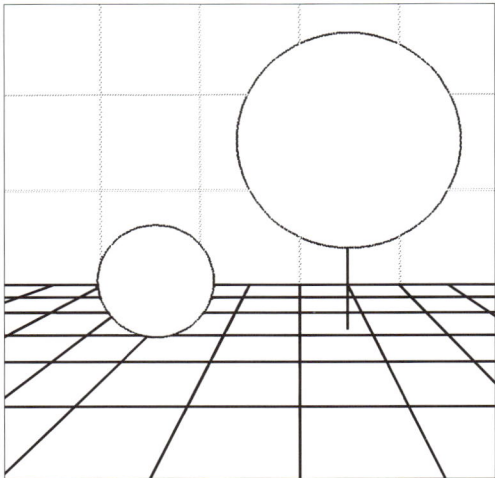

BRINKSCHMIDT, KORTEMEIER + PARTNER
LANDSCHAFTSARCHITEKTEN BDLA

Kurt Brinkschmidt
*1926

1946 - 47	Gärtnerlehre
1948	Gehilfe im Garten- und Landschaftsbau
1953	Diplom TU Hannover
seit 1954	Mitarbeiter im Büro Volke, Detmold
seit 1960	eigenes Büro in Herford
1981 - 91	Sozietät mit Ulrich Kortemeier

Ulrich Kortemeier
*1946

1965 - 68	Gärtnerlehre
1972	Diplom FH Osnabrück
1975	Diplom TU Hannover
seit 1975	Mitarbeiter des Büros
seit 1978	Lehrauftrag an der GHS Paderborn/Höxter
1981 - 91	Partner von Kurt Brinkschmidt

Rainer Brokmann
*1958

1980 - 82	Gärtnerlehre
1988	Diplom TU Hannover
seit 1988	Mitarbeiter des Büros
seit 1993	Partner von Ulrich Kortemeier

Planungsschwerpunkte

Bereich Objektplanung
· Grünordnungspläne
· Dorferneuerung
· Schulhöfe und Sportanlagen
· Friedhöfe
· Naherholungs- und Freizeitanlagen
· Parkanlagen
· Spielplätze
· Verwaltungs- und Bürogebäude
· Sozialer Wohnungsbau
· Hausgärten

Bereich Landschaftsplanung
· Umweltverträglichkeitsstudien
· Landschaftspflegerische Begleitpläne
· Rekultivierungspläne
· Gestaltungskonzepte für Deponien
· Gutachten
· Gewässerrenaturierungen
· Pflege- und Entwicklungspläne
· Landschaftspläne

1 Garten eines ländlichen Wohnsitzes in Ostwestfalen
2 Kalksteinbruchrekultivierung im Sauerland

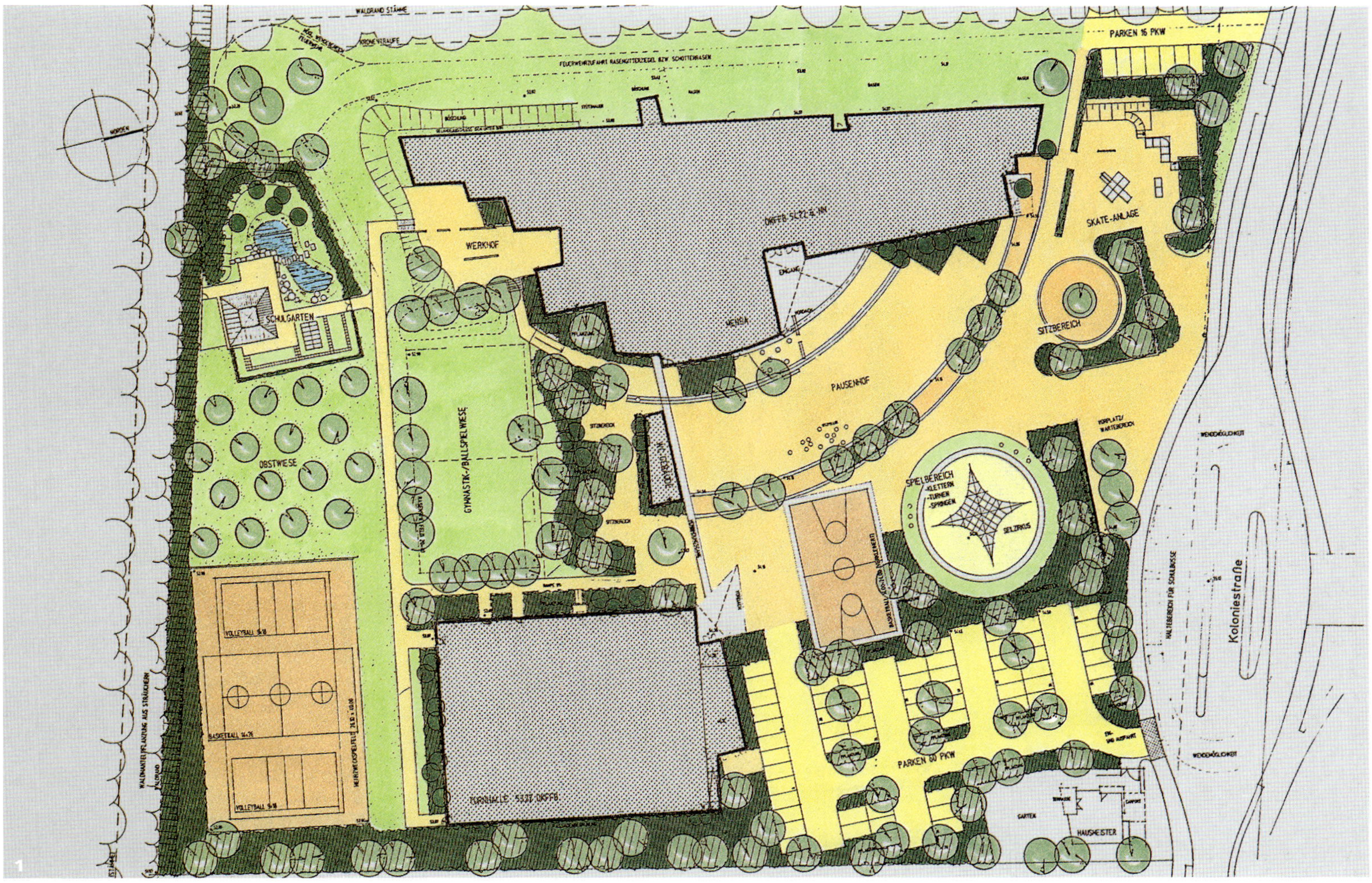

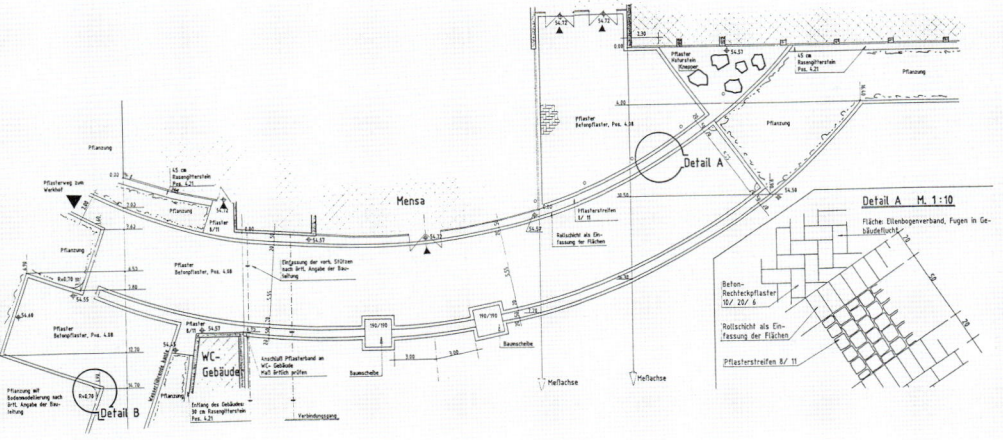

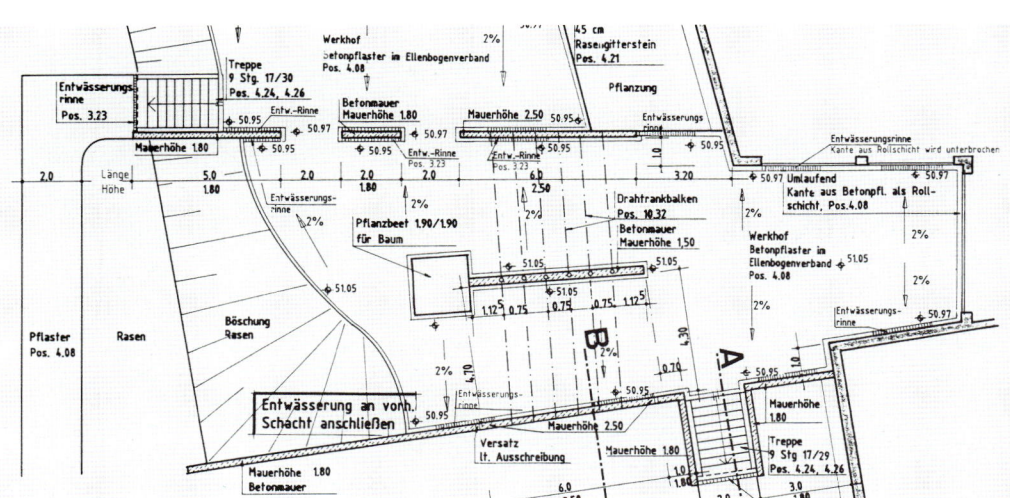

Neubau einer Hauptschule in Espelkamp
Architekten: Brinkmeier, Krauss, Stanczus

Das 1996 fertiggestellte Schulgebäude liegt im Übergangsbereich zwischen vorhandener Wohnbebauung und Wiesen- und Waldflächen am Stadtrand von Espelkamp.

Die durch den Gebäudegrundriß vorgegebenen Rundungen und schräg eingestellten Gebäudekanten wurden zum prägenden Element des Freiflächenentwurfes.

Die Funktionsbereiche der Sport- und Verkehrsflächen ordnen sich diesem Prinzip unter und fügen sich in das Gesamtkonzept ein.

1 Grundriß
2 Teich im Schulgarten
3 Detail Pausenhof
4 Detail Werkhof

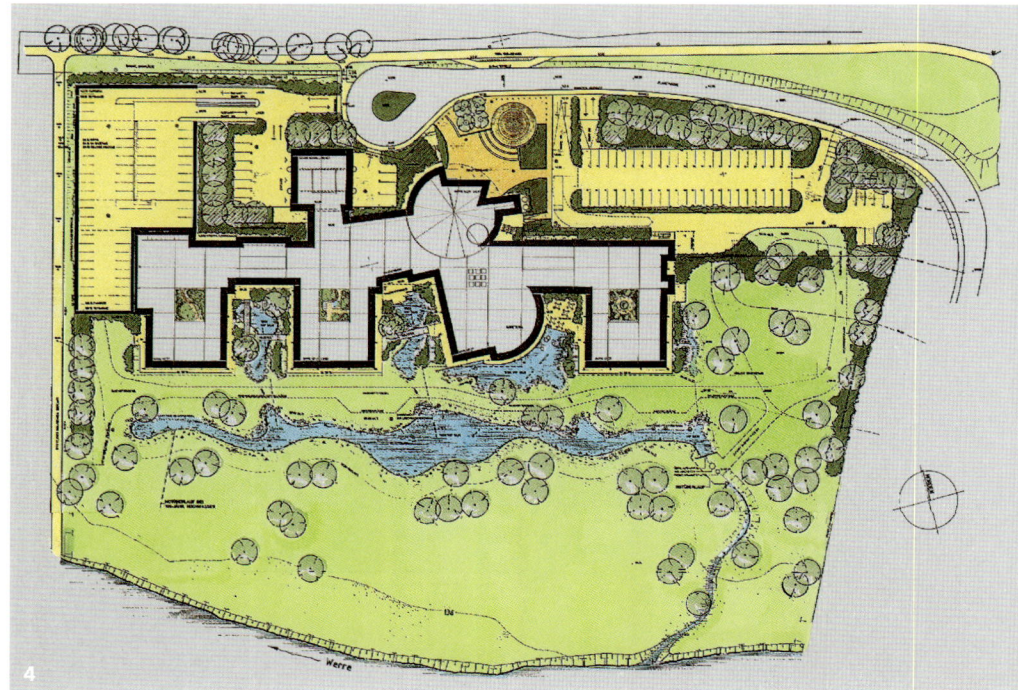

Neubau Verwaltungsgebäude der Lippischen Landes-Brandversicherungsanstalt, Detmold
Architekt: R. Busl/GWB Planen + Bauen

Zielsetzung des Entwurfs war, das Anliegen des Architekten, maßvoll proportionierte Baukörper in die Topographie der Hanglage eingebettet erscheinen zu lassen und landschaftlich einzubinden, aufzugreifen und weiterzuentwickeln.

Zurückhaltende Gestaltung des funktional Erforderlichen wie der Zufahrten und Parkplätze kontrastiert hier mit dem repräsentativen, aber ebenso schlichten, geometrischen Ambiente des Eingangsbereiches einerseits und dem naturnahen Charakter andererseits.

Eine ausgedehnte Teichlandschaft bildet gleichsam verbindend den gestalterischen Zusammenhang des in vier Einzelblöcke gegliederten Baukörpers und symbolisiert das "Ineinandergreifen" an der Nahtstelle zwischen Bebauung und der naturräumlichen Situation der Flußaue.

Zur weiteren Einbindung wurden sämtliche Dachflächen von Sockel-, Erd- und Obergeschossen extensiv begrünt.

1 Eingangsbereich
2 Blick von Südosten
3 Detail im Innenhof
4 Lageplan
5 Teichlandschaft

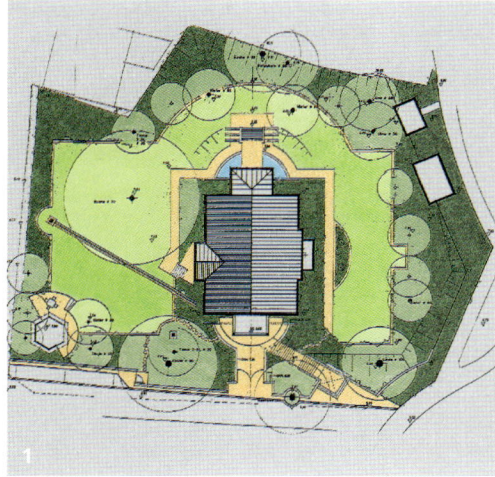

Garten T. in Herford
Architekten: Nickles + Quack

Nach Renovierungs- und Umbauarbeiten an der Villa aus der Gründerzeit entstand ein alter Garten neu: Der vorhandene, alte Baumbestand wurde durch Gehölzstrukturen ergänzt und mit schattenverträglichen, zumeist wintergrünen Bodendeckern unterpflanzt. Die Verwendung von Blühaspekten beschränkt sich auf wenige, aber wirkungsvolle Akzente.

Ungewöhnliches Detail der ansonsten schlichten Materialverwendung: Das lichte Grün der Baumkronen spiegelt sich in einem polierten Edelstahlband in der achsialen Verlängerung des Haupteingangs.

1 Lageplan
2/3 Stufen
4 Kunst-Achse

Planungsbüro Landschaftsarchitekt Calles, BDLA
gegründet 1926 durch Victor Calles †1969

Horst Victor Calles
*1939 · Gärtnerische Lehre in Stauden- und Baumschulen
Studium in Weihenstephan, Kassel, Hannoversch-Münden,
Köln und Aachen · Übernahme des Planungsbüros 1969

Luc De Brabant
*1964 · Gärtnerische Ausbildung in Antwerpen, Praktika
in verschiedenen Planungsbüros · Studium in Melle (Belgien), Diplom 1987 · Eintritt in das Planungsbüro Calles in
Köln 1989 · seit 11/97 Leitung des Planungsbüros

Andrea Calles De Brabant
*1964 · zweijährige Lehre bei Zavelberg (Brühl) und
Kayser & Seibert (Roßdorf) · Studium in Melle (Belgien),
Diplom 1988 · Eintritt in das Planungsbüro Calles in
Köln 1990 · seit 11/97 Leitung des Planungsbüros

Torsten Horst Victor Calles
*1965 · Gärtnerische Lehre, Baumschule, Stauden- und
Landschaftsbau, Praktika in verschiedenen Planungsbüros · Studium in Essen, Diplom 1997 · seit 11/97 Leitung des Planungsbüros

SAUNA

QUELLE

VORH. TEICH

BRÜCKE

WASSER-
TREPPE

TEICH

STAUDEN

RASEN

GRILLHÜTTE

ZAUN

MÄHKANTE

PALISADEN

HÜGEL

BRUNNEN

DACHBEGRÜNUNG

ROSEN

PERGOLA

RASEN

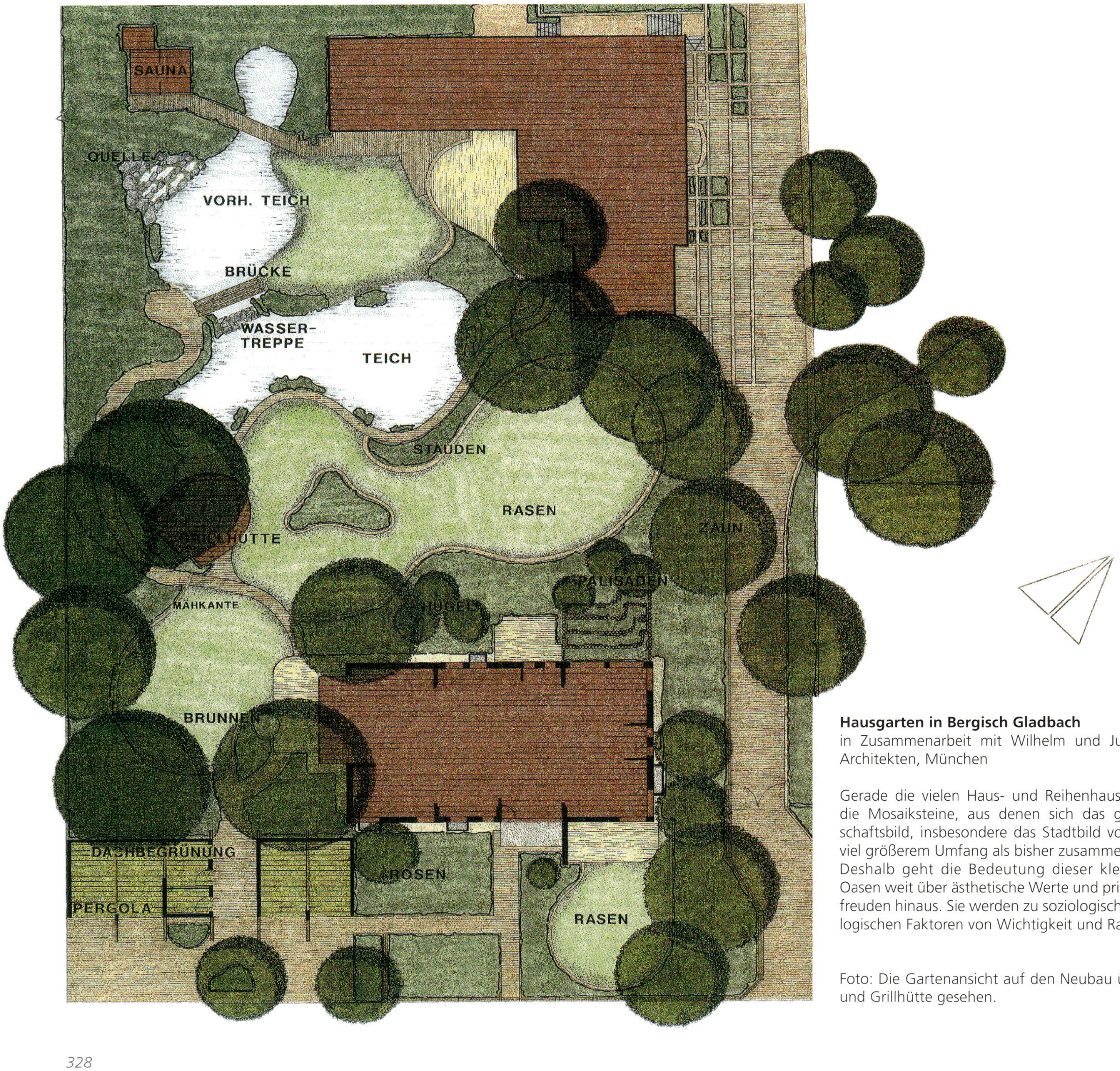

Hausgarten in Bergisch Gladbach
in Zusammenarbeit mit Wilhelm und Jutta Betsch,
Architekten, München

Gerade die vielen Haus- und Reihenhausgärten sind
die Mosaiksteine, aus denen sich das große Landschaftsbild, insbesondere das Stadtbild von heute, in
viel größerem Umfang als bisher zusammensetzt.
Deshalb geht die Bedeutung dieser kleinen Grün-
Oasen weit über ästhetische Werte und private Besitz-
freuden hinaus. Sie werden zu soziologischen und bio-
logischen Faktoren von Wichtigkeit und Rang.

Foto: Die Gartenansicht auf den Neubau über Brücke
und Grillhütte gesehen.

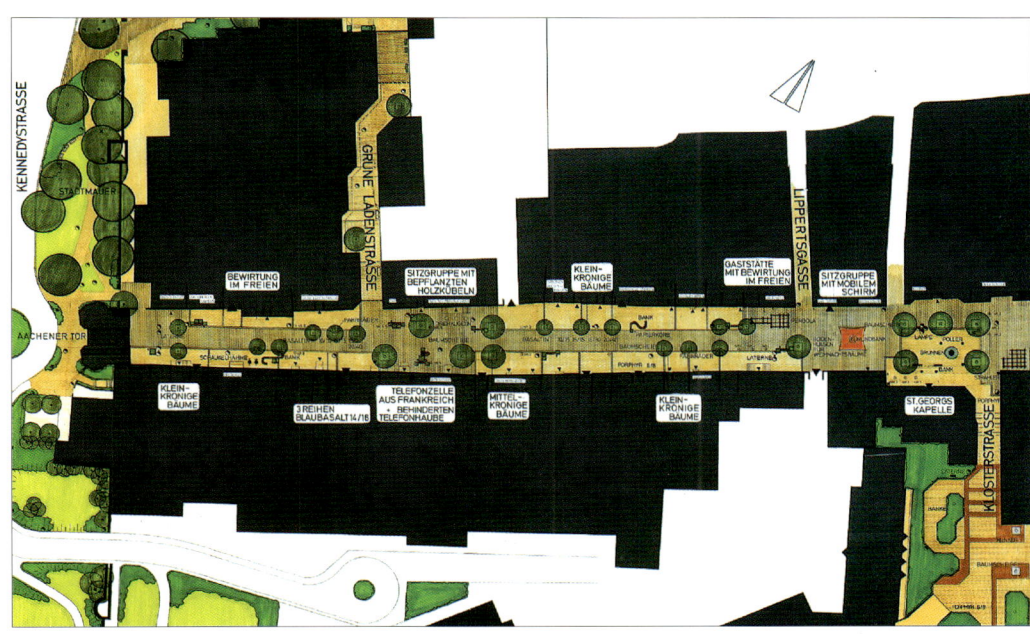

Fußgängerzone Bergheim

Mittelpunkt der Stadt Bergheim wurde die vom Büro Calles in Zusammenarbeit mit dem Büro Prof. Heinz Zimmermann (†), Köln, geplante, ca. 600 m lange Fußgängerzone mit dem seitlich angebundenen Stadthallenvorplatz, dem Krankenhausvorplatz, dem Fußgängerbereich an der Stadtmauer und der grünen Ladenstraße.

Foto: Fußgängerzone (Stichweg) innerhalb der Stadtmauer am Aachener Tor
Planabbildung: Fußgängerzone, 1. Bauabschnitt

Tagebauplanung Frimmersdorf Süd

Dieser Landschaftssee entstand als Beispiel einer Detailplanung der vorangegangenen generalisierenden Tagebauplanung Frimmersdorf Süd im Auftrag der Stadt Bedburg.

Der von Rheinbraun im Abschlußbetriebsplan fast quadratisch geplante See bei Kaster wurde aufgrund von Wassermangel der Erft zu einem etwas verdickten Bachlauf reduziert. Erst die Idee des Planverfassers, das vorhandene Wasser der Erft aufzuteilen und an zwei Stellen in den See fließen zu lassen, ergab eine ansprechende Seeform, wie sie heute vor Ort zu sehen ist.

Umlaufende Fußwege dienen der Erholungsnutzung in einem vielfältig gestalteten naturnahen Bereich. Um eventuelle negative Auswirkungen durch Besucher auf die ökologischen Funktionen des Gewässers zu vermeiden, wurde ein ausreichender Abstand der Wege von den Wasserflächen vorgesehen.

Mit Gehölzanpflanzungen erfolgt auf weiten Teilstrecken noch eine zusätzliche Abschirmung.

Foto: Kasterer See, Luftbild

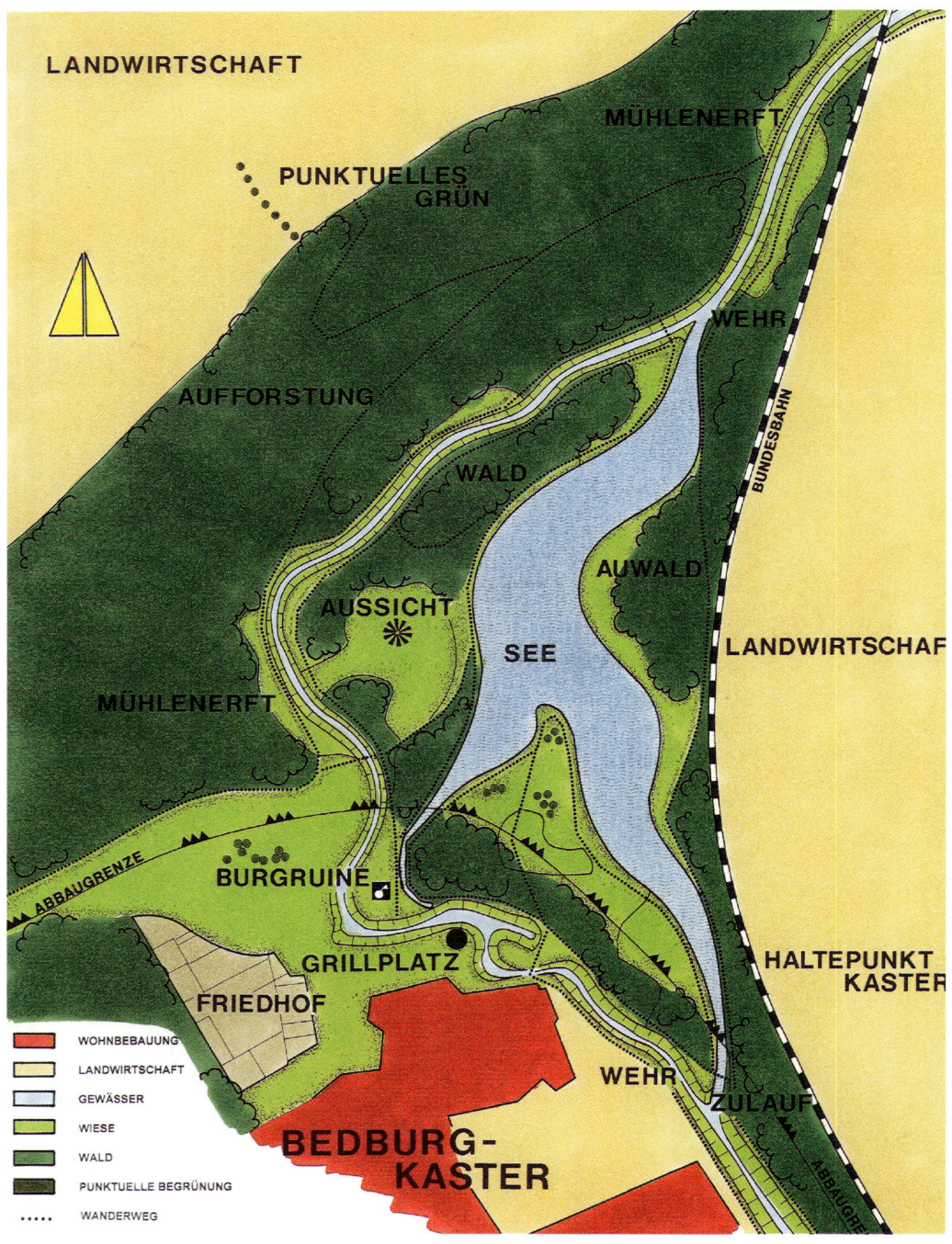

**Außenanlagen Verwaltungsgebäude Flughafen
Köln-Bonn mit Innenbegrünung**
in Zusammenarbeit mit Burken und Wittkowski,
Architekten, Köln-Porz

Mit den im Plan dargestellten Außenanlagen wurde
auch die Innenbegrünung und die extensive Dachbegrünung des Verwaltungsgebäudes verwirklicht.

Foto: Mit der Innenbegrünung werden die einzelnen
Stockwerke optisch miteinander verbunden.

Davids, Terfrüchte & Partner

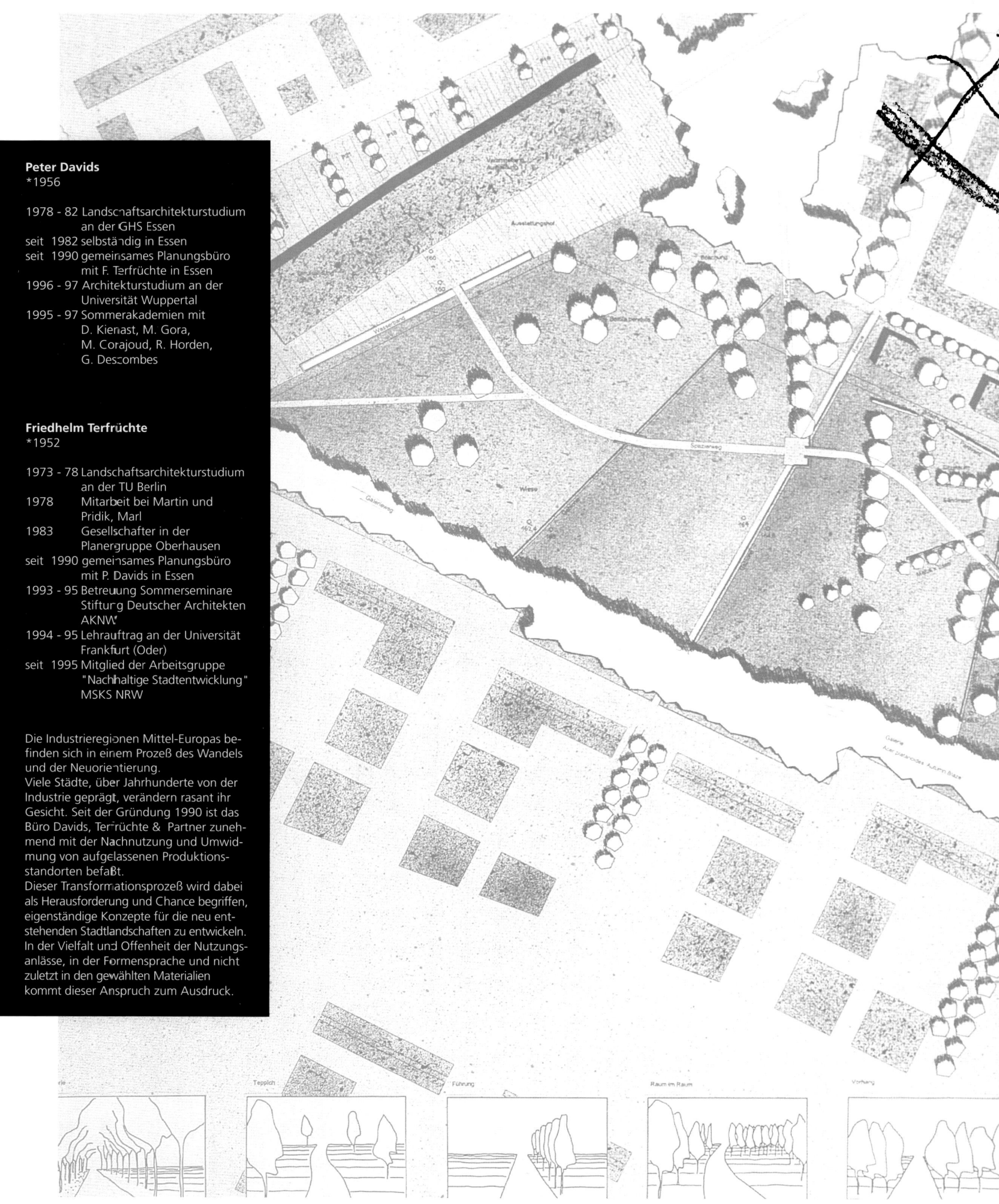

Peter Davids
*1956

1978 - 82 Landschaftsarchitekturstudium
          an der GHS Essen
seit 1982 selbständig in Essen
seit 1990 gemeinsames Planungsbüro
          mit F. Terfrüchte in Essen
1996 - 97 Architekturstudium an der
          Universität Wuppertal
1995 - 97 Sommerakademien mit
          D. Kienast, M. Gora,
          M. Corajoud, R. Horden,
          G. Descombes

Friedhelm Terfrüchte
*1952

1973 - 78 Landschaftsarchitekturstudium
          an der TU Berlin
1978   Mitarbeit bei Martin und
          Pridik, Marl
1983   Gesellschafter in der
          Planergruppe Oberhausen
seit 1990 gemeinsames Planungsbüro
          mit P. Davids in Essen
1993 - 95 Betreuung Sommerseminare
          Stiftung Deutscher Architekten
          AKNW
1994 - 95 Lehrauftrag an der Universität
          Frankfurt (Oder)
seit 1995 Mitglied der Arbeitsgruppe
          "Nachhaltige Stadtentwicklung"
          MSKS NRW

Die Industrieregionen Mittel-Europas befinden sich in einem Prozeß des Wandels
und der Neuorientierung.
Viele Städte, über Jahrhunderte von der
Industrie geprägt, verändern rasant ihr
Gesicht. Seit der Gründung 1990 ist das
Büro Davids, Terfrüchte & Partner zunehmend mit der Nachnutzung und Umwid-
mung von aufgelassenen Produktions-
standorten befaßt.
Dieser Transformationsprozeß wird dabei
als Herausforderung und Chance begriffen,
eigenständige Konzepte für die neu entstehenden Stadtlandschaften zu entwickeln.
In der Vielfalt und Offenheit der Nutzungs-
anlässe, in der Formensprache und nicht
zuletzt in den gewählten Materialien
kommt dieser Anspruch zum Ausdruck.

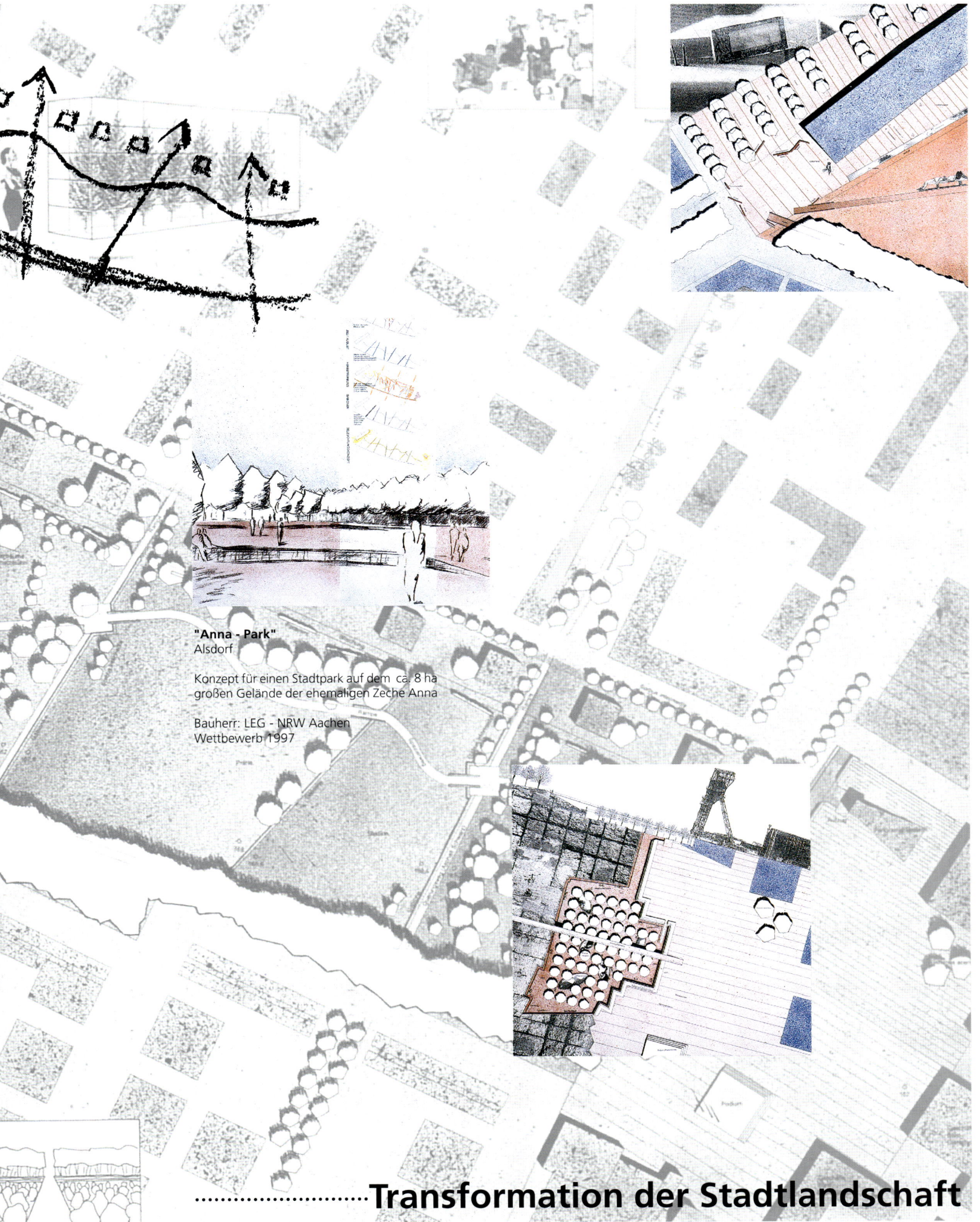

"Anna - Park"
Alsdorf

Konzept für einen Stadtpark auf dem ca. 8 ha
großen Gelände der ehemaligen Zeche Anna

Bauherr: LEG - NRW Aachen
Wettbewerb 1997

Transformation der Stadtlandschaft

**Stadtteilpark "Friedrich-Wilhelms-Hütte"
Troisdorf**
mit Architekt E. Klein, Bochum

Neunutzung eines ca. 6 ha großen
aufgelassenen Stahlstandortes

Bauherr: Stadt Troisdorf
Fertigstellung 1995

Foto: Eva G. Potthoff, Castrop-Rauxel

Transformation der Stadtlandschaft

Freianlagen Thermoinsel
Essen Bergmannsfeld

Freianlagen an der "Thermoinsel",
einem innovativen Luft-Wärme-Blockheiz-
kraftwerk, in einem Hochhauswohnquartier

Bauherr: LEG - NRW Düsseldorf
Fertigstellung: 1997

Projekte (Auswahl)

·EXPO 2000 Chemical Expo Leuna 1997
·Waldband Welheimer Mark
 Bottrop 1997
·Dachlandschaft Einkaufszentrum Berliner
 Platz Ratingen 1997
·Seniorenpark Haus Stock der Stiftung
 Remscheid 1997
·Wohnumfeld Niebuhrstraße Essen 1997
·Stadtpark Roland Oberhausen 1997
·Wettbewerb Annapark Alsdorf 1997
 (3. Preis)
·Freianlagen Förderschule für Geistig
 Behinderte Frankfurt (Oder) 1997
·Wohnumfeld Freianlagen Bergmanns-
 hütte Essen 1997
·EXPO 2000 Transversaale Halle 1997
·Modellprojekt Regenwassermanagement
 Knappenviertel Oberhausen 1997
·Freianlagen Thermoinsel Essen 1997
·Stadtgartenanlage Sandberg-
 Meckhofen Leverkusen 1997
·Freianlagen Verwaltungsgebäude
 LEG - NRW Düsseldorf 1996/97
·Stadtpark Goebels Mönchengladbach 1997
·Wettbewerb Wohnungsbau Andrews-
 Kaserne Berlin (1. Ankauf) 1996
·EUROGA 2002 Konzeption für eine
 regionale "Landschaftsschau" 1996
·Stadtgartenanlage "Holzer Wiesen"
 Leverkusen 1996
·Wettbewerb Bahnhofsvorplatz Mainz
 (3. Preis) 1996
·Neugestaltung Mühlenplatz und Kurpark
 Buckow 1995
·Regenwassermanagement Postbank
 Köln 1996
·Freianlagen Internationale Jugend-
 bildungsstätte Blossin 1996
·Grünpark Fernholz Ratingen 1995
·Wohnumfeld Höppner-Kaserne
 Wuppertal 1995, 1. Ankauf
·Landschaftsparks Regionale Grünzüge
 A + B, IBA-Emscher Park 1995
·Wohnumfeld / Freianlagen
 Ratingen West 1994
·Realisierungswettbewerb Stadtpark
 Friedrich-Wilhelms-Hütte Troisdorf
 (1. Preis) 1994

Auszeichnungen:

·Kölner Architekturpreis
·BDA-Preis
·1. Sieger im Bundeswettbewerb
 "Gärten in der Stadt"

Transformation der Stadtlandschaft

Karl F. Grohs

*1948 · 1970 - 73 Studium Landespflege, Gesamthochschule Essen · 1973 - 78 Technische Universität Hannover · 1978 Gründung der Deutschen Golf Consult in Essen · Gründungsmitglied der European Society of Golf Course Architects ESGA
Landschaftsarchitekt BDLA/ESGA

Rainer Preißmann

*1948 · 1970 - 73 Studium Landespflege, Gesamthochschule Essen · 1974 - 78 Technische Universität Hannover · seit 1976 freier Landschaftsarchitekt · 1978 Gründung der Deutschen Golf Consult in Essen · Gründungsmitglied der European Society of Golf Course Architects ESGA
Landschaftsarchitekt BDLA/ESGA

Maximilian Frhr. von Wendt

*1945 · 1968 - 72 Studium der Landespflege, FH Osnabrück · seit 1975 freier Landschaftsarchitekt, Planungsbüro in Kalkar · seit 1994 Mitgesellschafter der Deutschen Golf Consult, Essen
Landschaftsarchitekt BDLA

Golfplatz Golf-Resorts Bitburger Land

Bereits Ende der 80er Jahre brachten die Abzugspläne der amerikanischen Truppen aus Rheinland-Pfalz in strukturschwachen Grenzräumen wie der Eifel die Politiker ins Schwitzen. Es wurde nach tragfähigen Konzepten gesucht, um die abzusehenden wirtschaftlichen Einbrüche zu verhindern. Als sogenannter "weicher Standortfaktor" wurde daher die Stärkung des Fremdenverkehrs forciert.

Vertreter der Verbandsgemeinde Bitburg waren der Auffassung, daß ein Golfplatz neben der restaurierten Wasserburg Ritterdorf ein weiterer Aktivposten für den Fremdenverkehr des Bitburger Landes wäre. Eine Standortuntersuchung wurde in Auftrag gegeben, und wenig später konnte der Aufsichtsratsvorsitzende der DORINT-Hotelgruppe als Mitinitiator für den Bau eines 18-Loch Golfplatzes begeistert werden.

Geplant wurde schließlich ein hochwertiger Turnierplatz, den es in eine topographisch anspruchsvolle Situation oberhalb des Prümtals zu integrieren galt. Einige Abschläge und Grüns wurden mit Steinmauern in der landschaftlich typischen Weise gefaßt. Die historische Bauform dieser Landschaft bestimmt auch das großzügige Clubhaus, das sich ebenso harmonisch wie die Gesamtanlage in die Bilderbuchlandschaft zwischen Stausee und angrenzendem Bedhard-Wald einfügt.

Mit den 18 Spielbahnen ist der Grundstein für das Golf-Resort Bitburger Land gelegt. Für die Zukunft wurden bereits Planungen für den Ausbau eines Practice Ground und einer weiteren 18-Loch Anlage regionalplanerisch abgestimmt.

Bei dem Bitburger Golfplatz handelt es sich um eine der ersten halböffentlichen Golfanlagen in Deutschland. Auch von dem beheimateten Golfclub Bitburg e.V. wird die touristische Nutzung der Anlage unterstützt und mitgetragen.

Eine besondere Herausforderung an die Spieltechnik stellen die vielen Hazards (natürlichen Hindernisse) und Teiche dar. Damit war es möglich, die morphologischen Besonderheiten so zu inszenieren, daß gleichzeitig Spannung im Spiel erzeugt und die wilde, charakteristische Schönheit dieser alten Kulturlandschaft wiederhergestellt wurde. Der Platz erinnert damit sehr an den Charme der schottischen Highland-Plätze, obwohl hier eher die in den USA derzeit modischen Trends die Spielstrategie bestimmen.

Planer: Dipl.-Ing. Karl F. Grohs, BDLA/ESGA, Deutsche Golf Consult, Essen

Golfplatz KOSAIDO International Golf Club Düsseldorf

Der KOSAIDO International Golf Club, einer der fünf europäischen Clubs des japanischen Multikonzerns, verfolgt seit seiner Entstehung im Jahre 1990 die Idee, Sport, Wissenschaft und Kultur in Einklang zu bringen. Die asiatische Philosophie "Business auf dem Golfplatz" wird hier gepaart mit der europäischen Intention von Sport und Spiel.

Das Clubhaus wurde als Bautypus eines klassischen Casinos entwickelt, eingebettet in eine architektonisch durchgebildete Außenanlage, die schrittweise in den Golfplatz übergeht. Es wurde darauf verzichtet, das Clubhaus dominant an die höchste Stelle des Platzes zu stellen. Vielmehr erfolgte eine achsial symmetrische Abfolge von gestaltetem Vorplatz, repräsentativem Baukörper und Gartenanlage entlang einer Höhenlinie der hängigen Topographie, so daß das Gelände durch die Baukörper geschoßhoch terrassiert wird. Die Nebengebäude treten unterirdisch mit seitlicher Belichtung nur wie Stützmauern in Erscheinung, so daß ihre begrünten Dachflächen dem Gelände zugerechnet werden.

Eine Beschränkung auf Symmetrie und Proportion - bei gleichwohl klar geordneten Funktionsabläufen - ist ein gewolltes Mittel, gelassen zweckfreies Ambiente mit gesellschaftlichem Anspruch zu entwickeln.

Fotos: Heinz Teufel, Eckernförde

Das golfsportliche Ziel war, auf dem relativ beengten Gelände eine 18-Loch Meisterschaftsgolfanlage zu konzipieren, die entsprechend der Reputation des Bauherren internationalen Ansprüchen gerecht wird.

Für die Lage der Spielbahnen wurden großzügige Erdarbeiten vorgenommen, die jeder Spielbahn einen individuellen, unverwechselbaren Charakter geben und durch den "Stadion Course" ein Beobachten des Spielbetriebes durch Zuschauer zulassen. Der anspruchsvolle Golfcourse, gebettet in eine reizvolle und ästhetische Landschaft, erfordert größte Präzision von Hdcp-Spielern aller Klassen.

Als zentrales Landschaftsgestaltungsthema galt es, übernutzte Bach- und Talsysteme wiederherzustellen und zu renaturieren und die Landschaft in Symbiose mit tradierten Nutzungen des ländlichen Raumes - wie Wandern und Reiten - für den Freizeitsport Golf zu erschließen. Ausgehend von den Waldzellen im Gelände wurden umfangreiche Wald- und Feldgehölzpflanzungen vorgenommen. Durch die Terrassierung der Spielbereiche konnte die Geländeoberfläche zugunsten der Biotopentwicklung mit überwiegend extensiven Wiesenflächen vermehrt werden.

Planer: Dipl.-Ing. Rainer Preißmann, BDLA/ESGA, Deutsche Golf Consult, Essen

Landschaftsgolfplatz Golfclub Mülheim a.d. Ruhr

Besonders in stark verdichteten Gebieten wie dem Ruhrgebiet gelingt es nur selten, Freiräume als solche zu sichern und für die Naherholung einerseits und den "privaten" Golfsport andererseits zu entwickeln. Nach insgesamt 8 Jahren Kampf um das Baurecht für eine 18-Loch Meisterschaftsanlage ist ein Golfplatz entstanden, der aufgrund seiner Lage, der sportlichen, spieltechnischen und ästhetischen sowie ökologischen und landschaftlichen Qualität sehr gut angenommen wird.

Als Ziel der Landschaftsgestaltung galt es, den zu renaturierenden Haubach mit seinen Nebenbächen als "Naturlandschaft" mit der von den Waldrändern begrenzten kleinbäuerlichen Kulturlandschaft so wieder herzustellen, daß sich nicht nur ein sehr abwechslungsreiches Bild für den Golfer bietet, sondern die öffentliche Nutzung mit Reitwegen, Wanderwegen und vorhandenen Grundstücken zu einem einheitlichen Landschaftsbild zusammengeführt wurde. Wichtiges Gestaltungsmerkmal des Clubhauses ist, daß dieses funktional an bestehende Ortsränder angebunden wurde, wobei es sich zugleich dem typischen Bild der Hofstellen unterordnet. Hofstellen wurden rekonstruiert, und die von Wiesen und Weiden sowie Feldhecken umgebenen Bauerngärten bilden somit neben dem Haubachtal die charakteristischen Elemente der Landschaft.

Fotos: Heinz Teufel, Eckernförde

Das golfsportliche Ziel in dem west-ost-gelegenen Tal war es, durch die richtige Orientierung sowohl beim Start in den frühen Morgen als auch beim Hereinspielen in den Abendstunden, mit der Sonne im Rücken auf optimal beleuchtete Grüns als Kulisse zu spielen. Die Hindernisgestaltung wurde bewußt gewählt, die Bepflanzung unterstützt die Orientierung für die Spieler.

Das realisierte Konzept des Landschaftsgolfplatzes in Mülheim Selbeck vermittelt einen so harmonischen Eindruck, daß die frühere Nutzung dieser Fläche kaum noch vorstellbar ist. Die intensiv genutzten Äcker hatten im Zusammenhang mit den vielen befestigten Wegen und Wellblechanbauten früher eher den Eindruck einer verwahrlosten Stadtrandnutzung vermittelt. Gewässer wurden kanalisert und verrohrt. Das heute prägnant strukturierte Areal ist eine komplette Inszenierung: insgesamt 2700 m Wasserlauf wurden als Bestandteil der Kulturlandschaft wiederhergestellt. Vormals etwa 68 Acker- und intensiv genutzten Weideflächen stehen heute rund 37 ha Spielfläche gegenüber. Die von Dünger verschonten Flächen haben sich von ursprünglich 27 auf 58 ha vergrößert, großzügige Spielbahnführung läßt eine ökologisch sinnvolle Vernetzung einzelner Biotope zu.

Planer: Dipl.-Ing. Karl F. Grohs, BDLA/ESGA, Deutsche Golf Consult, Essen

Peter Drecker
*1952

1974 - 76	Studium an der TU Berlin
1976 - 82	Studium an der TU Hannover
1978	Studienaufenthalt in Japan
1979	Studienaufenthalt im Nationalpark Berchtesgaden
1982	Gründung des Ingenieur-, Grün- und Landschaftsplanungsbüros in Hannover und Bottrop
seit 1984	Bestellung zum öffentlich vereidigten Sachverständigen der Landwirtschaftskammer Hannover
seit 1991	weitere Bürostandorte in Berlin und Halle

Gute Arbeit entsteht dann, wenn das Wesentliche erkannt ist und die Bedürfnisse des Standortes und seiner Umgebung ihren Ausdruck finden.

Foto: Silke Lauffs, Berlin

Wir verstehen unter dem "Wesentlichen", in Anlehnung an Andrea Palladio, Nutzen und Annehmlichkeit, Dauerhaftigkeit und Schönheit.
Nutzen bedeutet für uns das Gestalten und Einfügen eines Projektes in den Funktionszusammenhang seiner Umgebung. Annehmlichkeit ist Schaffung einer individuellen Erlebbarkeit von Natur und Landschaft. Dauerhaftigkeit, auch Nachhaltigkeit ist die planerische Umsetzung von Wachstumsimpulsen, damit sich ein Standort langfristig optimal entwickeln kann.

Schönheit entspricht dem Einklang der Formen und Farben mit dem Ganzen. Dies erfordert ein ganzheitliches Denken. Kern und Grundgedanke der täglichen Arbeit ist der Dialog. Dialog nach außen ist die Auseinandersetzung mit dem Ort, den Projekten und den beteiligten Personen; Dialog nach innen ist die Zusammenarbeit in der Gruppe.
Das Wesentliche zu erkennen, die gesellschaftlichen, ökonomischen und ökologischen Anforderungen herauszuarbeiten, ist eine große Verantwortung.

Das Planungsbüro Drecker hat diese Verantwortung übernommen.

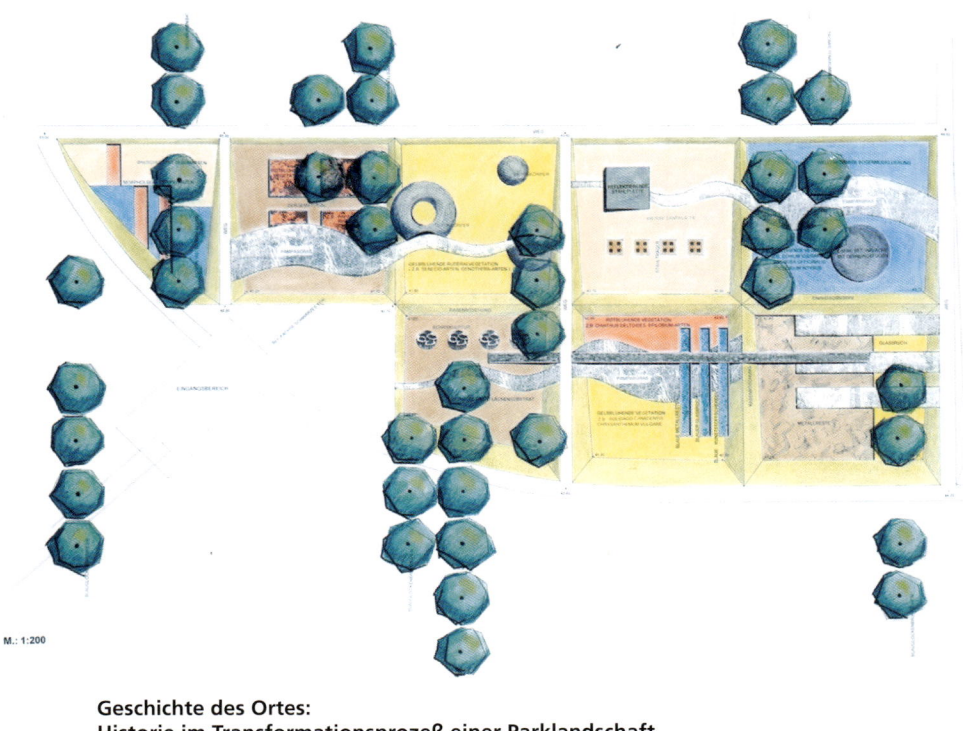

M.: 1:200

**Geschichte des Ortes:
Historie im Transformationsprozeß einer Parklandschaft**

LANDESGARTENSCHAU OBERHAUSEN 1999
3. Preis Wettbewerb 1993
in Arbeitsgemeinschaft mit AG Freiraum Dittus und Wolfert, Freiburg. Architekten: Prof. Spiegelhalter & Karl, Freiburg
1995 - 99 Planung und Realisierung: Neue Gärten Oberhausen/Landesgartenschau '99

Die Landesgartenschau Oberhausen ist ein Baustein der von der Internationalen Bauausstellung Emscher Park (IBA) initiierten Neuinterpretation industriell überformter Standorte. Beispielhaft hierfür stehen die "Industrie-Blumen-Felder": Als repräsentativer Teil der Landesgartenschau erweitern sie die Gartenschautradition um den Aspekt inszenierter und vor allem langfristig erlebbarer Gartenräume. Sie vermitteln in acht Kammern die typischen Charakteristika industrieller Naturentwicklung. Die Schönheit der vor Ort wachsenden Pflanzen wird entdeckt und in einen neuen Kontext gestellt, der für zukünftige Floriaden richtungsweisend sein kann.

LANDSCHAFTSPARK STENDAL, HOMMAGE AN J. J. WINCKELMANN

Aus der Bündelung von Ausgleichs- und Ersatzmaßnahmen der Schnellbahnverbindung Hannover - Berlin ergibt sich am westlichen Stadtrand von Stendal die Möglichkeit einer Parkgestaltung, die einem klassizistischen Leitbild folgt. Stendal ist der Geburtsort von Johann Joachim Winckelmann, dem Wegbereiter des deutschen Klassizismus. Die offene Gestaltung des Parks soll, unter Einbeziehung klassizistischer Zitate, ein bürgerliches Verständnis von Raumnutzungen fördern. Insgesamt entwickelt sich die Atmosphäre einer toskanisch - arkadischen Landschaft, in der sich Ästhetik mit pädagogischem und didaktischem Nutzen vereinen.

Auftraggeber: PGS Hannover-Berlin GmbH
Bearbeitung: 1994

AUSGLEICHSMASSNAHMEN:
CHANCEN FÜR NATUR- UND KULTURLANDSCHAFTEN

MAßNAHMENKONZEPT VENAUEN

Ein Leitbild formuliert das Ziel: Durch die Integration ökologischer, ästhetischer und kultureller Aspekte wird ein Nebeneinander von naturnaher Freiraumentwicklung und landschaftsbezogenen Erholungsfunktionen möglich.
Die Entwicklung des offenen Auenraumes prägt die Gestaltungsidee; lineare Strukturen, die dem Verlauf der Sülz folgen, betonen die Identität des Landschaftsraumes.

Auftraggeber: Gemeinde Rösrath
Bearbeitung: 1996 -1998

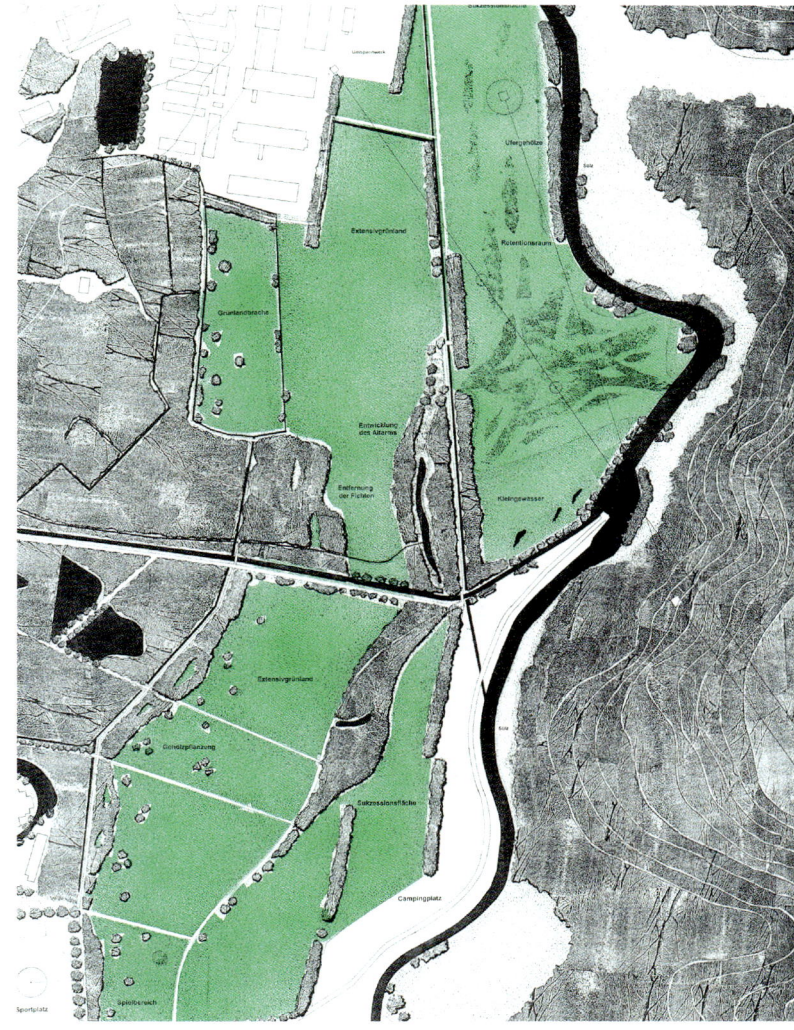

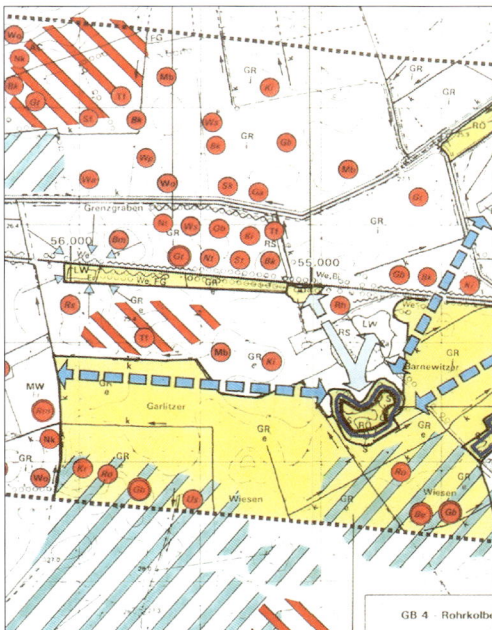

SCHNELLBAHNVERBINDUNG HANNOVER - BERLIN

Verkehrsprojekte beeinträchtigen die letzten Groß-trappen-Lebensräume in Brandenburg. Die Beurteilung über Raumempfindlichkeit der Schnellbahnverbindung Hannover - Berlin verlangt nach einer differenzierten Bestandsaufnahme im Großtrappenschongebiet Buckow. Die europäische FFH-Richtlinie und die "Important Bird Area" (IBA) bilden den Bewertungsmaßstab für die Variantenuntersuchungen und die landschaftspflegerische Begleitplanung. Die Maßnahmen ermöglichen die Realisierung eines technisch hoch entwickelten Verkehrssystems bei gleichzeitiger Erhaltung und Entwicklung des Großtrappen-Lebensraumes.

Auftraggeber: PGS - Planungsgesellschaft Schnellbahn Hannover - Berlin mbH
Bearbeitung: 1993

WETTBEWERBE

IGA ROSTOCK 2003
3. Preis Internationaler Wettbewerb 1997

Küste als Form hat eine natürliche und eine soziale Dynamik. Die Dynamik des Ortes wird mit den Metaphern Düne, Wasser und Topographie in die Gestaltungsidee des Warnow-Niederungsparks projiziert. So wird die vorgefundene Landschaft zum Ausgangspunkt für die Entwicklung des Parks.
Ein System aus linearen Wegen schafft überraschende Blickbeziehungen in die Umgebung und öffnet den Park zum Wasser. Die artifizielle "Erlebnisdüne" entsteht aus der Überhöhung einer vorhandenen leichten Erhebung. Sie ist Standort und Ereignis. Auch das Messeplateau hebt sich als topographischer Parameter von den Niederungen ab. Die Ausstellungshallen erhalten durch eine gläserne "Kristallhülle" eine unverwechselbare Signifikanz.

EXPO 2000 HANNOVER
2. Preis Internationaler Wettbewerb 1996

Das Projekt Park Ex Position nimmt den "Genius loci" auf; geomorphologische Krusten werden aufgebrochen und neue kulturelle und ästhetische Horizonte geöffnet. Die Kraft des Entwurfes resultiert aus dem Spiel der Verzahnung und Verkantung von fünf eigenständigen Schollen. Ihre Grenzen reflektieren historische Linien und begründen sich in der Interpretation der Weite und Leere des Kronsberges.
Der Park versammelt Sphären, deren virtuose Gestaltung elementare Sinneseindrücke ermöglichen, während die Realität technischer Kunstwelten dem diametral entgegen steht.

GESUNDHEITSPARK QUELLENBUSCH, BOTTROP
1. Preis Wettbewerb 1992
in Arbeitsgemeinschaft mit AG Freiraum Dittus und
Wolfert, Freiburg. Planung und Realisierung 1992 - 97

Künstlerische Mitwirkung:
Prof. Spiegelhalter/Freiburg und Bildhauer Gruner, Horb-Rexingen

Der Gesundheitspark Quellenbusch: kein klassischer Kurort, sondern ein Zentrum, das für den Paradigmawechsel im Gesundheitswesen steht. Gesunde und kranke Menschen lernen an diesem Ort, Natur mit allen Sinnen wahrzunehmen. Der Park ist gleichzeitig Alltagsort und aktiver Rekonvaleszenzbereich, der Vor- und Nachsorge miteinander verbindet. Krankheit wie Heilung werden nicht auf gesonderte Orte reduziert. Der offen strukturierte Park ist für die Patienten des angrenzenden Knappschaftskrankenhauses und für die Bevölkerung mit Therapie- bzw. Bewegungsangeboten erschlossen.

Das Gesundheitshaus steht im Zentrum unterschiedlicher Gärten: Gemüse- und Kräutergarten, Blütlergarten, Apotheker- und Ruhegarten. Vergessene Sinneserfahrungen werden in einer sensiblen Parkgestaltung u.a. in der Energiespirale und Gesundheitspyramide neu entdeckt.

Fotos: Peter Liedtke, Herne

Rekonstruktion Bauerngarten Hof Jünger

Christhard Ehrig
*1941

1959 - 61 Landschaftsgärtnerlehre u. Staudenanzucht, Encke OHG Berlin
1962   Landschaftsgärtner bei L. Norstedt, Stockholm
1962 - 65 Studium an der FH Berlin-Dahlem und Praktika in Stockholm
1965 - 70 angestellter Landschaftsarchitekt Büro G. Schreiber, Kassel
seit 1971 Freier Landschaftsarchitekt in Bielefeld-Sennestadt
1971   Peter-Josef-Lenné-Preis
1978 - 79 Gastlehrauftrag FH Osnabrück
1990 - 91 Gastlehrauftrag FH Lippe/Detmold
1992 - 96 Stellvertretender Vorsitzender des BDLA, Landesgruppe NW
seit 1992 Mitglied in zwei Bezirkswettbewerbsausschüssen der AK NW
seit 1992 Mitglied im Beirat für Stadtgestaltung Bielefeld
           Wettbewerbe u.a.
           Bundesgartenschau Dortmund 1991, 1. Preis
           Sektion historische Rosengärten, Blüten- und Prachtstaudengärten
           Landesgartenschau Paderborn 1994, 1. Preis
Preisrichtertätigkeit seit 1972 für Freiraum- und städtebauliche Wettbewerbe

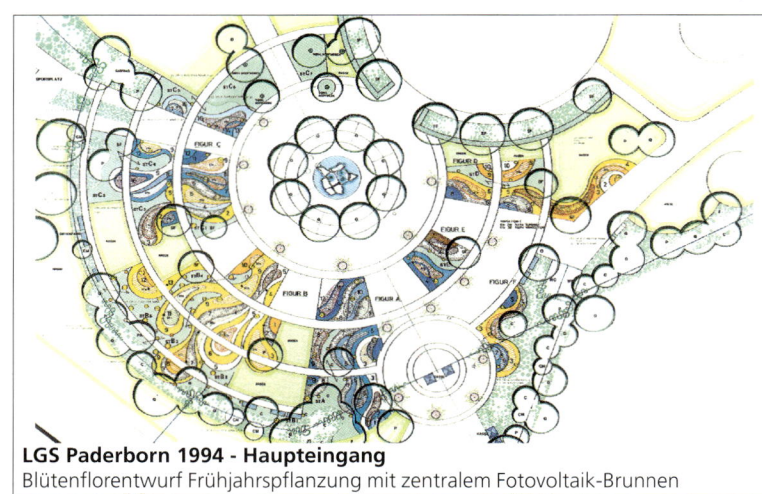

LGS Paderborn 1994 - Haupteingang
Blütenflorentwurf Frühjahrspflanzung mit zentralem Fotovoltaik-Brunnen

Landesgartenschau Paderborn 1994
nach dem Landeswettbewerb 1986

Das standortspezifische Leitthema „Stadtlandschaft Pader-, Alme-Lippeaue" behandelt die Grüninfrastruktur von der Kernstadt bis in die freie Landschaft. Neben der großräumigen Erschließung von Naherholungsbereichen wurden vor allem die Flußlandschaften naturnah entwickelt und die Auenlandschaften nachhaltig für Flora und Fauna gesichert (ca. 40 ha).

Gartendenkmalpflegerische Rekonstruktion des Barockgartens

Gestalterische Schwerpunkte waren die Haupteingangsbereiche (rechts) und die gartendenkmalpflegerische Rekonstruktion der fürstbischöflichen Residenz Schloß Neuhaus (unten). Bauherr des Barockgartens war Fürstbischof Clemens August von Bayern (1700 - 1761).
Als Grundlage des Rekonstruktionsplanes 1991 (s.u.) diente eine nachrichtliche, farbige Bestandsaufnahme des Geometers Phillip Sauer 1753. Die Übersetzung des zeitgenössischen Fußmaßes ins metrische Maß gelang nach Sicherstellung aller Quellen bis zum Urkataster. Das Fußmaß konnte mit 0,296 m ermittelt werden.

Das Herzstück des barocken Gartens ist das abgebildete Parterre à l'angloise, ein Parterre mit englischen Einflüssen, das neben buxusgefaßten Blütenrabatten, vegetablen Broderieausschmückungen, Kiesflächen und Fontänenbrunnen auch Rasenflächen ins Parterre integriert.

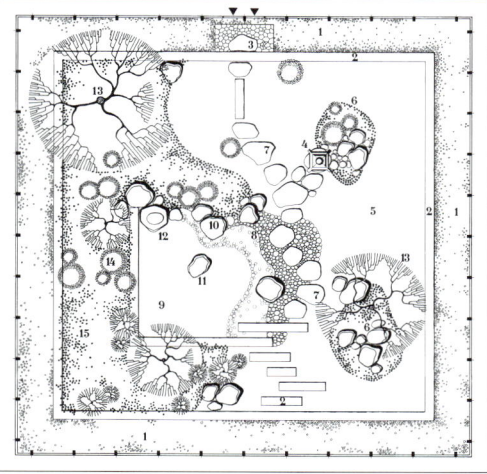

Japanischer Garten - Hauptverwaltung Nixdorf Computer AG Paderborn (z. Zt. Computermuseum)

Der vorgestellte japanische Garten vereint in sich die charakteristischen Gartenformen der Teich-, Tee- und Trockenlandschaftsgärten (Chitei, Roji, Karesansui-teien). Ein von vier Seiten mit Spiegelglas umschlossener Innenhof eines Verwaltungsbaues und eine originale alte Steinlaterne aus Japan waren die Vorgaben zur Planung des japanischen Gartenhofes. Die Gestaltung erfolgt mit symbolhaften, traditionellen japanischen Naturkomponenten - Kies, Steine, Moose, Wasser, geschnittene Büsche und Bäume. Die Flächenaufteilung im Ioshu, dem magischen Quadrat, sowie die Dreiecksbezüge der Stilelemente im hierarchischen Spannungsverhältnis von Hauptthema, Nebenthema, Kontrathema mit den Zahlenreihen 3,5,7 ergeben das komplizierte Gerüst asymmetrischer Gestaltungsakzente.

Artifizielle Landschaften

Als Gesamtkunstwerk, geschaffen mit den Elementen Boden, Stein, Wasser, Pflanzen überzeichnen die Formensprache der Natur und werden so zu einer bewußten Sinneserfahrung.
Freiraumkunst im Spannungsfeld von Natur und Gestaltungswillen führt zur Steigerung des Erlebniswertes.

Der Diagonale Garten BUGA Düsseldorf 1991

Im diagonalen Garten dominieren die architektonischen Elemente eines gebauten Gartenhofes.
Mit den Holz-Kassettenwänden wird das Thema der Diagonale in der dritten Dimension weitergeführt.
Die unbelebten Naturelemente Stein und Holz werden von Pflanzen durchdrungen - Stauden erobern kleinste Lebensräume zwischen Pflasterfugen, Kieseln, Findlingen und Plattenbändern - Kletterpflanzen erheben sich raumumspinnend in die Senkrechte.
Ein Quellstein bereichert und belebt den Gartenhof zusätzlich. Es entsteht ein geschützter, gestalteter grüner Wohnraum, der auch ein kleines Refugium für den Pflanzenliebhaber sein kann.

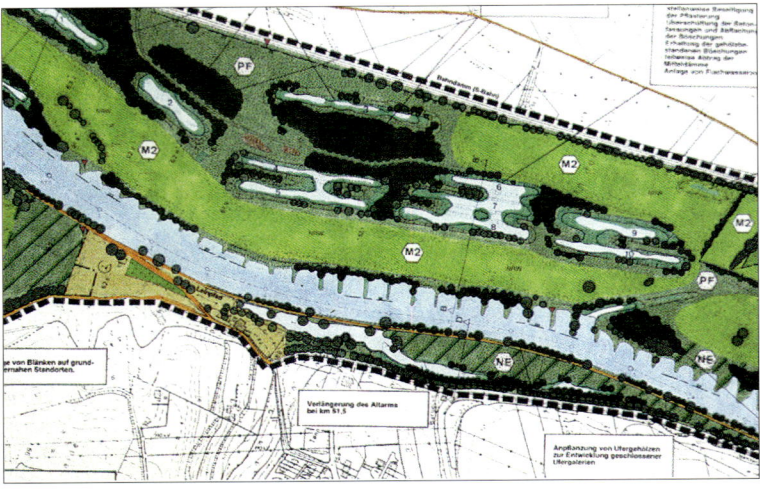

Ingolf Hahn
* 1959

1980 - 85 Studium der Landespflege an der Uni Essen GH
1985 - 91 Ökologiestudium an der Uni Essen GH
1985 - 91 Mitarbeiter bei Dröge, Grohs, Preißmann und Partner
seit 1992 eigenes Büro als freier Landschaftsarchitekt BDLA in Essen
          mit Schwerpunkten Landschaftsplanung, Gewässerökologie
seit 1987 Mitglied der Architektenkammer NRW als Landschaftsarchitekt

Arbeitsschwerpunkte:

Gewässerrenaturierung, Fachbeiträge zu wasserwirtschaftlichen Planungen, UVS, LBP, Fachbeiträge zur Bauleitplanung, Grünordnungspläne, Biotopmanagement, Regenwassermanagement

Biotopentwicklungskonzept „Ruhraue Hattingen-Winz"
Auftraggeber: Staatliches Umweltamt Duisburg,
Bearbeitungszeit: 1993 - 94, Realisierung: 1995 - 96

Das Entwicklungskonzept stellt eine Konkretisierung der im Gewässerauenkonzept „Untere Ruhr" vorgeschlagenen Maßnahmen dar. Das rd. 190 ha große Plangebiet umfaßt nahezu die gesamte Aue des 7 km langen Flußabschnittes. Dabei handelt es sich um ein stillgelegtes Wasserwerk mit zahlreichen in Beton oder mit Pflasterungen gefaßten Versickerungsbecken, das dem Land NRW vom Betreiber überlassen wurde. Ziel der Planung ist es, unter Berücksichtigung des vorhandenen Tier- und Pflanzenbestandes, konkrete Maßnahmen zur Auenentwicklung festzulegen. Diese wurden im Anschluß in einer Ausführungsplanung konkretisiert. Gleichzeitig dient das Konzept als Pflege- und Entwicklungsplan der naturschutzrechtlichen Regelung für die Ausweisung des ehemaligen Wassergewinnungsgeländes als Naturschutzgebiet. Zu den geplanten Maßnahmen zählen die Umgestaltung der Versickerungsbecken zu naturnahen Auengewässern, extensive Grünlandnutzung, die Wiederherstellung von Flutmulden und Altgewässern und die Initiierung der Auwaldentwicklung.
Bereits kurze Zeit nach Abschluß der Baumaßnahmen zeigte sich, welch hohe Entwicklungsdynamik in der Flußaue gegeben ist und wie schnell sich eine natürliche Ufervegetation einstellt.

Gewässerauenkonzept „Untere Ruhr"

Auftraggeber: Staatliches Umweltamt Duisburg, Bearbeitungszeit: 1992-1996

Im Gewässerauenprogramm des Landes NRW wird die Ruhr als wichtige Ost-West-Vebindung im südlichen Ruhrgebiet sowie als Bindeglied zu den Mittelgebirgslandschaften hervorgehoben. Entlang des Flusses sollen Auen mit ihren Überschwemmungsflächen ökologisch entwickelt und die natürliche Dynamik wo es möglich ist wiederhergestellt werden. Zur Umsetzung dieser Ziele werden Gewässerauenkonzepte als Vorgabe für die künftige Entwicklung der Flüsse und ihrer Auen aufgestellt. Das Gewässerauenkonzept „Untere Ruhr" umfaßt den rd. 80 km langen Abschnitt der Ruhr von Wetter bis zur Mündung in Duisburg. Aufgrund der Lage im Ballungsraum der Großstädte des südlichen Ruhrgebietes unterliegt die Ruhr zahlreichen Nutzungsansprüchen, zu denen im besonderen Maße die Naherholung und Trinkwassergewinnung zählen.

Der heute größtenteils staugeregelte Fluß verfügt heute nur noch in wenigen Abschnitten über seine natürliche Gestaltungskraft und es sind lediglich Reste der ursprünglichen Lebensraumvielfalt der Flußaue zu finden. Da die Gegebenheiten nur wenig Spielraum für eine dynamische Eigenentwicklung lassen, muß die Entwicklung naturnaher Ufer- und Auenbiotope durch die Herstellung der erforderlichen Strukturen in Gang gesetzt werden. In einem umfangreichen Maßnahmenkatalog werden Entwicklungs-, Schutz- und Unterhaltungsmaßnahmen den Planungsabschnitten zugeordnet. Dazu zählen beispielsweise die Umgestaltung von Ufern, die Anlage von Uferstreifen, die Anlage von Auengewässern, die Pflanzung von Ufergehölzen sowie die Begründung von Auwäldern. Außerdem werden Nutzungsänderungen und -extensivierungen vorgeschlagen.

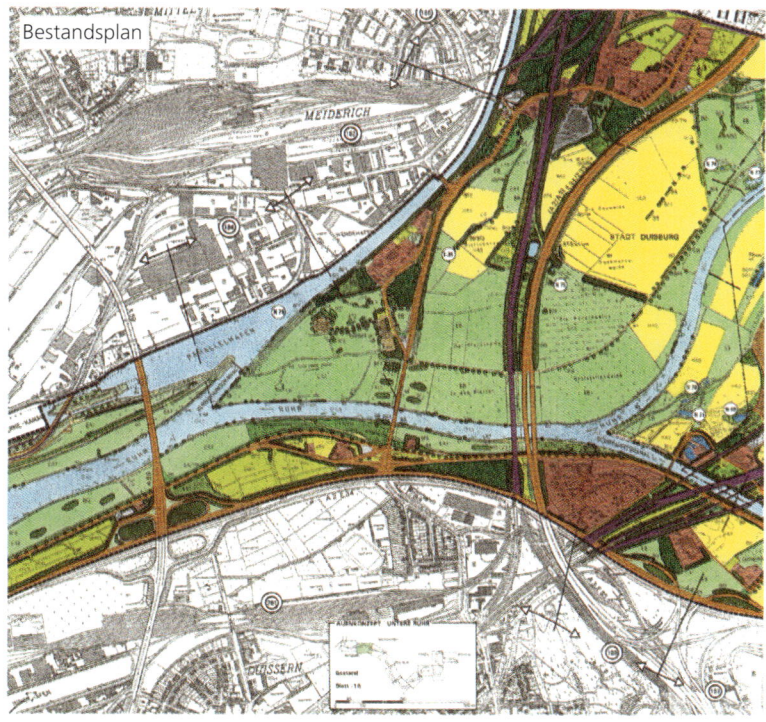

Bestandsplan

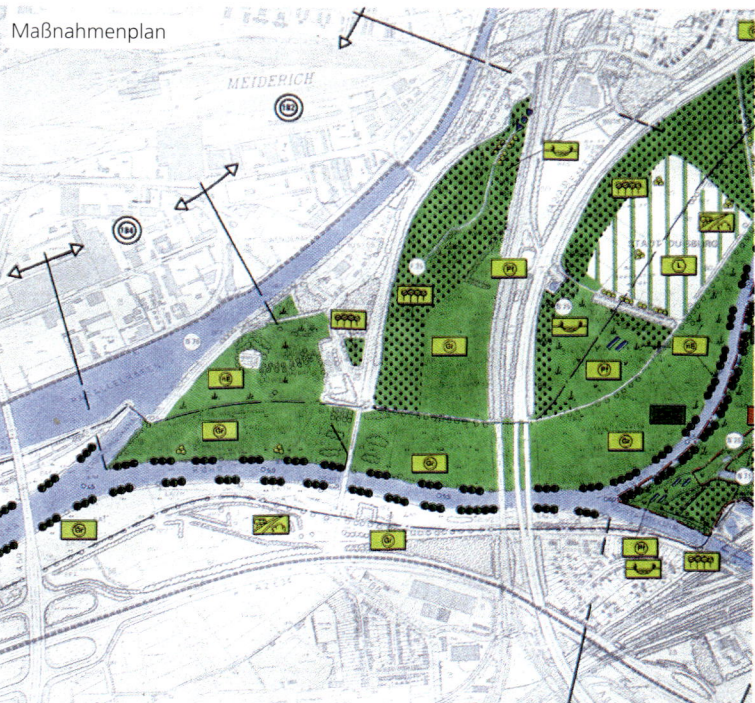

Maßnahmenplan

Umgestaltung des Roßbachs in Dortmund

Planungsgemeinschaft mit:
Ingenieurbüro Fischer, Erftstadt und „Architektur und Stadtplanung Düsseldorf"
Auftraggeber: Emschergenossenschaft, Essen
Bearbeitungszeitraum: 1993 - 1994   Vorplanung, Ökologisches Entwicklungskonzept
1995 - 1998   Genehmigungsplanungen zu Bauabschnitten
Anfang 1997   Beginn der ersten Baumaßnahmen

Der Strukturwandel im Emschergebiet und der wachsende Anspruch der Bevölkerung an Erholungs- und Umweltqualität erfordern neue wasserwirtschaftliche Lösungen. Mit dem Umbau des Emschersystems ist die einmalige Chance gegeben, die ökologischen Potentiale zu stärken und die städtebauliche Situation zu verbessern.

Ein wesentlicher Bestandteil der Erneuerung der Emscherzone ist die Umgestaltung des Roßbachs und seiner Nebengewässer mit einer Länge von rd. 13 km. Das 30 qkm große Einzugsgebiet des Roßbachs umfaßt Teile der Städte Dortmund, Bochum und Witten. Die kanalisierten und betonierten Gewässer sollen von der Abwasserlast befreit und so umgestaltet werden, daß sie als naturnahe Wasserläufe soweit wie möglich ihre Funktion im Naturhaushalt erfüllen und als Erholungsraum wieder erlebbar werden. Als Voraussetzung für die Umgestaltung werden parallel zum Gewässer neue Abwasserkanäle gebaut und das Niederschlagswasser aus den Einzugsgebieten den Bächen über Regenwasserbehandlungsanlagen zugeführt.

Die Bäche werden entsprechend dem örtlichen Platzangebot, das insbesondere in den städtisch geprägten Abschnitten sehr begrenzt ist, naturnah umgestaltet. Mit Rad- und Fußwegen entlang der Gewässer werden neue Verbindungen geschaffen, so daß die Gewässer zu wichtigen Leitstrukturen in den städtischen Grünflächensystemen werden.

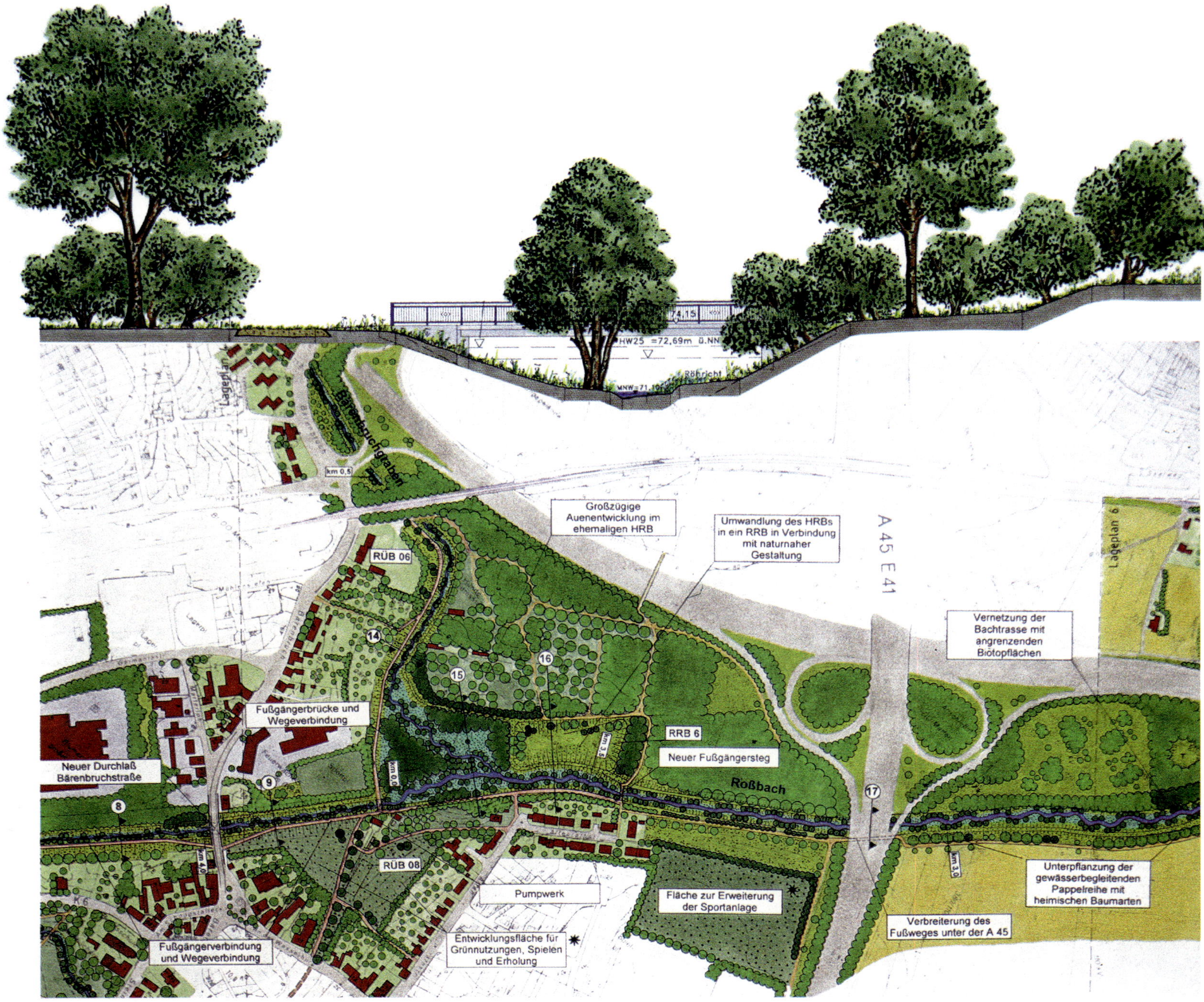

Rahmenplanung zur städtebaulichen Entwicklungsmaßnahme Kerpen-Sindorf
Planungsgemeinschaft mit:
„Architektur und Stadtplanung Düsseldorf" - Kuhn, Boskamp, Ehlers, Wegmann BDA SRL
Auftraggeber: Stadt Kerpen
Bearbeitungszeitraum: 1994 - 1995

Die Stadt Kerpen soll im Stadtteil Sindorf am westlichen Siedlungsrand eine Bauge-bietserweiterung mit dem Schwerpunkt Wohnbebauung erhalten, die zu einem Entwicklungsimpuls führen wird.

Für das rd. 70 ha große Entwicklungsgebiet wurde eine Gesamtkonzeption erarbeitet, die den ökologischen, sozialen und ökonomischen Belangen Rechnung trägt. Die Rahmenplanung ist Grundlage vertiefender städtebaulicher Überlegungen und der weiteren Schritte der Bauleitplanung. Das Grünordnungskonzept ist integrativer Bestandteil der Rahmenplanung, die durch eine stadt- und eine verkehrsplanerische Komponente komplettiert wird.

Im Vordergrund stehen die Aspekte: Entwicklung eines vernetzten Grünsystems mit Anschluß an die Naherholungsräume von Sindorf, Versorgung mit wohnungsnahen Erholungs- und Spielbereichen, Vernetzungsstrukturen für den Biotopverbund, Ein-grünung des neuen Ortsrandes, naturnahe Regenwasserbewirtschaftung und Aus-gleich der Eingriffe in Natur und Landschaft.

Einen Schwerpunkt der Planung stellt das Thema Regenwassermanagement und Ausgleichsmaßnahmen dar. Für das Gebiet wurden Lösungsansätze für eine in das System der Grünflächen integrierte Versickerung und Ableitung des Regenwassers aufgezeigt. Dazu zählen Versickerungs- und Speichermulden, die durch flache Grä-ben innerhalb der Grünzüge verbunden sind. Der voraussichtliche Bedarf an Aus-gleichsflächen für die Verkehrs- und Bauflächen wurde ermittelt, um entsprechende Flächenpools im Entwicklungsgebiet planerisch zu sichern. Eine Konkretisierung der Ausgleichsmaßnahmen erfolgt dann im Zuge von Bebauungsplänen, beispielsweise zur Erschließungsstraße.

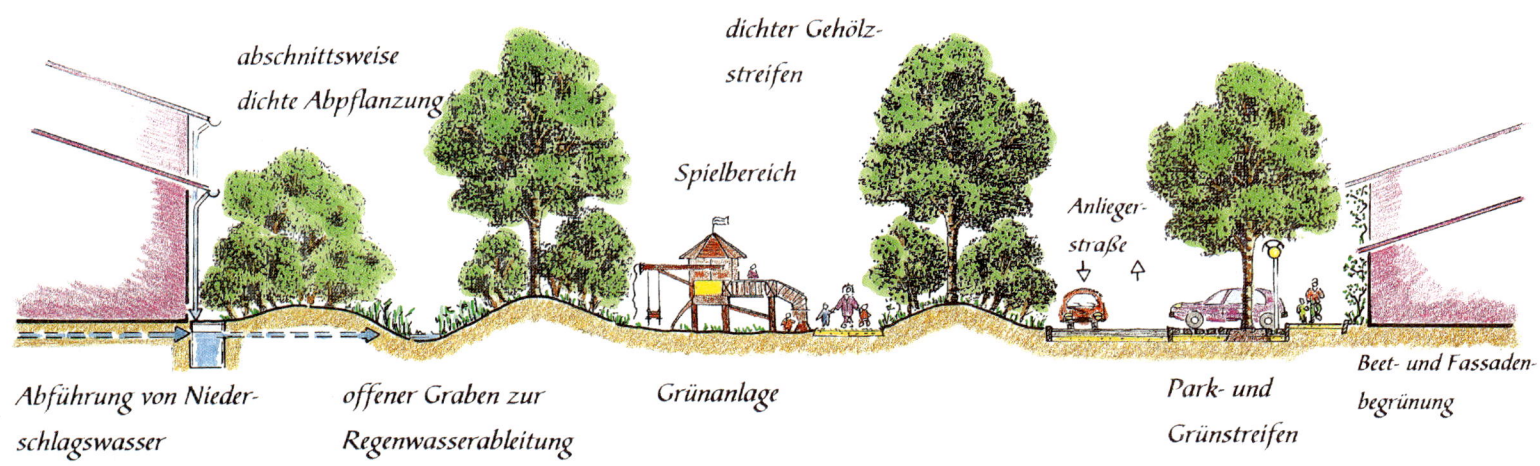

abschnittsweise dichte Abpflanzung — *dichter Gehölz-streifen* — *Spielbereich* — *Anlieger-straße* — *Beet- und Fassaden-begrünung*

Abführung von Nieder-schlagswasser — *offener Graben zur Regenwasserableitung* — *Grünanlage* — *Park- und Grünstreifen*

Hallmann · Rohn · Partner

Heinz W. Hallmann
*1940

1962 - 66 Studium der Garten- und Landschaftsgestaltung an der TU Berlin
1966 - 69 Institut für Sportstättenbau des Deutschen
Sportbundes
1969 - 72 ständiger Berater für die Olympiabauge-
sellschaft
1970 - 72 Projektbearbeiter der Olympiabaugesell-
schaft
seit 1972 freier Landschaftsarchitekt in München
1973 freier Landschaftsarchitekt in Aachen
1974 ständige Arbeits- und Bürogemeinschaft
mit H. W. Rohn, Architekt
seit 1985 Hochschullehrer an der TU Berlin, Fachbereich: Landschaftsbau - Objektbau am Institut für Landschaftsarchitektur, Fachbereich 8,
Architektur

W. Rohn
*1941

1964 - 73 Studium der Architektur an der TH Aachen
seit 1974 Arbeits- und Bürogemeinschaft mit H.W.
Hallmann, Landschaftsarchitekt in Aachen

G. Lingnau
*1950

1966 - 72 Bauzeichnerlehre und anschl. Mitarbeit im
Büro Brune und Partner Düsseldorf
1973 - 80 Studium der Architektur an der TH Aachen
1978 - 86 Mitarbeiter im Büro Hallmann + Rohn
seit 1986 Partner im Büro Hallmann + Rohn

N. Kloeters
*1959

1982 - 87 Studium der Landschaftsarchitektur an der
Gesamthochschule Essen
1985 - 86 Müller + Partner, Willich
seit 1987 Mitarbeiter im Büro Hallmann + Rohn,
Aachen
seit 1993 Junior-Partner im Büro Hallmann + Rohn

Gaytal-Park

In Körperich, einem Ort in der Süd-eifel, der zum grenzübergreifenden deutsch - luxemburgischen Natur-park gehört, wird das Naturschutz-zentrum Gaytal-Park entwickelt.

Schwerpunktthema ist die Energie auf der Basis der natürlichen Ener-giefaktoren und energetischen Kreislaufsysteme wie Sonne, Luft, Wasser, Boden, Pflanzen, Tiere und Menschen.

Nachdem das Umfeld des Zentral-gebäudes bereits erstellt ist, wird ein Pflege- und Ausstellungskon-zept für das Gaytal erarbeitet, das die Ideen und Intention der Austel-lung im Zentrum in der Landschaft nachvollziehbar macht.

Hierbei wird neben den Themen der weiteren Entwicklungsmöglichkei-ten für das Gaytal und der De-monstration zeitgemäßer ökonomi-scher Nutzung, speziell der Bereich

"Erleben und Verstehen der Natur/ Landschaft" bearbeitet.

Gezeigt werden Ideen, Skizzen und Entwürfe für einzelne "Stationen", bei denen auf einfache Weise das jeweilige Thema sinnfällig gemacht werden soll, verbunden mit einfa-chen Spielmöglichkeiten, die Kinder und Jugendliche ansprechen, um die Natur besser zu verstehen und die Bereitschaft zu ihrem Schutz zu fördern.

Landesgartenschau Jülich 1998
Wettbewerb 1992, 1. Preis Baubeginn Frühjahr 1996

Im Mittelpunkt der Landesgartenschau Jülich 1998 steht der Brückenkopf, eines der bedeutendsten napoleonischen Verteidigungsbauwerke in Nordeuropa. Das Bauwerk wurde durch den Krieg teilweise zerstört und anschließend vollkommen überwuchert. Parallel zu dessen Sanierung wurde der durch das Bauwerk gefaßte ehemalige Waffenplatz für die Landesgartenschau zu einem Stadtgarten umgewandelt. Die Wegeverläufe nehmen die Struktur des Bauwerkes auf, quadratisch unterteilte Beetflächen mit vorwiegend formaler Bepflanzung stehen in Zwiesprache mit dem streng gestalteten Verteidigungsbauwerk und geben dem Platz eine neue, friedliche Atmosphäre. Das vor dem Bauwerk liegende ehemalige Glacis (Freies Vorfeld) ist nach dem Krieg zu einem Wäldchen herangewachsen. Denkbare historische Schußlinien wurden durch die Schaffung sogenannter Lichtungsachsen zu heutigen Blicklinien interpretiert. Entstanden ist hierdurch eine optische Verbindung zwischen der freien Landschaft, dem Waldesinneren und dem Bauwerk.

Der im und vor dem Wald liegende Zoo (eigentlich ein Tierpark) wurde vollständig saniert. Die Anzahl der Tiere ist reduziert, die Gehege und Volièren wurden artgerecht und großzügiger gestaltet.

Im westlichen Bereich des Landesgartenschaugeländes und späteren Parks wurde auf einer freien Ackerfläche ein neuer Schwerpunkt geschaffen, das sogenannte "Lindenrondell".

Das Innere des Lindenrondells bestimmt ein künstlich modellierter Erdkörper mit rasterförmig gepflanzten Apfelbäumen auf schrägliegender Rasenfläche, das "Apfelquadrat".

Im Kontrast dazu ist außerhalb des Lindenrondells gegen Süden und Westen eine "kraut- und blumenreiche", extensive Obstwiese angelegt. Wie im Bereich des Brückenkopf-Bauwerkes führen hier "Kultur" und "Natur" eine Zwiesprache. Die Gegensätzlichkeit und das Spannungsverhältnis zwischen "Natur" und "Kultur", zwischen "Geschichte" und "Gegenwart", zwischen "Stadt" und "Freier Landschaft" sollen in all ihren Annäherungen, Vereinbarkeiten und Kontinuitäten einerseits, wie auch in ihren Brüchen, Überlagerungen und Faltungen andererseits sichtbar und damit raumwirksam gemacht werden.

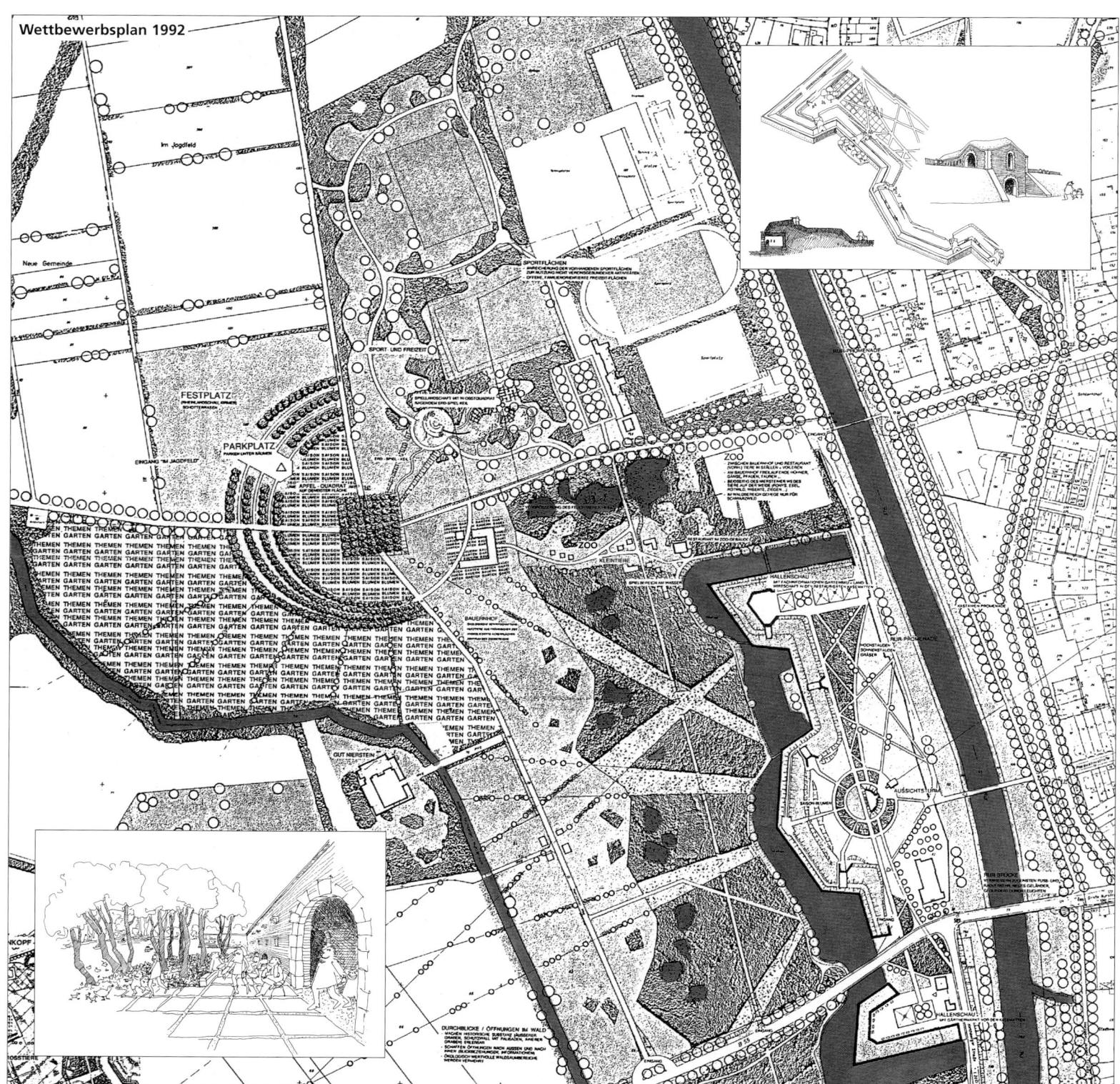

Wettbewerbsplan 1992

Heribert Hoff *1949 in Mönchengladbach · 1971 - 74 Studium an der Gesamthochschule in Essen · 1974 - 83 Tätigkeit im Büro Bödeker · Boyer · Wagenfeld & Partner in Düsseldorf 1983 - 93 Planungsgruppe Boyer · Hoff · Reinders, Duisburg · seit 1993 Planungsgruppe Hoff · Reinders, Duisburg

Johannes Reinders *1953 in Kamp-Lintfort · 1974 - 77 Studium an der FH Osnabrück · 1977 - 83 Tätigkeit im Büro Bödeker · Boyer · Wagenfeld & Partner in Düsseldorf · 1983 - 93 Planungsgruppe Boyer · Hoff · Reinders, Duisburg · seit 1993 Planungsgruppe Hoff · Reinders, Duisburg

Anlage von naturnahen Wasserflächen

Der Steg aus Rundhölzern führt seitlich durch ein Seggenried. Der Belag des Steges liegt etwa 60 cm über der eigentlichen Riedfläche. Die Pfahlgründung des Steges wurde vorsichtig während einer Frostperiode eingeschlagen, so daß die vorhandene Vegetationsschicht nicht gelitten hat.

"Das Dorf" Wohnanlage des Theodor Fliedner Werks, Mülheim/Selbeck

Hochbau: Prof. Rob. Krier, Wien

"Das Dorf" ist Lebensraum für behinderte und nicht behinderte Menschen, für alte Menschen und junge Familien.

Gewohnt wird in archetypischen Einzelhäusern, die sich zum Dorfanger hin öffnen und rückseitig durch einen Pflegeflur miteinander verbunden sind. Vor der Haustür laden Sitzbänke zum Verweilen und zum "Plausch" ein. Unterschiedliche Obstbäume, die den jeweiligen Häusern zugeordnet sind, prägen die Hausvorbereiche (Vorgärten).

Um im Außenbereich nicht unnötig Flächen zu versiegeln, wurden, wenn es die Nutzung zuließ, wassergebundene Wegedecken eingebaut.

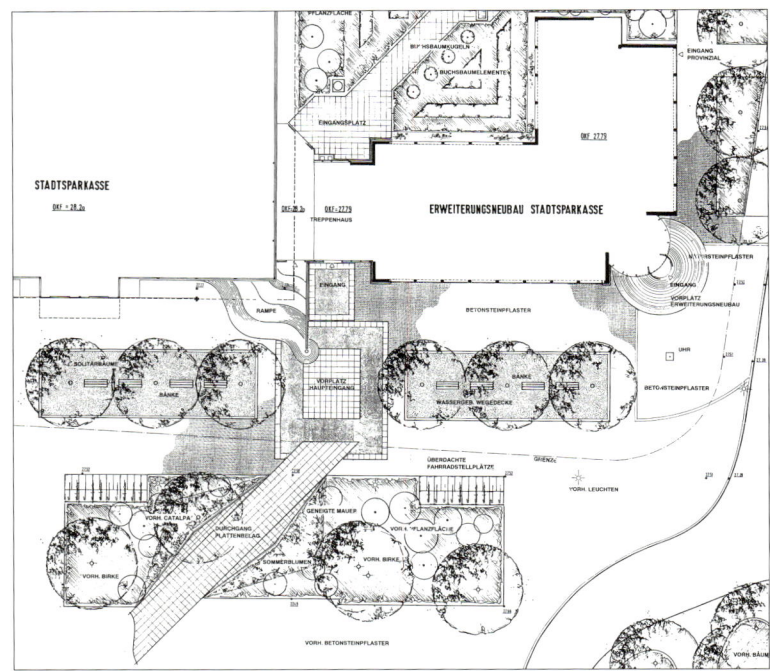

Verwaltungsgebäude Stadtsparkasse

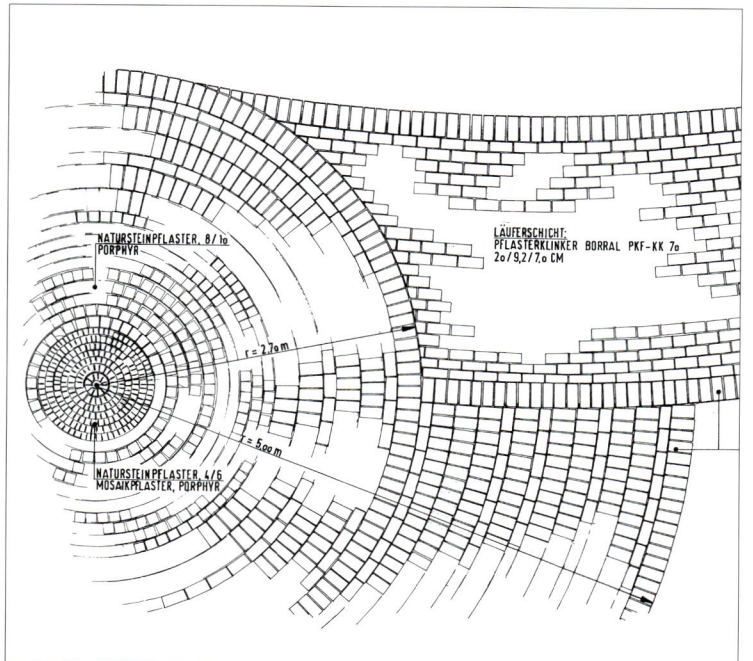

Dachgarten Kaufhaus Schlebusch

Unter diesen begrünten Dachflächen befindet sich ein Warenhaus.

Die Grünflächen laden zum Verweilen und Erholen ein. Sie werden von den Mitarbeitern der Büros des ersten Obergeschosses sowie den Bewohnern der umliegenden Wohnungen, die sich zu diesem Garten hin öffnen, genutzt. Darüber hinaus verbessern die Grünflächen das Kleinklima dieser städtischen Situation.

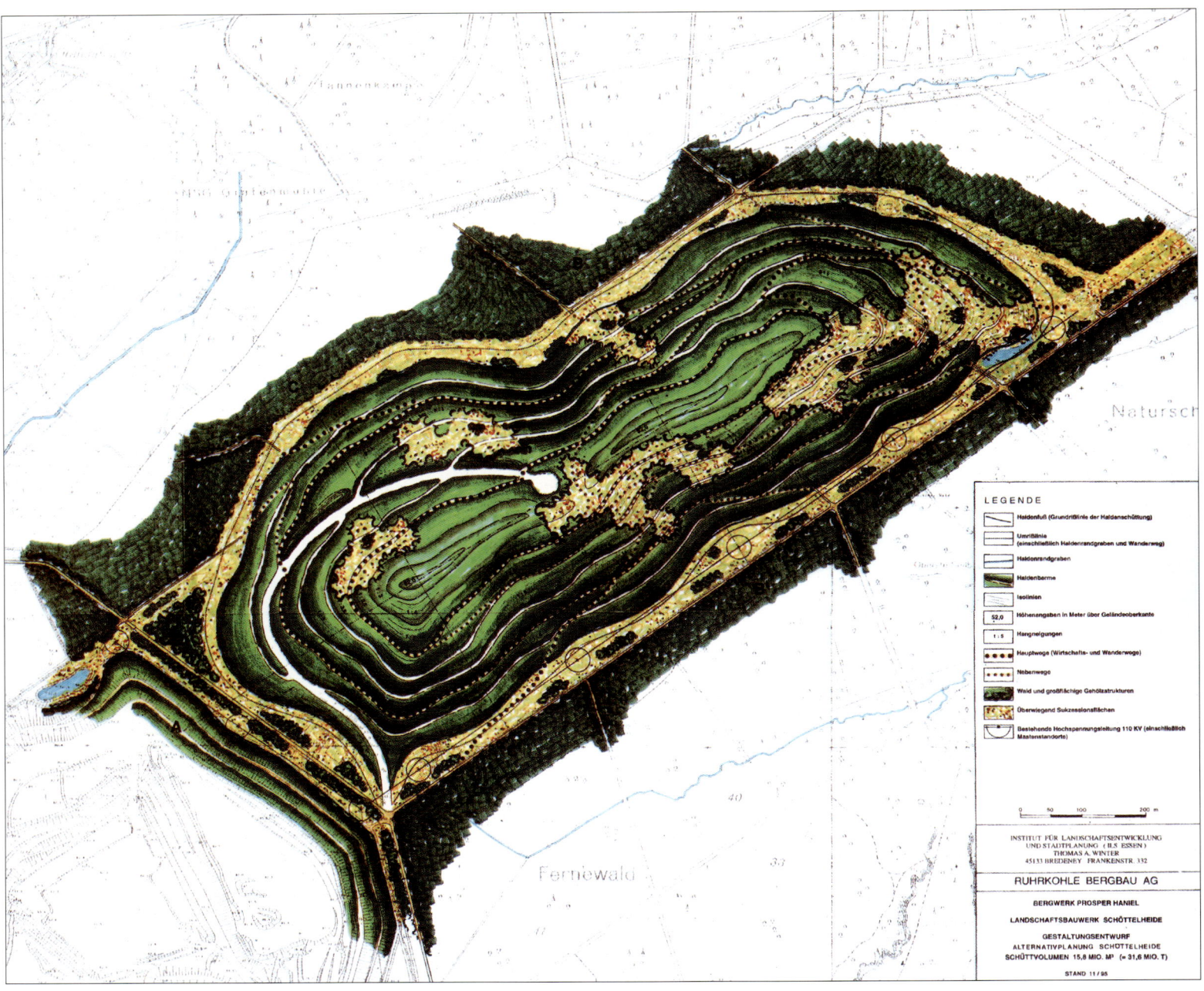

Thomas A. Winter

1965	Praxis im Landschaftsbau
1967	Ingenieurstudium in Geisenheim
1970	Studium der Landespflege an der Technischen Universität Hannover
1973	Beginn des Instituts für Landschaftsentwicklung und Stadtplanung in Essen in Partnerschaft mit der Landschaftsarchitektin Helga Rose-Herzmann
1992	Führung als Alleininhaber Büro in Essen

Landschaftsbauwerk

Im Ruhrgebiet prägen Bergehalden des Steinkohlenbergbaus das Stadt- und Landschaftsbild mit.

Als "Landschaftsbauwerke" unterliegen sie heute bestimmten ökologischen und gestalterischen Anforderungen an die Einbindung in ihre Umgebung.

Eine großräumige Standortsuche, die Untersuchungen zur Umweltverträglichkeit, Gestaltung und Rekultivierung des Haldenkörpers, die zeitlich und räumlich gestaffelte Betrachtung der Erholungssituation und Wegeerschließung und die landschaftspflegerische Bilanzierung von Eingriff und Kompensation gemäß den landschafts- und forstrechtlichen Bestimmungen wurden gutachterlich für dieses Projekt erbracht.

Das Bild zeigt den Vorentwurf zur landschaftlich orientierten Gestaltung, Biotopentwicklung und Begrünung und zur künftigen Erschließung für die ruhige landschaftliche Erholung der rund 60 m hohen und ca. 65 ha großen geplanten Bergeanschüttung.

Als planerisch orientiertes Institut liegt der Schwerpunkt der Tätigkeit bei landschaftsplanerischen und ökologischen Aufgabenstellungen und bei stadtplanerischen Aspekten. Dieser Spezialisierung trägt das eingespielte Team der Mitarbeiter aus Landschaftsarchitekten, Ökologen, Stadtplanern und verwandter Zweige Rechnung.

Landschaftsplanerische und landschaftsökologische, gestalterische und städtebaubezogene Untersuchungen, Gutachten und Planungen umfassen Großraumuntersuchungen, Umweltverträglichkeitsstudien, Landschaftspläne, gesamtstädtische Freiraumpläne, Bebauungs- und Grünordnungspläne sowie landschaftspflegerische

Begleitpläne zu verschiedensten Vorhaben, Biotoppflege- und Entwicklungspläne und die landschaftspflegerische Ausführungsplanung.

Ansprüche und Bedürfnisse der Menschen, der Naturhaushalt und das Landschaftsbild, Kultur- und Sachgüter sowie Wechselbeziehungen gehören zum Themenfeld vorsorgender Umweltplanung, der Auseinandersetzung mit Eingriffen in Natur und Landschaft und deren Kompensation sowie Landschaftsentwicklung und Stadtgestaltung. Die Planbeispiele sollen dieses Spektrum augenfällig machen.

Komplexe Anforderungen sind dabei auch in interdisziplinärer Zusammenarbeit mit weiteren spezialisierten Fachbüros und Institutionen gelöst worden.

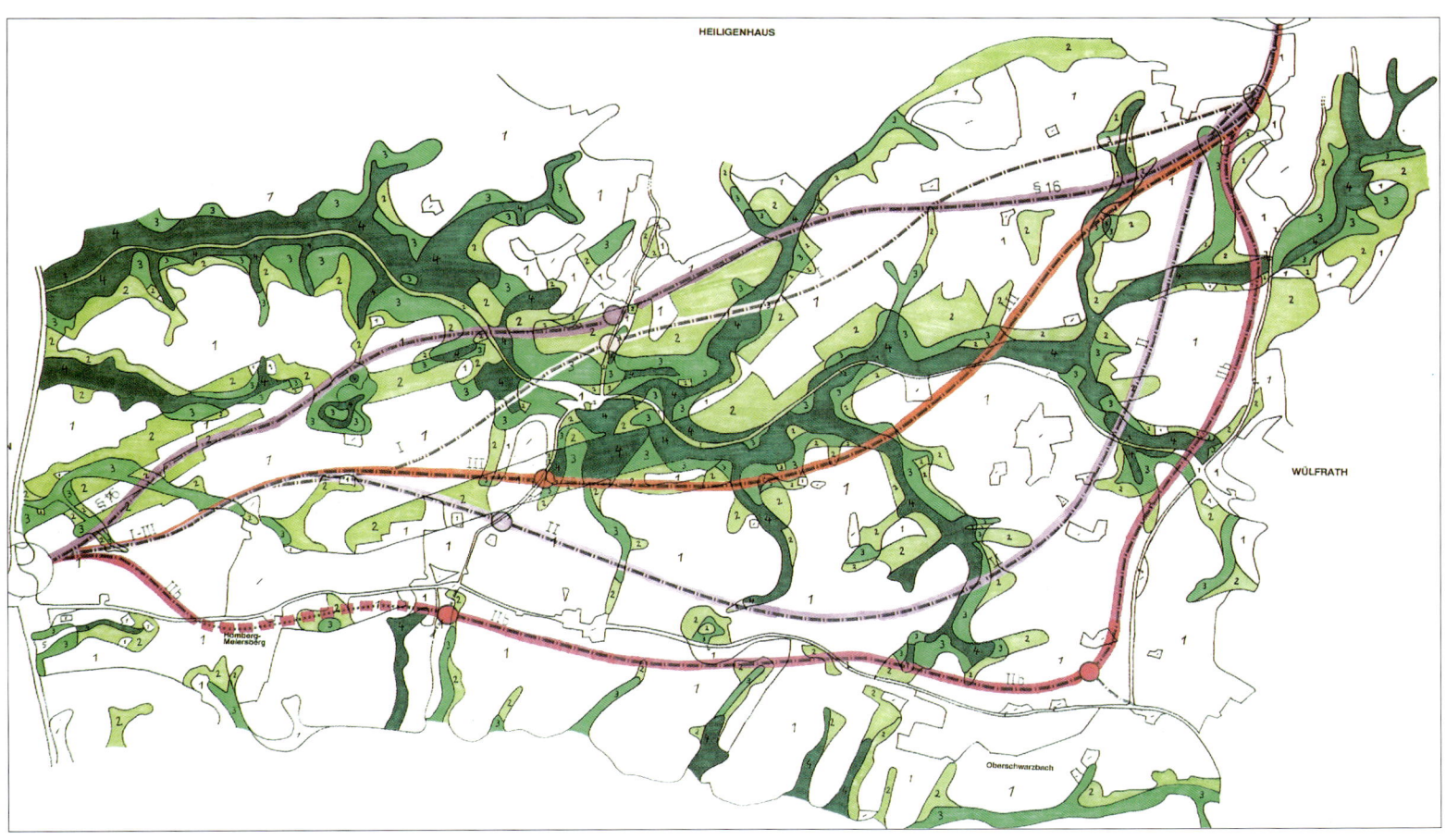

Umweltverträglichkeitsstudie zum Neubau A 44

Ein ca. 9 km langes Teilstück der projektierten Autobahn führt durch die morphologisch bewegte Kulturlandschaft der Lößbörde im nördlichen Kreisgebiet Mettmann. Landwirtschaft, Wasserschutzgebiete, Lagerstätten, Erholung und Natur- und Landschaftsschutz stellen wesentliche Belange des Raumes dar.

Zentrale landschaftliche Leitlinie ist das wertvolle Angertal. Aufgabe der UVS war, die verschiedenen Schutzgüter der Umwelt zu erfassen, zu bewerten und mögliche Trassenvarianten hinsichtlich ihrer Risiken und Auswirkungen vergleichend zu beurteilen. In diesem iterativen Planungsprozess wurden skizzenhaft einzelne Problemfelder dargestellt, um sie mit Fachbehörden und Beteiligten diskutieren zu können und Sachinformationen und Anregungen etc. einzuarbeiten.

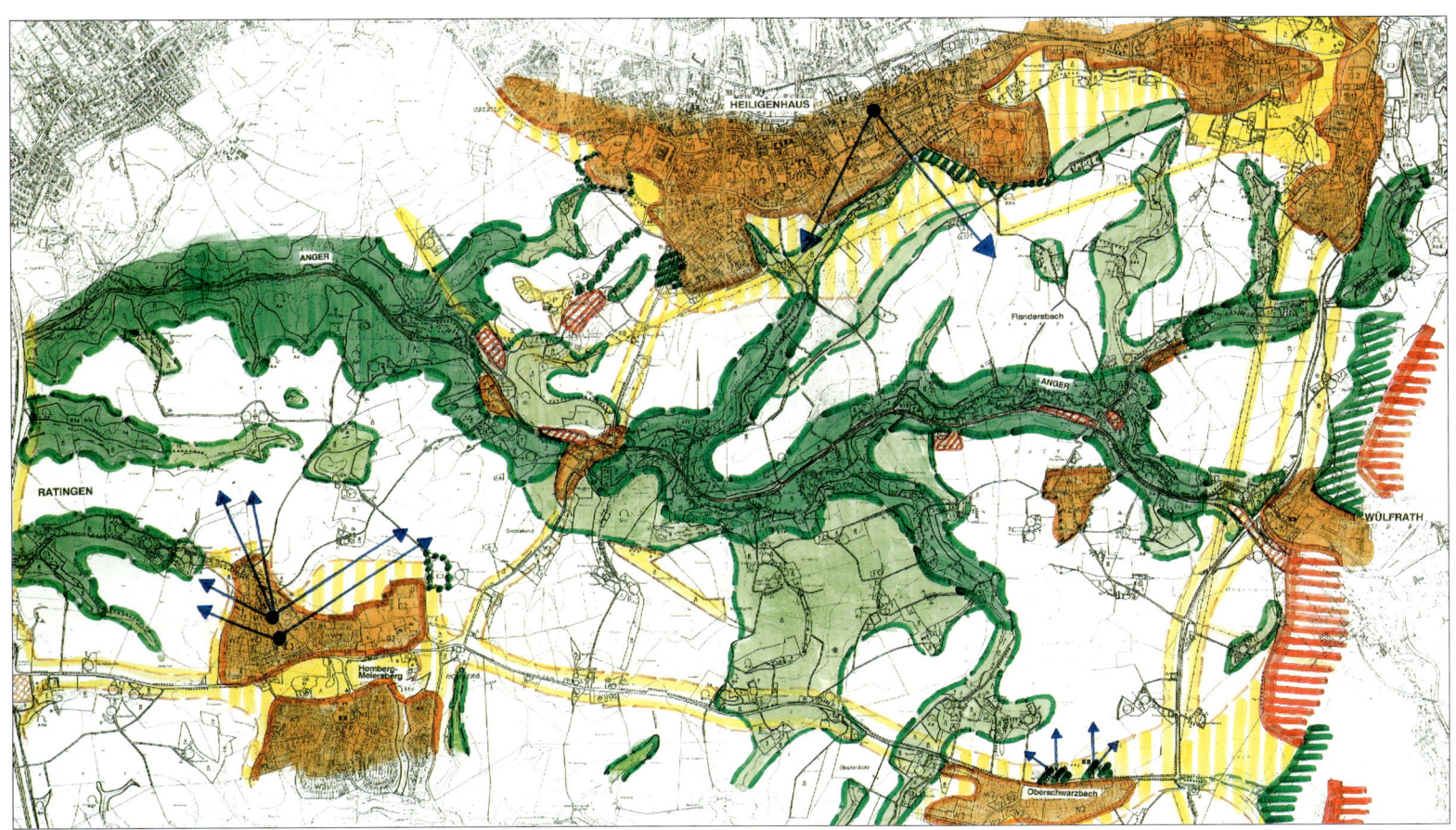

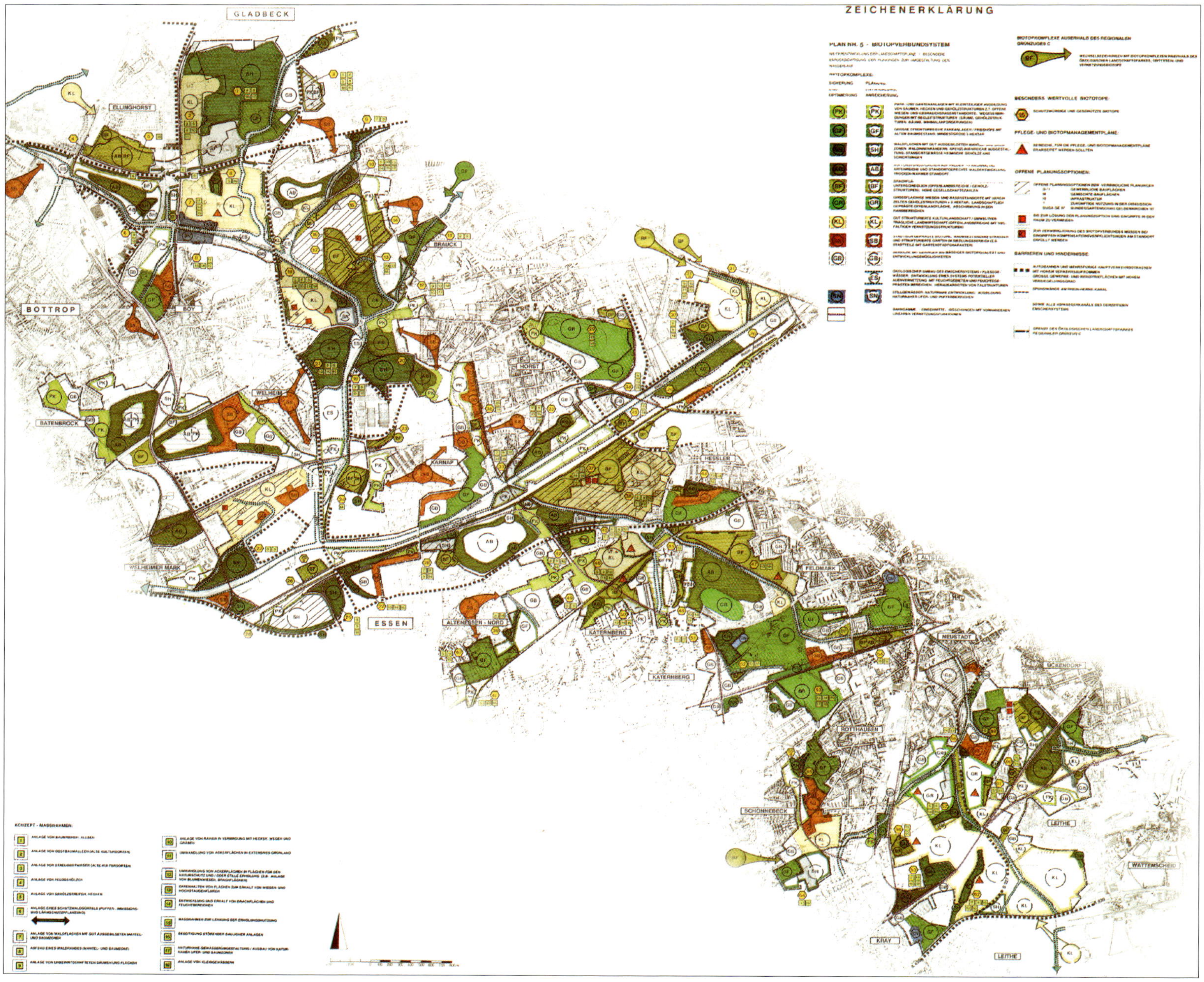

Ökologischer Landschaftspark

Im Rahmen der IBA Internationale Bauausstellung Emscher Park haben sich die Städte Essen, Gelsenkirchen, Bottrop und Gladbeck zur Arbeitsgemeinschaft "Regionaler Grünzug C" im Emscher Landschaftspark zusammengeschlossen.
Ziel ist es, durch die Vernetzung isolierter Teilflächen, durch Wiederaufbau von Landschaft und Entwicklung ihrer ökologischen und ästhetischen Qualitäten die Lebensqualität in diesem Raum nachhaltig zu verbessern.

Neben anderen Aspekten wurde im Rahmenplan das Biotopverbundsystem mit seinen verschiedenen Potentialen und Beziehungen besonders hervorgehoben. Daraus resultieren sowohl Schutz und Sicherung hochwertiger Lebensräume, als auch die Empfehlungen für Pflege und Entwicklung sowie zur Abwägung gegenüber anderen Nutzungsansprüchen.

Landschaftsentwicklung Orsoyer Rheinbogen

Auf der Basis mehrjähriger gutachterlicher Tätigkeit zu verschiedenen Faktoren und Problemstellungen entstand der Plan zu einer integrativen Entwicklung der Auenlandschaft am Niederrhein.

Unter anderem fanden Auskiesungen, Landwirtschaft, Hochwasserschutz und nicht zuletzt der Naturschutz ihren Niederschlag in diesem Planbild, das die mögliche Revitalisierung der Stromaue mit z.B. Seitenarmen und Auwald durch Zurücknahme des Banndeiches ebenso aufzeigt wie die Gliederung und Anreicherung der Kulturlandschaft mit Heckenzügen, Baumreihen, Grünland und Feuchtgebieten.

In der konkreten Deichplanung, einschließlich landschaftspflegerischer Maßnahmen, verbinden sich Hochwasserschutz und Ökologie als Zielsetzung und führen so zu einer ersten größeren Wiederherstellung einer naturnahen Stromaue des Rheines in Nordrhein-Westfalen.

Konrad Ben Köthner
*1938

1954 - 57 Gärtnerlehre in Freiburg
1957 - 61 Gehilfenjahre in Deutschland, England und Schweden
1961 - 62 Gärtnermeisterschule in Kassel
1962 - 65 Landespflegestudium in Osnabrück
1965 - 68 Mitarbeit bei G. Heydenreich in Hannover
1968 - 75 Mitarbeit bei H. M. Rose und H. Rose-Herzmann in Essen
seit 1976 Mitglied der Architektenkammer NRW und des BDLA
1976 - 90 Büropartnerschaft mit H. Rose-Herzmann in Essen
seit 1991 eigenes Planungsbüro in Essen, Mitglied der FLL, der
        FBB, der ATV und DGGL

Wettbewerbserfolge

ca. 31 Prämierungen, davon 24 1. Preise

Hausgarten in Essen-Haarzopf

Der Garten, 1600 m², liegt am Waldrand auf einem nach Nord-
osten geneigten Hang mit 8 m Höhenunterschied.
Er wird genutzt von einer Familie mit einem Kind und vielen Freunden.
Deshalb gibt es mehrere Gartenbereiche:
· die Wohnterrasse mit Kamin, Quelle und Bachlauf,
· die Terrasse an der Küche oberhalb des Teiches,
· das Teehaus am Waldrand mit Abendsonne,
· das Gerätehaus im Wald, den Vorplatz und den Vorgarten.

Der Hauseingang liegt fast einen Meter unter Straßenniveau und
sollte, außer über eine Treppenanlage, auch stufenlos erreicht
werden können.
Für den Teich wurde ein Plateau hergestellt, das einerseits die
Untergeschoßfenster freistellt und andererseits den unteren Gartenbereich am Waldrand den Blicken vom oberen Garten entzieht.
Die Anlage wurde 1996 fertiggestellt, wird aber weiter vervoll-
ständigt.

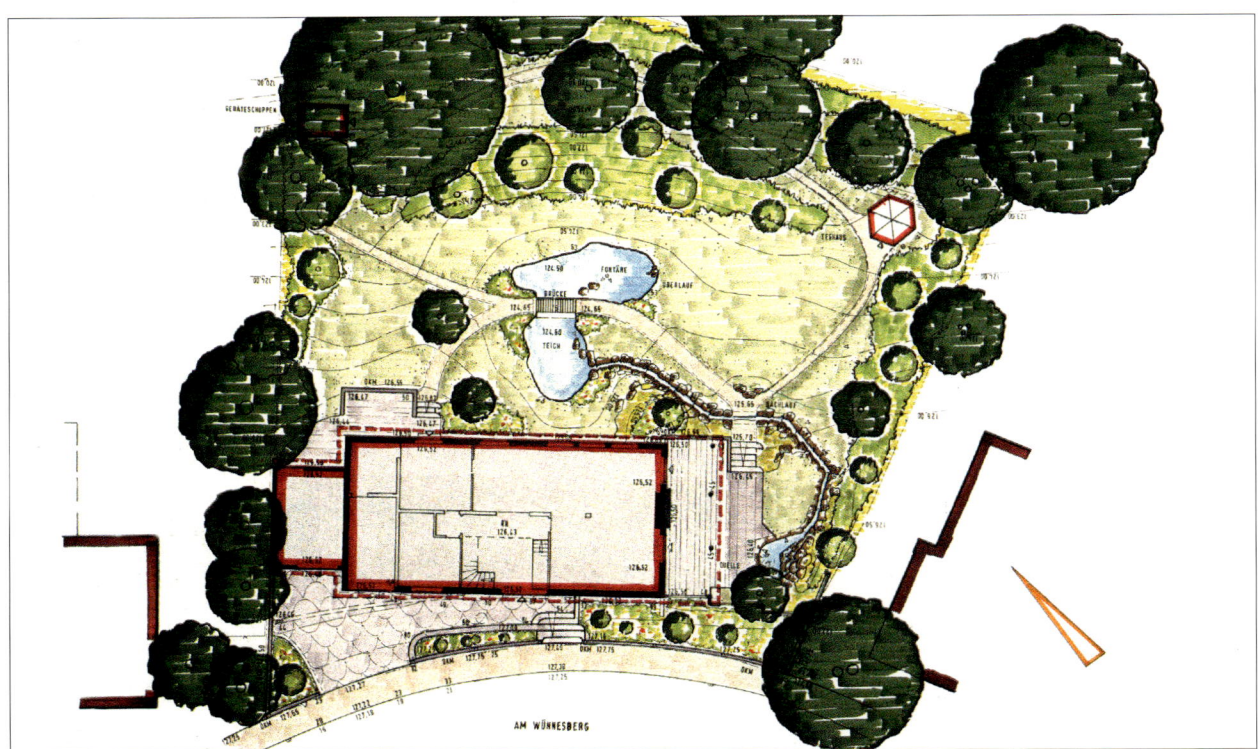

Forum im Uni-Klinikum Essen
mit Dipl.-Ing. Erwin Berning

Das Forum der Institutsgruppe 1 liegt südlich der Virchowstraße und stellt die Verbindung zwischen der Institutsgruppe und der Mensa dar. Unter ihm befindet sich eine Parkhausgarage. Die Brücke verbindet die Institutsgruppe mit dem übrigen Klinikgelände nördlich der Virchowstraße. In einer Höhe von 6 bis 7 m über Straßenniveau und auf einer Gesamtlänge von ca. 55 m steigt sie nach Norden um 1,2 m an. Das Betriebstechnische Gebäude befindet sich unter der Bearbeitungsfläche nördlich der Virchowstraße, so daß über seine Dachfläche die Verbindung zur Bibliothek und zum Audi-Max möglich ist. Die Anfang der siebziger Jahre errichteten Gebäude bedürfen einer Grundinstandsetzung. Dabei wird nicht nur der Belag, sondern auch die Dichtung und Dämmung erneuert. Eine funktionsgerechte Begrünung mit hohem Aufenthaltswert ist wesentlicher Bestandteil der Planung. Die Forumebenen IG-1, BTG und die Brücke sind nicht nur zur Mittagszeit wegen der Mensa stark frequentiert, sondern werden von Studenten, Ärzten und Patienten ganztägig benutzt. Die jetzt noch fast völlig frei überlaufbare Fläche läßt Fußgängerströme und kaum begangene Bereiche erkennen. Dies wird von der Planung berücksichtigt. Das BTG hat eine günstige Süd-Exposition, während das IG-1-Forum weite Teile des Tages im Schatten der Gebäude liegt. Erst nachmittags und gegen Abend läßt sich die Sonne im Westen blicken. Die Grundidee einer Parklandschaft mit leicht bewegten Rasenflächen, Bäumen, einzelnen Strauchgruppen und geschwungenen Wegen mit Sitzangeboten soll hier verwirklicht werden. Bei trockenem Wetter ist das Liegen und Lagern auf den Rasenflächen möglich. Sitzpoller erfüllen gewisse Leitfunktionen und bieten gleichzeitig Verweilmöglichkeiten. Für die Bäume ist eine Substratdicke von 60 bis 100 cm vorgesehen. Die Mindestsubstratdicke von 15 cm für Rasen ermöglicht einen flächengleichen Anschluß an die Wege.

Die Arbeiten werden von 1997 bis 1999 durchgeführt.

Bruno Leipacher

Praktische Ausbildung in Baumschule · Staudengärtnerei und Garten- und Landschaftsbau · Praktika bei Gottfried Kühn, Köln und Otto Valentin, Stuttgart · Besuch der Werkkunstschule in Wuppertal und Studium an der Hochschule für bildende Künste in Kassel bei Professor Hermann Mattern · seit 1958 selbständig, Büro in Wuppertal · Berufspolitische Aktivitäten im BDLA und in der Architektenkammer Nordrhein-Westfalen · Lehrauftrag an der Fachhochschule Osnabrück Verfasser von Fachbüchern und Veröffentlichungen · Technischer und künstlerischer Leiter der Bundesgartenschauen in Mannheim 1975 und Magdeburg 1999

Das Büro

Plant das große und das kleine Grün und bemüht sich, vom Garten am Wohnhaus bis zu landschaftsplanerischen und städtebaulichen Aufgaben jeweils dem Ort angepaßte, richtige Lösungen zu finden.
Ein Schwerpunkt der Arbeit sind Hallenausstellungen bei Gartenschauen, Messen und privaten Firmen. Auch organisatorische Aufgaben wie Bauabwicklung und Projektsteuerung sowie die Vorbereitung von Wettbewerben gehören mit zum Aufgabengebiet.

Wettbewerbe

1987	Innenstadtgestaltung Wuppertal	1. Preis
	Landesgartenschau Paderborn	1. Ankauf
1988	Mainufer Frankfurt in Arbeitsgemeinschaft mit Wagenfeld-Mueller	3. Preis
1990	Landesgartenschau Grevenbroich in Arbeitsgemeinschaft mit Wagenfeld-Mueller	2. Preis
1992	Wettbewerb "Wohnen an der Straße" in Wuppertal	1. Preis
1995	Burg/Spreewald Städtebaulicher Wettbewerb	3. Preis
	Belzig, Städtebaulicher Wettbewerb in Arbeitsgemeinschaft mit Becker - Strauch/ Stoll - Krüger	Ankauf

Die besonderen Aufgaben

1986	Iberflora Valencia, Hallenschau
1988	Israel - Aviv Flower Expo 88, Hallenschau
	London Iftex, Messestand
	Glasgow Garden Festival 88, Hallenschau
1989	Floralies in Nantes, Deutscher Beitrag
1990	Genter Floralien, Hallenschau
	Iberflora Valencia, Hallenschau
1991	Floriade Den Haag, Deutscher Beitrag im Freiland und in der Halle
1995	BUGA Cottbus, mit Heinz Eckebrecht

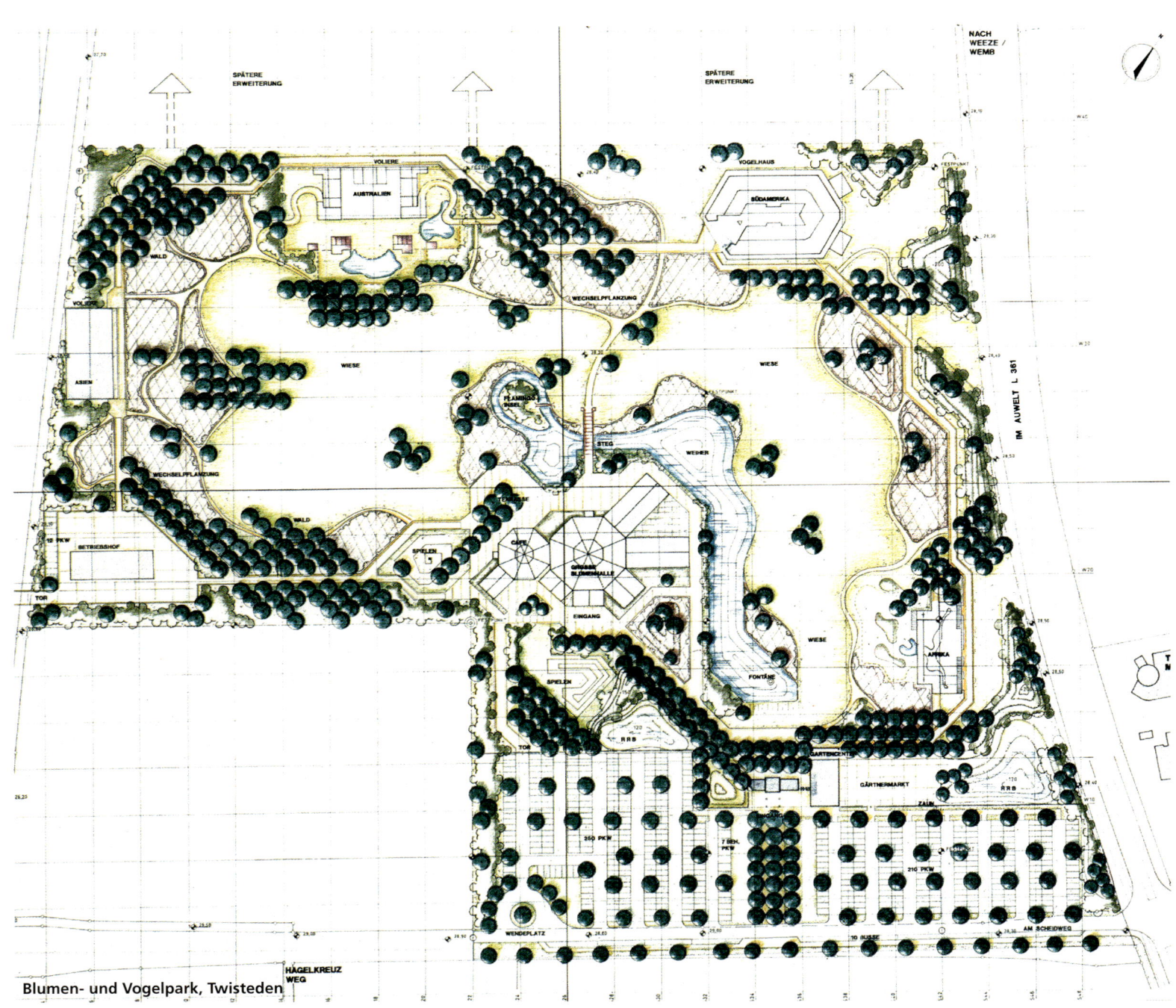

Blumen- und Vogelpark, Twisteden

Sitzplatz im Garten Helmers

Rhododendronausstellung Westerstede

Matthias Li l

Studium an der GH Essen · Mitarbeit in Ausführungs-
betrieb und Planungsbüro · Lehraufträge an der FH
Köln · seit 1981 im jetzigen Büro tätig · Mitglied im
BDLA

H. Peter Sparla

aufgewachsen in der Gärtnerei des Großvaters, Gärtnerlehre, Baumschule, Garten- und Landschaftsbau
Studium an der FH Osnabrück und GHS Kassel · Aus-
landstätigkeit · selbständig seit 1981 mit Klaus Neumann und Matthias Lill

Das Büro

gegründet 1978 durch Klaus Neumann in Köln und Berlin · 1986 - 97 in Köln: BÜRO FÜR FREIRAUM- UND LANDSCHAFTSPLANUNG in Partnerschaft mit M. Lill und H. P. Sparla

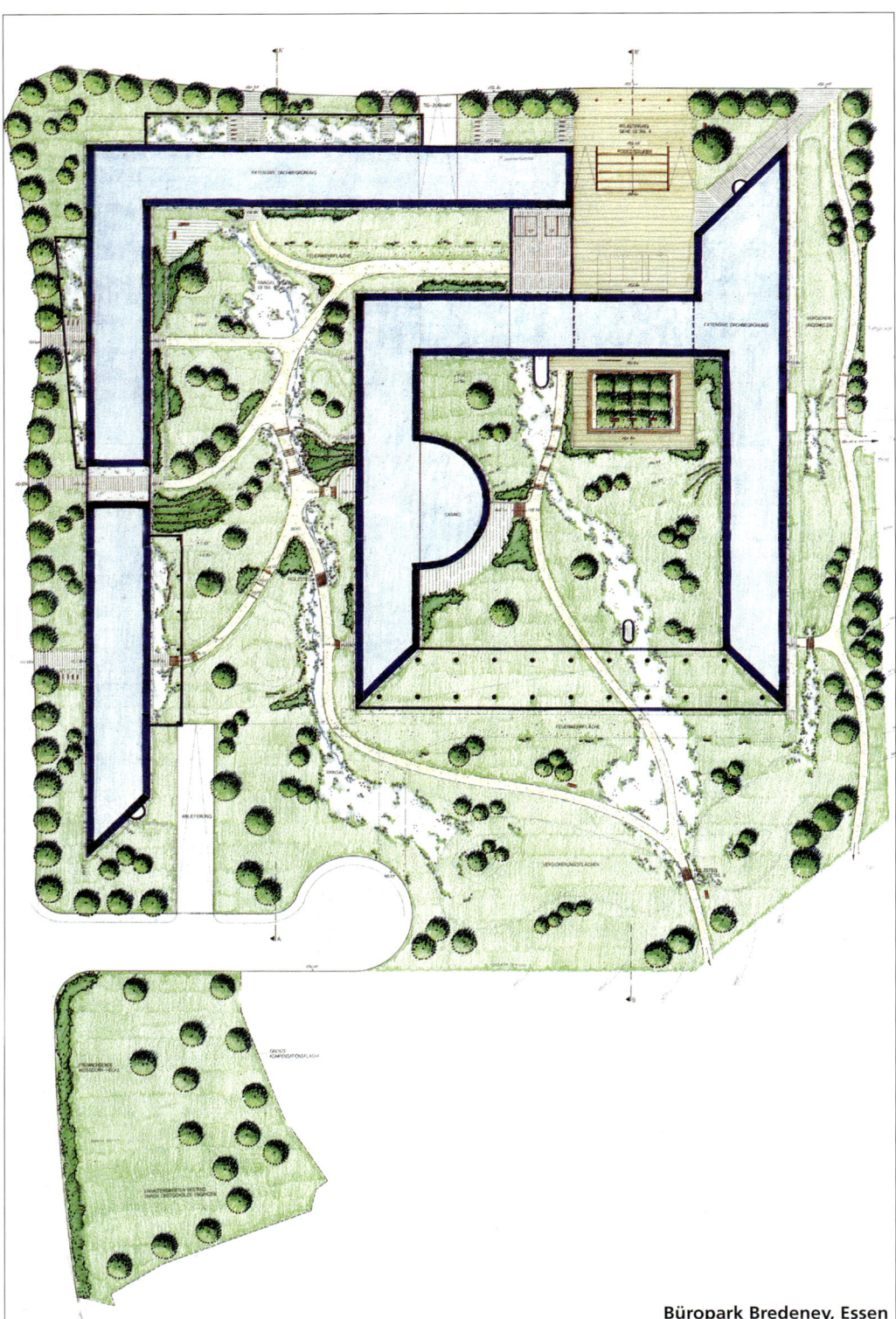

Büropark Bredeney, Essen

Betätigungsfeld

Städtische Freiraumplanung · Freiraumrahmenkon-
zepte und Grünordnungsplanung · Stadtplätze und
Stadtteilparks · Planung von Freiräumen im Siedlungs-
und Wohnungsbau · Umstrukturierung und Umnutzung von Siedlungsfreiflächen

Hausgärten, Dachterrassen und Innenhöfe · Planung
und Sanierung von Spiel- und Sportplätzen · Entwurf
und Organisation von Hallenschauen · Innenbegrü-
nungen · Pflegekonzepte und Sanierung historischer
Anlagen

Landschaftspläne · landschaftspflegerische Begleitpläne
Umweltverträglichkeitsstudien

Technische Planung · Ausschreibung, Bauüberwachung
und Abrechnung · Objektbetreuung

Broschüren · Parkpflegewerke · Baumkataster · Baum-
und Wertgutachten

Wettbewerbe
(Auswahl)

· Wallrafplatz, Köln (2.)
· Media-Park, Köln
· Überdeckung Herkulesstraße/A 57, Ehrenfeld [1] (2.)
· "Gemeinsames Wohnen", Aachen [2] (1.)
· Ökologisches Bauen, Herten [3] (2.)
· Wrexham-Barracks, Mülheim/Ruhr [4]
· Städtebaulicher Wettbewerb St. Augustin [5] (1.)
· Wohn- und Gewerbegebiet in
  Düsseldorf-Gerresheim [6] (2.)
· Städtebaulicher Realisierungswettbewerb
  Mönchengladbach Odenkirchen-Kohr [7] (1.)
· Städtebaulicher Wettbewerb Hagen-Fley [6] (3.)
· Rochusplatz, Köln [8] (1.)
· Erweiterung Dresden-Hellerau [9]
· Erweiterung Technologie-Park
  "Im Weißen Feld" [2] (1.)
· Dienstleistungszentrum ERIM, Castrop-Rauxel [2] (1.)
· Rheinische Zusatzversorgungskasse, Köln-Deutz [2] (2.)
· Strukturkonzept KVB-Gelände Melatengürtel [2] (3.)

In Zusammenarbeit mit

1 Prof. Haunschild, Köln · 2 Gatermann + Schossig, Köln
3 Schilling/Kostulski, Köln · 4 Schaller/Theodor, dt 8, Köln
5 Thomas Scheidler, Köln · 6 B. und W. Thiess, Köln
7 Bernd Sammeck, Köln · 8 Krause + Kaul, Köln
9 von Einsiedel + Haeffner, Köln

Stadtteilpark Berliner Straße, Köln-Mülheim
Bausumme: ca. 320 000,- DM
Gesamtfläche: ca. 4500 m²

Städtebaulich-freiraumplanerischer Kontext

Der Kölner Stadtteil Mülheim-Nord: starker Verkehrslärm und emittierende Gewerbebetriebe in Woh-
nungsnähe, mangelnde oder schlecht strukturierte
Freiflächen, hoher Anteil an Arbeitslosen. Seine Stärken: Eigenständigkeit als Stadtteilzentrum mit funk-
tionierender Infrastruktur und ein hoher Grad sozialer
Selbsthilfe, die von der Bevölkerung unterstützt wird.

In diesem Rahmen war ein über 4500 m² großes, not-
dürftig hergerichtetes Gelände einer ehemaligen
Schule als Freifläche besser verfügbar zu machen und
zu sichern.

Seit Abriß der Gebäude war das Gelände bereits par-
tiell in Besitz genommen worden: in dichtem Ge-
strüpp und auf Mauerresten spielten Kinder; Feuerstel-
len, Kabeltrommeln, Autoreifen, umgestürzte Baum-
stämme, Bauschutt und Hausmüll waren "Ausstattung" und Spielgegenstände.

Da jedoch der Entwicklungsdruck auf diese Fläche
stieg, der Ruf nach Parkplätzen und Bebauung laut
wurde, mußte dieser "disfunktionale" Raum ein sozial
anerkanntes Maß an Nutzungsbestimmung und Ausstattung erhalten, um ihn als Freifläche zu sichern.

Materialauswahl und Einbautechniken wurden so
gewählt, daß viele Arbeiten auch von Fach- und Hilfs-
kräften der örtlichen Selbsthilfegruppen erstellt werden konnten.

Entgegen ersten Prognosen ist der Stadtteilpark heute
angenommen, woran die Mietergärten einen erheblichen Anteil haben.

Neubau WDR - Landesstudio, Düsseldorf
Außenanlagen: 6600 m²
Dachflächen: 2200 m²
Baukosten: ca. 1,8 Mio. DM

Das dichte Nutzungsprogramm für das Gebäude erforderte eine weitgehende Bebauung des Geländes. Deshalb wurde ein Teil der Freifläche durch Dachbegrünung und in einem Innenhof zurückgewonnen.

Die Vegetationsausstattung ist sparsam, macht aber Zugeständnisse an ästhetische Bedürfnisse als erweiterte Cafeteria, zu Fernsehaufnahmen und zum Pausenaufenthalt.

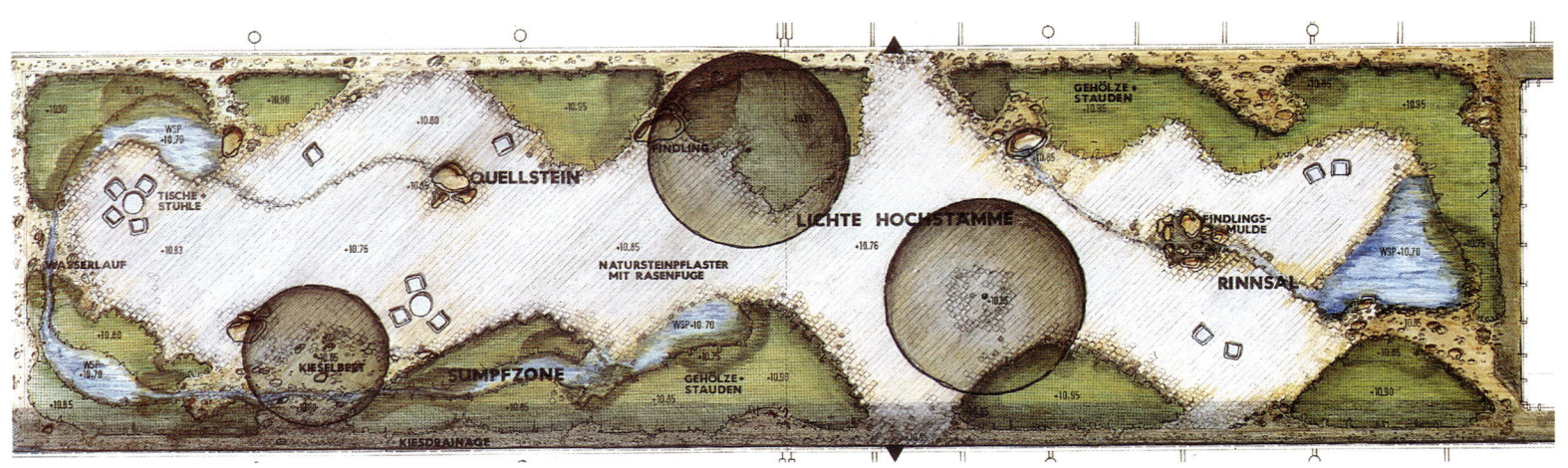

Haus für Baukunst und Technik

Das Freiraumkonzept ermöglicht eine weitgehende Nutzung der Außenanlagen für die Bewohner und für die Mitarbeiter in den Büros.
Die Besucher werden an einer Reihe dachförmig geschnittener Platanen zu den Bürotrakten geführt. Im Bereich der Tiefgarage - mit eingeschränktem Wurzelraum - ist die geschnittene Platane mit reduzierter Blattmasse eine ideale Baumart, die trotz gestutzter Krone den baumähnlichen Charakter beibehält.
Der Innenhof:
· Terrassen für die Erdgeschoßwohnungen mit einem kleinen Garten
· Spielplatz mit Steinblöcken, Lehmhügel, Spielhaus, Weidenhaus, Wasserstelle, Hecken, Bambus- und Holundergebüschen
· berankte Pergola mit mobilen Bänken
· zwei Fahrrad- /Geräteschuppen
· Aussparungen in der Tiefgarage für großkronige Bäume (Robinien)
· Rasenfläche

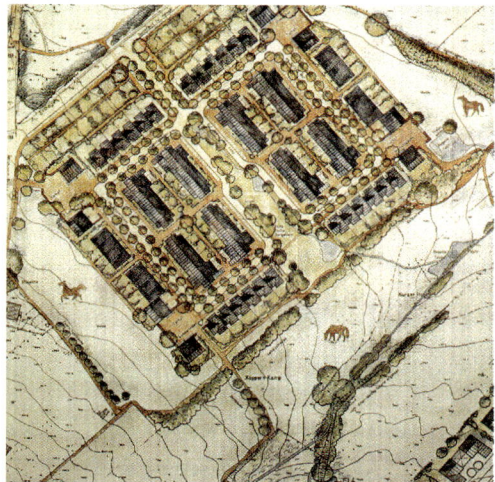

Städtebaulicher Wettbewerb Hagen-Fley
oder: Das himmlische Jerusalem auf der Pferdeweide

Das war zunächst ein spaßig formulierter Arbeitstitel. Denn Siedeln heißt Abstecken und Sichern, Sichern auch der Landschaft, ihrer Nutzungen und Umnutzungen. Wir wünschten uns klare Nutzungen, Grenzen und Ränder, denn so sind Landschaft und Ortsränder beschaffen. Dazu mußten wir die auf Ökologie als Ausgleichsbilanz und die auf Grünplanung basierende Auslobung erst neu interpretieren.

Was heißt hier: Ökologie? - Weniger Verbrauchen!

Statt dem ökologischen "Einbalsamierungsritual" der Auslobung zu folgen, setzten wir mit den Architekten Barbara und Walter Thiess auf eine Betrachtung des Naturraums als Lebensgrundlage der hier wirtschaftenden und lebenden Menschen, die bestimmte Bedürfnisse in der, mit der und durch die Natur befriedigen, mit ihrem Recht auf Wohnraum, auf kinder-, hausfrauen-, alten-, kranken- und für alle Arbeitenden erholungsfreundliche Freiräume, auf Spiel- und Streifräume in der Natur und auf ein durch Bauen unterstütztes, sicheres Gemeinwesen.

Jede Tätigkeit bewirkt eine Veränderung der Natur. Natur und Landschaft sind Lebens- und Wirtschaftsraum für den Menschen, sein Verhältnis zur Natur ist praktischer, umgestaltender Art. Der Tatbestand eines "Eingriffs" wird also erst dann deutlich und ein daraus abzuleitender Ausgleich plausibel, wenn neben den naturbürtigen Phänomenen auch die sozialen Aspekte betrachtet werden. Ökologie kann also nie die Menschen als Nutzer außer acht lassen, wenn sie planungsrelevant werden soll.

Nicht jede Bautätigkeit ist a priori ein Vergehen am Naturhaushalt, sondern Lage, städtebauliche Organisation, Haustypen sowie Art und Nutzung der Freiräume bestimmen die Bilanz.

Ist denn der Plattensiedlungs-Trabant auf dem "wertlosen Acker" nicht ein größerer Schaden für die Leistungsfähigkeit des Naturhaushaltes und der Gesellschaft mit allen Folgen der Kompensation schlechten Wohnens als ein dichtes Einfamilienreihenhausquartier auf einem "wertvollen" stadtnahen Extensivgrünland? Deshalb wird unter Umständen auch dem als Speicherraum und der Wärmedämmung dienenden Spitzdach der Vorzug gegenüber einem mit Kunststofffolien - also zukünftigem Sondermüll - gesicherten, ökologisierenden grünen Flachdach gegeben.

Wir verwenden: kleine, veränderungsfähige, sich den "Wechselfällen des Lebens" anpassende Haus-/Bautypen und Freiräume, eine auf Sparsamkeit angelegte Haus- und Quartiersorganisation, setzen ökologische/haushälterische Baumaterialien und Bautechniken ein, achten auf eine sparsame Haus- und Wegeökonomie, auf dichte Überstellung der Freiräume mit Bäumen, wasserdurchlässige und vegetationsfähige Wegebeläge, den Erhalt und die Ergänzung vorhandener Baumreihen und Gebüschgalerien. Dadurch reduzieren wir unvermeidliche Eingriffe auf ein zu vernachlässigendes Maß.

Nutzbare Freiräume - Spiegel des Alltags

Im Gegensatz zu sogenannten öffentlichen Grünflächen, in denen Nutzung durch teure Pflege vorgetäuscht wird, spiegeln die auf Nutzung basierenden Freiräume die aktuellen Lebensbedingungen wider, haben kompensatorische Funktion, erleichtern die Bewältigung des Alltags, lassen Veränderungen und Erfahrungen zu und sind damit ein Spiegel des Alltags und der Geschichte des Ortes. Daß diese Flächen oder Räume auch grün sein können, versteht sich von selbst, nur, Grün ist nicht Ausgangspunkt der Überlegungen, sondern kann eine Folge von sinnvoller Planung sein.

Unsere Elemente der Freiraumplanung sind deshalb auf ein durch Quartiers- und Stadtteilbildung gefördertes Gemeinwesen gerichtet:

· Straßen mit breiten Bürgersteigen, Baumstreifen, Vorgärten;
· Haus- und Mietergärten;
· Ortsrandbildung durch klare Nutzungsgrenzen: Gärten, Kleingarten/Grabeland, Wege, Zäune, Hecken;
· vegetationsfähige Oberflächen (Baumstreifen, Wegränder) und wasserdurchlässige Beläge (z.B. Tennendecken), Regenwasserspeicherung;
· Spiel- und Streifräume, kleine Bolzplätze;
· landwirtschaftliche Nutzung (Grünland anstatt Rasen) oder Nebennutzung als (Pferde-) Weide.

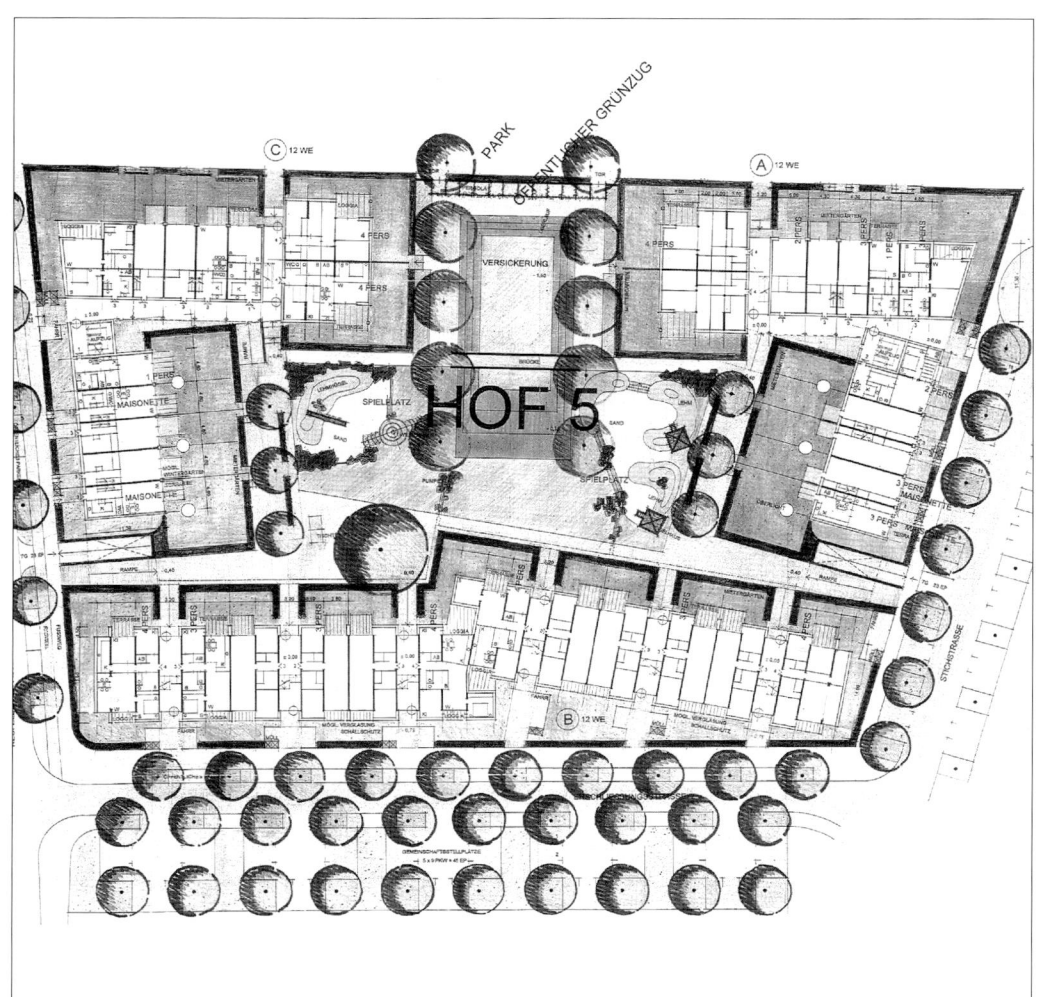

”Wohnen in Ober Iddelsfeld”, Köln

Der prämierte städtebauliche Entwurf vom Büro Böttger + Partner erhielt in einer zweiten Planungsphase über einen Bebauungsplan und Grünordnungsplan Rechtsverbindlichkeit.

Der Grünordnungsplan und das zugrundegelegte Freiraumkonzept wurden in der ARGE Büro für Freiraum- und Landschaftsplanung und Büro Böttger + Partner, Köln, bearbeitet, in enger Zusammenarbeit zwischen Stadtplanung und Freiraumplanung.

Freiraumplanung ist Stadtplanung

Bei der Planung des Freiraums steht ein Stück Lebensraum zur Diskussion, der Bestandteil der Sozialisation am Wohnort und der Herausbildung von Identifikation, einer "Adresse" ist - nicht mehr, aber auch nicht weniger.

Die Kenntnisse über die sozialen Aktivitäten und Handlungsabläufe liegen auf einer banalen Ebene: Alltagsbewältigung erleichtern, Spielräume schaffen, Kindererziehung ermöglichen, Frauenarbeit entlasten, Erholung und Regeneration der Arbeitskraft ermöglichen und eventuell einen Beitrag zur Subsistenz, zur materiellen und sozialen Unabhängigkeit leisten. Kurz: der Gebrauchswert eines Freiraums steht im Vordergrund.

Die von uns geplanten Freiräume ermöglichen Aneignung, definieren Zuständigkeiten; sie sind praktisch organisiert und an den Prinzipien der Hausökonomie orientiert, materiell simpel ausgestattet und alterungsfähig.

Insgesamt werden für 722 Wohnungen 65 000 m² Freiflächen für 6,9 Mio. DM erstellt.

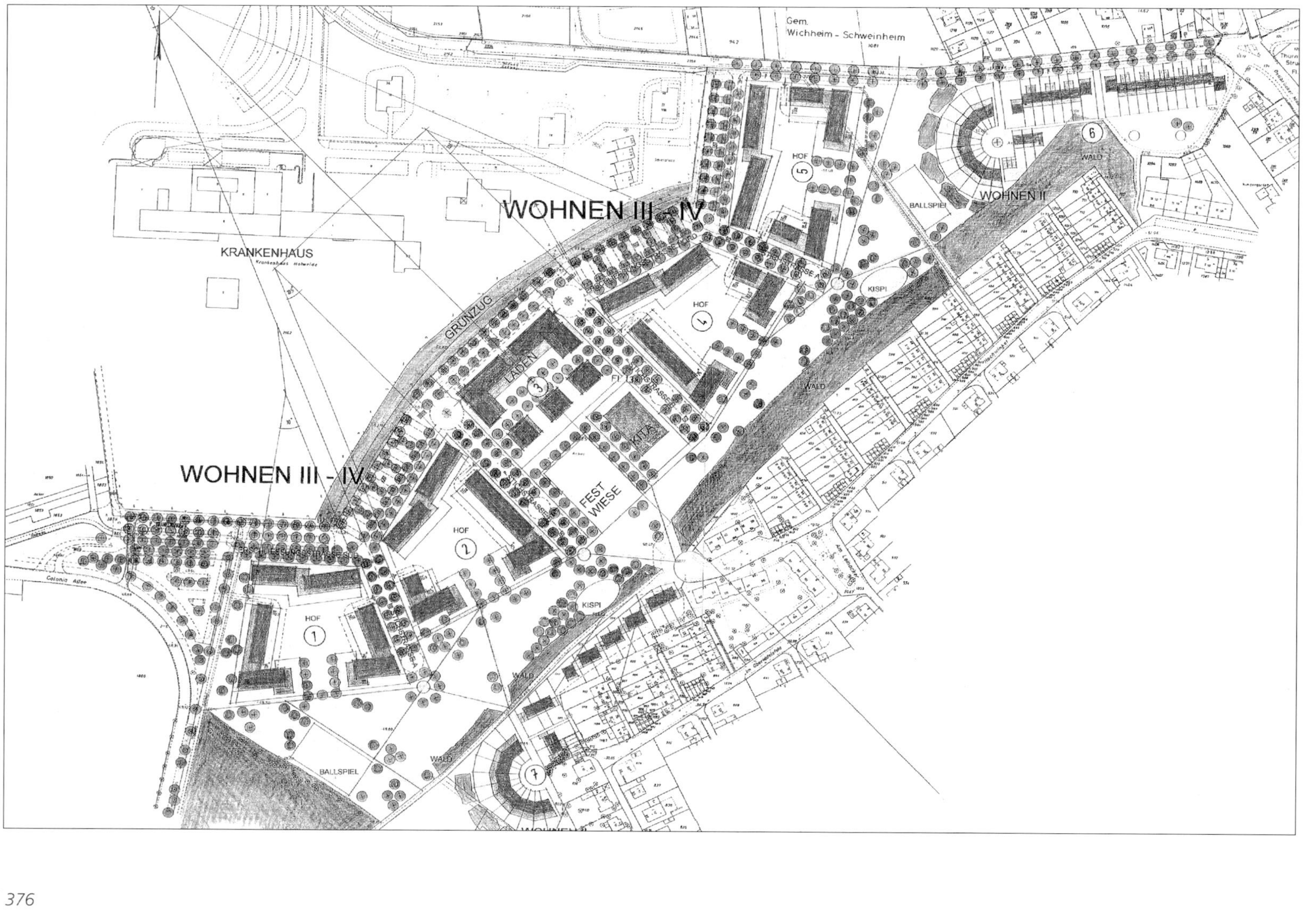

Witten in der Mark - Pilotprojekt kostengünstiges und flächensparendes Bauen
55 Wohneinheiten
ca. 3900 m²
ca. 280 000,- DM

Dem Freiraumkonzept liegt eine strukturell hierarchische Organisation der Freiräume zugrunde. Diese sind nach individuellen und nach sozial vereinbarten Zuständigkeiten differenziert, in denen Platz für die individuelle "Findigkeit der Nutzer" geschaffen wird.

Abgeschreckt durch das sterile, von Pflegekolonnen bestimmte Siedlungsgrün und angeregt durch die hervorragend organisierten, erprobten, in Ausstattung und Nutzung flexiblen und belebten Freiräume der Werkssiedlungen, wurde das vorliegende Konzept entwickelt, angepaßt an die heutigen sozialen und wirtschaftlichen Verhältnisse, mit Zugeständnissen an formale und ästhetische Bedürfnisse.
Durch die Übertragung von Verfügbarkeiten und Zuständigkeiten auf die Mieter, Kinder und ihre Freunde reduziert sich die zu gestaltende und in Folge durch den Bauträger zu pflegende Fläche auf die notwendigen Wege und kleinen Platzbereiche, die allgemein zugänglich sind.
Kostenersparnis tritt hier nicht als besonders zu berücksichtigender Faktor auf, sondern ergibt sich folgerichtig aus dem Konzept. Die Kosten für die Grundausstattung, einschließlich Wege, Gemeinschaftsflächen, Geräteschuppen, Wasserstellen und Spielplätze betrugen 72,- DM/m².
Die verbleibende Freifläche wurde in Mietergärten eingeteilt, so daß ca. zwei Drittel der Mietparteien über einen eigenen Garten verfügen. Der Mietpreis beträgt 10,- DM monatlich.
Alle Gärten waren nach Bezug der Wohnungen sofort vergriffen.

Das Projekt erhielt einen Preis.

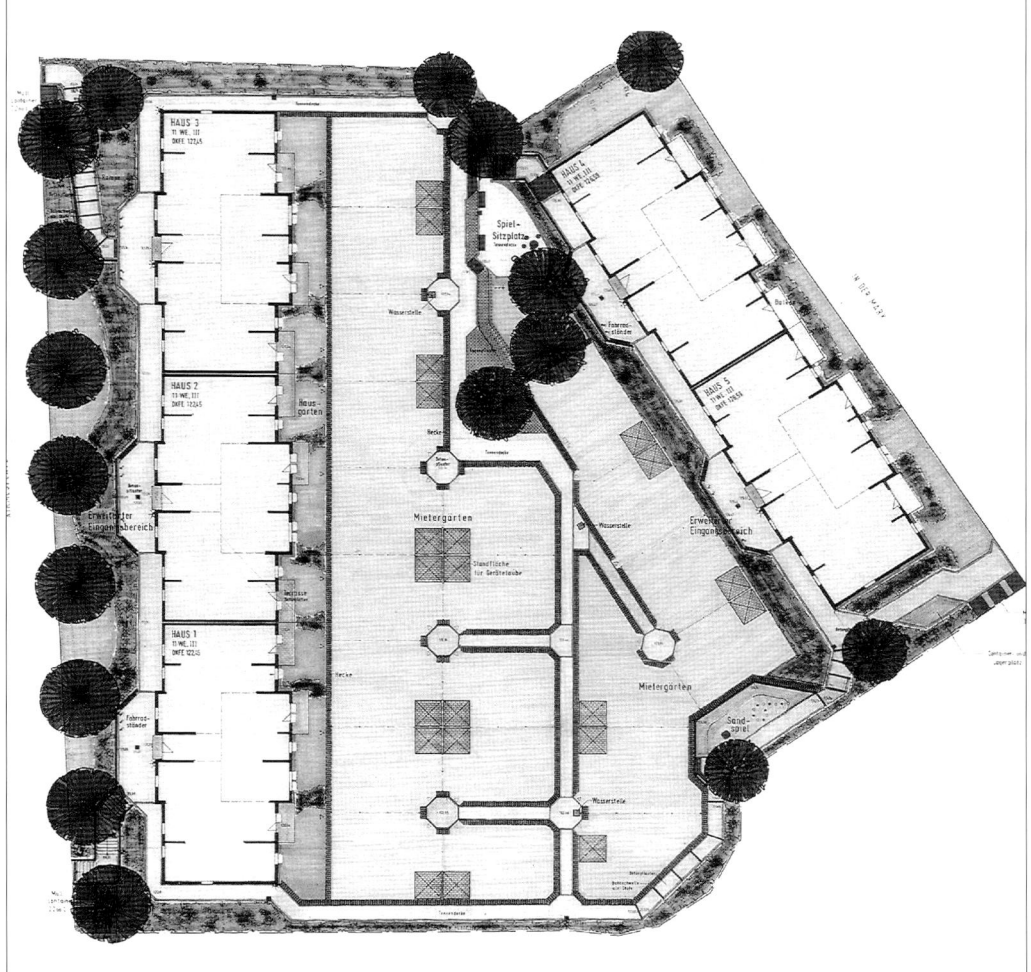

Witten in der Mark - Pilotprojekt kostengünstiges und flächensparendes Bauen

... nach 10 Jahren

Wolfgang R. Mueller
*1938

1955 - 59 Gärtnerlehre, Landschaftsgärtnergehilfe
 in Frankfurt, Stuttgart, u.a. bei Adolf Haag
1959 - 61 Studium in Geisenheim
1961 - 63 Lehrjahre bei Horst Köhler, Krefeld
1963 - 64 Studienfahrt nach Süd- und Mittelamerika
seit 1964 selbständig
 Büro in Willich
 Bürogemeinschaft mit Horst Wagenfeld,
 Netzeband/Brandenburg - Düsseldorf
 Bundesgartenschau Düsseldorf 1987
 Landesgartenschau Mülheim a. d. Ruhr 1992
 Rheinpark Leverkusen

 Bürogemeinschaft mit Udo F. Barth,
 Lüneburg für Golfanlagen

Hermann Zumberge
*1939

1956 - 62 Gärtnerlehre, Landschaftsgärtnergehilfe
1962 - 65 Studium in Osnabrück
1965 - 87 Mitarbeit im Planungsbüro Prof. Birkigt,
 Düsseldorf und Planungsgruppe Südpark,
 Düsseldorf
seit 1988 Mitarbeit im Büro Mueller + Partner, Willich

Nobert Seeger
*1964

1983 - 84 Gärtnerausbildung
1984 - 89 Studium in Essen
1990 - 91 Mitarbeit im Planungsbüro
 Schraudenbach, München
seit 1991 Mitarbeit im Büro Mueller + Partner, Willich

Wettbewerbserfolge

· Schulzentrum Düsseldorf, Franklinstraße 1. Preis
· Waldfriedhof Oerlinghausen 1. Preis
· Dorotheenheim Hilden 1. Preis
· Sport- und Erholungszentrum Norf (II. Stufe) 1. Preis
· Schulzentrum Solingen - Vogelsang mit Architekt
 Dr. Kiemle, Dr. Kreidt + Partner 1. Preis
· Schul- und Sportzentrum Wegberg 1. Preis
· Int. Wettbewerb Bundesgartenschau Düsseldorf 1987
 mit Architekten Vogt + Partner, Düsseldorf 3. Preis
· Landesgartenschau Jülich 3. Preis

Wettbewerbsplanungen in Planungsgemeinschaft mit
Büro Bödeker, Wagenfeld + Partner, Düsseldorf

· Landesgartenschau Rheda-Wiedenbrück 1988 2. Preis
· Landesgartenschau Mülheim a. d. Ruhr 1992 1. Preis
· Landesgartenschau Grevenbroich 1995 2. Preis

Projekte

· Bundesgartenschau 1987 Düsseldorf
· Landesgartenschau Mülheim a. d. Ruhr 1992
· Golfanlagen, Sportzentren, Landschaftsplanung,
 Renaturierung Kittelbach am Flughafen Düsseldorf,
 Renaturierung Klostergärten Rüthen und Neuwerk,
 Wohnungsbau, Wohngärten

Aktuelle Planungen

· Rheinpark Leverkusen
· Wohnpark Neuss
· Wohnpark Südring Düsseldorf
· Check-In-Halle und Fernbahnhof Rhein-Ruhr-Flug-
 hafen Düsseldorf
· Entwicklungsmaßnahme Neuss-Allerheiligen
· Stadtteilpark Düsseldorf-Stufstock
· Gewerbegebiet Maintal, Schweinfurt
· Adventure Golfanlagen Zirndorf
· Fachhochschule Rheinbach
· Golfanlagen
 u. a.

Umfeld Flughafen Düsseldorf

Golf- und Landschaftspark am Schloß Moyland

Planung in der Partnerschaft mit Udo F. Barth, Lüneburg

- Golfclub St. Dionys
- Golfclub Travemünde
- Golfclub Hummelbachaue Neuss
- Duvenhof Willich
- Golfclub Hünxerwald
- Golfanlage Roquebrune (Frankreich)
- Golfanlage Havighorst
- Golfclub Schloß Moyland
- Golf- und Hotelanlage Lüneburger Heide
- Golfclub Schoß Myllendonk - Erweiterung
- Mitarbeit an der Jack Nicklaus-Golfanlage Gut Lärchenhof
- Konzeption und Realisierung von öffentlichen Golf-übungszentren - Golfodrome - in Neuss, Willich, Moyland

Kein Widerspruch, sondern eine Chance ist heute die Verbindung von Golf und Landschaftsschutz.

Die neue Planungsphilosophie betreibt aktive Landschaftsentwicklung durch flächenhafte Nutzungsextensivierung und durch Schaffung von neuen Lebensräumen, von Biotop-Verbundsystemen, Gliederung ausgeräumter Fluren durch landschaftsgerechte Pflanzung. Flächen von ca. 35% der Gesamtanlage ausschließlich für Natur- und Landschaftsentwicklung sind heute üblich. Die Golfanlagen müssen sensibel in die Landschaft eingefügt werden, bei der Planung ist der Ausdruck des Umfeldes zu erspüren und zu steigern. Ziel sollte es sein, unverwechselbare, golferisch anspruchsvolle Anlagen zu realisieren.

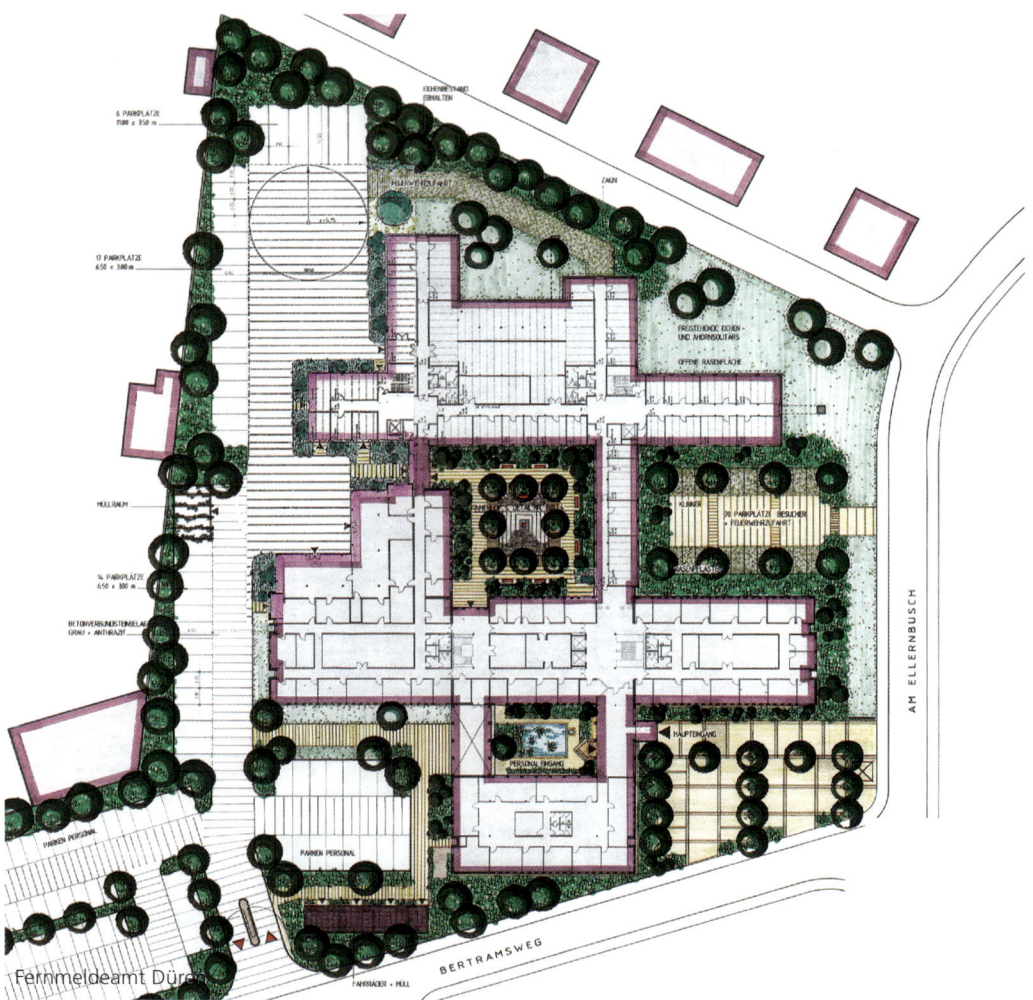

Fernmeldeamt Düren

Entscheidend für das Ergebnis einer großen Baumaßnahme ist die frühzeitig gute Zusammenarbeit zwischen Hochbauplanung, Landschaftsplanung und
Genehmigungsbehörden. Das Umfeld des Fernmeldeamtes Düren wird durch landschaftliche Pflanzung mit
Ahorn und Hainbuchen geprägt. Die Innenhöfe sind
intensiv gestaltete Aufenthaltsbereiche mit Werken
des Künstlers F. Meier, Düsseldorf.

Fernmeldeamt Aachen

Das Fernmeldeamt Aachen mit Telekomschule,
Hauptvermittlungsstelle, Ausbildungsflächen, Werkstätten und Wohnungen liegt in einem Gewerbegebiet mit einer Gesamtfläche von 75 000 m². Aufgabe
der Landschaftsplanung war es, die unterschiedlichen
Bauten und Nutzungen in eine parkartige Gestaltung
zu integrieren. Landschaftliche extensive Bereiche
wechseln mit intensiven Flächen im engen Umfeld der
Gebäude. Höfe und räumlich gefaßte Gartensituatio-
nen sind Aufenthaltsbereiche für Publikum, Personal
und Schüler. Eine Plastik von Prof. Seemann betont
den Eingang des Fernmeldeamtes.

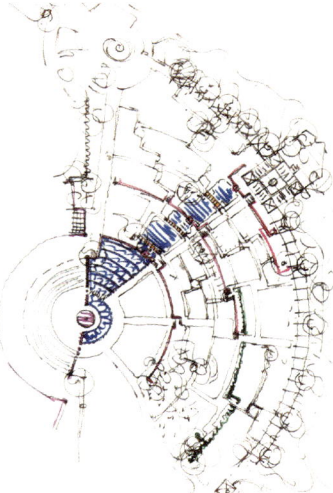

Staudenhang am Ringlokschuppen

Teilbereich Schloß Broich

Landesgartenschau Mülheim an der Ruhr, 1992

Grundlage des Entwurfes war die von der Ruhr geprägte Geschichte der Stadt, die landschaftliche Lage am Fluß sowie das sensible Eingehen auf das Vorhandene. Der alte Bahndamm der stillgelegten Ruhrtalbahn mit bewachsenem Bahndamm und Hanganschnitten ist heute die Grünverbindung der unterschiedlichen Parkbereiche. Für Radfahrer und Spaziergänger wurden 13 Brücken neu eingerichtet, eine kreuzungsfreie, 7 km lange Linie entstand von Styrum nach Saarn. Es wurden die unterschiedlichsten Landschaftsräume und städtischen Entwicklungsformen auf verschiedenen Höhenniveaus verknüpft, wie Schloßpark Styrum, Ruhrauen, Industriegebiete, Waldflächen, Wohngebiete, Steinbrüche, vorhandene öffentliche Grünflächen, Schrottplätze u.ä. Aus Schrott- und Parkplätzen entstand der Schloßpark Broich mit Rosengarten, Staudenhang, Veranstaltungsmulde am Ringlokschuppen und mehr. Alte Parkanlagen, Rathausgarten, Hellwegpark, Luisental, Thyssenpark, Schloßpark Styrum, Fossilienweg und Ruhrauen, wurden saniert und mit zwei fußläufigen Ruhrbrücken verbunden. Planung Bürogemeinschaft Horst Wagenfeld + Wolfgang R. Mueller

Hans-Peter Neumeyer
*1953

1971 - 76 Studium der Landespflege an der
TU Hannover
1977 - 80 Tätigkeiten in den Büros Georg Penker,
Neuss sowie Ilse + Helmut Kaiser, Stuttgart
1978 - 80 Lehrbeauftragter an der Fachhochschule
Nürtingen, Fachbereich Landespflege
seit 1981 freischaffender Landschaftsarchitekt
(AKNW) und Inhaber von büro grünplan
in Dortmund
1987 - 94 Lehrbeauftragter an der Fachhochschule
Dortmund, Fachbereich Architektur
seit 1994 Forschungs- und Lehrtätigkeit an der
Universität Dortmund, Fachbereich Raumplanung, Fachgebiet Landschaftsökologie
und Landschaftsplanung

Aktuelle Aufgabenschwerpunkte

· seit 1991 Federführung der Rahmenplanung für den
Regionalen Grünzug F im Rahmen der Internatio-
nalen Bauausstellung IBA Emscher Park
· Gewerbeflächenentwicklung
· Wohnbauflächenentwicklung
· Entwicklung von Konversionsflächen und ehema-
ligen Zechenstandorten
· Projekte im Rahmen der Bergschadensregulierung
und der Wiederherstellung ehemaliger Betriebs-
flächen für den Bergbau
· Ausbau des Dortmund-Ems-Kanals
· Umweltverträglichkeitsstudien für Radwegebau
und Ortsumgehungen
· Umweltqualitätszielkonzept zur Freiraumentwick-
lung für die Stadt Dortmund

Aufgabenwandel der Landschaftsplanung im Zuge der Umstrukturierung einer Industrielandschaft

· Nachhaltige Stadtentwicklung durch Aufstellung
von Umweltqualitätszielkonzepten
· Regelung von Ausgleich und Ersatz durch Kompensationsmanagement
· Integration von Infrastrukturbändern in das Freiraumsystem
· Freiraumentwicklung als Bestandteil des Stadtmar-
ketings
· Umgang mit kulturhistorisch bedeutsamen Relikten
der Industrielandschaft
· Stärkung der Freiraumfunktionen durch Rückbau
versiegelter Flächen

AUFSTELLUNG KOMMUNALER UMWELTQUALITÄTSZIELE ZUR FREIRAUMENTWICKLUNG

Aufgaben und Ziele des Projekts

· Formulierung eines Leitbildes zur Gewährleistung
ausreichender Freiraumversorgung und der Durchgängigkeit des gesamtstädtischen Freiraums auf der
Grundlage eines Freiraummodells
· Konkretisierung des Leitbildes über programma-
tische Leitlinien zu raumbezogenen Umweltquali-
tätszielen für die freiraumplanerischen Handlungs-
felder Freiraumschutz, -rückgewinnung, -qualifizie-
rung und -gestaltung

· Ergänzung des ausschließlich für den Außenbereich gel-
tenden Landschaftsplans in NRW um ein Planungsin-
strument für die Freiraumentwicklung im Innenbereich
· Einbringung einer Entscheidungshilfe für die Frage-
stellung "Innenverdichtung oder Außenentwicklung?"
und für die Festlegung räumlich-thematischer Schwerpunkte der Regelung von Ausgleich und Ersatz
· Förderung des Diskussionsprozesses über die künftige Orientierung der Stadtentwicklungspolitik

Die Entwicklung von räumlichen Zielvorstellungen zur
künftigen Freiraumentwicklung hat in mehr als 30 Sitzungen einen intensiven Diskussionsprozeß zwischen
Politik, Verwaltung und Gutachtern in Gang gesetzt.
In der Weiterführung wird die Politik die Umweltver-
waltung mit der Umsetzung der Umweltqualitätsziele
in Maßnahmen beauftragen.

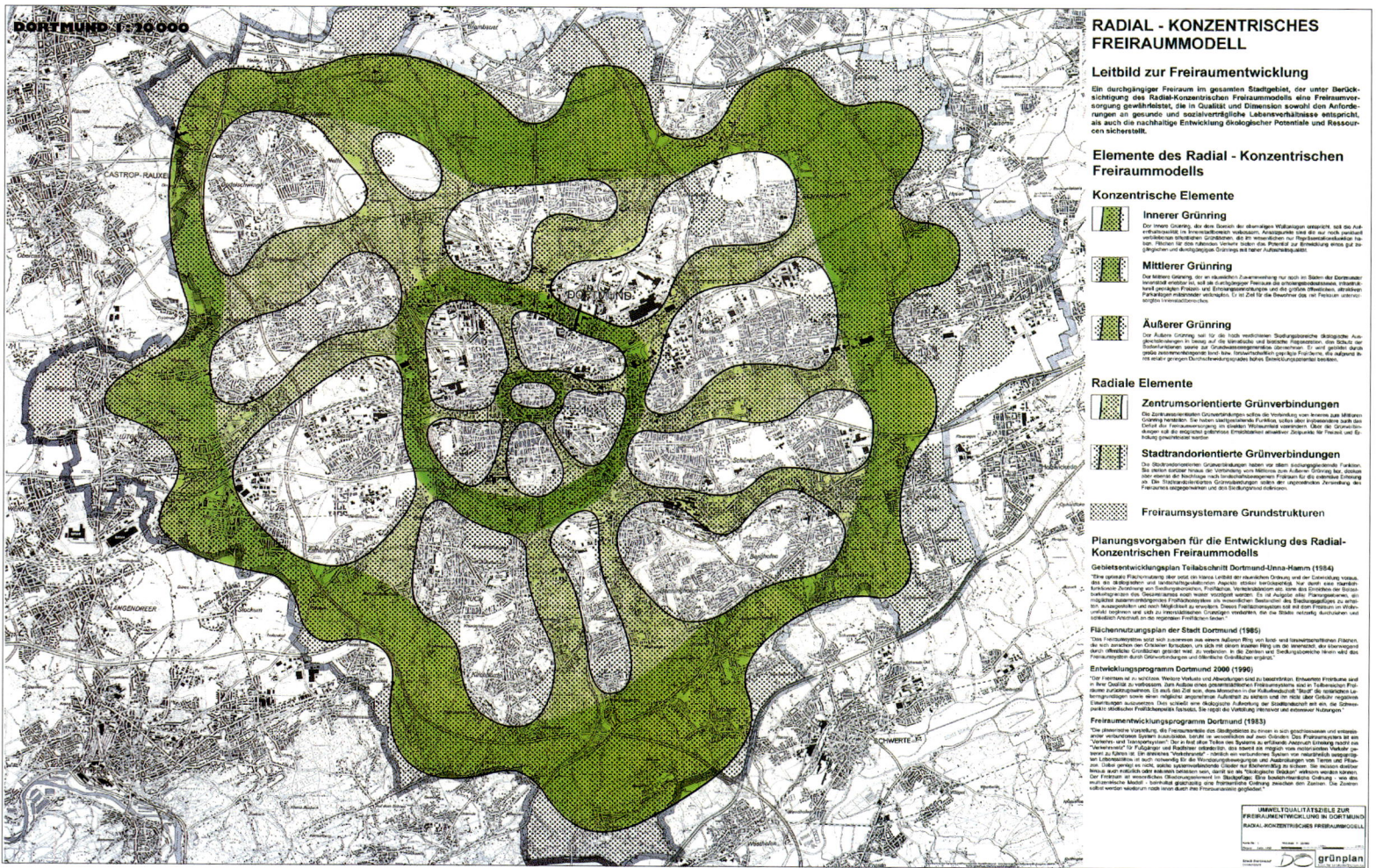

UMBAU EINES GEWÄSSERSYSTEMS IN VERBINDUNG MIT KOMPENSATIONSMANAGEMENT

Aufgaben und Ziele des Projekts

· Verknüpfung des ökologischen Umbaus von Fließgewässern mit Maßnahmen zur Stabilisierung des natürlichen Wasserkreislaufs, wie Regenwasserkonzepte, Entsiegelungsprojekte etc.

· Schutz von Freiflächen im Bereich des ehemals vorhandenen natürlichen Retentionsraumes

· Rückbau der infrastrukturellen Erschließung und Extensivierung der landwirtschaftlichen Nutzung im Gewässerumfeld

· Nutzung des Entwicklungspotentials der Emscher und ihrer Zuläufe für den Aufbau eines stadtübergreifenden Biotopverbundsystems

· Wiederherstellung eines Fließgewässers als stadtteilprägendes Identifikationsmerkmal

· Aufzeigen der Flächenpotentiale, auf denen Ersatzmaßnahmen über das Kompensationsmanagement umgesetzt werden können

Die Planung hat dazu geführt, daß das Umweltamt der Stadt Dortmund eingenommene Ersatzgeldzahlungen schwerpunktmäßig für Maßnahmen im Umfeld der Emscher einsetzt.

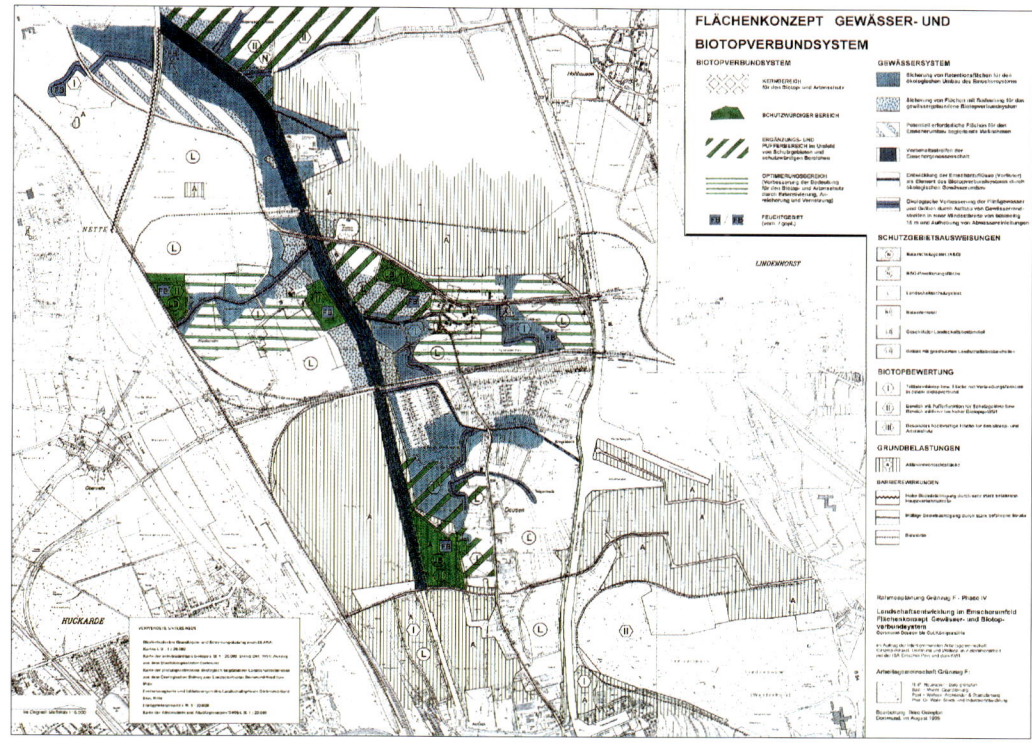

AUFWERTUNG EINER BUNDESWASSERSTRASSE ZU EINEM ZIELPUNKT FÜR FREIZEIT UND ERHOLUNG

Aufgaben und Ziele des Projekts

· Abstimmung zwischen den Anforderungen an die Nutzbarkeit als Wasserstraße und den Freizeitansprüchen

· Nutzung der Durchgängigkeit der auf dem Damm geführten kanalbegleitenden Wege zur Verknüpfung des städtischen mit dem landschaftsbezogenen Freiraum

· Aufwertung des Erlebnis- und Erholungspotentials durch Verbesserung der Zugänglichkeit und Nutzbarkeit der kanalbegleitenden Flächen

· Lenkung des Erholungsverkehrs zur Minimierung des Konfliktpotentials mit dem Biotop- und Artenschutz

· Koordination einer Ausbauplanung der Wasser- und Schiffahrtsverwaltung mit den Zielen der Internationalen Bauausstellung IBA Emscher Park (Projekt "Freizeit und Kunst am Kanal")

Die Planung hat mit dazu beigetragen, daß der Dortmund-Ems-Kanal Schwerpunkt der Rahmenplanung für den Regionalen Grünzug F geworden ist und die Stadt Dortmund ihre Aktivitäten zur Verbesserung ihrer Freizeitinfrastruktur in diesem Bereich konzentriert.

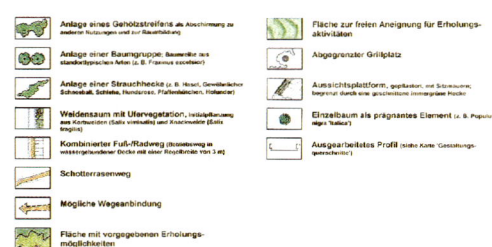

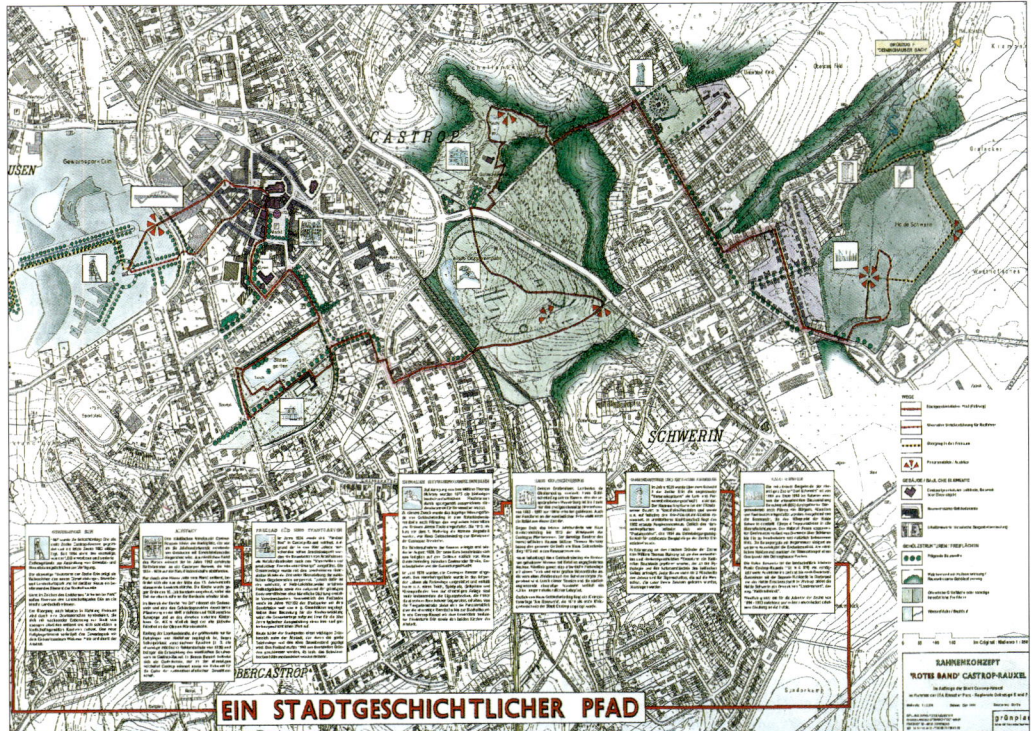

EIN STADTGESCHICHTLICHER PFAD

FREIRAUMENTWICKLUNG ALS BESTANDTEIL DES STADTMARKETINGS: STADTGESCHICHTLICHER PFAD

Aufgaben und Ziele des Projekts

· Thematisierung der Stadtgeschichte über einen die Objekte in den Zusammenhang stellenden "Stadtgeschichtlichen Pfad"
· Ermittlung der Grundlagen für einen bewußten Umgang mit der Stadtgeschichte und für mögliche Maßnahmen der Unterschutzstellung
· Gestalterische und funktionale Aufwertung der stadtgeschichtlich bedeutsamen städtebaulichen und freiraumplanerischen Strukturen
· Förderung des Identifikationspotentials und des Heimatgefühls in einer ehemals von der Industrie geprägten Stadt
· Entwicklung einer Entscheidungshilfe zur Ermittlung des Handlungsbedarfs und für die Prioritätenfestlegung zur Steuerung des Mitteleinsatzes

Im Verlauf des "Roten Bandes" sind zahlreiche Freiraumprojekte und eine Gewerbeflächenentwicklung auf einem ehemaligen Zechenstandort als Beispiele für die Sichtbarmachung des Wandels einer Industriestadt und für den Umgang mit Kulturgütern durch die IBA Emscher Park gefördert worden.

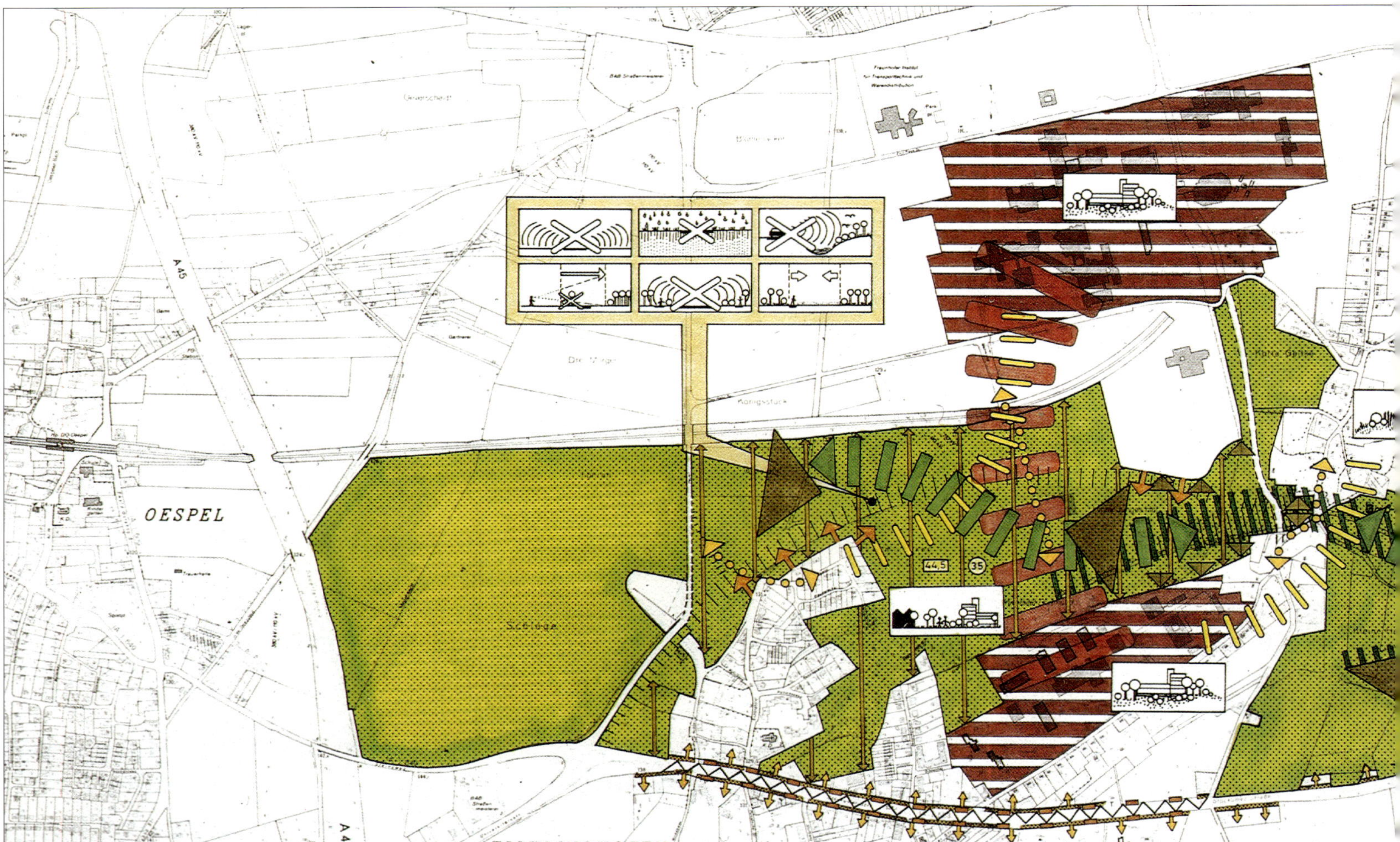

ERHALTUNG EINER KULTURHISTORISCH BEDEUTSAMEN NATURHINDERNISRENNBAHN UNTER DENKMALPFLEGERISCHEN ASPEKTEN

Aufgaben und Ziele des Projekts

· Prüfung der Denkmalwürdigkeit der ehemaligen Naturhindernisrennbahn
· Entwicklung eines Maßnahmenkonzeptes zur Wiederherstellung historischer Strukturen unter Berücksichtigung heutiger Nutzungs- und Naturschutzbelange
· Verbesserung der Erlebnisqualität, der Orientierbarkeit und Ablesbarkeit der Anlage
· Verbesserung der Integration der Naturhindernisrennbahn in das gesamtstädtische Freiraumsystem
· Förderung von Identifikation und Heimatgefühl durch die Aufwertung zu einem attraktiven Zielpunkt
· Sensibilisierung von Politik und Bürgern bezüglich des Umgangs mit kulturhistorisch bedeutsamen Elementen

Auf der Grundlage des Entwicklungskonzeptes ist ein Antrag auf Unterschutzstellung bei der zuständigen Denkmalbehörde gestellt worden. Darüber hinaus sind in Absprache mit dem Grünflächenamt der Stadt Änderungen bzw. Ergänzungen des bisherigen Pflegekonzeptes vorgenommen worden.

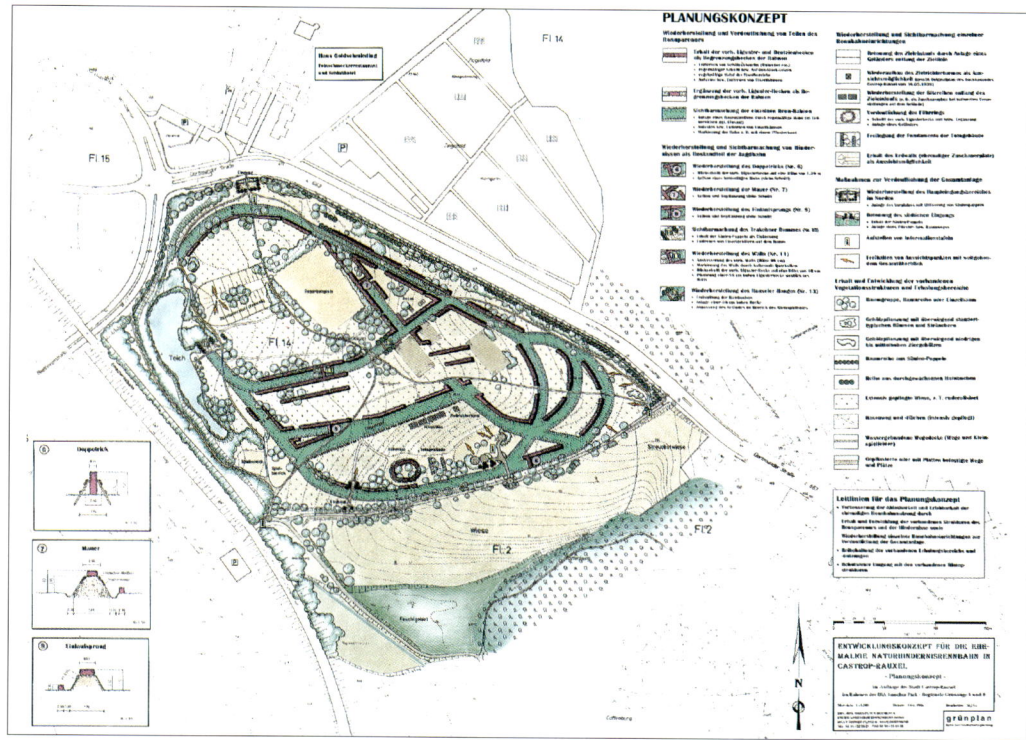

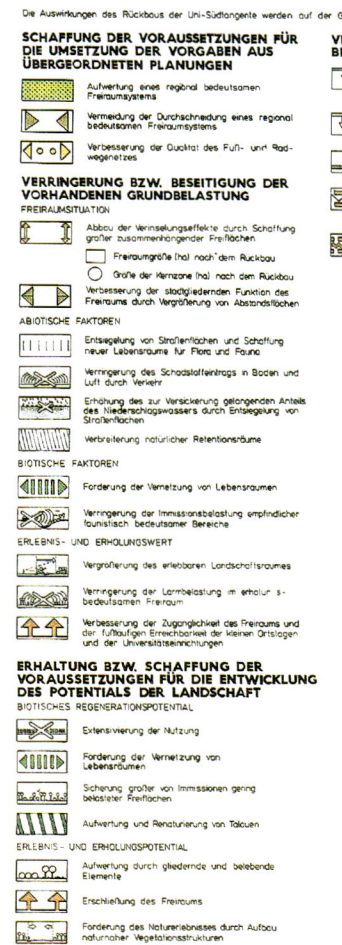

KONSEQUENZEN BEI VERZICHT AUF WEITERFÜHRUNG BZW. BEI RÜCKBAU DER UNI-SÜDTANGENTE

PRÜFUNG MÖGLICHER RÜCKBAUPOTENTIALE DER VIERSPURIGEN UNIVERSITÄTSSÜDTANGENTE IN DORTMUND
Aufgaben und Ziele des Projekts

· Erarbeitung von Grundlagen für die Diskussion alternativer Verkehrskonzepte unter Einbeziehung verkehrlicher, landschaftsplanerischer und städtebaulicher Belange
· Erarbeitung von Szenarien zu den unterschiedlichen Entwicklungsmöglichkeiten des Geländes der Universität Dortmund als Grundlage für die Bürgerbeteiligung
· Koordination und Zusammenführung der Arbeit bzw. gutachterlichen Tätigkeit der beteiligten Fachdisziplinen und Behörden (Verkehrsplanung, Stadtplanung, Freiraumplanung, Staatshochbauamt etc.)
· Übernahme der Moderatorenrolle im Diskussionsprozeß zwischen Bürgern, Politikern und Planungsfachleuten

Die Planung hat zu dem Beschluß des Rates der Stadt Dortmund geführt, die Universitätssüdtangente auf ca. 1,3 km zurückzubauen und innerhalb des Universitätsgeländes einen Landschaftspark zu entwickeln.

Alexander Nix
*1956

1985 - 90 Landespflegestudium
Universität GHS-Essen
1991 Mitarbeit in freien Landschaftsarchitekturbüros
seit 1992 selbständig mit Bürositz in
Bergisch-Gladbach
1993 - 94 Geschäftsführer des BDLA,
Landesgruppe Nordrhein-Westfalen
seit 1996 Fachsprecher für Freiraumplanung
des BDLA, Landesgruppe Nordrhein-
Westfalen
seit 1996 Dozent an privaten und öffentlichen
Bildungseinrichtungen

Stadtwaldplatz Essen
In Zusammenarbeit mit:
Architektinnen Baumann-Luber + Voigt, Essen
Mitarbeit: Yuliya Kravchenko, Sandra Rau

Ausgangspunkt der planerischen Überlegungen war das Interesse, gemeinsam mit einem Investor ein seit Jahren brachliegendes Gelände städtebaulich neu zu ordnen. Zur Steigerung der Attraktivität für die Wohn- und Geschäftslage wurde vorgesehen, einen Teil der vorhandenen Fahrspuren zurückzubauen.
Die Wiederherstellung städtebaulicher Proportionen erfolgte durch die Verlängerung der vorhandenen Baukante in Form eines zusammenhängenden Baukörpers mit 5 Geschossen für Wohnungen, Büros sowie Geschäften im Erdgeschoß.

Dem Genius loci entsprechend wurde für die Freianlagen zunächst eine zentrale Platzanlage an gleicher Stelle und formgleich wie die dort ehemals vorhandene Straßenbahn-Wendeschleife entwickelt.
Durch die als Forum für städtische Freiraumaktivitäten (Markt- und Veranstaltungsplatz, Gastronomie etc.) vorgesehene Platzfläche, die unter dem geplanten Gebäuderiegel weitergeführt wurde, gelang eine sinnvolle und attraktive räumliche Verknüpfung mit der gegenüberliegenden Wohn- und Geschäftslage. Unterstützung soll die Querungsmöglichkeit der der-

zeit noch stark befahrenen Straße durch eine als großzügige Baumallee vorgesehene "grüne Insel" zwischen den Fahrspuren erhalten.
Auf den Dachflächen des "eingeschobenen" Geschäftsgeschosses wurde - unmittelbar angrenzend - als Pendant zur belebten Platzanlage eine attraktive Parkanlage projektiert.
Auch die Dachfläche des 5-geschossigen Gebäuderiegels wird als intensiv begrünter Dachgarten einen großzügig nutzbaren Freiraum für die vorgesehenen Wohnungen bilden.

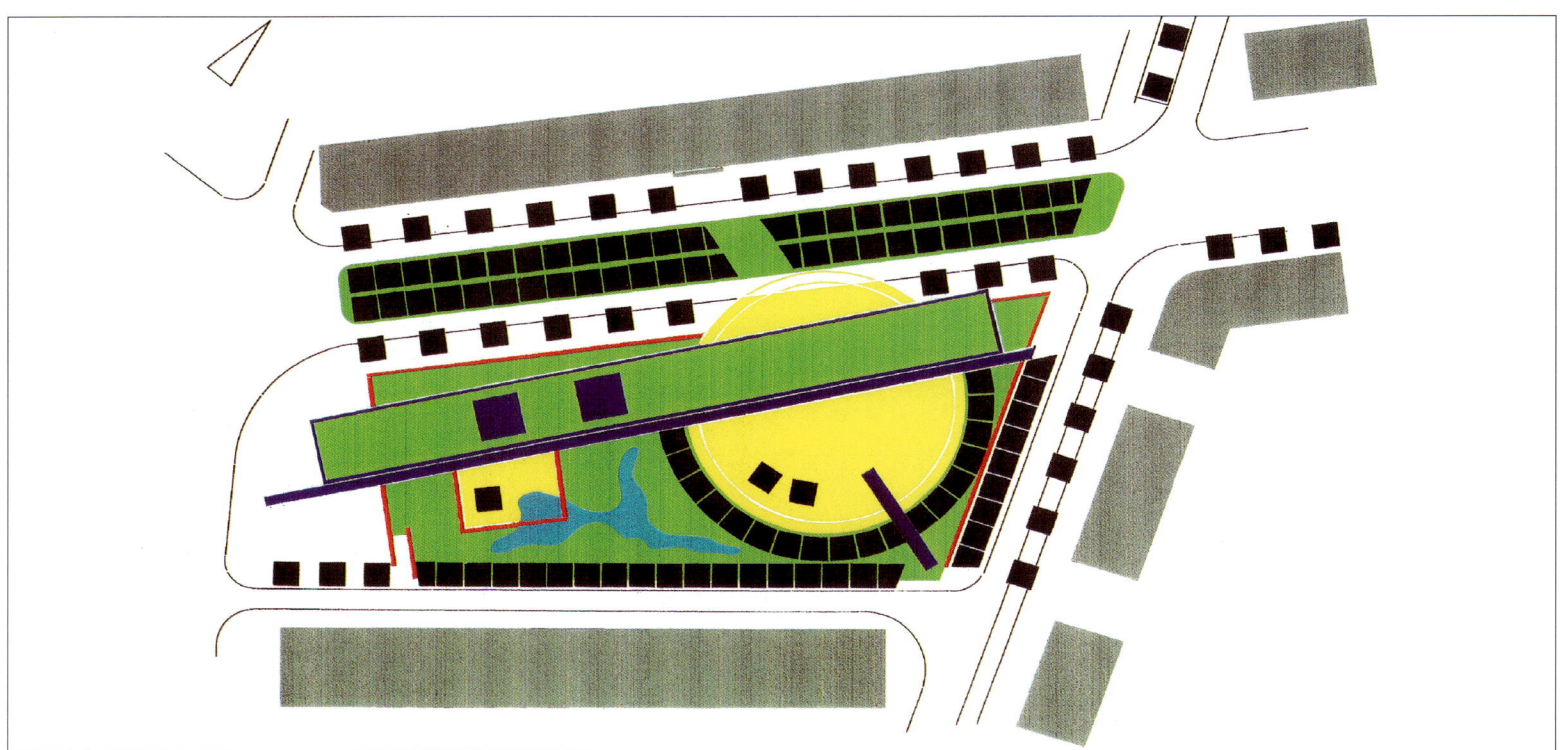

**Gestaltungswettbewerb Mülheimer Innenstadt,
Mülheim a. d. Ruhr**
In Zusammenarbeit mit:
Architektinnen Baumann-Luber + Voigt, Essen
Mitarbeit: Yuliya Kravchenko, Sandra Rau

Einem kompletten Innenstadtbereich ein neues, attraktives Gesicht zu geben, ist für sich gesehen schon nicht unproblematisch. Für den Innenstadtbereich von Mülheim an der Ruhr waren neben dem vorgegebenen Kostenrahmen ein Konglomerat unterschiedlichster Baustile, Kunstwerke, Einbauten, Funktionen, Wege- und Blickbeziehungen zu berücksichtigen, die nicht verändert werden durften oder nicht verändert werden konnten.
Nicht das Herausstellen besonderer Plätze, sondern die Schaffung eines Gesamtkonzeptes unter dem Leitthema "Mülheim - Promenade an der Ruhr" war daher wichtigstes städtebauliches Ziel des Entwurfs.
Die Beziehung zur Ruhr wurde durch die Schaffung einer neuen Stadtkante mit Ruhrterrassen, Ruhrpromenade und Stadtgarten wiederhergestellt.
Mit einer aufgeständert überdachten Rad- und Fußwegeverbindung entlang des alten Eisenbahnviaduktes (Viaduktpromenade) gelang die direkte Verbindung vom Bahnhof zur Ruhr.
Hier, unmittelbar am Wasser, sollen eine Marina und die projektierte Musicalhalle das neue Highlight der Mülheimer Innenstadt bilden. Historische Bezüge wurden durch die Sichtbarmachung des alten Rumbachverlaufes sowie die zur Mülheimer Altstadt hin ausgerichteten glasüberdachten Passagen aufgegriffen. Zentrale Plätze bilden die Verknüpfungspunkte, alleeartige Baumpflanzungen markieren das stadträumliche Gefüge. Ergänzende Grünflächen erhöhen die Aufenthaltsqualität.
Spielplätze, Spielachsen und Spielwege bilden ein vernetzendes Element zwischen Innenstadt und Ruhrufer.

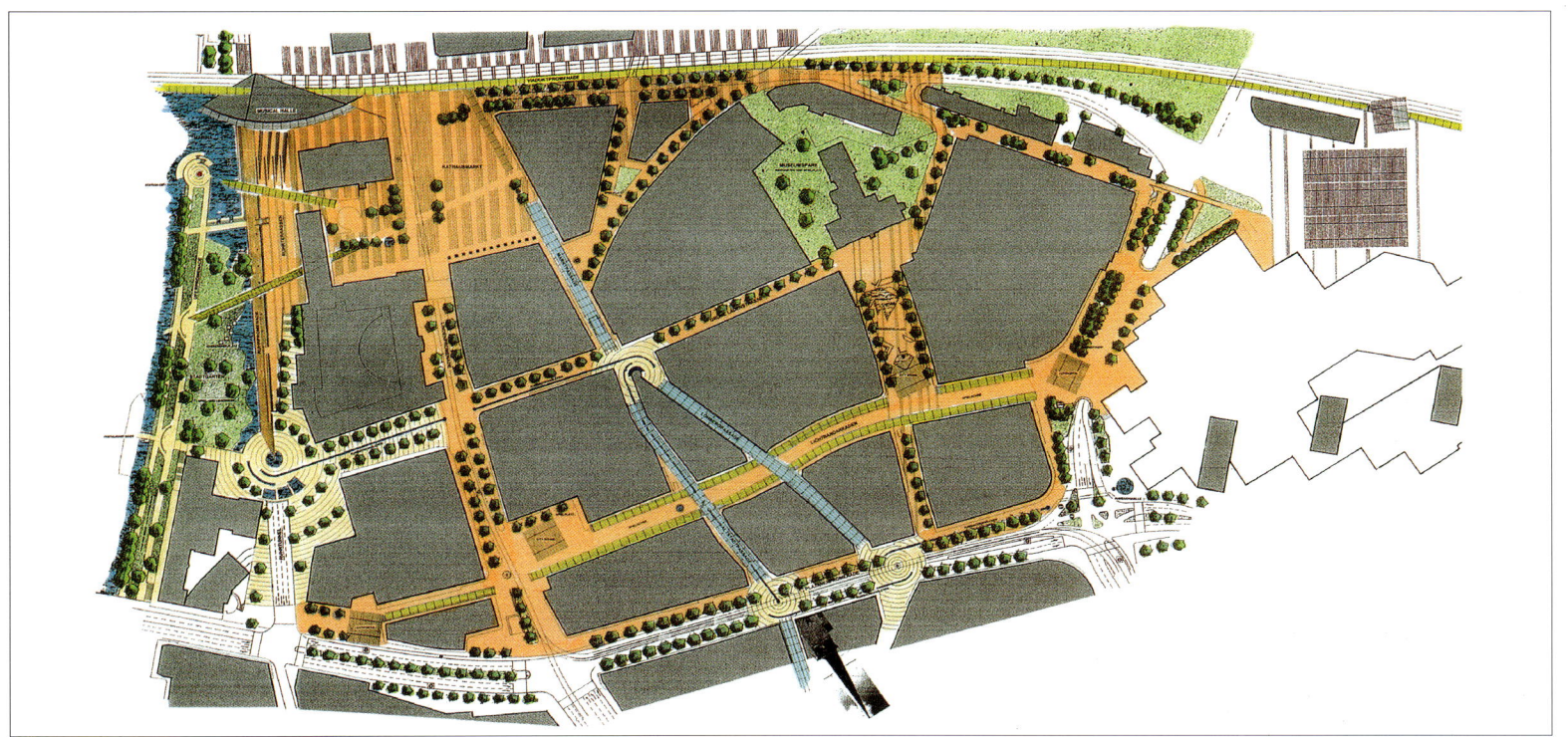

Fotos: M. Hanisch

Georg Penker
*1926

1951 - 54 Studium der Landschaftsarchitektur
in Freising-Weihenstephan
seit 1958 selbständig als Garten- und Landschaftsarchitekt

Büro in Neuss und Potsdam

Mitglied im BDLA, DGGL und Werkbund

Die Planungsphilosophie hat die Versöhnung von
Natur und Zivilisation zum Ziel. Inhalt und Form einer
Planung müssen sich immer sowohl an den konkreten
Bedürfnissen der Menschen, als auch an den ökologischen Funktionen und der Gestaltungsqualität orientieren. Dieses Spannungsverhältnis muß sich in einer
attraktiven, zeitgemäßen Landschaftsarchitektur widerspiegeln. Eine qualitätsvolle Planung geht auf die spezifischen örtlichen Gegebenheiten ein, reflektiert Vergan-
genes, Gegenwärtiges und Zukünftiges. Nur eine klare,
inhaltsvolle Planungsphilosophie vermeidet die Beliebigkeit des Entwurfes.

Verwaltungsgebäude Fuji, Düsseldorf 1993 - 94
Wasserhof und ein Wassersteg für Models

Illusionen und Illuminationen. Schwebende Felsen im
Wasser und reiche Blütenpracht. Annäherung zwischen westlicher und östlicher Welt.
Das rechteckige Bürogebäude der Fuji-Foto Film
GmbH in Düsseldorf/Heerdt wird durch einen neuen,
U-förmigen Baukörper ergänzt. Es entsteht ein lang-
gezogener rechteckiger Innenhof, zu dem sich das
ganze Gebäude hin orientiert. Eine zentrale Brücke
quert den Innenhof und verbindet beide Gebäude-
teile.
Im Innenhof entsteht ein moderner europäischer Wassergarten mit assoziativen Anleihen an die asiatische
Gartenkunst. Zentrales Gestaltungselement ist das
großzügige, rechteckige Wasserbecken, das durch
automatische Wasserzufuhr gespeist wird. Die poly-
gonal zugeschnittene Insel mit großer Kiefer als Solitär
dient als Blickfang. Einen weiteren gestalterischen
Akzent bildet der "Fotosteg", der symbolisch auf das
foto-filmische Betätigungsfeld der Firma hinweist und
wie ein Laufsteg in die Wasserfläche hineingreift. Der
plattformartige Endpunkt des aus Holzbohlen bestehenden Steges stellt einen idealen Foto-Point dar. Zu
erreichen ist der Steg über ein "Photoinstitut" und die
vor dem Gebäude liegende Terrasse aus Granitplatten.

Aus dem Wasser ragende Lavafelsen, eine Bepflanzung aus Sumpfstauden, Wassergräsern und Seerosen sorgen für ein spannungsreiches Ambiente im
Wasserbecken. Eingefaßt wird es durch eine lineare
Basaltlavaverblendung.
Edelstahllisenen nehmen den Fassadenrhythmus auf,
laufen zwischen den Pflanzflächen bis zum Becken-
rand, tauchen senkrecht bis zum Beckenboden und
sorgen für eine gestalterische Einheit zwischen Architektur und Gartengestaltung. Die Edelstahllisenen
beleuchten durch eingebrachte Strahler am Beckenboden das Wasserbecken.
Die Bepflanzung des gesamten Innenhofbereiches
besteht im wesentlichen aus Magnolien und einer
Vielzahl von Rhododendron und japanischen Azaleen.
Im Frühling und vor allem im Mai ist ein Blütenmeer zu
besichtigen. Zur Innenhofbegrünung gehören außerdem zwei üppig begrünte Dachflächen über dem
ersten Obergeschoß. Die Unterwasserstrahler erzeugen bei Dunkelheit eine effektvolle Illumination des
Innenbereiches.

**Neubau Forschungs- und Entwicklungszentrum
der Heidelberger Druckmaschinen AG
Heidelberg 1987 - 90**
Einheit von Gebäude und Gartenarchitektur

Eine großzügige Innenraumbegrünung bildet das Herzstück des Forschungs- und Entwicklungszentrums der
Heidelberger Druckmaschinen AG.
Das Architekturkonzept sah zunächst eine Blockrandbebauung mit drei offenen Innenhöfen vor. Diese Drei-
teilung resultierte aus zwei Stahlbrücken in jeweils vier
Ebenen, die die Außentrakte miteinander verbanden.
Durch die Zusammenarbeit mit dem Landschaftsarchitekten entscheidet man sich, den mittleren Innenhof
zu verglasen und diesen als Wintergarten zu gestalten
- die beiden seitlichen Atrien werden zu einem "Rosen-
hof" und einem "Rhododendrongarten" gestaltet.
Verbindendes Element aller drei Höfe ist ein Wasserlauf, der zum Teil natürlich gestaltet (Außenhöfe) und
zum Teil architektonisch gefaßt ist (Wintergarten).
Der Mittelpunkt des viergeschossigen, klimatisierten
Wintergartens ist ein Wasserbecken, um das sich 10-
12 m hohe Ficus-Bäume gruppieren. Die stark frequen-
tierte Plaza hat einen Belag aus Porphyrpflaster und
Granitplatten. In diesem ganzjährig nutzbaren Innenhof - einem Ort der Geselligkeit - ist eine lichtdurchflu-
tete Oase mit einem abwechslungsreichen, durch die
Reflexion im Wasserbecken verstärkten Spiel von Licht
und Schatten entstanden. Im Winter finden regelmäßig Konzerte, Feste und andere kulturelle Veranstaltungen statt.
Die Mitarbeiter nutzen die Plaza für Kaffeepausen und
Gespräche mit Kunden.
Die Außendachgärten überziehen alle vier Geschoß-
ebenen. Auf dem vierten Obergeschoß befinden sich
die Vorstandsgärten mit Sicht über das Panorama des
Odenwaldes. Es sind üppig mit Gräsern, Rosen und
japanischen Ahornen bepflanzte Orte der Kontempla-
tion z.T. als Wassergarten, die das Alltagsgetriebe vergessen lassen.

Fotos: M. Hanisch

Hauptverwaltung PROVINZIAL Versicherung, Düsseldorf 1994/95
Lebendiges Grün und "Hängende Gärten"

Der von den Düsseldorfer Architekten HPP (Hentrich, Petschnigg & Partner) entworfene, gewaltige Bürokomplex zeichnet sich durch eine kompositorische Einheit von Architektur und Grüngestaltung aus.

Innenbegrünung:

Spektakulär ist eine zentrale, großzügige Glashalle von enormer Dimension (Länge: 140 m, Breite: 25 - 30 m, Höhe: 30 m). Unterschiedliche Ebenen, Plätze, Galerien und Treppen bilden eine urbane "Hallenlandschaft", eine kleine Stadt unter einem Glasdach.
Verbindendes Element ist ein künstlicher Wasserlauf, dessen Quelle in einem Bambushain entspringt. Über einen Wasserfall strömt das Wasser in die Eingangsebene, um dann in sanften Schwüngen zum Eingangsplatz vor dem Gebäude zu fließen. Begleitet wird er in der Halle von ca. 12 m hohen Bäumen (Black Olive, Ficus benjamina, Ficus Lyrata).
Der optische Mittelpunkt der Hallentopographie ist allerdings der dschungelartige Bambushain. Weithin sichtbar sind die 8 - 12 m hohen Bambus vulgaris und Bambus ventricosa. Ficus pumila bedecken den Boden des Pflanzenbeckens. Polygonale Trittplatten ermöglichen einen Gang durch das attraktive "Bambusgestänge". Hier kann man sich für kurze Zeit der Illusion hingeben, dem grauen Alltag entkommen zu sein - der Bambusdschungel als Gegenwelt zu unserer hochtechnisierten Zivilisation.
Um die für den Bambus lebensnotwendige hohe relative Luftfeuchtigkeit zu erzeugen, wurde eine automatische Sprühnebelanlage installiert. Diese Anlage hat neben ihrer klimatischen Funktion auch den Nebeneffekt, daß ein Befall mit Schadinsekten, wie etwa Spinnmilben, vermieden wird.
Im Anschluß an das Bambuswäldchen liegt ein moderner Wasser- und Azaleengarten, der japanische Elemente integriert.
Drei weitere Innenhöfe mit unterschiedlichen Pflanzthemen - Rhododendron-, Azaleengarten, japanischer Ahorn, Rosengarten - gliedern die Architektur.

Außengestaltung:

Der Neubau der Provinzial liegt auf engstem Grundstück, direkt angrenzend an die Wohnbebauung "Düsseldörfchen" und dem anschließenden Bugapark. Der viergeschossige Bürokomplex staffelt sich zu der zweigeschossigen Bebauung des "Düsseldörchens" mit bepflanzten Terrassen ab. Es entstehen üppig begrünte "Hängende Gärten".
Fünf bis zu 2 m tief eingeschnittene Gartenhöfe entlang des "Düsseldörfchens" geben auch den Büros im Souterrain eine angenehme Aussicht. Hier könnten die Mitarbeiter zum Meditieren verführt werden. Mauern aus geschichteten Basaltlava-Felsbrocken tragen zum Ambiente in Verbindung mit Mauerstauden und Berankung bei.
Klettergehölze beranken die Fassaden und lenken den Blick auf die obersten Stockwerke, deren gestaffelte Absätze bis hinauf zum obersten Dach großflächig begrünt sind.

Der Eingangsplatz:

Halbrundförmig faßt eine geschnittene Baumhecke aus 6 m hohen Linden den Eingangsplatz ein. Der steinerne urbane Platz steigt zum Eingang ca. 1,40 m an. Die Befestigung besteht aus Granitpflaster und -platten. Seine Betonung erhält er durch eine Wasserkaskade als Fortsetzung des Wasserlaufes aus dem Inneren der Halle.

Foto: Wilfried Täubner

Foto: Bayer AG

Bayer Kommunikationszentrum (Baykom)
Leverkusen 1989 - 91
Bauherr: Bayer AG Leverkusen
Größe: ca. 10 ha
Baukosten: ca. 8,1 Mio. DM
Aufgabe: Gestaltung der Außenanlagen

Das neu errichtete Bayer-Kommunikationszentrum wird zum attraktiven Bestandteil des sanierten Carl Duisberg-Parks mit Verbindung zum Japanischen Garten.

Dachlandschaft und Park gehen grenzenlos ineinander über. Ein Teich grenzt an den quadratischen Pavillon.

Strenge, geometrische Formen stehen im Kontrast zum geschwungenen Ufer. Eine Stahl-Pergola nimmt das Raster der Gebäudestützen auf. Graziös führt eine elegante Rampe zum Forum, versehen mit einer sichelförmigen Sitzstufenanlage.

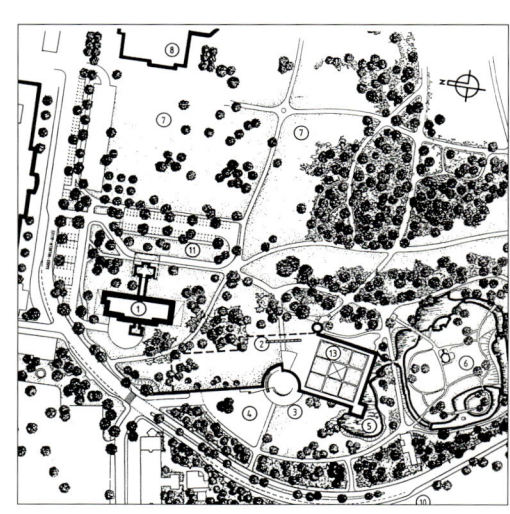

Landesgartenschau Grevenbroich 1995

Das Bild der Grevenbroicher Region ist von Tagebauflächen und Braunkohlekraftwerken bestimmt. Daneben prägen aber auch verträumte Schlösser, alte Parks und naturnahe Lebensräume die Landschaft. Dieses Spannungsverhältnis von Natur und Zivilisation wurde auch als Konzept auf das Gartenschaugelände übertragen. Ziel der Planung war es nicht, eine romantische Idylle in Grevenbroich zu schaffen, sondern den Kontrast zwischen Natur und Zivilisation bewußt zu zeigen.

Ein Beispiel dafür ist die Gestaltung des Schloßparks: Ein ebenes, intensiv gepflegtes Rasenplateau zertrennt keilförmig die üppig wuchernde, neu angelegte Auenwildnis. Über 200 000 Stauden wurden gepflanzt. Die Grevenbroicher Gartenschau besinnt sich auf die Verwendung der natürlichen Vegetation. Die langfristige Verbesserung der ökologischen Situation und Erholungsmöglichkeiten für die Bewohner standen im Vordergrund. Dies wurde umgesetzt in eine zeitgemäße, attraktive Landschaftsarchitektur, die vorhandene Qualitäten des Geländes erhält und behutsam weiterentwickelt.

Integriert in das naturnahe Konzept des Schloßparks wurden neun Landart-Objekte des schottischen Künstlers Ian Hamilton Finlay.

Planergruppe Oberhausen

Ulrike Beuter
*1944 · Studium der Garten- und Landschaftsplanung TU Mü, Freising-Weihenstephan, Diplom 1969 · 1970/71 Büro mit J. H. v. Reuß und K. H. Hülbusch · seit 1973 Mitglied der Planergruppe OB Mitglied der Architektenkammer NRW · Lehrauftrag an der FH Bochum seit 1995

Harald Fritz
*1947 · Studium der Landespflege in Osnabrück und Landschaftspflege GH Kassel, Diplom 1976 seit 1977 Mitglied der Planergruppe OB · Mitglied der Architektenkammer NRW · Lehrauftrag FH Dortmund von 1978 - 82 · Gastprofessur GHK Kassel 1994/95

MitarbeiterInnen
Klaus Dreher, Dipl.-Ing. Landschaftsarchitekt · Thomas Dietrich, Dipl.-Ing. Landschaftsplaner · Andreas Grünheit, Dipl.-Ing. Landschaftsplaner · Anne Janssen, Dipl.-Ing. Archit./Stadtplanung · Sigrid Kenke/Jutta Krüßmann, Sekretariat · Dirk Kurberg, Dipl.-Ing. Bauingenieur · Ute Richter, Techn. Zeichnerin · Peter Rohler, Dipl.-Ing. Landschaftsplaner · Günter Rössner, Dipl.-Ing. Gartenarchitekt

Ruhrgebiet/Strukturwandel, Montanindustrie/Umnutzung... Kohle zu Starterfirmen, Zechen zu Technologiezentren, Schrebergärten zu Gartenschauen...
Die Planergruppe Oberhausen beschäftigt sich in diversen Projekten, davon einigen IBA Emscherpark-Projekten, mit der Umstrukturierung freiwerdender Industrieflächen, die ein enormes Entwicklungspotential für die Region in ökologischer, aber auch in sozialer Hinsicht darstellen.

Zeche Holland

Auch die Stadt Bochum ist vom Strukturwandel des Ruhr/Emscher-Raums betroffen. Der Rückzug der Montan-Industrie aus diesem Raum hinterläßt deutliche Spuren: Arbeitsplatzverluste, Bodenbelastungen, mehr oder weniger bedeutsame Gebäudekomplexe, Natur aus zweiter Hand.
Im Zentrum des Stadtteils Wattenscheid eröffnet sich mit dem IBA-Projekt "Wohn- und Gewerbepark Zeche Holland" die Chance, diesem durch die Schwerindustrie belasteten Ort eine neue Bedeutung zu geben im Sinne einer integrativen Stadtentwicklung. Die Tabuzone wird zum identitätsstiftenden Park.
Straffe Baumblocks greifen die vorhandenen und künftigen Gebäudekomplexe auf und strukturieren den gesamten Park. Durch die Richtungswechsel eröffnen sich neue, überraschende Perspektiven in dem Stadtteil.
Die Widersprüchlichkeit des Ortes bleibt nachvollziehbar in den Bereichen der Großstruktur.
Zusammengehalten werden diese Formen durch die Spannungsbögen der ehemaligen Gleistrasse und des bewußt gestalteten Regenwassersees.

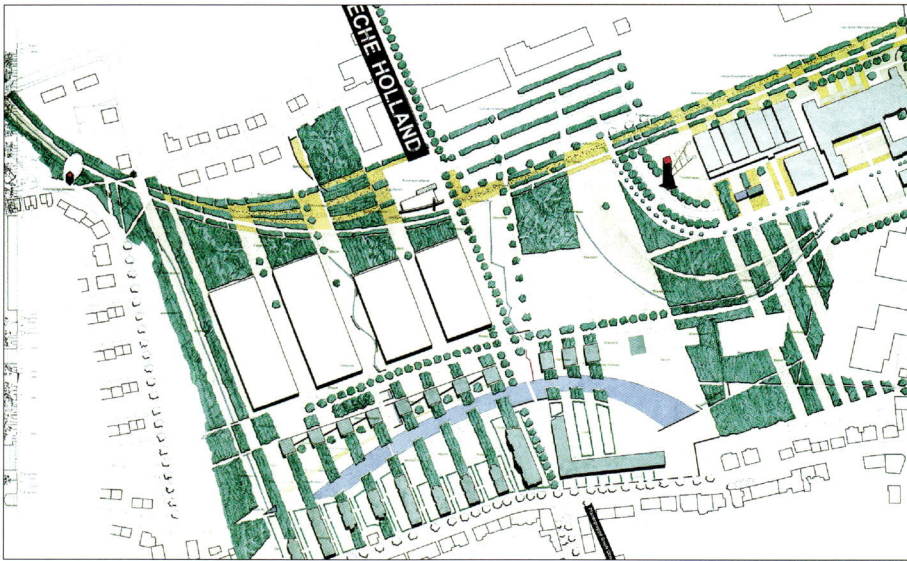

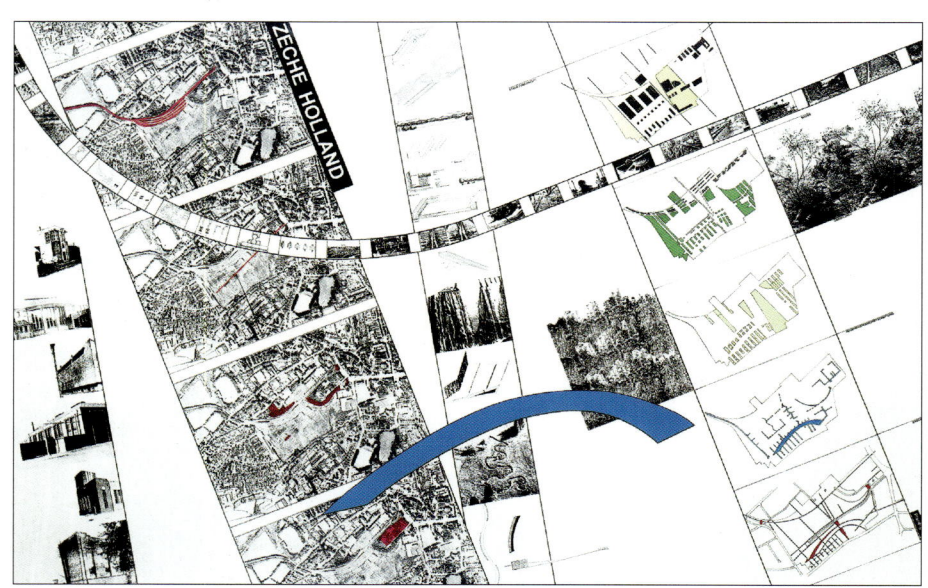

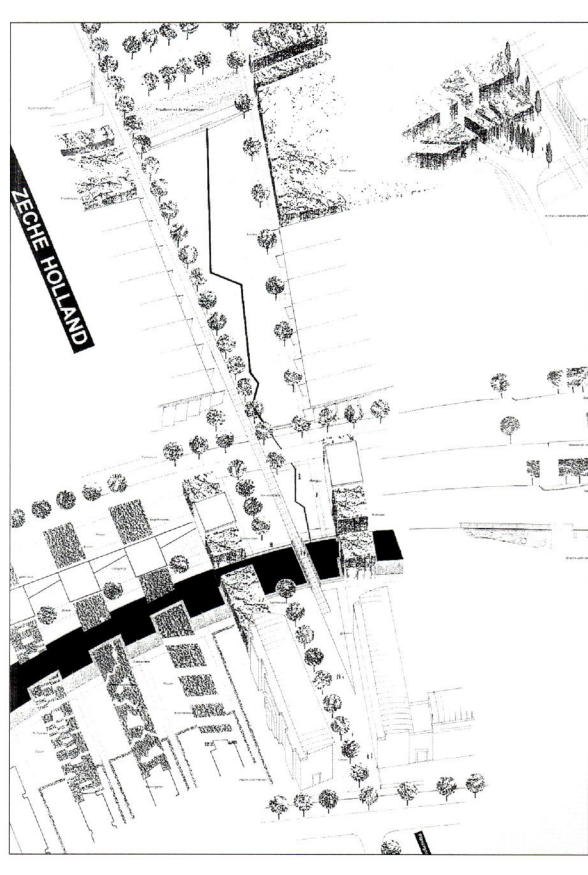

Die Strenge des Grundkonzepts steht im Kontrast zu den lebendigen, vegetabilen Elementen des Parks:
Baumhaine von duftenden Kiefern über flirrende Espen bis leuchtendroten Scharlacheichen bieten Aufenthalt im lichten Schatten.
Blühende Heckenwaggons mit Flieder, Rosen, Jasmin parken auf der Gleistrasse.
Grasfluren von glatten Rasenteppichen bis zur pelzigen "Prärie" bieten Spielräume für vielfältige Nutzungen.
Knallbunte Krautfluren von Trockenrasen bis Hochstauden lassen die Gleistrasse aufleuchten.

ZENTRUM ALTENBERG
FREIANLAGEN
IN OBERHAUSEN

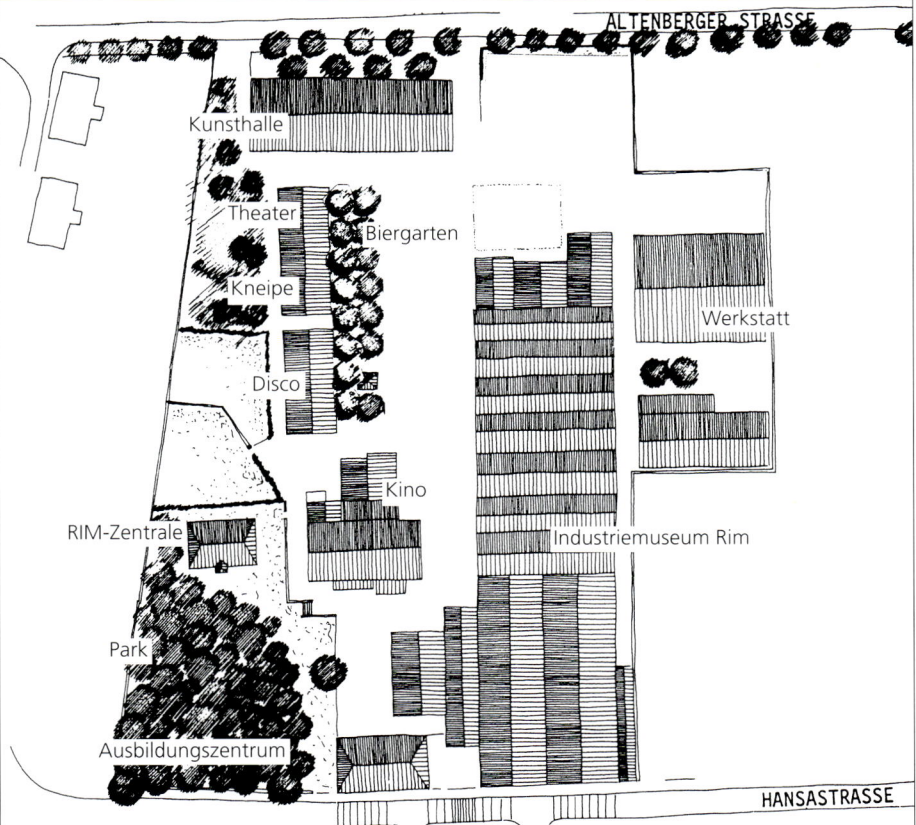

Foto: Willebrand, Köln

Zentrum Altenberg

Das industriehistorische Ensemble ehemalige Zinkfabrik Altenberg der Werkssiedlung Gustavstraße und "Park Altenberg" sind dem gescheiterten 60er Jahre-Großprojekt zur City-Erweiterung hinter dem Hauptbahnhof knapp entgangen. Nachdem das riesige Einkaufszentrum auf dem angrenzenden Concordia-Zechen-Gelände sich zur "2. Klasse"- Konsumebene der Innenstadt entwickelte, ließ die Stadt die bereits geräumte Industrieanlage Altenberg und die zugehörige Werkssiedlung unverändert und ungenutzt.

Die Idee des "Kultur- und Freizeitzentrums Altenberg" wurde nur langsam - durch die faszinierende Emsigkeit von Bürgerinitiativen, gemeinnützigen Vereinen, Selbsthilfegruppen und dem individuellen Kraftakt eines städtischen Mitarbeiters - in das Bewußtsein der Stadtväter und der Fördergeldgeber gerückt. Der euphorische Aktionismus alternativer Gruppen am Rande der Legalität wurde nach und nach von der professionellen Bürokratie der städtischen Ämter eingeholt.

Im Rahmen eines Gutachterwettbewerbs, zu dem wir eingeladen wurden, entstanden konkrete Entwürfe für die Sanierung der Werkssiedlung Gustavstraße, den Tunneldurchstoß vom Hauptbahnhof und die Umnutzung der Gebäude der ehemaligen Zinkfabrik. Neben der großen Ausstellungsfläche des Rheinischen Industrie-Museums und den Räumen des Initiativkreises "Altenberg" sollten die verschiedenen Initiativen aus den illegalen Entstehungsjahren des Zentrums ihren festen Sitz auf dem Gelände bekommen.

Der zentrale Platz inmitten der historischen Backsteingebäude dient nicht nur als Eingangsbereich für die unterschiedlich genutzten Gebäude, sondern ist mit seinem platanenüberstandenen Biergarten das Herz des neuen Kulturzentrums.

Freianlagen-Planung in Zusammenarbeit mit BauCoop, Köln, Prof. A. Mandler

Foto: Willebrand, Köln

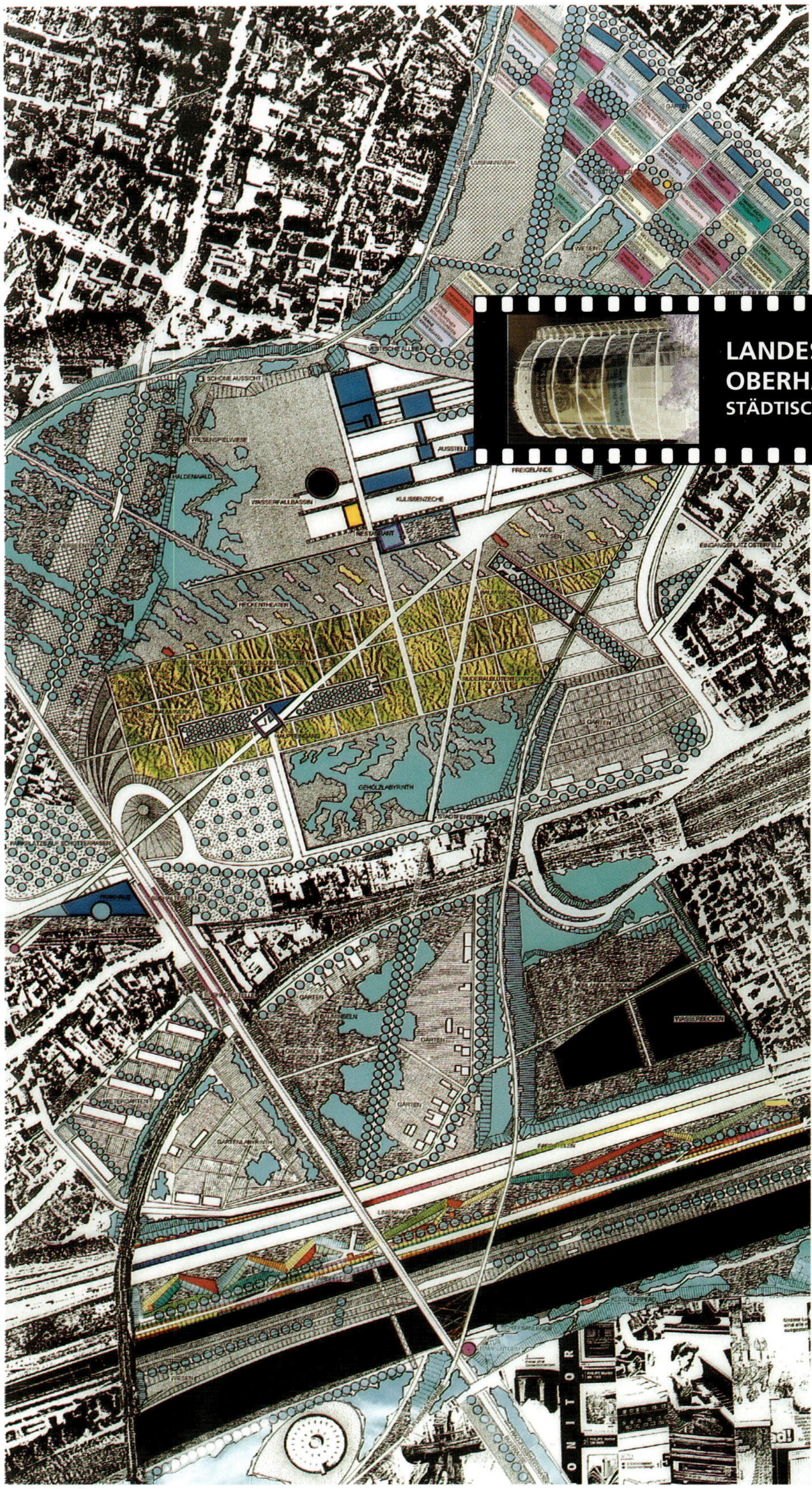

LANDESGARTENSCHAU
OBERHAUSEN 1999
STÄDTISCHE RESTFLÄCHEN

Die Realisierung

Der südliche Bereich der Landesgartenschau definiert sich über sechs sehr unterschiedliche Teilräume. Die großen Infrastrukturtrassen von Autobahn, Emscher, Kanal, Strom und Ferngas zerschneiden die Gartenschau von Ost nach West und hinterlassen für die Planung einen Raum voller Restriktionen. Zwei neue Brücken erschließen diesen Raum für alle. Über bewußt artifiziell formulierte Eingriffe arbeiten wir mit den vorhandenen Qualitäten - interpretieren die vorhandenen Orte neu und besetzen ehemalige "Restflächen" als nutzbaren Freiraum für die Oberhausener. So nehmen wir die unterschiedlichen Geschwindigkeiten der einzelnen Infrastrukturen als interessanten Anlaß einer Wahrnehmung des Freiraums und überspannen diese gebänderte Landschaft mit einem Raster aus Achsen und Landmarken. Daneben wird schon existierende Gartennutzung durch vorsichtige Eingriffe gestützt. Vorhandene Stadtnaturen sind und bleiben Teil dieser Räume.

Landesgartenschau Oberhausen 1999 - Der Wettbewerb

Bahndämme, Brachen, Brücken, Baublocks, Bodenbelastung und Brombeerbüsche, Kleingärten, wilde Gärten, Kanäle und Krautfluren, Gasometer, Gleisanlagen, Gärten, Geschoßbauten und Grasböschungen: Elemente, die den Stadtraum zwischen Osterfeld und Oberhausen prägen. Sie bilden im Zusammenhang ein vielfältiges Muster, lassen ebenso vielfältige wie zugleich widersprüchliche Interpretationen zu. Ihre Gemeinsamkeit liegt in ihrer Geschichte. Die Kohle gab harte Arbeit, Dreck und genügend freie Zeit, um im Garten Gemüse und Rosen anzubauen und um die Tauben fliegen zu lassen. Wir sehen in der Landesgartenschau die Möglichkeit, ernsthaft die (Arbeits-) Geschichte des Ortes zu dokumentieren, ohne museal zu wirken und zugleich eine (freie) Gegenwelt zur konsumorientierten Freizeitwelt in einer Stadtlandschaft mit ihren Funktionen zu entwerfen, in der freie Zeit, Stadtnatur und Gartenkultur sinnlich wahrgenommen und genossen werden können.

Zeche Zollverein

Die vergessene Landschaft der ehemaligen Absetzbecken des Industriedenkmals Zeche Zollverein: ein Park mit lichten Wäldern, dunklen Gebüschen, Wasserflächen und offenen, weiten Räumen.

Fast von ganz allein ist im Laufe weniger Jahre inmitten von Zechen und Kokereien dieser Park entstanden - Gartenarchitekten und Gärtnerkolonnen waren nicht dabei. Trotzdem - oder besser deshalb - ist alles so prächtig und auch so fremd.

"Helle Birkenstämme auf schwarzem Grund, dunkle Ebene, zwei Schornsteinriesen überragen die Waldkulisse. Ein kleiner Pfad führt bergab zu den Schloten. Wald mit Lichtreflexen. Am Ende ragt ein filigraner Gittermast zeichenhaft auf."

Es ist notwendig, aufmerksamer hinzuhören, gespannter zu lauschen und sensibler zu schnuppern. Ulrich Rückriem hat archaische Granitskulpturen an besonderen Situationen im Park plaziert.

Die Wege- und Wasserführung wurde saniert, der knöcheltiefe Matsch ist verschwunden. Rückriems Granitskulpturen treten in Dialog mit dem neuinszenierten Landschaftsraum. Seine Besucher machen das Niemandsland zum Park.

ZECHE ZOLLVEREIN
FREIFLÄCHEN
ESSEN KATERNBERG

Wedig Pridik
*1943

        Studium der Gartenarchitektur und Landschaftsplanung an der TU München-Weihenstephan

1968   Diplom-Abschluß

1969 - 72 Mitarbeiter und freier Mitarbeiter in zwei Landschaftsarchitekturbüros

seit 1972 selbständig in unterschiedlichen Partnerschaften, Büro in Marl

seit 1985 Dozent für Entwurfslehre in der Landschaftsarchitektur an der TFH Berlin

        Prof. Dipl.-Ing., Landschaftsarchitekt BDLA, AKNW, Bgb AK

Projektaufgaben:

        Schwerpunkt Sport, Freizeit und Wohnen
        Fußgängerzonen, Stadtplätze
        Schulen
        Krankenhäuser
        Verwaltung, Dienstleistung

Wichtigste Projekte:

        Bundesgartenschau Gelsenkirchen 1997
        Landesgartenschau Hamm 1984
        Gewerbepark ERIN, Castrop-Rauxel

Wettbewerbe:

        Preise und Ankäufe aller Kategorien

Preisgericht:

        Kontinuierlich, z.T. als Vorsitzender

Andreas Freese
*1961

        Studium der Landespflege
        an der TU Hannover

1988   Diplom-Abschluß

1988 - 91 Mitarbeiter im Landschaftsarchitekturbüro Prof. Pridik

seit 1992 selbständig in Partnerschaft mit Prof. Pridik, Büro in Marl

Projektaufgaben:

        Schwerpunkte
        Landschaftsplanung, Bauleitplanung
        Bergbau, Straßenbau, Wasserbau
        Ökologische Fachbeiträge
        Landschaftspflegerische Begleitpläne
        Umweltverträglichkeitsstudien
        Landschaftspläne
        Grünordnungspläne
        Entwicklungskonzepte
        Standortanalysen

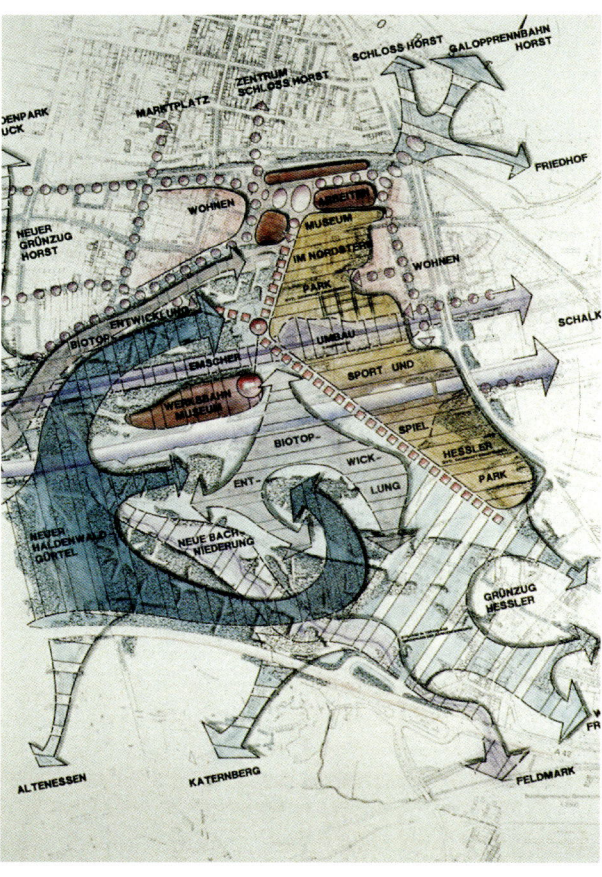

Das Büro für Landschaftsarchitektur ist geprägt von der engen Verbindung zwischen der Objektplanung für Freianlagen und der Landschaftsplanung, die auch in der Partnerschaft der Büroinhaber Prof. Wedig Pridik (Schwerpunkt: Freianlagenplanung) und Dipl.-Ing. Andreas Freese (Schwerpunkt: Landschaftsplanung) zum Ausdruck kommt.

Die fachliche Auseinandersetzung mit gestalterischen, technischen und ökologischen Themen ist daher fast schon eine alltägliche Selbstverständlichkeit.

Das Tätigkeitsfeld reicht in den einzelnen Bereichen von der fachübergreifenden Rahmenplanung bis zur speziellen Detailplanung bzw. -untersuchung und bis zur Ausführung.

Dabei ist ein Grundprinzip der Arbeit, auch vermeintlich "kleine" Aufgaben genauso wichtig zu nehmen wie die sogenannten "großen" Aufgaben.

Bundesgartenschau Gelsenkirchen 1997
Gewerbepark Nordstern
Landschaftspark Horst-Heßler

Im Rahmen der internationalen Bauausstellung Emscherpark ist unter dem temporären Vorzeichen einer Bundesgartenschau zwischen den Stadtteilen Gelsenkirchen-Horst und -Heßler ein Gewerbe- und Wohnpark mit Landschaftspark entstanden.

Die Aufgabenstellung umfaßt sechs Schwerpunkte:
· den Wiederaufbau von zerstörter Landschaft in einem alten Industriegebiet
· die Sicherung gefährdeter, ökologisch wertvoller Freiflächen
· die Schaffung von Grün- und Funktionsflächen für die Naherholung
· den Umbau und die Umnutzung der denkmalgeschützten Zechengebäude und die Komplettierung des historischen Zechenensembles zu einem Gewerbe- und Wohnpark
· den Ausbau einer funktional und ästhetisch hochwertigen Infrastruktur als Bindeglied zwischen den Stadtteilen
· die Sicherung industriell geschichtlicher Spuren und Einbeziehung der Kunst- und Kulturpflege und der übrigen Bereiche in vorhandene Freiflächen.

Für diese herausragende Planungsaufgabe hat der erste Eindruck vor Ort geprägt: in jenem etwa 100 ha großen "Niemandsland" zwischen den Stadtteilen präsentierte sich von Beginn an das Panorama des Ruhrgebietes: Bergehalden - scharf geschnitten oder glättend profiliert bis 100 m über Geländeniveau, stählerne Türme und Gerüste - schlank, bauchig, breit, Linienbündel von Freileitungen, Schienensträngen und Wasserstraßen sowie grüne Inseln inmitten allgegenwärtiger Dachlandschaften.
Fördertürme, Kohlenbunker und Kühlturm sind wichtige Landmarken und bilden Identifikationspunkte im Landschaftsraum. "Brückenschläge" als herausragende Elemente der neuen Infrastruktur verbinden die Stadtteile in adäquater Gestaltsprache.
Städtebauliche Erweiterungen dienen der Entwicklung des ehemaligen Zechenensembles und erfolgen im Konnex und Anschluß an vorhandene Wohngebiete. Eine Verknüpfung der Nutzungen zum benachbarten Stadquartier ist Grundaussage für den zukünftigen Wohn- und Gewerbepark.
Wir definieren Räume ähnlicher Wahrnehmung, wir akzentuieren durch Gegensätzlichkeit und durchstoßen Barrieren, um zu verbinden. Die Erschließungsstrukturen überzeugen durch formale Transparenz und Einfachheit: sie sind - wie das industrielle Versorgungsnetz - linear, konstruktiv, selbstverständlich und trotzen den Zufälligkeiten der anthropogenen Topographie. Wegelinien graben sich stufenfrei in Aufschüttungen oder überwinden Tiefen und Abgrabungen auf stählernen Brücken und Stegen. Die neue Erdarchitektur folgt im einfachen Wechselsystem zwischen Ebenen und trapezförmigen, spiegelbildlichen Gräben und Schüttkegeln (Bergehalden). Die Böschungsprofile sind regelmäßig geschnitten, sie sind Zeichen für das "künstlich Geschaffene".
Der wiederzugewinnende Landschaftsraum trägt den Nutzungsansprüchen der heutigen und der zukünftigen Bewohner des Wohnumfeldes ebenso Rechnung wie dem dringenden Nachholbedarf der ökologischen Erneuerung durch die Ausweisung ausreichender Regenerationsflächen für Flora und Fauna.
Über das Ein-Sommer-Ereignis hinaus wird jenes Spannungsfeld zwischen "alt" und "neu" spürbar bleiben und das ehemalige Niemandsland zwischen den Stadtteilen unverwechselbar prägen.

Bauherr: Bundesgartenschau GmbH Gelsenkirchen
Wettbewerb 1992: 1. Preis
Landschaftsarchitekten Pridik + Partner, Marl
PASD Architekten Feldmeier + Wrede, Hagen
Planungs- und Bauzeit: 1993 - 97
Dauerinvestition GALABau: DM 27 Mio.

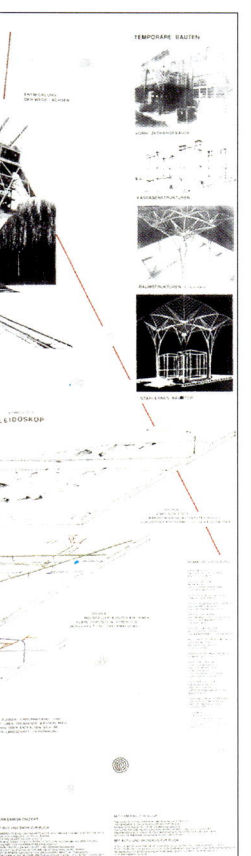

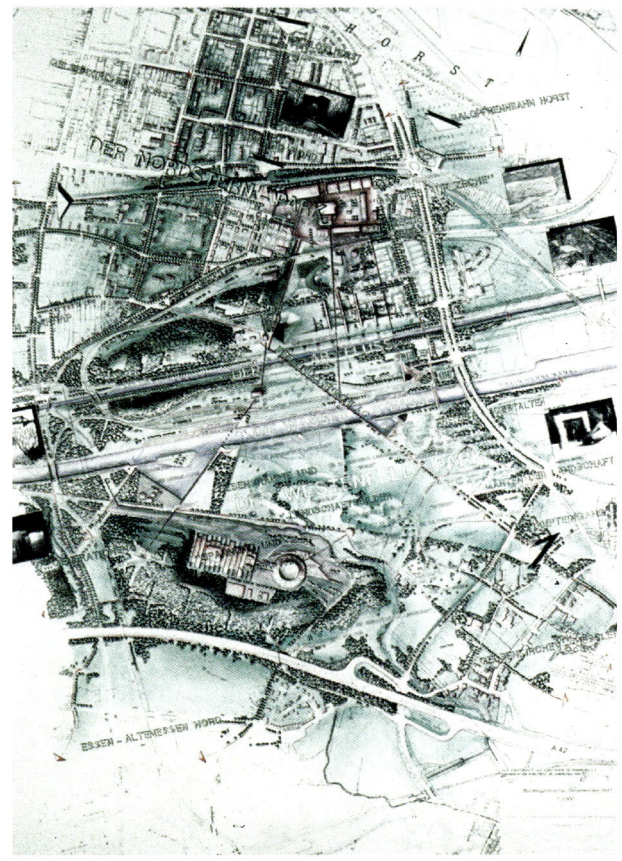

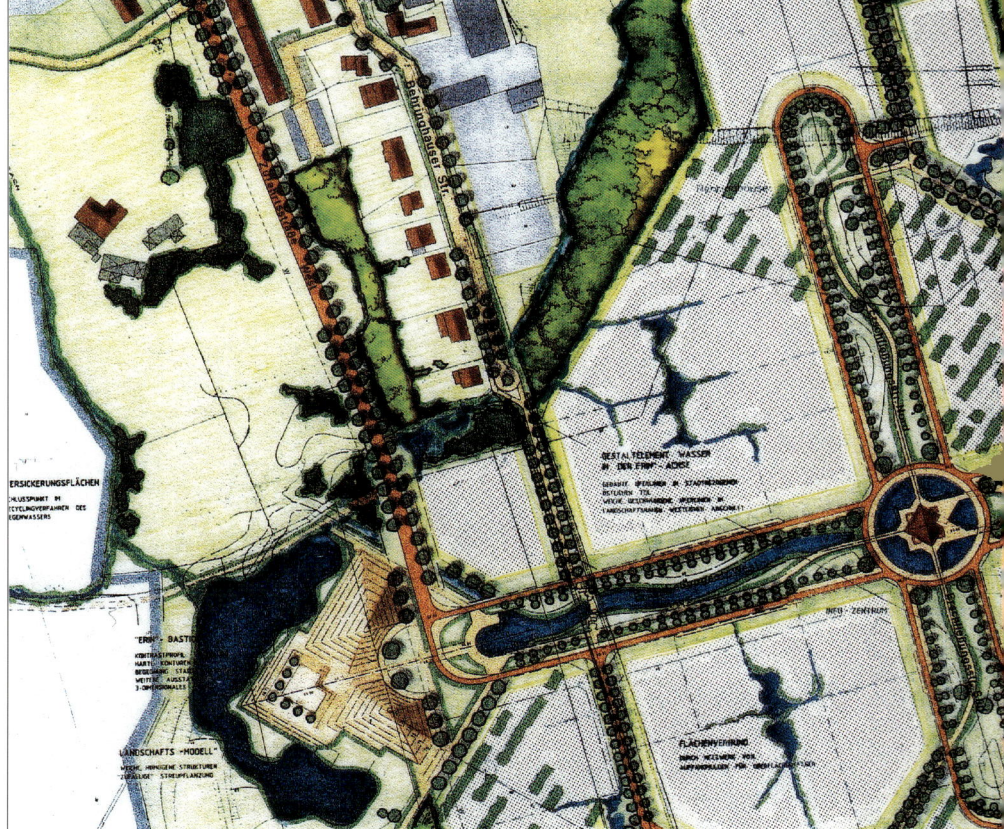

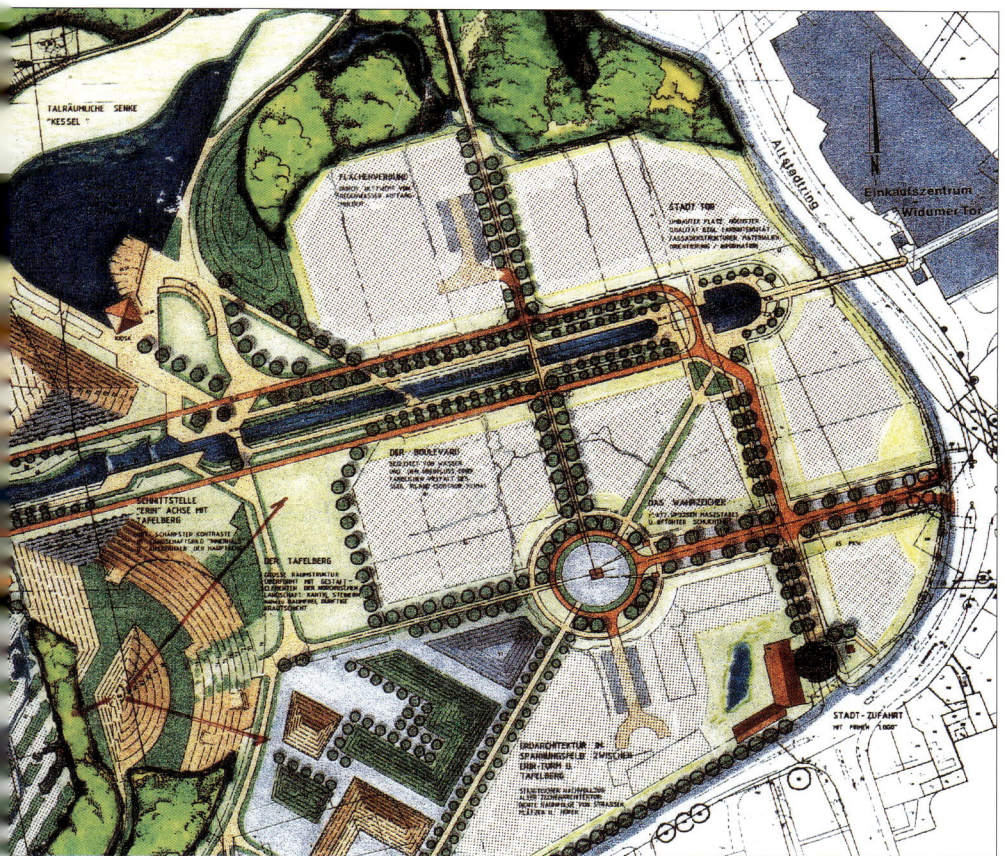

Gewerbe- und Dienstleistungspark ERIN in Castrop-Rauxel
Objektplanung mit vorgeschalteter Entwurfsstudie

Das etwa 40 ha große Areal der stillgelegten Zeche Erin wurde Ende der 80er Jahre kahlsaniert, die historischen und zugleich ortstypischen Konturen aus Betriebsgebäuden, Höfen und Straßen wurden im Stile einer Sportplatzfläche geebnet. Lediglich einem "ERIN-Förderturm-Verein" war der Erhalt des knapp 70 m hohen stählernen Turmes zu verdanken, der bar des historischen Ambientes seiner sanierten Zukunft entgegensah. In dieser Phase allgemeiner Perspektivlosigkeit wurde eine Strategie zur inhaltlichen und flächenbezogenen Korrespondenz zwischen den Sektoren Gewerbe/Dienstleistung, Wohnen, Freizeit/Erholung, Biotopentwicklung gefunden. In einem formalen und austauschbar anmutenden Ansatz wird zunächst ein großdimensionales System sich kreuzender Erschliessungsachsen (etwa 500 auf 300 m) entwickelt. Beiderseits dieses "Rückgrates" verbleibt ein Flächenmuster zusammenhängender Freiräume dort, wo die gravierendsten Altlasten lagern: insgesamt stolze 20 ha Freiraum (etwa 50 Prozent der gesamten Projektfläche). "ERIN-Park" wird im Rahmen der IBA-Schlußpräsentation 1999 seine grünen Konturen zeigen und kaum noch Vorstellungen bieten von den beträchtlichen Altlast-Sanierungsproblemen des Standortes. Ein Landschaftsraum wird komponiert, der sich einem standortfremden Ideal widmet und betont anders sein wird als das konventionelle Umfeld.

Bauherr: Landesentwicklungsgesellschaft NRW
Planungs- und Bauzeit: 1990 - 1999
Dauerinvestition/GALA-Bau: DM 10,5 Mio.

Bauleitplanung Westfälisches Landeskrankenhaus Herten, städtebauliche und Grünordnerische Standortanalyse

Am westlichen Siedlungsrand der Stadt Herten sollte in rund 600 m Entfernung vom Stadtzentrum, im Regionalen Grünzug, unmittelbar am Schloßpark, vis-à-vis eines Krankenhauses, eine Maßregelvollzugseinrichtung ("Forensische Psychiatrie") errichtet werden.

Diese Nachricht schreckte Bürger, Politiker und Verwaltung der Stadt gleichermaßen auf. In selten erlebter Einigkeit erhob sich ein gemeinsamer, erfolgreicher Protest gegen dieses Vorhaben.

Die Stadt sah sich gedrängt, den Standort durch die Bauleitplanung zu regeln, die sich auf eine fundierte städtebauliche und grünordnerische Standortanalyse stützen sollte.

Gemeinsam mit der Verwaltung wurde die Strategie entwickelt, kein Negativ-Gutachten, d.h. kein Verhinderungsgutachten, sondern ein Positiv-Gutachten zu erstellen, das aus den Restriktionen und Potentialen des Standortes ein Leitbild entwickelt, welches das historische Erbe mit der vorhandenen naturräumlichen sowie nutzungsräumlichen und städtebaulichen Situation als auch mit den Entwicklungspotentialen und den landschaftlichen Leitlinien verbindet.

Aus der Standortanalyse, die "Bekanntes" bündelt und prägnant aufbereitet, aber auch "Überraschendes" (z.B. zum historischen Erbe) zur Kenntnis bringt, wurden konkrete Handlungsempfehlungen für die Bauleitplanung abgeleitet. Weitere Ideen haben Anklang bei Bürgern, Politik und Verwaltung gefunden und werden auf ihre Machbarkeit geprüft.

Manchmal bedarf es den "Druck von Außen", um "vergessenes" Stadtgebiet in den Mittelpunkt des Interesses zu rücken. Natur und Landschaft sowie die Menschen werden davon profitieren.

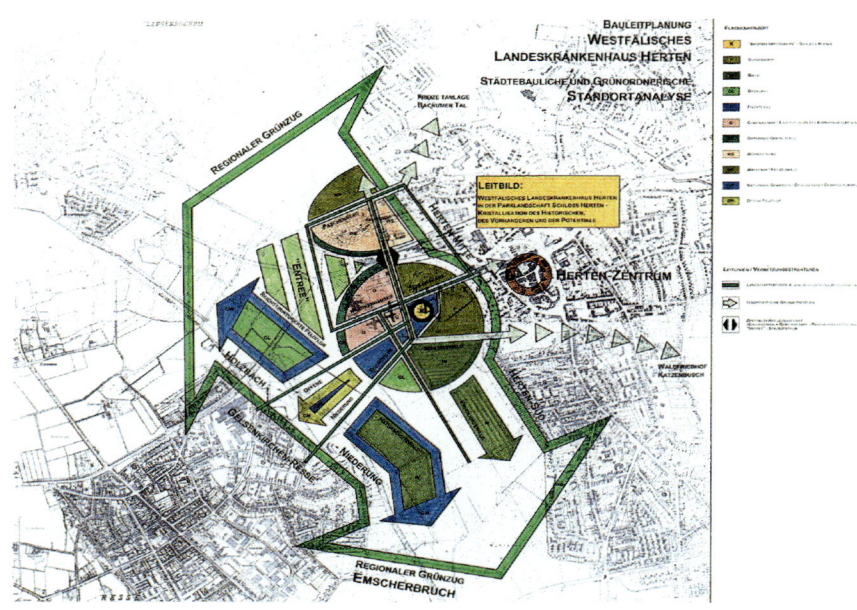

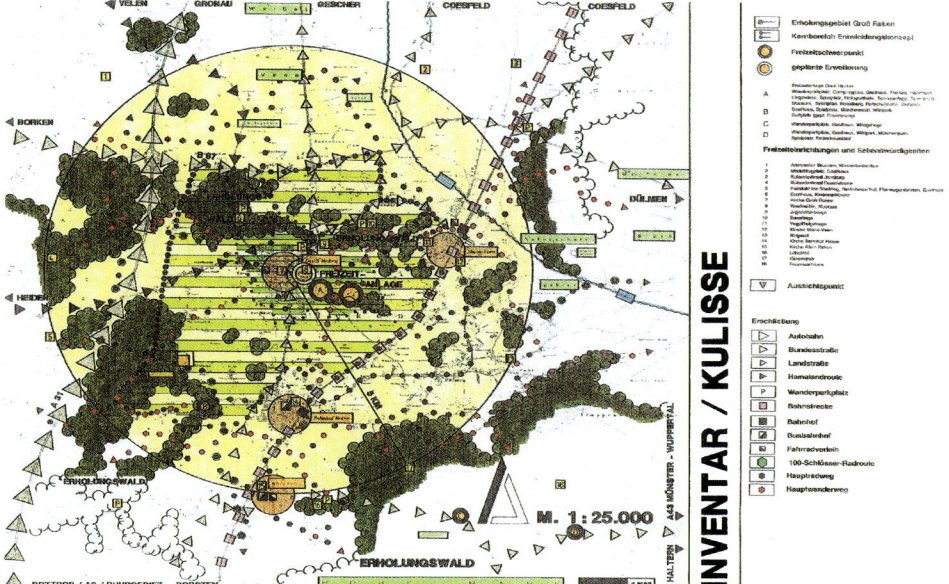

INVENTAR / KULISSE

M. 1:25.000

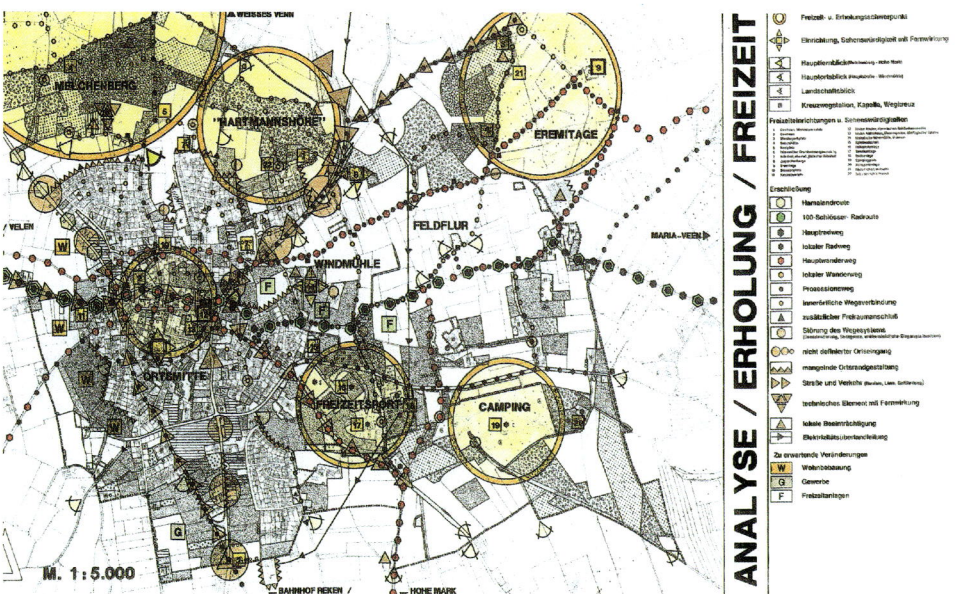

ANALYSE / ERHOLUNG / FREIZEIT

M. 1:5.000

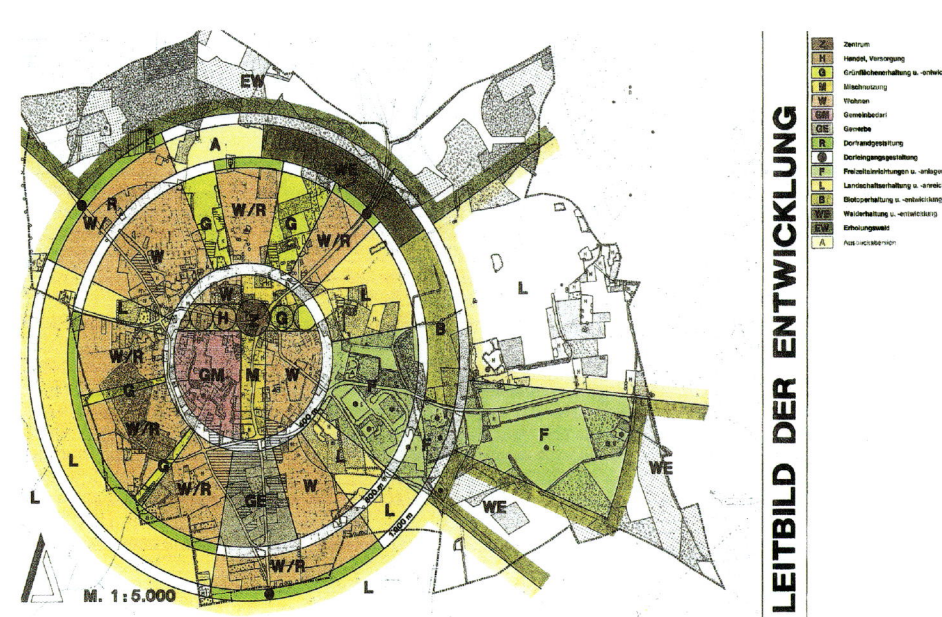

LEITBILD DER ENTWICKLUNG

M. 1:5.000

Landschafts- und Siedlungsentwicklung im ländlichen Raum Entwicklungskonzept Erholungsgebiet Groß Reken

Für viele "kleinere" Gemeinden reichen die rechtlich verankerten Planungsinstrumente nicht aus, eine innovative Ortsentwicklungsplanung zu betreiben, insbesondere, wenn eine spezielle Zielrichtung angestrebt wird.

Hier können landschaftsplanerische bzw. grünordnerische Entwicklungskonzepte neue Perspektiven aufzeigen.

Das Entwicklungskonzept Erholungsgebiet Groß Reken hat zwar keine rechtliche Grundlage und erlangt als Gutachten keinerlei Verbindlichkeit (inzwischen hat der Rat der Gemeinde beschlossen, das Entwicklungskonzept bei weiteren Planungen zu berücksichtigen), es formuliert jedoch auf der Basis einer umfangreichen Ziel-, Bestands- und Entwicklungsanalyse ein Leitbild für die nächste Entwicklungsphase des Ortes, die bereits in Ansätzen begonnen hat.
Im Rahmen des konkreten Entwicklungskonzeptes werden auch Entwicklungsempfehlungen formuliert, die dem "Praktiker vor Ort" zunächst nicht realisierungsfähig erscheinen, aber neue Perspektiven aufzeigen.
Das Entwicklungskonzept wird die Diskussion um die Ortsentwicklung beleben und eine wichtige Entscheidungshilfe für die Bauleitplanung sein.
Über die Erarbeitung von Gesamtkonzepten hinaus erwarten die Gemeinden oftmals konkrete Entwicklungsdetails, die meist schon einen Vorentwurfscharakter aufweisen. Nicht selten sind diese Ideen, Skizzen, Details der Anlaß für eine weitere Freianlagenplanung.
Mal entsteht eine neue Ortsmitte, mal eine Fußgängerzone, mal ein neuer Ortsrand...

Volker Püschel
*1939 in Hamburg

1962 - 65 Hochschulstudium der Landespflege in Berlin
1966 - 68 Mitarbeit bei B. E. Kuhlwein/Bremen
1969 - 71 Mitarbeit bei BBW+P/Düsseldorf
Diverse Auslandsstudienreisen
seit 1972 selbständig als freier Garten- und Landschaftsarchitekt in Mettmann mit Helgard Püschel

C

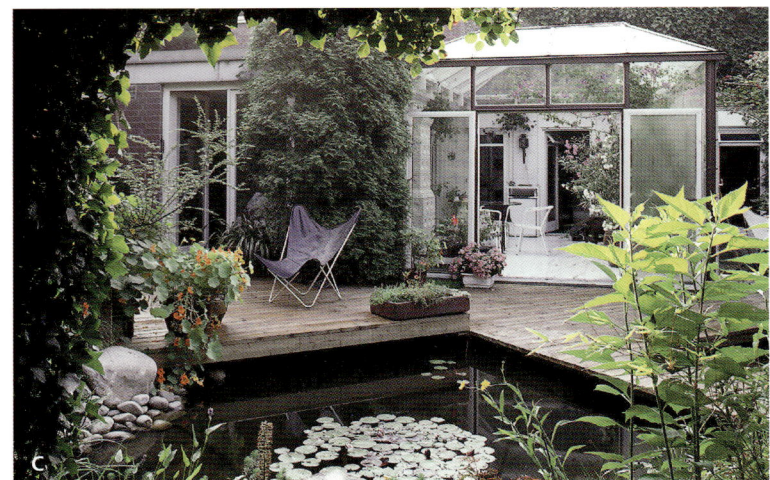

Arbeitsschwerpunkte

Sämtliche Themen der Objektplanung im In- und Ausland, Freianlagen des privaten und öffentlichen Grüns sowie Golfplatz- und Sportstättenplanung und internationale Flughäfen.

B

D

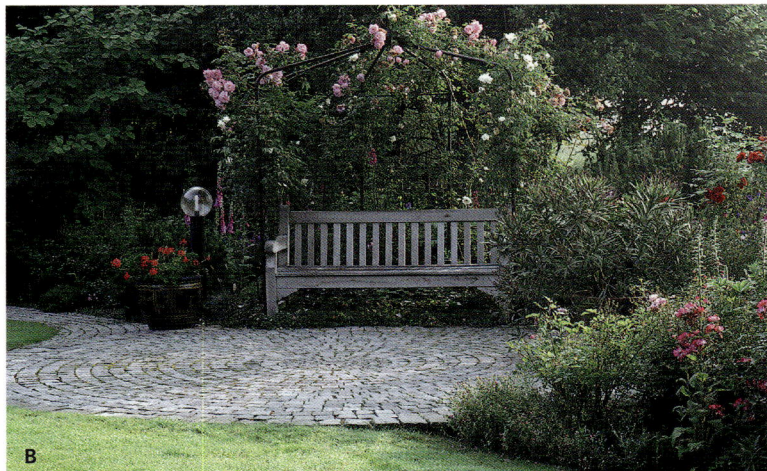

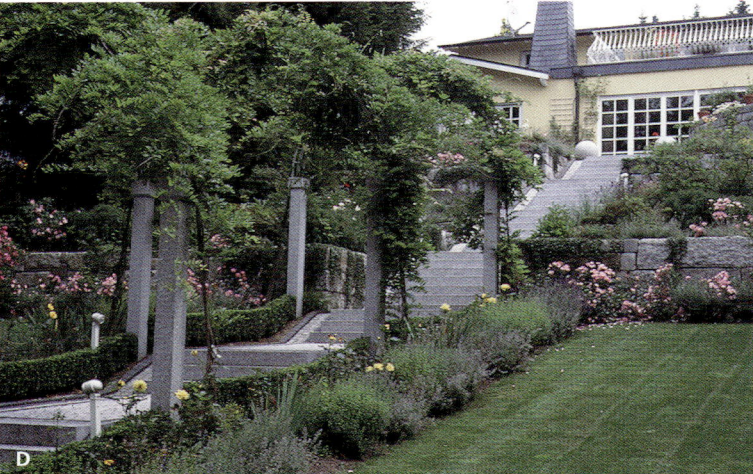

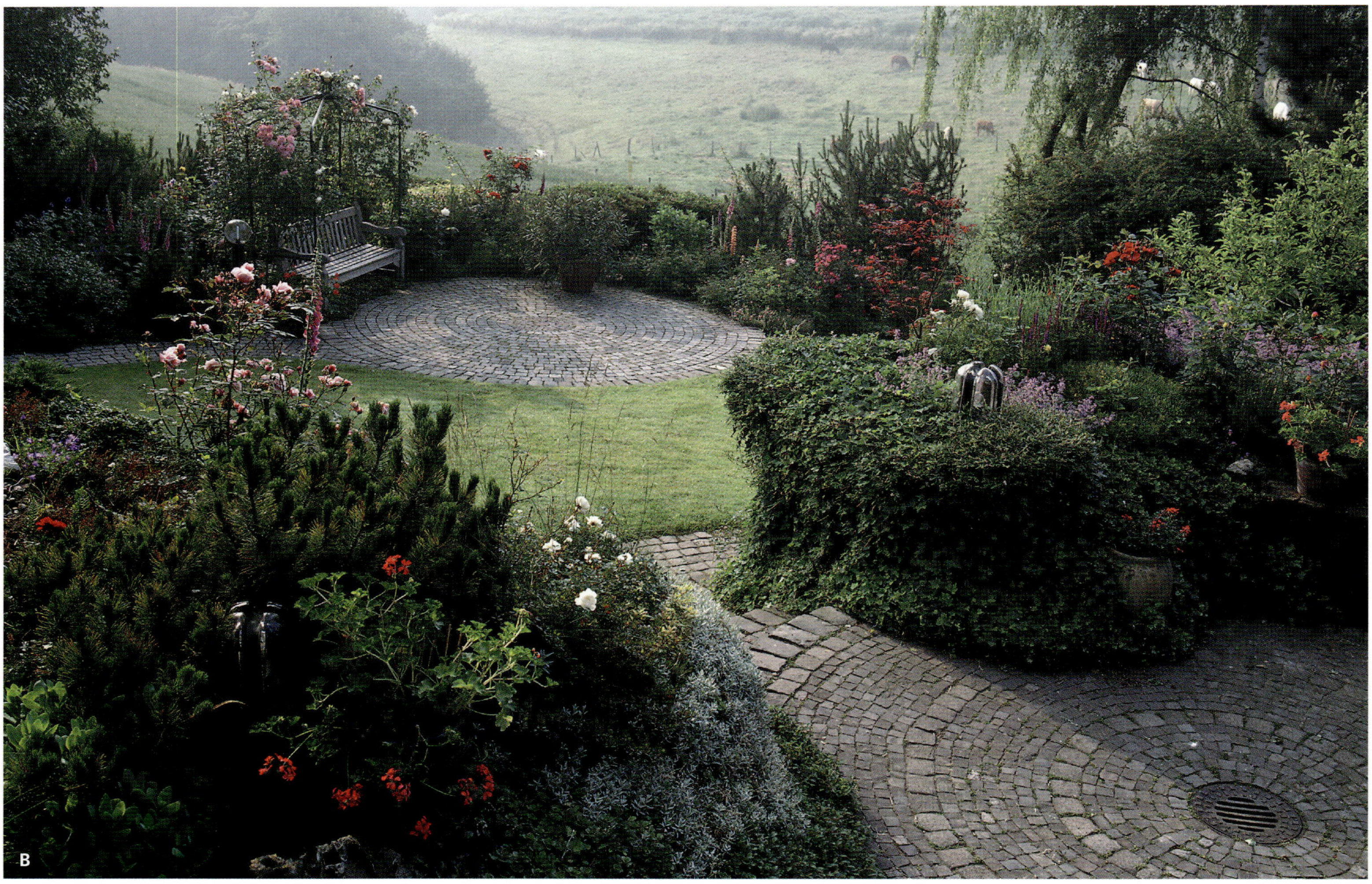
B

Fotos: Jürgen Becker, Hilden

Hausgarten B. Schreiner Mülheim/Ruhr, Ein Waldgarten (A)

Vor der Umplanung waren die Räume des Gartens nicht definiert, jedoch gab es einen vielfältigen, teilweise verwilderten Baumbestand. Die Planung sah ein Auslichten des Bestandes vor, mit dem Ziel, Tiefe zu schaffen und Räume wieder erlebbar werden zu lassen. Eine im Ansatz vorhandene Holzterrasse wurde erweitert und schwebt jetzt über einem der zwei neu gebauten Teiche, die durch einen Bachlauf miteinander verbunden sind. Pflasterwege führen um den Teich und zu einem Abendsonnensitzplatz.

Die Strauchpflanzung wurde im Detail ergänzt und neu geordnet. Stauden wurden in großem Umfang neu gepflanzt und beleben jetzt die Teichufer und die Flächen vor den Gehölzen.

In den hinteren Gartenbereich wurde nicht eingegriffen, er hat sich bereits zu einer "kleinen Wildnis" entwickelt.

Hausgarten Dr. S., Mettmann (B)
Hausgarten A. Grimm, Düsseldorf (C)
Hausgarten J. Theis, Solingen (D)

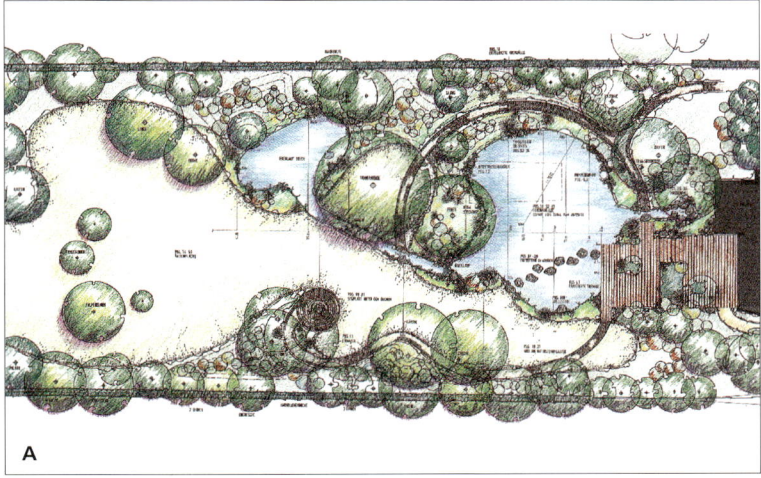

Fotos: Jürgen Becker, Hilden

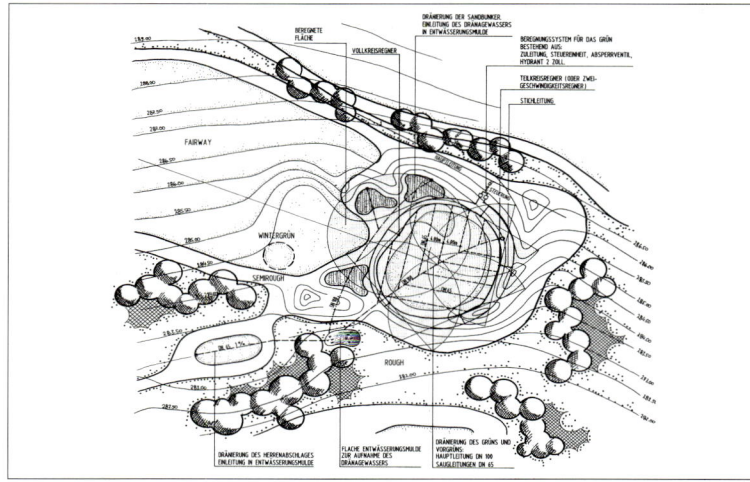

Golfsportanlage Zierenberg "Gut Escheberg"

18-Loch Meisterschaftsplatz PAR 72 und SSS 72, Länge 6195 m, mit Driving-Range und 9-Loch Platz (öffentlich), PAR 71 und SSS 71.
In Anspruch genommene Flächen nach der "Drittelaufteilung": 45 ha Sportflächen, 45 ha Roughflächen, 46 ha ökologische Ausgleichsflächen, davon ca. 20 ha Raubwürger- und Neuntöter Habitat (Gesamt 136 ha).

erste Planungsidee	1990
Genehmigungsphase	bis 1996
reine Bauzeit 1. BA	6 Monate
Spielbeginn	Ende 1997
Gesamte Erdbewegung	390 000 m³
Bepflanzung	55 000 Bäume und Sträucher
	davon ca. 1 800 Großgehölze
Teichflächen	10 000 m²
Baukosten	ca. DM 7,5 Mio.

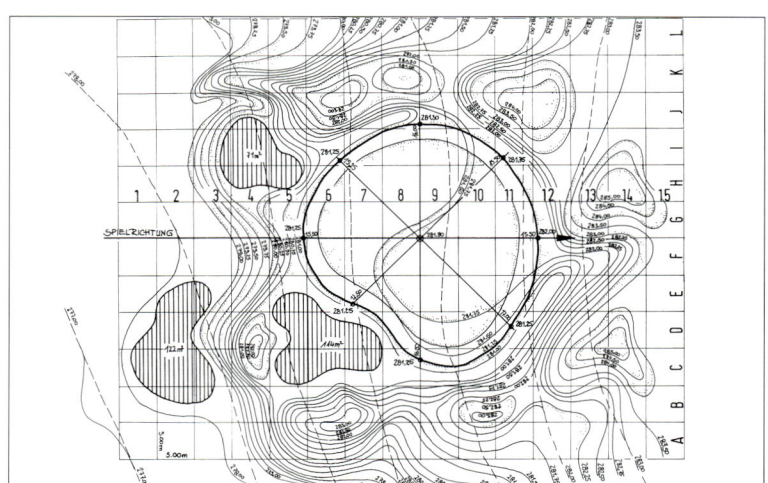

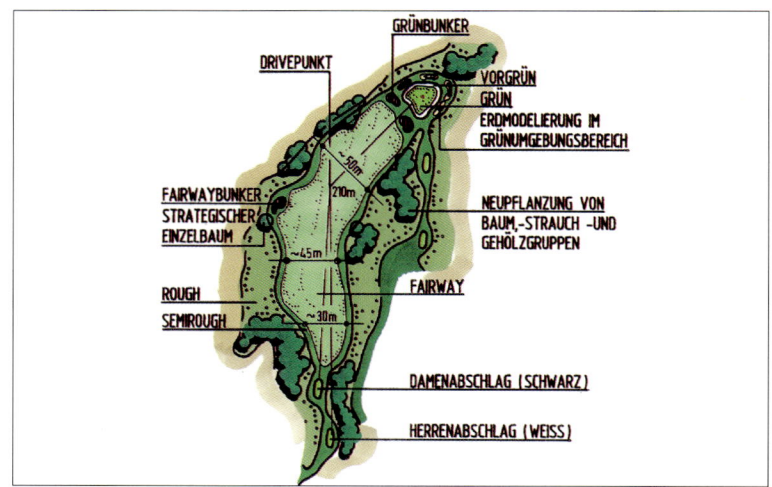

Golfsportanlage Mettmann "Obschwarzbach"

18-Loch Meisterschaftsplatz PAR 72 und SSS 72, Länge 6185 m, mit Driving-Range und 3-Loch Kurzplatz.
In Anspruch genommene Flächen nach der "Drittelaufteilung": 31 ha Sportflächen, 31 ha Roughflächen, 32 ha ökologische Ausgleichsflächen (Gesamt 94 ha).

erste Planungsideen	1990
Genehmigungsphase	bis 1993
reine Bauzeit	9 Monate
Spielbeginn	Mitte 1995
Gesamte Erdbewegung	320 000 m³
Bepflanzung	60 000 Bäume und Sträucher davon ca. 2500 Großgehölze
Teichflächen	6500 m²
Baukosten	ca. DM 6,5 Mio.

Foto: Volker Püschel

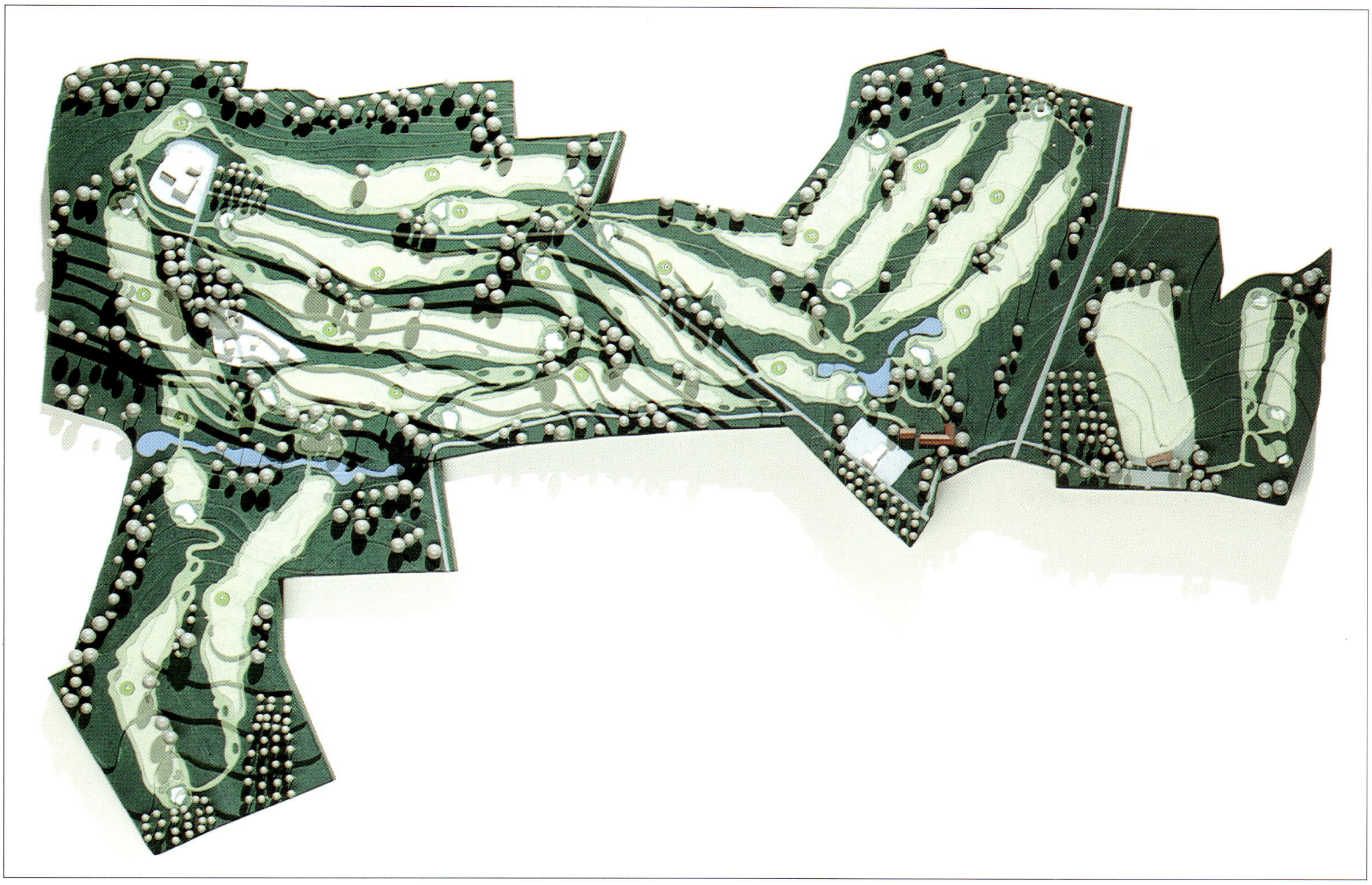

Modellfoto: Walter Klein, Düsseldorf

Fotos: Jürgen Becker, Hilden

Gesamtschule Langenfeld-Hilden und Sportanlage "Am Schlangenberg"

Für den Bau der Gesamtschule war es notwendig, die bestehende Sportanlage "Am Schlangenberg" zu verlegen und neu zu ordnen. Ferner war im Bereich der Sportanlage ein zentraler Gemeinschaftsparkplatz für Sportler, Lehrer und Schüler zu integrieren. An den Parkplatz schließt der Bushalteplatz für die Schüler an. Die fußläufige Erschließung der Schule erfolgt über den Verbindungsweg zwischen den beiden Großspielfeldern oder über die Annastraße.

Das Merkmal der Außenanlagen in den befestigten Flächen im Bereich der Schule ist der Bogen und der Kreis, der sich aus der Architektur der Schulgebäude ableitet. Es entstehen zwei zentrale Pausenhöfe, die als Mittelpunkt jeweils einen charakteristischen, großen Pausenhofbaum erhalten.

Alle versiegelten Flächen, Dachflächen und Pflasterbeläge, einschließlich der Parkplatzanlage mit insgesamt 156 Stellplätzen, sind aus ökologischen Planungswünschen baulich so ausgeführt worden, daß das anfallende Regenwasser entweder über Sammelleitungen und dezentrale Sickerbecken und -schächte oder direkt über wasserdurchlässige Pflasterbeläge versickert. Zusätzlich wurden im Bereich der Flachdachflächen der Schulbaukörper extensive Dachbegrünungsmaßnahmen durchgeführt.

Herzstück der Freiflächen ist das pyramidenförmig glasüberdachte Solarhaus, welches die Möglichkeit bietet, in mediterraner Atmosphäre Ruhe zu finden und Kraft für den weiteren Schulunterricht zu schöpfen. Der Kontrast zwischen der Architektur zu den Natursteinmauern, Holzterrassen vor der Bibliothek, Natursteinpflasterflächen und der Pflanzenauswahl aus dem mediterranen Bereich macht den besonderen Reiz des Solarhauses aus.

Architekt Hochbau	Busmann & Haberer, Köln
Wettbewerb	1. Preis 1993
Projektleitung	Joachim Schulze
Bauzeit Sport	April 1994 bis Juni 1995
Bauzeit Schule 1. BA	März 1996 bis Januar 1997
Baukosten Sport	brutto DM 4 Mio.
Baukosten Schule 1. BA	brutto DM 1,5 Mio.

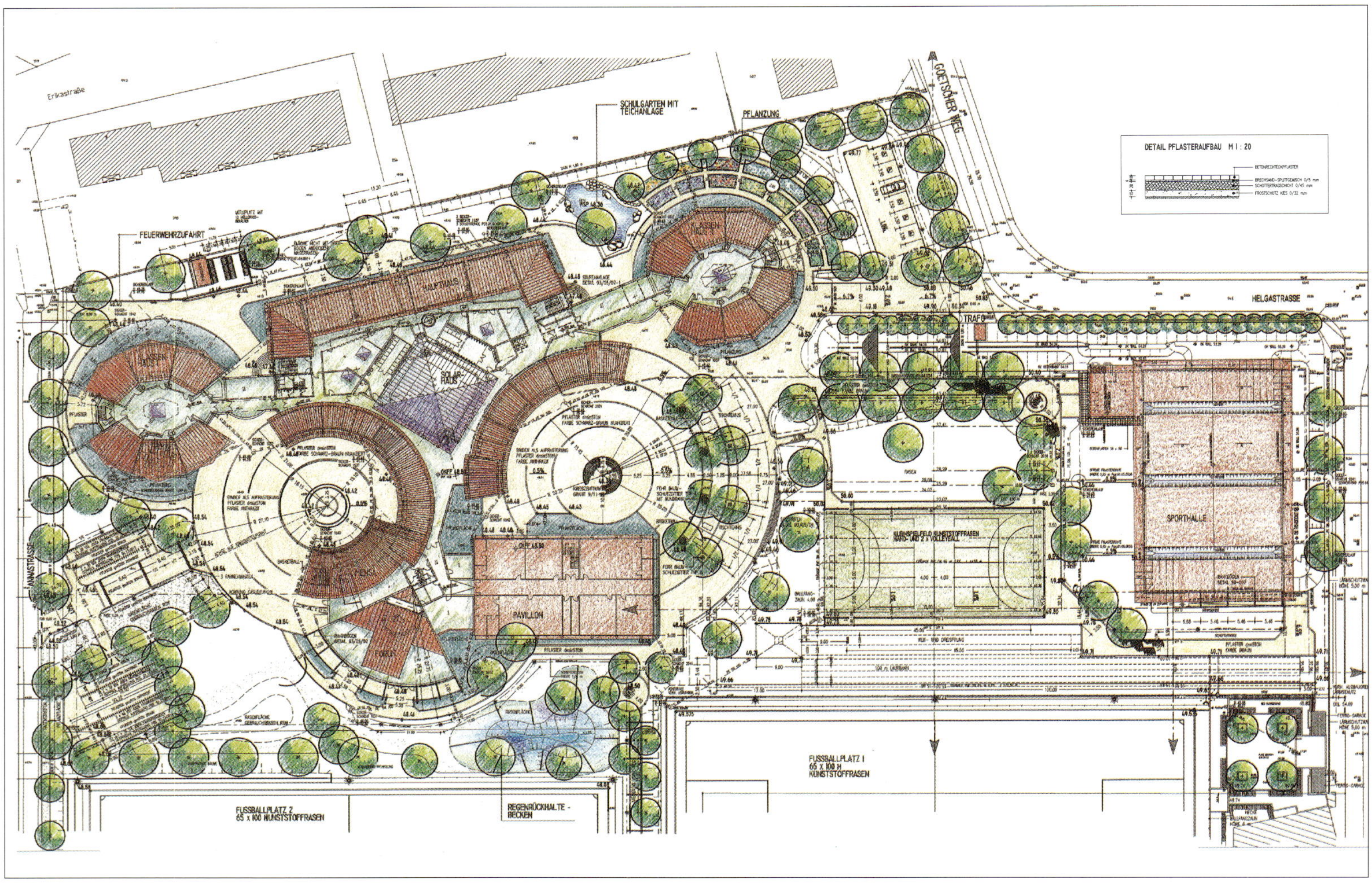

Begegnungsstätte Alte Synagoge

Auf dem Gelände der jetzigen Begegnungsstätte Alte Synagoge Wuppertal stand die Synagoge der jüdischen Gemeinde. Sie wurde am 9.November 1938 ein Opfer des Rassenwahns.

Auf dem Gelände entstand ein Ensemble von Gebäuden, Straßenkonstruktionen, Garten- und Freiflächen, miteinander verbunden und aufeinander bezogen, in denen die Begegnung mit diesem historischen Ort wieder möglich ist.
Auf der hochgelegenen Mittelebene befinden sich das Langhaus aus Sichtbeton, die Rotunde mit Bleiplatten verkleidet und das Haupthaus in Gestalt eines Kubus. Dieser schneidet, schräggestellt, einen Teilbereich des ehemaligen Grundrisses der Synagoge. Der alte Grundriß wurde mit schwarzen Granitplatten wieder sichtbar gemacht und läuft von außen nach innen in den Kubus. Außen wurde ein Satz von Martin Buber in die Granitplatten eingearbeitet.
Die an diese "Grabplatte" angrenzenden Bodenbeläge im Innen- und Außenbereich wurden aus kontrastreichen und hellen, fast weißen Granitplatten hergestellt. Von dieser Ebene führt eine Blockstufe auf das 15 cm tiefer liegende "Kiesplateau", welches dem Besucher die Möglichkeit eines Umgangs um die Gebäude gibt. Auf dem Kies soll sich der Schritt verlangsamen und Staub an den Schuhen sichtbar haften bleiben. Im "Kiesplateau" wurde nur ein Solitärbaum (Sophora japonica) vorgesehen, der vor der hellverputzten Wand des Haupthauses steht.
Auf der Nordseite des Haupthauses zwischen "Grabplatte" und "Kiesplateau" wurden die unter Denkmalschutz stehenden Grundmauern der alten Synagoge freigelegt und sichtbar gemacht. Hinter der alten Grundmauer gibt es einen Geländesprung, der mit einer Mauer aus Sichtbeton abgefangen wurde. Hinter der Sichtbetonmauer liegt der "Obstgarten", ohne direkten Zugang. Hier entspringt ein Wasserlauf nach Art eines Rinnsals, der an der Stelle der Mikwe (rituelles Bad) versickert. Der Wasserlauf wurde aus Rinnensteinen aus Basaltlava mit eingefrästen Rillen hergestellt. Neben dem Wasserlauf stehen zu beiden Seiten schräg gepflanzte Apfelbäume in Ost-West Ausrichtung. Die Apfelbäume, in ihrem Bemühen, sich wieder aufzurichten, sollen auf den Existenzkampf des jüdischen Volkes verweisen.

Bauherr: Stadt Wuppertal in Verbindung mit dem Trägerverein Begegnungsstätte Alte Synagoge; Planung: Architekten und Künstlergemeinschaft Busmann & Haberer, Köln - Zbyszek Oksiuta, Köln - Volker Püschel, Mettmann; Wettbewerb: 1. Preis 1989; Projektleitung: Joachim Schulze; Bauzeit: März 1993 bis November 1993; Baukosten Außenanlagen: brutto DM 900 000,- ; Anerkennung: Deutscher Natursteinpreis 1995 - Deutscher Betonpreis 1995, Vorbildliches Bauen in NRW 1994

Foto: Volker Püschel

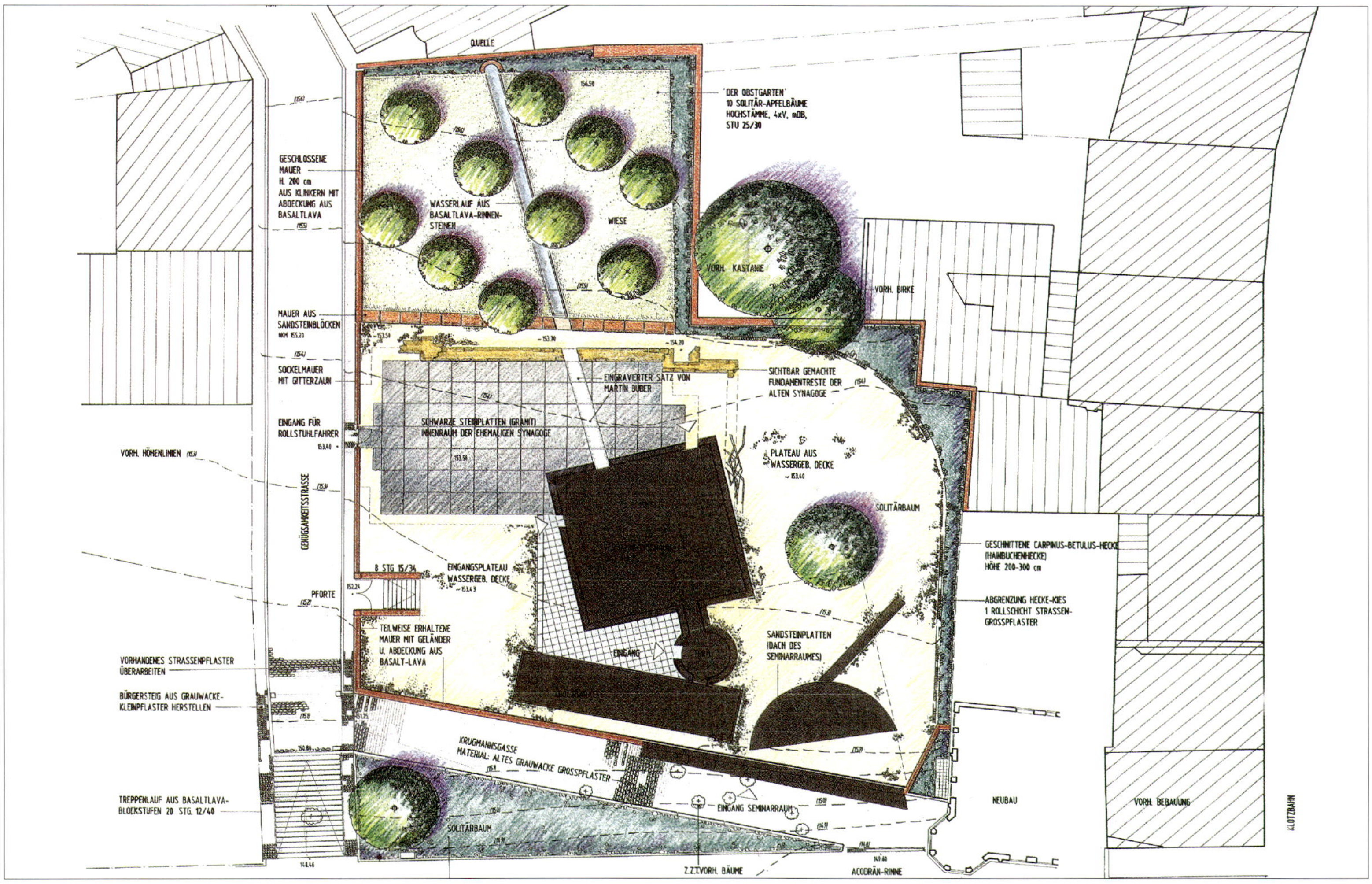

Brigitte Röde
*1962

1983 - 86   Studium der Landespflege an der FH Osnabrück
            Diplom
            freie Mitarbeit in Planungsbüros
seit 1987   selbständig
            Planungsbüro in Köln

Mitarbeiter: Dipl.-Ing. Alke Gerdes
             Dipl.-Ing. Birgit Houben

Spittelmarkt Berlin

Die Innenhöfe sind von einer 6- bis 9-geschossigen Büro- und Wohnbebauung umgeben, nur der vierte Innenhof wird an einer Seite von einem Zaun begrenzt. Die Höfe 2, 3 und 4 sind fußläufig von den angrenzenden Straßen aus erreichbar. Alle Höfe liegen auf Tiefgaragen, deren Zufahrten die Höfe durchschneiden bzw. baulich beeinflussen.

Die Dachflächen der Gebäude erhalten eine extensive Dachbegrünung, die Riegel parallel zur Straße aus grünlaubigen Mauerpfefferarten und Schnittlauch, die Querriegel aus graulaubigen Mauerpfefferarten und Dachwurz.

Hof 1 - ein reiner "Schauhof", der sowohl aus dem Erdgeschoßbereich, vor allem zur Eingangshalle hin, als auch von oben seine Wirkung entfaltet. Er wird durch Linien parallel zur Eingangshalle, vor der sich ein angestrahltes Wasserbecken befindet, gegliedert.

Die Linien ergeben sich aus Pflasterbändern, welche auch als Fuß- und Fluchtwege dienen, flächig bepflanzten Beeten und Heckenelementen. Unterschiedlich angeordnete Solitärbambusse stehen mit ihrer hellen, lockeren Belaubung in Kontrast zu den dunklen, geschnittenen Eiben.

Hof 2 - ein "Pausenhof", der - neben der ästhetischen Wirkung für die oberen Geschosse - zum Aufenthalt während der Arbeitspausen einlädt.

Er wird von L-förmig angeordneten Entrauchungsöffnungen beeinflußt, so daß mittig ein Rasenplateau entsteht, das ca. 0,70 m über dem umgebenden Hofniveau liegt. Die Rasenfläche ist mit einem Wäldchen aus weißrindigen Himalaya-Birken überstellt, die durch die Veränderung ihres Laubes den Wechsel der Jahreszeiten zeigen. Um die Struktur der Birken im Dunkeln hervorzuheben, werden die weißen Stämme abends mit Bodenleuchten angestrahlt.

Hof 3 - ein "Spiel- und Aufenthaltshof" für die Anwohner.

Dieser Hof wird ebenfalls von L-förmig angeordneten Entrauchungsöffnungen beeinflußt. Es entsteht eine erhöhte Aufenthalts- und Spielfläche.

Durch die Bepflanzung mit Weidenblättriger Birne und graulaubigen Sträuchern und Stauden erhält dieser Hof seinen mediterranen Charakter.

Hof 4 - ein "Wohnhof", vor allem für die Erdgeschoßparteien.

In diesem Hof liegt eine erhöhte Grünfläche, die von jeder der den Wohnungen vorgelagerten Terrassen über Stufen zu erreichen ist. Die kleine Platzfläche lädt zum gemeinsamen Aufenthalt ein.

Die Bepflanzung mit Trompetenbäumen, Sträuchern und Stauden unterschiedlicher Blütezeit und Blattstruktur bildet eine dichte grüne Kulisse.

Bauherr: DBM & debis, Berlin
Hochbau: HPP Berlin/HPP Hamburg/Schneider + Partner, Berlin

Hof 1

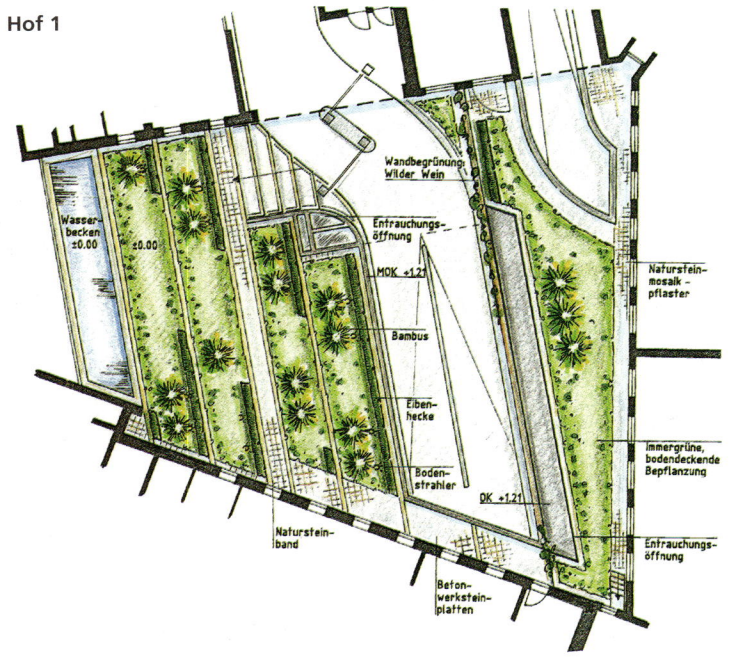

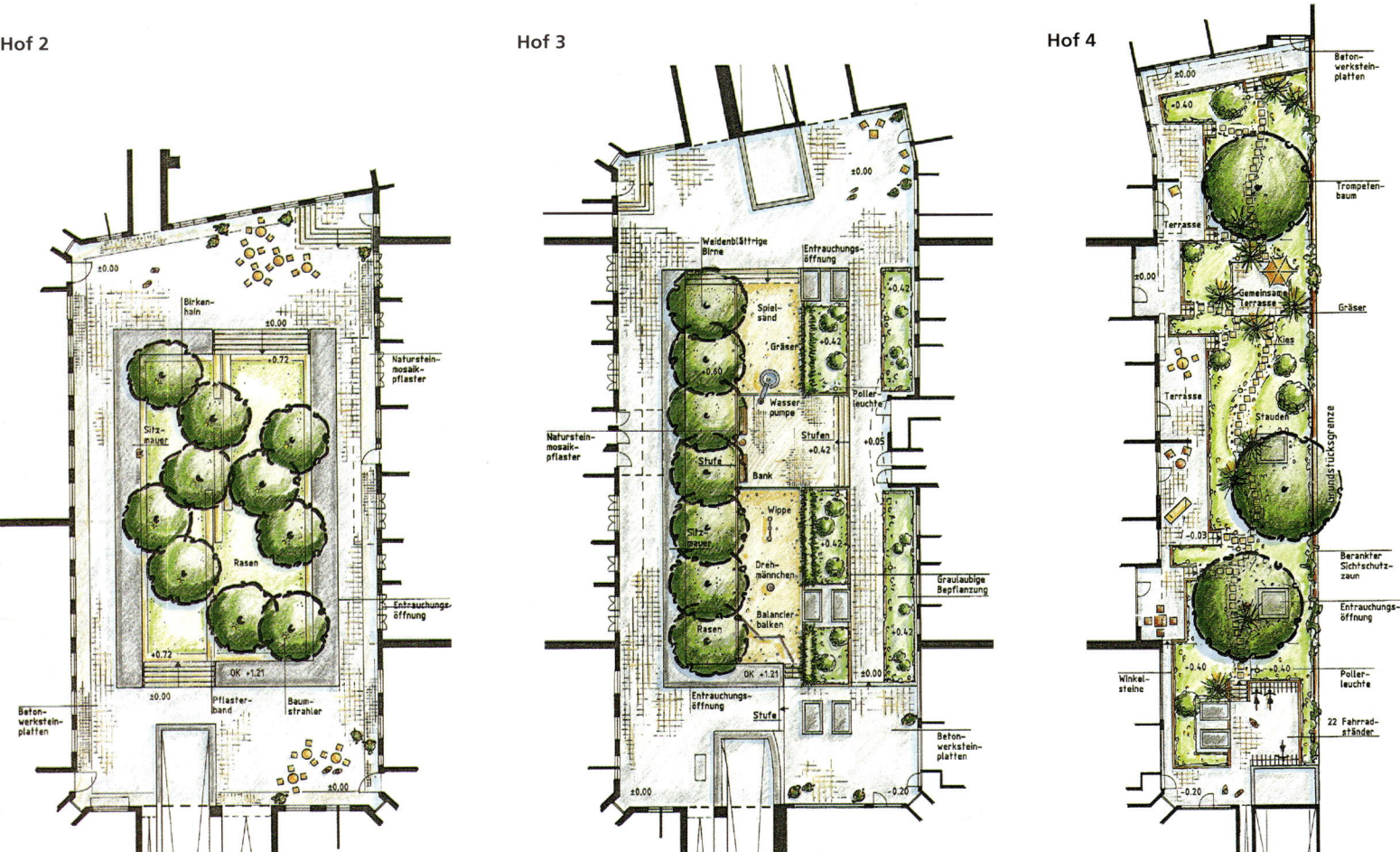

Hof 2   **Hof 3**   **Hof 4**

Hausgarten in Köln

Der 1300 m² große Garten liegt zwischen Wohnhaus und Bürogebäude, die jeweils eigene Eingänge von den Straßen aus haben.

Das 2-geschossige Wohnhaus im Bauhausstil war mit den Terrassenflächen vorhanden und lag in einem dicht eingewachsenen Garten.

Der Neubau des 1-geschossigen Bürogebäudes und der damit erfolgte Ankauf des rückwärtigen Grundstückes sowie der Bau des Pools machten eine komplette Umplanung des Geländes nötig. Beibehalten wurden nur die Terrassenflächen am Wohnhaus und einige dominante Nadelgehölze.

Der Garten wird durch Eibenhecken klar gegliedert. Die Nutzung erfolgt entsprechend der Zuordnung zu den Gebäuden als Wohn- und Spielgarten und als Schaugarten mit einer großen Holzterrasse für Besprechungen.

An den Küchenhof mit einer immergrünen Eiche schließt sich ein Gang mit Beerensträuchern und Kräutern an. Dieser endet in einer kleinen mediterranen Platzfläche am Pool, die mit Pflanzen wie z.B. Portugiesischer Lorbeerkirsche, Nandina und Riesenschleierkraut eingegrünt ist.

Eine große rechteckige Rasenfläche, die sich vor dem Wohngebäude befindet, spiegelt die Gebäudeform im Garten wider.

Vor dem Bürogebäude entstand eine Holzterrasse mit Wasserbecken.

Hügel, die üppig mit verschiedenen Gräsern, Frauenmantel und Persischem Kugellauch bepflanzt sind, bilden eine optische Trennung der beiden Gartenbereiche.

Hochbau Bürogebäude: Adrian Sarnes, Hamm

Wohnanlage in Köln

Die drei maximal 5-geschossigen Wohnblöcke mit 235 Wohneinheiten sind auf einer Fläche von ca. 10 000 qm entstanden.

Wie durch die Beteiligung mehrerer Hochbauarchitekten beabsichtigt, besitzt jeder Wohnblock seinen eigenen Charakter mit hohem Identifikationswert. Dies zu unterstreichen war eine Zielsetzung bei der Gestaltung der Außenanlagen.

Im 1. Innenhof wurde ein großer, offener Platz spiralförmig angelegt, der – in Anlehnung an das nahe Rheinufer – mit Weiden umpflanzt und mit Findlingen ausgestattet wurde.

Im Kontrast zu diesem lichtdurchfluteten Hof schaffen Baumgruppen im 2. Innenhof einen waldartigen Charakter und sorgen für schattige Plätze an heißen Tagen.

Die Hauseingänge beider Wohnblöcke sind durch einen Zickzack-Weg miteinander verbunden.

Der 3. Innenhof besitzt aufgrund der Pflanzung von Flieder, Obstgehölzen und Strauchrosen eine gartenartige Atmosphäre.

In jedem Innenhof befinden sich ein Sandspielbereich für Kleinkinder mit Spielgeräten sowie Mietergärten für alle Erdgeschoßwohnungen.

Um den Spieldruck der älteren Kinder aus den Innenhöfen zu nehmen, wurde auf einer Brachfläche am Rand des Wohngebietes eine abwechslungsreiche Hügellandschaft mit einer Rasenfläche zum Ballspielen geplant.

Bauherr: Ewald Hohr Wohnungsbau GmbH, Köln
Hochbau: von Lom, Köln
Schmitz, Aachen
Busmann & Haberer, Köln

Gut Langentrat in Ratingen

Der denkmalgeschützte Gutshof ist von altem Baumbestand umgeben. Ein Bachlauf, der in einen Teich mündet, fließt durch das Gelände.

Der Bereich um das Gebäude wurde intensiv-repräsentativ gestaltet; so entstand eine Pflanzung aus Rhododendron und Stauden, der Eingangsbereich und die Terrassenflächen erhielten einen Belag aus Sandstein-Kleinpflaster.

Die Gestaltung wird mit zunehmender Entfernung vom Gebäude immer naturnaher – in Anlehnung an die englischen Landschaftsparks.

Kieswege erschließen das Gelände, der Bachlauf und der Teich erhielten eine Initialpflanzung aus heimischen Stauden wie Sumpfschwertlilie, Froschlöffel und Pfeilkraut.

Der vorhandene alte Baumbestand mußte teilweise saniert und Kopfweiden wieder in Form geschnitten werden.

Jürgen Schubert *1939 · Freier Garten- und Land-schaftsarchitekt · Studium FH Osnabrück · 1984 eige-nes Büro in Köln · Schwerpunkte: Landschaftsplanung und objektbezogene Planung · Teilnahme an zahlrei-chen Wettbewerben mit kontinuierlichen Erfolgen

MediaPark Köln
städtebaulicher Wettbewerb 1987 · Wettbewerb der Grünplanung 1989 · Grundstücksgröße ca. 20 ha

Planungsansatz:
Schaffung von
· vorwiegend öffentliche Grünflächen
· Grünverbindungen zu angrenzenden Grünflächen wie Herkulesberg und Stadtgarten
· Stadtverbindungen zu den Ringen, zum Hauptbahn-hof, zur Innenstadt und zum Dom

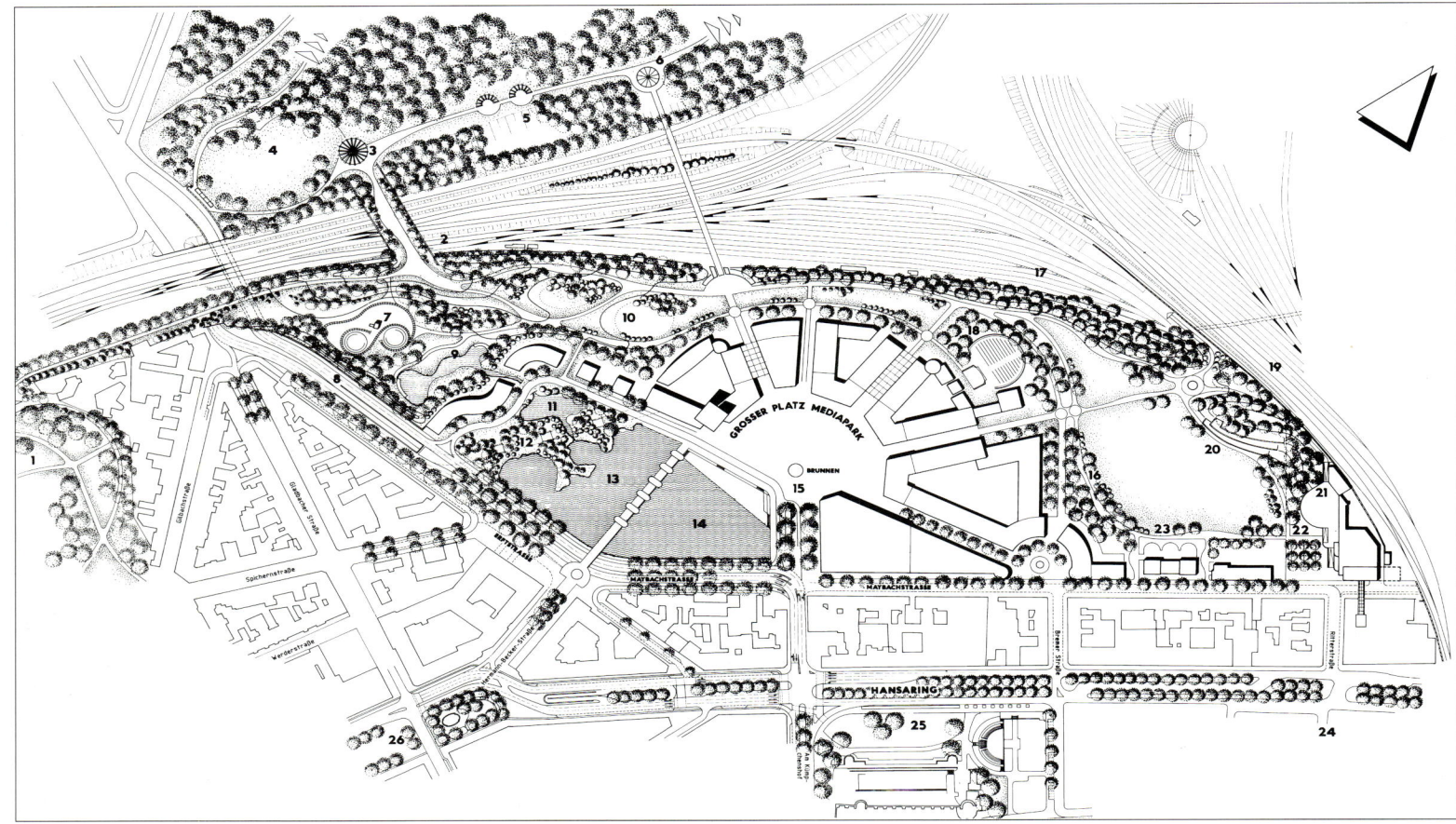

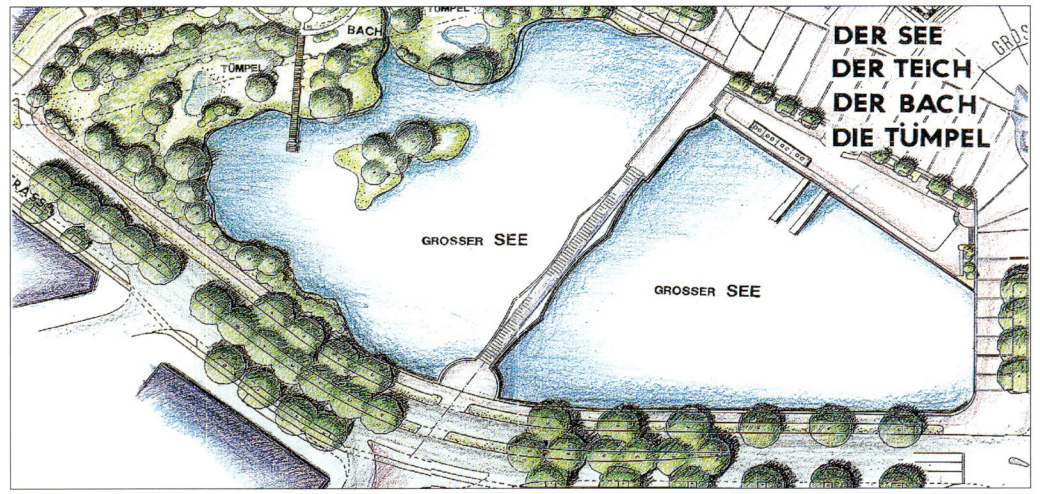

MediaPark Köln

Neben den übergeordneten Planungsansätzen der Herstellung von Stadt- und Grünverbindungen war wichtige Planungsprämisse das Erreichen eines Spannungsverhältnisses zwischen Architektur und Natur. Naturnahe Bereiche stehen architektonisch strengen Baulinien gegenüber. Mitten in der Stadt wurde ein Stück Natur zurückgeholt (vorher war auf dem Gelände ein Güterbahnhof!). Trotz der Belastungen, die durch die zahlreichen Besucher entstehen, haben Flora und Fauna hier Einzug gehalten.

Bauherren: Stadt Köln/MediaPark Köln GmbH

Planungsbeginn: 1990

Realisierung: 1992 - 2000

Baukosten: ca. 5,5 Mio. DM

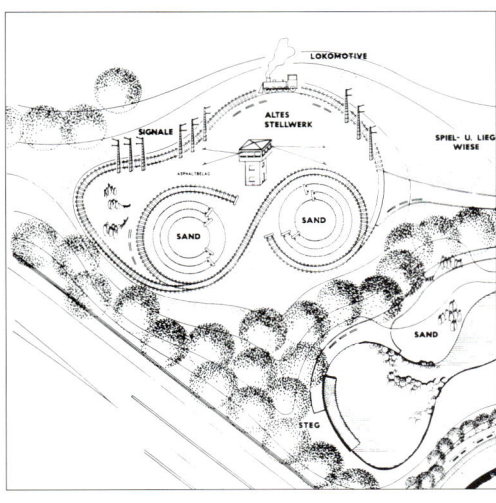

Stadtgraben Andernach

Aus dem Mittelalter stammt die Stadtmauer von Andernach, die praktisch den gesamten Kern der Innenstadt umschließt. Die Stadtmauer wurde unter Napoleon ausgebaut für Wohnungen, die wie Schwalbennester an der Mauer hängen. Im Zuge einer umfangreichen Stadtsanierung wurden die Mauern 1985 - 1990 restauriert, Durchbrüche zur Stadt geschaffen, die ehemaligen Wehrtürme wieder saniert. Die begleitende Grünplanung hat die wichtigen Teile der Mauer freigehalten. Vorhandene markante Einzelbäume wurden integriert. Neue Wasserflächen erinnern an den ehemaligen Stadtgraben. Großzügige Rasenflächen können von der Bevölkerung genutzt werden. Jahrzehntelang war der Stadtgraben provisorischer Parkplatz mit baufälligen Hütten und Gebäuden. Nach Fertigstellung der Bauarbeiten wurden die Außenanlagen im Jahr 1990 der Bevölkerung übergeben. Der neue Stadtgraben erfreut sich inzwischen großer Beliebtheit und wird vielfältig genutzt.

Die neue Planung des Stadtgrabens reagierte auf die vielen Verbindungen und Nutzungen, die sich im Zuge der Stadterweiterung entwickelt haben. Platzflächen vor Geschäftshäusern wurden vorgesehen, Zugänge zur neuen Tiefgarage, Einrichtung einer Bushaltestelle mit Kiosk und Wetterschutz und vieles mehr. Die neuen Grünanlagen werden durch wassergebundene Wege erschlossen. Die Rasenflächen sind für die Nutzung freigegeben. Einmal jährlich findet auf den Grünflächen des Stadtgrabens eine große Kirmes statt.

Bauherr:	Stadt Andernach	Baukosten:	1,5 Mio. DM
Planungsbeginn:	1990	Realisierung:	1992 - 1995

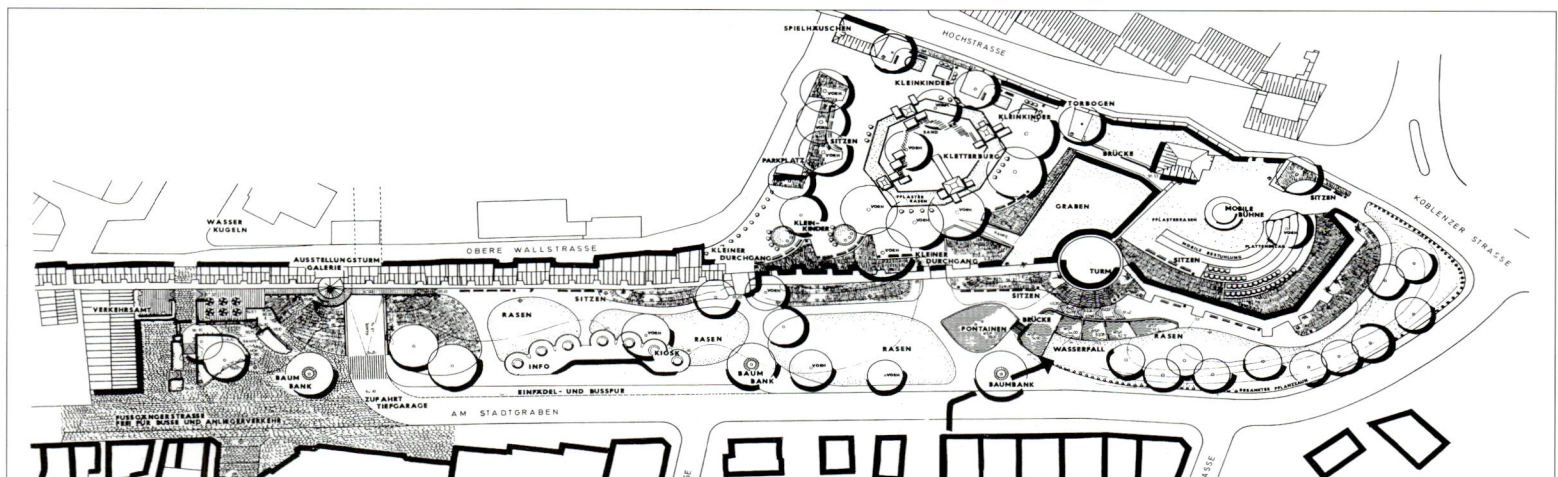

Hausgarten A. und J. Schubert

Ein Garten an der Peripherie der Großstadt Köln

Der Hausgarten wurde im Jahr 1985 angelegt. Das vormals völlig ebene Gelände wurde leicht modelliert, Rasen- und Wasserflächen bilden den unteren Teil des Gartens, die Randzonen werden durch einen Wall akzentuiert und bilden die Grenze zu den Nachbarn. Die drei angrenzenden Nachbarn haben wesentliche Teile des Hausgartens übernommen, so daß letztlich vier Hausgärten mit einem Grundcharakter entstanden sind.

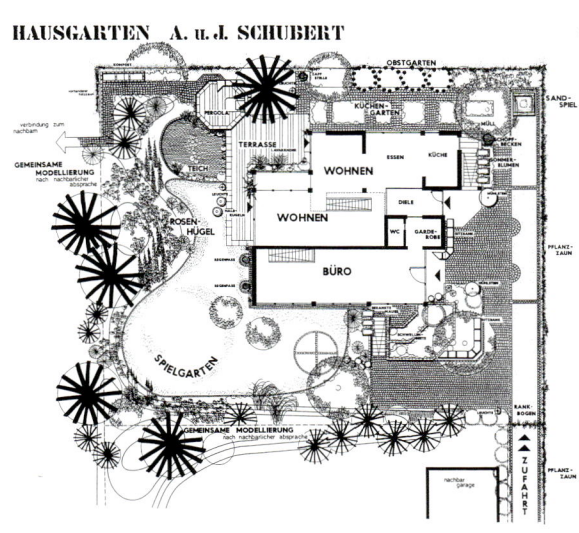

Neben der übergreifenden Gesamtplanung des Hausgartens Schubert lebt dieser von einer Fülle kleiner Details und vor allem von vielfältigen Pflanzengesellschaften. Gehölze wie Schwarzkiefer, Felsenbirne, Zierkirsche, Eibe und Hemlocktanne bilden das Gerippe, Rosen und Kleingehölze ergänzen die Grundpflanzung, Stauden, Gräser und Begleiter mit einer mannigfachen Sortenauswahl begleiten den Garten vom Frühling bis zum Winter.

Bauherr:	A. und J. Schubert	Baukosten:	ca. 125 000 DM
Planungsbeginn:	1991	Realisierung:	1992

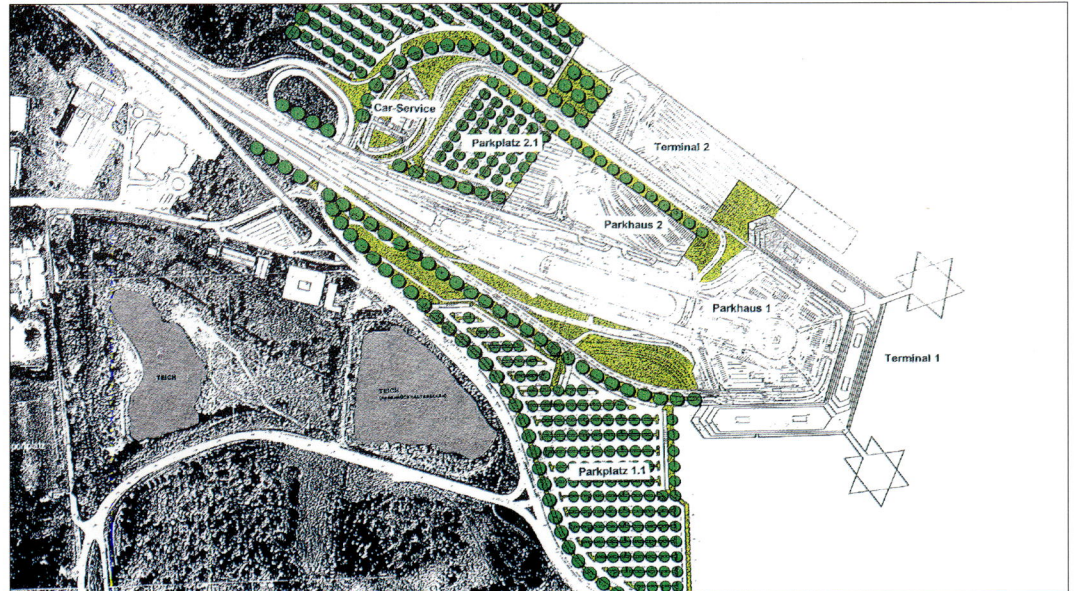

**Flughafen Köln-Bonn
"Konrad Adenauer"**

Der Flughafen Köln-Bonn wird zur Zeit in großem Stile erweitert.

Neben drei neuen Parkhäusern entsteht für Flugzeuge der neuen Generation ein neues Terminal. Die Erweiterung des Flughafens führt zu erheblichen Eingriffen in Natur und Landschaft. Diese Eingriffe müssen kompensiert werden.

Die Grünplanung sieht für die großen Parkplatzflächen eine konsequente Baumüberstellung mit Linden vor.

Der Übergang zur Landschaft wird durch Neupflanzung von Eichen erreicht. Es ist Planungsabsicht, das Besondere der umgebenden Landschaft (Wahner Heide) bis zu den Terminals und den neuen Parkhäusern erlebbar zu lassen.

Bauherr: Flughafengesellschaft
Planungsbeginn: 1996
Realisierung: 1997 - 2000
Baukosten: ca. 5,5 Mio. DM

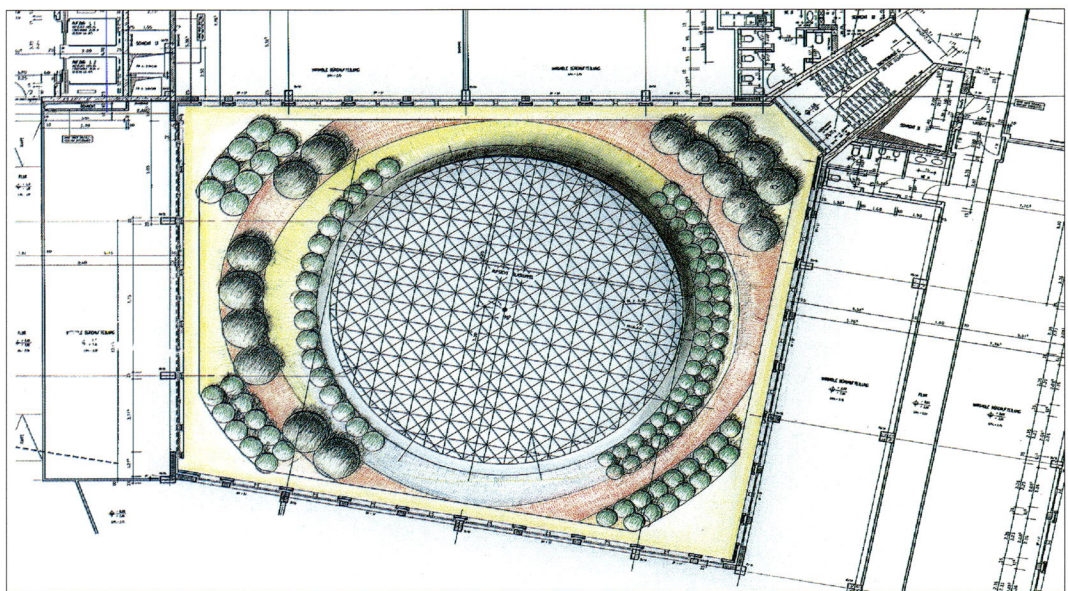

**City Carré 1 in Berlin-City
(Hauptbahnhof)**

Unmittelbar am Hauptbahnhof in Berlin entstand ein neues Verwaltungsgebäude der Dresdner Bank. Der Baukörper zeichnet sich durch eine beeindruckende Glaskuppel aus, die die Eingangshalle mit Licht überflutet.

Auf der Ebene der Glaskuppel wurden Dachgärten angelegt, die die Besonderheit der Architektur unterstreichen. Als Leitpflanze wurde Buxus - als Kugel und als Hecke - verwandt. Als halbhohe Bodendecker wurden Azaleen in variantenreichen Farben gepflanzt. Als flache Bodendecker wurden Pachysandra terminalis ausgewählt. Narzissen, Lilien und Anemonen signifizieren Frühling, Sommer, Herbst und Winter

Bauherr: Köllmann Gruppe Berlin
Planungsbeginn: 1996
Realisierung: 1997
Baukosten: ca. 2,5 Mio. DM

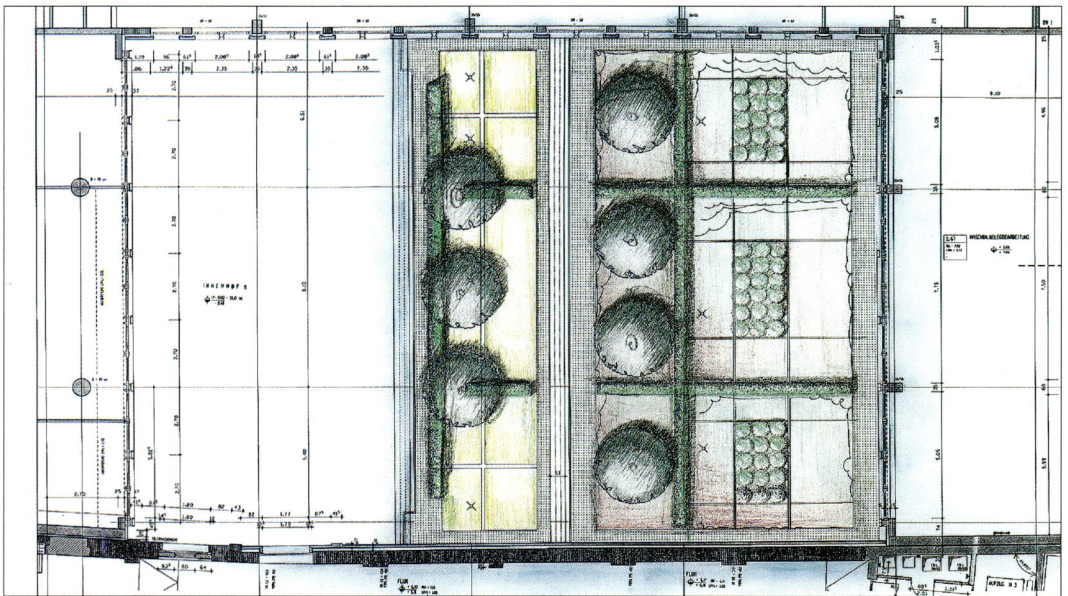

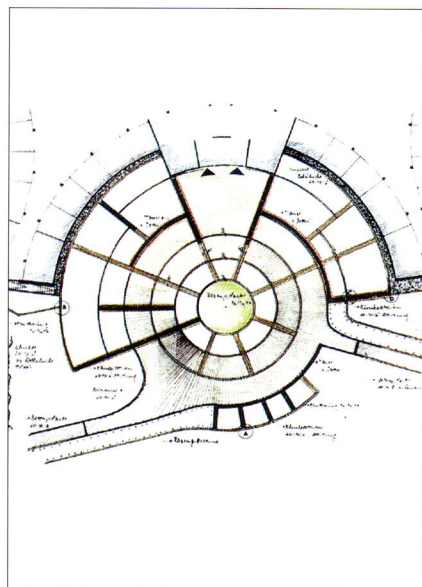

Pflanzenschutzzentrum Monheim

Die Bayer AG Leverkusen plante und realisierte in Monheim auf einem Areal von ca. 10 000 m² ein neues Forschungszentrum. Dieses wird durch eine große Ringstraße erschlossen, von der zusätzliche Straßen zu den verschiedenen Forschungsbereichen ausgehen. Der Städte- und Hochbau wurde von mehreren Architektur-büros geplant. Die Aufgabe der Landschafts-planung war, ein übergreifendes, zusammen-fassendes Grün zu konzipieren.

Die Peripherie des Pflanzenschutzzentrums wird bestimmt durch Gehölzpflanzungen, die natur-nahen Charakter haben. Diagonal wurde im Areal eine weitere Gehölzpflanzung mit natur-nahem Charakter angelegt.

Die einzelnen Eingangsbereiche wurden jeweils auf die Architektur bezogen mit besonderen Merkmalen und gärtnerischer Auffassung.

Verbindend mit allen Forschungsinstituten wurden umfangreiche Wasserflächen angelegt. Ein großes Pumpensystem sorgt für ständige Umwälzung des Wassers. Rasen- und Wie-senflächen verbinden die Forschungsinstitute.

Bauherr:	Bayer AG Leverkusen
Planung:	1985
Realisierung:	1986 - 1990
Baukosten:	ca. 7,5 Mio. DM

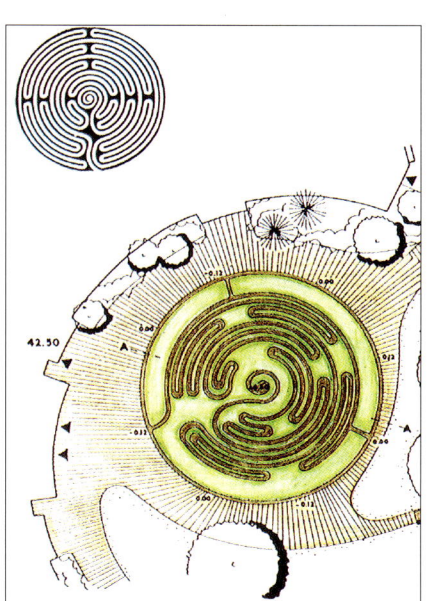

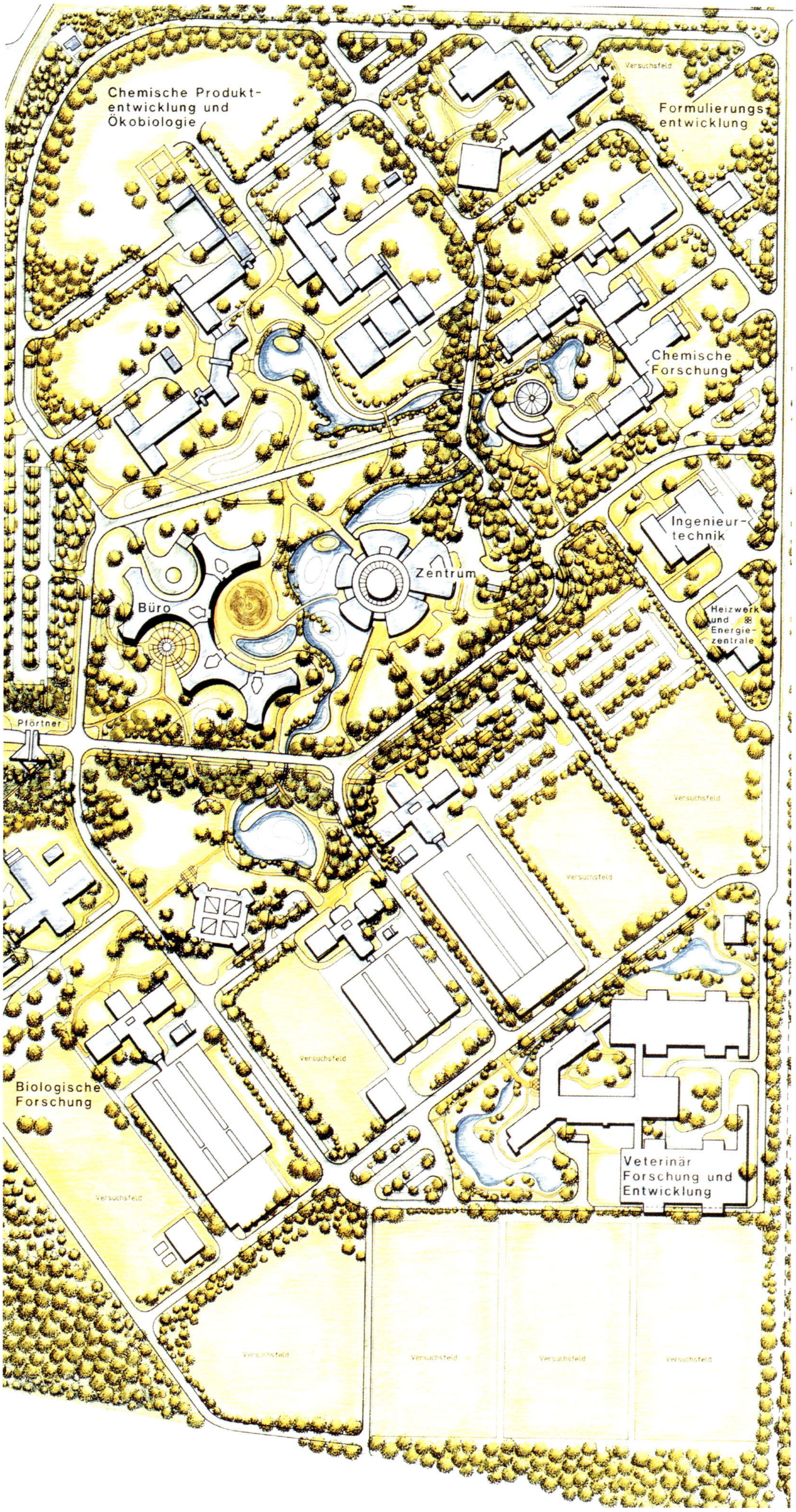

Werner Schupp

*1943 · 1971 Dipl.-Ing. TH Hannover · seit 1984 Landschaftsarchitekt · 1971 - 81 angestellt und freischaffend tätig · 1981 - 82 Leiter Grünflächenamt Stadt Gladbeck seit 1982 Professor an der FH Osnabrück, Fachgebiet Freiraumplanung · seit 1991 Büro in Münster in Partnerschaft mit Reiner Thiel · Mitglied im BDLA

Reiner Thiel

*1960 · 1981 - 83 Ausbildung als Landschaftsgärtner · 1983 - 87 berufstätig als Landschaftsgärtner · 1987 - 90 Studium der Landespflege, FH Osnabrück, Dipl.-Ing. Landespflege (FH) · seit 1990 freiberufliche Tätigkeit · seit 1991 Büro in Münster in Partnerschaft mit Werner Schupp · seit 1993 Landschaftsarchitekt AKNW

Wettbewerbserfolge (Auswahl)

Landesgartenschau Lünen 1996, 1. Preis · Landesgartenschau Wismar 2000, 4. Preis [1] · Städtebauliches Gutachterverfahren für das Wohnbauvorhaben Telgte-Süd, 1. Preis [2] · Städtebaulicher Realisierungswettbewerb Amelsbüren, Münster, 1. Preis [2] Gutachterverfahren zum Wohnbauvorhaben Hangetall II, Essen, 1. Preis [3]

Aktuelle Planungen

Seepark Lünen [4] · Wohnumfeldverbesserung Berg-Fidel, Münster · Zentraler Platz Heag-Passage, Darmstadt · Freianlagen Norbert-Grundschule, Münster · Grünordnungsplan Wohnbebauung "Meerwiese", Münster-Coerde

In Arbeitsgemeinschaft mit:
1 Planungsgruppe Skribbe - Jansen und Dipl.-Ing. W. Kantorski, Architekt SRL, Münster · 2 Saltzmann/Saltzmann - Stoll, Büro für Architektur u. Stadtplanung; Zusammenarbeit mit Prof. Korda, Münster · 3 Dipl.-Ing. W. Kantorski, Architekt SRL, Münster · 4 Planungsgruppe Skribbe - Jansen

Grünordnung Münster

in Zusammenarbeit mit Landschaftsarchitektin Gabriele Scholz, Wiesbaden

Das Ziel der Grünordnung für das Stadtgebiet Münster ist die Ausweisung der Vorrangflächen zur Freiraumsicherung als Grundlage für alle freiraumrelevanten Planungen der Stadt Münster.

Das erarbeitete Grünsystem der Stadt wird begründet durch die synoptische Darstellung der wesentlichen Freiraumfunktionen.

Ausgehend von flächendeckenden Bestandsaufnahmen des Stadtgebietes und umfangreichen Grundlagenermittlungen wurden Bestandspläne für Freiraumfunktionen und Schutzkategorien erarbeitet, analysiert und bewertet.

Zur Ermittlung der Vorrangflächen wurden sämtliche Funktionen und Schutzkategorien des Freiraumes überlagert (Landschaftsschutzgebiete, Stadtbiotope, Erholung und Freizeit, denkmalwerte Bereiche, stadtklimatische Kaltluftbahnen und Belüftungskorridore).

Je mehr Funktionen/Schutzkategorien auf einen Freiraum zutreffen, desto höher ist seine Wertigkeit im Gesamtsystem der Stadt Münster. Hieraus ergeben sich die Vorrangflächen zur Freiraumsicherung, aus denen ein tragfähiges Grünsystem entwickelt werden kann.

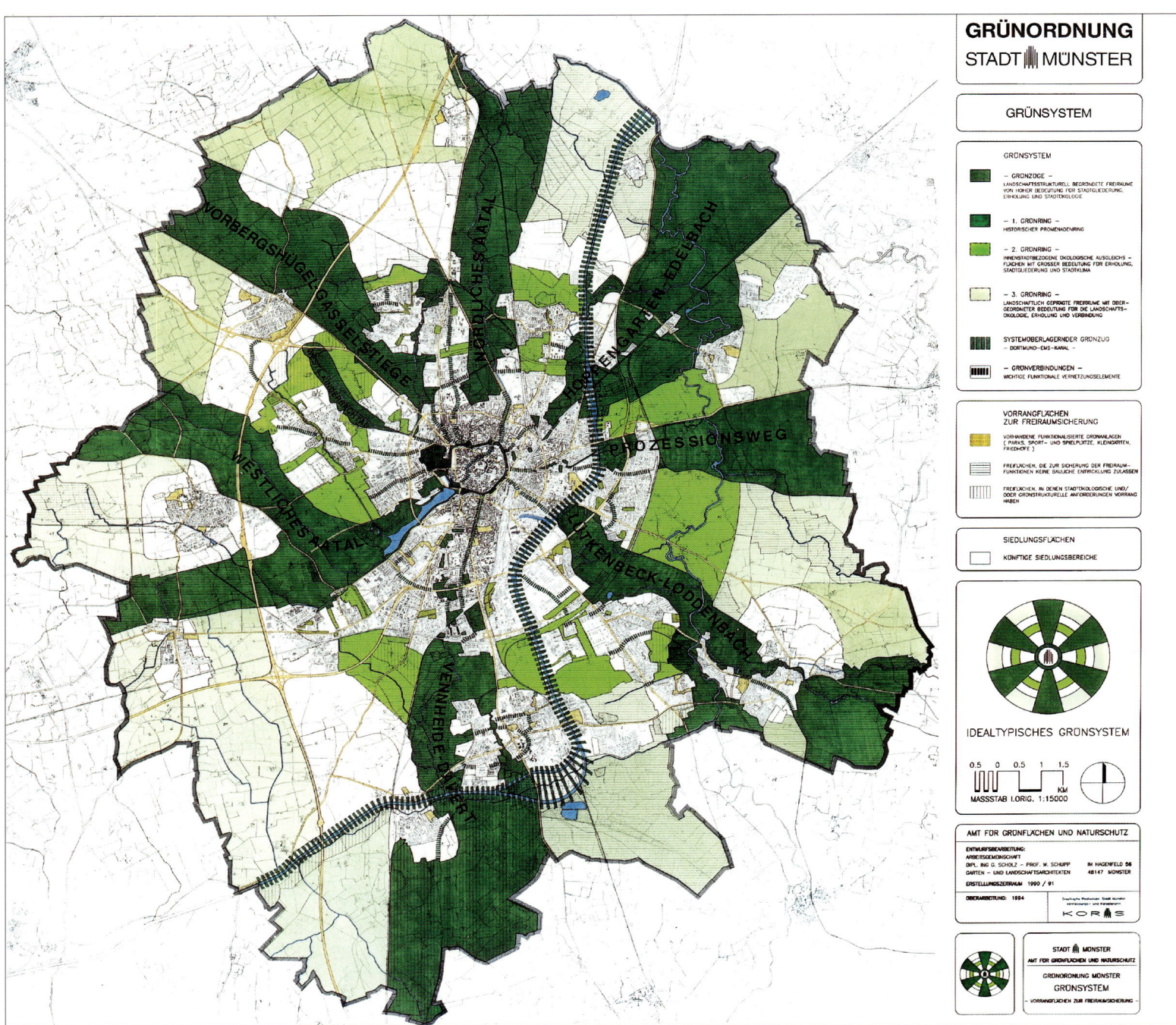

Seepark Lünen
in Zusammenarbeit mit Planungsgruppe Skribbe - Jansen, Münster

Der ca. 63 ha große Seepark Lünen (Landesgartenschaugelände 1996) ist ein Trittstein im Gefüge des Emscher Landschaftsparks, der im Zuge der gleichnamigen Internationalen Bauausstellung realisiert wurde.

Das Ziel der Parkplanung war der Aufbau einer umwelt- und sozialverträglichen Erholungslandschaft mit wohnungsnahem, nutzbarem Freiraum. Kurz: Wiedergewinn von Landschaft.

Der Landschaftsraum war geprägt durch den Bergbau und seine Hinterlassenschaften: Bergsenkungen bis zu 14 m Tiefe und fehlende funktionale wie optische Verbindungen. Dazu das Inventar einer sich ständig verändernden Industrielandschaft: Dämme, Leitungen, Kanäle, Verkehrsbänder, Aufschüttungen, Altablagerungen, Lärm- und Geruchsbelastungen. Dieser Landschaftspark ist ein neuer Typ des siedlungsbezogenen Erholungsraumes. Der Wechsel von groß- und kleinflächigen, offenen und geschlossenen Landschaftsräumen mit integrierten, funktionalisierten Freiflächen wie Spielzonen, Kleingärten, Friedhofs- und Sportflächen charakterisiert diesen Park. Seine besondere Qualität liegt in den robusten, vielseitig für unterschiedliche Erholungs- und Freizeitformen nutzbaren Strukturen und der direkten Zuordnung zu den umliegenden Wohngebieten. Das gestalterische Leitbild greift die vorhandenen Bezugslinien der Landschaft auf und schafft stabile, neue Strukturen, wiedererkennbare Zeichen zur Vermittlung von Orientierung und "Heimatgefühl". Der Seepark Lünen ist ein öffentlicher Raum für das gesellschaftliche und kulturelle Leben der Bürger, gestalteter Naturraum, der vielfältige soziale Funktionen übernehmen kann. Die Gartenschau 1996 war das Fest zu seiner Einweihung und gleichzeitig der Probelauf für seine langfristige Nutzbarkeit.

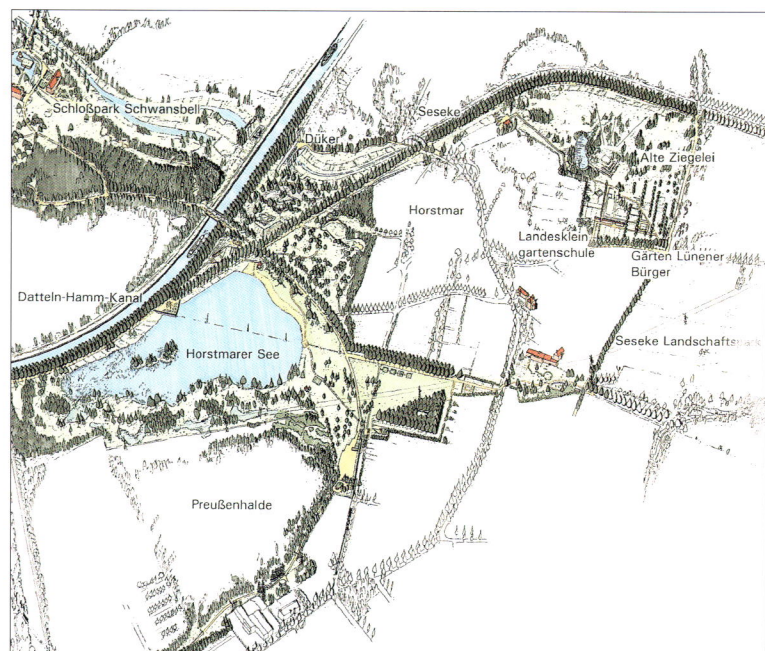

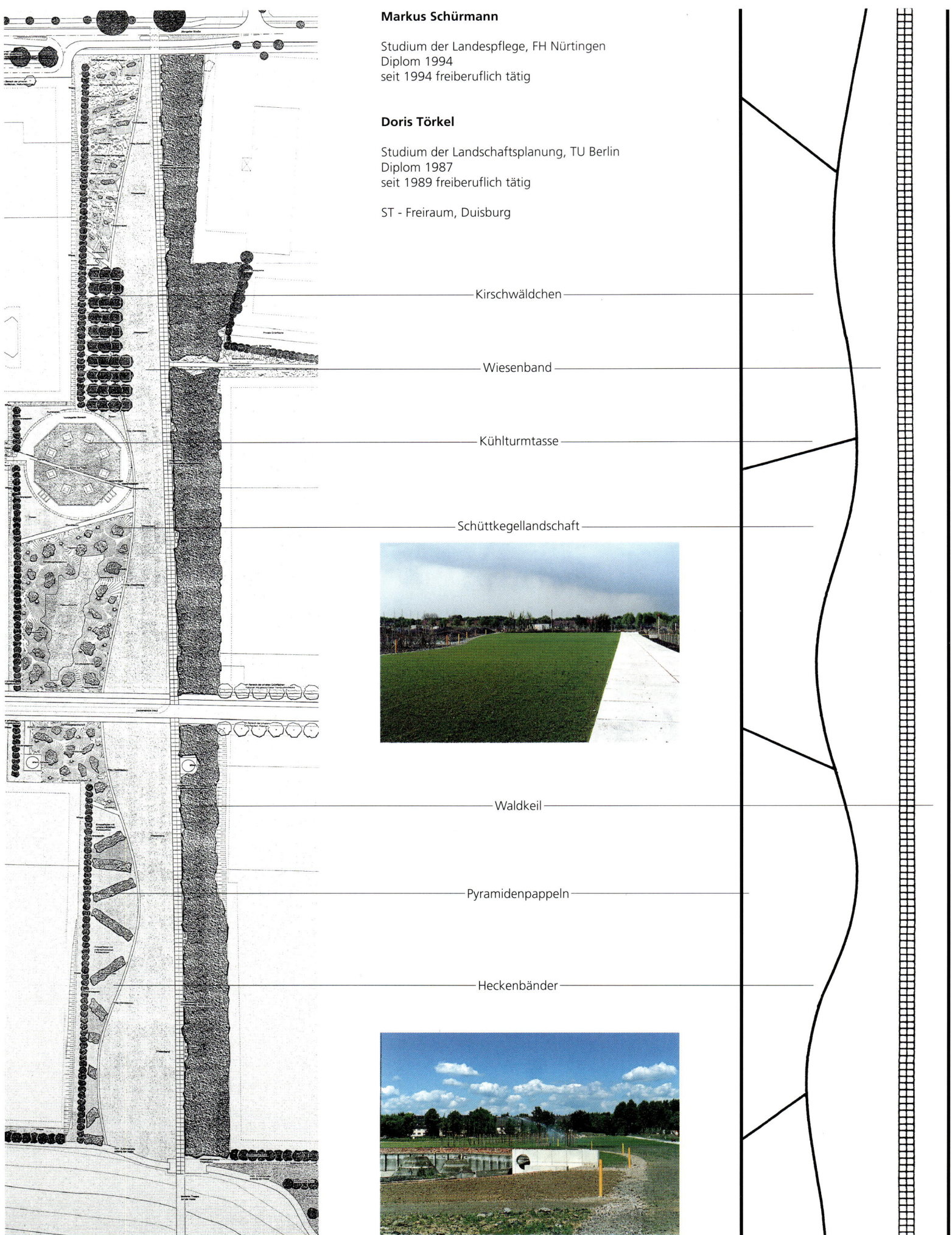

Markus Schürmann

Studium der Landespflege, FH Nürtingen
Diplom 1994
seit 1994 freiberuflich tätig

Doris Törkel

Studium der Landschaftsplanung, TU Berlin
Diplom 1987
seit 1989 freiberuflich tätig

ST - Freiraum, Duisburg

Kirschwäldchen

Wiesenband

Kühlturmtasse

Schüttkegellandschaft

Waldkeil

Pyramidenpappeln

Heckenbänder

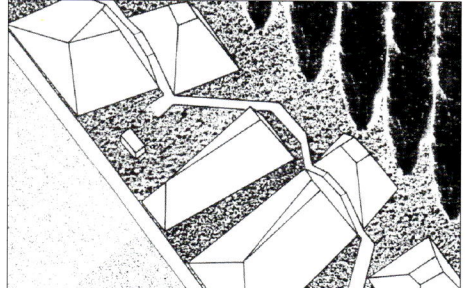

Freiflächen im Industrie- und Gewerbegebiet Achenbach in Lünen

Auftraggeber:
Projektgemeinschaft Achenbach
Landesentwicklungsgesellschaft NRW GmbH
Stadt Lünen
Entwicklungsagentur Östliches Ruhrgebiet GmbH

Die Evolution des Zechenstandortes

Am östlichen Rand des Ruhrgebietes war die ehemalige Schachtanlage Minister Achenbach I/II der Ausgangspunkt für die Entstehung des Stadtteils Lünen-Brambauer am Ende des letzten Jahrhunderts. Im Juni 1992 erfolgte der Beschluß zur Stillegung. Im Rahmen der gewerblich-industriellen Folgenutzung schaffen die Freiflächen neue Nutzungsmöglichkeiten im einst verschlossenen Areal.

Standorttypische Vegetation wird zum Gestaltungselement. Die Spuren der Vergangenheit werden aufgegriffen: die Klinker des ehehmaligen Pförtnerhauses werden zur Trockenmauer, Betonabbruch zum kunstvoll gestalteten Drachenkopf, Schraubenmuttern zieren Sitzblöcke und Treppenstufen. Die Fläche ändert zwar ihr Gesicht, doch verliert sie darüber nicht ihre Identität und Geschichte.

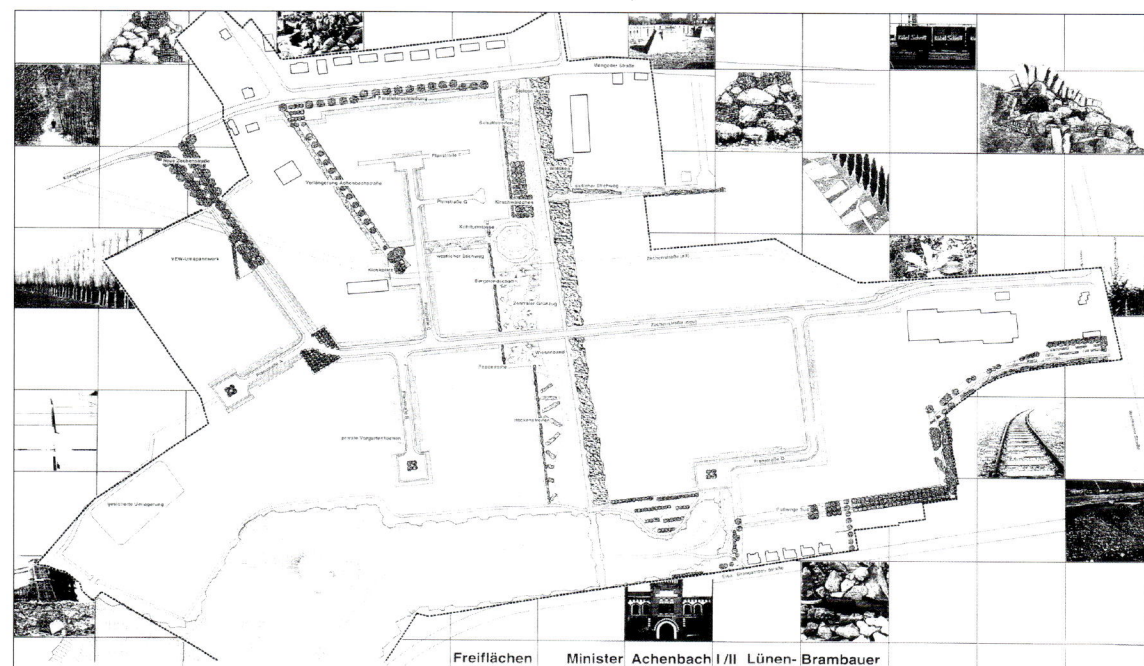

Freiflächen   Minister Achenbach I /II Lünen- Brambauer

Rolf Teschner *1960 · 1982 - 87 Landespflegestudium GHS in Essen · 1987 - 95 Mitarbeit in mehreren Landschaftsarchitekturbüros in NRW · seit 1995 eigenes Büro in Dülmen

Hausgarten in Dortmund
1996 Planungs- und Realisierungsphase

Im Zuge einer vollkommenen Renovierung des am Hang gelegenen Wohngebäudes wurde das bis dahin geneigte Gartengrundstück neu konzipiert. Die extremen Höhenunterschiede von insgesamt 6 Metern wurden mit Hilfe von begrünten Natursteinmauern abgefangen. So entstanden drei neue Terrassenebenen, die durch Treppen-Wege miteinander verbunden und in neue Pflanzenbereiche eingebettet sind. Der vorhandene Baumbestand wurde weitgehend erhalten, so daß ein adäquater grüner Rahmen das weitläufige Gartengrundstück umschließt.

Anwesen im Münsterland
1995 Ideenfindung

Der desolate Zustand des alten, geschichtsträchtigen Anwesens erlaubte keine Verbindung zu historischen Gestaltungsintentionen. Lediglich das Element Wasser ist nach wie vor allgegenwärtig und bildet auch den Themenschwerpunkt der heutigen Planung. Verschiedene "Gärten" innerhalb der Anlage spiegeln Urlaubserinnerungen der Bauherrschaft wider und dienen zu Erholungszwecken daheim.
Elemente sowohl der englischen als auch der japanischen Gartenkunst beeinflussen die Gartenkompositionen und verbinden sie zu einem spannungsvollen Ensemble.

Freizeitbad Dülmen (unten)
1997 Planungsphase, 1997/98 Realisierungsphase

Großzügige Rasen- und Wiesenflächen inszenieren einen Freiraum, in dem der Gebäudekomplex Ruhe findet. Umrahmt wird die Szenerie durch einen mit Solitärgehölzen bepflanzten Erdwall, der eine harmonische Verbindung zwischen der gewachsenen Umgebung und den neuen Gebäudeelementen herstellt.
Eingangsbereiche nehmen die Formensprache des Gebäudes auf und explizieren diese in den Freiraum hinaus.
Wasser wird versinnbildlicht in Form der wellenförmigen Ausbildung von Rasenmulden zur Oberflächenversickerung des Regenwassers, als auch in Form von wellenförmig geschnittenen Heckenstrukturen.

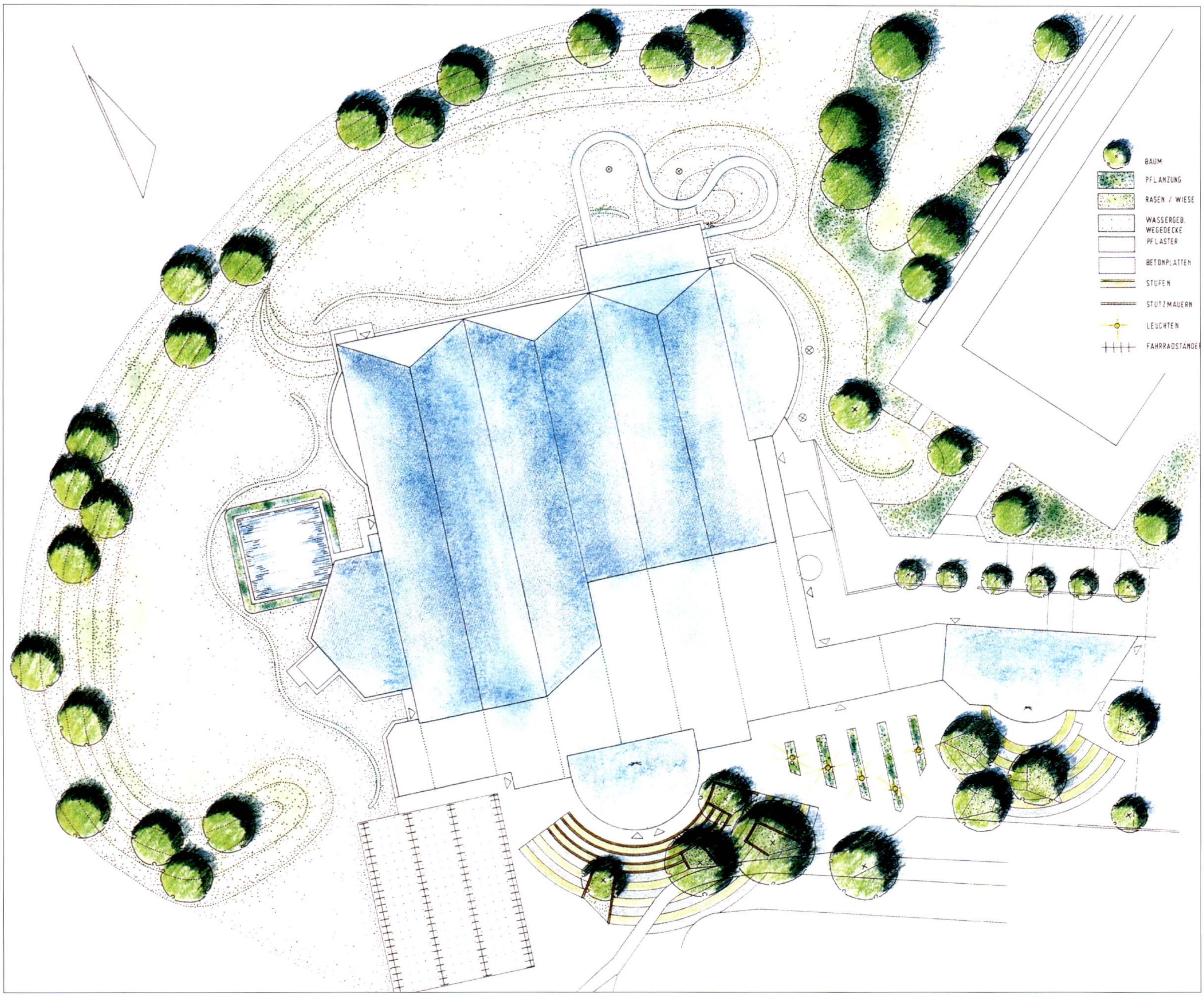

Mechthild Gräfin von Schwerin
*1956

1979 - 81	Gärtnerlehre und Facharbeiterin Garten- und Landschaftsbau
1981 - 86	Studium in Weihenstephan und Höxter
1989 - 93	Studium in Kassel
1983	Praktikum bei R. Burle Marx (Brasilien)
1984/85	Praktika bei Bolliger (Zürich) und Meili (Winterthur)
1986 - 92	in Planungsbüro, Kommune, Industrie
seit 1992	selbständig, Büro in Dortmund

Kindergarten Kirchderner Straße in Dortmund
derzeit in der Ausschreibung

Eine große Maus im Moosbeet zeigt den Kindern den Weg zum Eingang. Die Unterführung auf dem Weg zum Eingang wird mit einem Zerrspiegel erhellt. Ein Bodenmosaik in Form von Seifenblasen wird vor dem Eingang angelegt. Diese Formen werden im Hausinneren mit den Grundfarben der Spielgruppen fortgeführt. Jede Spielgruppe erhält ein Symbol: ein Spiegelmosaik in der Decke des kleinsten Hofs als Nixe, ein kleiner Drachen im Blumenbeet und eine goldene Kugel im Schwanz einer Schlange, die sich als Erfahrungspfad aus dem größten Hof herauswindet. Die Höfe sind zum Teil überdacht. Der Pfad mit unterschiedlichen Belägen führt vorbei an Bambuspflanzungen und Sandkuhlen mit Dino-Eiern - Versteck- und Rückzugsorte für die Kinder. Der grüne Hase im Petersilienbeet zeigt den Wind an. Den Kopf der Schlange bildet ein Weidengeflecht, aus dem - als rote Zunge - die Rutsche fährt. Hier schließt eine große Sandfläche an, die mit vielen Buchten und unterschiedlichen Brücken Raumabfolgen bildet. Das „Hauptspielgerät" ist die überdachte Lehmmauer. Einzelne Gefache des Holzständerwerks werden freigehalten, um sie dann zusammen mit Kindern und Eltern individuell zu gestalten. Die mit farbigem Glas überdachte Pergola ermöglicht das Draußensein bei Regen. Vom erhöhten Pfauenplatz aus hat man den Überblick über den Garten.

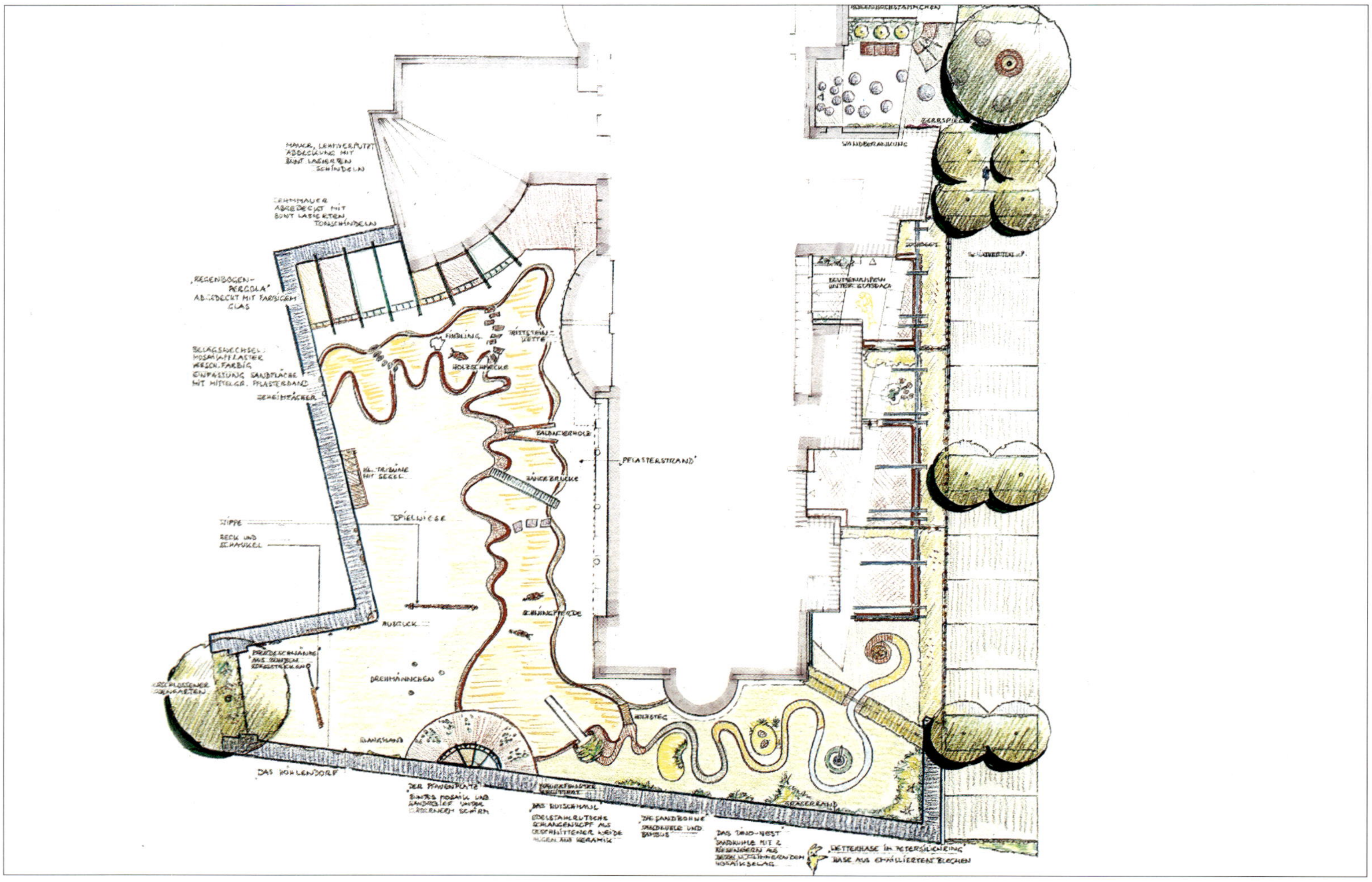

426

Freianlage Leopoldplatz in Dortmund
Fertigstellung Frühsommer 1997

Der Innenhof der Wohnanlage gewährt vielfältige Nutzungsmöglichkeiten ohne die Übersichtlichkeit zu verlieren. Der lichte Eindruck des Hochbaus wird als blauer geschwungener Weg und als Relief in der Mauer zum Nachbargrundstück aufgenommen und fortgeführt. Die Farb- und Materialwahl und die Formensprache von Wasser und Wellen unterstützen den freundlichen und hellen Eindruck. Die Anlage ist in drei Ebenen unterteilt: der obersten mit den Kiesterrassen; der mittleren mit einer Reihe von Säulenebereschen und einer Freitreppe; der untersten Ebene, die den Brunnen mit gelbem Segel, den Weg mit gepflasterten Marmorböschungen und einer Rasenfläche

aufnimmt, die sich wie ein grünes gewelltes Tuch über die Ebene legt. Die Sandfläche ist mit kleinen, schattenspendenden Bäumen umstanden.
Bei einer Einweihungsfeier wurden zusammen mit den Kindern unter anderem ein Kunst- und Spielgerät als Holzdelphin erstellt und Baumpatenschaften vergeben.

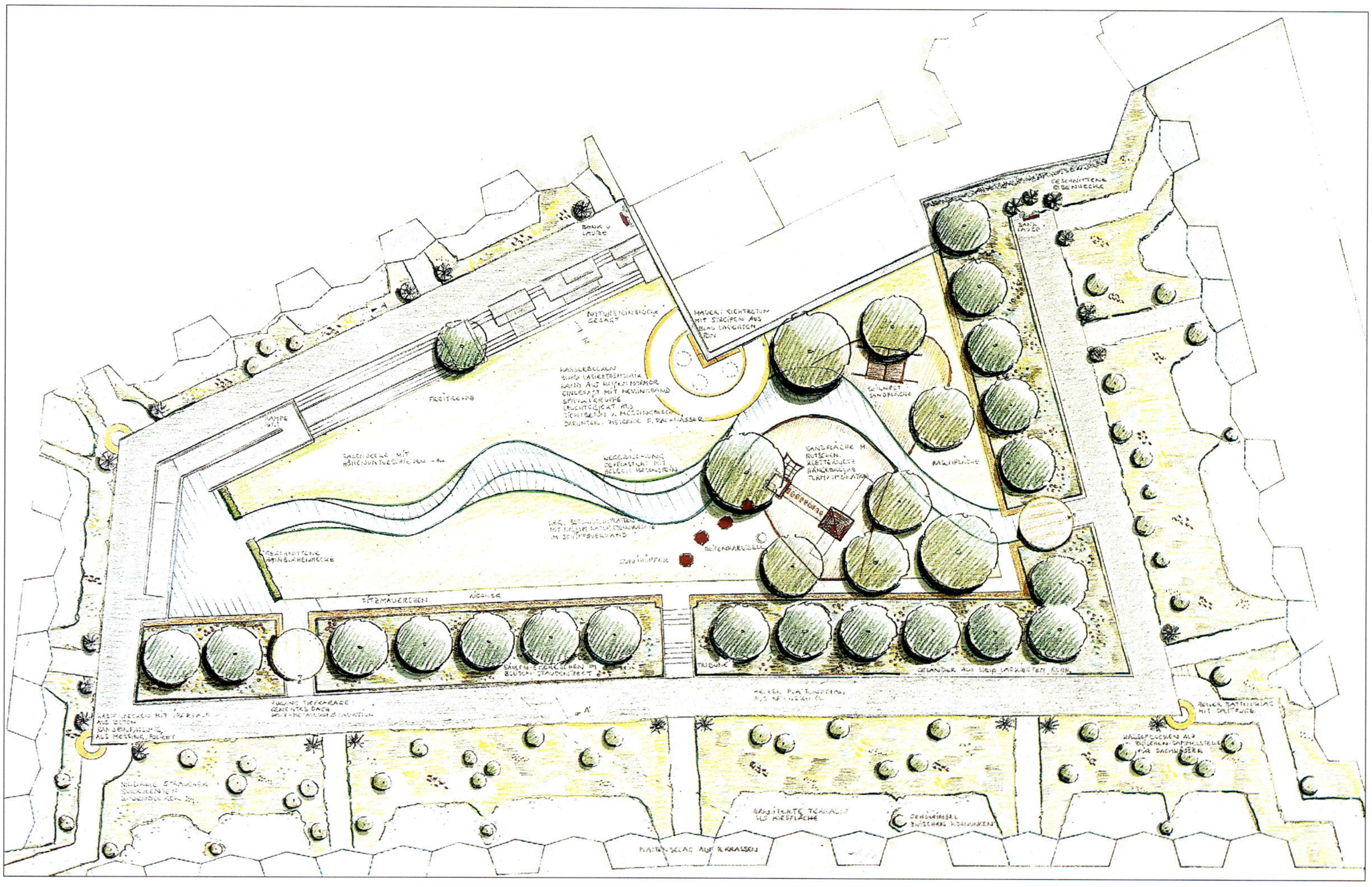

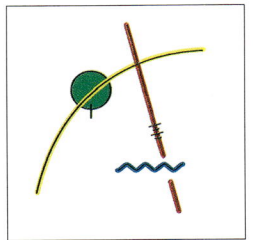

Fred Winkelhaus
* 1962

1981 - 86   Studium Universität GH Essen
seit 1987   selbständig

Mitarbeiter:
Dipl.-Ing. Heike Schauberer
Dipl.-Ing. Markus Heller
Dipl.-Ing. Bert Kalka
Dipl.-Ing. Ulrich Schlerkmann

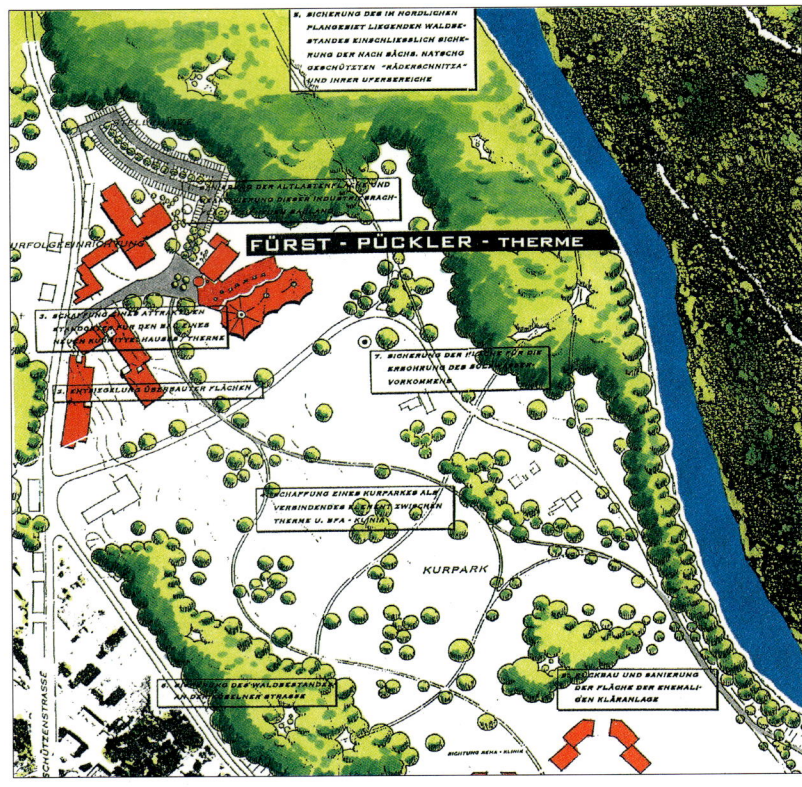

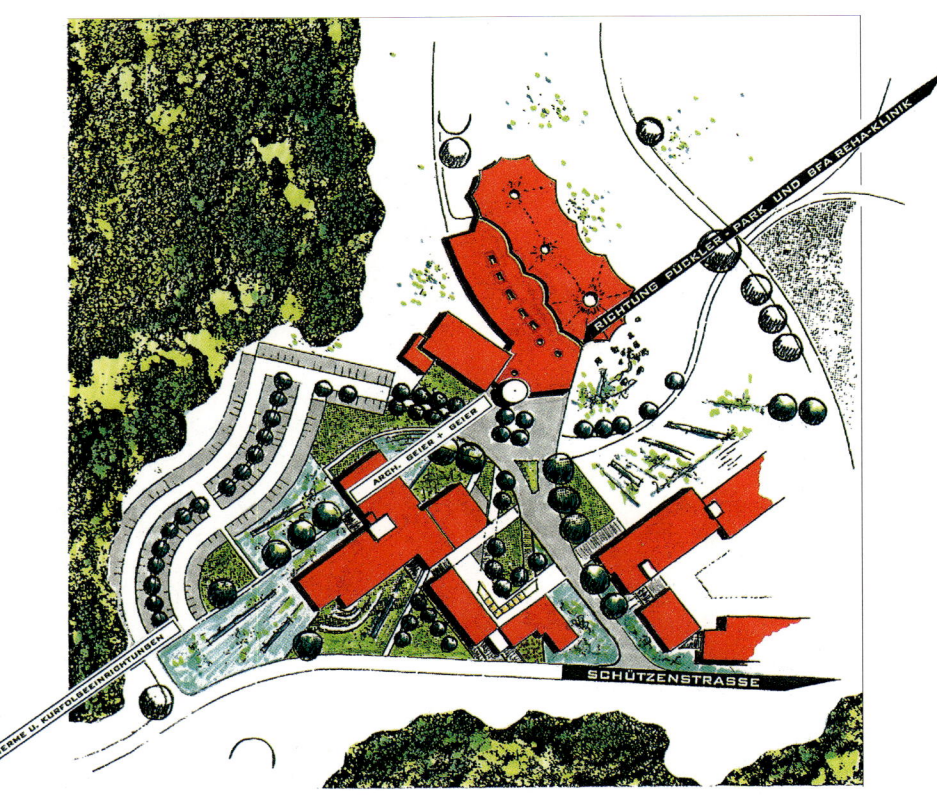

Kurzentrum Bad Muskau

Die Stadt Bad Muskau beabsichtigt mit dem Neubau einer Therme, eines Kurmittelhauses und weiterer Kurfolgeeinrichtungen die Attraktivität des Ortes zu steigern.

Basierend auf den Vorentwürfen des Architekturbüros Geier + Geier für die Therme und das Kurmittelhaus wurde durch unser Büro über alle Planungsebenen (FNP/B-Plan/Objektplanung) ein städtebauliches Gesamtkonzept entwickelt. Dabei wurde die sensible Lage am Rande des Fürst-Pückler-Parkes ebenso berücksichtigt wie die Auswirkungen auf den ökologisch empfindlichen Talauenbereich der Neiße.

Besondere Berücksichtigung fanden die Sichtbeziehungen von und zum polnischen Teil des Parkes sowie die fußläufige Anbindung des Kur- und Gesundheitszentrums an den historischen Stadtkern mit seinen zum großen Teil wiederhergestellten Plätzen. Die angrenzende Freifläche wird durch Baumgruppen, freiwachsende Hecken und die Anlage kleinerer Plätze zu einem der Umgebung sowie dem Gedanken Pücklers gerecht werdenden Kurpark entwickelt.

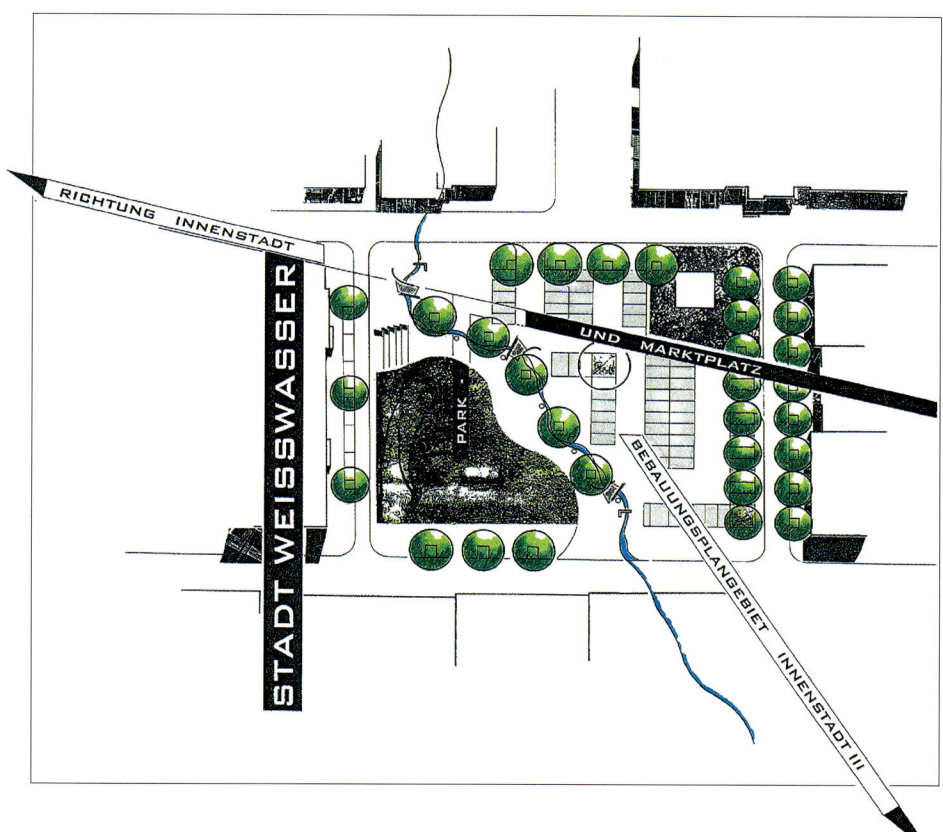

Marktplatz Weißwasser

Mit dem städtebaulichen Konzept zur Reaktivierung der Industrie- und Gewerbegebietsfläche Innenstadt III und der Umgestaltung des Marktplatzes in Weißwasser werden Akzente gegen die zunehmende Zersiedelung und Zerteilung in der Stadt, in Kleinstzentren am Stadtrand oder auf der grünen Wiese gesetzt.

Der Marktplatz war in der Vergangenheit immer Mittelpunkt der Stadt. Durch die Wiederbelebung des Industrie- und Gewerbegebietes, den sich daraus ergebenden Wegebeziehungen sowie der hochwertigen Gestaltung und Gliederung des Platzes, erhält diese, den ihm historisch zugedachten Stellenwert zurück.

Marktplatz Bad Muskau

Der Marktplatz, Herz des an der Neiße gelegenen Straßendorfes Bad Muskau, weist auch heute noch Kriegsschäden und städtebauliche Sünden der vergangenen 30 Jahre auf.

Die vorliegende städtebauliche Planung geht weitgehend auf die historischen Gegebenheiten ein. Durch Wiederherstellung von Raumkanten und der Festschreibung von Firsthöhen, unter Berücksichtigung der Sichtbeziehungen im Fürst-Pückler-Park, wird der Platz wiederhergestellt, ohne jedoch konservierenden Denkmalschutz zu betreiben.

Die Stadtplatzgestaltung ist einfach und klar ablesbar. In der Horizontalprojektion ablesbare Sichtachsen weisen auf das neue Schloß, innerhalb des Fürst-Pückler-Parkes, und das nach dem Zweiten Weltkrieg erneut aufgebaute Rathaus. Die sich aus den Schnittachsen ergebenden Teilflächen werden entsprechend der angrenzenden Nutzungen in verkehrsberuhigte Straßenverkehrsflächen, Rathausvorplatz sowie Marktplatz gegliedert.

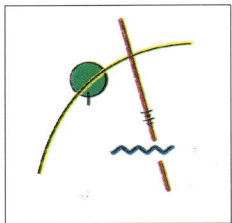

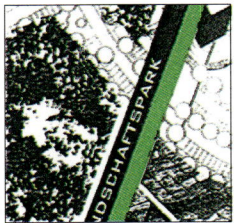

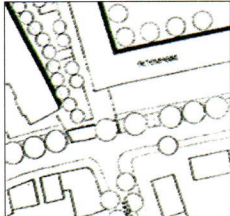

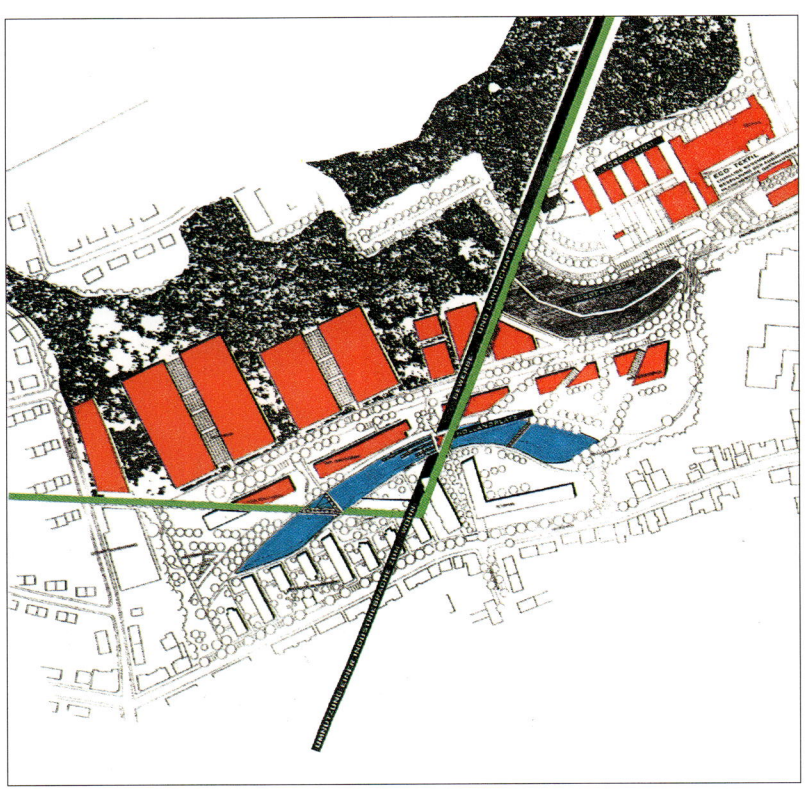

Zeche Holland

Die Umnutzung stillgelegter Industrieanlagen hat gerade im Ruhrgebiet in den letzten Jahren an Bedeutung gewonnen. Auf dem Gelände der ehemaligen Zeche Holland in Bochum-Wattenscheid entstand Anfang der 90er Jahre, unter Federführung der Internationalen Bauausstellung Emscher Park, ein ressourcenschonender Wohn- und Gewerbepark. Ziel des grünplanerischen Gestaltungskonzept war es, unter Einbeziehung des vorhandenen Haldenkörpers eine fußläufige Verbindung zwischen dem nahe gelegenen Jahn-Stadion und der Innenstadt zu schaffen. Der Entwurf basiert auf der konsequenten Fortführung der vorhandenen Sichtbeziehung, die als durchgrünte Achse den Wohn- und Gewerbebereich miteinander verknüpft.

Wohnumfeldgestaltung

Die Umgestaltung wohnungsnaher Freiraumes erfordert von den planenden Landschaftsarchitekten eine sehr intensive und sensible Auseinandersetzung mit den örtlichen Gegebenheiten.

Die Mieterzusammensetzung und Ihre Altersstruktur, die Lage innerhalb des Wohnviertels, Wegebeziehungen, Nutzungsansprüche; all dies Kriterien die berücksichtigt werden müssen.

Die Umgestaltung des Wohnumfeldes bedeutet, sich von Gewohntem zu trennen.

Die Einbeziehung der Mieter in das Planvorhaben ist daher unerläßlich. Durch ausführliche Vorinformation und Diskussion über den Planentwurf sowie durch Aufnahme und Einbeziehung der erzielten Ergebnisse in den Planungsprozeß wird die Akzeptanz auf Seiten der Nutzer erhöht. Nur wenn die Anwohner Ihre Anregungen umgesetzt sehen, hat ein umgestaltetes Wohnumfeld sein Ziel erreicht und die Chance, sich in Zukunft positiv zu entwickeln.

Aufgrund der sehr exponierten Lage wurde der Kinderspielplatz hier mit einer einfachen Stahlrohrpergolenkonstruktion überdacht. Die Bepflanzung mit schnellwüchsigen Klimmern und Rankern führt innerhalb kürzester Zeit zu einem Raumeffekt und vermittelt den Kindern das Gefühl unbeobachteten Spielens.

Die aus Betonfertigteilen hergestellte Bankkonstruktion ist fast unverwüstlich. Im Rückraum des Spielplatzes wurden stark regenerative Gehölze wie falscher Jasmin und widerstandsfähige Stauden wie Storchenschnabel gepflanzt.

Die Anforderungen an das Wohnumfeld können, bedingt durch die unterschiedlichen Interessen, der Mieter stark differieren. Diese zuweilen sogar gegensätzlichen Anforderungen müssen bei Planung und Ausführung der gesamten Anlage miteinbezogen werden.

Neben der Schaffung eines attraktiven Umfeldes, das auch als Erweiterung des Wohnraumes angenommen werden soll, muß die Umgestaltung zunehmend ökologischen Gesichtspunkten gerecht werden.

Die Versickerung von Regenwasser auf dem Planungsgelände sowie eine möglichst geringe Versiegelung gelten heute bereits als Standard. Neben den positiven Auswirkungen auf den lokalen Wasserhaushalt kann temporär fließendes Wasser, das über offene Rinnen den Versickerungsflächen zugeführt wird, zur Differenzierung und Strukturierung befestigter Flächen beitragen.

Die Abführung von Oberflächenwasser in Rückhaltebecken und Mulden kann somit als gestaltendes Element in die Gesamtplanung miteinbezogen werden.

Roland Weber
*1909

Studium Berlin Dahlem
1936 Bürogründung

Landschaftsarchitekten BDLA IFLA
Büro in Meerbusch

Grundlage der gestalterischen Arbeit ist die sensible Entwicklung des Bestehenden. Landschaftliche und historische Bedingungen werden genutzt, um die vor-

Klaus Klein
*1952

Studium TU München-
Weihenstephan

handenen Qualitäten und den Charakter einer Situation herauszuarbeiten. Das Zusammenwirken von Kunst und Natur bestimmt hierbei wesentlich den

Rolf Maas
*1953

Studium FH Osnabrück

gestalterischen Ansatz. Ziel ist es, Natur allumfassend und gesamtheitlich zu begreifen und in ein gestalterisches Gesamtkonzept einzubeziehen.

Grünanlage der Hauptverwaltung der Horten AG, Düsseldorf

Der Gartenraum ist durch Gruppen von Eichen und Schwarzpappeln so gegliedert, daß eine parkartige Wirkung entsteht. Die Grenzen sind mit - zum Teil immergrünen - Wildgehölzen abgepflanzt, die großen Parkplätze durch Platanen in die gesamte Grünanlage einbezogen.
1990 wurden das Gebäude und der Park unter Denkmalschutz gestellt.

Auszug aus der Begründung der Denkmalbehörde: Mitbestimmend für den Denkmalwert des Objektes ist der von einem der bedeutendsten deutschen Gartenarchitekten, Roland Weber, gestaltete Park, da er die Großzügigkeit der Architektur in die Landschaft überträgt. Es ist das einzige derartige Beispiel am Seestern, die anderen Grundstücke wurden erheblich intensiver genutzt.

Für die Erhaltung liegen somit städtebauliche, wissenschaftliche und künstlerische Gründe vor.
Das Objekt ist nach wie vor in der Lage, die städtebauliche Entwicklung, die architektonische Lösung der Bauaufgabe Großraumbüros und die künstlerische Einheit von Architektur und Freiraum zu dokumentieren.

Foto: Robert Häusser, Mannheim

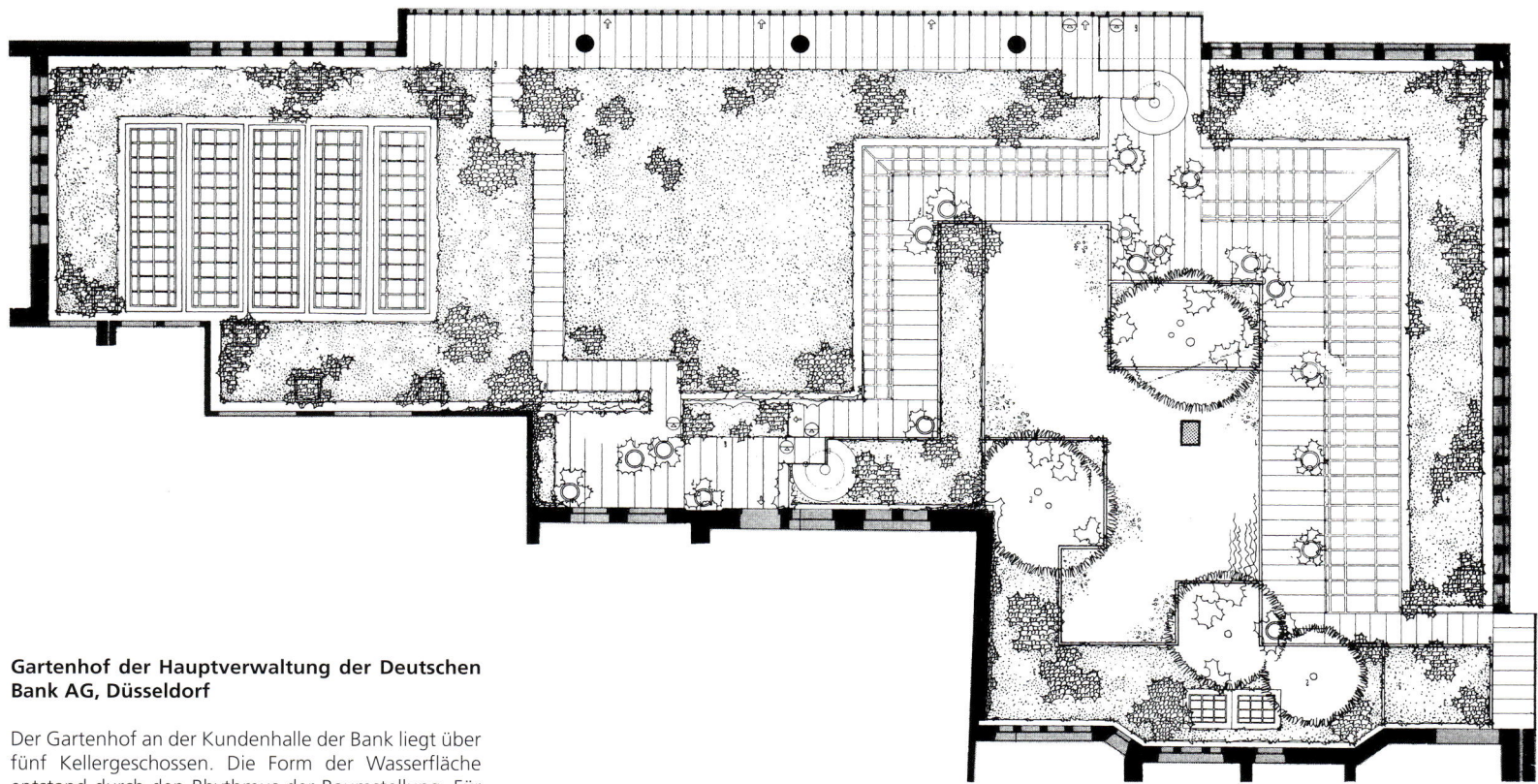

Gartenhof der Hauptverwaltung der Deutschen Bank AG, Düsseldorf

Der Gartenhof an der Kundenhalle der Bank liegt über fünf Kellergeschossen. Die Form der Wasserfläche entstand durch den Rhythmus der Baumstellung. Für Mauern und Plattenbelag wurde Natursteinkonglomerat verwendet.

Die Skulptur "Capricorne" von Max Ernst stammt aus dem Garten des Künstlers. Sie stand auch dort in einem Wasserbecken.

Foto: Schmölz · Huth, Köln

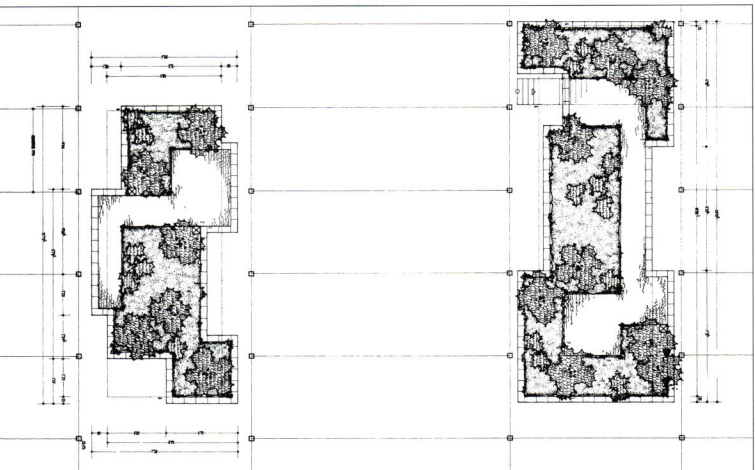

Fotos: Schmölz · Huth, Köln

Innengärten der Hauptverwaltung Mannesmann AG, Düsseldorf

Die tropischen Innengärten in den neuen Büroräumen erinnern in Ausschnitten an Bilder des Zöllners Henri Rousseau.
Im 1. Obergeschoß gelegen, von Sitzmauern umgeben und durch Wasserflächen aufgeteilt, erstrecken sie sich über drei Geschosse. Durch Glasdächer belichtet, akklimatisierten sich die zum Teil 7 m hohen Gehölze ohne Schwierigkeiten.

**Improvement of Paphos
Archaeological Site (UNESCO Weltkulturerbe)**
Masterplanreport Mai 1989
Beginn der Ausführungsarbeiten: Mai 1992
Auftraggeber: Ministry of Communications and Works
Republic of Cyprus

Aufgabenstellung:

Erarbeitung und Umsetzung von Vorschlägen zum
Schutz und zur touristischen Erschließung der Archäologischen Ausgrabungsstätten in Paphos auf Zypern.

Gestaltungskriterien:

· Jedes neue Gestaltungselement muß sich in Form
  und Material dem vorhandenen Landschafts-
  charakter unterordnen und sich gleichzeitig von
  den antiken Bauwerken als Neukonstruktion unterscheiden
· Schutz der archäologischen Ausgrabungen durch
  Beschränkung und Kontrolle der Fußgänger- und
  Fahrzeugbewegungen in einem klar definierten
  Wegesystem
· Schaffung einer visuellen Klarheit und Ablesbarkeit
  der Ausgrabungen
· Interpretation der Ausgrabungen durch ein Beschil-
  derungssystem an Aussichtspunkten
· Schaffung von schattigen Ruhe- und Erholungsbe-
  reichen für die Besucher

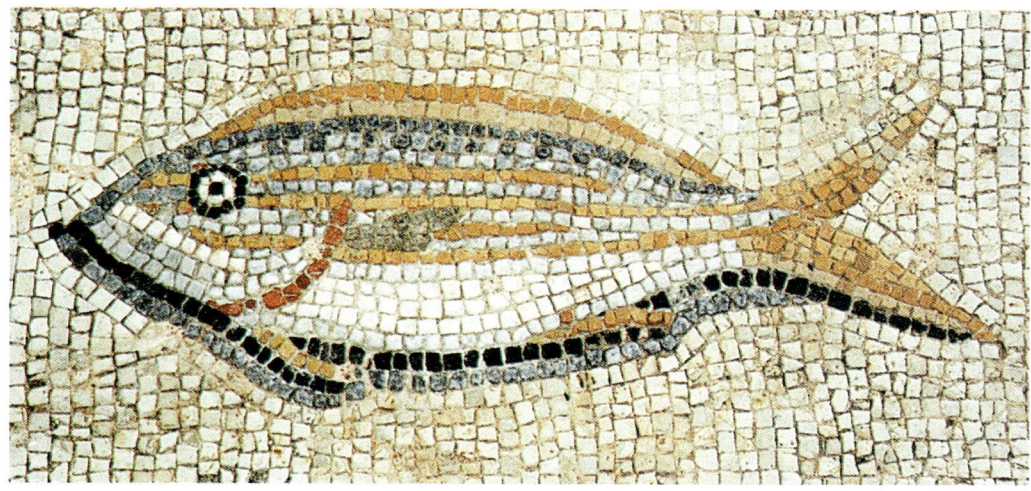

 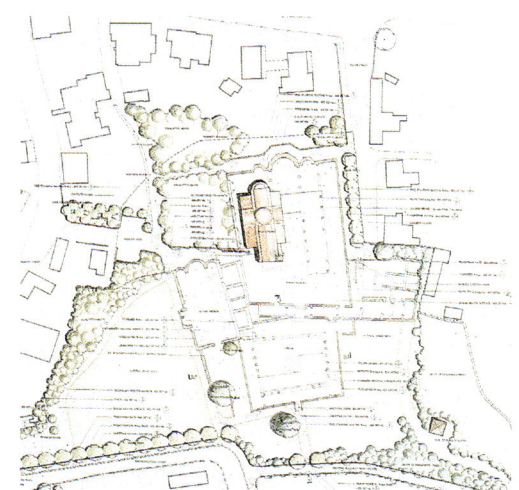

Verlag H.M. Nelte · Wilhelminenstraße 35 · 65193 Wiesbaden · Tele: 0611/521003 · Fax: 0611/521005

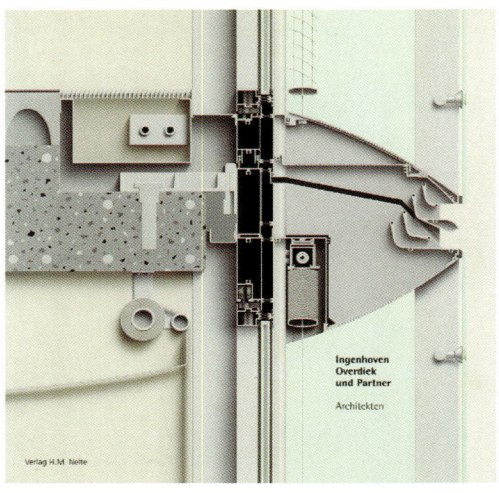

LANDSCHAFTSARCHITEKTEN

LANDSCAPE ARCHITECTURE IN GERMANY

Aktuelle Projekte von zahlreichen Landschaftsarchitekten aus Bayern, Baden-Württemberg, Hessen, Rheinland Pfalz/Saarland

Vorworte:

ROBERT MÜRB:

Landschaftsarchitekten – Garanten für eine lebenswerte Umwelt

FRANK R. WERNER:

Von der Wiederentdeckung einprägsamer Landschaften

ANDREA GEBHARD:

Wo steht die Diskussion über Landschaftsarchitektur?

269 Seiten, ca. 1000 Abbildungen · Format: 24 x 32,5 cm, DM 78,-

ISBN-NR.: 3-932509-00-5

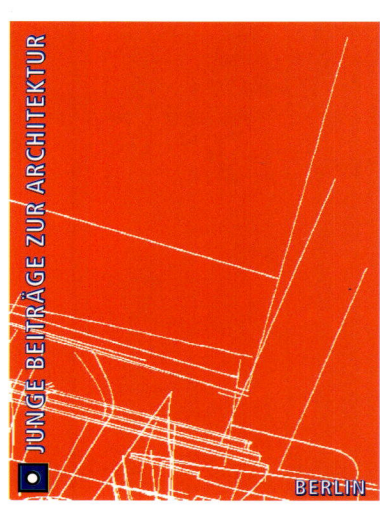

ARCHITEKTEN GRÜNTUCH / ERNST
Berliner Projekte 92-95

Verlag H.M. Nelte

BEREITS ERSCHIENEN

JUNGE BEITRÄGE ZUR ARCHITEKTUR:

· MÜNCHEN STUTTGART KARLSRUHE	ISBN: 3-9803466-0-9
· BERLIN	ISBN: 3-9803466-1-7
· NORDDEUTSCHLAND	ISBN: 3-9803466-2-5
· NORDRHEIN-WESTFALEN	ISBN: 3-9803466-3-3
· SCHUHFABRIKEN,	
INDUSTRIEKULTUR IN PIRMASENS	ISBN: 3-9803466-4-1

MONOGRAPHIEN:

· INGENHOVEN OVERDIEK UND PARTNER,	
DÜSSELDORF	ISBN: 3-9803466-5-x
· ANDRÉ POITIERS, HAMBURG	ISBN: 3-9803466-6-8
· GRÜNTUCH / ERNST, BERLIN	ISBN: 3-9803466-7-6
· BECKER GEWERS KÜHN & KÜHN, BERLIN	ISBN: 3-9803466-8-4
· HÖING ARCHITEKTEN, BERLIN	ISBN: 3-9803466-9-2
· BUSSE & GEITNER	ISBN: 3-932509-01-3

SCHUHFABRIKEN

Industriekultur in Pirmasens
Photographien von Andreas Winkler

Verlag H.M. Nelte